AVANT-PROPOS

Le manuel de **Terminale** *Algo más* a été conçu, dans le respect des **nouveaux programmes**, pour permettre aux élèves de poursuivre l'apprentissage de la langue espagnole dans les meilleures conditions, d'approfondir et de conforter leurs connaissances linguistiques et culturelles. Ils pourront ainsi se préparer efficacement aux **nouvelles épreuves** du **baccalauréat** afin de les passer avec succès, aussi bien à l'**oral** qu'à l'**écrit**, quelle que soit la section à laquelle ils appartiennent.

8 DOSSIERS

- Les élèves auront à préparer **deux épreuves différentes** à l'ORAL. La préparation à ces deux épreuves est largement prise en compte dans le manuel.
- Pour chacune des **4 notions culturelles** dont les élèves devront rendre compte lors de leur évaluation en **expression orale**, le manuel propose deux **dossiers** et un appareil pédagogique adapté pour leur permettre d'acquérir aisance et autonomie.
- Chacun de ces dossiers a été construit de façon cohérente, afin de faciliter la PRÉSENTATION DE LA NOTION, tâche qui sera à effectuer par l'élève à l'oral du baccalauréat. Les documents choisis sont de nature variée et illustrent divers aspects de la notion abordée. Ils sont accompagnés d'un appareil pédagogique aidant l'élève à les comprendre et les analyser et à en préparer la présentation. Chacun des dossiers comporte une **fiche récapitulative** qui a pour objectif d'aider l'élève dans son travail tout au long de l'année et au moment des révisions.
- La présence de deux dossiers par notion et de nombreux documents dans chaque dossier permettra d'effectuer des choix, en fonction des préférences de chacun, de la section à laquelle appartiennent les élèves, etc.
- Des ressources pour la COMPRÉHENSION DE L'ORAL, – enregistrements authentiques, podcasts et vidéos –, sont proposées à la fin de chacun des huit dossiers pour favoriser la préparation de cette partie de l'examen et permettront l'**entraînement dans les conditions de l'épreuve**.

12 SUJETS

Pour assurer un entraînement efficace à la NOUVELLE ÉPREUVE ÉCRITE du **baccalauréat**, 12 sujets élaborés selon les nouvelles modalités sont assortis de **conseils pratiques** et de **fiches** spécifiques.
On trouvera des sujets pour chacune des sections concernées.

LITTÉRATURE: 6 dossiers

Pour l'enseignement de la **littérature étrangère en langue étrangère** en SÉRIE L, 6 dossiers assortis de **fiches** déclinent les **6 thèmes** du programme.
Clair et complet, culturellement riche, le manuel *Algo más* se veut un outil efficace au service des enseignants en classe de Terminale.

LES AUTEURS

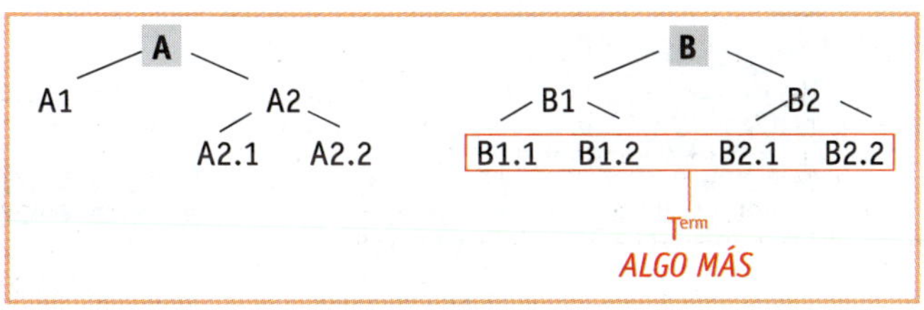

CECRL, « Niveaux communs de référence », p. 31.

Le programme de Terminale et la préparation au baccalauréat avec « Algo más »

L'ORAL obligatoire au baccalauréat : EXPRESSION orale

- **8 DOSSIERS** pour étudier et **PRÉSENTER les 4 NOTIONS** du programme.
- **2 dossiers** sont consacrés à chaque notion et permettent d'opérer des choix.

● À la fin de chaque dossier, une **FICHE synthétique** aidera l'élève à **présenter la notion**.

Elle comporte un choix de **Lexique utile** en lien avec la notion.

La COMPRÉHENSION de l'ORAL

● **8 doubles pages d'ENREGISTREMENTS audio, PODCASTS, VIDÉOS** sont consacrées à la compréhension de l'oral.

32 documents authentiques y sont proposés pour favoriser l'entraînement des élèves.

● Le manuel propose un **CD** et un **DVD** pour l'entraînement à la compréhension.

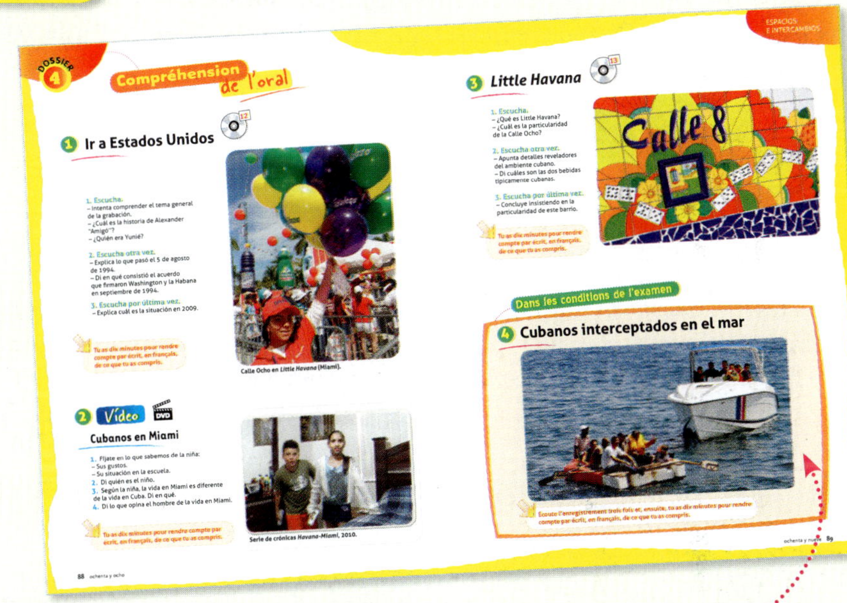

● Les enregistrements de la rubrique « Dans les conditions de l'examen » se trouvent dans les **CD classe**.

L'ÉPREUVE ÉCRITE du baccalauréat

● **12 SUJETS** conformes à la nouvelle épreuve 2013, sont proposés pour un entraînement tout au long de l'année.

● Des fiches de **CONSEILS** précisent les orientations de la **NOUVELLE ÉPREUVE**.

Le programme de Terminale et la préparation au baccalauréat avec « Algo más » (suite)

La LITTÉRATURE étrangère en langue étrangère en SÉRIE L

THÉMES

« En fonction de leur histoire propre et des cultures dont elles sont l'expression, les littératures ont exploré de façon inégale les thématiques proposées ci-après. Le professeur choisit pour chacune des classes du cycle terminal un itinéraire cohérent et structurant. »

Je de l'écrivain et *jeu* de l'écriture

Pistes : – autobiographie, mémoires, journal intime ;
– l'écrivain dans sa langue, l'écriture comme jouissance esthétique, l'expression des sentiments, la mise en abyme.

La rencontre avec l'autre, l'amour, l'amitié

Pistes : – le roman épistolaire, l'amour courtois, la poésie mystique, élégiaque ;
– les jeux de l'amour, le couple et le double.

Le personnage, ses figures et ses avatars

Pistes : – héros mythiques ou légendaires, figures emblématiques ;
– héros et anti-héros, la disparition du personnage.

L'écrivain dans son siècle

Pistes : – roman social, roman policier, la littérature de guerre et d'après guerre, l'essai, le pamphlet, la satire ;
– le débat d'idées, l'engagement et la résistance, la transgression, la dérision, l'humour.

Voyage, parcours initiatique, exil

Pistes : – les récits d'exploration, d'évasion, d'aventure, le roman d'apprentissage ;
– le déracinement, l'errance, le retour.

L'imaginaire

Pistes : – l'étrange et le merveilleux, le fantastique, la science-fiction ;
– l'absurde, l'onirisme, la folie, la métamorphose.

Bulletin officiel spécial n°9 du 30 septembre 2010

ÉPREUVE ORALE

« Le candidat a choisi deux des thématiques du programme de littérature étrangère en langue étrangère et a constitué pour chacune d'elles un dossier composé de trois textes extraits d'une ou plusieurs œuvres étudiées (roman, théâtre, poésie). Il y a ajouté tout document qui lui semble pertinent pour analyser la réception de la ou des œuvre(s) (extrait de critique, adaptation, illustration iconographique, etc.). L'examinateur choisit l'une de ces thématiques ».

Bulletin officiel du 24 novembre 2011

Literatura

ciento setenta y siete 177

● **6 DOSSIERS** permettent de travailler les **6 THÈMES** du programme.

● **6 FICHES** fournissent des informations utiles sur l'auteur, l'œuvre proposée, le contexte historique, le contexte littéraire et l'influence de l'œuvre. ▶

◀ ● Les dossiers comportent un **APPAREIL PÉDAGOGIQUE**, des **ateliers d'écriture** ou des **ateliers vidéos**.

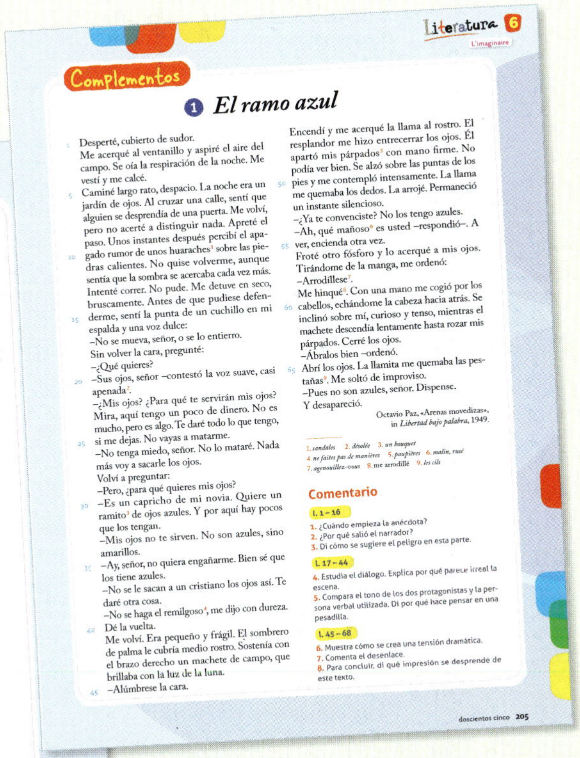

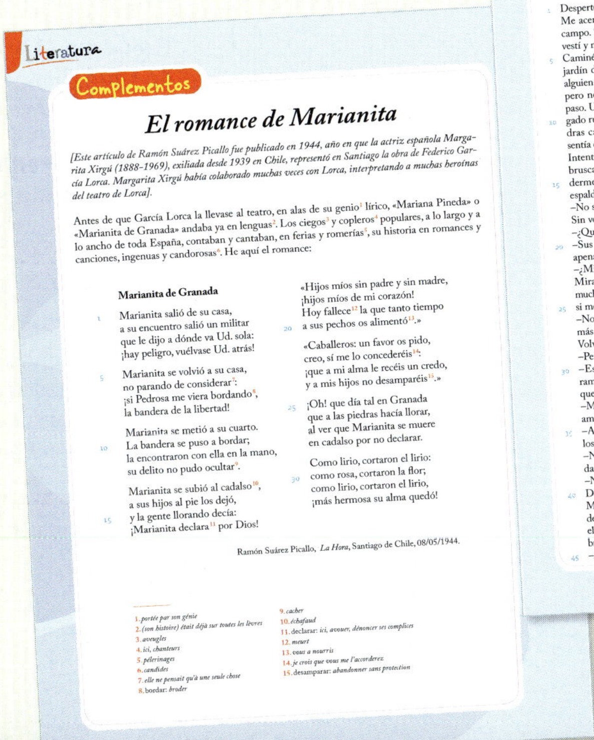

● Des **TEXTES COMPLÉMENTAIRES** ▶ sont proposés pour prolonger l'étude de l'œuvre principale.

TABLE DES MATIÈRES

1 LUGARES Y FORMAS DE PODER (1)

2 LUGARES Y FORMAS DE PODER (2)

3 ESPACIOS E INTERCAMBIOS (1)

4 ESPACIOS E INTERCAMBIOS (2)

5 EL PROGRESO (1)

6 EL PROGRESO (2)

TABLE DES MATIÈRES (SUITE)

7 MITOS Y HÉROES (1)

8 MITOS Y HÉROES (2)

LITERATURA

ANNEXES

SUJETS DE BACCALAURÉAT

12 sujets dont :

LV1	Séries L, ES, S	– Dossier 1, p. 30 – Dossier 3, p. 70 – Dossier 6, p. 132 – Sujet Bac 1, p. 216 – Sujet Bac 3, p. 220
LV2	Série L	– Dossier 5, p. 112 – Dossier 7, p. 154 – Sujet Bac 4, p. 222
LV2	Séries ES, S	– Dossier 2, p. 50 – Dossier 4, p. 92 – Dossier 8, p. 174 – Sujet Bac 2, p. 218
LV1 et LV2	Séries STI2D, STD2A, STG, ST2S, STL	– Dossier 2, p. 50 – Dossier 4, p. 92 – Dossier 8, p. 174 – Sujet Bac 2, p. 218

DANS LES ANNEXES

1 La lucha por la **igualdad de derechos de la mujer** sigue necesaria todavía hoy día. El día internacional de la mujer (8 de marzo) es una ocasión para reivindicaciones aún más necesarias en tiempos de crisis.

2 **El derecho a la educación** es uno de los derechos fundamentales del hombre. En muchos países, los estudiantes reivindican el derecho a una enseñanza pública de calidad. En 2011, las manifestaciones de estudiantes reunieron miles de manifestantes en las calles de Santiago de Chile.

3 Con la crisis financiera, muchas familias no pueden pagar la hipoteca de su casa. Los desahucios se multiplican y se organizó un movimiento popular para defender **el derecho a una vivienda decente**.

LUGARES Y FORMAS DE PODER (1)

DOSSIER 1

Elementos del dossier 1

4 Defender el derecho a un trabajo digno fue el principal objetivo del movimiento de los «piqueteros» que nació en Argentina con la crisis de los años 1990. Los piqueteros eran trabajadores desempleados que manifestaban su descontento cortando las vías de circulación tales como calles o carreteras.

Documento 1

La inefable Elvira

Las chilenas son cómplices del machismo: educan a sus hijas para servir y a sus hijos para ser servidos. Mientras por una parte luchan por sus derechos y trabajan sin descanso, por otra atienden al marido y a los hijos varones, secundadas por sus hijas, a quienes les inculcan desde pequeñas sus obligaciones. Las chicas modernas se rebelan, por supuesto, pero apenas se enamoran repiten el esquema[1] aprendido, confundiendo amor con servicio. Me entristece ver a esas muchachas espléndidas sirviendo a los novios como si éstos fueran inválidos. No sólo les ponen la comida en el plato, también se ofrecen para cortarles la carne.

Me dan lástima[2] porque yo era igual.

Hace poco hubo un personaje cómico de la televisión que tuvo un gran éxito: un hombre vestido de mujer que imitaba a la esposa modelo. La pobre Elvira –así se llamaba– planchaba camisas, cocinaba platos complicadísimos, hacía las tareas de los niños, enceraba el piso a mano y, además, volaba a arreglarse antes de que llegara su hombre, para que no la hallara fea. No descansaba jamás y era culpable de todo. Incluso corría una maratón por la calle persiguiendo el autobús donde iba el marido, para entregarle el maletín que él había dejado atrás.

El programa hacía reír a gritos a los hombres, pero las mujeres se molestaban tanto que, al final, lo suprimieron: no les gustaba verse retratadas con tal fidelidad por la inefable Elvira.

Isabel Allende, *Mi país inventado*, 2003.

Etapa 1 Presentación

1. Según Isabel Allende, ¿son los hombres los únicos responsables del machismo?
2. Di quién era «la pobre Elvira».
3. ¿Por qué suprimieron el programa?

Etapa 2 Análisis

4. Según Isabel Allende, en la educación de las niñas, las mujeres repiten siempre los mismos errores. Apunta las frases que lo muestran y coméntalas.
5. Las «chicas modernas» también reproducen el mismo esquema. Da ejemplos sacados del texto.
6. Explica en qué era cómico el personaje de Elvira.
7. Di en qué medida correspondía este personaje al modelo de la esposa en la sociedad.

Etapa 3 Síntesis

8. La autora dice: «Me dan lástima porque yo era igual». Comenta.
9. Explica en qué puede relacionarse este texto con el tema «Lugares y formas de poder».

Así se dice

- hacer la colada: *faire la lessive*
- planchar: *repasser*
- fregar (ie) los platos: *faire la vaisselle*
- hacer la limpieza: *faire le ménage*
- sacar lustre: *astiquer*
- quitar el polvo: *enlever la poussière*
- barrer: *balayer*
- la fregona: *le balai-serpillière*
- la escoba: *le balai*
- la plancha: *le fer à repasser*
- la cadena: *la chaîne*
- atar: *attacher*

1. *le schéma*
2. dar lástima: *faire pitié, faire de la peine*

Una familia española.

Quino, *Mafalda*.

Análisis

Describe cada dibujo insistiendo en las intenciones del dibujante.

Prácticas

Complète les phrases avec «por» ou «para».

1. Las chicas son educadas ...... sus madres que repiten los esquemas inculcados ...... la tradición.

2. Cada día hay que luchar ...... la igualdad entre hombres y mujeres.

3. Los regalos son diferentes: las madres suelen comprar muñecas ...... las chicas y pistolas ...... los chicos.

4. La mujer sirve al marido ...... corresponder esto al papel tradicional de la esposa.

5. Este texto propone ejemplos ...... suscitar la reflexión.

Recuerda

Les emplois de «*por*» et «*para*»

- «...educan a sus hijas **para** servir.»
- «...corría una maratón **por** la calle persiguiendo el autobús donde iba el marido, **para** entregarle el maletín.»
- «...luchan **por** sus derechos...»
- «...no les gustaba verse retratadas con tal fidelidad **por** la inefable Elvira.»

▶ **Précis grammatical p. 249**

¿Es esto igualdad?

En la Real Academia Española, desde su fundación, ha habido 460 miembros electos y de estos sólo 8 han sido mujeres. Actualmente son cinco académicas y 41 académicos.

Esto de la RAE me recuerda uno de los principales problemas que tuvimos que enfrentar: el lenguaje. ¿Se dice albañila[1]? ¿Y pilota? Compositora está aceptado, pero jueza[2] aún suena fatal[3]. El lenguaje no es neutro, expresa una realidad histórica y, aunque se transforma, a veces va más lento que la realidad social. Recordemos que cuando empezó a haber hombres desempeñando el cargo de «azafatas»[4] fue necesario cambiar la denominación por el de «auxiliares de vuelo», nadie quería ser «azafato». Nuestra tesis fue que el lenguaje tiene género pero no debería tener sexo. El género, en castellano, lo marcan los artículos así que tendremos «una albañil» y «una piloto».

Además del lenguaje enfrentamos otro tema peliagudo[5]. Las mujeres se han incorporado a profesiones durísimas: minería, albañilería, el ejército (16.412 mujeres militares forman parte hoy de las FFAA[6]), profesiones en las que son, muchas veces, utilizadas como fuerza de trabajo mal pagada, profesiones donde se las entrena para asumir valores como la agresividad... ¿es esto igualdad? Sin duda. Por primera vez, el sexo al que se pertenece no determina tus posibilidades laborales. ¿El acceso a todo este tipo de trabajos es la «liberación de las mujeres»? Depende. En los sectores donde hay malas condiciones de trabajo y sueldo también lo sufren las mujeres. Sin embargo, aunque sean duras, estas profesiones también tienen muchas ventajas: mejores sueldos que muchos empleos «de mujeres», libertad de horarios, más días de vacaciones, mayor autonomía, trabajo al aire libre. ¿Es más duro trabajar de guardabosques que en una guardería? A mí no me lo parece. ¿Es mejor trabajar como secretaria que como camionera? Depende de los gustos, si eres feliz viajando y estando sola muchas horas, no.

Lo que resulta claro es que, al margen de las características de cada profesión, las mujeres (los hombres también pero menos) viven mucho mejor cuando las políticas del Estado y de las empresas donde trabajan practican políticas de igualdad que, entre otras cosas, les permiten conciliar maternidad y obligaciones laborales.

Inés París[7], *Cimamujerescineastas.es*, 10/03/2011.

Etapa 1 Presentación

1. Di lo que revela el lenguaje a propósito de ciertos oficios en nuestra sociedad.

2. Hoy las mujeres trabajan en sectores «tradicionalmente masculinos». Apunta los diferentes ejemplos propuestos en el artículo.

3. Según la periodista, ¿qué es necesario para que las mujeres vivan mejor?

Etapa 2 Análisis

4. La periodista afirma que «el lenguaje no es neutro». Explica lo que significa y da ejemplos.

5. «Nuestra tesis fue que el lenguaje tiene género pero no debería tener sexo. El género, en castellano, lo marcan los artículos así que tendremos "una albañil" y "una piloto"».
¿Qué te parece la solución propuesta por Inés París?

6. ¿Para las mujeres, cuáles son los inconvenientes y las ventajas de las profesiones reservadas hasta hace poco a los hombres?

Etapa 3 Síntesis

7. Explica en qué es revelador el artículo de la situación de la mujer en nuestra sociedad.

8. Di en qué puede ilustrar este artículo un aspecto de la noción «Lugares y formas de poder».

1. un albañil: *un maçon*
2. un juez: *un juge*
3. *affreusement mal*
4. una azafata: *une hôtesse de l'air*
5. *un autre sujet délicat*
6. Fuerzas Armadas
7. Inés París, cineasta, es presidenta de CIMA (Asociación de Mujeres Cineastas).

Prácticas

Retrouve dans l'article les équivalents des phrases suivantes.

1. *Actuellement, il y a 5 femmes académiciennes.*
2. *Rappelons-nous l'exemple du mot « hôtesse de l'air ».*
3. *Ce sont des métiers extrêmement durs.*
4. *Les femmes subissent de mauvaises conditions de travail et de salaire.*
5. *Je n'en ai pas l'impression.*

Recuerda

Les équivalents de « on »

- «Me recuerda uno de los principales problemas que **tuvimos** que enfrentar.»
- «Depende de los gustos, si **eres** feliz viajando y estando sola muchas horas, no.»
- «¿**Se dice** pilota?»
- «...profesiones donde **se** las **entrena** para asumir valores como la agresividad...»

▶ **Précis grammatical p. 245**

Me ha firmado un cheque

Baltasar, el narrador, llega a un bar donde ha quedado con su padre.

Mi padre me ha firmado un cheque por mi cumpleaños y por haber aprobado con buenas notas la Selectividad[1]. Es para lo que nos hemos citado aquí. En casa coincidimos poco.

–Es mi hijo Baltasar –le dice mi padre a su amigo, recién llegado.

Abro los ojos, no lo conozco. Le sonrío sin ganas porque me está preguntando lo típico, cuántos años tengo y qué estudio. Yo me callo y la misma voz que antes me sermoneaba dice que seguramente haré Económicas, pero que quiero abarcar demasiadas cosas[2] y no me centro en ninguna. Y el otro dice que eso les pasa también a sus hijos, bueno, a todos los chicos, es la falta de estímulo, tampoco ellos tienen la culpa, la universidad española está atascada[3], una pura tómbola, ves a gente metida en Arquitectura cuando lo que les tiraba[4] era ser médico, y a licenciados en Historia del Arte poniendo[5] un bar, lo mejor es un máster en los Estados Unidos.

Ahora están hablando de no sé qué fusión bancaria, de que los mercados esperan una subida de los tipos de interés, de la tensión inflacionista, de los peligros del euro.

Y cuando el otro se ha despedido y se encamina hacia el fondo del local, me termino el martini y le digo:

–Te noto cansado, papá.

No se lo esperaba. Me mira aturdido, como si hubiera recibido un puñetazo.

–¿Cansado? –pregunta con alarma… Bueno, no sé, es que trabajo mucho.

–Pues no trabajes tanto, hombre. Ya has ganado pasta de sobra[6]. ¿Cuánto tiempo hace que no vas al cine? ¿Quieres que vayamos juntos algún día?

No le da tiempo a contestar. Suena el móvil que lleva enganchado en el bolsillo alto de la chaqueta y se enrolla en un asunto[7] que amenaza con durar.

«Gracias por el cheque. Se me hace tarde, he quedado para comer[8]», le escribo en un margen del periódico que había dejado sobre la barra[9]. Y se lo enseño. No noto que quiera retenerme. Nos damos un beso y me dice adiós con la mano cuando estoy llegando a la puerta. Luego me da la espalda[10].

Carmen Martín Gaite, *Los parentescos,* 2001.

Etapa 1 Presentación

1. Di por qué quedaron en un bar el padre y el hijo.
2. Apunta detalles para hacer una presentación de Baltasar.
3. ¿Cómo termina la entrevista entre padre e hijo?

Etapa 2 Análisis

4. Entresaca detalles reveladores de las actividades del padre de Baltasar.
5. El hijo parece muy diferente del padre y sobre todo respecto al mundo de los negocios y del dinero. Muéstralo.
6. ¿No te parece irónico lo que le reprocha el padre a su hijo cuando dice que éste quiere «abarcar demasiadas cosas» y que no se centra en ninguna? Explica.
7. A tu parecer, ¿existe una buena comunicación entre el padre y el hijo? Justifica tu respuesta.

Etapa 3 Síntesis

8. A tu parecer, ¿qué denuncia Carmen Martín Gaite en esta novela?
9. Explica en qué medida se puede hablar de «forma de poder» en este episodio.

1. la Selectividad: *examen d'entrée à l'Université en Espagne*
2. *faire trop de choses en même temps*
3. *engorgée, suchargée d'étudiants*
4. *ce qui les attirait*
5. poner: *monter (une affaire, un commerce)*
6. *bien assez de fric*
7. *il s'embarque dans une histoire*
8. *j'ai rendez-vous avec quelqu'un pour le déjeuner*
9. *le bar*
10. *il me tourne le dos*

Festival de cine en Cuba, 2011.

Infórmate

Carmen Martín Gaite (Salamanca, 1925-Madrid, 2000) es una escritora española que alcanzó la notoriedad muy temprano. Su primera novela, *El balneario* (1954), obtuvo el premio «Café Gijón». Después, fue galardoneada con todos los premios importantes de la literatura española (Premio Nadal, Premio Príncipe de Asturias, Premio Nacional de las Letras Españolas...).
Los parentescos (2001) es la última novela que escribió. En ella, presenta la visión que, a través del tiempo, Balti (apodo de Baltasar) tiene de su familia y de su entorno. La dejó inconclusa y se publicó de forma póstuma.

Así se dice

- centrarse en algo: *se concentrer sur quelque chose*
- abarcar: *embrasser, comprendre*
- «Quien mucho abarca, poco aprieta.»: *« Qui trop embrasse, mal étreint. »*
- coincidir: *être d'accord*
- coincidir (en algún lugar): *se rencontrer (quelque part)*
- los negocios: *les affaires*
- hablar de negocios: *parler affaires*
- estar distraído: *être distrait*
- estar obsesionado por: *être obsédé par*
- la incomunicación (generacional): *le manque de communication (entre les générations)*

Prácticas

Complète les phrases avec le pronom approprié.

1. «Te voy a regalar un cheque», me dice. Eso, ya ...... sé, pero ...... sonrío y ...... digo «¡Gracias!».

2. Nunca se olvida de mi cumpleaños. La verdad es que .... agradezco.

3. Preferiría que me dedicara más tiempo y menos dinero pero a él no ...... interesa y ni siquiera ...... comprende.

4. Nunca viene conmigo al cine aunque .... he propuesto varias veces.

Recuerda

Les pronoms « *le* », « *lo* »

- «Es mi hijo Baltasar –**le** dice mi padre a su amigo, recién llegado.»
- «No **lo** conozco. **Le** sonrío sin ganas.»
- «**Se lo** enseño.»

▶ **Précis grammatical p. 244**

Documento 4

Tu padre te necesita, Santiago

–Hace tiempo que me andan dando algunas noticias alarmantes –dijo don Fermín, sin cambiar de expresión–. Que te ven en bares, en *boites*. Y no en los mejores sitios de Lima. Pero como eres tan susceptible, ya ni me atrevo a preguntarte nada, flaco[1].

–Voy alguna que otra vez, como todo el mundo –dijo Santiago–. Tú sabes que no soy jaranista[2], papá. ¿No te acuerdas cómo tenía que insistir la mamá para que fuera a fiestas de chico?

–De chico –se rió don Fermín–. ¿Te sientes viejísimo ya?

–No vas a hacer caso de los chismes[3] de la gente –dijo Santiago–. Soy muchas cosas pero no eso, papá. [...]

–No sé qué pensar, flaco –se había puesto serio, había agravado la voz–. Pasas de un extremo a otro, es difícil entenderte. Mira, creo que preferiría que terminaras de comunista antes que de borrachín y de badulaque[4].

–Ninguna de las dos cosas, papá, puedes estar tranquilo –dijo Santiago–. Hace años que no sé lo que es política. Leo todo el diario menos las noticias políticas. No sé ni quién es Ministro, ni quién es senador. Yo mismo pedí que no me mandaran a hacer informaciones políticas. [...]

Conversaron de otras cosas, en la cálida atmósfera de libros y maderas del escritorio, viendo caer el sol enrarecido por las primeras neblinas del invierno oyendo a lo lejos las voces del teleteatro, y poco a poco don Fermín había ido tomando ánimos para abordar el tema eterno y repetir la ceremonia celebrada tantas veces, «vuelve a la casa, recíbete de abogado, trabaja conmigo».

–Ya sé que no te gusta que te hable de eso. Ya sé que me arriesgo a espantarte de la casa[5] de nuevo si te hablo de eso.

–No digas adefesios[6], papá –dijo Santiago.

–¿Cuatro años no es bastante, flaco? ¿Ya no te has hecho bastante daño, ya no nos has hecho bastante daño?

–Pero si me he matriculado[7], papá –dijo Santiago–. Este año...

–Ya no te creo, flaco. Te matriculas, pero no pisas la Universidad ni das exámenes.

–Los años pasados tuve mucho trabajo –insistió Santiago–. Pero ahora voy a asistir a clases. He arreglado mi horario para acostarme temprano y...

Etapa 1 Presentación

1. El padre está preocupado por la vida que lleva Santiago. Explica cómo vive el chico según lo que cuenta la gente.
2. El padre dice: «Pasas de un extremo a otro, es difícil entenderte.» Antes, Santiago era muy diferente, aunque lo que era entonces tampoco le gustaba a su padre. Explica.
3. ¿Qué le ha pedido varias veces el padre a su hijo?

Etapa 2 Análisis

4. Santiago dice: «Hace años que no sé lo que es política. Leo todo el diario menos las noticias políticas. No sé ni quién es Ministro, ni quién es senador. Yo mismo pedí que no me mandaran a hacer informaciones políticas.» Comenta estas frases, pensando en el oficio que ejerce el chico (es periodista). A tu parecer, ¿cómo se explica el desinterés por la política que muestra el chico en esta escena?
5. El padre desprecia el oficio de Santiago. Di cómo se nota.
6. «¿Te sientes viejísimo ya?» Comenta esta pregunta del padre. A ti, ¿qué te parece sugerir acerca del estado de ánimo de Santiago?

Etapa 3 Síntesis

7. El padre es un empresario que colabora con la dictadura, lo que ha tenido consecuencias dramáticas en la vida de Santiago. Di cuáles son los aspectos trágicos de esta situación.
8. Explica cuáles son las diferentes formas de poder que aparecen en este texto.

1. *(amér.) Mon garçon*
2. *je n'ai rien d'un fêtard*
3. *ragots*
4. *ivrogne et imbécile*
5. *je cours le risque de te voir quitter la maison*
6. *Ne dis pas de bêtises*
7. matricularse: *s'inscrire (à l'Université)*

Estudiantes en Bogotá (2011).

–Te has acostumbrado a trasnochar[8], a tu sueldito[9], a tus amigos jaranistas del periódico y ésa es tu vida. ¿Cómo voy a dejar de repetirte que no puede ser, flaco? Tú no eres eso que quieres demostrarte que eres. No puedes seguir siendo un mediocre, hijo.

–Tienes que creerme, papá –dijo Santiago–. Te juro que esta vez es cierto. Iré a clases, daré exámenes.

–Ahora no te lo pido por ti, sino por mí –don Fermín se inclinó, le puso la mano en el brazo–. Arreglaremos un horario que te permita estudiar y ganarás más que en «La Crónica». Ya es hora de que te pongas al corriente de todo. En cualquier momento yo me muero y entonces tú y el Chispas[10] tendrán que sacar adelante la oficina. Tu padre te necesita, Santiago.

Mario Vargas Llosa, *Conversación en la Catedral*, 1969.

8. *passer des nuits blanches (sortir la nuit)*
9. *ton petit salaire (il travaille dans un journal)*
10. Es el hermano de Santiago.

Infórmate

- **Mario Vargas Llosa** nació en el Perú en 1936 y tiene hoy la nacionalidad española. Recibió el premio Nobel de Literatura en 2010.
- ***Conversación en La Catedral*** es una novela que propone una visión de la sociedad peruana durante la dictadura del general Manuel Odría, en los años cincuenta. En aquella época, el Perú estaba marcado por la corrupción, la inmoralidad, los prejuicios sociales y raciales.

En la novela, Fermín Zavala es un empresario que colabora con la dictadura. Su hijo, Santiago (Zavalita), es estudiante de la Universidad de San Marcos y ex-militante de un grupo de estudiantes comunistas que se opuso a la dictadura de Manuel Odría.

Prácticas

Transforme les phrases suivantes en les mettant au style indirect.

1. «Vuelve a la casa, recíbete de abogado, trabaja conmigo.» → El padre le pidió que...

2. «No digas adefesios.» → Santiago le pidió que...

3. «No sigas siendo un mediocre.» → El padre...

4. «Ponte al corriente de todo.» → ...

Recuerda

La concordance des temps

- «Yo mismo **pedí que no me mandaran** a hacer informaciones políticas.»

▶ Précis grammatical p. 253

DOSSIER 1

Documento 5

En Second Life

Recordaba el orgullo que sintió al acabar la carrera[1] de medicina cumpliendo así el sueño de su progenitor, que era auxiliar de clínica; y no sólo el orgullo, sino también, y sobre todo, el inmenso alivio, porque pensó que, al obtener su título, se había librado de ser como su padre.

Sin embargo, luego todas esas luces se apagaron, como las de un árbol de Navidad en la basura de enero. [...] Su existencia, en fin, había ido encogiendo[2] como un jersey barato. Los amplios horizontes de su adolescencia se habían ido reduciendo hasta convertirse en una pequeña jaula: un mal trabajo, una mala relación sentimental, una mala vida.

Por eso le gustaba tanto *Second Life*: había sido como abrir una ventana en el muro ciego de una celda[3]. En *Second Life* era nuevamente joven: para representarse a sí mismo se había hecho un avatar alto y musculoso, de abundante melena[4] y puntiaguda barba pelirroja. Como hablaba bastante mal inglés, frecuentaba sobre todo las regiones hispanohablantes: una discoteca de españoles, una playa surfera de argentinos, un bar de caribeños. En tan sólo dos semanas había hecho amigos y había coqueteado[5] con varias muchachas espectaculares: él, que en la vida real apenas si tenía un puñado de conocidos, y que llevaba años sin sentir el aleteo del corazón. Ahora mismo estaba repantigado[6] en un banco de un parque SL, contemplando los juegos de agua de una fuente, escuchando el suave rumor de los álamos mecidos por la brisa y charlando plácidamente con un avatar que acababa de sentarse al lado, un tipo curioso con cabeza de gato que se llamaba Lup. Caminaba de pie y tenía la altura y los movimientos de un humano, pero su cuerpo también era peludo y lucía zarpas[7] en manos y pies. Daniel, que en SL se llamaba Nilo, le miró con cierta curiosidad, porque no conseguía deducir qué sexo debía de tener el gato en RL, es decir en *Real Life*. Y esa indefinición le ponía un poco nervioso.

–¿Puedo preguntarte si eres hombre o mujer en la realidad? –tecleó Daniel.

–Jeje[8], Nilo, esto es SL. Deja en paz los secretos de RL –contestó el avatar.

Esa manía de jejear de los avatares veteranos irritaba bastante a Daniel.

–¿De verdad no me vas a decir nada, Lup?

–Bueno, te permito otra pregunta. Plantéame una pregunta más y a lo mejor te la contesto.

Daniel pensó un poco. Luego tecleó:

–¿A qué te dedicas en la vida real?

–Mmmmmm... Organizo fiestas de cumpleaños –contestó el gatazo...

–Doctor Ortiz, lo siento pero...

La enfermera abrió la puerta de sopetón[9], sobresaltándole[10].

–Sí, sí, ya voy...

Rosa Montero, *Instrucciones para salvar el mundo*, 2008.

Etapa 1 Presentación

1. ¿Quién era Daniel?
2. ¿Quién era Nilo?
3. ¿Quién era Lup?

Etapa 2 Análisis

4. Apunta detalles para presentar a Daniel.
5. Compara la presentación de Daniel con la de su avatar en *Second Life*. ¿Qué notas?
6. Explica por qué le gustaba tanto *Second Life*.
7. ¿Qué revelan las tres últimas líneas del texto?

Etapa 3 Síntesis

8. En este texto, el mundo virtual está presentado como un mundo ideal. Sin embargo, en ciertas ocasiones, puede ser peligroso. Explica por qué.
9. La autora explica el éxito de los juegos como *Second Life* por el desencanto de los hombres frente a los problemas de la sociedad actual. Y a ti, ¿qué te parece?
10. Las nuevas tecnologías, Internet, las redes sociales pueden representar una forma de poder en la sociedad actual. Explica en qué medida.

1. *les études*
2. encoger: *rétrécir*
3. *une cellule*
4. *chevelure*
5. coquetear: *flirter*
6. *vautré*
7. *griffes*
8. ¡je! ¡je!: *hé, hé!*
9. *d'un coup*
10. *en le faisant sursauter*

Infórmate

- **Rosa Montero** (Madrid, 1951) es una periodista y novelista española. Publica artículos en *El País* y fue redactora jefa de EPS, el suplemento dominical de este diario. Ganó el Premio Nacional de Periodismo en 1981. También obtuvo varios premios por su obra literaria. Sus novelas obtienen un gran éxito tanto en España como a nivel internacional.
- ***Instrucciones para salvar el mundo*** (2008) es, según la novelista, una fábula contemporánea del «mundo caótico en el que vivimos todos y en el que a veces tenemos la sensación de que nos aplasta por todas las circunstancias críticas que gravitan sobre nosotros».

Prácticas

Retrouve dans le texte les équivalents de ces expressions.

1. *Oui, j'arrive !*
2. *C'est pour cela qu'il aimait* Second Life.
3. *Cela faisait des années qu'il n'avait pas d'amis.*
4. *Que fais-tu dans la vie ?*
5. *Je regrette...*

Recuerda

«*Al* + infinitif»

- «Recordaba el orgullo que sintió **al acabar** la carrera de medicina...»
- «**al obtener** su título, se había librado de ser como su padre.»

▶ **Précis grammatical p. 252**

DOSSIER 1

Bilan

LUGARES Y FORMAS

Conseils généraux pour le bac p. 213

PRÉSENTER LA NOTION

1 PRESENTACIÓN DEL DOSSIER

- **Da el título de cada uno de los tres (o cuatro) documentos seleccionados.**
- **Precisa el tema de cada uno y explica cómo se relaciona con la noción «Lugares y formas de poder».**

▶ **Poder de la prensa, la Universidad, el dinero, Internet... / evoluciones, reivindicaciones, consecuencias...**

Documento 1 — La inefable Elvira
(Novela de Isabel Allende)

- Según Isabel Allende, frente al machismo, la actitud de la mujer es contradictoria...
  - Por una parte, ... por otra parte, ...
- El programa de televisión «La pobre Elvira» reflejó esa actitud.
  - Explicar en qué consistió el programa.
  - Comentar la reacción de los hombres y la de las mujeres.

▶ El estatuto de la mujer en la sociedad: hacia la igualdad.
▶ Poder de la tradición en una sociedad machista.

Documento 2 — ¿Es esto igualdad?
(Artículo de prensa)

- Un artículo sobre el tema de la igualdad entre hombres y mujeres.
- Un vocabulario revelador de la realidad.
  - Nombres de oficios que no tienen femenino. Lo que significa.
- Las mujeres ocupan puestos antes reservados para los hombres: ¿progreso hacia la igualdad o no?
- Papel del estado y de las empresas.

▶ Poder de la tradición en una sociedad machista.
▶ El estatuto de la mujer en la sociedad: hacia la igualdad.

Documento 3 — Me ha firmado un cheque
(Novela de Carmen Martín Gaite)

- El encuentro entre padre e hijo. Precisar en qué lugar. Lo que revela (véase el título del texto).
- La comunicación entre los dos. ¿Existe un verdadero contacto o no? (El diálogo. El regalo del padre: un cheque. El final de la entrevista: cómo se despide el hijo.)
- El mundo de los negocios y el dinero. Importancia para el padre. (Dar ejemplos).

▶ Pérdida de los valores familiares.
▶ Poder de la empresa y del dinero.

Documento 4 — Tu padre te necesita, Santiago
(Novela de Mario Vargas Llosa)

- La vida del chico ha cambiado mucho. Antes, era... Ahora, es...
- El padre colabora con la dictadura. A causa de él, Santiago...
- Ahora, el padre quisiera que Santiago...
- El padre era un partidario del dictador. Hay informaciones que no se mencionan en esta parte pero que adivinamos (¿Por qué abandonó el chico la Universidad? ¿Por qué se fue de casa? ¿Por qué no quiere saber más de política?)

▶ El dilema moral de Santiago (y de las personas en su situación).
▶ Consecuencia de las dictaduras en las familias que «colaboran».

Documento 5 — En *Second Life*
(Novela de Rosa Montero)

- Presentación de Daniel: su vida, su oficio, sus sentimientos.
- El mundo virtual: *Second Life*.
  - Presentación, posibilidades, ventajas.
  - Riesgos y peligros.
- La dependencia de Daniel: navegación por Internet en el mismo lugar del trabajo. El personaje huye de la realidad y se refugia en un mundo irreal.

▶ Aparición de nuevos espacios de contacto y nuevas relaciones.
▶ Nuevos lugares y nuevas formas de poder.

2 VALORACIÓN PERSONAL

- **Di qué texto(s) te interesó (interesaron) más (o menos) y explica por qué.**

3 CONCLUSIÓN PERSONAL

- **Expresa una opinión personal a propósito del dossier y de la noción estudiada.**

Lexique utile

Igualdad

- la igualdad: *l'égalité*
- la desigualdad: *l'inégalité*
- igual ≠ desigual
- el ama de casa: *la maîtresse de maison*
- la mujer trabajadora: *la femme active*
- las tareas domésticas: *les tâches ménagères*
- colaborar en casa: *participer aux tâches ménagères*
- el machismo: *le machisme*
- ser machista: *être machiste*
- los prejuicios: *les préjugés*
- vivir en igualdad de condiciones: *vivre dans des conditions d'égalité*

Violencia de género

- la violencia de género: *la violence conjugale*
- la violencia doméstica: *la violence domestique*
- los malos tratos: *les mauvais traitements*
- una mujer maltratada: *une femme battue*
- estar en situación de dependencia: *être dépendant*
- denunciar: *dénoncer*
- la denuncia: *la plainte*
- sufrir malos tratos: *subir des mauvais traitements*

Internet

- la pantalla: *l'écran*
- el teclado: *le clavier*
- pulsar una tecla: *appuyer sur une touche*
- la contraseña: *le mot de passe*
- el buzón de correo: *la boîte mail*
- el archivo: *le fichier*
- la carpeta: *le dossier*
- el entorno virtual: *l'environnement virtuel*
- el pirateo: *le piratage*
- realizar una búsqueda: *faire une recherche*

Protesta social

- la huelga: *la grève*
- el sindicato: *le syndicat*
- el movimiento contestatario: *le mouvement contestataire*
- la protesta: *la protestation*
- la recogida de firmas: *la pétition*
- recoger firmas: *faire signer une pétition*
- convocar una huelga: *appeler à la grève*
- defender los logros sociales: *défendre les acquis sociaux*
- la conquista social: *la conquête sociale*
- suspender el trabajo: *cesser le travail*
- la huelga del hambre: *la grève de la faim*
- las octavillas: *les tracts*
- desfilar: *défiler*
- una manifestación en apoyo a: *une manifestation de soutien à*
- una reunión en protesta por: *une reunión pour protester contre*

Riqueza y pobreza

- enriquecerse: *s'enrichir*
- adinerado: *fortuné*
- una vida holgada: *une vie aisée*
- hacerse rico: *devenir riche*
- el millonario: *le millionnaire*
- el multimillonario: *le milliardaire*
- los excluidos: *les exclus*
- los sin techo: *les sans-abri*
- el empobrecimiento: *l'appauvrissement*
- malvivir: *vivre dans des conditions difficiles*
- vivir por debajo del umbral de pobreza: *vivre sous le seuil de pauvreté*
- caer en la miseria: *tomber dans la pauvreté*
- vivir al margen de la sociedad: *vivre en marge de la société*
- el desahucio: *l'expulsion (du logement)*
- el desempleo, el paro: *le chômage*
- la deuda: *la dette*
- la hipoteca: *l'emprunt (concernant le logement)*

Max Aguirre.

Compréhension de l'oral

1 Camioneros

1

1. Escucha.
– Intenta comprender el tema general de la grabación.
– ¿Quiénes son los hombres entrevistados? ¿En qué país?

2. Escucha otra vez.
– Di cuáles son los argumentos del camionero interrogado.
– Precisa cuáles son las causas exactas de las dificultades de los camioneros.

3. Escucha por última vez.
– Di cuál es la posición del gobierno en el momento de la entrevista.

Tu as dix minutes pour rendre compte par écrit, en français, de ce que tu as compris.

Huelga de camioneros en Cali (Colombia) en 2011.

2 Protesta de estudiantes en Colombia

1. Escucha.
– Di cuál es el tema general.
Sitúa las manifestaciones.
– Hubo una víctima.
Explica en qué condiciones.

2. Escucha otra vez.
– Di por qué no aceptan la reforma los estudiantes.
– ¿Quiénes son los estudiantes?

3. Escucha por última vez.
– Explica cuál es la reacción del gobierno.

Tu as dix minutes pour rendre compte par écrit, en français, de ce que tu as compris.

Dans les conditions de l'examen

3 Unicef

Écoute l'enregistrement trois fois et, ensuite, tu as dix minutes pour rendre compte par écrit, en français, de ce que tu as compris.

unicef

La compra de esta tarjeta ha ayudado a UNICEF a proporcionar un ambiente seguro a un niño huérfano por el SIDA. Tú también puedes cambiar el futuro de muchos niños con tu contribución.
UNICEF es una organización que depende totalmente de contribuciones voluntarias. Durante sus 60 años de experiencia, su compromiso es asegurar a toda la infancia: salud, educación, igualdad y protección.

Visita www.unicef.org

4 Perú adopta ley «histórica» sobre derechos indígenas

Écoute l'enregistrement trois fois et, ensuite, tu as dix minutes pour rendre compte par écrit, en français, de ce que tu as compris.

Pour en savoir plus

En América Latina, las mujeres desempeñaron un papel importante en la vida y las luchas sociales y políticas. En la época contemporánea, muchas son las que lograron alcanzar los más altos niveles de la popularidad y del poder.

Eva Perón

María Eva Duarte de Perón (1919–1952) era la esposa del Presidente de la República Argentina, Juan Perón. Se granjeó las simpatías de una mayoría de argentinos por su actuación a favor del pueblo, de los trabajadores y, en particular, de las mujeres. Su muerte temprana, a los 33 años, cuando aún era muy joven y hermosa, provocó una gran tristeza en Argentina y, bajo el nombre de Evita, alcanzó su historia una dimensión mítica.

La película *Eva de la Argentina* (2011), una película de animación, relata la historia de Eva Perón.

MUJERES Y EL PODER

Violeta Chamorro

Violeta Barrios de Chamorro (Rivas, Nicaragua, 1929) es una política y periodista nicaragüense. Fue presidenta de Nicaragua (1990–1997).

Mireya Moscoso

Mireya Elisa Moscoso Rodríguez fue Presidenta de la República de Panamá (1999–2004).

Michelle Bachelet

Verónica Michelle Bachelet Jeria (1951), médica pediatra y política chilena, se convirtió el 11 de marzo de 2006 en la primera presidenta de la República de Chile, cargo que desempeñó hasta marzo de 2010. Dirigente del Partido Socialista, había sido víctima de la dictadura de Pinochet. Actualmente obra por la igualdad de género como encargada de la ONU Mujeres.

Cristina Kirchner

Cristina Fernández de Kirchner (1953), abogada y política, es la actual presidenta de la República Argentina. Su marido, Néstor Kirchner, fue presidente de esta nación entre 2003 y 2007. Ella accedió a este cargo en octubre de 2007, siendo la primera mujer argentina en ser elegida para ello. Enviudó en octubre de 2010, cuando Néstor Kirchner falleció. Fue reelegida en 2011 para un segundo mandato de cuatro años, con un triunfo aplastante.

Prépa bac

Séries L, ES, S
LV1

Durée : 3 heures

Sujet

Texto 1

Una entrevista

Emilio Ríos rasga el sobre y saca la carta. También saca del interior de la chaqueta unas gafas para leerla…

–Así que quieres trabajar con nosotros.

No digo nada, dejo que mis ojos marrones rodeados de abundantes pestañas negras contesten en mi lugar.

–Está bien, ¿qué sabes hacer? –pregunta mientras marca los pliegues de la carta con las uñas…

Le hablo de mis estudios, de mi escasa[1] experiencia laboral, y le digo que me siento preparada para aprender cualquier cosa…

–Veré qué puedo hacer –dice introduciendo la carta en el sobre–. En nuestra empresa tenemos economistas, psicólogos, publicistas, abogados, informáticos, consultores de comunicación. Seguro que tu aportación será valiosa[2]. ¿Por qué no le envías el currículo a mi secretaria?

Su petición me desfonda[3], me hunde[4], porque creo que ya se ha formado una opinión y que un insignificante currículo como el mío no la va a mejorar. Entiendo que es una manera de deshacerse de mí y de dar por zanjada[5] la entrevista, así que la magnífica sensación que he tenido hace un momento de ser una elegida ahora se vuelve desagradable, agria. No es la primera vez que me rechazan sin que parezca que me rechazan.

Clara Sánchez, *Un millón de luces*, 2004.

1. escaso: *court, maigre, rare* 2. *précieuse* 3. *ici, me fait toucher le fond* 4. *ici, m'abat* 5. *mettre fin à*

Texto 2

Necesito trabajar

Tras la chaqueta oscura y la corbata burdeos, la expresión de seguridad, el peinado correcto, saludaba levantando las cejas el responsable de recursos humanos, diez años más joven que ella. Nuria apretó la mano que le tendía y se sentó al otro lado de la mesa.

–Bien, Nuria, ¿qué te trae por aquí? –inició la entrevista con tono afable.

–Bueno, he visto el anuncio en el periódico. Que se iba a proceder a contratar más personal.

–¿Por qué quieres trabajar en nuestros grandes almacenes?

–Bueno, yo quiero trabajar. Necesito trabajar, como todo el mundo. Y creo que sirvo para este trabajo.

–No lo dudo pero ¿por qué crees que podrás servir?

–Ya he trabajado de cara al público y sé tratar a la gente, me gusta tratar a la gente.

–Estás en situación de desempleo, ¿verdad? –comentó tras consultar una ficha.

Conseils pour réussir ce devoir

- Lis d'abord plusieurs fois le texte 1 et analyse le comportement et la réaction des deux personnages. Essaie de définir la personnalité de la narratrice.
- Lis ensuite le texte 2 plusieurs fois. Essaie de caractériser l'attitude de chaque personnage.
- Les deux femmes (narratrice [texte 1] et Nuria [texte 2]) ont-elles les mêmes réactions ? La narratrice [texte 1] parle-t-elle beaucoup ? Cela révèle-t-il quelque chose de sa personnalité ?
- C'est seulement après avoir réfléchi sur chaque texte **séparément**, puis, après les avoir **confrontés** que, tu peux lire utilement les questions.
- Il est conseillé de **lire toutes les questions** avant de commencer à répondre aux questions de compréhension.
- Pour chacune des questions, n'hésite pas à souligner ou surligner, sur une photocopie des textes, les éléments utiles pour répondre.

I-COMPRÉHENSION

Question 6

- Il t'est demandé de répondre en français à cette question. Il est important de montrer que tu as bien compris le sens de chacun des documents et l'intérêt de les confronter pour faire ressortir ressemblances et différences. Ta réponse, en 5 lignes environ, doit être la synthèse de cette réflexion.

–Sí. Vivía en Madrid y al venirme tuve que dejar el empleo que tenía. Trabajaba en una asesoría[1].
–Decías que trabajabas de cara al público.
–Bueno, eso fue antes, en una tienda de ropa.
–¿En qué tienda? Estudié en Madrid, a lo mejor la conozco.
–Bruselas. Cerró.
–¿Y cuál fue el motivo de tu venida a Málaga?
–Mi padre está enfermo –el nerviosismo distorsionaba su voz.
–Pero estás dispuesta a pasar muchas horas cada día fuera de casa.
–Mi padre necesita cuidados, compañía y ayuda en la casa. También hace falta dinero.
–¿Tiene pensión[2] tu padre?
–Perdona, pero no entiendo que en una entrevista para trabajar vendiendo ropa tenga que contestar esa pregunta.
–Ya. ¿Me dices tu estado civil?
–Vivo con mi padre –no pudo evitar morderse los labios.
La sonrisa del responsable de recursos humanos cada vez era más forzada.
–¿Qué edad tienes, Nuria?
–¿Y tú?
–Tú eres la que estás solicitando un puesto de trabajo, no yo. No creo que mi edad importe en esta entrevista. No sé por qué te cuesta decir la edad si en el impreso de solicitud que has rellenado[3] antes de la entrevista la has puesto.
–Y si tienes el impreso de solicitud por qué no lo miras ahí.
–Me parece que estás muy tensa.
–Pues sí, estoy muy tensa. Me provoca tensión que alguien que probablemente no va a volver a verme jamás y que probablemente no va a darme un puesto de trabajo porque en la sala de espera hay cuarenta mujeres que tienen quince años menos que yo, me humille con un interrogatorio íntimo y absurdo sin el más mínimo pudor.
–Sabiendo tu situación familiar podemos saber la disponibilidad horaria.
–¿Y por qué no preguntas por mi disponibilidad horaria?
–Sí, tienes razón. Bueno, Nuria, muchas gracias. Tenemos tu número de teléfono. Cuando acaben todas las entrevistas se telefoneará a las seleccionadas.
–Una pregunta, por favor –dijo Nuria, controlando los nervios.
–Sí, claro, dime –ya no sonreía.
–¿Qué perfil buscáis?
–Gente normal con ganas de trabajar y mucha disponibilidad.
–¿Y la edad no importa?
–Sí importa. Normalmente se prefiere contratar jóvenes. Pero una parte importante de nuestro personal no es tan joven. En esta empresa hay sitio para todos. Gracias, Nuria. A primeros de mes se realizarán las llamadas.
–Gracias. Adiós.

Pablo Aranda, *El orden improbable*, 2004.

1. *un cabinet conseil* 2. *pension de retraite* 3. rellenar un impreso: *remplir un formulaire*

Conseils généraux pour le bac p. 214

Questions

I-COMPRÉHENSION

Texto 2

A. Contesta en español.

1. Apunta dos detalles del texto que explican por qué Nuria se encuentra con el responsable de recursos humanos.

2. ¿Tiene experiencia profesional Nuria? Apunta dos expresiones del texto que lo evidencian.

3. Di cuál es el adjetivo que mejor califica a Nuria en esta escena:
a. nerviosa.
b. curiosa.
c. relajada.
d. entusiasta.
Justifica tu respuesta con dos frases sacadas del texto.

4. Para este puesto de trabajo, la persona contratada deberá:
a. viajar.
b. estar disponible.
c. atender a la clientela.
Elige la(s) respuesta(s) correcta(s).

5. «Es un interrogatorio íntimo y absurdo» (l. 45): cita dos elementos del texto que justifican esta afirmación de Nuria.

Textes 1 et 2

B. Réponds en français à la question suivante. (Environ 5 lignes)

6. *Quels sont les points communs et les différences entre les deux textes ?*

II-EXPRESSION

(1 ligne = 10 mots)

1. En el texto 2, analiza y comenta la actitud de Nuria a lo largo de la entrevista. (Unas 15 líneas)

2. Di en qué son reveladores estos dos textos de la realidad de la sociedad actual. (Unas 15 líneas)

1 Palacio que el dictador **Rafael Leónidas Trujillo** mandó construir en Santo Domingo.

2 Franco mandó construir la **cárcel de Carabanchel** (Madrid) después de la **Guerra Civil**. Fueron encarceladas allí miles de personas, entre las cuales muchas por delitos de opinión o políticos. Hoy está cerrada. Muchos grafiteros han decorado todas las paredes del viejo presidio.

3 En 2011, durante varias semanas, **«los indignados»** acamparon en la Puerta del Sol en Madrid para manifestarse por una «Democracia Real Ya».

LUGARES Y FORMAS DE PODER (2)

DOSSIER 2

Elementos del dossier 2

4 En abril de 2011, miles de personas se manifestaron contra la inseguridad y por la paz en México. La manifestación fue encabezada por el poeta y escritor Javier Sicilia, cuyo hijo acababa de ser encontrado asesinado.

Documento 1

El Señor Presidente

En palacio, el Presidente firmaba el despacho[1] asistido por el viejecito que entró al salir el doctor Barreño y oír que llamaban a ese animal. Ese animal era un hombre pobremente vestido, con la piel rosada como ratón tierno, el cabello de oro de mala calidad, y los ojos azules y turbios perdidos en anteojos[2] color de yema de huevo.

El Presidente puso la última firma y el viejecito, por secar de prisa, derramó el tintero[3] sobre el pliego firmado.

–¡ANIMAL!

–¡Se...ñor!

–¡ANIMAL!

Un timbrazo[4]..., otro..., otro... Pasos y un ayudante[5] en la puerta.

–¡General, que le den doscientos palos[6] a éste, ya, ya! –rugió el Presidente; y pasó en seguida a la Casa Presidencial. La comida estaba puesta.

A ese animal se le llenaron los ojos de lágrimas. No habló porque no pudo y porque sabía que era inútil implorar perdón: el Señor Presidente estaba como endemoniado con el asesinato de Parrales Sonriente[7]...

El sudor de la espalda le pegaba la camisa, acongojándole de un modo extraño.

¡Nunca había sudado tanto!... ¡Y no poder gritar para aliviarse[8]! Y la basca[9] del miedo le, le, le hacía tiritar[10]...

El ayudante le sacó del brazo como dundo[11], embutido en una torpeza macabra: los ojos fijos, los oídos con una terrible sensación de vacío, la piel pesada, pesadísima, doblándose por los riñones, flojo, cada vez más flojo...

Minutos después, en el comedor:

–¿Da su permiso, Señor Presidente?

–Pase, General.

–Señor, vengo a darle parte[12] de ese animal, que no aguantó los doscientos palos.

La sirvienta que sostenía el plato del que tomaba el Presidente, en ese momento, una papa frita, se puso a temblar...

–Y usted, ¿por qué tiembla? –la increpó el amo. Y volviéndose al general que, cuadrado[13], con el quepis en la mano, esperaba sin pestañear: –¡Está bien, retírese!

Sin dejar el plato, la sirvienta corrió a alcanzar al ayudante y le preguntó por qué no había aguantado los doscientos palos.

–¿Cómo por qué? ¡Porque se murió!

Y siempre con el plato, volvió al comedor.

–¡Señor –dijo casi llorando al Presidente, que comía tranquilo, –dice que no aguantó porque se murió!

–¿Y qué? ¡Traiga lo que sigue!

Miguel Ángel Asturias, *El Señor Presidente*, 1946.

Etapa 1 Presentación

1. Di quién es «ese animal».
2. Apunta detalles para presentarlo.
3. Explica por qué se puso furioso el Presidente. ¿Qué ordenó?
4. ¿Cuál fue la consecuencia para el viejecito?

Etapa 2 Análisis

Analiza las formas del poder tales como aparecen en el texto.

5. El Presidente está presentado como el dictador en una dictadura militar. Busca detalles que lo muestran.
6. Es un hombre cruel e inhumano. Apunta ejemplos.
7. Explica en qué se opone el personaje de la sirvienta a la figura del dictador.

Etapa 3 Síntesis

8. Miguel Ángel Asturias hace una sátira del poder dictatorial. Este poder está basado en:
   – las decisiones arbitrarias (tomadas sin control ni respeto de las leyes);
   – la jerarquía militar;
   – la violencia y el miedo;
   – la falta de valores humanos.
   Vuelve a leer el texto y busca ejemplos para mostrarlo.
9. Después, a partir de estos cuatro elementos, caracteriza al dictador tal como lo presenta Asturias.
10. Basándote en lo que sabes, di en qué ilustra este texto un aspecto del tema sobre las «formas del poder».

1. *courrier* 2. gafas 3. *renversa l'encrier* 4. *un coup de sonnette* 5. *un aide de camp* 6. *coups de bâton* 7. Coronel del ejército que fue asesinado por un mendigo. 8. *se soulager* 9. *la nausée* 10. *trembler* 11. *hébété* 12. *vous faire mon rapport sur* 13. *au garde-à-vous*

Fernando Botero (pintor colombiano), *Retrato oficial de la junta militar*, 1971.

Análisis

1. Se trata de la representación de una junta militar. Muéstralo.
2. Fíjate en las proporciones (el dictador, los militares, las mujeres, el caballo, etc.). Di lo que notas y cómo lo explicas.
3. La mujer que está en la parte izquierda del cuadro lleva a un niño en brazos. Explica lo que puedes deducir de la apariencia del niño.
4. Fíjate en las moscas que vuelan arriba. A tu parecer, ¿qué pueden sugerir?

Así se dice

- el incidente
- la orden tajante: *l'ordre catégorique*
- la impotencia: *l'impuissance*
- la congoja: *l'angoisse*
- el poder dictatorial
- el régimen autoritario: *le régime autoritaire*
- una medida: *une mesure*
- aplastar: *écraser*
- obedecer las órdenes: *obéir aux ordres*
- desencadenar: *déchaîner*
- absoluto(a): *absolu(e)*
- desalmado(a): *sans cœur*
- desmedido(a): *démesuré(e)*
- desprovisto(a): *dépourvu(e)*
- indefenso(a): *sans défense*
- insensato(a): *insensé(e)*
- personal: *personnel(elle)*
- prepotente: *arrogant(e); tout(e)-puissant(e)*

Infórmate

- **En la novela *El Señor Presidente*,** el modelo del escritor guatemalteco Miguel Ángel Asturias (1899-1974) es Manuel Estrada Cabrera que fue dictador en Guatemala, pero, mezclando diferentes realidades, denuncia la figura de cualquier dictador en todas las dictaduras latinoamericanas del siglo XX. Propone así un análisis de los mecanismos del poder basado en la represión de los derechos y libertades.
- **Miguel Ángel Asturias** participó en la lucha contra el dictador hasta su derrocamiento. Desempeñó varios cargos diplomáticos. Como escritor, es considerado como uno de los precursores del boom hispanoamericano y recibió el premio Nobel de Literatura en 1967.

Prácticas

Complète les phrases pour obtenir un résumé structuré en utilisant : por eso • por supuesto • porque • por

(tu utiliseras «por» 3 fois).

1. El dictador ordenó que le dieran doscientos palos al secretario ...... haber derramado éste la tinta.
2. El empleado no intentó implorar perdón ...... sabía que era inútil.
3. Era un anciano y ...... no aguantó los golpes.
4. A la sirvienta, le horrorizó la noticia de la muerte del hombre y sintió compasión ...... él.
5. ......, el dictador no se conmovió ...... tan poca cosa.

Recuerda

La cause

- «El viejecito, **por secar** de prisa, derramó el tintero sobre el pliego firmado.»

Les démonstratifs

- «–¡General, que le den doscientos palos a **éste**, ya, ya!»
- «A **ese** animal se le llenaron los ojos de lágrimas.»

▶ Précis grammatical p. 249/245

DOSSIER 2

Documento 2

En el despacho del dictador

El teniente[1] García Guerrero había oído hablar desde niño, en su familia, en la escuela y, más tarde, de cadete y oficial, de la mirada de Trujillo[2]. Una mirada que nadie podía resistir sin bajar los ojos, intimidado, aniquilado[3] por la fuerza que irradiaban esas pupilas perforantes, que parecía leer los pensamientos más secretos, que hacía sentirse desnudas a las gentes. [...]

Le bastó entrar al despacho, chocar los tacos y anunciarse con la voz más marcial que pudo sacar de su garganta –«¡*Teniente García Guerrero, a la orden, Excelencia* !»– para sentirse electrizado. «*Pase*», dijo la aguda voz del hombre que escribía sin alzar la cabeza. El joven dio unos pasos y permaneció firme[4], sin mover un músculo ni pensar, viendo los cabellos grises alisados y el impecable atuendo –chaqueta y chaleco azul, camisa blanca de inmaculado cuello, corbata sujeta con una perla–.

–Una buena hoja de servicios, teniente– lo oyó decir.

–Muchas gracias, Excelencia.

–Esa hoja de servicios tan buena no puede mancharla[5] casándose con la hermana de un comunista. En mi gobierno no se juntan amigos y enemigos.

Hablaba con suavidad, sin quitarle de encima la mirada taladrante[6].

–El hermano de Luisa Gil es uno de esos subversivos del 14 de Junio. ¿Lo sabía?

–No, Excelencia.

–Ahora lo sabe– se aclaró la garganta, y, sin cambiar de tono, añadió: Hay muchas mujeres en este país. Búsquese otra.

–Sí, Excelencia.

Lo vio hacer un signo de asentimiento, dando por terminada la entrevista.

–Permiso para retirarme, Excelencia.

Hizo sonar los tacos y saludó. Salió con paso marcial, disimulando la zozobra[7] que lo embargaba. Un militar obedecía las órdenes, sobre todo si venían del Benefactor y Padre de la Patria Nueva, quien había distraído unos minutos de su tiempo para hablarle en persona. Si le había dado esa orden a él, oficial privilegiado, era por su propio bien. Debía obedecer. Lo hizo, apretando los dientes. Su carta a Luisa Gil no tenía una sola palabra que no fuera verdad: «*Con mucho pesar, y aunque por ello sufran mis sentimientos, debo renunciar a mi amor por ti, y anunciarte adolorido que no podemos casarnos. Me lo prohíbe la superioridad, en razón de las actividades antitrujillistas de tu hermano, algo que me habías ocultado. Entiendo por qué lo hiciste. Pero, por eso mismo, espero que tú también entiendas la difícil decisión que me veo obligado a tomar, en contra de mi voluntad. Aunque siempre te recordaré con amor, no volveremos a vernos. Te deseo suerte en la vida. No me guardes rencor*».

Mario Vargas Llosa, *La Fiesta del Chivo*, 2000.

Rafael L. Trujillo.

Etapa 1 Presentación

1. Busca los diferentes elementos físicos que caracterizan al dictador.
2. Explica por qué convocó al teniente en su despacho.
3. ¿Quién era Luisa Gil?
4. En su carta, ¿qué le explicó el teniente a Luisa Gil?

Etapa 2 Análisis

5. Analiza la actitud del dictador y la del teniente durante la entrevista.
6. Di en qué es reveladora la carta de la sumisión del teniente al dictador.

Etapa 3 Síntesis

7. Explica de qué forma puede relacionarse este texto con el tema «Lugares y formas de poder».

1. *le lieutenant*
2. Dictador de Santo Domingo (1891-1961).
3. *anéanti*
4. *au garde-à-vous*
5. manchar: *entacher, salir*
6. *perçant*
7. *le profond malaise*

Análisis

1. El dictador se prepara a festejar Navidad y Año Nuevo. Di cómo se nota.

2. Di cuáles son los elementos del retrato del dictador que más te llaman la atención y coméntalos.

3. Aquí el humorismo permite subrayar el horror de la dictadura. Explica en qué.

Así se dice

- el abuso de autoridad: *l'abus de pouvoir*
- las libertades fundamentales: *les libertés fondamentales*
- un activista: *un militant*
- los derechos humanos: *les droits de l'homme*
- un activista pro derechos humanos: *un militant des droits de l'homme*
- hallarse sujeto a la potestad de: *être soumis à l'autorité de*
- llevarle la contraria a alguien: *s'opposer à quelqu'un*
- aniquilar: *anéantir*
- sumiso: *soumis*
- rebelde: *rebelle*

Infórmate

- **En la novela *La Fiesta del Chivo*,** el escritor relata el asesinato del dictador Rafael Leónidas Trujillo en la República Dominicana. Propone también una reflexión sobre la dictadura en los años 1950 y las consecuencias para los habitantes de la isla. Una versión cinematográfica de la novela se estrenó en 2005.
- **Mario Vargas Llosa** recibió el premio Nobel de Literatura en 2010.

Prácticas

Réécris ces phrases en utilisant le superlatif.

Ex : Es un dictador. Lo conozco, es inhumano. ➜ Es el dictador más inhumano que conozco.

1. La anécdota es terrible. La he leído. ➜ Es...

2. La carta es emocionante. El sargento la escribió. ➜ Fue...

3. La decisión es cruel. El sargento la tomó. ➜ Fue...

4. Esos hombres son valientes. Oí hablar de ellos. ➜ Son...

Recuerda

Le superlatif relatif

- «Parecía leer los pensamientos **más** secretos».

▶ **Précis grammatical p. 242**

DOSSIER 2

Documento 3

Carta desde la cárcel

Yeserías, el 19 de octubre de 1974

Queridos hijos:

A los tres va dirigida mi carta, pero en especial a Juan porque es el que más la necesita dada su lejanía y las escasas y confusas informaciones que le habrán llegado. Me siento pues, Juan querido, como lo solía hacer este año pasado en la mesa de la cocina, para decirte lo muchísimo que me he acordado de ti en estas últimas semanas. Durante las largas horas que pasé en la D.G. de S.[1] tuve tiempo más que suficiente para pensar en los seres más queridos y tú eres uno de ellos. Pero me tranquilizaba saber que estabas viviendo una vida rica, de estudio y trabajo combinados, rodeado de amigos que te quieren y en medio de una solidaridad grande, esa solidaridad que sólo conocen quienes aman al hombre y saben el caudal[2] de energía que lleva dentro.

Todo cuanto me ha ocurrido en este larguísimo mes me parece una pesadilla[3], aunque la triste realidad es que nada tiene que ver con un sueño. Yo sé que tú estás lo suficiente maduro[4] como para comprender que nada de cuanto ha dicho la Prensa ni ningún otro medio de información, es verdad. Tú me conoces a mí. Hemos hablado muchas veces de lo que ocurre en el mundo y de los ideales que me mueven y nunca habrás podido sacar otra conclusión que la de que hay que luchar porque el hombre piense, estudie y tenga conocimiento de la realidad que le rodea y que por ello mismo yo nunca podría haber participado en nada que fuera en contra del hombre mismo. La verdad –que tanto se empeñan en confundir[5]– resplandecerá en su momento y entonces las cosas volverán a su sitio.

Pero no tengo necesidad de hablarte más. Tus cartas me han llenado de orgullo siempre y seguirán haciéndolo ahora más que nunca. La vida nuestra continúa, somos una familia unida, como tantas familias vietnamitas o tantas familias chilenas que tú conoces en tu escuela. Cada uno, llenos de amor por nosotros, y por los hombres, trataremos de trabajar y estudiar lo mejor que sepamos y para eso no hay edades y yo, desde luego me siento joven y pletórica para seguir. [...] Por lo demás mi vida aquí transcurre bien. Ya os he dicho que se come muy bien y que no necesito nada en absoluto. [...] Sabéis que yo estoy contra la sociedad de consumo y el despilfarro[6] en que vive mucha gente en la vida actual. En ese sentido tengo lo fundamental en lo que a bienes materiales se refiere, lápiz, papel, libros –y esas mismas condiciones me facilitan el poder pensar. [...]

...

Etapa 1 Presentación

1. El texto es una carta. Explica a quién o a quiénes va dirigida.
2. Di en qué circunstancias escribió la carta Eva Forest.
3. La escritora dice «Tú me conoces a mí.» Explica por qué era necesario, en tales circunstancias, insistir en su modo de ser y sus propios ideales de vida.
4. ¿Cómo se expresa, en la carta, el amor de la mujer por su familia y sus amigos?

Etapa 2 Análisis

5. A pesar de estar encarcelada, Eva Forest seguía llena de entusiasmo y esperanza. Encuentra argumentos para explicarlo.
6. Eva Forest se quedó durante tres años en la cárcel, esperando un juicio que nunca llegó. A partir de esta carta, explica cómo, a tu parecer, pudo resistir.

Etapa 3 Síntesis

7. Explica de qué forma puede relacionarse este texto con el tema «Lugares y formas de poder».

1. La Dirección General de Seguridad.
2. *ici, le flot* 3. *cauchemar*
4. *mûr* 5. *qu'ils s'efforcent tant de cacher*
6. *gaspillage* 7. *héritage*
8. *quand le procès sera rendu public*

Esa carta era, sobre todo, para Juan y con Juan termino. Quiero que con ella te llegue la tranquilidad. [...] Nada de cuanto nos ocurre puede caer en el vacío. Ninguna experiencia se pierde, es energía que se acumula y es obligación del hombre que puede hacerlo, el estudiar y el investigar, el aprender cada día más. Soy feliz de que cumplas tus 18 años entre amigos, millonario de cultura y de inquietudes y tengo la impresión de que te estamos dejando la mejor herencia[7]. Ve corriendo a ver a los amigos [...]. Diles que les quiero, que sonrío al decírselo, que nada hay en mi vida que esté en contradicción con lo que siento y pienso, y que un día, cuando ese juicio salga a la luz[8] se entenderán las cosas y yo seré feliz. ¡Feliz aniversario Juan querido!

Eva

Eva Forest, *Diario y cartas desde la cárcel*, 1975.

Así se dice

- resistir: *résister*
- darse por vencido: *s'avouer vaincu*
- infundir ánimos: *donner du courage*
- confesar(ie): *avouer*
- negar(ie): *nier*
- la culpabilidad: *la culpabilité*
- la inocencia: *l'innocence*
- el juicio: *le jugement*
- emprender un proceso contra alguien: *intenter un procès à quelqu'un*
- encarcelar: *emprisonner*
- el juez: *le juge*
- los cargos de la acusación: *les chefs d'accusation*
- la prueba: *la preuve*
- el alegato: *le plaidoyer*

◀ **Pablo Picasso, *Dos niñas leyendo*, 1934.**

Infórmate

- **Eva Forest (1928-2007)**
La escritora Eva Forest y su marido, el dramaturgo Alfonso Sastre, fueron arrestados en 1974 y acusados de participación en un atentado preparado por ETA. Eva Forest pasó tres años de prisión preventiva en la cárcel de Yeserías (Madrid) y fue liberada en 1977 por la ley de amnistía. Nunca fue celebrado el juicio.
- ***Diario y cartas desde la cárcel*** es uno de los dos libros que escribió durante su encarcelamiento y es un testimonio sobre el sistema represivo franquista. Eva Forest publicó muchas obras comprometidas políticamente y varias obras de ficción.

Prácticas

Transforme les phrases suivantes de façon à utiliser «Todo cuanto...» ou «Nada de cuanto...».

Ex. **:** Lo que le dice a su hijo subraya el amor que siente por él.
→ **Todo cuanto le dice** a su hijo subraya el amor que siente por él.

1. Ella siempre negó que fuera verdad lo que contaban de ella.
2. A través de lo que escribió, intentó dar fe de lo que había vivido en la cárcel.
3. No creía ella que fuera necesario lo que se cree indispensable en la sociedad de consumo.
4. Un lápiz y un papel: eso era lo que necesitaba ella para sentirse bien.
5. Nada de lo que hicieron sus amigos para pedir la liberación de Eva sirvió: ella se quedó tres años en la cárcel.

Recuerda

«Todo cuanto», «nada de cuanto»

- «**Todo cuanto** me ha ocurrido en este larguísimo mes me parece una pesadilla.»
Tout ce qui *m'est arrivé...*
- «Tú estás lo suficiente maduro como para comprender que **nada de cuanto** ha dicho la Prensa es verdad.»
...rien de ce que *la Presse a dit...*

Documento 4

3 Latinoamérica

Soy,
Soy lo que dejaron,
soy toda la sobra[1] de lo que se robaron.
Un pueblo escondido en la cima,
mi piel es de cuero por eso aguanta[2] cualquier clima.
Soy una fábrica de humo,
mano de obra campesina para tu consumo[3]
Frente de frío en el medio del verano,
el amor en los tiempos del cólera[4], mi hermano.
El sol que nace y el día que muere,
con los mejores atardeceres.
Soy el desarrollo en carne viva,
un discurso político sin saliva.
Las caras más bonitas que he conocido,
soy la fotografía de un desaparecido.
Soy la sangre dentro de tus venas[5],
soy un pedazo de tierra que vale la pena.
soy una canasta con frijoles[6],
soy Maradona[7] contra Inglaterra anotándote dos goles[8].
Soy lo que sostiene mi bandera,
la espina dorsal del planeta es mi cordillera.
Soy lo que me enseñó mi padre,
el que no quiere a su patria no quiere a su madre.
Soy América latina,
un pueblo sin piernas[9] pero que camina.

Tú no puedes comprar al viento.
Tú no puedes comprar al sol.
Tú no puedes comprar la lluvia.
Tú no puedes comprar el calor.
Tú no puedes comprar las nubes.
Tú no puedes comprar los colores.
Tú no puedes comprar mi alegría.
Tú no puedes comprar mis dolores.

Aquí estamos de pie.
¡Que viva Latinoamérica!
No puedes comprar mi vida.

Calle 13

Etapa 1 Presentación

1. El cantante acusa a los hombres que «robaron» y sólo «dejaron» en Latinoamérica lo que no pudieron llevarse. A tu parecer, ¿quiénes fueron culpables de este robo?

Etapa 2 Análisis

2. Explica a quiénes se dirige cuando dice «Tú no puedes comprar...», utilizando la segunda persona.

3. El cantante enumera varios aspectos de América Latina (alude a su historia, a sus artes, a sus riquezas...). Entresaca los que te parezcan más interesantes y explícalos.

4. En la canción aparecen varios sentimientos:
- rebeldía
- orgullo
- amor
- esperanza

Di cómo se manifiestan, eligiendo un ejemplo para cada uno de ellos.

5. ¿Cómo interpretas la frase «Soy América Latina»? ¿Qué revela de la voluntad del cantante?

Etapa 3 Síntesis

6. «Aquí estamos de pie.» Di lo que significa esta afirmación.

7. Explica de qué forma puede relacionarse este texto con el tema «Lugares y formas de poder».

1. *ce qui reste* 2. *elle supporte* 3. *consommation*
4. *Allusion au roman de Gabriel García Márquez.*
5. *Allusion au livre de Eduardo Galeano* Las venas abiertas de América Latina *(1971).*
6. *panier de haricots*
7. *footballeur mythique argentin*
8. *mettant deux buts pour toi*
9. *jambes*

Infórmate

• Calle 13

Es una banda de música urbana de Puerto Rico conformada por dos hermanos apodados Visitante y Residente. Su primer álbum, *Calle 13*, fue lanzado en 2005. Gracias en particular a sus canciones de contenido social, obtuvieron varios premios y bastante éxito en toda América Latina.

• Latinoamérica

Es una canción del álbum *Entren los que quieran* de la que dijo Residente «*Esta canción la hice como un regalo para mí, y si lo aceptan, es un regalo para ustedes también [...]. Yo no conocía nada de América Latina, hasta que me sumergí en sus entrañas, la única referencia que tenía, hace unos años, era la historia oficial que los Estados Unidos le dan a Puerto Rico, como una de sus colonias*».

Así se dice

- la reivindicación: *la revendication*
- reivindicar: *revendiquer*
- enorgullecerse de: *être fier de*
- hacer el balance: *faire le bilan*
- la herencia: *l'héritage*
- la toma de conciencia: *la prise de conscience*
- la solidaridad: *la solidarité*
- el pueblo: *le peuple*
- la advertencia: *l'avertissement*
- el manifiesto: *le manifeste*

Prácticas

Complète les phrases suivantes avec «cualquier» ou «cualquiera».

1. Calle 13 no es una banda ......: obtuvo numerosos premios por sus canciones.

2. Todas sus canciones me gustan: ...... tema de este álbum es interesante.

3. No se contentan con cantar ...... cosa y, en la letra de las canciones, se nota cierto compromiso social.

4. Puedes comprar el disco en ...... tienda.

Recuerda

«Cualquier», «cualquiera»

- «Mi piel es de cuero, por eso aguanta **cualquier** clima.»

▶ **Précis grammatical p. 242**

DOSSIER 2

Documento 5

Miles de ciudadanos en las calles

Por primera vez la sociedad civil española se ha organizado al margen de los cauces establecidos[1] para protestar contra los políticos. Ocurrió el pasado domingo en más de 50 ciudades de toda España. Miles de personas se echaron a las calles[2] para gritarles a los políticos que están hartos[3], que no sienten que les representen y que se han cansado de que quienes eligen para protegerles, ni siquiera se molesten[4] en escucharles. Y demostraron que a través de las redes[5], además de por las vías tradicionales, en un masivo boca a boca digital, es posible convocar a muchos.

«Allí estaban representados los que han estado hasta la fecha no ocupándose de la política», explica Javier de la Cueva, abogado de 48 años especializado en Internet, «Fue toda la gente que no estaba en la política y que ahora quiere reincorporarse».

Fueron convocados por una pequeña asociación, Democracia Real Ya, que aglutina a gentes diversas, pero con un nivel de organización tan eficaz que pudieron sacar a las calles madrileñas un cordón de seguridad de 200 personas para evitar altercados[6] o que tuvieron la visión de utilizar todos los trucos que permite Twitter para mantenerse como uno de los temas de conversación más populares del mundo durante todo el día, bajo la denominación común de 15-M.

Se inspiraron en las revoluciones árabes y, antes, en las revueltas de los estudiantes en Grecia por la crisis económica, cuenta uno de los integrantes de Democracia Real Ya, Iván Olmedo, de 22 años, estudiante de turismo.

Durante tres meses prepararon la manifestación, a la que se fueron sumando asociaciones y diversas personalidades a través de adhesiones en su web. También convocaron a través de las redes sociales y en asambleas locales. Casi sin ayuda y, desde luego, sin ninguna repercusión mediática.

«Cualitativamente es muy importante lo que ha sucedido», admite Ramón Espinar, estudiante de 25 años que pertenece a *Juventud sin futuro*, que hace un mes convocó otra gran manifestación para protestar por la precaria situación de una generación sin expectativas, y que pronto se sumó al movimiento *15-M*. «Para mí, fue histórico», afirma Ricardo Galli, de 45 años, socio fundador de *Menéame.net* y profesor de la Universidad de las Islas Baleares, «Fue un examen a lo que somos capaces de hacer desde las redes y lo hemos sacado con nota».

Soledad Alcaide, *El País.com*, 17/05/2011.

▸ Etapa 1 Presentación

1. Di qué pasó en España en el mes de mayo de 2011.
2. Di qué organización estuvo al origen de las manifestaciones.
3. Apunta los elementos que explican el movimiento de protesta y di cuál era el estado de ánimo de los manifestantes.
4. Apunta los elementos que muestran que las manifestaciones obtuvieron un gran éxito.
5. Esta revuelta del pueblo fue esencialmente pacífica. Apunta elementos que lo revelan.

▸ Etapa 2 Análisis

6. Todos reconocen que es muy importante lo que ha sucedido. Explica por qué.
7. Fíjate en las personas que intervienen en el artículo. ¿Quiénes son?
8. ¿Qué revela acerca del movimiento del 15-M?

▸ Etapa 3 Síntesis

En el artículo se ve cómo el pueblo reivindica más democracia directa, lo que es un cambio radical en la organización de la democracia.

9. Di lo que critican los ciudadanos en la democracia actual.
10. Explica cuáles son sus «armas» en su lucha.
11. Explica lo que reivindican.
12. Basándote en lo que sabes, di en qué puede este artículo ilustrar un aspecto del tema sobre «los lugares y las formas de poder».

1. *en marge des voies habituelles*
2. *sont descendues dans la rue*
3. estar harto: *en avoir assez*
4. *ne prennent même pas la peine*
5. las redes (sociales): *les réseaux (sociaux)*
6. *altercations, incidents*

Infórmate

- **El 15 de mayo de 2011** se produjo en España una serie de manifestaciones populares que reunieron miles de personas. Este movimiento espontáneo, cuyo origen surgió en las redes sociales, fue llamado *Movimiento 15-M* o, también, *Los Indignados*. Las elecciones municipales del 22 de mayo no provocaron el fin del movimiento de protesta que siguió extendiéndose y organizándose.
- **En Madrid,** los manifestantes se reunieron en la *Puerta del Sol*, lugar emblemático de la ciudad por ser su centro neurálgico, el lugar donde la gente suele citarse. En esta Plaza se encuentra lo que se llama *«el kilómetro cero»* que marca el principio de las carreteras españolas. Allí se encuentra la estatua *«el oso y el madroño»*, símbolos de Madrid. También en esta plaza es donde, para Nochevieja, la gente suele reunirse al pie del reloj de la *Casa de Correos* para escuchar las campanadas de las 12 de la noche y tomar las doce uvas.

Concentración de jóvenes en la Puerta del Sol de Madrid convocada por Democracia Real Ya para pedir un cambio político y social.

Así se dice

- la crisis: *la crise*
- la impotencia: *l'impuissance*
- la protesta: *la protestation*
- la revuelta: *la révolte*
- la manifestación multitudinaria: *la manifestation de masse*
- el éxito rotundo, arrollador: *le succès total, retentissant*
- la organización eficiente: *l'organisation efficace*
- el ciudadano de a pie: *le citoyen de base*
- la convocatoria: *la convocation*
- la consigna: *la consigne, le mot d'ordre*
- la expectación: *l'attente, l'espoir*
- cundir: *se répandre*
- lograr: *obtenir, réussir*
- conseguir (i): *obtenir, réussir*
- citarse: *se donner rendez-vous*
- asombrar: *étonner, stupéfier*
- espontáneo(a): *spontané(e)*
- inesperado(a): *inattendu(e)*
- estar al margen: *être en marge*

Prácticas

Transforme les phrases suivantes de façon à employer la forme progressive avec «ir + gérondif».

Ex. : **Poco a poco, se sumaron** a la manifestación varias asociaciones.
➜ **Se fueron sumando** a la manifestación varias asociaciones.

1. **Poco a poco,** el sentimiento de exasperación **aumentó** entre los que padecían los efectos de la crisis.
2. **Poco a poco,** la voz **cundió**: se estaba preparando un movimiento de protesta.
3. Cada vez más numerosos, los ciudadanos **llegaron poco a poco** a la Puerta del Sol.
4. A lo largo de las semanas, los responsables del movimiento **impidieron poco a poco** su recuperación por los partidos políticos.
5. Aunque al principio provocó la sorpresa general, el movimiento **cobró poco a poco** una importancia enorme y **suscitó** una gran expectación.

Recuerda

Le but, l'emploi de la préposition «*para*»

- «Se han cansado de que quienes eligen **para** protegerles...»

La valeur du passé simple et du passé composé

- «Por primera vez, la sociedad civil española **se ha organizado. Ocurrió** el pasado domingo...»

La forme progressive

- «...**se fueron sumando** asociaciones.»

▶ Précis grammatical p. 249/252/250

Conseils généraux pour le bac p. 213

PRÉSENTER LA NOTION

1 PRESENTACIÓN DEL DOSSIER

- **Da el título de cada uno de los tres (o cuatro) documentos seleccionados.**
- **Precisa el tema de cada uno y explica cómo se relaciona con la noción «Lugares y formas de poder».**

▶ Poder político, democracias, dictaduras... / reacciones, reivindicaciones, consecuencias...

Documento 1 El Señor Presidente

(Novela de Miguel Ángel Asturias)

- Miguel Ángel Asturias era un novelista... Denunció...
- Presentación de un mundo jerarquizado, inhumano y cruel... (Dar ejemplos: actitud del ayudante, sentencia del dictador, reacciones del dictador frente a la sirvienta...).
- La presentación de un régimen autoritario... (El "crimen" del viejecito, la condena, las consecuencias. Las reacciones o ausencia de reacciones...).

▶ Denuncia de la dictadura y de los abusos del poder.

▶ La novela comprometida como resistencia al poder.

Documento 2 En el despacho del dictador

(Novela de Mario Vargas Llosa)

- Mario Vargas Llosa evoca un período de la historia de Santo Domingo y presenta un episodio revelador del funcionamiento de la dictadura de Trujillo (el ambiente, el sistema autocrático, la lucha contra los «subversivos»...).
- Presentación del dictador (mirada impresionante, aparente amabilidad, amenazas veladas...).
- Las reacciones del teniente (impresionado, subyugado, atemorizado...).
- La decisión de Trujillo.
- La decisión del teniente. Resumir y comentar la carta.

▶ Denuncia de la dictadura y de los abusos del poder.

▶ La novela comprometida como resistencia al poder.

Documento 3 Carta desde la cárcel

(Carta de Eva Forest)

- Eva Forest le escribió a su hijo para que supiera...
- Esperaba el momento del juicio porque entonces hubiera sido posible...
- La personalidad de Eva Forest tal como aparece aquí (valor, optimismo, voluntad, generosidad...).

▶ La fuerza moral permite la resistencia.

▶ La importancia de la solidaridad en un sistema autoritario.

Documento 4 Latinoamérica

(Canción de Calle 13)

- El grupo Calle 13 denuncia... (en el pasado... hoy día...).
- A pesar de lo que sufrió, Latinoamérica sigue de pie. El cantante lo demuestra haciendo un balance de...
- La afirmación de la solidaridad entre todos los latinoamericanos.

▶ Voluntad de reivindicar una identidad latinoamericana y de afirmar la unión de todos los pueblos de América Latina.

▶ La canción puede ser también «un arma cargada de futuro» (definición de la poesía por Gabriel Celaya, véase *Algo más 1re*, p. 188).

Documento 5 Miles de ciudadanos en las calles *(Artículo de prensa)*

- Un movimiento contestatario...
- Una manifestación de protesta por...
- Los medios utilizados (Poder de las redes sociales...).
- Un lugar simbólico: La Puerta del Sol porque...

▶ Resistencia y oposición al poder institucional.

▶ Aparición de una nueva forma de poder: las redes sociales.

2 VALORACIÓN PERSONAL

- **Di qué texto(s) te interesó (interesaron) más (o menos) y explica por qué.**

3 CONCLUSIÓN PERSONAL

- **Expresa una opinión personal a propósito del dossier y de la noción estudiada.**

Lexique utile

La dictadura

- el golpe de Estado: *le coup d'État*
- el golpista: *le putschiste*
- el levantamiento: *le soulèvement*
- levantarse contra: *se dresser contre*
- hacerse con el poder: *s'emparer du pouvoir*
- suspender las garantías personales: *suspendre les libertés*
- el represor: *l'oppresseur*
- la tropelía: *la sauvagerie, l'abus (de pouvoir)*
- reprimir: *réprimer*
- los desaparecidos: *les disparus*
- el crimen de lesa humanidad: *le crime contre l'humanité*

Derechos humanos

- atentar contra: *attenter à*
- un atropello a los derechos humanos: *une violation des droits de l'homme*
- un activista pro derechos humanos: *un militant des droits de l'homme*
- las libertades fundamentales: *les libertés fondamentales*

La protesta social

- la protesta: *la contestation*
- el movimiento contestatario: *le mouvement de contestation*
- recoger firmas: *faire signer une pétition*
- las octavillas: *les tracts*
- las pintadas: *les graffitis*
- el grafitero: *le tagueur*
- la pancarta: *la banderole*
- manifestarse: *manifester*
- movilizar: *mobiliser*
- echarse a la calle: *descendre dans la rue*
- sumarse a un movimiento: *rejoindre un mouvement*
- una manifestación en apoyo a: *une manifestation de soutien à*
- en protesta por: *pour protester contre*
- una manifestación multitudinaria: *une manifestation de masse*
- el estallido social: *l'explosion sociale*

Las redes sociales

- navegar por la red: *surfer sur le Net*
- el bloguero: *le blogueur*
- el chateo: *le chat*
- la página de inicio: *la page d'accueil*
- el enlace: *le lien*
- intercambiar en los foros: *échanger sur les forums*
- colgar(ue) en Internet: *mettre sur Internet*
- descargar: *télécharger*
- la descarga: *le téléchargement*
- una conexión de alta velocidad: *une connexion à haut débit*
- hacer clic en un enlace: *cliquer sur un lien*
- postear/intervenir en un foro: *poster, intervenir sur un forum*
- borrar/remover un mensaje: *effacer/déplacer un message*
- ingresar en una comunidad: *intégrer une communauté*
- banear: *bannir*
- darse de alta: *s'inscrire*
- darse de baja: *se désinscrire*
- las pautas de convivencia: *le code de conduite*
- el archivo: *le fichier*

DOSSIER 2

Compréhension de l'oral

1 La acampada Sol

5

Así se dice

- una emisora: *une (station de) radio*
- un espacio radiofónico: *une émission de radio*
- el locutor, la locutora: *le présentateur, la présentatrice*
- el oyente: *l'auditeur*
- dedicar espacio a: *consacrer du temps d'antenne à*

1. Escucha y céntrate en los puntos siguientes:
– El locutor da el nombre de la emisora. Apúntalo.
– La locutora pronuncia el nombre de una ciudad y otros lugares. ¿Cuáles son?
– Tema general.

2. Escucha otra vez.
– Un detalle permite situar el momento en la historia reciente.
– Apunta los motivos de descontento de la gente.

3. Escucha por última vez.
– La última frase de la locutora es importante. Intenta entenderla.

Tu as dix minutes pour rendre compte par écrit, en français, de ce que tu as compris.

2 Vídeo DVD

Los indignados

1. Ve el vídeo y fíjate en los puntos siguientes:
– Las ciudades mencionadas.
– El período del año.
– El eslogan de los manifestantes.

2. Apunta los detalles reveladores del ambiente festivo de las manifestaciones.

3. Resume el mensaje de las personas entrevistadas.

Tu as dix minutes pour rendre compte par écrit, en français, de ce que tu as compris.

3 El fin de la cárcel de Carabanchel

6

1. Escucha.
– Intenta comprender por qué se habla del «fin de la cárcel» en el título.
– Fecha de construcción de Carabanchel. ¿Quiénes fueron los primeros prisioneros?

2. Escucha otra vez.
– ¿Quién fue el mayor enemigo de la dictadura?
– Por eso fueron encarcelados los.... y los... y los...

3. Escucha por última vez.
– Carabanchel es el símbolo de un período sombrío de la historia. Intenta apuntar más detalles.

Tu as dix minutes pour rendre compte par écrit, en français, de ce que tu as compris.

Dans les conditions de l'examen

4 Las abuelas de Plaza de Mayo

Écoute l'enregistrement trois fois et, ensuite, tu as dix minutes pour rendre compte par écrit, en français, de ce que tu as compris.

Pour en savoir plus

A lo largo del siglo veinte, en América Latina, las dictaduras fueron muy numerosas.

1 La dictadura del general Pinochet

CHILE

Asalto a La Moneda (Palacio Presidencial), 11/09/1973.

El 11 de septiembre de 1973, el general Augusto Pinochet, apoyado por los EE.UU., dirigió un golpe de Estado contra el presidente socialista Salvador Allende que había sido elegido democráticamente en 1970.
La dictadura fue una de las más violentas de América Latina: provocó el asesinato de casi 60.000 personas, innumerables casos de tortura y desapariciones así como el exilio de 200.000 chilenos.
La dictadura sólo se terminó en 1988, a base de un referéndum que rechazó a Pinochet. El ex-dictador murió en 2006, sin que le hubieran condenado por crímenes contra la humanidad.

2 La Operación Cóndor

La Operación Cóndor o Plan Cóndor fue un plan internacional de coordinación clandestina y de cooperación entre los servicios de seguridad de las dictaduras militares del Cono Sur –Argentina, Chile, Brasil, Paraguay, Uruguay y Bolivia– y la CIA de los EE.UU., en los años 1970-1980. Desaparecieron y fueron asesinados decenas de miles de opositores y personas consideradas como subversivas al orden establecido por las dictaduras.

DICTADURA

ARGENTINA

3 EL TERRORISMO DE ESTADO

En Argentina, un golpe de Estado militar derrocó en 1976 el gobierno constitucional. Tomó entonces el poder una junta encabezada por los comandantes de las tres Fuerzas Armadas.

El régimen militar llevó adelante, de 1976 a 1983, una política de terror. Miles y miles de personas fueron secuestradas, torturadas y "desaparecidas".

El movimiento «Madres de Plaza de Mayo» reunió a madres y familiares de los desaparecidos que, con mucho valor, se organizaron entonces para intentar localizar y salvar a sus familiares desaparecidos, luchando contra el silencio y el olvido.

Hoy día, la «Asociación Abuelas de Plaza de Mayo» intenta localizar y restituir a sus legítimas familias todos los niños secuestrados desaparecidos por la represión política y exige castigo a todos los responsables.

4 Las Dictaduras bananeras

La expresión **«Dictadura bananera»** o **«República bananera»** designa una dictadura en la que impera la corrupción y que somete el país a la explotación organizada a favor de intereses extranjeros. Este tipo de dictadura se estableció en los países de América Central cuya economía dependía del monocultivo de un producto tal como el plátano. El origen de la expresión viene de **La United Fruit Company**.

A partir de 1901, esta compañía norteamericana tuvo el monopolio en la producción y el transporte del plátano en América Central y luego en toda América Latina. Esta compañía logró, por el soborno, mantener en el poder a dictadores que sometieron a su pueblo y su país a regímenes autoritarios y corruptos en los que reinaban la pobreza y la injusticia.

En América Latina la llamaron «Yunai» o «La Frutera». Sacó todos los beneficios del comercio del plátano, el «Oro verde» del continente americano.

Prépa bac

Séries ES, S LV2

Séries STI2D, STD2A, STG, ST2S, STL LV1 et LV2

Durée : 2 heures

Conseils pour réussir ce devoir

Ce sujet comporte un texte et un dessin.

Le texte

- Lis **d'abord** plusieurs fois **le texte** pour identifier les personnages et comprendre l'anecdote.
- Le personnage principal est un vieil homme. Repère les détails qui permettent de comprendre qui il est.
- Analyse l'attitude des militaires.
- Essaie de dégager brièvement l'intérêt du texte. Que montre-t-il ? Que dénonce-t-il ?

Le dessin

C'est **seulement après** avoir compris le texte que tu dois observer le dessin.

- Quel en est le sujet ?
- S'agit-il uniquement d'un dessin humoristique ? Essaie de le caractériser (satire, caricature, humour noir, etc.).
- Quel en est le message ?

I-COMPRÉHENSION

Question 6

- Il t'est demandé de répondre en français à cette question. Il est important de montrer que tu as bien compris le sens du texte et la portée du dessin.

La mise en relation des deux a-t-elle un sens ? Jusqu'à quel point ? Y-a-t-il des différences ? Quel est l'apport spécifique de chacun des documents ?

Ta réponse, en 5 lignes environ, doit être la synthèse de cette réflexion.

II-EXPRESSION

Pour compléter ta réponse, tu peux dire en quoi ce texte illustre un aspect de la notion du programme « Lieux et formes du pouvoir ».

Sujet

Texto

Lo vamos a requisar

Antes de llegar a Cali, el chófer detuvo el bus en un retén militar[1]. En el asiento vecino al mío viajaba un anciano de sesenta y cinco o setenta años con el que habíamos cruzado dos palabras, nada más. Casi todo el trayecto se lo había pasado durmiendo, o fingiendo que dormía. Pero al ver el retén el viejo se puso muy nervioso, y gruesas gotas de sudor comenzaron a bañarle las sienes y a caerle a chorros por la nuca. Antes de que los soldados llegaran a nuestros puestos, alcancé a preguntarle en voz baja:

–¿Qué pasa?

–Todos estos cabrones son asesinos -afirmó el viejo enjugándose el sudor con la palma de la mano.

–Hacen su trabajo –comenté con el ánimo de tranquilizarlo.

–Qué va, son puros animales –expresó él, respirando con dificultad.

Y sin saber por qué, sólo porque intuí en un instante de rapidez mental que ese hombre estaba en serios aprietos, le pregunté bajando aún más la voz:

–¿Puedo hacer algo por usted?

–¿Está seguro? –me advirtió el viejo, mirándome a los ojos por primera vez.

–Sí –le contesté en un impulso irracional que no supe de dónde me venía.

–A usted no lo molestarán, pero es un riesgo alto.

–Dígame qué es.

–A mí me van a requisar[2] seguro –aseguró atropelladamente–. Guárdeme esto –y empujó con los pies hacia mí un morral[3] pequeño–. Si algo me pasa, llévelo al restaurante La Negra Candela, en el mercado de Buenaventura. Entrégueselo a Candela, la dueña.

–Listo –dije metiendo el morral entre mis piernas.

Los soldados llegaron hasta nosotros y nos pidieron los documentos de identificación. Ambos entregamos nuestras respectivas cédulas de ciudadanía. El militar me interrogó a mí primero:

–¿Profesión?

–Soy actor profesional.

–¿De televisión? –una chispa de respeto brillaba en sus ojos.

Fui más allá de lo que él esperaba:

–De cine.

–¿Y qué va a hacer a Buenaventura?

–Estoy trabajando en un documental sobre la Costa Pacífica.

–¿Por qué no viajó en avión?

Conseils généraux pour le bac p. 214

–Necesito hacer todo el viaje por tierra. Es importante para el libreto.

–Que disfrute su viaje, señor– me dijo devolviéndome la cédula con amabilidad.

Enseguida se concentró en mi vecino. Le hizo las mismas preguntas, pero cuando él dijo que era profesor del Colegio Nacional de Buenaventura, el soldado lo increpó:

–Así que usted pertenece al sindicato de maestros.

–Sí señor.

–Ustedes no nos han traído sino problemas. Son una vergüenza. Hágame el favor y baje del bus con sus pertenencias. Lo vamos a requisar.

El viejo descendió con cuatro o cinco pasajeros más, sacó su maleta del portaequipajes y la abrió frente a los militares. Le revisaron cada uno de sus objetos, lo cacharon de la cabeza a los pies, tomaron nota de sus documentos, de su domicilio y de su número telefónico, y al fin le permitieron cerrar su maleta, regresarla con las demás y subir de nuevo al autobús. Estaba pálido. Los soldados detuvieron a dos pasajeros y el bus arrancó, perdiéndose en la cerrada oscuridad de la noche.

Mario Mendoza, *Los hombres invisibles*, 2007.

1. *poste de contrôle militaire* 2. *fouiller* 3. *une sacoche*

Dibujo

Questions

I-COMPRÉHENSION

A. Contesta en español.

1. Di si estas afirmaciones son verdaderas o falsas y justifica con elementos del texto.

a. El narrador estaba en un tren.
b. A su lado iba un anciano.
c. El anciano no reaccionó al llegar al retén.
d. El viejo no soportaba a los soldados.

2. El anciano experimenta miedo. Busca dos elementos en el texto que lo muestran.

3. Entresaca una frase que indica que el narrador le propone ayuda al viejo.

4. Indica qué personaje hace la acción asociando la cifra con la letra correspondiente.

1. El narrador
2. El anciano

a. pide al otro que coja el morral
b. guarda el morral
c. acepta ayudar al otro
d. está seguro de que los militares lo van a requisar
e. desea que, si le pasa algo, el otro vaya a Buenaventura con el morral

5. Elige la frase correcta y justifica con un elemento del texto:

a. Los militares sintieron piedad por el viejo.
b. Los militares dejaron libre al viejo.
c. Los militares fusilaron al viejo.
d. Los militares confiscaron la maleta del viejo.

B. Réponds en français.
(Environ 5 lignes)

6. *Dis quels sont les points communs entre le texte et le dessin de Kike.*

II-EXPRESSION

Comenta la actitud de los militares a lo largo del texto. Di cuáles son las intenciones del autor al relatar este episodio. (Unas 12 líneas)

1 Para muchos habitantes de América Central y de México que desean mejorar sus condiciones de vida, **emigrar a Estados Unidos representa un sueño**. Pero pocos son los que consiguen la documentación necesaria (el pasaporte y la visa) y numerosos los que deciden cruzar ilegalmente la frontera.

2 Son más de **tres mil kilómetros de frontera** los que separan Estados Unidos de México. Pasar clandestinamente, de noche, por el Río Grande, es lo que intentan los «mojados», llamados «wet backs» en Estados Unidos, con gran peligro de morir ahogados.

3 En 1994, los norteamericanos iniciaron **el programa Guardián** para luchar contra la inmigración ilegal y construyeron **un muro fronterizo**. Desde entonces, los trabajadores indocumentados intentan pasar por otras vías, más peligrosas aún: miles de personas murieron en el intento de cruzar el desierto de Arizona.

ESPACIOS E INTER-CAMBIOS (1)

DOSSIER 3

Elementos del dossier 3

4 Un sinnúmero de peligros amenaza a los ilegales. A los peligros de la naturaleza —los desiertos, las montañas, las crecidas de los ríos— se añaden los de un encuentro con la «migra» (policía fronteriza estadounidense) y, sobre todo, los que les hacen correr los «coyotes» que, a cambio de dinero, prometen organizar el cruce de la frontera pero les conducen a menudo a la muerte.

DOSSIER 3

Documento 1

El Río Grande

Estuvimos esperando más o menos durante una hora hasta que llegó un hombre gordo y cuarentón; andaba sin camisa y en el brazo tenía tatuado el busto de una joven india. Este hombre nos dijo que estuviéramos atentos a la señal que nos harían desde la orilla del río.

Cinco minutos más tarde escuchamos un fino y largo chillido[1], luego, detrás de unos arbustos apareció el mismo hombre del tatuaje y extendiendo ampliamente los dedos de la mano derecha nos indicó que debían pasar los primeros cinco compañeros. Cinco compañeros corrieron por la vereda[2] que quedaba a unos treinta metros hasta donde estaba el hombre gordo. Diez minutos más tarde volvió a asomarse haciendo la misma señal. De esa manera se hizo hasta que a los últimos cinco nos tocó el turno. A la señal, corrimos por la vereda y al llegar el gordo nos ordenó quitarnos los zapatos.

–El río está crecido –exclamó uno de los compañeros cuando íbamos acercándonos a la orilla. Hace dos noches lo habríamos cruzado caminando, pero ahora no es posible, la lluvia de anoche lo ha hecho crecer.

El río estaba crecido tal como había dicho el compañero, y la velocidad de la corriente producía un ruido parecido al sonido que se escuchaba al avecinarse una tormenta. El agua estaba sucia, espesa y teñida de un color grisáceo como el color de la tierra; pedazos de maderos y ramas flotaban sobre la corriente.

Ya en la orilla del río vimos a otro individuo a quien el agua le llegaba hasta la cintura y quien sostenía un salvavidas[3] que mantenía firmemente pegado a tierra firme. Con un movimiento de la cabeza nos indicó que debíamos subir al salvavidas.

Ya a bordo, nos colocaron en cuclillas[4], uno tras otro, como si se dispusieran a empaquetarnos. El hombre gordo saltó al agua, abrazó con una mano el borde del salvavidas, lo jaló[5] hacia la corriente y con el brazo libre braceaba.

–¡No se muevan cabrones[6]! –protestó el gordo cuando uno de los compañeros se movió para acomodarse mejor.

A la vez que avanzábamos río adentro, el nivel del agua iba ocultando el cuerpo del gordo hasta que llegó un momento en que le llegó a las axilas[7], luego comenzó a nadar. La parte más honda del río resultó ser un buen trecho. Más adelante, el gordo volvió a estar de pie. Llegamos a la orilla opuesta, más o menos a unos cuarenta metros río abajo.

Después de abandonar el salvavidas, nos volvimos a poner los zapatos, caminamos entre unos carrizales[8] hasta que llegamos donde estaba el resto de nuestro grupo. Ya estábamos del lado norteamericano, pero era sólo un paso y aún nos faltaba mucho terreno por recorrer.

Ramón «Tianguis» Pérez, *Diario de un mojado*, Texas, 2003.

Etapa 1 Presentación

1. Sitúa la escena: lugar, protagonistas.
2. Di quién era el «hombre gordo».
3. Fíjate en el título de la obra y en el lugar de publicación. ¿Qué revelan?

Etapa 2 Análisis

4. La actividad del «hombre gordo» es ilegal. Apunta los detalles que lo muestran.
5. Entresaca los detalles reveladores de las dificultades y de los peligros con los que se enfrentan los hombres.

Etapa 3 Síntesis

6. Explica lo que representa el «lado norteamericano» para los protagonistas del texto para justificar tantos esfuerzos.
7. Di en qué medida puede ilustrar este texto un aspecto de la noción «Espacios e intercambios».

1. *cri*
2. *le sentier*
3. *canot de sauvetage*
4. *accroupis*
5. jalar: (*amér.*) *tirer*
6. *ici, enfoirés, connards*
7. *aisselles*
8. *roseaux*

Ilegales detenidos en la frontera por la Migra.

Así se dice

- un mojado: *personne qui entre illégalement aux USA en traversant le Río Grande*
- cruzar el Río Grande a alguien: *faire traverser le Río Grande à quelqu'un*
- fallecer: *mourir*
- ahogarse: *se noyer*
- un ilegal: *un clandestin*
- el coyote: *le passeur*

Infórmate

- **El Río Bravo** (en México), también conocido como **Río Grande** en EE.UU., marca la frontera entre Estados Unidos y México desde las ciudades de El Paso (Texas) y Ciudad Juárez (Chihuahua), hasta el Golfo de México. Con 3.034 km, es el río fronterizo más largo del mundo.
- **Ramón «Tianguis» Pérez,** originario de un pueblo zapoteca en la región de Oaxaca, emigró por primera vez a Texas en 1979. *Diario de un mojado* es un testimonio en el que cuenta su propia experiencia del viaje que le llevó a cruzar la frontera y trabajar como inmigrante indocumentado en Estados Unidos. Él dice que emigrar «era seguir la tradición del pueblo. Uno casi puede decir que somos un pueblo de mojados».

Prácticas

Transforme les impératifs en ordres indirects.

Ex. : –Estad atentos a la señal, –dice el hombre. ➜ El hombre nos dice que estemos atentos a la señal.

1. –Pasad primero, –dice el hombre gordo.
2. –Pasad primero, –dijo el hombre gordo.
3. –Subid al salvavidas, –indica el otro.
4. –Subid al salvavidas, –indicó el otro.
5. –Quítate los zapatos, –me aconsejó el coyote.

Recuerda

L'ordre indirect

- «Este hombre nos dijo que **estuviéramos** atentos a la señal...»

▶ Précis grammatical p. 254

Documento 2

La era del cibercoyote: consignas por SMS para cruzar de México a EE.UU.

La frontera entre México y Estados Unidos está que arde de bips[1]. Cada vez son más los inmigrantes ilegales que la cruzan no acompañados por los traficantes (más conocidos como «coyotes») sino guiados a distancia por estos a través de mensajes en sus teléfonos móviles. Es la era del cibercoyote, que está dando un nuevo perfil tanto a la inmigración clandestina como a los operativos[2] encargados de su persecución. Es la guerra del SMS.

Existen varias razones para esta revolución tecnológica de las técnicas de contrabando humano. Una de ellas es la generalización del móvil entre las clases más populares de México. Otra es el endurecimiento de los castigos para los «coyotes» en Estados Unidos. Es mucho más seguro dar instrucciones de lejos que arriesgarse a cruzar junto a los *espaldas mojadas*. La secuencia típica es que el cibercoyote se atrinchera[3] en un lugar estratégico y seguro desde el que tiene buena visibilidad de la ruta, entonces va mandando mensajes a los ilegales advirtiéndoles de que tienen una patrulla enfrente de ellos, a su derecha o a su izquierda, que se escondan en determinado momento o que elijan otro camino, etc.

Por supuesto no es lo mismo que estar ahí con ellos. *The New York Times* recoge el testimonio de María Martínez, una inmigrante de 51 años que fue interceptada por las patrullas fronterizas de EE.UU. cuando trataba de cruzar hacia Oregon, donde tiene familia. «Me sentí muy sola, muy en las manos de Dios», se queja. No debe ser fácil moverse en territorio desconocido y hostil sin otra ayuda que un SMS, expuesto por lo demás a toda clase de imponderables tecnológicos. ¿Qué pasa si se acaban la batería o la cobertura?

www.abc.es

1. *Les bips résonnent de partout à la frontière entre...*
2. *ici, les dispositifs*
3. *se retranche*
4. *tuée par balles*

Etapa 1 Presentación

1. Explica lo que son los «cibercoyotes» y di dónde se pueden encontrar.

Etapa 2 Análisis

2. ¿De qué se valen hoy día los coyotes para llevar a cabo sus actividades?
3. Apunta las dos frases que explican esta evolución.
4. Explica cómo funciona el sistema con SMS.
5. En el desierto, las consecuencias pueden ser muy graves para los ilegales. Explica por qué.

Etapa 3 Síntesis

6. Di lo que revela este artículo de la situación entre los dos países, México y Estados Unidos.

Manifestación de solidaridad con los inmigrantes en Arizona (2010).

Infórmate

- **El desierto de Arizona,** en la zona comprendida entre Nogales y Tucson, es una de las áreas más peligrosas para los inmigrantes que intentan ingresar a Estados Unidos a pie y sin papeles. Los peligros son múltiples: temperaturas muy altas, falta de agua, serpientes. Cada año, muchos indocumentados, abandonados por los «coyotes», mueren durante su caminata por el desierto.
Al desierto lo llaman «Paso de la muerte» o «Desierto de la muerte».
La Patrulla Fronteriza en Arizona detuvo a 212.000 ilegales en 2010 y 200.000 en 2011.
- **El diario *ABC*** existe desde 1903. Es el periódico más antiguo de Madrid y uno de los más vendidos de España.

Así se dice

- el riesgo: *le risque*
- arriesgarse la vida: *risquer sa vie*
- el recorrido: *le parcours*
- recorrer: *parcourir*

Prácticas

Transforme les phrases suivantes sur ce modèle en utilisant « cada vez más » ou « cada vez menos » suivant les cas.

Ex. : Muchos ilegales cruzan el desierto. → **Cada vez** son **más** los ilegales que cruzan el desierto.

1. Los coyotes utilizan mucho los SMS.
2. Los castigos para los coyotes son duros en EE. UU.
3. Hay muchas patrullas en la frontera para luchar contra la inmigración.
4. Son pocos los políticos que intentan legalizar la inmigración.

Recuerda

« De plus en plus »
« De moins en moins »

- «Son **cada vez menos...**»
- «**Cada vez** son **más** los inmigrantes ilegales que cruzan el desierto».

DOSSIER 3

Documento 3

7

Spanglish, una nación de iguales

Mientras idiomas como el francés y el alemán pierden hablantes, el spanglish se ha expandido como ninguna otra lengua y hoy es la herramienta[1] cultural de integración e identidad para los 40 millones de hispanos que viven en Estados Unidos. Se habla en los barrios, en la radio, se lee en revistas y periódicos, hace parte de las nuevas campañas de publicidad y su uso se ha vuelto corriente en las poderosas cadenas latinas de televisión que transmiten de costa a costa. Con todo ello, el spanglish ha ganado una posición social, política e intelectual sin precedentes en las últimas décadas.

Decir que el spanglish es simplemente un «empobrecimiento» o «envilecimiento» del castellano, como quieren hacernos creer algunos académicos decimonónicos[2], significa cerrar los ojos ante la importancia y magnitud del fenómeno. Hoy el spanglish es asumido por sus hablantes como una auténtica nación de iguales, creada por obra de la práctica de esta lengua. Y para comprender su verdadera dimensión basta con escuchar al pintor y escritor chicano Guillermo Gómez-Peña: «El spanglish es nuestra única patria. Muchos mexicanos que hemos vivido varios años en Estados Unidos y volvemos a nuestra tierra de origen nos sentimos y somos ajenos[3]. México nos dice que no somos mexicanos y Estados Unidos nos repite a diario que no somos anglosajones. Sólo el spanglish y su cultura híbrida me han otorgado la plena ciudadanía que ambos países me negaban».

En suma, el spanglish es la única patria posible y el signo de identidad que les confiere un lugar en el mundo a los inmigrantes e hijos de inmigrantes que se sienten extranjeros tanto en sus países de origen como en Estados Unidos.

Alexander Prieto Osorno.

1. *l'outil*
2. *du dix-neuvième siècle*
3. *étrangers*

Etapa 1 Presentación

1. ¿Cuántos hispanos viven hoy en Estados Unidos?
2. ¿Qué lengua hablan?

Etapa 2 Análisis

3. Apunta detalles reveladores de la importancia de la presencia del spanglish en EE. UU.
4. Explica por qué, según el periodista, se expande tanto este idioma.
5. Apunta una frase que muestra de qué modo se difunde rápido por todo el país.
6. Comenta esta frase del pintor Guillermo Gómez-Peña: «México nos dice que no somos mexicanos y Estados Unidos nos repite a diario que no somos anglosajones. Sólo el spanglish y su cultura híbrida me han otorgado la plena ciudadanía que ambos países me negaban».
7. Algunos académicos critican la aparición del spanglish. A tu parecer, ¿qué temen ellos?

Etapa 3 Síntesis

8. Explica en qué puede el título explicar la difusión del spanglish.
9. Este artículo puede ilustrar un aspecto de la noción «Espacios e intercambios». Di por qué.

G. Gomez-Peña, E. Chagoya, F. Rice, *Codex Espangliensis*, 1998.

Así se dice

- los hispanos, los latinos: *les hispaniques*
- los chicanos: *les Mexicains aux États-Unis*
- los hispanohablantes: *les hispanophones*
- una lengua castiza: *une langue pure, châtiée*
- una pérdida: *une perte*
- un enriquecimiento: *un enrichissement*
- un vocablo: *un mot*
- las raíces: *les racines*

Infórmate

- **El spanglish** nace de la confluencia del español con el inglés. Es un «idioma» híbrido formado a partir del español con mezcla de términos anglosajones sin traducir o traducidos incorrectamente.
- **Alexander Prieto Osorno,** periodista y escritor colombiano, fue ganador del Premio Nacional de Periodismo ACAC 2001 en Colombia y del Premio Internacional de Cuento Juan Rulfo 2000.

Prácticas

Transforme les phrases de façon à employer «tanto como».

Ex. : Se sienten extranjeros en sus países. También en EE. UU. → Se sienten extranjeros tanto en sus países como en EE.UU.

1. El francés pierde hablantes. El alemán también.
2. El español es una lengua. El spanglish también es una lengua.
3. Se usa el spanglish en los periódicos. También se usa en la televisión.
4. A Guillermo le parece que el spanglish es la única patria posible. A Alexander le parece también que es la única patria posible.

Recuerda

Le comparatif d'égalité

- «Se sienten extranjeros **tanto** en sus países de origen **como** en Estados Unidos.»

▶ Précis grammatical p. 243

Documento 4

Preparan el primer diccionario de spanglish

El spanglish es una forma de hablar entre español e inglés, muy común en las comunidades latinoamericanas en Estados Unidos. No es un idioma, todavía. Pero está a punto de tener su primer diccionario.

En la Argentina también se hablará spanglish, dijo a Clarín el autor de ese diccionario, Ilan Stavans. Stavans es un filólogo mexicano que trabaja en la universidad estadounidense de Massachusetts. Está armando su diccionario de 6.000 palabras con ejemplos tomados de hablantes y de fuentes escritas. El trabajo aparecerá en octubre.

Stavans asegura que esta mezcla de castellano e inglés no se quedará en las fronteras de los Estados Unidos sino que avanzará por América latina e incluso influirá en el español de España. Es lógico: «Hay casi cuarenta millones de hispanos que viven en Estados Unidos. Si esos cuarenta millones tienen el poder, el dinero, el control de los medios, marcarán ciertas pautas[1] en el mundo hispánico. El castellano de nuestros países no quedará igual, y eso será por el spanglish, dijo en diversas declaraciones a la prensa».

Spanglish no es sólo utilizar palabras en inglés en medio de frases en castellano. También es tomar una palabra inglesa y darle formas gramaticales del castellano. A veces, una de estas palabras nuevas puede reemplazar a las tradicionales. *Rufa*, (de «*roof*», en inglés) tomó el lugar de «techo» entre los hablantes de castellano de Harlem, por ejemplo.

Para muestra hay muchos botones: *deliberar grocerías* es «entregar alimentos» (por «*deliver groceries*»). *Vacunar la carpeta* es «pasar la aspiradora a la alfombra» (por «*vacuum the carpet*»). *Culísimo* es «muy frío» (por «*cool*»).

Stavans está haciendo el primer diccionario de lo que cree es una lengua incipiente, que se hablará de una punta a otra de América y más allá del Atlántico. Y concluye: «De todos modos, más allá de la existencia del spanglish, el idioma español no corre peligro. Es una lengua muy poderosa, hablada por 400 millones de personas».

Patricia Kolesnico, clarin.com

1. *ici, ils dicteront en partie leurs règles*

Etapa 1 Presentación

1. Presenta a Ilan Stavans.
2. ¿Qué quiere publicar el filólogo?

Etapa 2 Análisis

3. Según Ilan Stavans, ¿dónde se hablará spanglish en el futuro?
4. Apunta los detalles que explican por qué se expandirá tanto el spanglish, según Ilan Stavans.
5. Elige una de las palabras en spanglish presentes en el texto y explica cómo se formó.
6. Al contrario de lo que opinan ciertos académicos, para Ilan Stavans el spanglish no es un peligro para el idioma español. Di cómo lo justifica.

Etapa 3 Síntesis

7. Explica en qué puede este artículo ilustrar un aspecto de la noción «Espacios e intercambios».

Fotos sacadas en la ciudad de Santa Ana (California).

Infórmate

Muestras del léxico spanglish-español

B

Babay: exp., adiós (*bye-bye*)
Bluyin: n. m., pantalón vaquero (*blue jeans*)

C

Cachar: v., atrapar (*catch*)
Cuquear: v., cocinar (*cook*)

L

Liftear: v., levantar (*lift*)
Lonche: n. m., almuerzo (*lunch*)

M

Marqueta: n. f., supermercado
Mikimau: n. m., 1° Mickey Mouse, 2° un ratón de computadora

R

Ringuear: v., llamar por teléfono

W

Webazo: n. m., un mensaje doloroso recibido por la web

Así se dice

- una palabra prestada del inglés: *un mot emprunté à l'anglais*
- la transcripción: *la transcription*
- usar una palabra: *utiliser un mot*
- la mezcla: *le mélange*
- mezclar: *mélanger*
- gracioso: *amusant*

Prácticas

Réécris les phrases en utilisant « no sólo... sino » *ou* « no sólo... sino que ».

1. En el spanglish se utilizan palabras en inglés. Se utilizan también palabras en español.
➜ En el spanglish, no sólo...

2. Se hablará spanglish en EE. UU. Se usará también en Argentina.
➜ No sólo...

3. Ilan es traductor. También es filólogo.
➜ Ilan no sólo...

Recuerda

La coordination

- «Stavans asegura que esta mezcla de castellano e inglés **no** se quedará en las fronteras de los Estados Unidos **sino que** avanzará por América latina.»

▶ Précis grammatical p. 248

Documento 5

Apenas entendía

Yandira vive en Madison, una pequeña ciudad de EE. UU.

Cuando llegamos a Madison llamé a papá y le dije ya estoy de regreso, me quedaré en casa de Hannah acompañándola porque sus papás no están.

Después de comer subí al cuarto de Hannah, encendí su computadora y vi mi mail. Nada interesante. Vi en YouTube un par de cortos de Jon Stewart, leí en el blog de Perez Hilton[1] los últimos chismes de Britney y Lindsay y Paris[2], insoportables criaturas sin las que no podríamos vivir. Me entretuve con algunas fotos de Beckham, qué bueno que estaba. Entré a mi página MySpace. Tenía más de setecientas amigas. Se me había vuelto adictivo y no sabía cómo parar: la noche anterior papá me había encontrado a las cuatro de la mañana frente a la computadora. Pareces una niñita de once, había dicho. Sabía qué decirme para que me doliera.
Me puse a chatear con Colin[3]. *–Hola Jenny! –No digas Jenny, te he pedido mil veces, Yandira, Yandira! –Ah, las latinas y sus nombres rarísimos ☺☺☺ –Ah los gringos, no saben lo bueno.*
Volví junto a Hannah por terminar de ver Smallville. La televisión me interesaba cada vez menos, había más opciones en la computadora. Algún día mis hijos se reirían cuando les contara que hubo una época en que la gente se pasaba horas frente al televisor.
Me entretuve con el control remoto[4], puse una telenovela mexicana en Univisión para ver qué tal mi español. No entendí nada, hablaban muy rápido, pero en el fondo no importaba lo que decían porque sus expresiones, qué melodrama, a la hija de la empleada había embarazado[5] el hijo del millonario de casa, algo así, qué problema.

Nunca les perdonaría a mis papás que no hubieran hablado español conmigo cuando era niña. Papá trató de remediarlo en los últimos años llevándome de vacaciones a El Salvador, pero no era lo mismo, ya era tarde. Me daba vergüenza cuando venían mis amigos a hablarme y yo apenas entendía lo que me decían y contestaba con frases balbuceantes y un acento desastroso. Quería tomar cursos de Español AP[6] pero antes debía estudiar muchas cosas por mi cuenta. No era suficiente ver Univisión de tanto en tanto.

Edmundo Paz Soldán, *Los vivos y los muertos*, 2009.

1. Famoso bloguero americano.
2. Britney Spears, Lindsay Lohan, Paris Hilton.
3. Amigo de Yandira.
4. *la télécommande*
5. estar embarazada: *être enceinte*
6. Advanced Placement Program *(Cours de niveau universitaire pour les élèves de lycée).*

Etapa 1 Presentación

1. Apoyándote en detalles sacados del texto, haz una presentación de Yandira.

Etapa 2 Análisis

2. La sociedad americana vive inmersa en el mundo de las nuevas tecnologías. Muéstralo.
3. Yandira parece aburrirse en su mundo. Di cómo se nota.
4. Comenta esta frase escrita por Yandira: «*No digas Jenny, te he pedido mil veces, Yandira, Yandira!*».
5. ¿A quiénes va dirigido el programa de Univisión? ¿Qué opinas de la telenovela?
6. Estudia y comenta las relaciones que tiene la joven con sus raíces latinas.

Etapa 3 Síntesis

7. De cierto modo, este texto puede relacionarse con la noción «Espacios e intercambios». Explica en qué medida.

Jóvenes puertorriqueños.

Infórmate

Edmundo Paz Soldán (1967) es un escritor boliviano. Es profesor en la universidad Cornell (EE.UU.).
En su novela, *Los vivos y los muertos*, propone una presentación de la sociedad americana que no ha sabido ofrecer a sus nuevas generaciones una verdadera noción de identidad.

Así se dice

- los famosos: *les gens célèbres, les célébrités*
- aburrido, a: *ennuyeux, se*
- entretenerse : *passer son temps à, s'amuser*
- comunicarse con: *communiquer avec*
- reivindicar: *revendiquer*
- lamentar: *regretter*

Prácticas

Complète les phrases en conjugant les verbes « ser » ou « estar ».

1. Yandira ...... americana pero sus raíces ...... latinas.

2. ...... enfadada porque sus padres no le hablaron español cuando ...... niña.

3. Cuando ...... en su cuarto, enciende la computadora.

4. Lee un blog para ...... al tanto de lo que pasa.

5. La telenovela no le interesa aunque ...... mexicana.

Recuerda

«Cada vez menos»

- «La televisión me interesaba **cada vez menos…**»

Les emplois de *« ser »* et *« estar »*

- «No **era** lo mismo, ya **era** tarde.»
- «Sus papás no **están**.»
- «Ya **estoy** de regreso.»

▶ Précis grammatical p. 249

Bilan

Conseils généraux pour le bac p. 213

PRÉSENTER LA NOTION

1 PRESENTACIÓN DEL DOSSIER

- Da el título de cada uno de los tres (o cuatro) documentos que hayas seleccionado.
- Precisa el tema de cada uno y explica cómo se relaciona con la noción «Espacios e intercambios».

▶ Relaciones entre México y EE.UU., la frontera, la emigración hispana, la inmigración latina en EE.UU.
▶ Intercambios lingüísticos, el spanglish.

Documento 1 El Río Grande

(Testimonio de Ramón «Tianguis» Pérez)

- El Río Grande es una frontera natural entre...
- Dificultades para los clandestinos:
  - Los diferentes peligros.
- Problema para EE. UU.:
  - Medios de protección de la frontera.

▶ Estados Unidos como espacio ideal para los latinos.
▶ El Río Grande como frontera entre dos espacios.
▶ Problema político, económico y humano.

Documento 2 La era del cibercoyote

(Artículo Internet)

- Otra frontera natural: el desierto de Arizona.
- Un espacio peligroso para los clandestinos.
  - Peligros múltiples (agua, serpientes, calor...).
  - Las patrullas fronterizas.
- Aparición del móvil en el tráfico de los coyotes.
  - Ventajas para ellos.
  - Peligro para los indocumentados.

▶ Estados Unidos como espacio ideal para los latinos.
▶ Un problema candente.
▶ Problema político, económico y humano.

Documento 3 Spanglish, una nación de iguales

(Artículo del periodista Alexander Prieto Osorno)

- Una consecuencia de la inmigración en EE.UU.: aparición de un idioma híbrido.
- Lo que es el spanglish para los hispanos:
  - Señas de identidad de un pueblo entre dos culturas.
  - Nueva patria formada por el idioma.
- Reacciones negativas de los académicos que temen un envilecimiento del español.

▶ Un nuevo idioma que reúne dos mundos: el mundo latino y el mundo anglosajón.
▶ Aparición de una nueva cultura y formación de un nuevo espacio.

Documento 4 Preparan el primer diccionario de spanglish

(Artículo de Patricia Kolesnico)

- Expansión del spanglish:
  - Importancia numérica de la comunidad latina en EE.UU.
  - Medios de comunicación (prensa, televisión, internet...)
- Creación de un diccionario:
  - Ejemplos de formación de las palabras y de las expresiones.
- Según el filólogo, no es un peligro para el español porque...

▶ Un idioma entre dos espacios culturales.
▶ Un idioma nacido de los intercambios entre dos mundos.

Documento 5 Apenas entendía

(Novela de Edmundo Paz Soldán)

- Presentación de Yandira, una joven norteamericana de origen latino.
- El mundo americano:
  - Importancia de las tecnologías (mail, YouTube, blogs, MySpace, televisión, etc.)
  - Una chica que parece aburrirse.
- El programa de Mundovisión:
  - Contacto con el idioma español.
  - Una telenovela mexicana estúpida.
  - Yandira ya no entiende la lengua de sus padres.

▶ Una joven integrada en el espacio norteamericano.
▶ Pérdida de sus raíces y deseo de poder comunicarse en español.

2 VALORACIÓN PERSONAL

- **Di qué texto(s) te interesó (interesaron) más (o menos) y explica por qué.**

3 CONCLUSIÓN PERSONAL

- **Expresa una opinión personal a propósito del dossier y de la noción estudiada.**

Lexique utile

La emigración mexicana

- el pollo: *la personne qui veut émigrer*
- el coyote: *le passeur*
- el pollero: *le passeur, le trafiquant*
- el mojado: *illégal qui traverse le Río Grande; le «wetback»*
- el ilegal, los ilegales: *l'immigré clandestin, les clandestins*
- el alambre: *le fil de fer*
- la alambrada: *les barbelés, le grillage (à la frontière)*
- el alambrista: *l'immigré (qui passe la frontière)*
- el muro fronterizo: *le mur de la frontière*
- la migra: *les agents de l'immigration*
- las milicias: *les milices*
- la vigilancia: *la surveillance*
- la cámara de vigilancia: *la caméra de surveillance*
- la torre de vigilancia: *la tour de surveillance*
- vigilar: *surveiller*
- los detectores de movimiento
- la camioneta todo-terreno: *le véhicule tout terrain*
- el helicóptero
- echar un pie en EE. UU.: *mettre un pied aux États-Unis*
- los acuerdos migratorios: *les accords sur l'immigration*
- el sueño americano: *le rêve américain*

La emigración cubana

- la balsa: *le radeau, l'embarcation*
- el balsero: *l'immigré cubain (sur un radeau de fortune)*
- arribar: *accoster*
- desembarcar en: *débarquer à*
- el desembarco: *le débarquement*
- poner rumbo a: *mettre le cap sur*
- dejar a su país: *quitter son pays*
- huir de su país: *fuir son pays*

La emigración a España

- el paso del estrecho: *la traversée du détroit (de Gibraltar)*
- cruzar: *traverser*
- la travesía: *la traversée*
- la patera: *le canot, le bateau d'émigrés*
- apresar una patera: *arraisonner un bateau*
- el guardacostas: *le garde-côtes*

Dibujo de Romeu.

- el control fronterizo: *le contrôle des frontières*
- el pasador: *le passeur*
- naufragar: *faire naufrage*
- hundirse: *couler*
- ahogarse: *se noyer*
- el náufrago: *le naufragé*

La integración

- el extranjero: *l'étranger*
- la población extranjera: *la population étrangère*
- sentirse extraño: *se sentir étranger*
- asumir los valores: *adopter les valeurs*
- la convivencia ciudadana: *la mixité sociale*
- convivir: *cohabiter*
- la comunidad: *la communauté*
- los hispanos: *les habitants d'origine hispanique*
- comunicarse: *communiquer*
- ser natural de: *être originaire de*
- ser originario de: *être originaire de*
- nacionalizarse: *être naturalisé, acquérir la nationalité*
- la documentación: *les papiers*
- el indocumentado: *le sans-papiers*
- arreglar los papeles: *se mettre en règle*

DOSSIER 3

Compréhension de l'oral

1 Peligros en el desierto

8

1. Escucha.
– Intenta comprender el tema general de la grabación.

2. Escucha otra vez.
– Di cuáles son los diferentes peligros para los indocumentados.
– Precisa cuáles son las consecuencias legales si los detienen.

3. Escucha por última vez.
– Fíjate en detalles precisos: temperatura, sustancias consumidas por los indocumentados y las consecuencias.

Tu as dix minutes pour rendre compte par écrit, en français, de ce que tu as compris.

Pintada en el edificio «One Stop Immigration and Educational Center» en *East Los Angeles* (California).

2 Una ciudad acogedora para los Latinos

9

1. Escucha.
– Intenta comprender el tema general de la grabación.
– Apunta el nombre de la ciudad.

2. Escucha otra vez.
– Di cuáles son las ciudades donde residen muchos hispanos.
– Precisa por qué es acogedora la ciudad mencionada varias veces por el locutor.

3. Escucha por última vez.
– Di en qué trabajan muchos hispanos en Washington.

Foto sacada en California.

Tu as dix minutes pour rendre compte par écrit, en français, de ce que tu as compris.

Dans les conditions de l'examen

3 Los Ángeles de la Frontera

Écoute l'enregistrement trois fois et, ensuite, tu as dix minutes pour rendre compte par écrit, en français, de ce que tu as compris.

4 Latinos en EE.UU.

Écoute l'enregistrement trois fois et, ensuite, tu as dix minutes pour rendre compte par écrit, en français, de ce que tu as compris.

Pour en savoir plus

LOS HISPANOS EN ESTADOS UNIDOS

En la actualidad, uno de cada seis estadounidenses es de origen latino: en 2010, eran cincuenta millones y medio los hispanos en Estados Unidos. Sin embargo, en los últimos años, con la crisis que azota a EE. UU., la inmigración se ha vuelto un tema candente en el país y varios Estados han tomado medidas severas contra la inmigración ilegal.

Trabajadores mexicanos

La fuerte inmigración de mexicanos en el país vecino empezó durante la segunda guerra mundial con el «Programa Bracero», cuando los EE. UU. contrataron a más de cuatro millones y medio de braceros inmigrantes para trabajar en el campo. Desde entonces, trabajadores legales o «mojados» indocumentados emigran esperando encontrar una oportunidad laboral. Se trata de mano de obra poco calificada que, en general, se ocupa en labores de la agricultura, en la construcción o en los servicios.

Chicago, capital del Estado de Illinois, cuenta con 2.7 millones de habitantes. 780 mil de ellos son hispanos, en su gran mayoría mexicanos.

En la costa este se encuentra la ciudad con mayor número de habitantes latinos (2.3 millones): Nueva York.

La población hispana se concentra sobre todo en los Estados aledaños a la frontera con México: California, Texas y Florida. 1.8 millones de hispanos viven en Los Ángeles que cuenta con un total de 3.8 millones de habitantes. En el Este de esta ciudad, un 97% de la población es latina. En Texas, las ciudades de Houston y de San Antonio cuentan también con una fuerte proporción de habitantes hispanos.

Los chicanos (mexico-estadounidenses) desarrollan una intensa actividad cultural marcada por la reivindicación de la herencia mexicana y la defensa de sus derechos. Muchos hispanos famosos como, por ejemplo, Ricky Martin, contribuyen hoy día a la riqueza de la vida artística de Estados Unidos.

Durée : 3 heures

Sujet

Texto 1

Cruzar el estrecho de Gibraltar

El perfil oscuro de la costa se iba haciendo cada vez más nítido. José miró a su alrededor. En la zodiac se agazapaban veintisiete personas, la mayoría marroquíes, pero también había nueve subsaharianos, entre ellos, dos mujeres. Todos reflejaban el miedo en su rostro. Sabían que muchos de ellos serían atrapados por la Guardia Civil y que, al menos, a los marroquíes los repatriarían. Más adelante, por supuesto, lo volverían a intentar, hasta que en una de las ocasiones consiguieran pasar sin ser vistos.

Por su parte, los subsaharianos habían sido aleccionados para no decir de dónde eran. Así no podrían repatriarles. Según contaban, la Guardia Civil los solía tener en cuarentena algún tiempo, y en la mayoría de los casos, les daban una orden de expulsión, pero sin poder llevarla a cabo. Después, les dejaban libres para deambular por el país, aunque, eso sí, sin opción a conseguir un trabajo al carecer[1] de permiso de residencia.

El otro tipo de emigrantes que no pasaban por Marruecos eran los sudamericanos, entre los que podría contarse él. Generalmente, estos emigrantes viajaban en avión, entrando como turistas con un billete de ida y vuelta, sin llegar a utilizar este último. Su situación, claro está, era irregular y podían pasar años antes de que consiguieran regularizar sus papeles.

Alguien le había asegurado que los cubanos gozaban de un régimen especial, como refugiados políticos, a causa de la dictadura comunista de Fidel Castro. En la mayoría de los casos, les concedían un permiso temporal de residencia.

Eso era una buena noticia para él, si era verdad…

Ya se distinguía la playa. Era una interminable costa arenosa.

Se palpó el bolsillo. Había comprado una pequeña guía de bolsillo del sur de España, así que en todo momento sabría dónde estaba.

De todas formas, había memorizado el recorrido, pueblos y ciudades que se encontraría en el camino: Tarifa, Algeciras, Marbella, Málaga.

Con un golpe seco, la zodiac varó en la arena[2]. Rápidamente, los veintisiete ocupantes saltaron a tierra y treparon[3] por las laderas vecinas en desbandada. Tenían que esconderse de la Guardia Civil. No tardarían en llegar a buscarles, al menos, si les habían localizado en el radar.

Cuando amaneció llevaba siete horas caminando y estaba agotado. Buscó un lugar protegido y se tumbó a descansar. Abrió la bolsa y sacó pan, queso y dátiles. Bebió agua de una botella de plástico.

Al poco rato, le despertó el ruido de un motor. Desde su escondite[4] vio que eran tres jeeps de la Guardia Civil. Todos ellos venían repletos de emigrantes. José reconoció a varios que habían viajado con él: unos marroquíes y otros subsaharianos. Pensó que él podía haber estado entre ellos. ¿Qué les harían?, ¿repatriarían a los marroquíes, como le habían asegurado?, ¿y a los otros?, ¿les dejarían libres para que se buscaran la vida?, ¿y él?, ¿qué harían con él si se presentaba a la Guardia Civil, o solicitaba permiso de trabajo y residencia?

Edward Rosset, *Emigrantes,* 2006.

1. carecer de: *manquer de* 2. *s'échoua sur le sable*
3. trepar: *grimper, escalader* 4. un escondite: *une cachette*

Texto 2

Detenidos en Murcia dos cabecillas de una mafia de pateras ilegales

Dos miembros de una red dedicada a traer a España inmigrantes ilegales a bordo de pateras han sido detenidos por la Guardia Civil en la Región. Pertenecían a una organización con ramificaciones en Cádiz, Sevilla y Marruecos, que cobraba unos 1.500 euros por persona y viaje.

La Guardia Civil desmanteló este grupo en el marco de la operación «Patera 7», que comenzó el año pasado después del naufragio de una patera.

El naufragio de Barbate

La patera partió de Marruecos con 40 personas a bordo. Su intención era llegar al faro de Trafalgar, que se encuentra a poca distancia de Barbate, en Cádiz. Allí les esperaban furgonetas que los trasladarían a distintos puntos de España. Llegaron a las costas españolas por un punto ciego del Sistema Integral de Vigilancia Exterior (SIVE), que vigila el desembarco de inmigrantes en las costas gaditanas. Cuando estuvieron cerca de España, empezaron a tirar al agua a algunos de los ocupantes. Además, el patrón de la embarcación realizó una maniobra inapropiada al situarse en paralelo a la costa. Esto hizo que la barca perdiese estabilidad, a consecuencia de lo cual diez personas fallecieron; entre ellas, el propio patrón de la patera siniestrada. Los restos llegaron a las costas de Barbate, donde un particular dio la voz de alarma.

Los días siguientes al desastre se buscaron supervivientes en las playas de alrededor. Se llegó a localizar a unos quince. El recuento de fallecidos se elevó a ocho en pocos días.

Francisco J. Moreno, www.laopiniondemurcia.es

Texto 3

La llegada de ilegales a las costas españolas descendió en un 50% en 2010

La llegada de inmigrantes ilegales a las costas de España ha descendido en un 50% en el último año y más de un 80% en una década, según el ministro del Interior, Alfredo Pérez Rubalcaba. Según datos del Ministerio del Interior, en el último año han llegado a España de forma ilegal y por mar un total de 3.632 personas, frente a las 7.285 que llegaron el año anterior.

www.telemadrid.es

suite →

Prépa bac (suite)

Séries L, ES, S
LV1

Questions

I-COMPRÉHENSION

A. Contesta en español.

Texto 1

1. Apunta una frase que permita saber dónde está José al principio del relato.
2. Sin comentar, cita la frase que indica quiénes son las personas que viajan con él.
3. ¿Cuál de estas afirmaciones es exacta?
a. José es español.
b. José es marroquí.
c. José es subsahariano.
d. José es latinoamericano.
Elige la respuesta correcta.

B. Réponds en français aux questions suivantes.

Textos 1 y 2

4. *Les points de vue ne sont pas les mêmes dans le texte 1 et dans le texte 2. Dis en quoi ils diffèrent.*

Texto 2

5. *Dis en quoi a consisté l'opération «Patera 7».*

Texto 3

6. *Résume en une phrase l'information principale contenue dans ce texte.*
7. *Trouve dans le texte 2 deux raisons qui peuvent expliquer ce fait.*

II-EXPRESSION

1. Analiza y comenta la determinación de los emigrantes a lo largo del texto. (15 líneas)
2. Analiza las consecuencias de la inmigración ilegal tales como aparecen en el artículo. (Texto 2)

Conseils pour réussir ce devoir

I-COMPRÉHENSION

Questions 1, 2 et 3

▶ Ces trois questions portent sur **le texte 1**. Il est important ici, pour chacune des questions, de faire des **repérages dans le texte en surlignant les éléments importants d'une couleur différente**. Parmi les éléments repérés, choisis ceux qui sont **le plus pertinents pour servir d'exemple**. Ces exemples seront **cités en espagnol, entre guillemets**.

Question 4

▶ La question porte sur les **textes 1 et 2**. Il est donc important de bien **relire chacun de ces textes** pour voir quel est le point de vue. Pour le **texte 1, il s'agit de celui du narrateur**. Il te faudra donc l'identifier.
Pour le **texte 2, le point de vue est celui du rédacteur du texte.** Il est important d'identifier le genre de ce texte qui n'est pas un roman, contrairement au texte 1.

Question 5

▶ Cette question porte sur **le texte 2**. Il faut **relire attentivement la phrase où apparaît l'expression «*Patera 7*»** et voir notamment si elle renvoie à ce qui figure avant ou après.

Question 6

▶ Cette question est plus difficile. Elle suppose, dans un premier temps, de bien comprendre le contenu de l'article. Il s'agit de résumer le message principal de façon synthétique, en une phrase.

Question 7

▶ L'information que tu viens **de résumer dans la question 6 porte sur le résultat de l'action menée par les autorités espagnoles.**
En relisant attentivement le texte 2, tu trouveras un exemple de cette action dans la première partie du texte et l'autre dans la partie consacrée au naufrage.

▶ Une fois que tu auras rédigé tes réponses, pense à te **relire attentivement pour corriger les fautes d'inattention.**

Conseils généraux pour le bac p. 214

Questions

Durée : 2 heures

Remarque : *ce sujet ne porte que sur le texte 1,* Cruzar el estrecho de Gibraltar (p. 70).

I-COMPRÉHENSION

A. Contesta en español.

1. Apunta una frase que permita saber dónde está José al principio del relato.

2. Sin comentar, cita la frase que indica quiénes son las personas que viajan con él.

3. ¿Cuál de estas afirmaciones es exacta?
a. José es español.
b. José es marroquí.
c. José es subsahariano.
d. José es latinoamericano.
Elige la respuesta correcta.

4. ¿A dónde va José?
a. A Cuba. **b.** A España **c.** A Marruecos
Elige la respuesta correcta.
Sin comentar, apunta dos frases que lo muestran.

5. Apunta tres elementos que evidencian las dificultades de la llegada.

B. Réponds en français. (Environ 5 lignes)

6. *Dis quelles sont les préoccupations de José face à son avenir.*

II-EXPRESSION

Explica en qué puede ilustrar este texto un aspecto de la noción «Espacios e intercambios». ¿Qué problemas plantea?

Conseils pour réussir ce devoir

- Avant de lire les questions, lis plusieurs fois le texte afin de bien identifier qui est José.
- Repère les nationalités des personnes concernées. En quoi les risques sont-ils différents selon l'origine de la personne?
- Essaie de définir la tonalité de la page.

I-COMPRÉHENSION

Question 5

• Il est conseillé de surligner tout d'abord le passage du texte qui permet d'apporter une réponse. Ensuite, il faudra choisir les 3 éléments les plus représentatifs des difficultés.

Question 6

Pour répondre à cette question en français, il faut d'abord identifier les lignes du texte où il est question de ce personnage.
Ensuite, relève toutes ses interrogations et dis ce qu'elles expriment.

II-EXPRESSION

- Pour répondre à cette question, il te faudra aborder les problèmes que rencontre l'Espagne face à l'immigration. Tu pourras dire ce que tu sais de cette réalité et illustrer ton propos avec des exemples étudiés pendant l'année.

1 El régimen castrista empezó el 1 de enero de 1959, con la huida del dictador Fulgencio Batista. Fidel Castro hizo proceder a expropiaciones y nacionalizaciones de bienes privados. Muchos disidentes emigraron entonces a Estados Unidos, huyendo del comunismo. Desde allí, la resistencia al castrismo se organizó entre ellos.

2 Los emigrados cubanos se instalaron preferentemente en el sur de Florida. Desde los años sesenta, un distrito de Miami lleva el nombre de «Pequeña Habana» (*Little Havana*). En este barrio, recrearon el ambiente de la vida en su país de origen. A los numerosos cubanos que querían emigrar, por motivos políticos o económicos, el gobierno los llamaba despectivamente «los gusanos», acusándolos de colaborar con el imperialismo americano.

3 La economía cubana dependía en gran parte de la cooperación con la Unión Soviética. En 1991, la crisis económica empeoró con el fin del socialismo en este país. Las condiciones de vida de los cubanos se volvieron más difíciles aún, provocando la huida de numerosos balseros.

ESPACIOS E INTER-CAMBIOS (2)

DOSSIER 4

Elementos del dossier 4

4 En el mes de febrero de 2008, Raúl Castro fue elegido por el Parlamento cubano para suceder a su hermano, Fidel Castro, quien era «presidente y comandante en jefe» de Cuba y renunció por razones de salud. Raúl Castro ha prometido «asegurar la continuidad de la revolución», aunque insistió en la necesidad de hacer reformas estructurales en el país.

Documento 1

10

Balseros en busca de la esperanza

Yo vivía en la Calle Industria en Centro Habana, Cuba, en plena «Crisis de los Balseros» del año 1994. Soy testigo de que en aquella época la mayoría de los cubanos querían «irse» –como diera lugar[1]–. Esa era la solución ante la asfixia económica, la hambruna y la represión; yo también estaba desesperada, agobiada y mentalmente torturada por tanta escasez[2], hambre y desilusión.

Por aquellos días habían informado a los cubanos que si querían irse, que las costas no iban a estar bajo vigilancia, y entonces las gentes empezaron a construir las balsas en las azoteas[3] y sótanos[4] de los edificios. Por las calles pasaba la gente cargada con tablas[5], neumáticos o cauchos viejos y pedazos de polyespuma[6] y todo lo que pudiera flotar, para construir la «balsa de la salvación o balsa de la libertad». Pero una balsa, canoa o simple tabla que pudiera flotar, al menos por 8 horas y los empujara hacia la «Tierra de la Libertad». Yo fui testigo de cómo un grupo de jóvenes cargaba con alegría una rústica balsa y, empujada por la curiosidad, me fui junto con ellos, por toda la Calle Industria hasta el Malecón[7]. Echaron la balsa al agua y se montaron unas 13 personas.

Recuerdo a una muchacha, muy joven, que con gracia movía sus manos para despedirse de su pequeño hijo de apenas 4 años al que la joven dejaba en brazos de su abuela. La señora estaba a mi lado y la muchacha le decía a gritos: «Mamá, no te preocupes, este domingo ya estamos en los Estados Unidos. Cuida mucho a mi hijo. Yo enseguida lo voy a mandar a buscar…» A la muchacha se le saltaban las lágrimas, a la señora también; el bebé, ingenuo, movía sus manitas en un inocente adiós a su mamá que, llena de esperanzas, le hacía mil promesas. A mí se me saltaron las lágrimas porque yo también, sin proponérmelo, estaba contenta y hasta me sentía aliviada. Nunca supe si la balsa logró llegar o no llegó nunca. Sólo recuerdo que puse en dudas el urgente arribo[8] anunciado por la joven madre para buscar a su bebé. También me fijé que esos balseros llevaban unas pocas botellas de agua y no vi entre sus pocas pertenencias ningún abrigo para que pudieran protegerse de las frías noches en el mar abierto. Y nunca supe sus destinos.

Mayda Palazuelos, *Contra Viento y Marea* (blog), 08/05/2009.

1. *ici, coûte que coûte*
2. *pénurie*
3. la azotea: *la terrasse sur le toit*
4. *sous-sol*
5. *planches*
6. *mousse polyéthylène*
7. el malecón: *la jetée. Lieu de promenade en bord de mer à La Havane.*
8. *l'arrivée rapide*

Etapa 1 Presentación

1. Apunta los detalles que permiten situar la escena evocada en el texto.
2. ¿Qué sabemos de la bloguera?

Etapa 2 Análisis

3. Entresaca los elementos que permiten saber en qué condiciones vivían los cubanos en 1994.
4. El año 1994 fue decisivo para muchos cubanos. Explica por qué.
5. Apunta las palabras reveladoras de la determinación de los cubanos para irse de Cuba.
6. Su proyecto era muy peligroso. Muéstralo.
7. Hay mucha emoción en el relato de la bloguera. Comenta las frases o palabras que te parezcan más reveladoras.

Etapa 3 Síntesis

8. El océano era una frontera entre dos mundos o dos espacios diferentes. Explica en qué.
9. Basándote en lo que sabes, di en qué este texto ilustra un aspecto de la noción «Espacios e intercambios».

Balseros (foto sacada en agosto de 1994).

Así se dice

- la desesperación: *le désespoir*
- la esperanza: *l'espoir*
- arriesgarse la vida: *risquer sa vie*
- hundirse: *couler*
- ahogarse: *se noyer*
- el tiburón: *le requin*
- conmovedor: *émouvant*

Infórmate

La crisis de los balseros

El 13 de agosto de 1994, el Presidente de Cuba, Fidel Castro, anunció en un discurso que a partir de ese momento se retirarían los guardas fronterizos de las costas cubanas y se permitiría marcharse del país a cualquier persona que lo quisiera.
Provocó la mayor crisis de balseros conocida en la historia de Cuba con más de 36.000 cubanos que se lanzaron al mar en balsas fabricadas con neumáticos amarrados, barriles de petróleo vacíos, etc. Cualquier cosa que pudiera resistir los tres o cuatro días de navegación a lo largo de las 90 millas que separan Cuba de la Florida.
No se conoce el número exacto de cubanos ahogados pero podría ser de más de 12.000 para la década del 90.

Prácticas

Donne l'autre construction possible.

1. La balsa no llegó nunca.
2. Nunca supe el destino de aquellos hombres.
3. El bebé nunca volvió a ver a su madre.
4. La bloguera no había estado nunca tan desesperada.
5. Ninguno de ellos volvió.
6. No sabían nada de lo que les esperaba.

Recuerda

La négation

- «**No** llegó **nunca**.»
- «**Nunca** supe sus destinos.»

▶ Précis grammatical p. 248

Documento 2

11 Balsero

Balsero, qué inmenso es el mar
y qué inmenso tu sueño, no cabe en tu bote.[1]
Balsero, había que renunciar
a ese tramo de tierra, no te dieron tregua.[2]
Hermano, no hay miedo a morir
porque la libertad brilla en el horizonte.
Hermano, este tiempo feroz
que nos tocó vivir no apagó tu sonrisa.

Estribillo
No hay pasaporte en el mundo
que premie a algún moribundo.
Y ¿qué pasó con los otros
que no llegaron al muro?
¿Quién pagará por tu vida
balsero que no llegaste?
Dime Dios si lo escuchaste
llorar en la noche fría.

Balsero, es un tramo de sal[3]
que te puede tragar[4] al final de este día.
Balsero, pero hay que llegar
aunque el inmenso mar no te dé garantías.
Hermano, no pueden matar
el derecho a soñar, tiene que haber salida.
Hermano, una sola es la vida
y vivirla con miedo ¿qué sentido tendría?

Amaury Gutiérrez.

▶ Etapa 1 Presentación

1. ¿Cuál es el tema central de la canción?

2. Después de escucharla, intenta precisar la tonalidad general.

▶ Etapa 2 Análisis

3. Apunta los versos que remiten a la situación que vivían los cubanos en Cuba.

4. Entresaca los detalles reveladores de sus esperanzas.

5. El cantante alude a los peligros y la muerte posible durante el viaje. Cita los versos.

▶ Etapa 3 Síntesis

6. Sabiendo que el cantante escribió esta canción en Miami, explica qué valor puede cobrar la canción.

7. Di en qué puede esta canción representar un aspecto de la noción «Espacios e intercambios».

1. *il ne tient pas dans ton canot*
2. *ici, on ne t'a pas laissé le choix*
3. *une étendue de sel*
4. *avaler, engloutir*

Foto sacada en La Habana, en 1994.

Así se dice

- un homenaje: *un hommage*
- en memoria de: *en mémoire de*
- el valor: *le courage*
- los sufrimientos: *les souffrances*
- los riesgos: *les risques*
- soñar(ue) con: *rêver de*
- superar el miedo: *surmonter sa peur*

Infórmate

Amaury Gutiérrez nació en Santa Clara (Cuba) el 9 de septiembre de 1963. Estudió música en la Escuela Nacional de Artes de Cuba. Emigró a México en 1993 donde vivió durante once años. Cantó en Europa, América del sur y Estados Unidos. En 2003, decidió vivir en Nueva York y Miami.

Prácticas

Complète les phrases avec « hay que » ou « tener que » en utilisant les temps du passé.

1. Para lanzarse al mar en una balsa, ... tener mucha determinación.
2. Los cubanos ...... navegar durante 3 días y 3 noches.
3. Durante la travesía, ... luchar contra el frío de la noche.
4. Los balseros ...... remar durante horas.
5. Cuando se hablaba de peligros, ... tomar en cuenta la presencia de tiburones.

Recuerda

L'obligation

- «**Había que** renunciar...»
- «**Hay que** llegar...»
- «**Tiene que** haber salida...»

▶ **Précis grammatical p. 251**

Documento 3

Quiero quedarme a vivir aquí

El narrador es un joven español que ha venido a Chicago a participar en un concurso internacional.

Desde la ventanilla fui mirando el paisaje de carriles[1] de autopistas que se anudan y desanudan como el lazo[2] de un regalo: en cierto modo, recorrerlos era como ir desenvolviendo el paquete donde se escondía una sorpresa, pues era la primera vez que visitaba Chicago.

Eddie me explicó que íbamos a atravesar la ciudad por la interestatal 90: si me apetecía, podíamos salir de la autopista y hacer un pequeño recorrido con el coche por el *Loop* o por los muelles. Aunque yo estaba agotado[3] del viaje y un poco atontado por el cambio de horario, todo me parecía bien, así que nos metimos de cabeza en aquella inmensa urbe. Chicago me parecía realmente bonita y, a diferencia de otras ciudades americanas, me daba una sensación espaciosa y ordenada, como si cada rascacielos[4] tuviera más aire para respirar: parecían colocados con el mimo de unas piezas de ajedrez[5], cada uno en su escaque[6]. Eddie propuso que diéramos un paseo por el Parque Grant y así lo hicimos. Aparcamos, nos bajamos del DeLorean[7], nos asomamos al lago Michigan y ahí ya mi sensación veraniega se confirmó del todo: aquello no era un lago, era un verdadero mar que ocupaba todo el horizonte, con un puerto gigantesco; daban ganas de quitarse la ropa y tirarse de cabeza a nadar. Luego entramos en el parque. Por un momento, tuve la sensación de que el mundo era un lugar maravilloso, plenamente feliz, donde no cabían el dolor ni la tristeza. Yo pensé: quiero que este momento perdure para siempre, quiero quedarme a vivir aquí.

Después me llevaron al campus. Era un lugar muy arbolado, lleno de praderas y de estudiantes guapos como actores de teleserie. En realidad, todo lo que veía en Chicago me parecía muy cinematográfico, pero no del modo que yo esperaba –el del cine negro que tanto le gustaba a mi padre– sino de otro más colorido y luminoso, el de los musicales o las películas románticas de adolescentes, con sus institutos donde se enamoran el capitán del equipo de béisbol y la jefa de las animadoras... He de confesar que estas son las películas que a mí más me gustan.

Óscar Esquivias, «Mail Pride Chicago 2008», in *Pampanitos verdes*, 2010.

Etapa 1 Presentación

1. Después de leer el texto, di en qué consiste el momento que nos cuenta el narrador. Precisa cuáles fueron las circunstancias de su viaje.

2. Apunta una frase que indica cuál era el estado de ánimo del chico durante su visita.

3. A tu parecer, ¿quién sería Eddie?

Etapa 2 Análisis

4. A partir de unos ejemplos, apunta los diferentes aspectos de la visión que tenía el joven de Chicago.

5. «Todo lo que veía en Chicago me parecía muy cinematográfico.» Comenta esta frase y los diferentes ejemplos de comparación con el cine que da el narrador. Di lo que revelan.

6. El sueño americano no sólo existe para los latinoamericanos. Explica en qué es este texto una ilustración de lo que puede ser el sueño americano para un joven.

Etapa 3 Síntesis

7. «Yo pensé: quiero que este momento perdure para siempre, quiero quedarme a vivir aquí.» Comenta esta frase y di si te parece realista lo que dice el narrador.

8. El viaje a Chicago, para el narrador del texto, es una ocasión para evadirse de la realidad. Compara con otras maneras de viajar.

9. Di de qué forma puede relacionarse este texto con el tema «Espacio e intercambios».

1. *voies*
2. *nœud d'un ruban*
3. *épuisé*
4. *gratte-ciel*
5. *pièces d'échecs*
6. *case (de l'échiquier)*
7. *voiture américaine mythique (qui a servi dans le film* Retour vers le futur*)*

Estudiantes en EE.UU.

Infórmate

Óscar Esquivias es un autor español nacido en Burgos en 1972. Fue galardonado por varios premios, entre los cuales el premio «Tormenta en un Vaso» 2011 por *Pampanitos*[1] *verdes*. El libro se compone de diez relatos breves.
La acción de los relatos se desarrolla en distintos lugares (Burgos, Madrid, Salamanca, Valladolid, Roma o Chicago) pero el autor cuenta en ellos la universalidad de los sentimientos que experimentan los protagonistas. De ellos dice el autor: «casi siempre los protagonistas son personajes jóvenes que viven un momento de cambio, el paso de la niñez a la adolescencia, o de la adolescencia a la juventud, o de la juventud a la madurez».

1. pámpano: *bourgeon, bouton de fleur*

Así se dice

- el encanto: *le charme*
- la dicha: *le bonheur*
- la felicidad: *le bonheur*
- ser dichoso, ser feliz
- estar a gusto: *se sentir à l'aise, se sentir bien*
- el entusiasmo
- entusiasmarse

Prácticas

Emploie « ir + gérondif » dans les phrases suivantes.

1. El chico **descubre** la ciudad de Chicago.
2. El chico **descubrió** la ciudad de Chicago.
3. Los amigos **se meten** en aquella inmensa urbe.
4. **Pasearon** por el parque que era inmenso.
5. Era como **recorrer** un mundo de película.

Recuerda

La forme progressive

- «**Fui mirando** el paisaje.»
- «Era como **ir desenvolviendo** el paquete…»

▶ Précis grammatical p. 250

Documento 4

Diario de Crisantemo Culillo en Pennsylvania

Agosto, 12

Hoy me mudé[1] a mi nueva residencia en el estado de Pennsylvania. Es una casa sencilla pero confortable, con una chimenea en cada cuarto. ¡Con lo románticas que son las chimeneas! Ansiaba[2] un hogar romántico y pacífico. ¡Qué paz! Todo es tan bonito aquí, tan dulce e higienizado… Las montañas son tan majestuosas. Desespero, no puedo aguantar más el deseo que me roe[3] los instintos de contemplar las cumbres de nieve. ¡Qué bueno haber dejado atrás el calor, la humedad, el tráfico, los huracanes[4] y el cubaneo de Miami! Esto sí que es vida. Una vida apacible, lejos del error.

Octubre, 14

Pennsylvania es el lugar más hermoso que he visto en mi vida. Las hojas han pasado por los tonos entre rojo y naranja, del dorado al plateado, me emociona oler el follaje. ¡Qué maravilla disfrutar de las cuatro estaciones! Salí a pasear por los bosques y por primera vez vi un ciervo[5]. Son tan ágiles, tan elegantes… Espero que nieve pronto. Esto sí es vida. Una vida dulce y placentera.

Diciembre, 2

Anoche nevó. Desperté y hallé el paisaje cubierto de una capa blanca. Dijéramos una postal… ¡de película! Salí a quitar la nieve de los peldaños[6] y a dar pala en la entrada. Me restregué[7] excitado en la nieve pura…

Diciembre, 22

Anoche volvió a caer nieve, o mejor dicho… caca blanca. Tengo las manos hechas una pudrición, llenas de callos[8] por culpa del mango de la pala. […] La vida en invierno no vale un cacahuete.

Enero, 4

Al fin pude salir de la casa. Fui a comprar comida y un ciervo de mierda se metió delante del carro y lo maté. ¡Carajo[9]! El arreglo del carro me va a costar como tres mil dólares. Estos animales de basura debían ser envenenados[10], inútiles que son.

Marzo, 15

Me resbalé en el hielo que todavía hay en esta puta ciudad y me partí[11] una pierna. Si tuviera un bazuka me apuntaba a los sesos[12]. Sufro pesadillas con esquimales, aunque… ¡Anoche soñé que sembraba una palma real!

Mayo, 10

Me mudaré finalmente de nuevo para Miami. ¡Allí sí que es vida! ¡Qué delicia! …Calor, humedad, tráfico, huracanes, y cubaneo.

Zoé Valdés, *Milagro en Miami*, 2001.

▶ Etapa 1 Presentación

1. ¿Dónde está Crisantemo cuando redacta su diario?
2. ¿Dónde vivía antes?
3. Crisantemo es cubano. Busca un detalle que lo revela.

▶ Etapa 2 Análisis

4. Apunta detalles reveladores del entusiasmo de Crisantemo al descubrir su nueva vida.
5. ¿Qué le gustó más? ¿Cómo se puede explicar?
6. Di en qué momento empezaron los primeros cambios en su percepción de la realidad y por qué.
7. ¿Qué echa de menos Crisantemo?
8. Apunta detalles humorísticos y coméntalos.

▶ Etapa 3 Síntesis

9. Este diario presenta de manera humorística lo que puede ser difícil para un emigrado. Explica.
10. Di en qué puede este diario ilustrar un aspecto del tema «Espacios e intercambios».

1. mudarse: *déménager*
2. ansiar: *désirer ardemment*
3. roer: *ronger*
4. *les ouragans*
5. *un cerf*
6. *marches (d'escalier)*
7. restregarse: *se frotter*
8. *callosités*
9. *juron (amér.) qui se traduit suivant le contexte.*
10. debían ser envenenados: *on devrait les empoisonner…*
11. partir = romper
12. *je me ferais sauter la cervelle*

Paisaje de Pennsylvania.

En *Little Havana* (Miami).

Así se dice

- un mundo de ensueño: *un monde magnifique, de rêve*
- la nevada: *la chute de neige*
- el hielo: *la glace*
- la otra cara de: *l'autre aspect de*
- echar de menos: *regretter (quelque chose ou quelqu'un)*
- huir: *fuir*
- el ensueño: *le rêve*
- la pesadilla: *le cauchemar*

Infórmate

Zoé Valdés (1959) es una autora cubana (novelas, poesía, guiones…). Es opositora al régimen de Fidel Castro y, en 1995, tiene que exiliarse. Viene a vivir en París. Escribe en numerosas publicaciones españolas y francesas, como *El País*, *El Mundo*, *El Semanal*, *Qué leer*, *Elle*, *Vogue*, *Le Monde*, *Libération*, *Le Nouvel Observateur*, *Beaux Arts*, *Les Inrockuptibles*, entre otros.

Prácticas

Réécris ces phrases en utilisant «sí que».

1. ¡Miami es una ciudad ideal!
2. ¡Me gusta el sol!
3. ¡Hace frío en Pennsylvania!
4. ¡Me encanta Cuba!
5. ¡Allí hace calor!

Recuerda

«Sí que»

« Sí que » *donne de l'emphase à l'affirmation.*

- «Esto **sí que es** vida.»
- «¡Allí **sí que es** vida!»

Documento 5

Pasar de una a otra orilla

El verano andaluz es resistente, pero poco a poco va quedando atrás. La luz ya no es tan cegadora[1], el aire por las noches refresca. Y el mar no es el mismo. También dentro de ella, por las noches se suceden las mareas. Encontronazos[2] entre una y otra orilla. Durante su ausencia de Buenos Aires parte de su vida se va deteriorando. Recibe periódicamente malas noticias: la retina de su madre se desgarra bajo el bisturí de un médico, a su prima la asaltan[3] en un taxi, la pata de Godo es triturada a mordiscones en una pelea con otros perros, el palo borracho[4] de su jardín crece salvajemente, destroza[5] pisos y paredes, su amigo Pedro empeora, ya casi no puede caminar...

Desde tan lejos, ¿qué puede hacer? ¿Cómo pasar de una a otra orilla? Cuando uno se ha ido muy lejos, a unos catorce mil kilómetros de su casa, la manera más rápida de hacerlo no es el avión. Son los sueños. Al principio son desbocados[6], inmanejables[7]. Pero de a poco se diría que los va domesticando. Puede abrazar a su hijo, ver a los amigos que extraña. Se mete en su casa, aunque los nuevos inquilinos estén durmiendo. Se toma un cortado[8] en la cafetería de la calle Corrientes que tanto le gustaba. Hasta puede sentir el perfume de los tilos[9] o de la lluvia de Buenos Aires. Ahora ha dado un paso más. Tiene sueños reparadores. Cuando se entera que, del otro lado, su perro se rompió la pata, esa misma noche, de este lado, se la arregla y lo hace correr detrás de una pelota con la agilidad de siempre. Su madre pierde la visión de un ojo y, del lado de acá[10], ella lo soluciona de inmediato. En su sueño ve perfectamente bien. Salvo que en lugar de azul, como lo tenía antes, el ojo es marrón muy oscuro, de un tamaño desproporcionado respecto a su cara (parece el ojo de una gacela). Pero ya se irá perfeccionando. En un tiempo más, será capaz de unir los dos bordes, el lado de acá y el otro, en una única orilla.

Inés Fernández Moreno, *La profesora de español*, 2005.

1. cegar (ie): *aveugler*
2. *chocs violents*
3. asaltar: *agresser*
4. *arbre au tronc en forme de bouteille et recouvert d'épines*
5. destrozar: *abîmer*
6. *ici, débridés*
7. *ici, impossibles à maîtriser*
8. *café avec un peu de lait*
9. *tilleuls*
10. acá *(amér.)* = aquí

Etapa 1 Presentación

1. Apunta la frase que revela de dónde es la profesora.
2. Apunta la frase que permite saber dónde vive ahora.

Etapa 2 Análisis

3. Explica por qué se dice en el primer párrafo que parte de la vida de la mujer se va deteriorando.
4. A partir de ejemplos sacados del texto, comenta esta frase: «Cuando uno se ha ido muy lejos, a unos catorce mil kilómetros de su casa, la manera más rápida de hacerlo no es el avión. Son los sueños».

Etapa 3 Síntesis

5. Los inmigrantes deben superar muchas dificultades. Di cuál está evocada en este texto.
6. Explica en qué es interesante este texto para presentar la noción «Espacios e intercambios».

Argentinos esperando delante de un banco (2002).

Costa de la Luz en Cádiz (Andalucía).

Así se dice

- la nostalgia: *la nostalgie*
- la añoranza: *la nostalgie (du passé)*
- añorar: *regretter, avoir la nostalgie de*
- echar de menos: *regretter l'absence de*
- la impotencia: *l'impuissance*
- el desgarro: *le déchirement*
- la congoja: *l'angoisse*
- la turbación: *le trouble*
- el remordimiento: *le remords*
- imposibilitar a alguien para hacer algo: *empêcher quelqu'un de faire quelque chose*
- superar: *surmonter*
- esforzarse en/por: *s'efforcer de*

Infórmate

En 2001, después de varios años de gobierno por el presidente Carlos Menem, Argentina sufrió la peor **crisis económica** de su historia. La enorme deuda internacional del país y la hiperinflación desembocaron en una crisis financiera y un pánico generalizado. La población sufrió mucho por esta crisis y muchos argentinos intentaron encontrar una solución en el exilio. Argentina, que durante un largo período a principios del siglo XX había sido una tierra de inmigración, llena de perspectivas de enriquecimiento, se transformó por un tiempo en un país de emigrantes.
La situación económica volvió a estabilizarse a partir de 2003, bajo la presidencia de Néstor Kirchner.

Prácticas

Réécris les phrases en utilisant «ir + gérondif».

1. La profesora recibe periódicamente malas noticias.
2. El palo borracho de su jardín crece salvajemente.
3. Su amigo Pedro empeora.
4. Su madre pierde la visión.
5. Une los dos bordes en una única orilla.

Recuerda

La forme progressive

- «El verano andaluz es resistente, pero poco a poco **va quedando** atrás.»
- «Parte de su vida **se va deteriorando.**»
- «Pero de a poco se diría que los **va domesticando.**»
- «Ya se **irá perfeccionando.**»

▶ Précis grammatical p. 250

Conseils généraux pour le bac p. 213

PRÉSENTER LA NOTION

1 PRESENTACIÓN DEL DOSSIER

- **Da el título de cada uno de los tres (o cuatro) documentos seleccionados.**
- **Precisa el tema de cada uno y explica cómo se relaciona con la noción «Espacios e intercambios».**

▶ La emigración, Estados Unidos como espacio de libertad, dificultades de adaptación en un espacio nuevo...

Documento 1 Balseros en busca de la esperanza *(Blog)*

- Situación de los cubanos en 1994:
  - Problemas económicos.
  - Problemas políticos.
- Determinación de los cubanos para ir a la «Tierra de la Libertad».
- Consecuencias:
  - Separación de las familias.
  - Peligros para los balseros.

▶ Esperanzas y determinación de los balseros para emigrar.
▶ Más allá del océano, un nuevo espacio de libertad.

Documento 2 Balsero *(Canción de A. Gutiérrez)*

- Un homenaje a todos los balseros («Hermano»).
- Las causas de la emigración:
  - La realidad política («no te dieron tregua», «tiempo feroz»).
  - Sueño de libertad («el derecho a soñar», «una sola es la vida»).
- Dificultad de la emigración:
  - Un mar «inmenso».
  - Alusiones a la muerte (estribillo).

▶ Homenaje y testimonio de las esperanzas de una población.
▶ El océano como espacio de peligro pero también como espacio hacia la libertad.

Documento 3 Quiero quedarme a vivir aquí

- Visión idílica de la ciudad de Chicago vista por un joven.
  - Espacio e inmensidad.
  - Sensaciones agradables.

▶ Primer encuentro con una ciudad norteamericana. Importancia de los *clichés* acerca de los Estados Unidos (los espacios inmensos, un país «futurista»...).

- Un mundo de sueño ideal. Influencia en la cultura internacional de la industria cinematográfica norteamericana.

▶ Un espacio idealizado.
▶ El «sueño americano»: la confrontación entre la realidad y el sueño.

Documento 4 Diario de Crisantemo Culillo en Pennsylvania

- Un cubano exiliado a Miami descubre un espacio nuevo.
- Entusiasmo frente a los encantos del nuevo paisaje:
  - Nieve, frío: «una postal».
  - Fauna y flora. «El ciervo»: «ágil, elegante»...
- Descubre la realidad de Pennsylvania y ya no le gusta tanto la región.
  - Nieve, frío: «una caca blanca».
  - Fauna y flora. «El ciervo»: «un ciervo de mierda».
- Humorismo producido por el contraste entre las diferentes reacciones.

▶ Dificultades de integración en un espacio diferente para los emigrados.
▶ Semejanzas entre el clima en Cuba y en Florida (Miami).

Documento 5 Pasar de una a otra orilla

- Una emigrada argentina en España.
- Las dificultades para una emigrada:
  - La distancia. Echa de menos a sus familiares y a su país.
  - La soledad.
- Solución encontrada por la mujer: refugiarse por la imaginación en el espacio del sueño y de la memoria para reunir los dos mundos (mundo pasado y mundo presente).

▶ Aspecto poético del texto (oda al poder de la imaginación).
▶ Aspecto positivo de la emigración: un nuevo trabajo «profesora de español».
▶ Dificultades en relación con la distancia: aparición de la nostalgia.

2 VALORACIÓN PERSONAL

- **Di qué texto(s) te interesó (interesaron) más (o menos) y explica por qué.**

3 CONCLUSIÓN PERSONAL

- **Expresa una opinión personal a propósito del dossier y de la noción estudiada.**

Lexique utile

Los sentimientos

- la nostalgia: *la nostalgie*
- la añoranza: *la nostalgie (par rapport au passé)*
- tener añoranza de su país: *avoir la nostalgie de son pays*
- añorar el pasado: *regretter le passé*
- echar de menos: *regretter*
- la tierra: *le pays (la région où l'on est né)*
- la dicha: *le bonheur*
- la felicidad: *le bonheur*
- ser feliz, ser dichoso: *être heureux*
- por suerte: *par chance*
- felizmente: *heureusement*
- la melancolía: *la mélancolie*
- la tristeza: *la tristesse*
- estar a gusto: *se sentir à l'aise, être à l'aise*
- el pesar: *le chagrin*
- por fortuna: *par bonheur*
- aburrirse: *s'ennuyer*
- el aburrimiento: *l'ennui*
- aburrido: *ennuyeux*
- ¡qué aburrimiento!: *quel ennui!*
- aburrirse como una ostra: *s'ennuyer comme un rat mort*

La esperanza

- esperar: *attendre, espérer*
- esperar que + subj.: *espérer que*
- la esperanza: *l'espoir*
- ilusionar: *faire rêver*
- la ilusión: *la joie, le plaisir, l'espoir, le rêve*
- hacer ilusión: *faire plaisir, faire rêver*
- estar ilusionado con: *se faire une joie de*
- recuperar la esperanza: *reprendre espoir*
- esto me hace mucha ilusión: *cela me fait vraiment plaisir, je rêve de cela*

La inmigración

- el inmigrante: *l'immigrant*
- emigrar a: *émigrer vers*
- el país de destino: *le pays de destination*
- con destino a: *à destination de*
- dejar su país: *quitter son pays*
- el delito de opinión: *le délit d'opinion*
- el sueño se hace realidad: *le rêve devient réalité*
- poner rumbo a: *mettre le cap sur*
- el acuerdo migratorio: *l'accord migratoire*
- la balsa: *le radeau*
- el balsero: *l'immigré cubain*
- hundirse: *couler, sombrer*
- irse a pique: *couler à pic*
- el chaleco salvavidas: *le gilet de sauvetage*
- el bote: *le canot*

La vivienda

- el edificio: *l'immeuble, le bâtiment*
- el rascacielos: *le gratte-ciel*
- la torre: *la tour*
- el inmueble: *l'immeuble*
- el piso: *l'appartement, l'étage*
- el chalé: *le pavillon, la villa*
- la casa unifamiliar: *la maison individuelle*
- la urbe: *la grande ville*
- la metrópoli: *la métropole*
- el casco urbano: *le centre-ville*
- el casco antiguo: *la vieille ville*
- el barrio: *le quartier*
- la barriada: *la cité*
- las cercanías: *la proche banlieue*
- el ensanche: *la ville nouvelle*
- la manzana: *le pâté de maisons*

DOSSIER 4

Compréhension de l'oral

1 Ir a Estados Unidos

12

1. Escucha.
– Intenta comprender el tema general de la grabación.
– ¿Cuál es la historia de Alexander "Amigó"?
– ¿Quién era Yunié?

2. Escucha otra vez.
– Explica lo que pasó el 5 de agosto de 1994.
– Di en qué consistió el acuerdo que firmaron Washington y la Habana en septiembre de 1994.

3. Escucha por última vez.
– Explica cuál es la situación en 2009.

Tu as dix minutes pour rendre compte par écrit, en français, de ce que tu as compris.

Calle Ocho en *Little Havana* (Miami).

2 Vídeo DVD

Cubanos en Miami

1. Fíjate en lo que sabemos de la niña:
– Sus gustos.
– Su situación en la escuela.

2. Di quién es el niño.

3. Según la niña, la vida en Miami es diferente de la vida en Cuba. Di en qué.

4. Di lo que opina el hombre de la vida en Miami.

Tu as dix minutes pour rendre compte par écrit, en français, de ce que tu as compris.

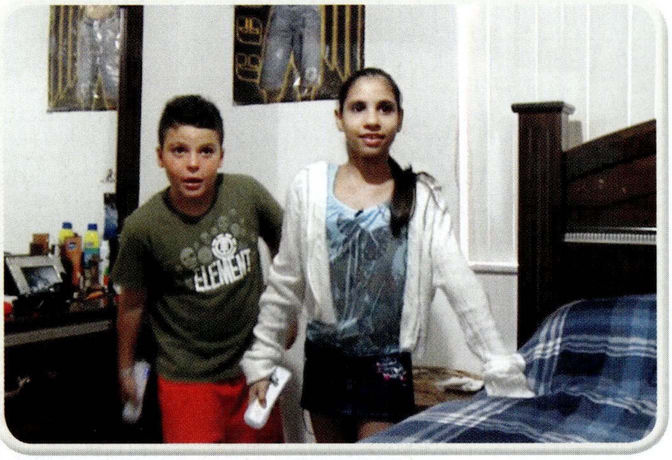

Serie de crónicas *Havana-Miami*, 2010.

3 *Little Havana*

13

1. Escucha.
– ¿Qué es Little Havana?
– ¿Cuál es la particularidad de la Calle Ocho?

2. Escucha otra vez.
– Apunta detalles reveladores del ambiente cubano.
– Di cuáles son las dos bebidas típicamente cubanas.

3. Escucha por última vez.
– Concluye insistiendo en la particularidad de este barrio.

Tu as dix minutes pour rendre compte par écrit, en français, de ce que tu as compris.

Dans les conditions de l'examen

4 Cubanos interceptados en el mar

Écoute l'enregistrement trois fois et, ensuite, tu as dix minutes pour rendre compte par écrit, en français, de ce que tu as compris.

Pour en savoir plus

ESTADOS UNIDOS Y CUBA EN LA HISTORIA

La guerra hispano-americana

Desde su descubrimiento y su conquista, Cuba era una colonia española. A finales del siglo XIX, los independistas cubanos, entre los cuales destaca José Martí (1853–1895), emprendieron la lucha contra los españoles.

Los Estados Unidos tenían entonces importantes inversiones en la isla e incluso propusieron a España comprarla. Intervinieron en el conflicto entre Cuba y España declarando la guerra a España en 1898. Las tropas norteamericanas, ayudadas por los cubanos, lograron la victoria y el Tratado de París consagró la renuncia de España a su soberanía sobre Cuba, Puerto Rico y Filipinas. Estos territorios fueron ocupados entonces por Estados Unidos. La ocupación estadounidense de Cuba duró hasta 1902.

La dictadura de Batista

En la primera mitad del siglo veinte (1902–1959), Cuba conoce varios gobiernos republicanos y dos dictaduras. Tiene relaciones económicas privilegiadas con los Estados Unidos que han dejado de ocupar la isla pero intervienen varias veces en su vida política. En 1952, Fulgencio Batista encabeza un golpe de estado militar y establece una dictadura en la que la corrupción toma una importancia creciente. Los Estados Unidos ayudaron militar y económicamente al régimen y la dominación de los intereses económicos estadounidenses fue creciendo en la isla. La Habana se transformó en santuario para los miembros del crimen organizado.

Tarjeta postal publicitaria en los años 40-50.

Después de la Revolución

Tras la victoria de los revolucionarios dirigidos por Fidel Castro y a raíz de las nacionalizaciones de empresas que pertenecían a estadounidenses, las relaciones entre EE.UU. y Cuba empeoraron pronto. En 1960, el gobierno de EE. UU. prohibió toda exportación a Cuba. En 1961, la CIA ayudó a unos 1.500 emigrados cubanos que intentaron invadir la isla en la Bahía de Cochinos. Este intento fue un fracaso.

En 1962, la Crisis de los Misiles en Cuba fue uno de los conflictos más graves que ocurrieron durante la Guerra Fría. Se descubrió la presencia en la isla de bases de misiles nucleares soviéticos que amenazaban a EE. UU. Esta crisis hubiera podido desencadenar una guerra nuclear.

Los refugiados cubanos en Estados Unidos

Numerosos cubanos huyeron del régimen castrista y hallaron refugio en Estados Unidos. En 1966, el Presidente Johnson firmó el Acta de Ajuste Cubano que da a los inmigrados cubanos un estatuto privilegiado: permite a todos los cubanos que hayan llegado a pisar la tierra de Estados Unidos a tener derecho a obtener la residencia permanente después de haber residido en Estados Unidos por dos años.

En *Little Havana* (Miami).

Séries ES, S LV2
Séries STI2D, STD2A, STG, ST2S, STL LV1 et LV2

Durée : 2 heures

Sujet

Hija de peones de campo, hoy tiene su consultorio médico

YUMA, Arizona, EE.UU.

Cuando la doctora Mariana Amaya era niña en San Luis, Arizona, sus padres cruzaban la frontera hacia México cada vez que alguien de su familia necesitaba un médico. En aquellos tiempos, esa era la opción más práctica debido a que los papás de Amaya sólo hablaban español.
Esta barrera del idioma fue determinante para Amaya. Desde pequeña se propuso que cuando fuera grande ayudaría a las personas que hablan español. «Sabía que si yo era bilingüe podía ayudar a la población que no habla inglés».
En el primer ciclo de la secundaria, decidió ser médica, pero desconocía si podría lograr esa meta. No conocía a mujer hispana alguna, como ella, que fuera doctora. Una tía enfermera era lo que más se acercaba al campo de la medicina.

En la actualidad, Mariana Amaya se dedica exactamente a lo que aquella niñita anhelaba mientras crecía en San Luis. A sus 36 años, Amaya tiene un consultorio médico privado en obstetricia y ginecología en Phoenix. Trabaja principalmente con mujeres hispanas y, con seguridad, esto habría enorgullecido a la pequeña Mariana. Sin embargo, llegar a este punto le tomó determinación y dedicación.

Amaya nació en Yuma y sus padres Rosa M. y Jorge Amaya eran trabajadores del campo. «Fui afortunada de tenerlos como padres. Ellos no tuvieron la educación que yo recibí».
Amaya tiene tres hermanos menores: su hermana Gina y sus hermanos David y George Amaya. Los cuatro fueron a la universidad. Gina se recibió de enfermera y David asistió a la universidad gracias a una beca de baloncesto. George se graduó de la Universidad de Arizona y trabaja para el condado de Yuma.
Amaya guarda «muchos recuerdos agradables» de su niñez en San Luis. Asistió a la escuela primaria Gadsden y salió de la secundaria Kofa en 1993.
Tuvo un buen desempeño en la secundaria. La medicina parecía encajar porque le interesaba la biología. «Quería saber cómo funcionan las cosas». Pero su asistencia a un campamento de verano selló su decisión. Mariana Amaya asistió a un campamento de vocaciones médicas de la Universidad de Medicina en el que conoció diversos campos de la medicina.
Amaya también conoció a otras personas con antecedentes similares y pensó: «Tal vez sea posible». Sus profesores la alentaron a que intentara alcanzar su sueño y sus padres la apoyaron. Solicitó la inscripción a diversas escuelas de medicina, entre ellas la Universidad de Stanford, y básicamente todas la aceptaron. Pesó en su elección la beca completa que le

Conseils pour réussir ce devoir

I-COMPRÉHENSION

- Avant de répondre aux questions, lis attentivement le texte plusieurs fois.
Repère les principales étapes du parcours de Mariana.
– Ses origines, son enfance.
– Études au collège, puis à l'université.
– Sa situation actuelle.
– Son engagement.
Repère aussi les difficultés qu'elle a dû surmonter.
- Ensuite, lis les différentes questions et surligne sur une photocopie du texte les éléments que tu vas pouvoir citer.

Question 7

- Pour répondre en français à cette question, il faut d'abord se demander pourquoi la journaliste a choisi de parler de la situation de Mariana.
En quoi le cas de cette jeune femme est-il intéressant ?
N'oublie pas de prendre en compte le lieu de publication du journal.

ofreció la Universidad de Arizona. Sin embargo, Amaya se quedó «estupefacta» cuando advirtió la escasa diversidad en su clase. «Había muy pocos hispanos».

En la escuela de medicina, estuvo de rotación en todos los campos y optó por la salud de las mujeres. «Disfruto trabajar con las mujeres. Es en general un campo feliz, ayudar a las mujeres a entender el cuerpo femenino». El campo que escogió le permite romper otra barrera. «Entre los hispanos básicamente nunca se conversa de eso (del cuerpo femenino). Es un tabú en nuestra cultura».

Tras su graduación de la escuela de medicina, Amaya completó una residencia de cuatro años en dos hospitales de Phoenix.

Al término de su residencia decidió permanecer en Arizona y consiguió empleo en el Hospital de St. Joseph.

«Yo no quería irme del estado. Quería quedarme debido a mi familia. No quería estar lejos de ella», la mayoría de la cual vive en San Luis. Amaya abrió un consultorio privado en 2006. «Es fabuloso. Ayudamos a una población bastante diversa y tenemos muchos pacientes hispanos. Es divertido usar mi español todo el tiempo. A mis pacientas les encanta que me pueda comunicar con ellas. Las niñas hablan en inglés y sus mamás hacen preguntas en español».

The Sun, www.yumasun.com

Questions

I-COMPRÉHENSION

A. Contesta en español.

1. Cuando Mariana era niña sus padres vivían en:
a. Estados Unidos.
b. México.
c. España.

2. Di si la afirmación es verdadera o falsa: «En el colegio, Mariana ya sabía que podría ser médica.». Apunta una frase que permita justificar tu respuesta.

3. Mariana nació en Estados Unidos. ¿Sí o no? Apunta una frase para justificar tu respuesta.

4. En su familia, sólo Mariana hizo estudios en la Universidad. ¿Sí o no? Apunta una frase para justificar tu respuesta.

5. Muchos hispanos estudiaban medicina con Mariana en la Universidad. ¿Sí o no? Apunta una frase para justificar tu respuesta.

6. Hoy día, Mariana habla español casi cada día. ¿Sí o no? Apunta una frase para justificar tu respuesta.

B. Réponds en français.
(Environ 5 lignes)

7. *Selon toi, quel est l'intérêt de cet article de presse ?*

II-EXPRESSION

1. A tu parecer, ¿por qué escribió la periodista este artículo? ¿Te parece el caso de Mariana representativo de la situación de los hispanos?

2. Di en que medida puede este texto ilustrar un aspecto de la noción «Espacios e intercambios». Justifica tu respuesta.

Conseils généraux pour le bac p. 214

II-EXPRESSION

Question 1

Dans cette question, développe en espagnol ce que tu as annoncé dans ta réponse à la question 7 de compréhension. Tu peux aussi dire ce que tu sais de la situation des «hispanos» aux USA, si tu as étudié en classe des documents sur ce thème.

Question 2

Explique en quoi la thématique de ce texte peut avoir un lien avec la notion «Espaces et échanges».

Tu pourras prendre appui sur ce que l'on sait de la famille de Mariana et de la situation de ses frères et sœurs.

Il est important de prendre en compte les différentes références géographiques données dans le texte.

❶ La ciudad de Toledo fue declarada **Patrimonio de la Humanidad** en el siglo XX. Es una ciudad en la que se mezclan muestras del arte español que revelan la presencia de los romanos, visigodos, musulmanes, judíos y cristianos a lo largo de los siglos.

❷ México DF tiene hoy más de 20 millones de habitantes. Es una de las metrópolis más dinámicas de América Latina pero tiene que enfrentar **los problemas de las megalópolis:** explosión demográfica, dificultades de tráfico, contaminación, delincuencia...

❸ En España, la burbuja inmobiliaria tuvo su inició en 1997. Subieron mucho los precios y se construyeron muchísimas viviendas.
Con la crisis de 2008, se produjo una explosión de la burbuja que significó una brusca caída de la demanda y de los precios.
Hoy, en ciertas zonas del país, ciudades enteras fueron construidas pero nadie puede comprar las viviendas formándose así **verdaderas «ciudades fantasmas»** como la ciudad de Valdeluz a unos 60 kilómetros de Madrid.

EL PROGRESO (1)

DOSSIER 5

Elementos del dossier 5

4 La Ciudad de las Artes y las Ciencias es uno de los atractivos de la ciudad de Valencia. Muestra su apuesta por la modernidad, la ciencia y el futuro. Es un centro de ocio para el público pero también un centro de encuentro para investigadores y científicos. El complejo fue diseñado por los arquitectos Santiago Calatrava y Félix Candela.

DOSSIER 5

Documento 1

Vuelta de paseo[1]

Asesinado por el cielo.
Entre las formas que van hacia la sierpe[2]
y las formas que buscan el cristal,
dejaré crecer[3] mis cabellos.

Con el árbol de muñones[4] que no canta
y el niño con el blanco rostro de huevo.

Con los animalitos de cabeza rota
y el agua harapienta[5] de los pies secos.

Con todo lo que tiene cansancio sordomudo
y mariposa ahogada en el tintero[6].

Tropezando[7] con mi rostro distinto de cada día.
¡Asesinado por el cielo!

Federico García Lorca, *Poeta en Nueva York*, 1929-1930.

Charles C. Ebbets, *Almuerzo en la cima del rascacielos*, 1932.

1. *retour de promenade*
2. *le serpent*
3. *pousser*
4. *moignons*
5. *en haillons*
6. *papillon noyé dans l'encrier*
7. tropezar (ie): *buter*

Etapa 1 Presentación

1. Federico García Lorca escribió este poema después de su estancia en Nueva York, en 1929-1930. Di cuáles son sus impresiones después del primer contacto con la ciudad.

2. Fíjate en el primer verso y en el último. ¿Qué efecto produce esta construcción?

Etapa 2 Análisis

Primera estrofa

3. En la primera estrofa, el poeta evoca los rascacielos. ¿Qué experimenta él en las calles?

4. Estudia la imagen que evoca el suelo y las calles de Nueva York. ¿A qué puede remitir la sierpe?

5. En este mundo ya no hay pureza ni esperanza. Explica cómo se ve.

6. El poeta protesta frente al mundo neoyorquino. Comenta el verso 4.

Versos 5–10

7. En estos versos, el poeta enumera todo lo que está destruido en Nueva York. Comenta las imágenes que evocan:
a. la destrucción de la naturaleza (árboles y pájaros).
b. los niños que parecen enfermos.
c. los animales muertos.
d. el agua de las alcantarillas.

8. En este mundo, la poesía de Lorca se vuelve diferente. Ya no evoca los colores de Andalucía. Di cómo lo expresa (v. 10).

9. El poeta pierde su propia personalidad y experimenta cierto malestar. Muéstralo. (v. 11).

Etapa 3 Síntesis

10. El poema forma parte del capítulo titulado «*Poemas de la soledad en Columbia University*». ¿Cómo expresa el poeta la soledad en este poema?

11. Di en qué puede relacionarse con la noción de «Progreso» la visión que tenía Lorca de Nueva York en 1929.

Eduardo Úrculo, *El desafío*, 1995.

Así se dice

- la altura: *la hauteur*
- esconder, tapar: *cacher*
- aprisionar: *emprisonner*
- el ansia: *le désir ardent*
- la pureza: *la pureté*
- la muchedumbre: *la foule*
- reptar: *ramper*
- la rebeldía: *la révolte*
- rebelarse: *se rebeller*
- la singularidad: *la singularité*
- podar: *tailler (un arbre)*
- un árbol podado: *un arbre taillé*
- la mutilación: *la mutilation*
- el cantar de los pájaros: *le chant des oiseaux*
- pálido: *pâle*
- la tez blanca: *le teint blanc*
- la uniformidad: *l'uniformité*
- el charco: *la flaque d'eau*
- la fantasía: *la fantaisie*
- el paraíso perdido: *le paradis perdu*

Infórmate

Federico García Lorca viajó a Nueva York en 1929 y vivió en diferentes partes de América hasta 1930. El encuentro con el Nuevo Mundo fue un choque para el poeta y escribió un poemario titulado *Poeta en Nueva York* en el que expresa un violento rechazo de la deshumanización de la vida moderna, del materialismo social, y de la equivocada dirección de un progreso que avanza sobre desigualdades, injusticias y racismo.
El poema *Vuelta de paseo* fue escrito fuera de Nueva York, después de su estancia, pero encabeza el poemario porque refleja el estado de ánimo del poeta a lo largo de su estancia.

Prácticas

En prenant appui sur les vers du poème, retrouve les équivalents suivants.

1. *C'est un arbre aux branches taillées.* (*La branche :* la rama).
2. *C'est un enfant au visage blanc.*
3. *C'est un homme aux cheveux longs.*
4. *C'est un homme au visage différent.*

Recuerda

La caractérisation avec « *de* »

- «Los animalitos **de** cabeza rota»

▶ Précis grammatical p. 248

Dossier 5

Documento 2

Lejos de la ciudad

El oficinista[1] le pregunta al compañero si a esta hora no preferiría estar con su familia antes que en la oficina. No tiene familia, le contesta el compañero. Y hace una pausa. Después, con una expresión de felicidad, le dice que por ahora no tiene familia, por ahora, recalca, pero pronto la tendrá. Porque con su novia tienen proyectado irse a vivir lejos de la ciudad, muy lejos, a la Patagonia. Los dos están ahorrando para emprender un porvenir juntos en un territorio de redención[2]. Porque la Patagonia es curadora[3], le dice. En la Patagonia se puede empezar de cero.

Busca la billetera[4]. Extrae una foto. Ésta es su novia, le dice. Es una chica pelirroja, de ojos claros, puede ser también un diablito. Tiene el uniforme oscuro de una petrolera[5] y unos guantes negros, enormes. Está parada junto a un surtidor de combustible[6]. El uniforme oscuro realza el color fuego de su pelo. Debe tener su temple[7], opina él. Si la viera trabajar, dice el compañero, vería lo que es ella. Carga el combustible, mide el aceite, el aire de los neumáticos, limpia los parabrisas. Sabe mucho de mecánica. Es un trabajo duro. Pero no le hace mella[8]. Por más duro que sea el trabajo y por cansada que esté no pierde esa sonrisa. Ella ahorra íntegras las propinas[9]. El carácter es importante, dice el compañero. Para trabajar duro hay que tenerlo. Pero además ella tiene voluntad.

También él se sacrifica. Los dos alquilan un cubículo[10] en la periferia, en un barrio apartado. Y hay días en que se ahorra el colectivo y el subte[11] y viene y vuelve caminando. Caminar tonifica. Otros días pasa de largo el almuerzo[12].

Una vez que reúnan el dinero necesario para comprar un camión viejo lo adaptarán como casa rodante y viajarán al sur, se asentarán en tierras fiscales en un valle entre cerros y montañas, le dice. Construirán una cabaña, tendrán una chacra[13], tendrán hijos, muchos hijos, vivirán de la naturaleza y cada uno podrá dedicarse a lo suyo, ella al cultivo y él a escribir.

Guillermo Saccomano, *El oficinista*, 2010.

1. *l'employé de bureau*
2. *une terre de rédemption (où un nouvel espoir est possible)*
3. *ici, peut tout guérir*
4. (*Arg.*) la cartera: *le portefeuille*
5. *compagnie pétrolière*
6. *pompe de carburant*
7. *ici, elle doit avoir du caractère*
8. *mais cela ne l'ébranle pas*
9. *elle économise intégralement les pourboires*
10. *une chambre*
11. *(Arg.) le bus et le métro*
12. *il saute le déjeuner (il ne déjeune pas)*
13. *(amér.) une petite ferme ; ici, un lopin de terre*

Etapa 1 Presentación

1. Di quiénes son las tres personas que aparecen en este texto.
2. En el texto, se oponen realidad y sueño. Explica.

Etapa 2 Análisis

3. Apunta detalles reveladores de las condiciones de vida del compañero del oficinista y de su novia.
4. ¿Qué te parece el trabajo de la mujer?
5. A pesar de la realidad, el compañero parece optimista. Cita los detalles que lo muestran.
6. ¿Qué representa Patagonia para ellos? Justifica con ejemplos.

Etapa 3 Síntesis

7. La acción de la novela transcurre en una gran urbe. Los dos hombres son oficinistas. ¿Qué visión de este mundo propone el novelista?
8. Di en qué medida puede este texto ilustrar un aspecto de la noción de «Progreso».

Lago Pehoe, parque de Torres del Paine (Patagonia).

Infórmate

- **Guillermo Saccomano** es argentino. Con su novela *El oficinista* ha obtenido el Premio Biblioteca Breve en 2010.
- **Argumento**

Hombres y mujeres completamente normales avanzan a diario hacia su escritorio en una ciudad arrasada por atentados guerrilleros, amenazada por hordas de hambrientos, niños asesinos y perros clonados, vigilada por helicópteros artillados y bautizada con lluvia ácida.

Así se dice

- la esperanza: *l'espoir*
- creer en el futuro: *croire en l'avenir*
- darse por entero a: *ne pas se ménager dans*
- pasar sin: *se passer de*
- un cuento de hadas: *un conte de fées*
- un espejismo: *un mirage*

Buenos Aires.

Prácticas

Transforme les phrases sur le modèle suivant.

Ex. : Reúnen el dinero necesario y viajan al sur. ➜ Cuando reúnan el dinero necesario, viajarán al sur.

1. Se van de la ciudad y viven mejor.
2. Tienen hijos en Patagonia y son felices.
3. Ahorran bastante dinero y compran un camión.
4. Tienen una chacra y él escribe novelas.
5. Construyen una cabaña y ella cultiva flores.

Recuerda

Le futur dans la temporelle

- «Una vez que **reúnan** el dinero necesario viajarán al sur.»

▶ **Précis grammatical p. 253**

Documento 3

Entrevista a Juan Giménez

Atraído desde muy pequeño por el dibujo, Juan Giménez comienza a los diez años copiando las portadas de los libros de bolsillo que llegaban de España y de las revistas americanas, motivado por la fascinación que estas le despertaban. Sólo contaba en ese entonces con materiales escolares elementales: lápiz, goma, plumín, una cajita de acuarelas... pero una inmensa pasión.

Pregunta: Sabemos que naciste en Mendoza; contanos[1] cuándo y cómo empezaste en esto del cómic.

JG: Nací en 1943. El 26 de noviembre. Esa noche en Europa caían miles de bombas. De verdad, estuve averiguando qué pasó ese día. Si vos creés[2] en cosas raras, puede ser que haya algo que influenciara en mi gusto por los aviones. Pero nada. Siempre me gustó dibujar. Y los primeros toques de bocetos me los dio mi padre que sabía dibujar.

P: ¿Nunca fuiste a una escuela de dibujo?

JG: Sí, pero más adelante. Cuando tuve 14, 15 años intenté que alguien me enseñara. Caí en Bellas Artes de Río Cuarto, y claro, apenas hice el tercer jarroncito[3] y el busto de Venus me aburrí y me fui a la mierda[4]. Pero saltando un poco en el tiempo, más o menos para esa época conocí a Víctor Hugo Arias. Un gran académico, un clásico. A mí particularmente me gustaba algo más moderno, pero era fantástico para aprender. Excelente profesor. Y en cuanto le llevé unos dibujitos me dijo «¿Me podés[5] ayudar?». Yo tenía 15 años. Ya dibujaba las armitas, los *lugger*, los *mauser* y todas las armas... Prácticamente él es el que me enseñó qué es la tinta china, los pinceles, todas esas cosas. Y ahí empecé mi carrera (entre comillas) profesional, porque en esa casa entraba y salía gente de Buenos Aires que iba a verlo a él.

P: ¿Qué hiciste entre 1960 y 1975, que son los años que no se conocen de tu historia?

JG: Estuve dos años en la Facultad de Diseño, que también me sirvió mucho. Era una rama de la Arquitectura, entonces aprendí cosas muy interesantes, como diseñar objetos, ergonomía y todas esas cosas. Todo lo que ven en las historietas, el diseño de las cosas que hay, tienen un sentido, una base...

Juan Giménez, *As de Pique.*

▶ Etapa 1 Presentación

1. Presenta a Juan Giménez.
2. ¿Cuál es la particularidad de sus dibujos?

▶ Etapa 2 Análisis

3. Apunta detalles reveladores de la pasión de Giménez por el dibujo.
4. Di en qué consistió la formación del dibujante.
5. Los aviones tienen mucha importancia en su vida. Explica por qué.
6. Explica cómo y cuándo se dio cuenta de que ya era un dibujante famoso.

▶ Etapa 3 Síntesis

7. Juan Giménez tiene hoy mucha fama como dibujante de ciencia ficción. ¿Cómo empezó? ¿Cómo evolucionó?
8. En el mundo de ciencia ficción que imagina Juan Giménez, la presencia de la armas es un elemento muy importante. Di cómo se nota en el texto y lo que, a tu parecer, revela.
9. Di en qué medida puede esta entrevista ilustrar un aspecto de la noción de «Progreso».

1. (*Arg.*) cuéntanos
2. (*Arg.*) tú crees
3. el jarrón: *le vase, la potiche*
4. *j'ai tout laissé tomber*
5. (*Arg.*) puedes

●●●

P: ¿Tu primer trabajo en Skorpio[6] fue la serie *As de Pique*?

JG: No, no, no. Pasé un año de prueba. Me daban unitarios. Me decían «¿Qué querés hacer?» y yo «Dame un policial» y hacía un policial... Así, un año, año y medio. Hasta que me dijeron «A vos que te gustan las maquinitas y todas esas boludeces[7] ¿no querés hacer una serie de aviones?» y cuando escuché «serie», ya... «mmm... ¡bueno[8]!», como cualquiera, ¿pero de aviones? Qué palo[9], ¿vos sabés lo que es hacer aviones? Sin documentación... yo no tenía nada. Tres libritos tenía... y dije que sí, una serie me puede hacer salir adelante[10] o que me hunda del todo... Con eso empecé a trabajar y duró 27 capítulos.

P: Fue un exitazo[11] en Europa también.

JG: Sí... El asunto es que ahí es cuando yo decidí irme, en la mitad de la serie me fui. Cuando llegué allá, a Italia, dije «Yo soy el que dibuja *L'Asso di Picche*». «¿Usted es tal[12]?» «Sí.» y cuando me dijeron «Usted es tal», dije «Estoy salvado...».

Andrés y Diego Accorsi (1996), *Comiqueando # 26*, Buenos Aires

6. revista argentina
7. *(Arg.) conneries*
8. *d'accord !*
9. *ici, quelle galère*
10. *ici, me faire connaître, m'apporter la réussite*
11. *un très gros succès*
12. *c'est vous*

Infórmate

Juan Antonio Giménez López nació en Mendoza (Argentina) en 1943. Es un dibujante de historietas y de ciencia ficción. Desde los años 80, vive en España. Actualmente colabora con el chileno Alejandro Jodorowski (guionista) en la saga de los *Metabarones*.
Su obra refleja su pasión por la tecnología y fue galardonada por muchos premios en España y en Francia.

Prácticas

Traduis les phrases suivantes.

1. Comienza **a los diez años** copiando las portadas de los libros de bolsillo.
2. **Siempre** me gustó dibujar.
3. **Él es el que** me enseñó todas esas cosas.
4. Dije **que sí**.
5. **Yo soy el que** dibuja.

Recuerda

Les emplois de « *por* »

- «Atraído desde muy pequeño **por** el dibujo...»
- «Mi gusto **por** los aviones...»

▶ **Précis grammatical p. 249**

Documento 4

Era una mujer-anuncio

Madrid, 2109. Bruna Husky es detective.

–Hola, Husky, ¿qué te trae por aquí?

–El hambre, Oli. Ponme una cerveza y uno de esos bocadillos de algas y piñones que te salen tan buenos.

La mujer sonrió ante el cumplido[1] con placidez de ballena y se puso a preparar la comanda. […] Bruna miró alrededor; sólo había una persona a la que ya había visto por allí otras veces. Estaba sentada al otro extremo de la barra[2] y era una mujer-anuncio de Texaco-Repsol[3]. Llevaba un horrible uniforme con colores llamativos coronado por un ridículo gorrito[4], y las pantallas[5] del pecho y la espalda reproducían en un bucle infinito los malditos mensajes publicitarios de la empresa. Normalmente no dejaban entrar a los seres anuncio en los bares porque resultaban muy molestos, pero Oliar tenía un corazón tan grande como sus pechos colosales y permitía que se pusieran al fondo, siempre que bajaran[6] el volumen de la publicidad lo más posible. Lo cual tampoco solía ser mucho, por desgracia, porque las pantallas no podían ser silenciadas ni desconectadas. Hacía falta ser un pobre desgraciado y haber tenido muy mala suerte en la vida para acabar cayendo en un empleo así; los seres anuncio sólo se podían quitar la ropa durante nueve horas al día; el resto de la jornada tenían que estar en lugares públicos, lo que significaba que, como no eran admitidos en ningún local, se pasaban los días vagando por las calles como almas en pena, con los lemas publicitarios atronando de manera constante en sus orejas. Por esa tortura apenas les daban unos cientos de gaias[7], aunque en este caso, con la Texaco-Repsol, la mujer seguramente tendría el aire gratis. Lo cual era importante, porque cada día había más gente que no podía seguir pagando el coste de un aire respirable y que tenía que mudarse a alguna de las zonas contaminadas del planeta. En realidad, muchos matarían por conseguir esta porquería de trabajo. Bruna recordó su magra cuenta corriente y se volvió hacia la dueña del bar.

–¿Qué hay de nuevo por aquí?

–Nada. […]

Dio un mordisco furioso al emparedado[8] y regresó a sus problemas de trabajo. Decidió poner las cartas boca arriba[9].

–Oli, estoy en paro –farfulló con la boca llena–. ¿Has oído hablar de algo que pudiera venirme bien?

–¿Como qué?

–Pues ya sabes… alguien que quiera encontrar algo… o a alguien. O al revés, alguien que no quiera que lo encuentren… O alguien que quiera saber algo… o que quiera que investigue a alguien…

Rosa Montero, *Lágrimas en la lluvia*, 2011.

Hombre-anuncio en Madrid.

Etapa 1 Presentación

1. Fíjate en la introducción y di en qué es original este texto.
2. ¿Quiénes son los tres protagonistas?
3. ¿Dónde pasa la escena?

Etapa 2 Análisis

4. Haz una presentación de la mujer-anuncio.
5. ¿Qué tipo de sociedad imagina la narradora en el futuro? Cita ejemplos de lo que se puede denunciar.
6. Busca detalles reveladores de las consecuencias del progreso para los hombres en su vida cotidiana.

Etapa 3 Síntesis

7. Di en qué insiste Rosa Montero cuando imagina el mundo en los años 2109.
¿Te parece una visión optimista o pesimista?
8. Explica en qué puede este texto ilustrar un aspecto de la noción de «progreso».

1. *le compliment* 2. *du bar*
3. Texaco : *compagnie pétrolière nord-américaine ;* Repsol : *compagnie pétrolière et gazière espagnole*
4. *petit bonnet* 5. *écrans* 6. *à condition de baisser* 7. *nom de la monnaie en 2109*
8. *le sandwich* 9. *jouer cartes sur table*

Puerta del Sol, Madrid.

Análisis

El Ayuntamiento de Madrid quiso prohibir la actividad de los «hombres-anuncio» en 2008 pero acabó por retirar su proyecto. ¿Qué te parece?

Infórmate

Rosa Montero nació en Madrid en 1951. Estudió Periodismo y Psicología. Actualmente colabora en el diario *El País*. Ganó muchos premios y su obra está traducida a más de veinte idiomas.
En *Lágrimas en la Lluvia* la narradora sitúa la acción en un futuro imaginario en Estados Unidos de la Tierra, Madrid, 2109. Es una novela sobre la moral política y la ética individual, sobre el amor, la memoria y la identidad.

Así se dice

- un hombre-anuncio: *un homme sandwich*
- un ser vivo: *un être vivant*
- la supervivencia: *la survie*
- el entorno: *l'environnement*
- un marginado: *un marginal*
- el rechazo: *le rejet*
- agobiar: *accabler*
- el provecho: *le profit*
- la contaminación: *la pollution*

Prácticas

Écris les phrases suivantes au passé.

1. El cliente quiere que Bruna encuentre a una persona desaparecida.
2. Desea que investigue el caso.
3. El cliente espera que ella se lo diga pronto.
4. Oliar acepta que la mujer-anuncio entre en el bar.
5. Le dice que se siente al fondo del local.

Recuerda

La concordance des temps

- «Oliar permitía **que se pusieran** al fondo.»

▶ **Précis grammatical p. 253**

DOSSIER 5

Documento 5

Le tocó a otro

Esta mañana, antes de entrar a la oficina, se da cuenta de que se producirá un despido[1]. Hay un muchacho con buena presencia[2] esperando en la recepción, a un costado del acceso principal a la oficina. Cuando uno encuentra a una joven o un joven a un lado de la gran puerta de la sala, sabe que viene a reemplazar a alguien. Los nuevos esperan, listos a ocupar un puesto y ponerse en funciones[3] mientras el personal ingresa asustado a la sala preguntándose a quién reemplazarán, quién será la despedida, quién el despedido. El joven engominado, de traje gris, camisa blanca y corbata azul, espera junto a la entrada como un granadero[4] de guardia.

En un instante, apenas todos se ubiquen[5] en sus puestos, un altavoz anunciará el nombre del despedido o la despedida. A través de una locución neutra, como de aeropuerto, se informará formalmente de quién se trata. Un equipo de seguridad, impidiendo cualquier oposición a la medida, rodeará el escritorio de la expulsada o el expulsado.

El oficinista teme que sea su turno. Se pregunta si la secretaria no le habrá contado al jefe que anoche se acostó con él.

Los parlantes pronuncian un nombre. Y el despedido se para. Está a unos pocos escritorios de distancia del suyo. Como todos, él evita mirar al despedido. Le parte el alma[6] mirarlo. No obstante, la desgracia ajena[7] opera como consuelo. Le tocó a otro[8]. Ahora, una calma provisoria. Como todos, como cualquiera, al mirar de reojo[9] al despedido, él piensa que cuando le toque su turno no cometerá ningún papelón[10].

En unos instantes, el escritorio vacío será ocupado por el nuevo que aguardaba en la recepción.

Todas y todos conectados a sus computadoras. Apenas se oyen los teclados[11]. Cada tanto, el martillazo de un sello. Y otra vez los teclados. Antes de venir a la oficina, el personal va al gimnasio. La preocupación por la salud y la belleza es proporcional al temor de perder el puesto. Un enfermo no rinde. Un desaliñado[12] sugiere apatía. Eficacia, lo que cuenta. Todas y todos orgullosos de integrar este ejército de escritorio. Ellos con camisa y corbata y ellas con blusas y polleras[13] de colores discretos. Manifiestan visiblemente un tácito espíritu de cuerpo.

Trata de relajarse. Por fin la computadora funciona otra vez. Él se mimetiza con la eficiencia del personal.

Guillermo Saccomano, *El oficinista*, 2010.

Etapa 1 Presentación

1. ¿Dónde pasa la escena?
2. A tu parecer, ¿por qué no conocemos el nombre del «oficinista»? ¿Qué efecto produce llamarlo así a lo largo de toda la novela?

Etapa 2 Análisis

3. En la sociedad tal como está evocada el hombre no importa. Sólo es importante el provecho. Muéstralo.
4. El narrador evoca un mundo totalmente deshumanizado. Cita detalles que contribuyen a crear esta impresión.
5. En esa sociedad los hombres se vuelven egoístas. Apunta detalles reveladores.
6. Intenta definir el ambiente en el que trabajan los empleados.

Etapa 3 Síntesis

7. Analiza la visión de la sociedad tal como la evoca el narrador.
8. Di en qué medida puede este texto ilustrar la noción de «Progreso».

1. *un licenciement, un renvoi*
2. *belle allure*
3. *prendre leurs fonctions*
4. *un grenadier, un soldat*
5. *dès qu'ils seront tous*
6. partir el alma: *fendre le cœur*
7. *le malheur des autres*
8. *c'est tombé sur quelqu'un d'autre*
9. mirar de reojo: *regarder du coin de l'œil*
10. *ici, il ne se donnera pas en spectacle*
11. *les claviers*
12. *une personne à l'aspect négligé*
13. (*amér.*) faldas: *jupes*

Así se dice

- enterarse de: *apprendre, se rendre compte*
- despedir a alguien: *renvoyer quelqu'un*
- la incertidumbre: *l'incertitude*
- la duda: *le doute, l'hésitation*
- el egoísmo
- la solidaridad
- el individualismo

Infórmate

- **Guillermo Saccomano** es argentino. Con su novela *El oficinista* ha obtenido el Premio Biblioteca Breve en 2010.
- **Argumento** (véase p. 99).

Prácticas

Réécris les phrases au futur sur le modèle suivant.

Ex. : Cuando se ubican en sus puestos, un altavoz anuncia el nombre del despedido ➜ Cuando se ubiquen en sus puestos, un altavoz anunciará el nombre del despedido.

1. Un equipo de seguridad rodea el escritorio cuando lo expulsan.
2. El joven de camisa blanca entra cuando se produce el despido.
3. Cuando le toca irse, el oficinista no reacciona.
4. Cuando la computadora funciona otra vez, vuelve a trabajar.
5. Cuando sale el despedido, el oficinista lo mira de reojo.

Recuerda

Le futur dans la subordonnée

- «**Apenas** todos **se ubiquen** en sus puestos, un altavoz anunciará el nombre del despedido.»

▶ Précis grammatical p. 253

DOSSIER 5

Bilan

EL PROGRESO (1)

Conseils généraux pour le bac p. 213

PRÉSENTER LA NOTION

1 PRESENTACIÓN DEL DOSSIER

- **Da el título de cada uno de los tres (o cuatro) documentos seleccionados.**
- **Precisa el tema de cada uno y explica cómo se relaciona con la noción de «Progreso».**

▶ El cambio de sociedad, la deshumanización, progreso y ética, la ciencia ficción.

Documento 1 Vuelta de Paseo
(Poema de Federico García Lorca)

- Encuentro con el Nuevo Mundo:
  - 1929, sociedad moderna: la industrialización.
  - Una ciudad deshumanizada para el poeta andaluz (las formas, los rascacielos).
- Rechazo de esta sociedad. Nueva forma poética para expresar su malestar y su soledad.
- Enumeración de las destrucciones:
  - la vida humana (el niño), la vida animal (los animalitos, ausencia de pájaros).
  - la vida vegetal (árboles podados).
  - el agua (sucia).
  - la vida del poeta («Asesinado»), su poesía («mariposa ahogada»).

▶ Una sociedad que destruye todas las formas de vida.
▶ Una poesía con imágenes surrealistas que evocan la destrucción y el malestar.
▶ Un progreso que avanza a expensas del ser humano.

Documento 2 Lejos de la ciudad
(Novela de Guillermo Saccomano)

- La vida de un oficinista en una sociedad moderna.
- La realidad dura de una pareja para sobrevivir y ahorrar dinero.
  - El oficio penoso de la mujer.
  - La vida en un cubículo.
- Los sueños de una vida mejor.
  - Patagonia como un paraíso para huir de la ciudad.
  - Los grandes espacios para escapar del universo agobiante de la ciudad.
- ¿Un sueño asequible?

▶ Rechazo de la ciudad y del mundo del progreso.
▶ Deseo de vuelta a la vida sencilla en el campo.

Documento 3 Entrevista a Juan Giménez

- Presentación del recorrido de un dibujante argentino.
  - Un niño aficionado al dibujo.
  - Rechazo de los estudios clásicos.
- Un ejemplo de triunfo gracias al mundo de la ciencia ficción.
  - Empieza dibujando dibujos sueltos.
  - Éxito con la serie sobre los aviones.
  - Después, se dedica a los temas de ciencia ficción.

▶ La representación de un futuro inventado.
▶ La fascinación por las armas y lo que revela de la visión que tiene del porvenir.

Documento 4 Era una mujer-anuncio
(Novela de ciencia ficción de Rosa Montero)

- Presentación de Madrid en el siglo XXII.
- Los excesos de las empresas:
  - Deshumanización de la «mujer-anuncio».
  - Rechazo y nueva forma de racismo.
  - Explotación de la miseria.
- Una sociedad de consumo con problemas de medio ambiente.
  - Contaminación: ya no hay aire respirable.

▶ Un ejemplo de lo que puede ocasionar el progreso sin reglas éticas.

▶ Una novela de ficción basada en la realidad actual de nuestra sociedad.

Documento 5 Le tocó a otro
(Novela de Guillermo Saccomano)

- El mundo laboral en un contexto deshumanizado.
  - Un ambiente de incertidumbre y de miedo a ser despedido.
  - Desaparición de los valores humanos.
  - Ausencia de comunicación: «los altavoces».
  - Individualismo y egoísmo.
- El mundo de la empresa que sólo piensa en la rentabilidad.

▶ Ejemplo de los abusos a los que puede llevar la búsqueda de provecho.
▶ Un futuro que es la negación de la idea de «progreso».

2 VALORACIÓN PERSONAL

- **Di qué texto(s) te interesó (interesaron) más (o menos) y explica por qué.**

3 CONCLUSIÓN PERSONAL

- **Expresa una opinión personal a propósito del dossier y de la noción estudiada.**

Lexique utile

La sociedad

- la clase alta: *la haute société*
- la clase baja: *les couches populaires*
- la clase media: *la classe moyenne*
- la clase obrera: *la classe ouvrière*
- la clase acomodada: *la classe aisée*
- la élite: *l'élite*
- ser rico: *être riche*
- enriquecerse: *s'enrichir*
- un hombre adinerado: *un homme fortuné*
- la exclusión social: *l'exclusion sociale*
- los excluidos: *les exclus*
- ser pobre: *être pauvre*
- empobrecerse: *s'appauvrir*
- malvivir: *vivre dans des conditions difficiles*
- vivir por debajo del umbral de pobreza: *vivre sous le seuil de pauvreté*
- al margen de la sociedad: *en marge de la société*
- ir tirando: *vivoter, tirer le diable par la queue*

El empleo

- la solicitud de empleo: *la demande d'emploi*
- el solicitante: *le demandeur*
- la carta de solicitud: *la lettre de candidature*
- una oferta laboral: *une offre d'emploi*
- la entrevista laboral: *l'entretien d'embauche*
- contratar: *embaucher*
- despedir a alguien: *renvoyer quelqu'un, licencier*
- el ascenso: *la promotion*
- ascender a: *être promu à*
- medrar: *réussir, prospérer, faire fortune*
- el contrato temporal: *le contrat à durée déterminée (CDD)*
- el contrato fijo: *le contrat à durée indéterminée (CDI)*
- estar agobiado: *être surmené*
- emplearse a fondo en: *faire le maximum*
- estar abrumado de trabajo: *être écrasé de travail*
- sentir agobio: *être victime de surmenage*
- el paro: *le chômage*
- el desempleo: *le chômage*
- el parado: *le chômeur*
- el recorte de plantilla: *la compression de personnel*

El progreso

- un adelanto: *un progrès*
- una mejora: *une amélioration, un progrès*
- un invento: *une invention*
- el consumo: *la consommation*
- la sociedad de consumo: *la société de consommation*
- el bienestar: *le bien-être, le confort*
- la investigación: *la recherche*
- los avances científicos: *les avancées de la science*
- el avance de la tecnología: *le progres de la technologie*
- alentador: *encourageant*
- prometedor: *prometteur*
- la dicha: *le bonheur*
- por fortuna: *par bonheur*
- la esperanza: *l'espoir*
- esperanzador: *encourageant, porteur d'espoir*
- mantener la esperanza: *garder l'espoir*
- concitar la esperanza: *susciter l'espoir*

Compréhension de l'oral

1 Valdeluz

14

1. Escucha.
– ¿Qué es Valdeluz?
– ¿Cuál es su particularidad?

2. Escucha otra vez.
– Apunta detalles reveladores de los problemas para los propietarios.
– Según el locutor, un detalle invita a la esperanza. Di cuál es.

3. Escucha por última vez.
– Resume insistiendo en las promesas de la empresa Reyal en 2004 y en la realidad en 2008.

Tu as dix minutes pour rendre compte par écrit, en français, de ce que tu as compris.

2 Vídeo

DVD

Una urbanización fantasma

1. Di dónde fue rodado el vídeo.
2. Explica en qué es muy particular la vida de los residentes.
3. ¿Cuál era el proyecto? ¿Cuál es la situación actual?
4. Di cuáles son los problemas para los habitantes.

Tu as dix minutes pour rendre compte par écrit, en français, de ce que tu as compris.

3 El arte de Juan Giménez

15

1. Escucha.
– Se habla de diferentes momentos en la vida del dibujante. Di cuáles son.

2. Escucha otra vez.
– Apunta detalles reveladores de la importancia del viaje en la vida y en la obra de Giménez.
– Cita elementos que muestran el poder de la imaginación del artista.

3. Escucha por última vez.
– Para resumir, di lo que caracteriza el arte de Giménez.

Tu as dix minutes pour rendre compte par écrit, en français, de ce que tu as compris.

Dans les conditions de l'examen

4 AVE sin viajeros

la lanzadera: *la navette*

Écoute l'enregistrement trois fois et, ensuite, tu as dix minutes pour rendre compte par écrit, en français, de ce que tu as compris.

Pour en savoir plus

PROGRESO

Con el desarrollo industrial y con el progreso surgieron problemas de contaminación y de destrucción del medio ambiente.

Contaminación de aire

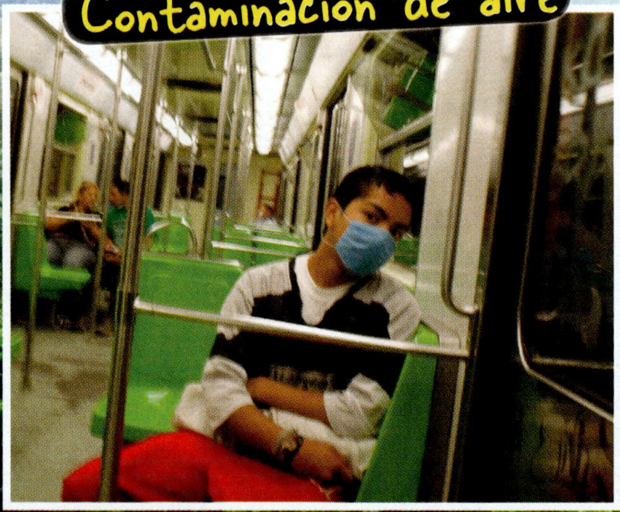

El desarrollo de las grandes urbes es una de las causas de la contaminación del aire. **México DF** es la ciudad más contaminada del mundo con 547.000 toneladas de dióxido de carbono expandidas cada año por la ciudad. Las industrias que más tienen que ver con esas emisiones son la tabacalera, la de bebidas y la alimentaria. **Santiago de Chile** es la capital más contaminada de América del Sur.

Deforestación en el Amazonas

La selva amazónica representa el 40% de la selva tropical que queda en el planeta. Su papel es fundamental en la conservación de la biodiversidad y la regulación del clima.
Sin embargo, las compañías madereras siguen con la deforestación a un ritmo vertiginoso.

Y MEDIO AMBIENTE

Buscadores de oro

La «fiebre del oro» es también responsable de daños sobre los ecosistemas. En países de América Latina, como Perú, miles de buscadores se dedican a extraer oro. El mercurio y el uso de las motobombas provocan un desastre en el bosque, en los suelos y en las aguas.

Costa Rica Patrimonio de la Humanidad

Aproximadamente un 20% del territorio de Costa Rica está constituido por Reservas y Parques Nacionales, incluyendo dos parques declarados «Patrimonio de la Humanidad» por la UNESCO.
En las áreas protegidas viven numerosas especies de mamíferos, reptiles, aves, anfibios, insectos, peces, plantas y hongos.
Estas áreas protegidas son una reserva de biodiversidad y una fuente de ingresos para el país gracias al turismo verde.

Prépa bac

Série L LV2

Durée : 3 heures

Sujet

Texto 1 — Pablo Príncipe

Por aquel entonces, Pablo Príncipe seguía en guerra con su familia. Desde hacía unos cuantos años, el apellido era lo único que compartía con sus tres hermanos: Gregorio, Santiago y Sebastián, de treinta y tres, treinta y uno y veintinueve años, respectivamente. El primero trabajaba como contable. El segundo se dedicaba a la promoción inmobiliaria y el tercero era abogado mercantilista. Los tres estaban casados y pagaban religiosamente la hipoteca de su vivienda.

Pablo, por su parte, no soportaba el mundo de las finanzas y no creía en el matrimonio… Emocionalmente estaba tan lejos de sus hermanos que incluso entraba en conflicto al hablar del tiempo con ellos.

Borja Vilaseca, *El Principito se pone la corbata*, 2010.

Texto 2 — ¡Ni hablar!

Nada más poner un pie en el salón, Pablo fue aplaudido por sus tres hermanos y por su padre.
–¡Ése es mi chico! –exclamó Pepe Príncipe. ¡Brindo por[1] tu impuntualidad y por tu traje de camarero!
Los cuatro estallaron en carcajadas[2] mientras Pablo soltaba un largo resoplido, negando con la cabeza.
–Estoy muy cansado y no me veo con fuerzas para soportar vuestras estupideces.
Sentados a la mesa, comenzaron a devorar como animales una lasaña boloñesa.
–Por cierto, Pablito, felicita a tu hermano Gregorio –le ordenó su padre. Se ha convertido en un importante hombre de negocios. Ayer lo nombraron director financiero. Y eso implica un aumento considerable de sueldo. ¿Qué te parece? ¡Eh! Y va a tener su propia secretaria… Brindo por eso.
Gregorio levantó su copa y asintió muy serio.
–Gracias papá. Aunque he tardado un par de años más de lo previsto, tengo todo lo que cualquiera podría desear: dinero, éxito y una mujer que me espera en casa cada noche para cenar…
Pepe Príncipe se quedó mirando en silencio a su hijo menor, que empezó a temer la pregunta de siempre:
–Y tú, Pablito, ¿cuándo crees que llegarás a ser director de algo? No sabes las ganas que tengo de que me des una alegría.
–No creo que eso suceda nunca, papá. Para eso tendrías que valorar algo que no se mida[3] con dinero.
–No empieces Pablito –intervino Santiago. Todos sabemos que tienes una escala de valores diferente a la nuestra. Estamos cansados de oírte hablar de la búsqueda de sentido y de la felicidad.

Conseils pour réussir ce devoir

I-COMPRÉHENSION

- Le sujet est composé de deux passages du même roman. Dans un premier temps, lis attentivement les deux textes. Repère les prénoms des différents membres de la famille.
- Cherche ensuite les éléments qui permettent de définir la personnalité et l'attitude de Pablo.
- Repère les détails qui montrent en quoi Pablo s'oppose à sa famille.
- Tu peux maintenant lire les questions de compréhension. Pour chacune d'elles, si besoin, souligne en couleur sur une photocopie les éléments sur lesquels tu pourras t'appuyer pour illustrer ta réponse.

Question 5

- Pour répondre à cette question, il est utile de relire le texte et de comprendre quel est l'idéal de vie du père et de voir en quoi il s'oppose à celui du fils.

Dans le texte, plusieurs détails permettent de comprendre ce que sont le bonheur et la réussite pour le père. Notamment lorsqu'il parle de la réussite de ses autres enfants.

•••

Conseils généraux pour le bac p. 214

–¿Por qué eres tan complicado? –insistió su padre. Fíjate en todos tus amigos de la universidad. Tienen tu misma edad y ya han hecho carrera dentro de sus empresas. Se ganan bien la vida, están casados y algunos ya tienen su propio piso. ¿Tanto te cuesta vivir como una persona normal?

–Sé que te va a ser imposible comprenderlo, papá, pero llevar una vida normal es el problema, no la solución –afirmó Pablo.

–¡Hombre! ¡Ya tardaba en salir el filósofo! –se burló Pepe, haciendo reír a sus otros tres hijos.

Pablo se levantó con brusquedad de la silla y con lágrimas en los ojos les hizo una confesión:

–¡Estoy harto de vosotros! ¡De vuestra mediocridad! Que sepáis que voy a despedirme del trabajo. He decidido dejar de vivir como un esclavo.

De pronto se hizo el silencio. Pablo se alejó de la mesa del comedor y se dirigió hacia la puerta. Sus tres hermanos se quedaron con la boca abierta. Su padre fue el primero en reaccionar:

–¿¡Qué!? ¡Te has vuelto loco! ¡Ni hablar! ¿¡Acaso no sabes lo dura que es la vida!? ¿¡Es que no tienes ni idea de lo difícil que es encontrar un buen trabajo hoy en día!? ¡No permitiré que ningún hijo mío figure en la lista del paro!

Justo antes de salir de casa, Pablo le contestó:

–Pues ya te puedes ir haciendo a la idea. A partir de ahora ni tú ni nadie va a decirme cómo vivir mi vida.

Borja Vilaseca, *El Principito se pone la corbata*, 2010.

1. brindar: *porter un toast, boire à* 2. la carcajada: *l'éclat de rire* 3. medir: *mesurer*

Questions

I-COMPRÉHENSION

A. Contesta en español.

1. Apunta el nombre del padre de Pablo.
2. Para cada una de las frases, di si es verdad o mentira. Justifica tu respuesta con una frase sacada del texto.
   a. Pablo era contable.
   b. En la familia, todos los hijos están casados.
   c. Durante la cena, el padre celebra la promoción de Gregorio.
   d. A los tres hermanos les gusta burlarse de Pablo.
   e. Los tres hermanos de Pablo tienen piso propio.
3. ¿Por qué le dice el padre «¡Ni hablar!» a su hijo?
   a. Porque su hijo quiere casarse.
   b. Porque quiere dejar de trabajar.
   c. Porque quiere comprar un piso.
   d. Porque ya no quiere volver a cenar con su familia.

B. Réponds en français. (Environ 5 lignes)

4. *Que reproche Pablo à la vie de ses frères et de ses parents ?*
5. *À ton avis, pourquoi le père ne peut-il pas comprendre l'attitude de son fils ?*

II-EXPRESSION

1. Analiza y comenta la actitud de los hermanos y del padre frente a Pablo.

Le candidat traitera, au choix, la question 2 ou 3.

2. Comenta la actitud de Pablo frente al poder (el de su padre, el dinero, el mundo profesional, etc.).

ou

3. Explica en qué medida puede este texto ilustrar un aspecto de la noción «Lugares y formas de poder».

II-EXPRESSION

Question 1

Pour répondre à la question 1 de l'expression, surligne, sur une photocopie des textes, les détails révélateurs de l'attitude et des réactions des frères et du père. Puis, classe les remarques en séparant ce qui relève de la moquerie, de la critique, de la condamnation, de la stupeur. Rédige ensuite en abordant les quatre points que tu illustreras avec des exemples.

Question 2

Pour répondre à la question 2, tu peux prendre appui sur le déroulement du texte 2. Relève les passages significatifs.

Question 3

Explique en quoi Pablo s'oppose à différentes formes de pouvoir:
– le pouvoir paternel,
– le pouvoir des conventions dans la société,
– le pouvoir du monde des affaires et de l'argent.

1 El 1 de enero de 1986, con la entrada de España en la Comunidad Económica Europea, es una fecha que marcó un momento de **fuerte crecimiento de la economía española**. Esta conoció una larga fase de expansión, sobre todo a partir de su incorporación a la Unión Monetaria (cuando la peseta fue abandonada por el euro) y mejoró el nivel de vida de los españoles así como su poder adquisitivo.

2 El consumo de bienes tecnológicos se ha disparado con la revolución del mundo digital, en particular en los sectores de la telefonía móvil, del vídeo, de la música, e incluso de la publicación de libros. **Los avances tecnológicos indujeron así cambios notables** en la vida social.

3 Aunque facilitan la vida cotidiana de los ciudadanos, **los móviles, Internet, las videoconsolas, etc., también pueden afectar su salud**. El uso intensivo de las computadoras o los teléfonos móviles pueden repercutir de manera negativa en la vida de muchas personas, en particular en los casos de adicción.

EL PROGRESO (2)

DOSSIER 6

Elementos del dossier 6

4 Desde marzo de 2008, la crisis financiera internacional, con el fin de la burbuja inmobiliaria en España, ha afectado el clima de confianza del consumidor. **El desempleo y la baja de ingresos han provocado un descenso en el consumo.**

Documento 1

No puedes seguir así

¿estás?
aleix, tío, ¿estás?

La pantallita[1] del ordenador indicaba que «Aleix está ausente y tal vez no responda a sus mensajes». La chica se mordió el labio inferior, nerviosa; tenía ya el móvil en la mano cuando el estado de su interlocutor pasó de ausente a ocupado. Gina soltó[2] el móvil y pasó al teclado[3].

¡tengo que hablar contigo! contesta.

La respuesta apareció por fin. Un «hola» acompañado de una cara sonriente que le guiñaba un ojo[4]. El ruido del pomo de la puerta la sobresaltó. Tuvo el tiempo justo de minimizar la pantalla antes de que el olor a perfume de su madre inundara el aire.

–Gina, cariño, me voy–. La mujer no pasó del umbral[5]. Llevaba al hombro un bolso blanco, abierto, en el que buscaba algo mientras seguía hablando. –¿Dónde narices estará el dichoso mando[6] del coche? ¿No pueden hacerlos más pequeños aún?– Por fin lo encontró y entonces esbozó una sonrisa triunfal. –Cielo, estás segura de que no quieres venir?– Su sonrisa flaqueó un poco al ver la carita ojerosa[7] de Gina. –No puedes quedarte encerrada aquí todo el verano, cielo. No es bueno. ¡Mira qué día! Necesitas aire fresco.

–Te vas a L'Illa, mamá, a diez minutos de esta casa– rezongó Gina–. En coche. No a correr por el campo.

Regina Ballester ignoró el sarcasmo. Ya hacía tiempo que se había curtido[8] ante los comentarios mordaces de esa hija que, en pijama a la una y media de la tarde, parecía más niña que nunca. Se acercó a ella y le dio un beso en la cabeza.

–No puedes seguir así, cariño. No me voy nada tranquila, la verdad.

–¡Mamá!– No quería empezar una discusión; esos días su madre apenas la dejaba sola y ella tenía que hablar con Aleix. Urgentemente. Así que, venciendo lo mucho que le molestaba esa intensa fragancia[9], se dejó achuchar[10], e incluso sonrió. Y pensar que hubo un tiempo en que se echaba a esos brazos espontáneamente; ahora sentía que la ahogaban.

–Me marcho o al final no me dará tiempo a todo– dijo con una sonrisa. –Estaré aquí antes de las cinco…

Clic. La pantallita brillaba ante ella otra vez. Cuatro mensajes:

gi, k pasa?
stas???
heyyy, me aburro
vale, tía, hasta otra!!! :-)

● ● ●

▶ Etapa 1 Presentación

1. Di lo que está haciendo Gina con el móvil y el ordenador.
2. Explica por qué viene la madre a ver a Gina. ¿Qué le propone?

▶ Etapa 2 Análisis

3. Apunta los detalles que revelan que no hay ninguna comunicación sincera entre Gina y su madre.
4. La chica intenta comunicarse con su amigo pero en realidad no hay ningún diálogo entre ellos. Apunta ejemplos que lo muestran.
5. Ciertos indicios indican que existe un problema en la vida de la chica. Apúntalos. Di lo que revelan.
6. Al final, la chica echa los peluches dentro de una caja sin siquiera mirarlos. Explica lo que, a tu parecer, significa simbólicamente este acto.

▶ Etapa 3 Síntesis

7. ¿Te parece que el retrato que se hace aquí de la protagonista refleja la realidad de los jóvenes de hoy (su modo de vida y los problemas con los que tienen que enfrentarse)?
8. Di en qué medida puede este texto ilustrar un aspecto de la noción de «Progreso».

1. *l'écran*
2. *lâcha*
3. *au clavier*
4. *faisait un clin d'œil*
5. *resta sur le pas de la porte*
6. *Où diable peut se trouver cette fichue télécommande ?*
7. *les yeux cernés*
8. *ici, elle s'était blindée*
9. *malgrè la gêne que lui causait ce parfum très fort*
10. *serrer très fort dans les bras*
11. *les étagères*

Así se dice

- la soledad: *la solitude*
- aislar: *isoler*
- enfrascarse en: *s'absorber dans*
- la incomunicabilidad: *l'incommunicabilité*
- la displicencia: *la désinvolture*
- displicente: *désinvolte, froid*
- el emoticono, el smiley
- esconder, disimular: *cacher, dissimuler*
- ensimismarse: *se replier sur soi-même*
- a escondidas: *en cachette*
- lo oculto: *ce qui est caché*
- la adicción: *la dépendance, l'addiction*
- el desconcierto: *le trouble*
- fingir: *feindre*
- desconfiar: *se méfier*
- preocuparse por: *se soucier de*

●●●

no, no, no, no... contesta, aleix, por favor.
estaba mi madre por aquí, no podía hablar.
voy a comer algo, gi!! hablamos luego, ok? bss

Él no esperó a que ella contestara. Su icono perdió el color de repente y la dejó sola frente a la pantalla. Gina miró a su alrededor: la cama sin hacer, la ropa dejada caer sobre una de las sillas, los estantes[11] aún llenos de peluches. «Es la habitación de un niño», se dijo con desdén. Entonces se levantó, sacó una enorme caja de cartón vacía del armario que hasta hace poco contenía sus libros del colegio –todos guardados con falso cariño durante años– y lo plantó en el centro del cuarto. Luego fue cogiendo uno por uno los peluches y echándolos boca abajo dentro de la caja sin mirarlos.

Toni Hill, *El verano de los juguetes muertos*, 2011.

Infórmate

Toni Hill (Barcelona, 1966), licenciado en Psicología, es traductor. Hace informes de lectura y trabajos editoriales.

El verano de los juguetes muertos (2011) es su primera novela y se convirtió rápidamente en un *bestseller*. Se trata de una novela negra o policíaca cuya acción se desarrolla en Barcelona.

Prácticas

Transforme les phrases suivantes en imitant le modèle.

Ex.: No hizo la cama. ➜ La cama se quedó sin hacer.

1. A mediodía, la chica no comió. ➜ La chica se quedó...
2. La madre no sabía nada de los problemas de su hija. ➜ La madre...
3. Su interlocutor estaba ocupado y Gina no podía comunicarse con él. ➜ Gina...
4. Ella no obtuvo ninguna respuesta de su amigo. ➜ Ella...
5. Ninguno de los problemas se resolvió. ➜ Los problemas...

Recuerda

«*Sin* + infinitif»

- «Gina miró la cama **sin hacer**.»
Gina regarda le lit qui n'était pas fait.

▶ Précis grammatical p. 252

DOSSIER 6

Documento 2

Un asunto muy urgente

Personajes

Mario Padilla, jubilado municipal, 50 años
María Ester, dueña de la casa, 40 años
José Eduardo, amante de María Ester, 25 años

La acción transcurre en una antigua casa de la calle Ejército, en Santiago de Chile. Año 1963. María Ester acaba de llamar a la puerta del piso donde vive Mario.

María – Mire, don Mario, he sabido de muy buena fuente que esta casa la van a demoler porque entra en los planes de remodelación de Santiago.

Mario – No, no. No es posible. De ser así, yo lo habría sabido inmediatamente.

María – Imagínese que me lo contó mi prima. Ella está casada con Ignacio Izquierdo, el arquitecto. Y es un arquitecto muy bien informado.

Mario – No, si me lo imagino... pero, pero lo que pasa es que... lo que está aprobado es la demolición de la calle República, que es donde se unirán las dos panamericanas. Pero nosotros estamos bien porque nos salvamos.

María – Yo no comprendo muy bien de esas cosas, pero tengo entendido que usted es jubilado de la Municipalidad...

Mario – Ah sí, sí, claro que sí. No, no... deje todo eso en mis manos. Mire, yo voy a averiguar si se ha producido alguna novedad.

María – Mire, dígame, ¿usted conoce a alguien influyente en la Municipalidad?

Mario – Claro que sí. Si yo llegué a ser uno de los jefes. (*Pensando*). Y creo que conozco a la persona indicada. Miguel Correa.

María –¿Correa? ¿De cuáles Correa será?

Mario – Ahí sí que me pilló, porque nosotros en la oficina le decíamos Correíta no más. (*Pausa*). Pero no se preocupe, porque todos los papeles y todos estos asuntos tienen que pasar por su oficina. ¡Seguro! Claro que, eso sí. Hay que gastar unos pesitos... (*Ríe mefistofélicamente*). Aceitar la máquina..., usted sabe.

María – (*Sobresaltada*). ¡Ay, don Mario... pero yo...!

Mario – No, no, no se preocupe. Si todavía queda mucho paño que cortar, plazos...

María – Sí, porque yo digo, si tienen que demoler, ¿qué les cuesta hacer una curvita en el camino y respetar esta casa?

Mario – Y es la mejor del barrio. Sería un crimen que no la respetaran. Pero no se preocupe, estando todo en mis manos, todo va a salir bien. [...]

Más tarde, José Eduardo encuentra a don Mario en el pasillo y le dice que está preocupado por María Ester.

José – Está con jaqueca hoy. Y no sé qué problema tiene con la casa.

▸ Etapa 1 Presentación

(l. 1-32)

1. Explica quiénes son María Ester y Mario. Explica cuál es el problema de María Ester.

2. Di cómo reacciona Mario a la petición de María Ester.

(l. 33-59)

3. Di quién es José Eduardo. ¿Qué quiere saber de Mario? A él, ¿qué parece interesarle más?

4. Ha pasado algún tiempo. ¿Te parece que ha cambiado el estado de ánimo de Mario al enfocar el problema? ¿Qué propone ahora?

▸ Etapa 2 Análisis

5. A partir de lo que dicen los personajes, di cuáles son las razones reales por las que van a destruir el edificio.

6. Las consecuencias de la demolición son numerosas y diferentes. Di cuáles son las más graves, a tu parecer.

7. Comenta la frase «¿Por qué destruir las casas más representativas de una época de esplendor para reemplazarlas por esas torres de cemento que parecen pajareras?» y da tu opinión.

8. ¿Qué problemas sociales y políticos critica el autor a través de esta escena?

▸ Etapa 3 Síntesis

9. La transformación de las ciudades se produce por motivos diferentes. Esta escena presenta varios de ellos. Di cuáles son y en qué se oponen.

10. Aquí se trata de la transformación de las ciudades. Di qué aspectos de la noción de «Progreso» permite abordar.

MARIO – ¡Ah, sí! Claro, claro... El futuro de su hermosa mansión está en grave peligro. ¿No le dijo nada ella?

JOSÉ – Sí, sí. Algo me dijo, pero muy vago. ¿Y usted sabe más detalles?

MARIO – Yo algo averigüé en la Municipalidad. Lo que pasa es que hay un nuevo proyecto que desplaza al anterior y nos liquida.

JOSÉ –¿Cómo es eso de que nos liquida?

MARIO – Claro. Porque en vez de demoler la calle República como estaba contemplado en el proyecto anterior, se va a demoler la calle Dieciocho con lo cual volarían la parte de atrás de esta construcción.

JOSÉ – Y todo eso, ¿para qué, don Mario?

MARIO – Un negociado que debe tener en vista algún poderoso. Realmente yo no entiendo. No entiendo. ¿Por qué destruir las casas más representativas de una época de esplendor para reemplazarlas por esas torres de cemento que parecen pajareras?

JOSÉ – Bueno, don Mario. Pero ¿todo esto es definitivo?

MARIO – Bueno: afortunadamente no, porque todavía falta un trámite para que sea decreto. Así que este es el momento para moverse un poco. Yo he conversado con algunos vecinos para formar un comité de defensa, reunir algunas firmas... que sé yo...

JOSÉ – Sí, sí. Pero a los propietarios ¿les darán algo a cambio?

MARIO – Sí. Pero una basura, hombre. Una miseria con la cual no van a poder comprar nada que les compense por la pérdida. No, si es una verdadera estafa. Y eso, hablando de los propietarios. Para qué decir nada de los arrendatarios, porque no tendremos donde irnos a vivir.

Luis Rivano, «Te llamabas Rosicler», in *Antología de obras teatrales*, 2008.

Santiago de Chile.

Así se dice

- la corrupción, el cohecho
- la especulación: *la spéculation*
- la mordida: *le bakchich*
- la estafa: *l'escroquerie*
- el estafador: *l'escroc*
- el engaño: *la tromperie*
- el arrendatario, el inquilino: *le locataire*
- alquilar: *louer*
- el desahucio: *l'expulsion*
- desahuciar: *expulser*
- la expropiación: *l'expropriation*
- el alojamiento: *le logement*

Infórmate

Luis Rivano (1933) es un novelista y dramaturgo chileno. Era policía cuando escribió su novela *Esto no es el paraíso*, publicada en 1964. Obtuvo un premio pero provocó el descontento de su jerarquía y fue dado de baja. Ejerció entonces como librero y escribió numerosas piezas teatrales entre las cuales destaca *Te llamabas Rosicler (1976)* que obtuvo un gran éxito de público.

Prácticas

Transforme les phrases suivantes de façon à remplacer « Si + imparfait de subjonctif » par « De + infinitif ».

1. Si lo hubiera sabido antes, habría intentado impedir que demolieran la casa.
2. Si pudiera intervenir de alguna manera, lo haría de buena gana.
3. Si fueran más honrados los políticos, no habría tanta corrupción.
4. Si yo poseyera una casa así, defendería mis intereses con mucha energía.
5. Si conociéramos a alguna persona influyente, le pediríamos que interviniera.

Recuerda

« De + infinitif »

- «**De ser** así, yo lo habría sabido inmediatamente.»

S'il en avait été ainsi, je l'aurais su immédiatement.

▶ Précis grammatical p. 252

Documento 3

En el parquecillo

Madrid, 2109. Bruna Husky es una rep, una replicante (un replicante es un androide prácticamente idéntico al ser humano fabricado a partir de células madre). Su resistencia, fuerza e inteligencia son superiores a la media humana.

¿Y ahora adónde voy? se preguntó Bruna. Y en ese justo momento entró una llamada en su móvil. Era el inspector Paul Lizard.

–Tenemos una cita dentro de veinte minutos, Husky.

–Ajá. No se me ha olvidado– mintió. Estoy yendo para allá.

–Y entonces, ¿por qué vas en una cinta[1] en dirección contraria?

La rep se irritó.

–Está prohibido localizar a nadie por satélite si no cuentas con su permiso para hacerlo.

–En efecto, Husky, tienes toda la razón, salvo si eres inspector de la Judicial, como yo. Yo puedo localizar a quien me dé la gana. Por cierto, vas a llegar tarde. Y, si sigues avanzando en dirección contraria, tardarás aún más.

Bruna cortó el móvil con un manotazo[2]. Tendría que ir a ver a Lizard aunque no le hiciera ninguna gracia: su licencia de detective siempre dependía de lo bien que se llevara[3] con la policía. Saltó a la acera por encima de la barandilla[4] de la cinta rodante y se puso a buscar un taxi. Era sábado, hacía un día precioso y la avenida de Reina Victoria, con su arbolado parquecillo central, estaba lleno de niños. Eran niños ricos que paseaban a sus robots de peluche con formas animales: tigres, lobos, pequeños dinosaurios. Una nena[5] incluso revoloteaba a dos palmos del suelo[6] con un reactor de juguete atado a la espalda, pese al precio prohibitivo con que se penaba[7] ese derroche[8] de combustible y el consiguiente exceso de contaminación. Con lo que costaba una hora de vuelo de esa cría[5], un humano adulto podría pagarse dos años de aire limpio. Bruna estaba acostumbrada a sobrellevar[9] las injusticias de la vida, sobre todo cuando no las sufría en carne propia, pero ese día se sentía especialmente irascible y la visión de la niña aumentó su malhumor. Se recostó en el taxi y cerró los ojos, intentando relajarse.

Rosa Montero, *Lágrimas en la lluvia*, 2011.

1. *un tapis roulant*
2. *ici, d'un geste brusque*
3. llevarse bien con: *avoir de bonnes relations avec*
4. *la rambarde*
5. *petite fille*
6. *voletait à deux pieds du sol*
7. *ici, qu'il fallait payer pour*
8. *gaspillage*
9. *surmonter*

Etapa 1 Presentación

1. Presenta a los dos personajes.
2. Se trata aquí de un relato de ciencia ficción. Entresaca unos ejemplos que lo muestran.
3. Bruna presencia en el parque una escena que la pone de mal humor. Di en qué consiste esta escena.

Etapa 2 Análisis

4. A Bruna, no le gusta que Paul Lizard la localice. Explica por qué.
5. La escena en el parque subraya varios problemas que experimentan los hombres en el mundo en que viven. Di cuáles son estos problemas.
6. La vida de Bruna no parece fácil. Di cómo se nota y cómo lo explicas.

Etapa 3 Síntesis

7. Di si, a tu parecer, la visión del porvenir que se da en este texto es verosímil o no. Justifica tu opinión.
8. Di en qué medida puede este texto ilustrar un aspecto de la noción de «Progreso».

Fotos sacadas de la película española de ciencia ficción *Planet 51*.

Así se dice

- la utopía: *l'utopie*
- el marco espacio-temporal: *le cadre spatio-temporel*
- el auge: *l'essor*
- la tecnología: *la technologie*
- El SPG o GPS (Sistema de Posicionamiento Global): *le GPS*
- la realidad virtual: *la réalité virtuelle*
- las ciencias de la computación: *l'informatique*
- la inteligencia artificial: *l'intelligence artificielle*
- el ser humano: *l'être humain*
- la verosimilitud: *la vraisemblance*
- verosímil: *vraisemblable*
- inverosímil: *invraisemblable*
- imaginario: *imaginaire*
- ficticio: *fictif (de fiction)*

Infórmate

- **Rosa Montero** (cf. p.103)
- ***Lágrimas en la lluvia*** (2011)

«Estados Unidos de la Tierra, Madrid, 2109, aumenta el número de muertes de replicantes que enloquecen de repente. La detective Bruna Husky es contratada para descubrir qué hay detrás de esta ola de locura colectiva en un entorno social cada vez más inestable. »
Una novela de supervivencia, sobre la moral política y la ética individual, sobre el amor, y la necesidad del otro, sobre la memoria y la identidad.»

www.clubcultura.com

Prácticas

Dans les phrases suivantes, remplace la forme soulignée par une forme équivalente.

1. Pese a que Bruna no se lo había permitido, Pierre Lizard la localizó por satélite.

2. Aunque no le gustaba, ella tenía que conformarse con su situación.

3. Los niños se divertían mucho con los juguetes, a pesar de que costaban un dineral.

4. Eso sí que puede ocurrir en el futuro, aunque parece inverosímil.

5. Pese a ser una replicante, Bruna experimentaba los mismos sentimientos que cualquier ser humano normal.

Recuerda

Pese a (que) = a pesar de (que)

- «Una nena incluso revoloteaba a dos palmos del suelo con un reactor de juguete atado a la espalda, **pese al** precio prohibitivo con que se penaba ese derroche de combustible.»

- Voir aussi **Aunque** p. 251.

▶ **Précis grammatical p. 251**

Documento 4

El saco de cemento

El saco de cemento[1] estaba en mitad de una montaña de sacos de cemento, lleno de polvo por fuera y, claro está, de cemento por dentro. Había llegado a la fábrica en buen estado, recién salido de la imprenta que los confeccionaba, pero allí, de inmediato, lo habían llenado, cerrado y apilado a la espera de ser enviado a la obra[2] que lo comprara. El pobre saco de cemento estaba triste. Su vida iba a ser corta y, por desgracia, tan discreta como sucia. Todos los sacos de cemento estaban como él, sin ganas de hablar, aplastados unos con otros, imaginando que, una vez los vaciaran, acabarían en un basurero[3], y luego... quemados, destruidos, hechos trizas[4]... Aquella fue una larga noche.

Por la mañana unos hombres empezaron a cargarlos. Idas y venidas desde la montaña hasta unos camiones donde otros hombres los colocaban debidamente. Cuando llegaron a su destino[5], los sacos fueron bajados del camión por otros hombres, y a él le tocó quedarse en la parte inferior de la pila, con un montón de sacos encima. La obra en la cual el cemento que contenían iba a convertirse en parte de su estructura era muy grande. Una hermosa construcción. El saco de cemento pensó que, a lo mejor, tardaban uno o dos días en utilizarlo. Se equivocó. Aquella misma tarde la pila disminuyó muy rápido y antes de la hora en que se daba por concluida la jornada laboral fue vaciado hasta que en su interior no quedó nada salvo el polvo del cemento. Tras ello, el saco, arrugado, fue a parar a un lado. Aquella noche, en el basurero, a la espera de saber su destino, miró el mundo por última vez. Y al amanecer...

La niña era pequeña, unos ocho o nueve años. Pequeña y muy guapa, manos de seda, sonrisa de colores, piel negra y brillante, ojos grandes. Se detuvo frente a él y los demás sacos, cogió un puñado, los alisó y se los llevó con ella cantando. El saco de cemento no entendía nada. Llegó a un lugar lleno de niños y niñas, y allí fue depositado junto a otros restos en apariencia inservibles: cajas, latas[6], plásticos, hueveras[7], cintas... Un sinfín de cosas que, para la mayoría, no eran más que eso: basura. Sin embargo los niños y las niñas se pasaron el día trabajando con ellos, formando adornos con unas cosas y vestidos con otras. El saco de cemento fue alisado, planchado[8], unido a otros cuatro sacos y convertido en un precioso vestido que, luego, la niña que le había rescatado[9] pintó de colores. A él le tocó ser la parte delantera, la más hermosa. Cuando comprendió la verdad casi lloró. No lo hizo para no

●●●

▸ Etapa 1 Presentación

1. La vida del saco de cemento pasa por diferentes etapas. Di cuáles son.

2. Se trata aquí de un cuento. Apunta los elementos característicos de este género.

▸ Etapa 2 Análisis

3. A lo largo del texto, se produce una verdadera metamorfosis del saco. A partir de ejemplos precisos, muestra cómo subraya el autor su aspecto maravilloso.

4. Explica cómo se oponen aquí la pobreza material y la riqueza interior.

5. Para Jordi i Sierra, fomentar la imaginación de los niños es algo fundamental. Di cómo aparece esto en el cuento.

▸ Etapa 3 Síntesis

6. Comenta la frase final: «Como la energía, nada debería crearse o destruirse, sólo transformarse.»

7. Di en qué medida puede este texto ilustrar un aspecto de la noción de «Progreso».

1. *ciment*
2. *ici, chantier*
3. *une décharge*
4. *réduits en miettes*
5. *destination*
6. *boîtes de conserve*
7. *boîtes à œufs*
8. *repassé*
9. *sauvé*

Pablito Cortez pinta y decora unos camioncitos hechos de madera para juguetes de los niños, en un taller de artesanías de la ciudad de Masaya, Nicaragua. Así ayuda a sus padres en la fabricación de juguetes artesanales que luego serán vendidos en las fiestas patronales de los pueblos y ciudades de Nicaragua.

estropear aquel trabajo. Dos días después, hubo una gran fiesta en la escuela. Les visitó nada menos que la Primera Dama de la nación, y un escritor español, y uno del país, y muchas más personas. Y la niña bailó y cantó, con su vestido hecho de sacos de cemento pintados, y sus adornos en la cabeza. Nadie hubiera dicho que aquello eran desperdicios. Nadie. El saco de cemento vive hoy en un armario, feliz, sabiendo que una vez fue lo que fue, un saco de cemento lleno de polvo, pero que en el presente y en el futuro, será siempre un vestido de colores gracias a la imaginación de un puñado de niños y niñas. La imaginación. Como la energía, nada debería crearse o destruirse, sólo transformarse.

Jordi Sierra i Fabra, Cartagena de Indias, 2010.

Infórmate

Jordi Sierra i Fabra (Barcelona, 1947) es uno de los escritores más prolíficos de España y fue galardonado por muchos premios literarios. Su vocación de escritor fue muy temprana: escribió su primera novela, de 500 páginas, a los doce años. Creó la ***Fundación Jordi Sierra i Fabra*** para fomentar la lectura y la escritura entre los jóvenes.

A propósito del cuento ***El saco de cemento***, escribió: «Este cuento está inspirado en los niños y niñas de la institución educativa ambientalista de Cartagena de Indias, que reciclan todo lo que hallan y crean nuevos mundos llenos de vida, color e imaginación.»

Prácticas

Transforme les phrases suivantes de façon à utiliser «dar por».

Ex.: Eran las siete. Pensaron que la jornada estaba concluida. ➜ Eran las siete y dieron la jornada por concluida.

1. El saco estaba vacío. Pensaron que ya era inútil.

2. Lo utilizaron para fabricar un vestido. Se sintió satisfecho.

3. Transformar todo eso parecía imposible. Pero ella no se consideró como vencida.

4. Después de coser el último botón, pensó que el vestido estaba terminado.

5. Se reían del vestido que llevaba, pero ella no se sintió ofendida.

Recuerda

«Dar algo por» **(considérer quelque chose comme)**

- «Fue vaciado antes de la hora en que **se daba por concluida** la jornada laboral.»

Il fut vidé avant l'heure à laquelle on considérait comme terminée la journée de travail.

Documento 5

Una nueva vida

Barcelona, Paseo de Gracia.

El inspector Héctor Salgado, argentino, vive en Barcelona.

Héctor llamó de inmediato a su hijo, quien, para no perder la costumbre, no respondió al móvil. Necesitaba hablar con él, quería oír la voz de Guillermo, asegurarse de que todo iba bien. Le dejó de nuevo un mensaje y, tras haberlo hecho, se encontró en pleno paseo Bonanova[1] sin nada que hacer y decidió caminar un rato.

Hacía tiempo que no pisaba esa parte de la ciudad, y al verla de nuevo se asombró al comprobar lo poco que había cambiado. Más o menos todos los barrios de Barcelona habían cambiado en los últimos años, pero era obvio[2] que la zona alta permanecía inmune a la mayoría de ellos[3]. Ni turistas en masa, ni inmigrantes, excepto las que trabajaban limpiando en casas de la zona. Se preguntó si lo mismo sucedía en otras ciudades: la existencia de zonas impermeables, reductos que se protegían de los aires nuevos, no de forma hostil pero sí efectiva. El metro no llegaba a la parte alta de la ciudad, sus habitantes tomaban los ferrocarriles, lo que para ellos era algo distinto. Un destello esnob[4] que a Ruth, por ejemplo, le había costado vencer.

Sonrió al recordar lo horrorizados que se habían quedado sus padres cuando su única hija abandonó el barrio tranquilo de Sarrià[1], a pocas manzanas[5] de donde estaba él ahora, y se fue a vivir con un argentino, con un sudaca[6], primero a Gràcia[1] y luego, horror, ahí abajo, cerca del mar. Por mucho que hubieran cambiado tras las olimpiadas, las playas de Barcelona y sus alrededores seguían siendo destinos de cuarta fila para ellos. «Os matará la humedad», había sido el comentario de ambos[7]. Y él sabía a ciencia cierta[8] que su suegra tomaba un taxi cada vez que iba sola a ver a su hija y a su nieto.

Claro que la capacidad de Ruth para escandalizar a su familia no había menguado[9]… Ahora, separada, iniciando una nueva vida con otra mujer, había alquilado un loft no muy lejos de su piso con Héctor, donde, además de vivir, tenía espacio para un estudio. «Así sigues estando cerca de Guillermo», había sido idea de ella, rompiendo los estereotipos de ex mujeres vengativas. En eso, como en todo, habían sido de lo más civilizados[10].

Toni Hill, *El verano de los juguetes muertos*, 2011.

Etapa 1 Presentación

1. Aclara las relaciones entre los diferentes personajes:
- ¿Cómo se llama el hijo de Héctor? ¿Vive con su padre?
- ¿Quién es Ruth? ¿Qué sabemos de ella?

2. El protagonista llega al barrio de Sarriá. Di cómo lo ve.

Etapa 2 Análisis

3. A través de la evocación que hace de Barcelona y de sus diferentes barrios, el narrador presenta también la sociedad barcelonesa y las relaciones entre los diferentes grupos sociales. Entresaca unos ejemplos y explica.

4. El narrador subraya «la capacidad de Ruth para escandalizar a su familia». Di cómo se manifestó a lo largo del tiempo.

5. Comenta las relaciones entre los tres personajes. Di en qué medida ellos son representativos de la sociedad actual.

Etapa 3 Síntesis

6. El personaje principal parece contemplar con cierto asombro los cambios que sobrevinieron en la ciudad y en su propia vida. A tu parecer, ¿qué sentimientos pueden despertar estos cambios en las personas que los viven?

7. Este texto puede ilustrar diferentes aspectos de la noción de «Progreso». Explica en qué.

1. El paseo de la Bonanova está situado en el barrio barcelonés de Sarrià-Sant Gervasi. Gràcia es otro barrio de Barcelona.
2. *évident* 3. *ici, exempte de tout changement*
4. *ici, une tendance snob*
5. *à quelques pâtés de maisons*
6. *(péjoratif) latino* 7. los dos
8. *il savait pertinemment, de source sûre*
9. *diminué* 10. *parfaitement civilisés*

Barcelona, Plaza Lesseps.

Así se dice

- el asombro: *l'étonnement*
- la desazón: *l'inquiétude*
- estar despistado: *être désorienté*
- apartar: *écarter*
- el aislamiento: *l'isolement*
- la discriminación: *la discrimination*
- una línea divisoria: *une frontière*
- la actitud rebelde
- el matrimonio: *le mariage*
- el divorcio: *le divorce*
- una familia reestructurada: *une famille recomposée*

Infórmate

- **Toni Hill** (cf. p. 117).
- **En los primeros años** de la España posfranquista, se produjo una rápida **evolución de la sociedad** española y de sus costumbres, acompañada por el movimiento contracultural que se llamó *La Movida Española*.

La homosexualidad había sido un tabú durante la dictadura y la legalización de la homosexualidad se produjo sólo a finales de los 90. Hasta 1986, en el ejército había sido considerada como un «delito contra el honor» castigado incluso con la cárcel.

En la actualidad, España tiene una de las legislaciones más progresistas del mundo, en particular con la legalización del matrimonio entre personas del mismo sexo (2005).

Prácticas

Transforme les phrases en imitant le modèle.

Ex. : **Abandonó** el barrio de Sarriá. Manifestó su disconformidad con el esnobismo de sus padres. ➜ (¿**Cuándo** manifestó su disconformidad?) **Al abandonar** el barrio de Sarriá manifestó su disconformidad con el esnobismo de sus padres.

1. Se casó con un argentino. Entonces mostró que no menospreciaba a los «sudacas» como lo hacían sus padres.
2. La ciudad creció. Cambió de manera espectacular.
3. El chico no respondió al móvil y mostró su carácter independiente.
4. Héctor contempló el barrio que le rodeaba y entonces comprobó lo mucho que había cambiado.
5. Pensó en sus suegros y entonces recordó las relaciones difíciles que había mantenido con ellos.

Recuerda

«*Al* + infinitif»

- «**Al verla** de nuevo, se asombró **al comprobar** lo poco que había cambiado.»
- «Sonrió **al recordar** lo horrorizados que se habían quedado sus padres cuando su única hija abandonó el barrio.»

▶ Précis grammatical p. 252

Bilan

EL PROGRESO (2)

Conseils généraux pour le bac p. 213

PRÉSENTER LA NOTION

1 PRESENTACIÓN DEL DOSSIER

- **Da el título de cada uno de los tres (o cuatro) documentos seleccionados.**
- **Precisa el tema de cada uno y explica cómo se relaciona con la noción de «Progreso».**

▶ El progreso tecnológico, el desarrollo de Internet, las redes sociales...

▶ Los cambios sociales, en la estructura familiar, en las ciudades...

▶ La contaminación ambiental, la relación Norte-Sur...

Documento 1 — No puedes seguir así
(Novela de Toni Hill)

- La fascinación por los medios de comunicación, por Internet:
  – La falta de comunicación real con sus amigos (comunicación superficial, desconexión).
  – La falta de comunicación con la madre.
  – La soledad.
- Dificultad de adaptación a la vida adulta para los jóvenes.
  – Inquietud de la madre por su hija que se aísla.
  – La chica rechaza simbólicamente su niñez a través de sus antiguos juguetes.

▶ Una sociedad moderna que parece favorecer la comunicación pero que la impide en la realidad.

▶ La dificultad para los jóvenes para adaptarse a un mundo que cambia (estructura de la familia, fascinación por lo «virtual»).

▶ El progreso tecnológico crea un mundo deshumanizado.

Documento 2 — Un asunto muy urgente
(Obra teatral de Luis Rivano)

- La política municipal de renovación provoca demoliciones de casas.
- Los propietarios e inquilinos ven su alojamiento amenazado.
- La corrupción y la especulación favorecen las estafas.
  – La preocupación de la mujer por sus intereses.
  – Su deseo de obtener la protección de un funcionario o de una persona «conocida».
  – Comprende que es probablemente víctima de una estafa.
- El recurso a la corrupción.
  – La corrupción como respuesta a la especulación (nadie actúa con honradez).
  – El egoísmo de los que poseen.
  – Los probables problemas de los inquilinos desahuciados.
- El posible recurso de los vecinos a una acción solidaria de protesta.

▶ La destrucción de los edificios antiguos a favor de la construcción de edificios feos e inhumanos.

▶ La pérdida arquitectural (estética) y humana (gente apiñada en edificios de numerosos pisos).

▶ Problema de la corrupción generalizada.

Documento 3 — En el parquecillo
(Novela de ciencia ficción de Rosa Montero)

- Visión de un porvenir inquietante.
  – La diferencia entre pobres y ricos se ha vuelto fenomenal (una niña rica se divierte con lo que les permitiría vivir a adultos pobres).
  – La contaminación se ha disparado (el aire no se puede respirar).
  – Los más ricos no respetan las normas sociales (se contentan con pagar las multas).
- La protagonista no es un ser humano.
  – Aunque es «una replicante», sus sentimientos son humanos.
  – La creación de seres diferentes no es lo inquietante: preocupa más el egoísmo de los verdaderos hombres. Su egoísmo crea un mundo inhumano desprovisto de reglas morales.

▶ Este futuro inventado, ¿es inverosímil o verosímil?

▶ Una reflexión de la autora sobre el mundo actual al que critica.

Documento 4 — El saco de cemento
(Cuento de Jordi Sierra i Fabra)

- Un cuento para niños con la personificación de un saco de cemento.
- Una parábola para los adultos, para darles el ejemplo de los niños de Colombia.
  – Crítica del despilfarro: presentación de la facilidad con la que se tiran «objetos» que todavía podrían servir.
  – Los adultos construyen edificios de cemento sin pensar en el aspecto estético o moral.
  – Introducción de la belleza y de la poesía gracias a la intervención de la niña (aparecen los colores en un mundo gris).
- Los niños pobres saben ver la vida donde está y logran salvar al «saco de cemento».
  – La imaginación de los niños es motivo de esperanza.

Un mensaje a favor de un desarrollo más justo y sostenible (reparto, reciclaje).

La imaginación y la poesía pueden salvar el mundo reintroduciendo en él la belleza y la vida.

Documento 5 Una nueva vida

(Novela de Toni Hill)

- El inspector Héctor Salgado se para a contemplar la ciudad donde vive y a pensar en sus relaciones con su ex-mujer y su hijo.
  – Una ciudad que ha evolucionado (modernización de Barcelona evocada a través de los Juegos Olímpicos) y ha cambiado de aspecto.
  – La diferencia entre los barrios sigue existiendo: hay barreras sociales que refuerzan la segregación social.
  – Los prejuicios de los más ricos (hacia los «sudacas» inmigrantes, hacia los más pobres) refuerzan esta segregación.
  – Paralelamente, las normas sociales han evolucionado: lo que escandalizaba a los padres se ha vuelto normal para la mayoría de los españoles (divorcio, pareja homosexual...).
  – Las relaciones son «de lo más civilizadas» pero no hay mucha comunicación (el hijo no contesta al móvil).

Visión de una sociedad que ha evolucionado pero en la que la discriminación social, a través del paisaje urbano, parece haberse reforzado.

Presentación de un protagonista solitario, que no logra comunicarse realmente con los miembros de su familia (o de lo que queda de ella).

2 VALORACIÓN PERSONAL

- **Di qué texto(s) te interesó (interesaron) más (o menos) y explica por qué.**

3 CONCLUSIÓN PERSONAL

- **Expresa una opinión personal a propósito del dossier y de la noción estudiada.**

Lexique utile

El hombre y su entorno

- el entorno, el medio ambiente: *l'environnement*
- ambiental, medioambiental: *écologique, environnemental*
- los recursos: *les ressources*
- la fuente: *la source*
- las materias primas: *les matières premières*
- las energías fósiles (el carbón...): *les énergies fossiles (le charbon...)*
- las energías renovables: *les énergies renouvelables*
- la energía eólica: *l'énergie éolienne*
- el motor de viento: *l'éolienne*
- el parque eólico: *le parc d'éoliennes*
- la energía solar: *l'énergie solaire*
- el panel solar: *le panneau solaire*
- explotar: *exploiter*
- agotar: *épuiser*
- el uso: *l'usage*
- el consumo: *la consommation*
- el impacto ambiental: *l'impact environnemental*
- el incremento: *l'augmentation*
- la merma: *la diminution*
- la escasez: *la pénurie*
- el efecto invernadero: *l'effet de serre*
- el calentamiento global: *le réchauffement global*
- la capa de ozono: *la couche d'ozone*
- en vías de extinción: *en voie de disparition*
- la huella ecológica: *l'empreinte écologique*
- la huella de carbono: *l'empreinte carbone*
- el balance carbono: *le bilan carbone*

El desarrollo sostenible

- el reto: *le défi*
- el ajuste: *l'ajustement, le rééquilibrage*
- la inversión: *l'investissement*
- el ingreso: *l'entrée*

- los ingresos: *les recettes, les revenus*
- el coste: *le coût*
- el informe: *l'enquête, le rapport*
- los datos: *les données (faits, chiffres)*
- el reciclaje: *le recyclage*
- fomentar: *encourager, susciter*
- el fomento: *l'encouragement*
- el incentivo: *l'incitation*
- cumplir con un compromiso: *tenir un engagement*
- saludable: *sain*

Compréhension de l'oral

16

1 La policía de Gandía multa a 4 jóvenes por tener la música alta en el coche

1. Escucha.
– Los policías de la ciudad de Gandía parecen trabajar mucho. Da unos ejemplos reveladores.

2. Escucha otra vez.
– ¿Cuáles son los orígenes de los problemas de los jóvenes en Gandía?
– ¿Contra qué otros problemas intenta luchar la policía?
– La municipalidad no solo cuenta con la policía para tranquilizar a los habitantes. Explica.

3. Escucha por última vez.
– Resume, intentando caracterizar, por una parte, la acción de la municipalidad en Gandía y, por otra, los problemas que tiene que enfrentar.

Tu as dix minutes pour rendre compte par écrit, en français, de ce que tu as compris.

17

2 Comprar el pan en un locutorio

1. Escucha.
– ¿Qué es un locutorio? ¿Dónde se sitúan los locutorios de los que se habla aquí?
– Hoy se pueden hacer muchas cosas en un locutorio. Da ejemplos.

2. Escucha otra vez.
– ¿Quién es David Feliciano?
– ¿Quiénes son Ángela Mújica y su marido?
– ¿De qué país viene María? ¿Es también propietaria de un locutorio?

3. Escucha por última vez.
– Resume insistiendo en lo que representa hoy día un locutorio para los clientes.

Tu as dix minutes pour rendre compte par écrit, en français, de ce que tu as compris.

Dans les conditions de l'examen

3 El boom de la construcción sigue derribando casonas centenarias

Écoute l'enregistrement trois fois et, ensuite, tu as dix minutes pour rendre compte par écrit, en français, de ce que tu as compris.

4 La mosca humana

Écoute l'enregistrement trois fois et, ensuite, tu as dix minutes pour rendre compte par écrit, en français, de ce que tu as compris.

DOSSIER 6

Pour en savoir plus

EL FUTURO DE NUESTRO ENTORNO

La explotación exagerada de los recursos naturales puede acarrear problemas importantes para nuestro entorno. Diferentes estrategias pueden permitir luchar para preservarlo. He aquí unos ejemplos.

Preservar la biodiversidad en el Amazonas

La protección de las especies animales y vegetales es fundamental. La selva del Amazonas, uno de los mayores bosques tropicales del mundo, es un ecosistema único. Esta región es la de mayor diversidad biológica en el mundo. Hoy, cerca de dos terceras partes de la zona quedan intactas pero la amenazan numerosos peligros (incendios, talas, minería, plantaciones, etc.). Afortunadamente, están en marcha diferentes iniciativas cuyo objetivo es protegerla. En Perú, la cooperativa «Yanesha» experimenta un sistema silvícola por franjas protectoras que permite repoblar el bosque de forma natural.

Las energías renovables

Fomentar el desarrollo de las energías renovables es uno de los retos del siglo XXI. En el caso de España, con una media de 2.500 horas de sol aseguradas al año, existe un amplio potencial de desarrollo para la energía solar térmica. La producción de energía eólica también es muy importante en este país ya que es la segunda de Europa y la cuarta del mundo.

Parque eólico de Guerinda, Navarra.

El comercio justo

El pago de un precio justo y el respeto al medio ambiente son elementos básicos de esta forma de comercio que pretende fomentar un nuevo equilibrio en los intercambios entre los países del Norte y los países subdesarrollados. Los consumidores responsables y solidarios que eligen productos del comercio justo permiten que los trabajadores de los países productores tengan condiciones dignas de trabajo y de vida.

El desarrollo sostenible

Satisfacer las necesidades de las generaciones presentes sin que peligren las perspectivas de futuro para las generaciones venideras es el objetivo de las iniciativas de desarrollo sostenible. Uno de los casos más interesantes de la agricultura sostenible es el del café ya que, a nivel mundial, 11 millones de hectáreas de tierra están dedicadas a su cultivo. La producción intensiva de café favorece la deforestación y provoca la contaminación de las tierras por los pesticidas, así como una notable pérdida de bioversidad. Sin embargo, existen soluciones: el cultivo de café orgánico. En muchos países, en asociación con iniciativas de comercio justo, se promueve actualmente este tipo de cultivo.

Durée : 3 heures

Sujet

Texto 1

El imperio del ruido

A medida que la revolución industrial fue invadiendo todas las facetas de la vida social y cotidiana, el ruido generado por las máquinas que la caracterizan y definen invadió hasta los puntos más recónditos[1] del quehacer[2] diario. A las innegables ventajas que trajo consigo –que constituyen el llamado progreso de nuestra época, algo ya irreversible– hay que agregar, lamentablemente, sus connotaciones negativas. El ruido es una de ellas. Un ruido inherente a su funcionamiento, a los implementos[3] que utiliza, a la publicidad que implica su desarrollo, a sus actividades específicas y a las que se derivan de ellas mismas.

Ruidos y más ruidos: unos pueden ser evitables, otros, controlables o moderables. De todos modos, vivimos inmersos en una polución sonora o, peor aún, en una agresión sonora. Porque su constante presencia resulta un atentado al individuo concreto, a su salud física y mental pues le quita el derecho a gozar de tranquilidad, a vivir en armonía con su entorno, a descansar cuando quiera o necesite y a mantener, por ende, su equilibrio emocional.
Para encarar este acuciante problema, esta presencia hiperacústica que nos rodea, las autoridades pueden y deben adoptar medidas, tanto preventivas como disciplinarias.

El País Digital, 31/05/2011.

1. *cachés*
2. *travail*
3. *ici, outils*

Texto 2

¡Atención a las futuras sorderas!

Aumenta el número de afectados que rondan los 40 años con sordera[1] precoz por el mal uso de dispositivos musicales móviles
Un 15% de la población europea entre 19 y 34 años sufre alguna lesión neurosensorial por una exposición continuada y excesiva al ruido. En paralelo, en los últimos años, las ventas de reproductores MP3 se han disparado[2]. En la Unión Europea, entre 50 y 100 millones de personas utilizan a diario estos pequeños aparatos portátiles. Sin embargo, varios estudios señalan que su mal uso se ha convertido en una seria amenaza para la audición.

Utilizar mecanismos portátiles cada día durante una hora o más y a una intensidad inadecuada puede provocar pérdida auditiva
Los dispositivos MP3 actuales dañan mucho más que los anteriores aparatos («walkman» y «Discman») ya que, al tener baterías más duraderas y almacenar miles de canciones, los usuarios se han acostumbrado a llevarlos conectados durante horas y a un nivel de decibelios (dB) alto (hasta 120, similar al ruido de un avión al despegar).
Los mecanismos portátiles actuales no solo se utilizan para escuchar música o programas de radio, sino también para ver vídeos y fotos o almacenar archivos[3]. Se generan gran cantidad

de actividades en un solo aparato y los usuarios pueden pasar horas y horas con la música siempre de fondo. Además, con los formatos digitales de audio disponibles en la actualidad, es posible alcanzar altos niveles de volumen sin perder calidad, por lo que el límite máximo se sobrepasa a menudo.

Los expertos no solo achacan al aparato la responsabilidad de estos casos precoces de sordera; también el sonido atronador de algunos cines, discotecas o videojuegos con «dolby surround» casero pueden llegar a provocar lesiones irreparables, aunque en estos casos el tiempo de exposición al sonido es a menudo menor.

El tipo más común de alteración auditiva por los dispositivos musicales es la pérdida de audición, es decir, la incapacidad para escuchar sonidos por debajo de determinados umbrales[4]. Por otro lado, destacan los acúfenos[5], la percepción de un sonido sin fuente sonora externa que lo origine. Pueden ser temporales o permanentes y son relativamente comunes: hay un millón y medio de españoles afectados.

Incluso con estos datos en la mano, no hay una legislación europea que límite la exposición a este ruido. Para la Comisión Europea, los reproductores deberían estar predeterminados a 85 dB. Sin embargo, los usuarios acostumbran a sobrepasar estos límites, aunque se les alerte con mensajes de seguridad que emite el propio mecanismo.

Nuria Llavina Rubio, www.consumer.es, 31/10/2011.

1. *surdité* 2. *ont grimpé en flèche, ont explosé*
3. *stocker des fichiers* 4. *seuils*
5. *acouphènes*

Texto 3

El país del ruido

Periódicos y estudios informan que España es el país que está entre los tres o cuatro más ruidosos del mundo. Creo que va siendo hora de que las autoridades tomen alguna medida al respecto. Los vecinos de las zonas de movida han de soportar los escándalos nocturnos. Las casas casi siempre parecen estar hechas de papel y se escuchan los sonidos de las viviendas colindantes. Las constantes obras que se realizan en las calles, abriendo zanjas[1] una vez por año, en ocasiones dos veces al año, para canalizaciones, hacen que la vida cotidiana sea un constante ruido.

Imagínense las personas que trabajan habitualmente por las noches lo que han de soportar cada mañana cuando van a descansar. Son muchos más de lo que cree la gente... A ellos nadie les respeta, se les dice que hay que aguantar[2], la vida transcurre de día. Por ello se deberían hacer campañas de sensibilización para que las personas sean más respetuosas con los vecinos, radio y televisión más bajas, no hablar a gritos, pero eso es cuestión de educación.

El Correo gallego, «Opinión», Cartas al Director.

1. *tranchées*
2. *supporter, se résigner*

suite →

DOSSIER 6

Prépa bac (suite)

Séries L, ES, S

LV1

Questions

I-COMPRÉHENSION

A. Contesta en español.

Texto 1

1. Cita una frase que explique el origen del problema evocado en estos textos.
2. Apunta dos detalles reveladores de las consecuencias para la gente.

Texto 2

3. Apunta dos elementos reveladores de lo grave que es el problema evocado.

Texto 3

4. Apunta dos frases que muestran que existen diferentes categorías de víctimas del ruido.

B. Réponds en français. (Environ 5 lignes)

Textes 2 et 3

5. *Dans les deux textes sont présentés des problèmes causés par le bruit qui ont des raisons différentes. Dis en quoi elles diffèrent.*

Textes 1 et 3

6. *Les auteurs préconisent des solutions différentes. Lesquelles ?*

II-EXPRESSION

Tous les candidats traiteront la question 1.

1. El ruido aparece como un resultado del progreso pero también como un inconveniente. A partir de ejemplos sacados de estos textos explica por qué.

Le candidat traitera au choix l'une des deux questions suivantes.

2. Entre las soluciones propuestas por los autores, di cuál te parece más interesante.

ou

3. ¿Conoces otro ejemplo de progreso susceptible de tener también inconvenientes? Explica.

Conseils pour réussir ce devoir

I-COMPRÉHENSION

- Les trois textes sont tirés de la presse mais ils sont de nature différente : deux articles et un passage tiré du «Courrier des lecteurs».
N'oublie pas de garder ces différences à l'esprit au moment de répondre aux questions.

Questions 5 et 6

- La réponse à ces deux questions est à rédiger en français. Elles portent sur deux textes qui doivent être mis en regard. Il faut bien voir que le point de vue adopté dans chacun d'eux n'est pas le même.

- Ainsi, pour la question 5, afin de bien voir la différence, il est conseillé de relever les mots qui désignent les victimes du bruit dans chacun des textes.

- On repèrera aussi les verbes qu'emploie le rédacteur de la lettre dans le texte 3 pour dire quelle est la situation des victimes.

II-EXPRESSION

Question 1

- Il s'agit ici de relever des indications historiques présentes dans les textes 1 et 2 principalement. Après avoir fait le travail de repérage, il faudra résumer les informations mais aussi apporter un point de vue raisonné sur le problème : il est ici question de progrès technologique mais ce progrès a des aspects négatifs certains.

Question 2

- Les trois textes préconisent des solutions différentes. Ils proposent des explications distinctes et pointent également des responsabilités différentes. Essaie de présenter tout cela de façon ordonnée de façon à pouvoir, en conclusion, exprimer ton point de vue sur la question et justifier ton choix.

Question 3

- Ne choisis cette question que si tu trouves un exemple particulièrement révélateur des inconvénients ou des dangers liés au progrès ou aux avancées technologiques : tu devras dire quels sont les inconvénients (au moins deux) entraînés par l'utilisation d'une nouvelle technique, une nouvelle pratique, un nouvel objet, etc.

Séries STI2D, STD2A, STG, ST2S, STL

LV2

Conseils généraux pour le bac p. 214

Durée : 2 heures

Questions

Remarque : *ce sujet porte sur les textes 2 et 3 (p. 132-133) et la photo ci-dessous.*

En Madrid.

I-COMPRÉHENSION

A. Contesta en español.

Texto 2

1. Apunta dos elementos reveladores de lo grave que es el problema evocado.
2. Los reproductores MP3 no son los únicos responsables. Cita una frase que lo muestra.

Texto 3

3. Apunta dos frases que muestran que existen diferentes categorías de víctimas del ruido.

B. Réponds en français. (Environ 5 lignes)

Textes 2 et 3 et photo

4. *Quelle phrase de l'un des textes correspond le mieux à la photo ? Explique pourquoi.*

II-EXPRESSION

Explica en qué medida pueden estos documentos ilustrar un aspecto de la noción de progreso.

1 **La expresión «música latina»** se empleó a partir de los años 1950 en Estados Unidos para hablar de un conjunto de músicas latinas muy diferentes en las que se mezclan elementos musicales europeos, africanos e indígenas. Entre los ritmos más típicos, dominan el merengue, la salsa, la rumba, el bolero, el tango, la milonga, el rock latino, etc.

2 En Cuba, con las influencias de los colonizadores españoles y los esclavos negros que venían de África, nacieron **los estilos musicales más extendidos por el mundo** como el chachachá, el mambo, la rumba, el bolero y la salsa.

3 El tango argentino es una música tradicional nacida en Argentina y Uruguay de la fusión cultural entre emigrantes europeos, descendientes de esclavos africanos y de los nativos de la región del Río de la Plata.
La letra de los tangos expresa la tristeza y la nostalgia que sienten los hombres y las mujeres del pueblo. En 2009, **el Tango fue declarado Patrimonio Cultural Inmaterial de la Humanidad por la Unesco**.

MITOS Y HÉROES (1)

DOSSIER 7

Elementos del dossier 7

4 A principios del siglo XIX, nació el merengue, estilo musical que representa la síntesis de las tres culturas presentes en la cultura dominicana: la cultura europea (española) con el acordeón, la cultura africana con la tambora y la cultura indígena con la güira. Después de un período de oro en los años 1970, apareció el merengue «hip-hop» en los años 1990.

Documento 1

De héroes y birrias[1]

(Al principio del artículo, Rosa Montero empieza hablando de diversos dirigentes políticos famosos.)

A menudo la gente me pregunta quiénes han sido los individuos más interesantes de los cientos de personajes famosos que he entrevistado, y siempre contesto lo mismo: salvo excepciones, los tipos anónimos son mucho más atractivos que los importantes. Ahí, en la realidad de cada día, es donde surge la veracidad, la intensidad, el talento. Incluso el heroísmo.

Es el caso de Manuel González, por ejemplo. Manuel, que tiene hasta un nombre con vocación de anonimato (es tan común que resulta difícilmente memorable), fue el rescatador[2] chileno que descendió el primero en la cápsula Fénix II hasta encontrarse con los 33 hombres atrapados debajo del desierto de Atacama. Tiene 46 años, es un experto en perforación vertical y lleva doce años trabajando como rescatador de mineros. Seguro que en ese tiempo ha pasado por momentos angustiosos y peligrosos. Por trances[3] quizá más duros que este último. Pero, claro, no tenía a medio planeta contemplando su proeza en directo.

En cualquier caso, ese hombre modesto descendió el primero, probó la viabilidad de la cápsula con su propia vida, se quedó ahí abajo durante 25 horas y, lo que todavía me parece más angustioso, salió el último. Héroe es aquel que hace lo que debe en una situación ante la que la mayoría de las personas encontrarían excusas razonables para no hacerlo. Por eso el héroe de verdad ni se da cuenta de que lo es: solo cumple con el papel que le ha tocado[4].

Cuando Manuel González llegó abajo y se reunió por fin con los mineros, el planeta entero esperaba con avidez mitómana sus primeras palabras. Y lo que dijo fue: «Estoy feliz de la vida, pero *cagao* de calor[5]». Ah, qué pequeños son los héroes de verdad: y es justamente esa pequeñez lo que los hace grandes.

Se preguntarán qué tiene que ver todo esto con [los políticos]. Pues verán, a mí me parece que bastante. Entre esos dirigentes tan famosos y esos rescatadores usualmente ignorados que se meten en las tripas[6] de las minas, me parece atisbar[7] una línea metafórica que define la condición humana. Arriba, en lo alto, la artificialidad y la impostura. Abajo, en los subterráneos cotidianos, la autenticidad de lo real.

Rosa Montero, *El País Semanal*, 28/11/2010.

Etapa 1 Presentación

1. Según Rosa Montero, entre las personas a las que ha entrevistado ¿quiénes son las más interesantes?

2. ¿Quién es Manuel González? ¿Qué hizo?

Etapa 2 Análisis

3. Explica por qué a Rosa Montero le parece ser una persona interesante Manuel González.

4. ¿Qué definición da ella del héroe? ¿En qué se opone esta definición al modelo tradicional del héroe?

5. Di si compartes la opinión de Rosa Montero.

Etapa 3 Síntesis

6. Explica en qué puede ser interesante este artículo de Rosa Montero.

7. Di en qué medida permite este texto ilustrar un aspecto de la noción «Mitos y héroes».

1. una birria: *un « rien du tout »*
2. *sauveteur*
3. *moments difficiles, mauvais moments*
4. *il ne fait que jouer le rôle qu'on lui a donné*
5. *(fam.) mais je crève de chaud*
6. *à l'intérieur*
7. *observer*

Rescate de los mineros en San José (octubre de 2010).

Así se dice

- famoso, a : *célèbre*
- un famoso: *une célébrité*
- un suceso: *un fait-divers*
- una hazaña: *un exploit*
- una proeza: *une prouesse*
- arriesgarse la vida: *risquer sa vie*
- el valor: *le courage*
- valiente: *courageux*

Infórmate

- **Rosa Montero** (véase p. 103).
- **El 13 de octubre de 2010,** en Chile, **Manuel González** rescató a 33 mineros atrapados en la mina San José. Bajó en la cápsula Fénix en presencia del presidente Sebastián Piñera. Los periódicos titularon: «Manuel González, el primer héroe del histórico rescate».

Prácticas

Réécris les phrases sur le modèle suivant.

Ex.: Trabaja **desde hace doce años** como rescatador de mineros. ➜ **Lleva doce años trabajando** como rescatador de mineros.

1. Estudia español desde hace cinco años.
2. Rosa Montero entrevista a famosos desde hace veinte años.
3. Estaban esperando en la mina desde hacía setenta días.
4. Este político dirige el país desde hace cinco años.

Recuerda

L'expression de la durée

- «**Lleva doce años trabajando** como rescatador de mineros.»

▶ **Précis grammatical p. 250**

Documento 2

Los Tangos de Carlos Gardel[1]

Hasta donde recuerdo, mi vocación por la música se reveló en esos años por la fascinación que me causaban los acordeoneros con sus canciones de caminantes. Algunas las sabía de memoria, como las que cantaban a escondidas las mujeres de la cocina porque mi abuela las consideraba canciones de la guacherna[2]. Sin embargo, mi urgencia de cantar para sentirme vivo me la infundieron los tangos de Carlos Gardel, que contagiaron a medio mundo. Me hacía vestir como él, con sombrero de fieltro y bufanda de seda, y no necesitaba demasiadas súplicas para que soltara un tango a todo pecho. Hasta la mala mañana en que la tía Mama me despertó con la noticia de que Gardel había muerto en el choque de dos aviones en Medellín. Meses antes yo había cantado «*Cuesta abajo*» en una velada de beneficencia. Y canté con tanto carácter que mi madre no se atrevió a contrariarme cuando le dije que quería aprender el piano en vez del acordeón repudiado por la abuela.

Aquella misma noche me llevó con las señoritas Echeverri para que me enseñaran. Mientras ellas conversaban yo miraba el piano desde el otro extremo de la sala con una devoción de perro sin dueño, calculaba si mis piernas llegarían a los pedales, y dudaba de que mi pulgar y mi meñique[3] alcanzaran para los intervalos desorbitados o si sería capaz de descifrar los jeroglíficos del pentagrama[4]. Fue una visita de bellas esperanzas durante dos horas. Pero inútil, pues las maestras nos dijeron al final que el piano estaba fuera de servicio y no sabían hasta cuándo. La idea quedó aplazada[5] hasta que regresara el afinador[6] del año, pero no se volvió a hablar de ella hasta media vida después, cuando le recordé a mi madre en una charla casual el dolor que sentí por no aprender el piano. Ella suspiró:

–Y lo peor –dijo– es que no estaba dañado[7].

Entonces supe que se había puesto de acuerdo con las maestras en el pretexto del piano dañado para evitarme la tortura que ella había padecido durante cinco años de ejercicios bobalicones[8] en el colegio de la Presentación.

Gabriel García Márquez, *Vivir para contarla*, 2002.

Etapa 1 Presentación

1. ¿Cuál fue el primer instrumento que le fascinó a Gabriel García Márquez?
2. Di por qué le gustaba tanto.
3. Quiso aprender a tocar otro instrumento. Explica por qué y di cuál fue.
4. En realidad no aprendió nunca el piano. Explica por qué.

Etapa 2 Análisis

(l. 1-15)

5. Pon de manifiesto la importancia que tuvo Carlos Gardel en aquella época. Da ejemplos sacados del texto.

(l. 16-32)

6. Entresaca los detalles que evidencian la fascinación por el instrumento.
7. Comenta la frase: «Fue una visita de bellas esperanzas durante dos horas.»
8. Analiza la revelación de la madre «media vida después». ¿Qué opinas de sus motivos?

Etapa 3 Síntesis

9. Explica por qué fue importante Carlos Gardel en la infancia de Gabriel García Márquez.
10. Di en qué medida puede este texto ser interesante para presentar la noción «Mitos y héroes».

1. Famoso cantante de tangos, que vivió en Argentina (1890-1935).
2. *de voyous* 3. *mon pouce et mon petit doigt*
4. *la portée (musicale)* 5. *reportée à plus tard*
6. *l'accordeur* 7. *abîmé*
8. *stupides*

Estación Carlos Gardel en el metro (Buenos Aires).

Así se dice

- el cantante: *le chanteur*
- el ídolo: *l'idole*
- la fama: *la réputation*
- el hampa: *la pègre, le milieu*
- la prostitución: *la prostitution*

Infórmate

Carlos Gardel (11 de diciembre de 1890-24 de junio de 1935). Inolvidable autor e intérprete de tangos, no era argentino de nacimiento sino francés de origen. Su nombre de pila era Charles Romuald Gardés; era hijo de Berthe Gardés, que emigró de Francia a Argentina trayendo consigo a su hijo de tres años. Murió trágicamente en un accidente aéreo en Colombia, durante una gira, después de triunfar a nivel internacional.

Prácticas

Réécris ces phrases en mettant le verbe de la principale au présent.

1. No necesitaba demasiadas súplicas para que soltara un tango a todo pecho.
2. Me llevó con las señoritas Echeverri para que me enseñaran.
3. Dudaba de que mi pulgar y mi meñique alcanzaran para los intervalos desorbitados.
4. La idea quedó aplazada hasta que regresara el afinador del año.
5. Calculaba si mis piernas llegarían a los pedales.

Recuerda

La concordance des temps

- «Me **llevó** para que me **enseñaran.**»

▶ **Précis grammatical p. 253**

Documento 3

Tanguera: la historia del tango

«Letra urbana» entrevistó a Sabrina Romay, productora del musical *Tanguera*. Después de obtener importantes premios en Argentina como mejor musical, mejor producción y mejor coreografía, este espectáculo empezó una exitosa gira internacional por China, Rusia, Japón, Alemania, Suiza, México, España y Estados Unidos.

¿Cómo definirías en general el espectáculo *Tanguera*?
Bueno, es especialmente un musical de tango, que cuenta una historia a través del baile y la coreografía. En realidad se cuentan dos historias, la primera es acerca de cómo se creó el tango en Argentina, en la ciudad de Buenos Aires específicamente, contemplando[1] el tema de los inmigrantes. La segunda es la historia de amor de una joven francesa, Giselle, que se enamora de un argentino, Lorenzo. Un mafioso la trae a trabajar a un cabaret, y se crea una historia de trío amoroso entre los personajes.

¿Cómo repercute en el elenco[2] el llevar un espectáculo que trata el tema de la inmigración a un lugar como Miami o New York que son sitios de por sí marcados por el tema de inmigración?
Bueno, es la misma historia. Argentina es un país que se hace de inmigrantes. Italianos, polacos[3], etc. Si miramos a los integrantes del elenco, cada uno de los bailarines viene de una extracción diferente, así que se sienten identificados con la obra. Lo mismo sucede con el público en estas ciudades hechas de inmigrantes.

¿El espectáculo podría definirse más teatral, musical o coreográfico? ¿Cómo compaginan[4] los distintos géneros artísticos?
La obra mezcla los tres elementos. Como mencionaba anteriormente, solo hay tres canciones que tienen texto, pero todo el argumento se explica principalmente con la coreografía. La lista de tangos es grandísima, la mayoría son autores conocidos, pero son instrumentales.
Cada tango cuenta una historia, ambas se van contando paralelamente, la del tango y la historia de amor, y luego todo se entrelaza conectando una historia general.

1. *ici, en prenant en compte*
2. *ici, la troupe*
3. *polonais*
4. compaginar: *concilier*

▸ Etapa 1 Presentación

1. Di en qué consistió el espectáculo «Tanguera».
2. ¿Cuál fue la reacción del público en los diferentes países donde se dio el musical?

▸ Etapa 2 Análisis

3. Apunta los diferentes detalles reveladores del gusto del público por el tango.
4. Este género musical forma parte del patrimonio argentino. Apunta el elemento que lo muestra.
5. Argentina fue un país de inmigración. Esta realidad también aparece en el musical. Explica cómo.

▸ Etapa 3 Síntesis

6. El tango es hoy «Patrimonio de la Humanidad». A partir del texto, di cómo se justifica.
7. Explica por qué puede esta entrevista formar parte del dossier sobre la noción «Mitos y héroes».

Infórmate

El Tango

El Tango apareció en Buenos Aires, en los cafés y prostíbulos de la zona portuaria del Río de la Plata, a partir de los años 1860. La letra de los Tangos expresaba los pesares y amarguras de los inmigrantes europeos, que venían a Argentina en busca de una nueva vida.
El Tango desembarcó en París en los primeros años del siglo XX y fue reconocido como una auténtica expresión artística. Entonces, el tango ganó popularidad en el resto de Europa y EE.UU. Los argentinos que rechazaron primero al tango por ser una música de las clases populares de la sociedad acabaron por aceptarlo definitivamente.

La audiencia en estos países ¿es mayoritariamente latina, o convoca también otras nacionalidades?

Sorprendentemente el espectáculo no convoca especialmente público latino. Es un espectáculo internacional. El Tango fue declarado patrimonio de la humanidad recientemente, y lo hemos podido comprobar a través de la audiencia. La convocatoria es muy amplia y variada, y aunque no sean apasionados del tango, gozan el espectáculo igual[5].

¿Cómo han sentido la crisis económica? ¿Se ha reflejado en el espectáculo?

Bueno, hemos tenido unas semanas menos de gira[6], pero la audiencia ha sido la misma, mucha, cada función[7] se llena. Lo más importante a resaltar es el éxito internacional.

www.letraurbana.com/articulo/66

5. *ils apprécient autant le spectacle*
6. *tournée*
7. *représentation, séance*

Prácticas

Réécris les phrases suivantes en remplaçant la forme soulignée.

1. En el espectáculo, no hay más que tres tangos con letra.
2. No se puede comprender el éxito del espectáculo sino viéndolo.
3. Con la crisis, no tuvieron más que una semana de gira.
4. Solo tres artistas cantan durante el espectáculo.

Recuerda

Ne… que…

- «**Solo** hay tres canciones que tienen texto.»

NB : *Depuis la réforme de l'orthographe de 1990, on n'écrit l'accent sur* «solo» *que s'il y a un risque réel de confusion avec l'adjectif* «solo» *(seul).*

▶ **Précis grammatical p. 248**

Documento 4

Entrevista a Bebo Valdés

El mítico pianista de jazz era una figura en Cuba cuando en 1960, tras el triunfo de la revolución castrista, abandonó su país. Desde entonces, salvo una etapa de triunfo en México, ha sobrevivido como ha podido. Fueron 35 años en los que, para ganarse la vida, realizó una gira anual por una cadena de hoteles sueca[1], que incluía una actuación en el Círculo Polar Ártico. Sin embargo, todo cambió de pronto tras participar en el rodaje de la película de Fernando Trueba *Calle 54*, en el año 2000, que es un recorrido por el jazz latino. Ganó dos premios Grammy...

Me ha dicho que su padre fue esclavo.

Claro, todos. Mi padre nació en 1882, cuando había esclavitud, que fue abolida en 1884.

La esclavitud es un problema económico que ha existido siempre; siempre se han comprado hombres con dinero. Mi padre fue a la guerra contra los españoles en una de las muchas revueltas que hubo. Mi padre era un buscavidas[2]. Mi madre era todo lo contrario. Ella se ocupaba del futuro de los hijos, mientras que el problema de mi padre era que tenía que sostener a la familia. Yo nací el 9 de octubre de 1918.

¿Y entre los miembros de su familia había músicos?

A mis padres les gustaba bailar, y mi madre cantaba bien, pero eso es todo. Uno de mis tíos tocaba los tambores grandes africanos, pero eso no es hacer música, es sólo ritmo. Fue mi madre quien vio que yo tenía algo.

¿Y usted cuándo lo supo?

Yo nada, fue mi madre, únicamente ella. Tenía una hermana, casada con un español, vasco, que era capitán de bomberos. Mi tía era espiritista muy buena, y amiga de gente importante; de Batista[3], por ejemplo. El caso es que yo tenía cuatro años, y un día ella cayó en trance y de pronto dijo señalándome: «Este niño va a ser un gran violinista». Sólo se confundió en el instrumento. Por entonces, como a mis padres les gustaba mucho bailar y me llevaban con ellos, me quedaba allí mirando al pianista, hasta que dibujé un piano y me puse a tocar las teclas en el papel. Mi madre, cuando ganó un poco de dinero, se fue a la Habana y me compró un piano que costó dos pesos y estaba lleno de termitas.

¿Por qué Cuba es un lugar que está lleno de músicos buenos?

Nadie sabe eso que me dices. Lo que sí sabemos es que los esclavos sólo podían salir a la calle a tocar un día al año, el día de los Reyes Magos; entonces eran libres, salían y tocaban su música, y les daban bebidas y hacían su carnaval. Y así empezaron las mezclas de negro, blanco, chino. Ellos, los negros, eran los dueños de lo que es hoy la música rítmica americana.

Sol Alameda, *El País Semanal*, 2003.

Bebo Valdés.

▸ Etapa 1 Presentación

1. La carrera del pianista Bebo Valdés fue muy particular. Di por qué.
2. Explica por qué fue importante el año 2000 para él.

▸ Etapa 2 Análisis

3. ¿Qué recuerda Bebo Valdés acerca de sus padres?
4. A partir de detalles sacados del texto, di lo que sabes de la tía del músico.
5. ¿Cuándo y cómo empezó a tocar el piano?
6. Según Bebo Valdés, ¿cuál es el origen de la música rítmica americana?

▸ Etapa 3 Síntesis

7. Di en qué expresan estas dos frases un aspecto interesante del texto.
«El mítico pianista de jazz era una figura en Cuba cuando en 1960, tras el triunfo de la revolución castrista, abandonó su país».
«Desde entonces, salvo una etapa de triunfo en México, ha sobrevivido como ha podido.»
8. Explica en qué medida puede este texto ilustrar un aspecto de la noción «Mitos y héroes».

1. *suédoise*
2. *débrouillard*
2. dictador cubano hasta 1959

Infórmate

• *Chico y Rita*

Es una película de animación de Fernando Trueba y Javier Mariscal, con música de Bebo Valdés ambientada en La Habana y Nueva York, en los años 40. La película es un homenaje al jazz latino de los años 1940-1950 y cuenta la historia de amor y desamor entre un pianista y una cantante.

Fernando Trueba se ha inspirado en la vida, el rostro, las manos y la maestría del pianista cubano Bebo Valdés para dar vida al personaje de la película.

Bebo Valdés, gran pianista de jazz, no pudo seguir practicando su arte en Cuba durante el período castrista por ser considerada esta música como «contrarrevolucionaria».

Fue galardonada con el Premio a la mejor película de animación en la XXV edición de los Premios Goya.

• Sinopsis

En la Cuba de finales de los años cuarenta, Chico y Rita inician una apasionada historia de amor. Chico es un joven pianista enamorado del jazz y Rita sueña con ser una gran cantante. Desde la noche en que el destino los junta en un baile en un club de La Habana, la vida va uniéndoles y separándoles, como a los personajes de un bolero.

Así se dice

- el pianista: *le pianiste*
- el violín: *le violon*
- el violinista: *le violoniste*
- tocar el piano: *jouer du piano*
- tocar el tambor: *jouer du tambour*
- el músico: *le musicien*
- las raíces: *les racines*

Prácticas

Transforme les phrases selon le modèle.

Ex.: No sabían leer ni escribir; **sabían luchar** para lograr la libertad. ➜ No sabían leer ni escribir. **Lo que sí** sabían **era** luchar para lograr la libertad.

1. A sus padres no les gustaba tocar música; les gustaba bailar.
2. El niño no tenía un piano de verdad; tenía un piano dibujado en un papel.
3. El niño no miraba a sus padres; miraba el piano.
4. Los esclavos no podían ser libres; podían salir a la calle a tocar un día al año.
5. Su tía no le dijo que sería un gran pianista; le dijo que sería un gran violinista.

Recuerda

«Lo que sí»

• «Nadie sabe eso que me dices. **Lo que sí** sabemos es que los esclavos sólo podían salir a tocar a la calle un día al año.»

Lo que sí sabemos: *Ce que nous savons bien…/ En revanche, ce que nous savons…*

DOSSIER 7

Documento 5

El Cantar del Mio Diego[1]

18

El primer gol de Diego Maradona a los ingleses en México '86 lo coronó como el Rey de la Calle. Fue con la mano y lo convirtió en el más vivo entre los vivos.

El segundo gol de Diego Maradona contra los ingleses lo canonizó. Avanzó desde su cancha[2] y a ritmo de tango pasó de largo[3] a cinco ingleses, después al arquero[4], y la metió. ¿Así de simple? ¡No! Lo que hizo no fue humano.

Diego Armando Maradona ha sido dentro de una cancha lo que el Mio Cid ha sido en un campo de batalla. O Ulises. O David contra Goliat. Mucho más que un ser humano. Toda una fuerza que barría contra enemigos aparentemente muchísimo más fuertes que este ente[5] provisto de un cuerpo poco atlético. De físico severamente limitado, nuestro héroe ha tenido que poseer un alma sobrehumana para poder besar el cielo después de haber esquivado miles de piernas enemigas que buscaban liquidarlo.

Los héroes míticos que han desfilado por la literatura universal y por la imaginación popular plasmada en tradiciones orales siempre han alcanzado tal estatus porque lograron lo que nadie más puede lograr usualmente en beneficio de un pueblo. Leonidas[6] con sus 300 valientes detuvieron a todo un ejército persa en el Paso de las Termópilas. David tumbó a Goliat con una honda[7]. Maradona es visto como humano únicamente porque es «visto». La televisión limita sus logros[8]. Si la imaginación popular se hubiera encargado de trasladar sus peripecias de boca en boca, Maradona no sería un hombre de carne y hueso, sería un héroe de la mitología del siglo XX o sería un dios. Aun viendo a Maradona por televisión resulta difícil creer que es humano. ¿O alguien puede citar a otro humano que haya podido lograr lo mismo en un campo de fútbol en momentos tan difíciles y necesarios?

Bernard Schleien, www.vivadiego.com/elcid.html

1. El *Cantar de Mio Cid* (≈ 1200) es un cantar de gesta anónimo que relata hazañas heroicas inspiradas en los últimos años de la vida de Rodrigo Díaz de Vívar, el ***Cid Campeador***.
2. *terrain (de football)*
3. pasar de largo: *passer sans s'arrêter, dribbler*
4. (*amér.*) portero: *gardien de but*
5. un ente: *un être*
6. Leonidas: rey de Esparta que murió en 480 a. C., durante la Segunda Guerra Médica, contra los Persas, en la defensa de las Termópilas.
7. *une fronde*
8. *ses prouesses*

Etapa 1 Presentación

1. ¿Quién es Diego Maradona?
2. ¿Qué momento de la historia argentina evoca el bloguero?
3. El futbolista viene presentado a partir de diferentes comparaciones. Di a qué remiten todas las comparaciones.

Etapa 2 Análisis

4. Apunta los elementos reveladores del físico del futbolista. ¿Por qué insiste en ellos el bloguero?
5. Comenta esta frase: «Diego Armando Maradona ha sido dentro de una cancha lo que el Mio Cid ha sido en un campo de batalla». ¿Cuáles son las intenciones del bloguero? ¿Qué revela?
6. Según el articulista, ¿qué define al héroe mítico?
7. Dice que es más difícil hoy día, con la televisión, ser considerado como un héroe mítico. Explica por qué.

Etapa 3 Síntesis

8. Intenta caracterizar la tonalidad general de la página.
9. Di qué te parece la comparación de Maradona con un dios o con un héroe mítico.
10. Explica en qué puede este texto ilustrar un aspecto de la noción "Mitos y héroes".

Mundial 1986.

Así se dice

- hacer trampas: *tricher*
- un gol: *un but*
- meter un gol: *marquer un but*
- sobrehumano: *surhumain*
- la hipérbole: *l'hyperbole*
- el énfasis: *l'emphase*
- la exageración
- la leyenda: *la légende*
- de leyenda: *légendaire*
- ensalzar: *louer, exalter, chanter les louanges*
- alabar: *louer, célébrer*

Infórmate

- **Diego Armando Maradona**

(Argentina, 30 de octubre de 1960) es considerado por los aficionados, el público y los especialistas como uno de los mejores futbolistas en la historia del fútbol y, después de conseguir la Copa Mundial de 1986 con la selección argentina, el mejor jugador de la historia del Mundial.
Sus éxitos deportivos se vieron muchas veces empañados por su adicción a las drogas, que lo afectó tanto en su carrera futbolística como en su salud y en su vida privada (fue arrestado varias veces por posesión de cocaína).

- **El contexto histórico**

Diego Maradona le permitió a Argentina vencer a Inglaterra en un momento en el que el recuerdo de **la guerra de las Malvinas** (1982) era todavía candente. Para los argentinos, esta victoria era un poco una revancha. Después del encuentro, Maradona, al hablar de lo que se llamó «el gol del siglo», dijo que se metió «un poco con la cabeza y un poco con la mano de Dios».

Prácticas

Retrouve dans le texte les expressions équivalentes en espagnol.

1. *Le premier but contre les Anglais le consacra Roi de la Rue.*
2. *Ce fut une véritable force qui balaya les ennemis.*
3. *Il a réussi ce que personne d'autre n'avait pu réussir.*
4. *Il a atteint le statut d'un dieu.*
5. *Ce fut aussi simple que ça.*

Recuerda

Les emplois du subjonctif imparfait

- «**Si** la imaginación popular **se hubiera encargado** de trasladar sus peripecias de boca en boca, Maradona no **sería** un hombre de carne y hueso, **sería** un héroe de la mitología del siglo XX o **sería** un dios.»

▶ Précis grammatical p. 253

Conseils généraux pour le bac p. 213

PRÉSENTER LA NOTION

1 PRESENTACIÓN DEL DOSSIER

- **Da el título de cada uno de los tres (o cuatro) documentos seleccionados.**
- **Precisa el tema de cada uno y explica cómo se relaciona con la noción «Mitos y héroes».**

▶ La definición del héroe; el tango, música icónica de un país; Carlos Gardel y Bebo Valdés, cantante y músico míticos; un futbolista, héroe de una nación...

Documento 1 De héroes y birrias

- ¿Qué es un héroe? ¿Un famoso o un hombre anónimo?
- El ejemplo de un rescatador de mineros en Chile:
  - Valor del hombre.
  - Un hombre modesto.
- Definición del héroe por Rosa Montero: «Héroe es aquel que hace lo que debe en una situación ante la que la mayoría de las personas encontrarían excusas razonables para no hacerlo».
- Metáfora de la condición humana:
  - Arriba: la artificialidad y la impostura.
  - Abajo: la autenticidad de lo real.

▶ Nueva definición del héroe en nuestra sociedad.

▶ El héroe en la vida cotidiana supera a la gente famosa.

Documento 2 Los tangos de Carlos Gardel

- Una anécdota contada por Gabriel García Márquez sobre la importancia de la música en su vida.
- Fascinación por el acordeón, los tangos y Carlos Gardel:
  - Le gustaba cantar e imitar a Carlos Gardel.
  - Reacción de la abuela que rechazaba al Tango por ser música popular y vulgar.
  - Muerte trágica de Gardel.
- Fascinación por el piano:
  - El instrumento presentado como impresionante.
  - Lo que espera el niño y la mentira de los adultos.

▶ Fascinación del niño Gabriel García Márquez por un cantante mítico de tangos.

▶ Ambivalencia frente al Tango: rechazo por una parte de la sociedad argentina y triunfo del tango en el mundo.

Documento 3 *Tanguera*: la historia del tango

- Un espectáculo que celebra el Tango: *Tanguera*.
  - Presentación del espectáculo: la creación del Tango en Argentina.
  - Importancia de la inmigración.
- Un ejemplo revelador del éxito del Tango en el mundo:
  - Una gira mundial.
  - Un público latino pero también internacional.
  - Un triunfo a pesar de la crisis económica mundial.

▶ Una música icónica de Argentina.

▶ Música y poesía popular, baile «de salón» y expresión artística: el Tango tiene muchos aspectos que explican su éxito mundial.

Documento 4 Entrevista a Bebo Valdés

- Un cantante cubano mítico: Bebo Valdés.
  - La esclavitud de sus padres en Cuba.
  - Vocación temprana por el piano.
- Triunfo y período de olvido:
  - El jazz en los años 50 en Cuba y en Estados Unidos.
  - Revolución de Fidel Castro y período de olvido para Bebo Valdés. (Le impidieron expresarse por ser considerado el jazz como «antirrevolucionario»).
- Origen del jazz:
  - Importancia de los ritmos africanos.

▶ Bebo Valdés y una música icónica de los años 1950: el jazz.

▶ Bebo Valdés, cantante mítico, se vuelve el héroe de una película de animación donde la música es símbolo de libertad.

Documento 5 El Cantar del Mio Diego

- Maradona futbolista mítico del siglo XX.
- Recuerdos del mundial de 1986 con el triunfo del equipo argentino:
  - Dos goles de antología (uno con la mano).
- Consagración de un nuevo Dios vivo.
  - Acumulación de comparaciones con héroes antiguos.
  - Vocabulario hiperbólico. Acumulación de palabras enfáticas para celebrar a Maradona.

▶ Un deportista, héroe del siglo XX.

▶ Héroe de los argentinos en un contexto histórico particular (después de la Guerra de las Malvinas).

▶ El fútbol como nueva religión para los aficionados.

2 VALORACIÓN PERSONAL

- **Di qué texto(s) te interesó (interesaron) más (o menos) y explica por qué.**

3 CONCLUSIÓN PERSONAL

- **Expresa una opinión personal a propósito del dossier y de la noción estudiada.**

HÉROES (1)

Lexique utile

El héroe

- el mito: *le mythe*
- la epopeya: *l'épopée*
- las hazañas: *les prouesses*
- los méritos: *les mérites*
- heroico: *héroïque*
- el heroísmo: *l'héroïsme*
- el superhombre: *le surhomme*
- la leyenda: *la légende*
- legendario: *légendaire*
- de leyenda: *légendaire*
- superar: *surmonter*
- la fama: *la renommée*
- las cualidades: *les qualités*
- dotado de cualidades: *doté de qualités*
- una divinidad: *une divinité*
- el valor: *le courage*
- luchar por: *lutter pour*
- enfrentarse a: *affronter*
- a favor de: *en faveur de*
- un suceso admirable: *un événement admirable*
- triunfar: *gagner; réussir (dans la vie)*

El mito

- la fábula: *la fable*
- la alegoría: *l'allégorie*
- el relato alegórico: *le récit allégorique*
- el modelo: *le modèle*
- el prototipo: *le prototype*
- convertirse en: *devenir*
- el icono: *l'icône*
- icónico: *emblématique*
- el ídolo: *l'idole*
- rendir culto a: *célébrer, rendre un culte à*

Los famosos

- un famoso: *une personne célèbre, une personnalité*
- la fama: *la renommée*
- tener fama: *être célèbre*
- hacerse famoso: *devenir célèbre*
- el éxito: *le succès*
- famoso: *célèbre*
- conocido: *connu*
- ganar un dineral: *gagner un argent fou, des sommes folles*
- tener proyección pública: *rayonner*
- una persona de fama mundial: *une personne de réputation mondiale*
- tener mala imagen: *avoir mauvaise presse*

El fútbol

- el partido: *le match*
- el balón, la pelota: *le ballon*
- la portería: *les buts*
- el portero: *le gardien de but*
- el futbolista: *le footballeur*
- el primer tiempo: *la première mi-temps*
- el tiro, el disparo: *le tir, la frappe*
- el gol: *le but*
- meter un gol, marcar un gol: *mettre un but*
- fallar un gol: *rater un but*
- un golazo: *un but magnifique*
- ganar por goleada: *gagner haut la main, faire un carton*
- un manotazo: *une main*
- vencer: *battre*
- lograr una victoria: *remporter une victoire*
- lucirse: *briller*
- arrasar: *faire un tabac*
- una derrota: *une défaite*
- el trofeo: *le trophée*
- la copa: *la coupe*
- la marca: *le record*
- la plusmarca: *le record personnel*
- el plusmarquista: *le détenteur du record, le recordman*
- el campeón: *le champion*
- el subcampeón: *le vice-champion*
- el hincha: *le supporter, le fan*
- los vítores: *les acclamations*
- los aplausos: *les applaudissements*
- la rechifla: *les sifflets*
- la bronca: *la protestation générale*

Compréhension de l'oral

1 Carlos Gardel, figura legendaria en la Argentina[1]

19

1. Escucha.
– Di cuál es el propósito de este reportaje.
– Explica por qué es Gardel una leyenda en Argentina.

2. Escucha otra vez.
– ¿En qué año triunfó el cantante?
– Explica cuál fue la reacción de la élite de Argentina.

3. Escucha por última vez.
– La muerte del cantante contribuyó a su leyenda. Explica por qué.

1. *Les Argentins mettent généralement un article devant* « Argentina ».

Tu as dix minutes pour rendre compte par écrit, en français, de ce que tu as compris.

2 Vídeo DVD

Chico y Rita

1. Según el director de la película, el talento de Bebo Valdés es excepcional. Di en qué.
2. Di cuáles son, hoy, las particularidades de La Habana.
3. Explica cómo imaginaron la película Mariscal y Trueba.

Tu as dix minutes pour rendre compte par écrit, en français, de ce que tu as compris.

3 El Premio Innovadores de América

20

1. Escucha.
– Explica lo que es el Premio Innovadores de América.
– El locutor hace una crítica indirecta de nuestra sociedad. Di en qué consiste.

2. Escucha otra vez.
– Según el locutor, ¿quiénes son los héroes modernos?
– Di por qué se habla de Maradona.

3. Escucha por última vez.
– Apunta ejemplos de científicos latinoamericanos brillantes.

Tu as dix minutes pour rendre compte par écrit, en français, de ce que tu as compris.

De izquierda a derecha: **Javier Agudelo** (colombiano, ganador categoría Empresa e Industria), **Darío Polaco** (argentino, ganador categoría Diseño), **Dr. Luis Aponte-Tinao** (argentino, ganador categoría Ciencia y Tecnología), **Diego Weisse** (argentino y socio de Darío Polaco, ganador categoría Diseño), **Jorge Leal** (colombiano, ganador categoría Educación), **Andrés Ramírez** (colombiano, ganador categoría Sostenibilidad y Ecología).

Dans les conditions de l'examen

4 Chucho Valdés

Chucho Valdés (a la derecha), el gran pianista y compositor, es uno de los hijos de Bebo Valdés (a la izquierda).

Écoute l'enregistrement trois fois et, ensuite, tu as dix minutes pour rendre compte par écrit, en français, de ce que tu as compris.

Pour en savoir plus

Hoy día, los medios de comunicación han convertido a los deportistas en héroes míticos de nuestro tiempo.

Rafael Nadal

Nacido en 1986 en Manacor (España), es uno de los tenistas actuales más famosos. Ganó muchísimos títulos y muchos medios de comunicación lo consideran como uno de los más grandes tenistas de todos los tiempos.

Fernando Alonso

Nacido en Oviedo, España, en1981, es un piloto de Fórmula 1 que pertenece a la «Scuderia Ferrari». Es el primer piloto español en ganar dos veces el Campeonato Mundial de Pilotos de Fórmula 1.

MODERNOS

Lionel Messi

Lionel Andrés Messi (Rosario, Santa Fe, Argentina, 24 de junio de 1987), es un futbolista argentino. Juega en el Fútbol Club Barcelona y en la selección de fútbol de Argentina.
Es considerado por diversos organismos deportivos, por varios futbolistas, y la prensa en general como «el actual mejor jugador del mundo». Recibió el premio al Mejor Jugador del Mundo de la FIFA y el Balón de Oro en 2009.

Camilo Villegas

(Medellín, 7 de enero de 1982) Este golfista colombiano practica el golf desde niño. Le llaman «el hombre-araña» por su estilo original que ha logrado imponer en los greens. En Colombia, lo consideran como el deportista de la década y es uno de los mejores jugadores del mundo.

Carlos Moya

Carles Moyà Llompart (Palma de Mallorca, 27 de agosto de 1976) es un ex tenista español que fue el número uno del mundo en el año 1999.
Ganó muchos torneos en los años 1990-2000. Anunció su retirada el 17 de noviembre de 2010 a los 34 años.

DOSSIER 7

Prépa bac

Série L
LV2

Sujet

Durée : 3 heures

Texto 1

Odiaba el fútbol

Era domingo por la mañana, se acercó hasta el Mestalla[1], sin intención de sacar ninguna entrada. Odiaba el fútbol, siempre lo había odiado y le parecía una insensatez todo lo que se relacionaba con el mismo. Era un deporte que movía billones de pesetas y que arrastraba literalmente a las masas, pero él nunca lo había entendido. El resto de deportes tampoco le interesaban, pero no le ocurría lo mismo que con el fútbol. Suponía que su animadversión[2] por el fútbol era debida precisamente al fanatismo que acarreaba. Nunca había soportado a los fanáticos de ningún tipo.

El viernes mismo dejó a sus amigos en casa de Mario porque se habían empeñado en ver el partido. Se habían preparado un montón de latas de cerveza en la nevera y habían pedido una pizza para los cuatro. Todo ello sin contar con él. Sabían que odiaba el fútbol y en cambio no habían dudado que se quedaría con ellos a berrear[3] frente al televisor y a agitar bufandas[4] blancas del Valencia como si en realidad los de la tele pudieran verlos. Se comportaban como necios y energúmenos. El fútbol era como el becerro de oro[5] que adoraban los paganos en tiempos de Jesús.

Al momento de entrar él en casa de Mario, llegó el repartidor de Telepizza. Llevaba una pizza Jalisco enorme y un montón de helados pequeños de fresa.

–¿Pensáis quedaros aquí toda la noche?

–Hemos de ver el partido tío– era el Migue el que hablaba. Ya se le enredaba la lengua porque sin duda iba por la tercera o cuarta cerveza.

–Esto es deprimente tíos, yo me largo.

Nadie pareció hacerle caso, de manera que salió de allí y se fue a casa a leer un rato. Odiaba el fútbol.

Ramón Cerdá, *Confieso*, 2000.

1. el Mestalla: campo de fútbol de Valencia 2. *ici, son rejet, son hostilité* 3. *brailler* 4. *écharpes* 5. *le veau d'or*

Texto 2

Papá no era perfecto

Los roles en la casa estaban bien marcados: mi madre era la que proporcionaba el apoyo emocional y mi padre el que imponía la disciplina.

Como hijo mayor, me sentaba a su lado derecho en la mesa y eso, desde luego, me halagaba[1]. De niño su figura me imponía: bien vestido, con corbatas a la moda, un bigote tupido y perfectamente recortado, y un inolvidable olor a una combinación de cigarrillo con loción. Compraba auto nuevo cada dos años –salvo en las malas épocas económicas en que había que apretarse el cinturón– y tenía una notable colección de discos de música instrumental norteamericana. Su carro[2] y su música eran su refugio.

Conseils pour réussir ce devoir

I-COMPRÉHENSION

- Lis d'abord le texte 1. Le jeune homme n'aime pas le football pour plusieurs raisons. Lis attentivement le texte et surligne les éléments qui le montrent. Tu peux en trouver au moins trois.
- Il fait plusieurs reproches à ses amis qui, eux, aiment regarder les matchs à la télévision. Relève deux détails.
- Lis ensuite le texte 2. Repère la phrase qui montre ce que représentait le football pour le narrateur lorsqu'il était jeune. Lorsque tu auras trouvé cette phrase, relis ce qui se trouve avant et ce qui se trouve après. Quelle est la différence entre les deux visions successives qu'il a eues de son père?
- Après avoir mené ces recherches, tu peux lire les questions et y répondre.

Question 7

- Pour répondre en français à cette question, il convient de confronter le point de vue des deux personnages. Dans un premier temps, résume en une phrase la position du premier puis, en une phrase aussi, la position du second. Dis ensuite en quoi ils s'opposent.

Recuerdo haber jugado poco con él. Quizá porque no tenía tiempo o porque no se acostumbraba en el mundo del que vino. Pero su presencia me marcó. Durante años creí, sinceramente, que era perfecto; que no cometía errores, que ganaba más dinero que cualquiera, que su auto era mejor que el del padre de mis amigos, que le pegaba al balón mejor que Pelé... hasta que un día nos pusimos a jugar futbol[3].

Para mí el futbol era la prueba del fuego; con eso dividía al mundo. Por una parte, estaban los que sabían jugar y por otra... el resto. En la escuela me decían "Borjita Ramos" en honor a un goleador de la selección mexicana de futbol llamado Enrique Borja. Sin embargo, mi papá no se parecía en nada a Borja ni a Pelé. Una tarde, en casa de mi abuelo materno, le pedí a papá que pateara el balón[4] para que yo, como portero, intentara detenerlo. Pero él no le dio al balón. Su zapato negro pasó a unos centímetros del balón fallando garrafalmente. Tengo la secuencia perfectamente grabada en mi mente. Él no le puso mayor importancia al incidente aunque para mí fue devastador. Cuando él se metió a la casa, yo me puse a llorar, solo, en el jardín. La imagen que tenía de mi padre como Supermán se había derrumbado. No, papá no era perfecto.

Jorge Ramos, *Atravesando fronteras*, 2002.

1. *cela me flattait* 2. un carro *(amér.)*: *un coche* 3. jugar futbol *(amér.)*: jugar al fútbol
4. patear el balón *(amér.)*: *taper dans le ballon, shooter*

Conseils généraux pour le bac p. 214

Questions

I-COMPRÉHENSION

A. Contesta en español.

Texto 1

1. Apunta un elemento revelador del reproche que le hace el joven al fútbol en nuestra sociedad.

2. El joven critica a sus compañeros cuando ven un partido en la tele. Apunta dos detalles significativos.

3. Para completar el espectáculo televisivo, ¿qué hacen sus compañeros? Apunta dos elementos.

Texto 2

4. El protagonista admiraba a su padre. Cita tres elementos que lo evidencian.

5. Di si las afirmaciones siguientes son verdaderas o falsas. Justifica cada respuesta con un ejemplo sacado del texto.
a. El padre acostumbraba jugar al fútbol con su hijo.
b. El narrador era un buen jugador de fútbol.
c. El narrador le pidió a su padre que jugara con él al fútbol.
d. El padre era un buen goleador.

6. ¿Cómo se sintió el narrador al descubrir que su padre no sabía darle al balón? Elige las respuestas correctas y justifícalas citando un elemento del texto.
a. Se quedó sorprendido.
b. Se alegró de saber jugar mejor que su padre.
c. Se llevó una decepción.
d. Se entristeció.

B. Réponds en français à cette dernière question. (Environ 5 lignes)

Textes 1 et 2

7. *Compare les deux textes et dis en quoi ils s'opposent.*

II-EXPRESSION

1. «La imagen que tenía de mi padre como Supermán se había derrumbado.» (l. 26). Explica y comenta esta afirmación del narrador apoyándote en el texto. *(120 mots environ)*

2. ¿Te parece importante el deporte en nuestra sociedad? Explica por qué. *(150 mots environ)*

II-EXPRESSION

Question 1

▶ Pour répondre à cette question, il te faudra, dans un premier temps, commenter la première partie du texte 2. Ensuite, tu pourras résumer le moment où tout bascula pour le narrateur.

▶ Tu termineras en portant un jugement personnel sur cet épisode.

Question 2

▶ Que ta réponse soit positive ou négative, il sera intéressant d'illustrer ton propos avec un ou deux exemples ayant trait au domaine sportif.

❶ Cada vez más, los actores y actrices adquieren **el estatuto de personajes emblemáticos** de su país. El 27 de junio de 2011, se inauguró en Madrid, en la calle Martín de los Heros, el «Paseo de la Fama» con 25 estrellas que simbolizan a 25 actores del cine español. Entre estos actores está Penélope Cruz, que también tiene una estrella a su nombre en Hollywood.

❷ La actriz mexicana Salma Hayek interpretó **el papel de la pintora Frida Kahlo**, en la película *Frida* de la que fue también la productora. La película recibió seis nominaciones a los premios Óscar 2003, entre los cuales el de la mejor actriz principal.

❸ En octubre de 2011, la cantante colombiana Shakira recibió el premio **«Personalidad del Año»** en los Grammy Latino, un galardón que reconoce su trayectoria artística y su labor filantrópica. Varias muñecas representando a la popular cantante fueron comercializadas.

MITOS Y HÉROES (2)

DOSSIER 8

Elementos del dossier 8

4 Jennifer López es una cantante y actriz norteamericana. De padres puertorriqueños, nació en Nueva York en 1969. En 2007, obtuvo el premio de Amnesty Internacional por su papel en la película *Ciudad del silencio* que trata del drama de las mujeres asesinadas en Ciudad Juárez (México).

Documento 1

Véndelo

Pablo Picasso, *Futbolistas*, 1961.

En 1937, unos artistas se reúnen en un café de Montparnasse, en París. Deciden ir a visitar a Picasso que vive entonces en un piso de la rue Jacob.

Recién llegado de Tenerife, Óscar Domínguez se les une:

–¡Joder! Llévenme. Sólo quiero pasar a mi piso por un paquete.

Apenas entran en la casa de la rue Jacob, Domínguez salta encima de Picasso:

–Maestro, yo soy un pintor español y me ando muriendo de hambre.

–Lo español se te nota de lejos[1]. El que te estés muriendo de hambre, a todos nos ha pasado[2].

–Mire, maestro, el otro día estuve en una fiesta de un norteamericano que traía 25.000 francos para cambiarlos por tres trazos[3] de Picasso; yo presumí que tenía[4] una obra suya.

Abre el paquete y aparece una copia del *Bañista con balón*. En vez de enojarse[5], el malagueño[6] lo felicita.

–Esos norteamericanos no compran cuadros sino firmas[7]. Leonora[8], ¿puedes prestarme una pluma o un lápiz?

Firma y le tiende la copia:

–Véndelo y gánate esos 25.000 francos…

Óscar y Pablo se vuelven inseparables. A veces se les une Renato Leduc[9], y los tres hablan de toros.

Elena Poniatowska, *Leonora*, 2011.

1. *Pour ce qui est d'être espagnol, ça se voit de loin.*
2. *Mourir de faim, ça nous est arrivé à tous.*
3. *trois coups de crayon*
4. *moi, je me suis vanté d'avoir*
5. *se fâcher*
6. *habitant de Malaga. Ici, Picasso.*
7. *des signatures*
8. Leonora Carrington, pintora surrealista inglesa (véase p. 160).
9. Renato Leduc (1895-1986), poeta y periodista mexicano.

Etapa 1 Presentación

1. Di en qué circunstancias Óscar Domínguez se encontró por primera vez con Picasso.

2. Explica por qué Óscar Domínguez había copiado el cuadro de Picasso *Bañista con balón.*

Etapa 2 Análisis

3. Apunta los detalles que permiten comprender por qué Picasso apreció inmediatamente a Óscar Domínguez.

4. Óscar Domínguez se mostró a la vez muy sincero y muy astuto. Explica.

5. Picasso no se enojó y firmó el cuadro que le enseñó Óscar Domínguez sin vacilar. Intenta explicar por qué.

6. A partir de unos ejemplos sacados del texto, di cómo aparece aquí el París de los años 30, antes de la segunda guerra mundial.

Etapa 3 Síntesis

7. «Esos norteamericanos no compran cuadros sino firmas». ¿Qué aspecto del arte pone de relieve esta frase de Pablo Picasso?

8. Di en qué medida puede esta anécdota contribuir a la leyenda del pintor Picasso.

Infórmate

Pablo Picasso (1881-1973)

Fue un artista excepcional que revolucionó el arte en el siglo XX. Nacido en Málaga, vivió algunos años en Barcelona y, en 1904, se trasladó a París donde conoció a los artistas surrealistas.

Fue uno de los creadores del cubismo (*Las señoritas de Aviñón*, 1907). Se volvió famoso y se abrieron exposiciones de sus obras en Nueva York, Londres, Barcelona, etc. Durante la Guerra Civil española, apoyó al bando republicano y pintó *Guernica* en 1937. Reconocido y admirado en el mundo entero, siguió pintando hasta su muerte.

Así se dice

- la bohemia: *la bohême*
- la treta: *la ruse*
- la comprensión: *la compréhension*
- la indulgencia: *l'indulgence*
- la complicidad: *la complicité*
- la solidaridad: *la solidarité*
- pasar hambre: *avoir faim, être famélique*
- carecer de: *manquer de*
- idear: *inventer, imaginer*
- colaborar: *collaborer*
- trabar amistar con: *se lier d'amitié avec*
- engañar: *tromper*
- gastar una broma: *jouer un tour, faire une farce*
- astuto: *malin, rusé*
- deshonesto: *malhonnête*
- honrado: *honnête*
- divertido: *amusé; amusant*
- chistoso: *blagueur; drôle*
- cómplice: *complice*

Óscar Domínguez, *El domingo*, 1935.

Infórmate

Óscar Domínguez (1906-1957)
Pintor español nacido en Tenerife (Canarias). Era hijo de un productor platanero y vino a París por primera vez para representar allí los intereses paternos. En París, donde conoció a artistas como André Breton o Paul Eluard, llegó a formar parte del movimiento surrealista. Inventó la técnica pictórica de la «decalcomanía». Su primera exposición personal tuvo lugar en 1933 y alcanzó pronto fama internacional. Encontró también a Picasso, quien ejerció una influencia importante en su obra. Murió en la capital francesa a finales de 1957.

Prácticas

Transforme les phrases suivantes en imitant le modèle.

***Ex.*: Lo de estar muriendo de hambre** no justifica que engañe a los compradores. ➜ **El que esté muriendo de hambre** no justifica que engañe a los compradores. *(Il faudra respecter la concordance des temps).*

1. Lo de tener muchos amigos no justifica que te pases todo el día llamándolos por teléfono.

2. Lo de ser generoso con sus amigos contribuyó a construir la leyenda de Picasso.

3. Lo de confesar que había copiado el cuadro fue seguramente apreciado por Picasso.

4. Lo de poder copiar el cuadro con tanta facilidad era una prueba de las cualidades del artista.

5. Lo de apreciar las corridas de toros contribuyó a que fueran amigos los tres artistas.

Recuerda

***«El hecho (de) que / el que + subjonctif»* = Le fait que…**

- «**El que te estés muriendo de hambre**, a todos nos ha pasado.»

***«Lo»* + adjectif**

- «**Lo español** se te nota de lejos.»
Cela se voit de loin que tu es espagnol.

▶ **Précis grammatical p. 240**

DOSSIER 8

Documento 2

Días de fervor

En 1942, la pintora Leonora Carrington acaba de llegar a México. La fotógrafa y etnóloga suiza Gertrudis (Trudi) Duby Blom, amiga suya, la acoge en San Cristóbal de las Casas, en Chiapas.

A Leonora no le interesa reflejar mercados, ni paisajes, ni volcanes, ni chozas, ni iglesias, ni pirámides; ni siquiera lo que sucede en la calle. Pinta su mundo interior. «La razón debe conocer la razón del corazón y todas las demás razones».

–Haces bien en escoger el arcoíris[1] para tu mural –le aconseja Trudi–; aquí en Chiapas lo veneran.

–En realidad, el que me importa es Quetzalcóatl[2]. ¿Hay aquí un zoológico?

En el zoológico, dibuja tortugas y faisanes, convierte a jabalíes[3] en erizos. Las gacelas se vuelven centauros y los leones tienen lengua de serpiente, a los peces les salen dientes y las víboras[4] se transforman en un colchón[5] y bailan frente a Adán antes de enredarse al árbol del Bien y del Mal.

Por más que le atraigan las costumbres mexicanas, no forman parte de su sangre y en los apuntes para el mural dibuja su pasado. Las iglesias con sus campanarios, la catedral de San Cristóbal con su arquería, *El mundo mágico de los mayas* se funde con el mundo mágico de los celtas[6].

–Es la primera vez que pinto algo tan grande –le dice a Trudi al enseñarle sus bocetos[7] [...].

De vuelta en la ciudad de México, Leonora va a la peluquería. También corta el mural en tres. En el extremo izquierdo del «mundo de abajo» pinta una gran cabeza de jaguar, en el derecho, una ceiba[8]. En el «mundo terrenal» destaca la figura de un caballo blanco más grande que uno normal. A los chamulas[9] los dibuja pequeñitos. Un sol y una luna iluminan el cielo, que cruza una serpiente voladora. Sobre la tierra se multiplican tapires, buitres, leopardos y monos araña[10]. Mientras pinta, Leonora se repite la profecía del *Popol Vuh*[11]: «Del seno de la oscuridad nacerá la luz que nos permitirá ver lo que nos rodea.»

Son días de fervor. A Leonora le parece tener una marimba[12] interna y sus sonidos la apresuran. «Quisiera poder pintar ese sonido de madera.»

Elena Poniatowska, *Leonora*, 2011.

1. *arc-en-ciel*
2. *Quetzalcóatl, ou « Serpent à plumes de quetzal », était une divinité vénérée dans le centre du Mexique.*
3. un jabalí: *un sanglier*
4. *vipères*
5. *matelas*
6. *le monde magique des Celtes (Léonora Carrington se passionnait pour les contes celtiques qui avaient bercé son enfance).*
7. *esquisses*
8. *un fromager, arbre de très grande taille des régions tropicales*
9. chamula: *nom donné aux indigènes de plusieurs ethnies mayas de la région du Chiapas*
10. *tapirs, vautours, léopards et singes-araignées*
11. *texte mythologique maya de l'époque précolombienne*
12. *instrument de percussion d'Amérique Latine*

▶ Etapa 1 Presentación

(l.1-19)

1. Explica dónde está Leonora y di lo que está preparando.

2. ¿Qué le interesa a Leonora en la región de Chiapas? Explica por qué puede sorprenderle a Trudi.

(l. 20-30)

3. En México, Leonora terminó lo que había empezado en Chiapas. Da ejemplos que lo muestren.

4. ¿Cuál parece ser el tema del mural?

▶ Etapa 2 Análisis

5. A Leonora Carrington, le entusiasmaba la obra que estaba creando. Di cómo se nota.

6. Leonora Carrington, era una pintora surrealista. Según la autora, a ella no le interesaba tanto lo que veía porque pintaba «su mundo interior». Entresaca ejemplos que lo revelan.

7. Comenta la frase «*El mundo mágico de los mayas* se funde con el mundo mágico de los celtas.» Después de observar el cuadro, di si te parece acertada.

▶ Etapa 3 Síntesis

8. A pesar de haber nacido inglesa, Leonora Carrington es considerada como una pintora mexicana. Busca elementos del texto que justifiquen esta opinión.

9. Después de leer «Infórmate» (p. 161), explica por qué se puede considerar a Leonora Carrington como una heroína moderna.

Leonora Carrington, *El Mundo mágico de los Mayas*, 1965-1966.

Así se dice

- la fuente de inspiración: *la source d'inspiration*
- los seres fantásticos, sobrenaturales: *les êtres fantastiques, surnaturels*
- el mito: *le mythe*
- la figura mítica: *la figure mythique*
- la creencia: *la croyance*
- el símbolo: *le symbole*
- el simbolismo: *le symbolisme*
- el esoterismo: *l'ésotérisme*
- el mundo terrenal: *le monde terrestre*
- el infierno: *l'enfer*
- el paraíso: *le paradis*
- el más allá: *l'au-delà*
- la deidad: *la déité, la divinité*
- el tríptico: *le tryptique*
- el sincretismo: *le syncrétisme*

Infórmate

- **Leonora Carrington** (Inglaterra, 1917-México, 2011)
Pintora y novelista. Nació en una familia aristocrática inglesa. Muy joven, mostró su carácter rebelde e independiente. Siguió clases de pintura en Londres. Vivió en París donde se unió al movimiento surrealista. Era antifascista y tuvo que huir después de la invasión de Francia por las tropas hitlerianas, cuando Max Ernst, con el que vivía, fue arrestado. El poeta mexicano, Renato Leduc, se casó con ella para poder así permitirle emigrar. Fueron a Nueva York y luego a México. Leonora Carrington se divorció en 1943 pero se quedó en México, donde murió en 2011.

- **Elena Poniatowska** (París, 1932)
Periodista y escritora mexicana. Nació en Francia, en una familia aristocrática. Su padre era descendiente del rey de Polonia Estanislao II y ella tiene el título de princesa. Se fue a México a raíz de la segunda guerra mundial y empezó temprano, en 1954, una carrera de periodista y novelista. Obtuvo numerosos premios, entre los cuales el Premio Biblioteca Breve 2011 por su libro *Leonora* en el que habla de Leonora Carrington que fue su amiga. Elena Poniatowska también es conocida por sus compromisos políticos y su lucha a favor de los derechos humanos.

Prácticas

Transforme les phrases suivantes de façon à utiliser « por más que + subjonctif ».

Ex.: **Le atraían** las costumbres mexicanas, **pero** no formaban parte de su sangre. ➜ **Por más que le atrajeran** las costumbres mexicanas, no formaban parte de su sangre.

1. Sus padres intentaron impedir que fuera a París, pero ella no obedeció.

2. Era difícil entonces luchar contra el fascismo, pero ella no vaciló en hacerlo.

3. Le mostraban todos los elementos típicos del paisaje, pero a ella no le interesaban.

4. Nació en una familia inglesa, pero hoy se considera como una pintora mexicana.

5. Sus obras son difíciles de interpretar, pero provocan la admiración de todos.

Recuerda

«Por más que + subjonctif»

- «**Por más que** le atraigan las costumbres mexicanas, no forman parte de su sangre.»
Les coutumes mexicaines ont beau l'attirer, elles ne font pas partie de son héritage.

▶ **Précis grammatical p. 251**

DOSSIER 8

Documento 3

Una mujer fuerte

Rigoberta Menchú cuenta aquí cómo, en 1981, después de la muerte de su padre, tuvo que refugiarse en la clandestinidad y, luego, huir de Guatemala.

> *«Mi opción por la lucha no tiene límites ni espacio: sólo nosotros que llevamos nuestra causa en el corazón estamos dispuestos a correr todos los riesgos.»*
>
> Rigoberta Menchú

Ya después de todo eso, yo estaba perseguida y no podía hacer nada. No podía vivir en casa de un compañero, porque significaba que quemaba a la familia. El ejército me buscaba por diferentes lugares y también buscaba a todos mis hermanos. Estuve un tiempo en casa de unas personas que me prestaron todo el cariño, me dieron el apoyo moral que necesitaba en ese tiempo. Todos esos recuerdos me hacen daño[1] de recordarlos porque fueron tiempos muy amargos[2]. Sin embargo, me veía como una mujer grande, como una mujer fuerte, que podía enfrentar esa situación. Yo misma decía: «Rigoberta, tú tienes que madurarte[3] más.»

Claro, era un dolor mi caso, pero yo pensaba en los muchos casos, en los muchos niños que no podían decir o no podrían después contar su historia como yo. Pasaba por alto[4] muchas cosas pero, al mismo tiempo, tenía que enfrentarlas como una persona, como una mujer que tiene conciencia. Yo me decía, no soy la única huérfana que existe en Guatemala, hay muchos y no es mi dolor, es el dolor de todo el pueblo. Y si es dolor de todo el pueblo, lo tenemos que soportar todos los huérfanos que nos hemos quedado.

Ya después tuve oportunidad de estar con una de mis hermanitas y mi hermanita me decía que ella era más fuerte que yo, que enfrentaba mejor la situación, porque llegaba un momento en que yo perdía hasta incluso la esperanza. Fue muy lindo[5] mi encuentro con mi hermanita. Mi hermanita tenía doce años. Ella me dijo: «Lo sucedido es señal de triunfo, eso es una más de nuestras razones de luchar. Tenemos que actuar como mujeres revolucionarias. Un revolucionario no nace a causa de algo bueno», decía mi hermanita. «Nace a causa de algo malo, de algo doloroso. Esto es una de nuestras razones. Tenemos que luchar sin límites, sin medir lo que nos toca sufrir[6] o lo que nos toca vivir. Sin pensar que nos tocan cosas monstruosas en la vida», decía. Y cabalmente[7], me hacía confirmar y me hacía ver mi cobardía[8] como mujer de no aceptar muchas veces todo eso. Entonces, fue muy alimentadora para mí.

Elisabeth Burgos, *Me llamo Rigoberta Menchú y así me nació la conciencia*, 1983.

▶ **Etapa 1** Presentación

(l.1-10)

1. Expón las dificultades de la situación de Rigoberta.

(l.11-22)

2. Explica lo que le dio a Rigoberta el valor necesario para soportar sus problemas.

(l.23-32)

3. Encontrar a su hermanita fue, según ella, «muy lindo». Explica por qué.

▶ **Etapa 2** Análisis

4. Hay aspectos conmovedores en este texto. Di cuáles son, a tu parecer.

5. El título de la biografía de Rigoberta Menchú dice «así me nació la conciencia». Di cómo se ve en este texto la progresión de esta toma de conciencia.

6. Rigoberta y su hermana se consideraban como «mujeres revolucionarias». Explica lo que significaba esto para ellas.

▶ **Etapa 3** Síntesis

7. Di en qué medida puede Rigoberta Menchú ser considerada como una heroína moderna.

8. Entresaca del texto unas frases que ilustren el tema del dossier.

1. hacer daño: *faire mal*
2. *une époque bien difficile*
3. madurar: *mûrir*
4. *je faisais abstraction de*
5. *beau*
6. *ce que nous devons subir*
7. *ici, très justement, à juste titre*
8. *lâcheté*

Rigoberta Menchú con el cantante colombiano Juanes.

Así se dice

- la represión: *la répression*
- la clandestinidad: *la clandestinité*
- esconderse: *se cacher*
- el temor: *la crainte*
- el remordimiento: *le remords*
- correr un riesgo: *courir un risque*
- sacrificarse: *se dévouer, se sacrifier*
- el sacrificio: *le sacrifice*
- la abnegación: *le dévouement*
- enorgullecerse por: *s'enorgueillir de, être fier de*
- el valor: *le courage*
- valiente: *courageux, courageuse*

Infórmate

Rigoberta Menchú Tum (Guatemala, 1959)
Nació en una comunidad de indios mayas quichés. Según cuenta ella, muy joven, empezó a trabajar en las plantaciones de café. Formaba parte de una familia de campesinos que luchaban por los derechos de los indígenas frente a los terratenientes y ella empezó a participar en esta lucha a los 19 años. La mayor parte de su familia murió víctima de la represión por el ejército, siendo Rigoberta obligada al exilio.

La escritora **Elisabeth Burgos** escribió *Me llamo Rigoberta Menchú y así me nació la conciencia* a partir de las entrevistas que tuvo con ella. A partir de ello, la fama de Rigoberta Menchú creció y obtuvo el **Premio Nobel de la Paz** en 1992.

Prácticas

Dans les phrases suivantes, remplace la forme soulignée de façon à employer le verbe « tocar ».

1. <u>Las dos hermanas tuvieron que</u> enfrentarse con muchas situaciones dramáticas.

2. Cuando ella sólo tenía cinco años, <u>tuvo que trabajar</u> en una finca de café.

3. <u>Su padre tenía que organizar</u> la resistencia contra la opresión.

4. Ahora, después de recibir el premio Nobel, <u>ella tiene que representar</u> a todos los indios mayas.

Recuerda

Le verbe « *tocar* »

- «[A todos] nos **tocan** cosas monstruosas en la vida.»
Dans la vie, il nous arrive à tous des choses monstrueuses.

DOSSIER 8

Documento 4

Mafalda: una heroína rebelde

«...*Mafalda es una heroína de nuestro tiempo...*», dijo Umberto Eco (editor que la llevó a Europa).

Mafalda llega a los 40 años como vigente[1] heroína rebelde. La tira[2] de Quino publicada en 10 libros ha sido traducida a 30 idiomas.
Mafalda, el icono del inconformismo de los años 60 creado por el dibujante argentino Joaquín Lavado, conocido como Quino, cumplió ayer 40 años de existencia desde su primera aparición dejando la certeza[3] de que, al menos para ella, su familia y sus amigos, el tiempo no pasa: la niña a la que no le gustaba la sopa y se quejaba de la guerra de Vietnam sigue siendo tan corrosiva como entonces.
Julieta Colombo, representante de Quino, dice que la prueba contundente de su vigencia[4] es la exitosa muestra *Quino 50 años* que se inauguró meses atrás en Buenos Aires y hoy jueves abre sus puertas en la ciudad de Córdoba. Ese, asegura, será el escenario apropiado para festejar el cumpleaños. El padre de la criatura apagará las velitas[5] desde España, donde se encuentra camino hacia Italia, país que acoge otra exposición itinerante con su obra.

A los 72 años, el propio Quino es un curioso lector de su lejana creación. A la distancia, la interpela. Trata de comprender el fenómeno de su permanencia. Y aunque sabe que Mafalda acompaña a aquellos que alguna vez la hicieron parte de su familia, la razón de semejantes lazos afectivos no deja de tener su misterio[6]. «Eso ni yo mismo lo entiendo», dijo recientemente con una cuota[7] de modestia y distanciamiento.
«Una vez me preguntaron si no pensaba en resucitarla. Y resucitarla significaría que está muerta», recordó Quino a la revista Ñ[8]. El periodista quiso saber si en todos estos años de desconexión del personaje no pensó en volver a dibujarlo. «Para nada[9]. La verdad es que fue un alivio[10] dejarla. Tampoco reniego de ella porque es parte de mi historia. Muchos creen que Mafalda me persigue. Pero no, sólo me acompaña».
Por suerte, para Quino, las Mafaldas de hoy están mucho mejor informadas a través de los medios de difusión que en los años 60.

Abel Gilbert, Buenos Aires, 2004.

1. *actuelle*
2. *la bande dessinée*
3. *certitude*
4. *la preuve éclatante de sa modernité*
5. *soufflera les bougies*
6. *est assez mystérieuse*
7. *une part*
8. La revista Ñ es una revista cultural argentina publicada por el grupo Clarín.
9. *en aucun cas / il n'en est pas question*
10. *un soulagement*

▶ Etapa 1 Presentación

(l.1-15)

1. Di quién es Mafalda.
2. Explica por qué se habló mucho de ella en 2004.

(l.16-29)

3. Di si te parece que Quino quiere volver a publicar tiras de *Mafalda*.

▶ Etapa 2 Análisis

4. El éxito de *Mafalda* data de los años sesenta en Argentina pero siguió desarrollándose a través de los años y a través del mundo. Di cómo se nota en el texto, dando unos ejemplos.
5. Mafalda es, según el autor, una «heroína rebelde». Fijándote en los diferentes elementos de estas páginas, di qué tipo de rebeldía simboliza.
6. Para Quino, es difícil explicar el éxito de *Mafalda*. Y tú, ¿cómo lo explicarías?

▶ Etapa 3 Síntesis

7. Comenta la frase final, «las Mafaldas de hoy están mucho mejor informadas a través de los medios de difusión que en los años 60», y da tu opinión a este propósito.
8. Observa las dos tiras. A tu parecer, ¿siguen de actualidad hoy día los problemas que plantean?
9. Umberto Eco dijo «Mafalda es una heroína de nuestro tiempo». Di si estás de acuerdo con esta afirmación.

Quino, *Mafalda*.

Infórmate

- **Quino** (Argentina, 1932)

Humorista gráfico argentino y español. Su verdadero nombre es Joaquín Salvador Lavado y sus padres eran inmigrantes españoles originarios de la región de Málaga. A los dieciséis años, decide ser dibujante de historietas. En 1954, empieza a publicar dibujos publicitarios y dibujos de humor. Entre 1964 y 1973, publica en varios diarios las tiras cómicas de Mafalda, adquiriendo el personaje una fama internacional.
El humor de Quino, a menudo con contenido social, traduce una visión crítica del mundo. Recalca lo absurdo y miserable de la condición humana.
Actualmente, Quino vive en Italia.

- **Mafalda**

La niña inventada por Quino se volvió tan famosa que sus tiras fueron adaptadas para unas series de animación. Actualmente, lleva su nombre una plaza de Buenos Aires, ciudad en la que también fue inaugurada una estatua suya en 2009.
Se trata de una niña muy pequeña, generosa e idealista que asombra a sus padres por sus preguntas y comentarios. Lo que dice, aunque parece ingenuo, pone de manifiesto el carácter a menudo injusto y absurdo de la sociedad.

Prácticas

Transforme les phrases suivantes de façon à utiliser « seguir + gérondif » (au présent).

1. En los años sesenta, los argentinos soñaban con un mundo más justo. → Hoy día, los argentinos...

2. Entonces, Quino veía lo absurdo del mundo. → Hoy día, Quino...

3. La niña decía ingenuamente lo que muchos pensaban. → Ahora, la niña...

4. Los argentinos leían las aventuras de Mafalda. → Hoy día, los argentinos...

5. A los argentinos, les gustaban las aventuras de Mafalda. → Hoy día, las aventuras...

Recuerda

« Seguir (i) + gérondif », « Tan... como... »

- « La niña a la que no le gustaba la sopa **sigue siendo tan** corrosiva **como** entonces. »

La petite fille qui n'aimait pas la soupe reste aujourd'hui toujours aussi virulente qu'elle l'était alors.

▶ **Précis grammatical p. 250/243**

DOSSIER 8

Documento 5

Encuentro con él

José Luis Munuera.

Las sesiones de firmas[1] a veces son infernalmente aburridas. Si además estás en un Salón del libro en territorio comanche (o sea, en el stand de una editorial con la que estás a malas[2]) pueden ser letales[3].

Y en esas estaba yo, cuando un editor amigo vino a decirme que Jean Giraud, alias Gir, aka[4] Moebius, el grande, el dibujante entre los dibujantes, la fuente de inspiración, la energía, estaba firmando en su stand y que si quería yo que me lo presentara.

Al poco estaba yo delante de Él, temblando como un flan y loco de contento, tendiéndole mi mano trémula[5], la mirada humilde del aprendiz, la mente trabajando en encontrar alguna forma de no quedar, inevitablemente, como un patán[6].

Fui presentado como «el nuevo dibujante de Spirou» y entonces ¡ah, compañeros!, entonces sentí cómo una luz celestial potentísima se abría paso en aquel pabellón cubierto y me iluminaba, porque Jean Giraud, alias Gir, aka Moebius, el grande, el dibujante entre los dibujantes, la fuente de inspiración, la energía... empezó a decir maravillas de MI trabajo. ¡Qué soltura![7] ¡Qué valentía haber enfocado así[8] un clásico de la BD! ¡Qué expresividad! ¡Qué movimiento! ¡Qué bien dibujadas las manos! ¡Los personajes! ¡Los dinosaurios!

Un momento...

¿¿¿¿los dinosaurios????

Se fundió de súbito el foco luminoso según caía yo en la cuenta[9] de que, aunque suelto, valiente, expresivo, movido, con manos y con personajes... nunca había dibujado yo un solo dinosaurio en uno de mis tebeos de *Spirou*.

Jean Giraud, alias Gir, aka Moebius, el grande, el dibujante entre los dibujantes, la fuente de inspiración, la energía, no estaba hablando de mi versión de *Spirou*, sino de la de Yoann, uno de los autores a cargo de la colección paralela que llaman «*una aventura de Spirou según...*», que sí que había dibujado dinosaurios.

Tierra, trágame[10].

Hice lo que cualquier persona decente hubiera hecho en mi situación: No decir nada y atesorar para mí los halagos[11] que eran para el otro.

José Luis Munuera (06/09/2007) en *Seres de la Galaxia*
http://seresdelagalaxia.blogspot.com/

1. *ici, dédicaces*
2. *tu es en mauvais termes*
3. *mortelles*
4. *aka (also known as): en anglais, équivalent de « alias »*
5. *tremblante*
6. *passer pour un plouc*
7. *Quelle aisance !*
8. *avoir envisagé sous cet angle*
9. *alors que je comprenais*
10. *J'aurais voulu rentrer sous terre.*
11. *garder pour moi les louanges*

▶ Etapa 1 Presentación

(l.1-20)

1. Explica en qué circunstancias José Luis Munuera encontró a Jean Giraud.
2. Di cuál fue la reacción de Jean Giraud al encontrar al joven.

(l.21-35)

3. Explica de qué se dio cuenta José Luis Munuera al escuchar los halagos de Jean Giraud.
4. ¿Qué decidió finalmente el joven dibujante?

▶ Etapa 2 Análisis

5. A través del texto aparecen los diferentes sentimientos experimentados por José Luis Munuera. Di cuáles son.
6. El texto es humorístico. A partir de unos ejemplos, di cuáles son aquí los resortes de la comicidad.

▶ Etapa 3 Síntesis

7. José Luis Munuera admira mucho a Jean Giraud. Entresaca unos ejemplos que lo muestren y coméntalos.
8. Este texto puede ilustrar un aspecto de la noción de «Mitos y héroes». Explica en qué.

Dibujo de José Luis Munuera.

Infórmate

• **José Luis Munuera** (Lorca [Murcia], 1972)
Dibujante de cómics español.
Estudió Bellas Artes en Granada. A mediados de los años noventa, un viaje al *Festival d'Angoulême* le permite trabar amistades en el mundo del cómic francés. Ya publicó más de veinte álbumes de historietas entre los cuales cuatro de la serie *Spirou y Fantasio*.

• **Jean Giraud**
(Fontenay-sous-Bois, 1938-Paris, 2012).
Seudónimos: **Gir**, **Moebius**. Fue uno de los mejores artistas en artes gráficas. Este artista francés residió a menudo en México, donde vivía su madre, y allí descubrió los paisajes del Oeste que influirían mucho en su obra. Colaboró en revistas de cómics como *Spirou* o *Pilote*. Con el seudónimo de Gir, creó, con J.-M. Charlier, el personaje de *Blueberry*. Con otros artistas, fundó la editorial *Les Humanoïdes Associés* (1973). Colaboró con el escritor y director de cine chileno Alejandro Jodorowsky, creando, con el seudónimo de Moebius, series de fantasía y ciencia ficción como *La saga de los Incales*.

Dibujo de Jean Giraud.

Así se dice

- alegrarse: *se réjouir*
- el prestigio: *le prestige*
- poner a alguien en un pedestal: *mettre quelqu'un sur un piédestal*
- halagar: *flatter*
- el halago: *la flatterie, la louange*
- colmar de halagos: *combler de louanges*
- confundirse: *confondre une chose avec une autre*
- estar despistado: *être désorienté*
- caer en la cuenta de que: *se rendre compte que*
- bajar de las nubes: *perdre ses illusions*
- llevarse un chasco: *être très déçu*
- pasar por alto: *passer sous silence*
- callar: *taire*
- la vergüenza, el sofoco: *la honte, la gêne*
- hacer el ridículo: *se tourner en ridicule*
- el lance imprevisto: *le coup de théâtre*
- se descubrió el pastel: *on a découvert le pot-aux-roses*

Prácticas

Transforme les phrases de façon à utiliser « no... sino... » ou « no... sino que... ».

Ex. : **No** estaba hablando de mi versión de *Spirou*. Estaba hablando de la de Yoann. ➜ **No** estaba hablando de mi versión de *Spirou*, **sino** de la de Yoann.

1. No se llevaba bien con estos editores. Se llevaba bien con el editor de *Spirou*.
2. No solía dibujar dinosaurios. Solía dibujar otros animales.
3. No empezó su carrera en España. Empezó su carrera en Francia.
4. El dibujante no estaba firmando sus obras. Esperaba que viniera alguien a distraerle.

Recuerda

« No... sino... »

• «**No** estaba hablando de mi versión de *Spirou*, **sino** de la de Yoann, que sí que había dibujado dinosaurios.»

▶ Précis grammatical p. 248

Conseils généraux pour le bac p. 213

PRÉSENTER LA NOTION

1 PRESENTACIÓN DEL DOSSIER

- **Da el título de cada uno de los tres (o cuatro) documentos seleccionados.**
- **Precisa el tema de cada uno y explica cómo se relaciona con la noción de «Mitos y héroes».**

▶ Los héroes de hoy.
▶ Los mitos y su evolución.

Documento 1 Véndelo *(Novela de E. Poniatowska)*

- La fascinación por el pintor ya famoso que era Picasso.
  – Picasso es un ejemplo para los artistas.
  – La fama de Picasso fascina también a los ricos que quieren invertir dinero en sus obras.
- Picasso: su retrato.
  – Acogedor para los españoles.
  – Generoso (acepta firmar la copia).
  – Aprecia el aspecto «picaresco» de lo que ha hecho Domínguez.
- París era entonces un lugar mítico.
  – Presencia de numerosos artistas.
  – Los norteamericanos adinerados venían a comprar las obras de los pintores famosos.

▶ Una concepción del arte: lo que importa no es el dinero (crítica de una visión mercantil del arte).
▶ El retrato del pintor mítico: la sencillez, la generosidad, la falta de orgullo, el humorismo.

Documento 2 Días de fervor *(E. Poniatowska)*

- Lo que a Leonora no le interesaba: lo superficial, lo pintoresco, el realismo.
- La representación de su mundo interior.
  – La transformación de la realidad.
  – La representación de los mitos.
  – Integra los mitos mayas a su pintura.
- Una pintora visionaria: «del seno de la oscuridad nacerá la luz que nos permitirá ver lo que nos rodea.»

▶ El sincretismo de Leonora Carrington (mezcla de elementos de las leyendas celtas y del mundo mítico de los Mayas) hace de ella una pintora mexicana.
▶ La personalidad de Leonora Carrington: rebelde, luchó por la libertad.

Documento 3 Mujeres revolucionarias

(Biografía de Rigoberta Menchú por Elisabeth Burgos)

- Un relato dramático.
  – Elementos del drama personal de Rigoberta.
  – La solidaridad de los campesinos.
- La revelación de lo que es «ser revolucionaria».
  – Toma conciencia de que representa a todas las víctimas.
  – Acepta sacrificarse y luchar por el bien común de todos sus «hermanos».

▶ Una lección de esperanza dada por una niña.
▶ R. Menchú, heroína para los indios de América Latina.

Documento 4 Mafalda: una heroína rebelde

(Artículo de Abel Gilbert)

- Un personaje mítico que data de los años 60.
  – Mafalda fue creada en una época de disturbios y de rebeldía popular.
  – Se transformó en ícono de esta rebeldía por ser un equivalente moderno de David contra Goliat (una niña, de familia humilde, heroína de un tebeo, sus armas son la generosidad y la inteligencia...).
- La heroína de los años sesenta sigue popular hoy.
  – Éxito en 2004 de la exposición.

▶ Las características esenciales de Mafalda.
▶ Lo que hace la actualidad de Mafalda (las razones por las que tiene éxito hoy día).

Documento 5 Encuentro con él *(Blog)*

- El héroe de Munuera: Jean Giraud.
  – Las circunstancias del encuentro.
  – Las razones por las que le admira.
  – Las razones por las que es su modelo.
  – Las dificultades que encuentra el joven.
- La alegría y la decepción.
  – El chico creyó que había alcanzado el reconocimiento oficial del artista.
  – El «lance dramático» y la consiguiente desilusión.

▶ El humorismo de Munuera.
▶ La dificultad para un joven de realizar sus sueños.

2 VALORACIÓN PERSONAL

- **Di qué texto(s) te interesó (interesaron) más (o menos) y explica por qué.**

3 CONCLUSIÓN PERSONAL

- **Expresa una opinión personal a propósito del dossier y de la noción estudiada.**

Lexique utile

Literatura

El género literario

- la literatura (juvenil): *la littérature (pour la jeunesse)*
- la narrativa: *le roman (genre)*
- la novela: *le roman*
- la novela corta: *la nouvelle*
- el cuento (de hadas): *le conte (de fées)*
- la leyenda: *la légende*
- la fábula: *la fable*
- el relato: *le récit*
- la narración (épica): *la narration (épique)*
- la descripción: *la description*
- la ficción: *la fiction*
- la ciencia ficción: *la science-fiction*
- la fantasía: *l'imagination, la fantasy*
- la utopía: *l'utopie*
- la trilogía: *la trilogie*
- la saga
- la índole (fantástica, realista...): *la nature, le genre (fantastique, réaliste...)*
- fantástico, a: *fantastique*
- ficticio, a: *fictif, fictive*
- realista: *réaliste*
- surrealista: *surréaliste*

El escritor, la escritora

- el autor, la autora
- el/la novelista: *le romancier, la romancière*
- el narrador, la narradora: *le narrateur, la narratrice*
- enfocar un tema de modo original: *aborder un sujet de façon originale*
- el enfoque: *l'approche*
- el punto de vista: *le point de vue*
- plantear un problema: *poser un problème*
- la aportación: *l'apport*
- la relevancia: *l'importance*
- relevante: *important,e*
- el apartado: *l'alinéa*
- el párrafo: *le paragraphe*
- el epígrafe: *l'épigraphe*

La obra

- la trama narrativa: *la trame du récit*
- el argumento: *le thème*
- el sinopsis: *le résumé, le synopsis*
- el hilo conductor: *le fil conducteur*
- el conflicto: *le conflit*
- el resumen: *le résumé*
- la reseña: *le compte-rendu*
- reseñar: *faire le compte-rendu de*
- en el transcurso de la historia: *au cours de l'histoire*
- el desarrollo: *le développement*
- desarrollar: *développer*
- el suceso, el acontecimiento: *l'événement*
- acontecer, suceder: *arriver, survenir*
- ubicar: *situer*
- el marco: *le cadre*
- el decorado: *le décor*
- la descripción (estereotipada): *la description (stéréotypée)*
- el mapa: *la carte*

El personaje

- el héroe, la heroína: *le héros, l'héroïne*
- los elementos físicos y psicológicos: *les éléments physiques et psychologiques*
- desempeñar un rol/un papel: *jouer un rôle*
- el estereotipo: *le stéréotype*
- la complejidad del carácter: *la complexité du caractère*
- el papel secundario: *le rôle secondaire*
- un aliciente para el lector: *un attrait pour le lecteur*

La poesía

- el género lírico: *le genre lyrique*
- el lirismo: *le lyrisme*
- la estrofa, el verso, el ritmo, la rima: *la strophe, le vers, le rythme, la rime*
- el poeta/la poetisa: *le poète, la poétesse*

La obra de teatro

- el estreno: *la première*
- el enredo: *l'intrigue*
- el episodio: *l'épisode*
- el desenlace: *le dénouement*
- un lance inesperado: *un rebondissement, un coup de théâtre*
- la acotación escénica: *l'indication scénique, la didascalie*

Compréhension de l'oral

1 Penélope brilla en el paseo de la Fama

21

1. Escucha.
– ¿Dónde se sitúa el «Paseo de la Fama» del que se habla aquí?
– Penélope Cruz está a gusto en Estados Unidos. Da ejemplos que lo muestren.

2. Escucha otra vez.
– ¿Cuál es el número de la estrella de Penélope?
– El marido de Penélope Cruz es:
a. Johnny Depp. **b.** Javier Bardem. **c.** Pedro Almodóvar. **d.** Woody Allen.
– Di cuál es la frase exacta:
a. Penélope Cruz es una de las actrices españolas que fueron nominadas a un Óscar.
b. Penélope Cruz no sólo fue nominada a un Óscar sino que lo ganó.
c. Penélope Cruz fue nominada a un Óscar pero no lo ganó.
d. Penélope Cruz fue nominada a un Óscar por la película *Piratas del Caribe*.

3. Escucha por última vez.
– Resume, diciendo por qué es importante para el cine español lo de la estrella de Penélope Cruz.

Tu as dix minutes pour rendre compte par écrit, en français, de ce que tu as compris.

2 Blacksad, el detective gatuno de padres españoles

22

1. Escucha.
– Di quién es Blacksad.
– ¿Quiénes son Juan Díaz Canales y Juanjo Guarnido?

2. Escucha otra vez.
– ¿Te parece que el cómic ha tenido éxito? Da ejemplos.
– ¿Por qué le interesa el género de la novela negra a Canales?

3. Escucha por última vez.
– Resume, diciendo en qué es original el cómic de Canales y Guarnido.

Tu as dix minutes pour rendre compte par écrit, en français, de ce que tu as compris.

Dans les conditions de l'examen

3 Muere la última pintora surrealista

Écoute l'enregistrement trois fois et, ensuite, tu as dix minutes pour rendre compte par écrit, en français, de ce que tu as compris.

4 Deportistas chinos

Écoute l'enregistrement trois fois et, ensuite, tu as dix minutes pour rendre compte par écrit, en français, de ce que tu as compris.

PINTORES DE LEYENDA

Joan Miró, ***El Carnaval de Arlequín***, **1924-1925.**

Joan Miró

1893-1983

Es un artista español surrealista nacido en Cataluña. Conoció a Picasso y fue influenciado por él, en particular por el cubismo. Viajó a París en 1920 y allí conoció a muchos artistas, entre los cuales a André Breton y a los que conformaban el movimiento surrealista.
En los años 1950-1960, realizó una serie de obras públicas de gran tamaño (murales y esculturas) que adornan sitios como la sede de la Unesco en París. En 1975, fue creada la Fundación Miró, con sede en Barcelona.

En 1982, Joan Miró dibujó el logo «España» que iba a convertirse en el símbolo del turismo en España. El artista se negó a venderlo y lo regaló a los españoles.

Pablo Picasso, ***Niña con barco (Maya)***, **1938.**

Pablo Picasso

1881-1973

Pintor, dibujante y escultor español que vivió gran parte de su vida en Francia donde se nacionalizó francés.
Su padre era profesor de Bellas Artes en Málaga, ciudad donde nació. Empezó muy joven su carrera que fue particularmente prolífica. Inició, con Georges Braque y Juan Gris, el movimiento del cubismo. Su obra multifacética le granjeó una fama internacional enorme y es considerado como el mayor artista pictórico del siglo XX.

Frida Kahlo, ***Autorretrato dedicado a Leon Trotsky (Entre las cortinas)***, 1937.

Frida Kahlo

1906-1954

Pintora mexicana. En 1925, a los 19 años, sufrió un grave accidente (el autobús en el que iba fue atropellado por un tren). Quedó gravemente herida y con la columna vertebral destrozada. Se dedicó a la pintura y su obra original, calificada a veces de surrealista, refleja su vida interior atormentada y su visión del mundo indígena mexicano.

Se casó en 1929 con Diego Rivera, el famoso pintor muralista y participó con él a la vida política del México de la época.

Es considerada hoy como uno de los mayores representantes de la pintura del siglo XX.

Salvador Dalí

1904-1989

Pintor y escultor español. Nació en Figueras (Cataluña). A principios de los años veinte, estudió en Madrid donde conoció a Federico García Lorca y al cineasta Luis Buñuel. Más tarde, Dalí escribió el guión de la película surrealista de Buñuel *El perro andaluz* (1929). Su primera exposición data de 1925. Conoció entonces a Picasso y a Miró. En 1926, viajó por primera vez a París donde integró el grupo de los surrealistas y conoció a Gala, su futura esposa e inspiradora.

La obra de Dalí fue marcada por la influencia de las teorías sicoanalíticas de Freud y en ella dominan el onirismo y los elementos simbólicos.

Conoció un enorme éxito internacional y fundó su propio museo en 1974, en Figueras, donde vivía.

Salvador Dalí, ***Sueño causado por el vuelo de una abeja alrededor de una granada un segundo antes del despertar***, 1944.

Durée : 2 heures

Sujet

Texto 1

J.M. Serrat: radiografía de una leyenda viva

Joan Manuel nace el 27 de Diciembre de 1943, en Barcelona. Es el segundo hijo de la familia, tras su hermano Carlos. Es una familia humilde, dentro del bando de los perdedores de la guerra civil española. Ello marcará decididamente muchas de sus actitudes futuras. Cuando tiene 16 años, su padre le regala su primera guitarra. [...]

En 1964, durante el servicio militar comienza a leer y a interesarse por la poesía. A finales de ese año pide intervenir en el programa Radioscope de Radio Barcelona. [...] Serrat entra a formar parte con el número 13 en el movimiento *Els Setze Jutges* (Los dieciséis jueces). Se trataba de un grupo de cantantes que defendían su derecho a cantar en catalán, hecho que estaba vetado[1] por el franquismo. En 1965, graba su primer disco.

En 1967, sale su tercer disco con *Cançó de matinada* y *Paraules d'amor*. Será el primer disco en catalán que es número 1 en las listas de España, lo cual tiene un indudable valor tratándose de la época de que se trataba. Firma con la casa discográfica Novola/Zafiro para grabar discos en castellano. Firma, además, como «Juan Manuel Serrat» en lugar de «Joan Manuel Serrat». Ello le acarreó el tener que recibir[2] muchas presiones de algunos miembros de la «*Nova Cançó*[3]» y de otros sectores catalanistas por cantar en castellano.

Por esa época es designado representante de España para el festival de Eurovisión, pero se niega a cantar en castellano. El escándalo es de órdago[4], y se inicia una campaña brutal de toda la prensa en contra de Joan Manuel. No obstante, sigue trabajando y creando. En 1969, graba su LP[5] *Dedicado a Antonio Machado* en Milán. Las ventas del LP de Machado se disparan y lo convierten en el álbum más vendido de la discografía española.

En 1974, se levanta el veto de los medios de comunicación públicos hacia la obra y figura de Serrat. Pero 1975 será un año difícil. Con Franco agonizante, Serrat emprende otra gira a Latinoamérica, que esta vez será forzosamente más larga de lo deseado. Mientras se encontraba en México, Joan Manuel condenó públicamente los últimos fusilamientos del franquismo y se solidarizó con la postura del presidente de México que había roto relaciones diplomáticas con España. En España se orquestó una campaña de desprestigio hacia Serrat, se prohibió la radiodifusión de sus canciones, se retiraron de la venta sus discos, y se dictó la obligada orden de busca y captura con objeto de aplicarle el artículo 132 del Código Penal. Todo ello hizo que Serrat pasara a ser un exiliado más, un refugiado político, lo que le obligó a permanecer fuera de

Conseils pour réussir ce devoir

I-COMPRÉHENSION

- Lis d'abord plusieurs fois le texte seul.
- Dégage les idées principales avant de lire les questions. C'est seulement après avoir compris le texte que tu pourras utilement lire les 4 questions.
- Utilise plusieurs couleurs pour surligner le texte que tu auras photocopié au préalable afin de repérer les éléments susceptibles d'être relevés.

Question 5

- Dans cette question, il s'agit de mettre en regard les trois documents proposés.
Lorsque le sujet comporte plusieurs documents, il convient de les analyser d'abord séparément.
- Lis d'abord le poème de Miguel Hernández chanté par J.M. Serrat. Observe bien la personne verbale utilisée. Que peut-on déduire de l'accumulation des verbes?
Les répétitions sont importantes. Repère les deux mots qui se répètent. Que révèlent-ils?
- Observe attentivement la pochette du disque. Le titre est *Sombras de la China*. Regarde l'ombre formée par les deux mains du chanteur. Que représente-t-elle? Que peux-tu en déduire?
- Il t'est maintenant possible de dire en quoi ces trois documents montrent l'engagement du chanteur J.M. Serrat et de répondre à la question posée.

España por un total de once meses. En 1976, tras conceder el Rey Juan Carlos la amnistía, Joan Manuel Serrat llega al aeropuerto de Barcelona el viernes 20 de agosto, procedente de París. El recibimiento es apoteósico. Ha terminado su exilio.

Miguel A. Pérez Abad, Asesor Técnico de la Consejería de Educación, Embajada de España (Australia).

1. *interdit*
2. *À cause de cela, il reçut…*
3. la «*Nova Cançó*» (ou «Nouvelle chanson» en français): *mouvement culturel revendicatif surgi à l'époque du franquisme. Les chanteurs, engagés, qui en faisaient partie, chantaient en catalan malgré l'interdiction officielle d'utiliser cette langue.*
4. *retentissant*
5. un LP es un disco de vinilo de larga duración (en inglés *Long Play*).

Texto 2

Para la libertad

Para la libertad, sangro, lucho, pervivo.
Para la libertad, mis ojos y mis manos
como un árbol carnal, generoso y cautivo,
doy a los cirujanos.

Miguel Hernández

Tapa de un disco de Serrat

Conseils généraux pour le bac p. 214

Questions

I-COMPRÉHENSION

A. Contesta en español.

1. ¿En qué idiomas cantó Serrat? Apunta dos frases que lo indican.

2. Apunta la frase que muestra que Serrat desafió las autoridades franquistas desde el principio de su carrera.

3. Di si cada una de las dos frases es verdadera o falsa y cita elementos que justifiquen tu respuesta.
a. A los catalanistas, no les gustaba que Serrat cantara en castellano.
b. La actuación de Serrat durante el festival de Eurovisión le permitió obtener los favores del gobierno.

4. La vida de Serrat cambió con la llegada al poder de Juan Carlos. Apunta las dos frases que explican en qué cambió.

B. Réponds en français à la question suivante. **(Environ 5 lignes)**

5. *Lis l'extrait du poème de Miguel Hernández (que Joan Manuel Serrat a interprété) et observe la pochette du disque* Sombras de la China.
Ces deux documents montrent que Serrat est un chanteur engagé qui a toujours défendu les valeurs qui lui paraissaient importantes. Dis quelles sont ces valeurs et donne un exemple tiré du texte 1 pour confirmer ton propos.

II-EXPRESSION

El autor dice: «[Joan Manuel Serrat nació en] una familia humilde, dentro del bando de los perdedores de la guerra civil española. Ello marcará decididamente muchas de sus actitudes futuras.» Explica estas frases, dando ejemplos sacados del texto, y coméntalas.

Gustavo Adolfo Bécquer
Rimas
Edición de
Rafael Montesinos
CATEDRA
Letras Hispánicas

JULIO
CORTÁZAR
FINAL DEL JUEGO

FEDERICO
GARCÍA
LORCA
MARIANA
PINEDA
AUSTRAL

MIGUEL MIHURA
Tres sombreros de copa
Edición de Jorge Rodríguez Padrón
CÁTEDRA

Seix Barral Biblioteca Breve
Pablo Neruda
Confieso que he vivido

ALFAGUARA
Mario Benedetti
Buzón de tiempo

Literatura

Autobiografía, memorias

El autor y su obra

Pablo Neruda

Ricardo Eliécer Neftalí Reyes Basoalto (1904-1973) es un poeta y político chileno conocido bajo el nombre de Pablo Neruda.

- Publicó su primer poemario, *Crepusculario*, en 1923 y, en 1924, una de sus obras más conocidas, *Veinte poemas de amor y una canción desesperada*.

- Fue nombrado **cónsul de Chile** y, por ello, vivió sucesivamente en varios países extranjeros. Era cónsul de Chile en España en 1936, cuando empezó la Guerra Civil. Federico García Lorca era amigo suyo, y su asesinato contribuyó a convencer a Neruda de la necesidad de comprometerse al lado de los republicanos. Su obra tomó entonces una orientación política y social más clara como lo muestra el libro *España en el corazón*, publicado en 1937. En 1939, fue nombrado cónsul responsable de la inmigración, en París, y organizó el viaje del barco *Winnipeg* que permitió a 2.200 exiliados españoles hallar refugio en Chile.

- En 1945, integró el Partido Comunista de Chile y fue elegido **senador**. Por sus compromisos políticos, tuvo que vivir en la clandestinidad y, luego, exiliarse en 1948.
El *Canto General*, una de sus obras mayores, fue publicado en México en 1950: es un canto épico a Hispanoamérica.
Neruda contribuyó a la elección del presidente Salvador Allende en 1970 y fue nombrado por él embajador de Chile en Francia.

- En 1971, Pablo Neruda recibió el **Premio Nobel** de Literatura.
Murió en Santiago el 19 de septiembre de 1973, pocos días después del golpe de Estado del general Pinochet y de la muerte de Salvador Allende.

Confieso que he vivido

- Es el título del libro que fue publicado en 1974, tras la muerte del poeta.

- En esta obra póstuma se recogieron sus **memorias**, incluso las páginas que escribió pocos días antes de su muerte para condenar el golpe de estado y recordar la figura de su amigo, el presidente Allende.
Este libro es un testimonio que dejó acerca de su vida y de su época.

El contexto histórico

- Pablo Neruda siempre participó en su país en las luchas para obtener más justicia social. Su papel político fue muy importante. En marzo de 1945, fue elegido senador por las provincias mineras del norte de Chile. Durante el gobierno del Presidente González Videla, se opuso a su política represiva a pesar de la censura. Para evitar ser detenido, tuvo que vivir en la clandestinidad y luego huir al extranjero.

El contexto literario

- Durante sus viajes, Neruda conoció a numerosos intelectuales y artistas, entre los cuales Federico García Lorca, Rafael Alberti, Pablo Picasso, Octavio Paz, Gabriel García Márquez... por los cuales fue reconocido como uno de los mayores poetas del siglo XX.

- El escritor guatemalteco **Miguel Ángel Asturias** (1899-1974), gracias a la ayuda de quien pudo Neruda escapar de Argentina durante su exilio en 1948, obtuvo el Premio Nobel de Literatura en 1967.

Una nueva identidad

En 1948, Pablo Neruda fue víctima de persecuciones por oponerse a la política del Presidente del gobierno. Tuvo que esconderse y huir clandestinamente de Chile.

La Sebastiana, casa de Pablo Neruda en Valparaíso (Chile).

Naturalmente que mi mayor preocupación en Buenos Aires fue hacerme de una nueva identidad. Los papeles falsos que me sirvieron para cruzar la frontera argentina no serían igualmente utilizables si pretendía hacer un viaje trasatlántico y desplazarme por Europa. Cómo obtener otros? Mientras tanto la policía argentina, alertada por el gobierno de Chile, me buscaba afanosamente.

En tales aprietos[1] recordé algo que dormía en mi memoria. El novelista Miguel Ángel Asturias, mi viejo amigo centroamericano, se hallaba probablemente en Buenos Aires, desempeñando un cargo diplomático de su país, Guatemala. Teníamos un vago parecido fisonómico. De mutuo acuerdo nos habíamos clasificado como «chompipes», palabra indígena con que se designa a los pavos[2] en Guatemala y parte de México. Largos de nariz, opulentos de cara y cuerpo, nos unía un común parecido con el suculento gallináceo.

Me vino a ver a mi escondite[3].

–Compañero chompipe –le dije–. Préstame tu pasaporte. Concédeme el placer de llegar a Europa transformado en Miguel Ángel Asturias.

Tengo que decir que Asturias ha sido siempre un liberal, bastante alejado de la política militante. Sin embargo, no dudó un instante. A los pocos días, entre «señor Asturias por acá» y «señor Asturias por allá»,

1. *dans cette situation si difficile*
2. *dindons*
3. *cachette*

crucé el ancho río que separa la Argentina del Uruguay, entré a Montevideo, atravesé aeropuertos y vigilancias policiales y llegué finalmente a París disfrazado[4] de gran novelista guatemalteco.

Pero en Francia mi identidad volvía a ser un problema. Mi flamante pasaporte no resistiría el implacable examen crítico de la «Sureté». Forzosamente, tenía que dejar de ser Miguel Ángel Asturias y reconvertirme en Pablo Neruda. Pero, cómo hacerlo si Pablo Neruda no había llegado nunca a Francia. Quien había llegado era Miguel Ángel Asturias.

Mis consejeros me obligaron a albergarme en el Hotel George V.

–Allí, entre los poderosos del mundo, nadie te irá a pedir los papeles –me dijeron.

Y me alojé allí por algunos días, sin preocuparme mucho de mis ropas cordilleranas[5] que desentonaban en aquel mundo rico y elegante. Entonces surgió Picasso, tan grande de genio como de bondad. Estaba feliz como un niño porque recientemente había pronunciado el primer discurso de su vida. El discurso había versado sobre mi poesía, sobre mi persecución, sobre mi ausencia. Ahora, con ternura fraternal, el genial minotauro de pintura moderna se preocupaba de mi situación en sus detalles más ínfimos. Hablaba con las autoridades; telefoneaba a medio mundo. No sé cuántos cuadros portentosos[6] dejó de pintar por culpa mía. Yo sentía en el alma hacerle perder su tiempo sagrado.

En esos días se celebraba en París un congreso de la paz. Aparecí en sus salones en el último momento, sólo para leer uno de mis poemas. Todos los delegados me aplaudían y me abrazaban. Muchos me creían muerto. Dudaban que pudiera haber burlado la ensañada[7] persecución de la policía chilena.

Al día siguiente llegó a mi hotel el señor Alderete, veterano periodista de la «France Presse». Me dijo: –Al darse a conocer por la prensa que usted se encuentra en París, el gobierno de Chile ha declarado que la noticia es falsa, que es un doble suyo el que aquí se presenta; que Pablo Neruda se halla en Chile y se le sigue la pista cerca; que su detención es sólo cuestión de horas. Qué se puede responder?

Recordé que en una discusión sobre si Shakespeare había escrito o no sus obras, discusión alambicada y absurda, Mark Twain había terciado[8] para opinar: «En verdad no fue William Shakespeare quien escribió esas obras, sino otro inglés que nació el mismo día y a la misma hora que él, y murió también en la misma fecha, y que para extremar las coincidencias se llamaba también William Shakespeare.»

–Responda –dije al periodista– que no soy Pablo Neruda, sino otro chileno que escribe poesía, lucha por la libertad, y se llama también Pablo Neruda.

Pablo Neruda, *Confieso que he vivido*, 1974.

4. *déguisé*
5. *de montagnard*
6. *prodigieux*
7. *acharnée*
8. *était intervenu*

Comentario

l. 1 – 26

1. Apunta elementos del texto que explican por qué necesitaba Pablo Neruda «hacerse de una nueva identidad».
2. Estudia el retrato que hace Neruda de Miguel Ángel Asturias y di cuáles son los principales rasgos de su personalidad según Neruda.
3. Entresaca los elementos reveladores del respeto y de la amistad que existían entre ambos escritores.
4. A pesar del aspecto dramático de la situación, aparecen ciertos aspectos humorísticos. Coméntalos.

l. 27 – 47

5. La situación en París era diferente para Neruda aunque seguía teniendo dificultades. Explica en qué consistía la diferencia.
6. ¿Cómo aparece la personalidad de Pablo Picasso a través de este relato?
7. Neruda era comunista. Aparece en esta parte cierta crítica de la sociedad francesa. Da ejemplos y explica en qué.

l. 48 – 67

8. Se ve aquí que Neruda era una personalidad muy conocida en París. Entresaca ejemplos del texto que lo muestran. A partir de lo que sabes de su vida, explica por qué.
9. La réplica de Neruda al gobierno chileno pone de relieve la superioridad del artista sobre la tiranía del régimen autoritario. Explica en qué.

Así se dice

- hacerse de algo: *se procurer quelque chose*
- el disfraz: *le déguisement*
- disfrazarse de: *se déguiser en*
- el escondite: *la cachette*
- esconderse: *se cacher*
- fingir: *feindre*
- engañar: *tromper*
- desafiar: *défier*
- vacilar en: *hésiter à*
- entregar: *donner, livrer*
- los documentos, la documentación: *les papiers d'identité*
- sustituir: *substituer*
- desempeñar un papel: *jouer un rôle*
- echarle una mano a alguien: *donner un coup de main à quelqu'un*
- desvivirse por alguien: *se dépenser sans compter pour quelqu'un*
- la solidaridad: *la solidarité*
- la rabia: *la rage, la colère*
- desmentir: *démentir*
- dar un mentís a: *apporter un démenti à*

Taller de escritura

«Al día siguiente, llegó a mi hotel el señor Alderete, veterano periodista de la France Presse. Me dijo: –Al darse a conocer por la prensa que usted se encuentra en París, el gobierno de Chile ha declarado que la noticia es falsa, que es un doble suyo el que aquí se presenta; que Pablo Neruda se halla en Chile y se le sigue la pista cerca; que su detención es sólo cuestión de horas. Qué se puede responder?».

1. Comenta esta parte del texto.

a. A tu parecer, ¿qué revelaban las declaraciones del gobierno chileno acerca del estado de ánimo del dictador?

b. ¿Qué relación parecía existir entre el periodista y Pablo Neruda?

2. Después de su entrevista con Pablo Neruda, el periodista publicó un artículo.
Imagina lo que escribió. (Unas 15 líneas)

Complementos

1 Una mañana en Nápoles

Durante su exilio, Pablo Neruda estuvo algún tiempo en Italia. La policía no dejaba de vigilarlo.

Toda aquella persecución se precipitó una mañana en Nápoles. La policía llegó al hotel, no muy temprano, ya que en Nápoles nadie trabaja temprano, ni la policía. Pretextaron un error de pasaporte y me rogaron que los acompañara a la prefectura. Allí me ofrecieron café «expreso» y me notificaron que debía abandonar el territorio italiano ese mismo día.

Mi amor por Italia no servía de nada.

–Se trata sin duda de una equivocación[1] –les dije.

–Nada de eso. Lo estimamos mucho, pero tiene que irse del país.

Y luego, de una manera indirecta, en forma oblicua, me informaron que era la embajada de Chile que solicitaba mi expulsión. El tren salía en la tarde. En la estación ya estaban mis amigos en misión de despedida. Besos. Flores. Gritos. Paolo Ricci[2]. Los Alicatta[3]. Tantos otros. *A rivederci.* Adiós. Adiós.

Durante mi viaje ferroviario, que lo era a Roma, los policías que me custodiaban[4] derrocharon gentileza[5]. Subían y acomodaban mis valijas. Me compraban *L'Unità* y el *Paese Sera*, de ningún modo la prensa de derecha. Me pedían autógrafos, algunos para ellos mismos y otros para sus familiares. Nunca he visto una policía más fina[6]:

–Lo sentimos, *Eccellenza*. Somos pobres padres de familia. Tenemos que obedecer órdenes. Es odioso...

Ya en la estación de Roma, donde tenía que descender a cambiar de tren para continuar mi viaje a la frontera, divisé desde mi ventanilla una gran multitud. Oí gritos. Observé movimientos confusos y violentos. Grandes brazadas de flores caminaban hacia el tren levantadas sobre un río de cabezas.

–Pablo! Pablo!

Al bajar los estribos[7] del vagón, elegantemente custodiado[8], fui de inmediato el centro de una prodigiosa batalla. Escritores y escritoras, periodistas, diputados, tal vez cerca de mil personas, me arrebataron[9] en unos cuantos segundos de las manos policiales. La policía avanzó a su vez y me rescató de los brazos de mis amigos. Distinguí en aquellos dramáticos momentos algunas caras famosas. Alberto Moravia y su mujer Elsa Morante, novelista como él. El famoso pintor Renato Guttuso. Otros poetas. Otros pintores. Carlo Levi, el célebre autor de *Cristo se detuvo en Eboli*, me alargaba un ramo[10] de rosas. A todo esto las flores caían al suelo, volaban sombreros y paraguas, sonaban puñetazos[11] como explosiones. La policía llevaba la peor parte y fui recuperado otra vez por mis amigos. En la refriega[12] pude ver a la muy dulce Elsa Morante que golpeaba con su sombrilla de seda[13] la cabeza de un policía. [...] Tan intrincada se puso la contienda[12] que los policías me dijeron en un aparte:

–Hábleles a sus amigos. Dígales que se calmen...

La multitud gritaba:

–Neruda se queda en Roma! Neruda no se va de Italia! Que se quede el poeta! Que se quede el chileno! [...]

Al cabo de media hora de pugilato llegó una orden superior por medio de la cual se me concedía el permiso de permanecer en Italia. Mis amigos me abrazaron y me besaron y yo me alejé de aquella estación pisando[14] con pena las flores desbaratadas[15] por la batalla.

Pablo Neruda, *Confieso que he vivido*, 1974.

1. *une erreur* 2. *peintre italien (1908-1986)*
3. *Mario Alicatta, alors rédacteur en chef du journal communiste* L'Unità. 4. *surveillaient* 5. *débordèrent de gentillesse*
6. *courtoise* 7. *le marchepied* 8. *gardé* 9. *m'arrachèrent*
10. *bouquet* 11. *coups de poing* 12. *la bagarre*
13. *son ombrelle de soie* 14. pisar: *marcher sur* 15. *saccagées*

2 Los Tangos de Carlos Gardel

Gabriel García Márquez (Dossier 7, Documento 2, p. 140)

La poesía intimista

El autor y su obra

Gustavo Adolfo Bécquer

Gustavo Adolfo Domínguez Bastida (1836-1870) es conocido como Gustavo Adolfo Bécquer.

- Nació en Sevilla, en una familia de pintores.
- Se quedó huérfano a los diez años. Se fue a Madrid a los dieciocho años, con la intención de hacer carrera literaria. Malvivió trabajando para varios periódicos. En 1858, estuvo enfermo, probablemente de tuberculosis, durante largos meses. Le cuidó su hermano Valeriano, que era pintor y que fue su colaborador y mejor amigo. Escribió entonces la primera de las *Leyendas*, cuentos que publicó a partir de 1866. También en esos momentos conoció a la mujer que fue la inspiradora de parte de las *Rimas*.
- En 1861, se casó con otra mujer con la que tuvo tres hijos. Murió en Madrid a los treinta y cuatro años sin haber alcanzado la fama. Después de su muerte, sus amigos publicaron sus obras completas que obtuvieron entonces un éxito creciente.

Rimas

- Por su contenido, las *Rimas* se dividen más o menos en cuatro grupos:
  - Rimas I a XI: reflexión sobre la poesía y la creación literaria.
  - Rimas XII a XXIX: el amor, la esperanza y la felicidad.
  - Rimas XXX a LI: el desengaño y la desesperación frente al amor no correspondido o perdido.
  - Rimas LII a LXXVI: la soledad. El poeta decepcionado por el mundo enfrenta la muerte.
- Es una poesía intimista, sensible, sin excesos retóricos, que abre las puertas de la poesía contemporánea.

El contexto literario

- En España, los representantes más famosos de la literatura romántica son el Duque de Rivas, José Zorrilla y José de Espronceda.
Gustavo Adolfo Bécquer fue un poeta romántico. Sin embargo, escribió su obra en un momento de auge del Realismo. En su caso, se puede hablar de Romanticismo tardío o incluso de Posromanticismo. Su lirismo es intimista. A los efectos retóricos prefiere las formas sencillas.

Monumento a Bécquer, Parque de María Luisa (Sevilla).

El contexto histórico

- El reinado de Isabel II (1833-1868) fue marcado por diferentes crisis políticas y el descontento popular. Mientras en Europa se desarrollaba la industria, la economía española conocía graves problemas y la corrupción se generalizaba.
En 1868, una revolución, llamada «La Gloriosa», acarreó la abdicación de la reina que se exilió a Francia. Durante esta revolución hubo muchos disturbios en Madrid, donde vivía Bécquer entonces. Perdió su trabajo. Su casa fue saqueada y el manuscrito original de las *Rimas* desapareció. El poeta tuvo que reconstruirlo después.

Influencias, resonancias

- Junto con la poetisa Rosalía de Castro, Gustavo Adolfo Bécquer es considerado como el precursor de la poesía española moderna.

Rima XIII

Tu pupila es azul, y cuando ríes,
su claridad süave[1] me recuerda
el trémulo fulgor[2] de la mañana
que en el mar se refleja.
Tu pupila es azul, y cuando lloras,
las transparentes lágrimas en ella
se me figuran gotas de rocío
sobre una violeta.
Tu pupila es azul, y si en su fondo
como un punto de luz radia una idea,
me parece en el cielo de la tarde
una perdida estrella.

Gustavo Adolfo Bécquer, *Rimas,* 1871.

1. *le tréma indique que, dans ce poème, il faut prononcer le mot ainsi :* su/a/ve
2. *l'éclat tremblant*

Rima LIII

Volverán las oscuras golondrinas[1]
en tu balcón sus nidos a colgar,
y otra vez, con el ala a tus cristales,
jugando, llamarán;

pero aquellas que el vuelo refrenaban,
tu hermosura y mi dicha al contemplar,
aquellas que aprendieron nuestros nombres,
esas... ¡no volverán!

Volverán las tupidas madreselvas[2]
de tu jardín las tapias[3] a escalar,
y otra vez, a la tarde, aún más hermosas,
sus flores se abrirán;

pero aquellas, cuajadas de rocío[4]
cuyas gotas mirábamos temblar
y caer, como lágrimas del día...
¡Esas... no volverán!

Volverán del amor en tus oídos
las palabras ardientes a sonar;
tu corazón de su profundo sueño
tal vez despertará;

pero mudo, y absorto, y de rodillas,
como se adora a Dios ante su altar,
como yo te he querido..., desengáñate,
¡así... no te querrán!

Gustavo Adolfo Bécquer, *Rimas,* 1871.

1. *hirondelles*
2. *les chèvrefeuilles touffus*
3. *les murs*
4. *couvertes de rosée*

Comentario

Rima XIII

Versos 1-4

1. Di qué sentimientos expresa el poeta en estos versos.
2. ¿En qué aspecto de la mirada de la amada insiste la comparación?
3. ¿Cómo recalca la intensidad de la mirada de la mujer?

Versos 5-8

4. Compara el verso 5 con el verso 1. Di lo que notas.
5. ¿Qué elementos le permiten subrayar la belleza de la mujer amada? ¿A qué mundo pertenecen?

Versos 9-12

6. ¿Qué dimensión cobra la mirada de la mujer en esta estrofa? ¿Qué revela de los sentimientos del poeta?

Para concluir

7. Analiza la relación entre el *yo* del poeta y el *tú* de la amada. A tu parecer, ¿cómo se nota que se trata de un amor platónico?

Rima LIII

1. Estudia la organización del poema poniendo de realce las repeticiones, las oposiciones y los paralelismos.

Versos 1-8

2. Fíjate en el empleo del verbo «volver»: «Volverán las oscuras golondrinas» y «esas... no volverán». Di en qué condensa este verbo el tema principal del poema.
3. Di cómo se nota el pesimismo de Bécquer.

Versos 9-16

4. Analiza el papel de la Naturaleza.

Versos 17-24

5. Explica en qué quiere insistir el poeta.
6. Comenta el lirismo de la estrofa final.

Para concluir

7. Explica en qué estriba el romanticismo de este poema.

Complementos

Rima XLI

Tú eras el huracán[1], y yo la alta
torre que desafía su poder:
¡Tenías que estrellarte[2] o que abatirme!...
¡No pudo ser!
Tú eras el océano; y yo la enhiesta[3]
roca que firme aguarda[4] su vaivén:
¡Tenías que romperte o que arrancarme!...
¡No pudo ser!
Hermosa tú, yo altivo; acostumbrados
uno a arrollar[5], el otro a no ceder:
la senda estrecha, inevitable el choque...
¡No pudo ser!

Gustavo Adolfo Bécquer, *Rimas*, 1871.

1. *l'ouragan*
2. estrellarse: *se briser, s'écraser*
3. *fièrement dressée*
4. aguardar = esperar
5. *l'emporter*

Comentario

Analiza cómo se establece la relación entre el *yo* del poeta y el *tú* de la amada.

Taller de escritura

Los dos poemas pertenecen a dos períodos diferentes. Di en qué son diferentes los sentimientos experimentados por el poeta.

Héroes míticos y figuras icónicas

El autor y su obra

Federico García Lorca

Es uno de los mayores poetas y dramaturgos del siglo XX. Nació en Fuentevaqueros, provincia de Granada, en 1898.

- En 1921, publicó su primer libro de poesía. **Andalucía** fue su principal fuente de inspiración y se apasionó por la cultura popular y el mundo de los **gitanos** (*Poema del Cante Jondo*, *Romancero gitano*).
- En 1929, viajó a Nueva York, descubriendo un mundo radicalmente diferente del suyo. Escribió entonces *Poeta en Nueva York* donde aparecen **influencias surrealistas**.
- También escribió mucho para el **teatro**, creando un gran número de **personajes femeninos** : *Mariana Pineda, Doña Rosita la soltera, Bodas de Sangre, Yerma, La casa de Bernarda*...
- De vuelta a España, durante los años de la **República**, a partir de 1931, se dedicó a dirigir la compañía estatal de teatro «**La Barraca**» y viajó por España con ella para dar a conocer al pueblo las obras del Teatro clásico.
- Murió **asesinado** por los falangistas en los primeros meses de la Guerra Civil, en 1936.

Mariana Pineda

- La obra de Lorca está basada en la historia verdadera de una mujer andaluza, Mariana de Pineda Muñoz, (Granada, 1804-1831) que luchó por la causa liberal durante una época de monarquía absoluta.
- Mariana Pineda fue acusada de pertenecer a una conspiración contra el rey por haber bordado la leyenda «Ley, Libertad, Igualdad» en una bandera. Se negó a delatar a sus cómplices y fue encarcelada. Tenía 26 años, era viuda y madre de dos niños. A pesar de las protestas de la población, fue juzgada y ejecutada. Pronto se convirtió en heroína y símbolo popular de la lucha contra la falta de libertades.

El contexto histórico

- Mariana Pineda fue ejecutada en 1831, durante un **período de feroz represión** contra los liberales.
- Lorca vivió en un período de agitación política y social. Escribió la obra de teatro *Mariana Pineda*, que fue estrenada en 1927, durante la dictadura del general Primo de Rivera y los últimos años del reinado de Alfonso XIII. Al proclamarse la Segunda República (1931), participó activamente en la labor cultural a favor del pueblo. Su asesinato hizo de él uno de los mártires de la libertad.

El contexto literario

- Lorca formó parte de la **generación del 27** y conoció a muchos artistas de la época. Fue amigo de Salvador Dalí y Luis Buñuel. Aquellos años fueron los de una intensa vida literaria y cultural en España (*la Edad de Plata*).

Influencias, resonancias

- En el drama romántico *Mariana Pineda*, aparecen ya, como elementos centrales de su temática, el amor, la libertad y la muerte.

En España

- En 1925, Federico García Lorca, con su obra dramática *Mariana Pineda*, dio a conocer mejor a esta **figura histórica** que ya formaba parte de la tradición popular.
- Cada año, el 26 de mayo, día de su ejecución, el Ayuntamiento de Granada conmemora su figura en la **Plaza de Mariana Pineda** y, en 2004, fue creado en esta ciudad el Centro Europeo de las Mujeres Mariana de Pineda.
- En Madrid, en el Congreso de los Diputados, su nombre está escrito entre los de los españoles héroes de la libertad.

En Europa

- Desde 2006, la entrada principal del Parlamento Europeo lleva su nombre. El Gobierno de la U.E. rindió así homenaje a una mujer que simboliza la aportación española a la lucha por los derechos y libertades en Europa.

Mariana Pineda

Texto 1

Tras la derrota de las tropas francesas, Fernando VII restableció la monarquía absoluta y reprimió duramente a los liberales.
La acción de la obra Mariana Pineda *se sitúa en 1831. Don Pedro prepara una insurrección en Granada contra el tirano. Perseguido por el gobernador Pedrosa, llega a casa de su amada, Mariana Pineda, joven noble que conspira con los liberales.*

Escena V

PEDRO
(*Con pasión.*)
¡Marianita, no temas! ¡Mujer mía! ¡Vida mía!
En el mayor sigilo[1] conspiramos. ¡No temas!
La bandera que bordas temblará por las calles
entre el calor entero del pueblo de Granada.
Por ti la Libertad suspirada por todos
pisará tierra dura con anchos pies de plata.
Pero si así no fuese; si Pedrosa[2]…

MARIANA
(*Aterrada.*) ¡No sigas!

PEDRO
…sorprende nuestro grupo y hemos de morir…

MARIANA
¡Calla!

PEDRO
Mariana, ¿qué es el hombre sin la libertad? ¿Sin esa
luz armoniosa y fija que se siente por dentro?
¿Cómo podría quererte no siendo libre, dime?
No temas; ya he burlado[3] a Pedrosa en el campo,
y así pienso seguir hasta vencer contigo,
que me ofreces tu amor y tu casa y tus dedos.
(Se los besa.)

Federico García Lorca, *Mariana Pineda*, 1925.

1. *secret*
2. se trata del gobernador que dirige la represión
3. *j'ai échappé*

Francisco de Goya y Lucientes, *¡Qué valor!*, «Los Desastres de la guerra», 1810-1820.

Texto 2

Tras el fracaso de la conspiración de los liberales, Pedro se exilia sin avisarle a Mariana. Mariana, sentenciada a muerte, va a morir en cadalso[1] *«por haber bordado la bandera de la libertad».*

Escena VIII

MARIANA (*Exaltada.*)
Yo bordé la bandera por él[2]. Yo he conspirado
para vivir y amar su pensamiento propio.
Más que a mis propios hijos y a mí misma le quise.
¿Amas la Libertad más que a tu Marianita?
¡Pues yo seré la misma Libertad que tú adoras!

FERNANDO[3]
¡Sé que vas a morir! Dentro de unos instantes
vendrán por ti, Mariana. ¡Sálvate y di los nombres!
¡Por tus hijos! ¡Por mí, que te ofrezco la vida!

MARIANA
¡No quiero que mis hijos me desprecien! ¡Mis hijos
tendrán un nombre claro como la luna llena!

Federico García Lorca, *Mariana Pineda*, 1925.

1. *l'échafaud*
2. se trata de Pedro
3. Fernando, amigo de Mariana, está enamorado de ella.

Comentario

Texto 1

1. Después de leer la historia de Mariana Pineda en el recuadro de la página 186, di cuáles son los detalles auténticos conservados por Lorca para escribir su drama.
2. Analiza los sentimientos que animan a Pedro.
3. Comenta la actitud de Mariana.

Texto 2

1. Comenta los versos en los que Mariana piensa en Pedro:
«¿Amas la Libertad más que a tu Marianita?
¡Pues yo seré la misma Libertad que tú adoras!»
2. ¿Qué le aconseja Fernando?
3. Explica y comenta la decisión de Mariana.
4. ¿Qué sabemos de Pedro a través de esta escena? A ti ¿qué te parece este personaje?
5. Después de estudiar las dos escenas, di en qué quiso insistir Lorca en su representación de Mariana Pineda.

Taller de escritura

Tienes que aconsejar a un director de cine para una adaptación cinematográfica de estas escenas. Redacta acotaciones más detalladas para la interpretación de los actores. Imagina también el decorado.

Taller vídeo DVD

Proceso a Mariana Pineda

1. Después de ver el vídeo, sitúa la escena.
2. Este vídeo muestra una escena sacada de la película *Proceso a Mariana Pineda* de Rafael Moreno Alba.
Di cuáles son los puntos comunes entre la visión de Mariana que tiene el director y la visión que tiene Lorca.
3. ¿Te parece que hay diferencias?
4. Explica qué aspectos de la personalidad de Mariana quiso poner de realce el director.

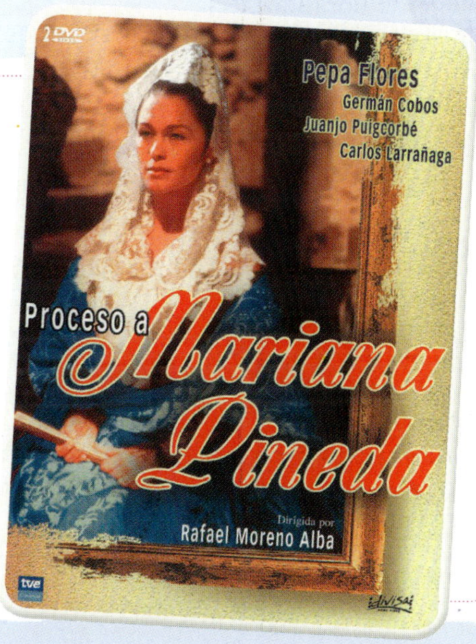

Complementos

El romance de Marianita

[Este artículo de Ramón Suárez Picallo fue publicado en 1944, año en que la actriz española Margarita Xirgú (1888-1969), exiliada desde 1939 en Chile, representó en Santiago la obra de Federico García Lorca. Margarita Xirgú había colaborado muchas veces con Lorca, interpretando a muchas heroínas del teatro de Lorca].

Antes de que García Lorca la llevase al teatro, en alas de su genio[1] lírico, «Mariana Pineda» o «Marianita de Granada» andaba ya en lenguas[2]. Los ciegos[3] y copleros[4] populares, a lo largo y a lo ancho de toda España, contaban y cantaban, en ferias y romerías[5], su historia en romances y canciones, ingenuas y candorosas[6]. He aquí el romance:

Marianita de Granada

Marianita salió de su casa,
a su encuentro salió un militar
que le dijo a dónde va Ud. sola:
¡hay peligro, vuélvase Ud. atrás!

Marianita se volvió a su casa,
no parando de considerar[7]:
¡si Pedrosa me viera bordando[8],
la bandera de la libertad!

Marianita se metió a su cuarto.
La bandera se puso a bordar;
la encontraron con ella en la mano,
su delito no pudo ocultar[9].

Marianita se subió al cadalso[10],
a sus hijos al pie los dejó,
y la gente llorando decía:
¡Marianita declara[11] por Dios!

«Hijos míos sin padre y sin madre,
¡hijos míos de mi corazón!
Hoy fallece[12] la que tanto tiempo
a sus pechos os alimentó[13].»

«Caballeros: un favor os pido,
creo, sí me lo concederéis[14]:
¡que a mi alma le recéis un credo,
y a mis hijos no desamparéis[15].»

¡Oh! que día tal en Granada
que a las piedras hacía llorar,
al ver que Marianita se muere
en cadalso por no declarar.

Como lirio, cortaron el lirio:
como rosa, cortaron la flor;
como lirio, cortaron el lirio,
¡más hermosa su alma quedó!

Ramón Suárez Picallo, *La Hora*, Santiago de Chile, 08/05/1944.

---

1. *portée par son génie*
2. *(son histoire) était déjà sur toutes les lèvres*
3. *aveugles*
4. *ici, chanteurs*
5. *pèlerinages*
6. *candides*
7. *elle ne pensait qu'à une seule chose*
8. bordar: *broder*
9. *cacher*
10. *échafaud*
11. declarar: *ici, avouer, dénoncer ses complices*
12. *meurt*
13. *vous a nourris*
14. *je crois que vous me l'accorderez*
15. desamparar: *abandonner sans protection*

El teatro humorístico de la posguerra

El autor y su obra

Miguel Mihura

Dramaturgo, periodista y autor de guiones cinematográficos. Vivió en Madrid (1905-1977).

- Miguel Mihura se dedicó muy temprano al género humorístico. Escribió para revistas que publicaban historietas y, luego, fue periodista. Fundó la revista de humor gráfico *La Codorniz*.
- En 1932, escribió para el teatro la comedia "*Tres sombreros de copa*" pero sólo la publicó en 1947.
- En 1942, con Juan Antonio Bardem y Luis Berlanga, participó en la escritura del guión de la película "*Bienvenido Mister Marshall*".
- En su obra, domina el humor basado en la dislocación del lenguaje pero, a partir de los años cincuenta, evoluciona y se impone la sátira.

Tres sombreros de copa

- Esta comedia, que fue escrita en 1932, está considerada hoy como una de las obras maestras del teatro humorístico. Por su originalidad, esta obra supone una ruptura con el teatro cómico anterior.
- Mihura pinta dos mundos que se enfrentan:
– el mundo de la burguesía, hipócrita, rígido y limitado por una moral estricta.
– un mundo más libre opuesto a la rutina y a los convencionalismos, en el que todavía son posibles la imaginación y la pureza de sentimientos.
- En 1932, los empresarios y actores no entendieron la obra y quedó sin estrenarse durante 20 años.

En 1952, el Teatro Español Universitario la estrenó en una única sesión. El público joven universitario la acogió con entusiasmo, pero el público habitual de los teatros tampoco la entendió, y se retiró de cartel después de 48 representaciones.

Argumento

Después de siete años de noviazgo, Dionisio, un joven de veintisiete años, va a casarse con Margarita, «una virtuosa señorita» de veinticinco. La noche previa a la boda se hospeda en un hotel donde conoce a Paula, una atractiva chica de dieciocho años por la que siente una inclinación. La muchacha trabaja en un circo y al día siguiente debutará en el Nuevo Music-Hall. A lo largo de la obra, Dionisio descubre por medio de Paula una manera distinta de vivir, de entender el mundo y de alcanzar la felicidad. Sin embargo, al final, Dionisio no se atreve a cambiar de vida y decide vivir con la burguesía.

El contexto literario

- En los años treinta, antes de la Guerra Civil y durante el conflicto, el teatro es un teatro de contenido social y político.
- En los años cuarenta, dominan la comedia de entretenimiento o de evasión.
- El teatro cómico nace entonces en torno a un grupo de humoristas relacionados con la revista *La Codorniz*. El teatro de Mihura aprovecha las posibilidades cómicas del lenguaje con equívocos y juegos de palabras y propone una visión amarga y escéptica de la realidad.

Influencias, resonancias

- Los personajes grotescos y el lenguaje vanguardista relacionan a Mihura en España con **Ramón Gómez de la Serna** [Gómez de la Serna (1888-1963) inventó un género literario vanguardista, la *greguería*]. La visión crítica de la sociedad recuerda el teatro del absurdo de **Samuel Beckett** o de **Eugène Ionesco** en Francia.

Tres sombreros de copa

Don Sacramento: el padre de Margarita
Dionisio: funcionario que se va a casar con Margarita
Paula: joven bailarina de 18 años, muy bonita

Don Sacramento es el padre de Margarita, futura esposa de Dionisio. Está hablando con Dionisio la víspera de la boda, en la habitación de un hotel. En el hotel también está alojada Paula, una bailarina de 18 años.

I

Don Sacramento: ¡Usted vivirá en mi casa, y mi casa es una casa honrada! ¡Usted no podrá salir por las noches a pasear bajo la lluvia! ¡Usted, además, tendrá que levantarse a las seis y cuarto para desayunar a las seis y media un huevo frito con pan!

Dionisio: A mí no me gustan los huevos fritos.

Don Sacramento: ¡A las personas honorables las tienen que gustar los huevos fritos, señor mío! Toda mi familia ha tomado siempre huevos fritos para desayunar. Sólo los bohemios toman café con leche y pan con manteca.

Dionisio: Pero es que a mí me gustan más pasados por agua[1]...[...]

Don Sacramento: (*Hace un gesto, de olfatear*[2].) ¿Qué olor es este, caballero? ¡En este cuarto hay un cadáver! ¿Por qué tiene usted cadáveres en su cuarto?

Dionisio: En los hoteles modestos siempre hay cadáveres...

Don Sacramento: (*Buscando.*) ¡Es por aquí! Por aquí debajo. (*Levanta la colcha de la cama y descubre los conejos que tiró* **El Cazador**. *Los coge.*) ¡Oh, aquí está! ¡Dos conejos muertos! ¡Es esto lo que olía de este modo!... ¿Por qué tiene usted dos conejos debajo de su cama? En mi casa no podrá usted tener conejos en su habitación... Tampoco podrá usted tener gallinas... ¡Todo lo estropean!...

Dionisio: Estos no son conejos. Son ratones...

Don Sacramento: ¿Son ratones?

Dionisio: Sí, señor. Son ratones. Aquí hay muchos...

Don Sacramento: Yo nunca he visto unos ratones tan grandes...

Dionisio: Es que como este es un hotel pobre, los ratones son así... En los hoteles más lujosos, los ratones son mucho más pequeños... Pasa igual que con las barritas de Viena[3]...

1. *à la coque*
2. *sentir, flairer*
3. *petits pains viennois*

Don Sacramento: ¿Y los ha matado usted?

Dionisio: Sí. Los he matado yo con una escopeta. El dueño le da a cada huésped una escopeta para que mate los ratones...

Don Sacramento: (*Mirando una etiqueta del conejo.*) ¿Y estos números que tienen al cuello, qué significan? Aquí pone 3,50...

Dionisio: No es 3,50. Es 350. Como hay tantos, el dueño los tiene numerados, para organizar concursos. Y al huésped que, por ejemplo, mate el número 14, le regala un mantón de Manila[4] o una plancha[5] eléctrica...

Don Sacramento: ¡Qué lástima que no le haya a usted tocado el mantón! ¡Podríamos ir a la verbena[6]!... ¿Y qué piensa usted hacer con estos ratones?...

Dionisio: No lo he pensado todavía... Si quiere usted se los regalo...

Don Sacramento: ¿A usted no le hacen falta?

Dionisio: No. Yo ya tengo muchos. Se los envolveré en un papel. (*Coge un papel que hay en cualquier parte y se los envuelve. Después se los da.*)

Don Sacramento: Muchas gracias, Dionisio. Yo se los llevaré a mis sobrinitos para que jueguen... ¡Ellos recibirán una gran alegría!... Y ahora, adiós, Dionisio. Voy a consolar a la niña, que aún estará desmayada en el sofá malva de la sala rosa... (*Mira el reloj.*) Son las seis cuarenta y tres. Dentro de un rato, el coche vendrá a buscarle para ir a la iglesia. Esté preparado... ¡Qué emoción! ¡Dentro de unas horas usted será esposo de mi Margarita!...

Dionisio: Pero ¿le dirá usted a su señora que a mí me gustan más los huevos pasados por agua?

4. *châle brodé (de Manille)*
5. *fer à repasser*
6. *la fête*

Don sacramento: Sí. Se lo diré. Pero no se entretenga[7]. ¡Ah, Dionisio! Ya estoy deseando llegar a casa para regalarles esto a mis sobrinitos... ¡Cómo van a llorar de alegría los pobres pequeños niños! *(Y se va.)*

(Sigue.)

II

(**Paula** *asoma la cabeza por detrás de la cama y mira a* **Dionisio** *tristemente.* **Dionisio**, *que ha ido a cerrar la puerta, al volverse, la ve.*)

Paula: ¡Oh! ¿Por qué me ocultaste esto? ¡Te casas, Dionisio!..

Dionisio: Sí. Me caso, pero poco...

Paula: ¿Por qué no me lo dijiste?

Dionisio: No sé. Tenía el presentimiento de que casarse era ridículo... ¡Que no me debía casar...! Ahora veo que no estaba equivocado... Pero yo me casaba porque yo me he pasado la vida metido en un pueblo pequeñito y triste y pensaba que para estar alegre había que casarse con la primera muchacha que, al mirarnos, le palpitase el pecho de ternura[8]... Yo adoraba a mi novia... Pero ahora veo que en mi novia no está la alegría que yo buscaba... A mi novia tampoco le gusta ir a comer cangrejos[9] frente al mar, ni ella se divierte haciendo volcanes en la arena... Y ella no sabe nadar... Ella, en el agua, da gritos ridículos. Hace así: "¡Ay! ¡Ay! ¡Ay!" Y ella sólo ama cantar junto al piano "*El pescador de perlas*[10]". Y "*El pescador de perlas*" es horroroso, Paula. Ella tiene voz de querubín[11] y hace así: (*Canta.*) ¡Tralaralá... pirí, pirí, pirí, pirí...! Y yo no había caído en que las voces de querubín están llenas de vanidad y que, en cambio, hay discos de gramófono que se titulan "*Ámame en diciembre lo mismo que me amas en mayo*[12]", y que nos llenan el espíritu de sencillez y de ganas de dar saltos mortales[13]... Yo no sabía tampoco que había mujeres como tú, que al hablarnos no les palpita el corazón, pero les palpitan los labios en un constante sonreír... Yo no sabía nada de nada. Yo sólo sabía pasear silbando junto al quiosco de la música... Yo me casaba porque todos se casan siempre a los veintisiete años. Pero ya no me caso, Paula... ¡Yo no puedo tomar huevos fritos a las seis y media de la mañana! Yo me marcharé contigo y aprenderé a hacer juegos malabares[14] con tres sombreros de copa[15]...

Paula: Hacer juegos malabares con tres sombreros de copa es muy difícil Se caen siempre al suelo.

Dionisio: Yo aprenderé a bailar como bailas tú.

Paula: Bailar es más difícil todavía. Duelen mucho las piernas y apenas gana uno dinero para vivir.

Dionisio: Yo tendré paciencia y lograré tener cabeza de vaca y cola de cocodrilo.

Miguel Mihura, *Tres sombreros de copa*, obra escrita en 1932 y estrenada en 1952.

7. *ne soyez pas en retard*
8. *tendresse*
9. *crabes*
10. «Los pescadores de perlas», ópera de Georges Bizet
11. *chérubin*
12. canción de moda de la época
13. *faire le saut de l'ange*
14. hacer juegos malabares: *jongler*
15. *chapeaux hauts-de-forme*

Comentario

l. 1–10

1. Esta obra puede entenderse como una sátira de la sociedad burguesa.
Estudia el personaje de Don Sacramento. Di en qué es representativo de esa sociedad.

l. 11–53

2. Dionisio empieza a rebelarse frente al mundo de Don Sacramento. Di cómo se nota.

3. En esta escena, se mezclan lo humorístico con lo grotesco. Apunta detalles para mostrarlo.

l. 54–87

4. Analiza el parlamento de Dionisio. ¿Qué revela de su vida pasada y de sus intenciones?

5. Con Paula, Dionisio entra en el mundo de la fantasía. Muéstralo.

6. La sociedad española de los años 50 no entendió la obra. A partir de esta escena, intenta decir por qué.

Así se dice

- dar gato por liebre: *rouler, tromper*
- lo absurdo: *l'absurdité, ce qui est absurde*
- el absurdo: *l'absurde (théâtre de l'absurde)*
- caer en lo absurdo: *tomber dans l'absurde*
- lo cómico: *le comique, ce qui est comique*
- lo burlesco: *le burlesque, ce qui est burlesque*
- divertido: *amusant, drôle*
- el desajuste: *la discordance, le décalage*
- el traje de etiqueta: *la tenue de soirée*
- reaccionar: *réagir*
- esconder: *cacher*
- a escondidas: *en cachette*
- caer en la cuenta de que: *se rendre compte que*

Taller de escritura

1. Comentario en la contraportada de la edición Alfaguara

«Cuando se estrenó, produjo escándalo y asombro. *Tres sombreros de copa* es una obra de humor, pero de un humor agridulce que remueve por dentro. Es la historia de Dionisio, un funcionario a quien el azar ofrece la posibilidad de cambiar su triste vida, y de una bailarina que le abrirá una ventana a la fantasía.»

1. Di en qué medida puede este comentario aplicarse a la escena que acabas de estudiar.
a. ¿Te parece que la escena puede producir escándalo y asombro?
b. ¿Se puede hablar de humor y de humor agridulce?

2. Rédige un autre texte pour la quatrième de couverture, en te basant sur la scène que tu viens d'étudier.

2. El título de la obra

El título de la obra es *Tres sombreros de copa*. A tu parecer, ¿qué simboliza el «sombrero de copa»? ¿Qué importancia cobra este detalle en la escena que acabas de leer?

Taller vídeo

DVD

Tres sombreros de copa

1. Comenta esta adaptación teatral de la obra de Miguel Mihura.
2. Explica en qué medida te parece lograda o no.

Complementos

Una vista encantadora

Acto Primero (Primera escena)

Don Rosario: propietario del hotel

Dionisio: cliente del hotel

Habitación de un hotel de segundo orden en una capital de provincia.

Don Rosario: Pase usted, don Dionisio. Aquí, en esta habitación, le hemos puesto el equipaje.

Dionisio: Pues es una habitación muy mona, don Rosario.

Don Rosario: Es la mejor habitación, don Dionisio. Y la más sana. El balcón da al mar. Y la vista es hermosa. (*Yendo hacia el balcón.*) Acérquese. Ahora no se ve bien porque es de noche. Pero, sin embargo, mire usted allí las lucecitas de las farolas del puerto. Hace un efecto muy lindo. Todo el mundo lo dice. ¿Las ve usted?

Dionisio: No. No veo nada.

Don Rosario: Parece usted tonto, don Dionisio.

Dionisio: ¿Por qué me dice usted eso, caramba?

Don Rosario: Porque no ve las lucecitas. Espérese. Voy a abrir el balcón. Así las verá usted mejor.

Dionisio: No. No, señor. Hace un frío enorme. Déjelo. (*Mirando nuevamente.*) ¡Ah! Ahora me parece que veo algo. (*Mirando a través de los cristales.*) ¿Son tres lucecitas que hay allá a lo lejos?

Don Rosario: Sí. ¡Eso! ¡Eso!

Dionisio: ¡Es precioso! Una es roja, ¿verdad?

Don Rosario: No. Las tres son blancas. No hay ninguna roja.

Dionisio: Pues yo creo que una de ellas es roja. La de la izquierda.

Don Rosario: No. No puede ser roja. Llevo quince años enseñándoles a todos los huéspedes, desde este balcón, las lucecitas de las farolas del puerto, y nadie me ha dicho nunca que hubiese ninguna roja.

Dionisio: Pero ¿usted no las ve?

Don Rosario: No. Yo no las veo. Yo, a causa de mi vista débil, no las he visto nunca. Esto me lo dejó dicho mi papá. Al morir mi papá me dijo: «Oye, niño, ven. Desde el balcón de la alcoba rosa se ven tres lucecitas blancas del puerto lejano. Enséñaselas a los huéspedes y se pondrán todos muy contentos…» Y yo siempre se las enseño.

Miguel Mihura, *Tres sombreros de copa*, 1952.

El desarraigo, el regreso

El autor y su obra

Mario Benedetti

- Es un escritor uruguayo (1920-2009). Fue periodista, poeta, novelista y cuentista. Dirigió el Departamento de Literatura Hispanoamericana de la Facultad de Humanidades y Ciencias de la Universidad de la República, en Montevideo, y fue también el Director del Centro de Investigación Literaria en La Habana.
- Con su novela *La Tregua*, publicada en 1960, Benedetti adquirió importancia internacional. Fue militante de movimientos de izquierda. En 1973, ante el golpe de Estado en su país, se vio forzado a salir de Uruguay. Inició un largo exilio. Volvió a Uruguay en 1993.

Buzón de tiempo

- Publicado en 1999, este libro es un conjunto de relatos en los que el autor recorre las diferentes formas del encuentro: el recuerdo nostálgico de un amor perdido, las llamadas sin respuesta, la identidad, la inminencia de la muerte.
- Todos los sentimientos de la condición humana se encuentran en estos relatos: nostalgia, melancolía, amor y desamor, alegría y tristeza.

El contexto histórico

- Mario Benedetti fue el fundador del M26, Movimiento del 26 de marzo (de 1971), partido político de orientación marxista-leninista.
- Durante más de diez años, con la dictadura militar (1973-1985), su obra fue prohibida y él se exilió a diferentes países: vivió en Argentina, Perú, Cuba y luego en España.
- En su obra se ven reflejadas varias circunstancias de su vida: denuncia las represiones políticas y la vulneración de los derechos más fundamentales del ser humano, la tortura, las dictaduras militares. Evoca también muy a menudo el tema del exilio y del regreso.

El contexto literario

- En Uruguay, Benedetti formó parte de lo que se llama «la Generación del 45», grupo de escritores que surgió entre 1945 y 1950. El escritor Juan Carlos Onetti (1909-1994) también formó parte de este grupo.
- Es también de subrayar que Mario Benedetti fue crítico literario y, a nivel internacional, participó en la reflexión de los escritores latinoamericanos acerca de la literatura. Participó muy activamente en el jurado del concurso *Casa de las Américas*, en Cuba, cuya influencia fue muy importante a mediados del siglo XX.

Influencias, resonancias

- Mario Benedetti escribió más de 80 libros, y muchos de ellos fueron traducidos a más de 20 idiomas.
- Recibió muchos premios: el Premio Internacional Menéndez Pelayo, el Premio Reina Sofía de Poesía y el premio Iberoamericano José Martí.
- Para la crítica literaria, Mario Benedetti es uno de los escritores latinoamericanos más universales del siglo XX.

Querida Isabel

Querida Isabel: Me decidí a escribirte porque estamos viejos (al menos yo lo estoy), solos, y con un océano de por medio. Un océano que también es de sucesos, guerras y paces, frustraciones, quereres y desquereres, urgencias y tardanzas. Te escribo porque ahora, aislado y medio tullido[1], tengo tiempo de sobra[2] para recorrer parsimoniosamente mi currículum, no el que solemos redactar para entrevistadores y universidades, sino el otro, el verdadero.

Por suerte, he ganado con mi trabajo lo suficiente como para tener un apartamento cómodo y bastante amplio, con estantes llenos de libros[3] que ya no puedo leer, y paredes con varios de los muchos cuadros que dejó mi mujer, pertinaz[4] en su oficio/arte hasta sólo meses antes de morir. [...] Nunca tuve el valor de confesarle que su pintura no me interesaba y tengo la impresión de que ella (que no era nada tonta) supo captarlo con resignación. Creo, además, que no tuvo el coraje de decirme que mis sesudos[5] ensayos filosóficos la dejaban indiferente. Pero gracias a ese intercambio de discreciones, convivimos y nos quisimos; moderadamente, es cierto, pero nos quisimos. [...]

Tuvimos dos hijos que hace diez años se afincaron en Australia, donde fundaron una empresa (en Sidney) y les va bien, o al menos todo lo bien que puede ir a dos expatriados voluntarios. Allí se casaron, el mayor con una australiana y el menor con una chilena. Me escriben dos o tres veces por año (para mi cumpleaños, para Navidad), pero no volvieron al país, ni siquiera de visita. No se lo reprocho: la distancia es enorme y los pasajes[6] cuestan una fortuna. De ellos tengo tres nietos, pero sólo los conozco en fotografías. Parecen lindos y saludables.

1. *à moitié impotent*
2. *j'ai tout mon temps*
3. *avec une bibliothèque pleine de livres*
4. *ici, qui n'a cessé de se consacrer*
5. *ici, savants*
6. *billets*

Plaza Independencia, Montevideo.

A lo largo de tantos años vos[7] y yo hemos vivido recíprocamente ausentes. Ahora voy a cumplir 84 y vos debés[7] andar por los 82, ¿no? ¿Te sentís[7] bien? Sé que tenés[7] una hija y que tampoco está contigo, aunque reside y enseña en Liverpool, de modo que no la tenés tan lejos y me imagino que de vez en cuando atravesará el Canal de la Mancha (sobre todo ahora que hay ferrocarril) para ir a verte. Te preguntarás cómo es que tengo tantos datos sobre vos. Los he ido obteniendo, al compás de los años, gracias a un amigo argentino. Fue él quien me proporcionó tu dirección y hasta tu e-mail, pero no me entiendo con esas maquinarias, así que he optado por el calmoso ritmo del correo.

En realidad resolví escribirte, después de mucho repasar mi camino, porque llegué a la conclusión de que te debo el momento más feliz y recordable de ese itinerario. […] Tendrías catorce años. Te recuerdo con toda nitidez[8], en la misa de los domingos, sentada siempre en la misma fila, nunca de rodillas, como ordenaba el cura, junto a tu madre que sí se hincaba[9]. El pelo castaño te caía sobre los hombros. Yo me situaba (tampoco me arrodillaba) dos hileras atrás. A veces, aprovechando que tu madre rezaba con los ojos cerrados, te volvías y nos mirábamos y nos sonreíamos. Como dos tontos de época.

Sólo después de tres o cuatro semanas de ese juego inútil, una tarde, a la hora de la siesta, nos encontramos al borde de un camino vecinal. No había nadie a la vista y todo surgió espontáneamente. Mi primer saludo fue abrazarte y la primera respuesta tuya fue abrazarme. Sin decir una sola palabra, nos besamos y besamos interminablemente, y como el bosquecito de pinos quedaba tan al alcance[10], sin ponernos previamente de acuerdo corrimos hacia allí. Además de los pinos había un espeso follaje…

7. (Uruguay) tú (debes, sientes, tienes, acuerdas)
8. *très nettement*
9. hincarse = arrodillarse: *s'agenouiller*
10. *était tout près*

¿Te acordás[7] ahora? ¿Qué pasó después? ¿Por qué no te volví a ver ni en la capilla ni en el camino vecinal ni en el bosquecito, sitios que fui recorriendo como si fueran una cadena de santuarios? Alguien me dijo que, precisamente el día siguiente a nuestro encuentro, te habías ido con tus padres. ¿Adónde? nadie tenía noticias. ¿Acaso lo sabías cuando nos amamos? ¿O tus padres, fanáticos católicos, se enteraron de algo y decidieron ipsofacto arrancarte de las garras del humilde satanás pueblerino que era este servidor[11]?

Hoy este viejo te hace justicia confirmándote que nunca fue tan feliz como sobre aquellas hojas otoñales y cómplices. [...]

Gracias, Isabel, por aquel placer intacto. Gracias por alegrar todavía mi memoria octogenaria. Te abraza, MATÍAS

Mario Benedetti, *Buzón de tiempo*, 1999.

11. *des griffes de l'humble démon qu'était votre serviteur (que j'étais)*

Comentario

1. Di en qué es original este cuento.
2. Apunta los detalles que permiten hacer una presentación del anciano.
3. Analiza cómo viene desarrollado el tema del amor.
4. Explica qué papel desempeña la memoria.
5. Del cuento se desprende cierta nostalgia. ¿De dónde nace?

Taller de escritura

Tienes que escribir un artículo breve de crítica literaria para presentar este relato.
Basándote en los temas del relato, en la tonalidad y en la vida de Mario Benedetti, escribe unas 15 líneas.

Complementos

Mi vida está rota

Mario Benedetti

Sujet bac 1 (annexes), p. 230.

La literatura fantástica

El autor y su obra

Julio Cortázar

(Bruselas, Bélgica, 1914 – París, Francia, 1984) Nació en Bélgica donde su padre trabajaba, en la embajada argentina. A los cuatro años, Julio Cortázar se fue a vivir en Argentina. Fue maestro de escuela. Luego, enseñó literatura y se graduó como traductor. En 1951, viajó a París con una beca. Traductor para la Unesco, se quedó definitivamente en **Francia** donde fue naturalizado en 1981.

Es uno de los autores del «**Boom**» de la **literatura latinoamericana**. Su estilo es vanguardista y utiliza el **surrealismo** como forma de representar la realidad. La principal característica de su **narrativa fantástica** es la presencia de elementos insólitos en situaciones cotidianas. Sus cuentos son complejos, sacan al lector de su punto de vista convencional y le proponen diferentes posibilidades de participación.
Sus obras más destacadas son *Final del juego, Rayuela, Las armas secretas, Octaedro, Deshoras...*

Continuidad de los parques

Es un cuento sacado de *Final del juego*, publicado en 1956, en el que se pasa de una ficción a otra. Cortázar juega con el lector ya que en el **ambiente cotidiano** del principio del cuento irrumpe lo **fantástico**.

Argumento

El lector de una novela va a ser asesinado por uno de los protagonistas de la novela que está leyendo. O sea que el hombre está leyendo la novela de su propio asesinato.

El título, *Continuidad de los parques* traduce la ausencia de fronteras entre dos universos, el de la **ficción** y el de la **realidad**.

El contexto histórico

Después de la Revolución cubana (1959), en la década de los años 1960-1970, muchos jóvenes latinoamericanos simpatizaron con grupos de izquierda en sus países, y participaron en movimientos de vanguardia similares al «*Beatnik*» norteamericano. Hubo un espíritu de unificación en torno al ideal de construir modelos sociopolíticos que beneficiaran a la mayoría de la población y no solamente a la élite.

Con las dictaduras, (Chile, 1973 – Argentina, 1976) muchos intelectuales emigraron a Europa.

El contexto literario

Los años 1960-1970 fueron una década de intensa producción literaria en América Latina. Se habló de «Boom de la literatura latinoamericana».
Entre los autores más famosos destacan Gabriel García Márquez (Colombia), Mario Vargas Llosa (Perú), Carlos Fuentes (México), Julio Cortázar (Argentina), José Donoso (Chile) y Guillermo Cabrera Infante (Cuba).

Estos escritores desafiaron las convenciones establecidas de la literatura latinoamericana. Su trabajo era experimental y, debido al clima político de la América Latina de la década de los años 60, también muy político. Muchas de sus novelas fueron publicadas en España y traducidas en Europa.

Influencias, resonancias

En noviembre de 1974, Cortázar recibió en Francia el premio *Médicis étranger*. Entregó el dinero del premio al Frente Unificado de la resistencia chilena.
Su novela *Rayuela* se considera hoy como un clásico de la literatura argentina.
Hoy, en Buenos Aires y en París, una plaza lleva el nombre de Julio Cortázar.

Continuidad de los parques

Había empezado a leer la novela unos días antes. La abandonó por negocios urgentes, volvió a abrirla cuando regresaba en tren a la finca; se dejaba interesar lentamente por la trama, por el dibujo de los personajes. Esa tarde, después de escribir una carta a su apoderado[1] y discutir con el mayordomo una cuestión de aparcerías[2] volvió al libro en la tranquilidad del estudio que miraba hacia el parque de los robles[3]. Arrellanado[4] en su sillón favorito de espaldas a la puerta[5] que lo hubiera molestado como una irritante posibilidad de intrusiones, dejó que su mano izquierda acariciara una y otra vez el terciopelo[6] verde y se puso a leer los últimos capítulos. Su memoria retenía sin esfuerzo los nombres y las imágenes de los protagonistas; la ilusión novelesca lo ganó casi

1. *son fondé de pouvoir*
2. *métayages*
3. *chênes*
4. *confortablement installé*
5. *le dos à la porte*
6. *le velours*

en seguida. Gozaba del placer casi perverso de irse desgajando línea a línea[7] de lo que lo rodeaba, y sentir a la vez que su cabeza descansaba cómodamente en el terciopelo del alto respaldo[8], que los cigarrillos seguían al alcance de la mano, que más allá de los ventanales[9] danzaba el aire del atardecer bajo los robles. Palabra a palabra, absorbido por la sórdida disyuntiva de los héroes[10], dejándose ir hacia las imágenes que se concertaban[11] y adquirían color y movimiento, fue testigo del último encuentro en la cabaña del monte. Primero entraba la mujer, recelosa[12]; ahora llegaba el amante, lastimada la cara por el chicotazo de una rama[13]. Admirablemente restallaba[14] ella la sangre con sus besos, pero él rechazaba las caricias, no había venido para repetir las ceremonias de una pasión secreta, protegida por un mundo de hojas secas y senderos furtivos[15]. El puñal se entibiaba[16] contra su pecho, y debajo latía la libertad agazapada[17]. Un diálogo anhelante[18] corría por las páginas como un arroyo[19] de serpientes, y se sentía que todo estaba decidido desde siempre. Hasta esas caricias que enredaban[20] el cuerpo del amante como queriendo retenerlo y disuadirlo, dibujaban abominablemente la figura[21] de otro cuerpo que era necesario destruir. Nada había sido olvidado: coartadas[22], azares[23], posibles errores. A partir de esa hora cada instante tenía su empleo minuciosamente atribuido. El doble repaso despiadado[24] se interrumpía apenas para que una mano acariciara una mejilla. Empezaba a anochecer.

Sin mirarse ya, atados rígidamente a la tarea que los esperaba, se separaron en la puerta de la cabaña. Ella debía seguir por la senda[25] que iba al norte. Desde la senda opuesta él se volvió un instante para verla correr con el pelo suelto. Corrió a su vez, parapetándose en los árboles y los setos[26], hasta distinguir en la bruma malva del crepúsculo la alameda[27] que llevaba a la casa. Los perros no debían ladrar, y no ladraron. El mayordomo no estaría a esa hora, y no estaba. Subió los tres peldaños[28] del porche y entró. Desde la sangre galopando en sus oídos le llegaban las palabras de la mujer: primero una sala azul, después una galería, una escalera alfombrada[29]. En lo alto, dos puertas. Nadie en la primera habitación, nadie en la segunda. La puerta del salón, y entonces el puñal en la mano. La luz de los ventanales, el alto respaldo de un sillón de terciopelo verde, la cabeza del hombre en el sillón leyendo una novela.

Julio Cortázar, *Final del juego*, 1956.

7. *de se détacher ligne après ligne*
8. *du haut dossier*
9. *des baies vitrées*
10. *le choix sordide que les deux personnages avaient fait*
11. *qui prenaient forme*
12. *craintive*
13. *le visage griffé par une branche*
14. *elle étanchait*
15. *sentiers secrets*
16. *le poignard devenait tiède*
17. *battait, comme son cœur, la liberté qui attendait son heure*
18. *haletant de désir*
19. *ici, un torrent*
20. *qui enveloppaient*
21. *les contours*
22. *les alibis*
23. *le hasard*
24. *la récapitulation impitoyable*
25. *le sentier*
26. *se cachant sous les arbres et derrière les haies*
27. *l'allée*
28. *marches*
29. *un escalier recouvert d'un tapis*

Comentario

l. 1 – 6

1. La novela es un elemento central del relato. Muéstralo.

l. 7 – 16

2. Comenta los detalles reveladores del placer de la lectura.

l. 16 – 32

3. La frase «Palabra a palabra, absorbido por la sórdida disyuntiva de los héroes, dejándose ir hacia las imágenes que se concertaban y adquirían color y movimiento, fue testigo del último encuentro en la cabaña del monte» marca una etapa en la progresión del cuento. Explica por qué.
4. Apunta todos los elementos típicos de una novela pasional.
5. Estudia cómo crea Cortázar una tensión dramática.

l. 33 – 45

6. Fíjate en el cambio de tiempo en la narración. ¿En qué es importante en el relato?
7. En la última frase, apunta los elementos que ya aparecieron en la primera parte del cuento (l. 6-16). ¿Qué significa? ¿Qué dimensión cobra el cuento?
8. El cuento parece truncado. ¿Por qué termina así de modo abrupto?
9. A modo de conclusión, di cómo juega Cortázar con el lector.

Taller de escritura

Imitando à Cortázar, escribe un cuento basado en la historieta de Quino.

Así se dice

- la mesita de noche: *la table de nuit*
- el detective
- las huellas: *les empreintes*
- la lupa: *la loupe*
- el aljibe: *la réserve d'eau, la citerne*
- la manguera: *le tuyau d'arrosage*
- ahogarse: *se noyer*
- el grifo: *le robinet*

Taller vídeo

DVD

Entrevista a Julio Cortázar

1. Apunta los autores citados por Cortázar.
2. ¿Le gusta o no a Cortázar el término «boom»?
3. Di cómo explica Julio Cortázar el «boom editorial» de la novela latinoamericana.

Julio Cortázar.

Complementos

1 *El ramo azul*

Desperté, cubierto de sudor.

Me acerqué al ventanillo y aspiré el aire del campo. Se oía la respiración de la noche. Me vestí y me calcé.

Caminé largo rato, despacio. La noche era un jardín de ojos. Al cruzar una calle, sentí que alguien se desprendía de una puerta. Me volví, pero no acerté a distinguir nada. Apreté el paso. Unos instantes después percibí el apagado rumor de unos huaraches[1] sobre las piedras calientes. No quise volverme, aunque sentía que la sombra se acercaba cada vez más. Intenté correr. No pude. Me detuve en seco, bruscamente. Antes de que pudiese defenderme, sentí la punta de un cuchillo en mi espalda y una voz dulce:

–No se mueva, señor, o se lo entierro.

Sin volver la cara, pregunté:

–¿Qué quieres?

–Sus ojos, señor –contestó la voz suave, casi apenada[2].

–¿Mis ojos? ¿Para qué te servirán mis ojos? Mira, aquí tengo un poco de dinero. No es mucho, pero es algo. Te daré todo lo que tengo, si me dejas. No vayas a matarme.

–No tenga miedo, señor. No lo mataré. Nada más voy a sacarle los ojos.

Volví a preguntar:

–Pero, ¿para qué quieres mis ojos?

–Es un capricho de mi novia. Quiere un ramito[3] de ojos azules. Y por aquí hay pocos que los tengan.

–Mis ojos no te sirven. No son azules, sino amarillos.

–Ay, señor, no quiera engañarme. Bien sé que los tiene azules.

–No se le sacan a un cristiano los ojos así. Te daré otra cosa.

–No se haga el remilgoso[4], me dijo con dureza. Dé la vuelta.

Me volví. Era pequeño y frágil. El sombrero de palma le cubría medio rostro. Sostenía con el brazo derecho un machete de campo, que brillaba con la luz de la luna.

–Alúmbrese la cara.

Encendí y me acerqué la llama al rostro. El resplandor me hizo entrecerrar los ojos. Él apartó mis párpados[5] con mano firme. No podía ver bien. Se alzó sobre las puntas de los pies y me contempló intensamente. La llama me quemaba los dedos. La arrojé. Permaneció un instante silencioso.

–¿Ya te convenciste? No los tengo azules.

–Ah, qué mañoso[6] es usted –respondió–. A ver, encienda otra vez.

Froté otro fósforo y lo acerqué a mis ojos. Tirándome de la manga, me ordenó:

–Arrodíllese[7].

Me hinqué[8]. Con una mano me cogió por los cabellos, echándome la cabeza hacia atrás. Se inclinó sobre mí, curioso y tenso, mientras el machete descendía lentamente hasta rozar mis párpados. Cerré los ojos.

–Ábralos bien –ordenó.

Abrí los ojos. La llamita me quemaba las pestañas[9]. Me soltó de improviso.

–Pues no son azules, señor. Dispense.

Y desapareció.

Octavio Paz, «Arenas movedizas»,
in *Libertad bajo palabra*, 1949.

1. *sandales* 2. *désolée* 3. *un bouquet*
4. *ne faites pas de manières* 5. *paupières* 6. *malin, rusé*
7. *agenouillez-vous* 8. me arrodillé 9. *les cils*

Comentario

l. 1 – 16

1. ¿Cuándo empieza la anécdota?
2. ¿Por qué salió el narrador?
3. Di cómo se sugiere el peligro en esta parte.

l. 17 – 44

4. Estudia el diálogo. Explica por qué parece irreal la escena.
5. Compara el tono de los dos protagonistas y la persona verbal utilizada. Di por qué hace pensar en una pesadilla.

l. 45 – 68

6. Muestra cómo se crea una tensión dramática.
7. Comenta el desenlace.
8. Para concluir, di qué impresión se desprende de este texto.

Complementos

2 *Sin noticias de Gurb*

El 1ro de agosto de 1990, el novelista barcelonés Eduardo Mendoza empezó una insólita experiencia. Por encargo de EL PAÍS, escribió a diario un capítulo de la historia de un extraterrestre que aterrizó durante el verano 1990 en la propia periferia de la capital catalana.

Día a día, de lunes a sábado, entregó los episodios que fueron publicados en EL PAÍS. En este folletín ofreció, bajo la forma de ficción científica, una aguda e irónica mirada sobre la sociedad española.

(Durante la ausencia de Gurb, un extraterrestre que se esfumó justo tras el desembarco en Barcelona, su compañero de viaje anda buscándolo. Este es el diario del compañero de Gurb.)

Día 18

15.00 Regreso a casa. En la puerta del ascensor hay un letrero que dice: «No funciona». Se refiere sin duda al ascensor. Decido subir a pie.

15.02 Al pasar frente a la puerta del piso de mi vecina me detengo. En el interior suenan voces. Desmonto el timbre, me introduzco el cable eléctrico en las orejas y escucho. ¡Es ella! Al parecer, su hijo se muestra remiso a[1] ingerir un plato de verdura. Ella le insta a comer diciéndole que si no come no crecerá ni será fuerte como Supermán; por si estos argumentos no bastan, añade que si no se traga toda la coliflor en menos de cinco minutos le partirá[2] los dientes con el taburete de la cocina. Me avergüenzo de hollar[3] de este modo la intimidad de su hogar, dejo los cables colgando de la caja y continúo subiendo las escaleras.

15.15 Me como los 10 kilogramos de churros que he comprado. Me gustan tanto que, acabado el último, me como también el papel aceitado que los envolvía.

16.00 Tendido en la cama y con la vista clavada en el techo, del que cuelgan varias arañas grandes como melones, pienso en mi vecina. Por más que me devano los sesos[4] (que no tengo), no doy con la forma idónea[5] de abordarla. Llamar a su puerta e invitarla a cenar no me parece prudente ni oportuno. Tal vez la invitación debería ir precedida de un obsequio[6]. En ningún caso debo enviarle dinero, pero, si a pesar de todo decidiera enviárselo, mejor en billetes de banco que en monedas. Las joyas presuponen una relación más formal. Un perfume es un regalo delicado, pero muy personal; se corre el riesgo de no acertar el gusto de la persona a la que se desea obsequiar. Laxantes, emulsivos, apósitos, vermicidas[7], antirreumáticos y demás productos farmacéuticos, excluidos. Es muy probable que le gusten las flores y los animales domésticos. Podría enviarle una rosa y dos docenas de dobermans.

17.20 Me asalta el temor de que mi vecina tome cualquier regalo procedente de mí como un *atrevimiento*. Intento exterminar las arañas con Cucal[8].

17.45 Necesito ropa. Salgo a la calle. Me compro unas bermudas. Me darían un aspecto desenfadado si no salieran por debajo las perneras de los calzoncillos de felpa[9], pero la verdad es que no puedo prescindir de ellos[10], pues, aunque el clima es casi veraniego (y con tendencia a un ligero aumento de las temperaturas), mi metabolismo se adapta mal al cuerpo humano. Tengo siempre los pies helados, al igual que las pantorrillas y los muslos[11]; las rodillas, en cambio, me bullen, y lo mismo me sucede con uno de los glúteos[12] (con el

•••

otro, no); y así sucesivamente. Lo peor es la cabeza, quizá debido a la intensa actividad intelectual a que la someto de continuo. Su temperatura sobrepasa a veces los 150 grados centígrados. Para paliar este calor, llevo siempre un sombrero de copa[13], cuyo interior voy rellenando con cubitos de hielo que compro en las gasolineras, pero el remedio, por desgracia, es pasajero. En seguida el hielo se licúa, el agua hierve y la chistera[14] sale despedida con tal potencia que las primeras que tuve aún siguen en el aire (ahora ha mejorado el sistema sujetando el ala de la chistera al cuello de la camisa con una goma[15] resistente). También me he comprado tres camisas de manga corta (azul cobalto, amarilla, granate), unos mocasines de ante para llevar *sin* calcetines y un traje de baño floreado con que me han asegurado que me haré el *amo* de todas las piscinas. Que Dios les oiga.

19.00 De vuelta a casa, me quedo pensando frente a la televisión. Urdo un plan para trabar contacto con mi vecina sin despertar sus sospechas respecto de *mis* intenciones. Ensayo frente al espejo.

20.30 Voy a casa de mi vecina, llamo quedamente a su puerta con los nudillos, me abre mí vecina en persona. Me disculpo por importunarla a estas horas y le digo (pero es mentira) que a medio cocinar me he dado cuenta de que no tengo ni un grano de *arroz*. ¿Tendría ella la amabilidad de prestarme una tacita de *arroz*, añado, que le devolveré sin falta mañana por la mañana, tan pronto abran Mercabarna[16] (a las cinco de la mañana)? No faltaría más[17]. Me da la tacita de *arroz* y me dice que no hace falta que le devuelva el *arroz*, ni mañana, ni nunca, que para estas emergencias están los vecinos. Le doy las gracias. Nos despedimos. Cierra la puerta. Subo corriendo a casa y tiro el *arroz* a la basura. El plan está funcionando mejor de lo que yo mismo había previsto.

20.35 Vuelvo a llamar a la puerta de mi vecina. Me abre ella personalmente. Le pido dos cucharadas de aceite.

20.39 Vuelvo a llamar a la puerta de mi vecina. Me abre ella personalmente. Le pido una cabeza de ajos.

20.42 Vuelvo a llamar a la puerta de mi vecina. Me abre ella personalmente. Le pido cuatro tomates pelados, sin pepitas.

20.44 Vuelvo a llamar a la puerta de mi vecina. Me abre ella personalmente. Le pido sal, pimienta, perejil, azafrán.

20.46 Vuelvo a llamar a la puerta de mi vecina. Me abre ella personalmente. Le pido 200 gramos de alcachofas (ya hervidas), guisantes, judías tiernas.

20.47 Vuelvo a llamar a la puerta de mi vecina. Me abre ella personalmente. Le pido medio kilo de gambas peladas, 100 gramos de rape, 200 gramos de almejas vivas. Me da 2.000 pelas[18] y me dice que me vaya a cenar al restaurante y la deje en paz.

21.00 Tan deprimido que ni siquiera tengo ganas de comerme los 12 kilos de churros que me he hecho traer por un mensajero. Sal de fruta Eno[19], pijama y dientes. Antes de acostarme, entono las letanías a voz en cuello. Todavía sin noticias de Gurb.

Día 19

07.00 Hoy se cumplen diez días de la desaparición de Gurb y la efemérides, unida a los demás reveses de fortuna que he sufrido últimamente, acaba de abatir mi ánimo. Para combatir la depresión, me como los churros que dejé anoche y salgo de casa *sin* lavarme los dientes.

08.00 Me persono en la catedral con la intención de ofrecer un cirio a Santa Rita para que vuelva Gurb, pero al acercarme al altar, tropiezo y con el cirio prendo fuego al lienzo[20] que lo cubre. El siniestro es sofocado fácilmente, pero no antes de que resulten fritas dos ocas del claustro[21]. Mal presagio. [...]

11.00 Llego a una plaza formada por el derribo de varias manzanas[22]. En el centro se yergue una palmera tiesa y peluda como un mal bicho. Numerosos ancianitos desecándose al sol, a la espera de que sus familiares vengan a buscarlos. Los pobres no saben que muchos de ellos nunca serán recogidos, pues sus familiares han partido de crucero a los fiordos noruegos[23]. En algunos bancos todavía pueden verse los ancianitos abandonados el verano pasado, en avanzado estado de momificación, y los ancianitos abandonados hace 15 días, en una fase de acomodación al medio menos golosa. Me siento junto a uno de estos últimos y leo el suplemento literario de un periódico de Madrid que alguien, con idéntico criterio, ha dejado abandonado en el banco.

12.00 Invaden la plaza bandadas de niños recién salidos de los colegios. Juegan al aro, al diábolo y a la gallinita ciega[24]. El verlos me entristece aún más. En mi planeta no existe lo que aquí se denomina la infancia. Al nacer, nos introducen en nuestros órganos cogitativos la dosis necesaria (y autorizada) de sabiduría, inteligencia y experiencia; pagando un suplemento, nos introducen también una enciclopedia, un atlas, un calendario perpetuo, un número indefinido de recetas de cocina de Simone Ortega y la guía Michelin (verde y roja) de nuestro amado planeta. Cuando alcanzamos la mayoría de edad, y previo examen, nos introducen el código de la circulación, las ordenanzas municipales y una selección de las mejores sentencias del tribunal constitucional. Pero infancia, lo que se dice infancia, no tenemos. Allí cada uno vive la vida que le corresponde (y punto) sin complicarse la suya ni complicar la de los demás. Los seres humanos, en cambio, a semejanza de los insectos, atraviesan por tres fases o etapas de desarrollo, si el tiempo se lo permite. A los que están en la primera etapa se les denomina niños; a los de la segunda, currantes[25], y a los de la tercera, jubilados. Los niños hacen los que se les manda; los currantes, también, pero son retribuidos por ello; los jubilados también perciben unos emolumentos, pero no se les deja hacer nada, porque su pulso no es firme y suelen dejar caer las cosas de las manos, salvo el bastón y el periódico. Los niños sirven para muy poca cosa. Antiguamente se los utilizaba para sacar carbón de las minas, pero el progreso ha dado al traste con esta función. Ahora salen por la televisión, a media tarde, saltando, vociferando y hablando una jerigonza absurda. Entre los seres humanos, como entre nosotros, se da también una cuarta etapa o condición, no retribuida, que es la de fiambre[26], y de la que más vale no hablar.

14.30 Decido adoptar la apariencia de Manuel Vázquez Montalbán[27] y me voy a comer a Casa Leopoldo.

16.30 Vuelvo a casa. Llamo por teléfono al bar de la señora Mercedes y el señor Joaquín para preguntar al señor Joaquín cómo ha ido la operación de la señora Mercedes.

Contesta un individuo que dice ser un amigo del señor Joaquín, a quien sustituye en el bar mientras el señor Joaquín cumple la función (no retribuida) de acompañante de la señora Mercedes en el hospital donde ésta ha sido operada esta mañana. Le agradezco la información y cuelgo.

16.33 Vuelvo a llamar al bar y pregunto al individuo que cumple las funciones del señor Joaquín (en el bar) si la operación ha ido bien. Sí. La operación ha ido bien y el resultado ha sido calificado de satisfactorio por los facultativos. Le agradezco la información y cuelgo.

16.36 Vuelvo a llamar al bar y pregunto al individuo que cumple las funciones del señor Joaquín (en el bar) si se puede visitar a la señora Mercedes en el hospital donde convalece. Sí. A partir de mañana, de 10.00 a 13.00 y de 16.00 a 20.00 horas. Le agradezco la información y cuelgo.

16.39 Vuelvo a llamar al bar y pregunto al individuo que cumple las funciones del señor Joaquín (en el bar) en qué hospital se encuentra internada la señora Mercedes. En el hospital de Santa Tecla, sito en el barrio de Horta. Le agradezco la información y cuelgo.

16.42 Vuelvo a llamar al bar y pregunto al individuo que cumple las funciones del señor Joaquín (en el bar) si al hospital de Santa Tecla se puede ir en bicicleta. Me cuelga el teléfono antes de que yo tenga tiempo de agradecerle la información y él de dármela. Temperatura, 26 grados centígrados; humedad relativa, 74 por ciento; vientos flojos estado de la mar, llana.

17.00 Me tumbo a dormir una siestecita en el sofá, pero el calor aprieta y se me pega la ropa al cuerpo. Agrava la cosa el hecho de que el sofá esté tapizado de material plástico y que el contenido de los cojines sea también de material plástico, al igual que los muelles, las patas y todos los demás muebles y objetos de mi casa. La alternativa, esto es, productos de origen vegetal, como la madera y el algodón, o incluso *animal*, como la lana y la piel, me producen tal asco que sólo de pensarlo me dan arcadas. Me introduzco un zapato en la garganta y así evito devolver un condumio exquisito y ya pagado.

17. 10 Como no puedo dormir por culpa del calor, decido adoptar la apariencia del Mahatma Gandhi, lo cual me proporciona un atuendo cómodo y muy fresco y, de paso, un paraguas, que nunca viene mal en esta época del año.

Eduardo Mendoza, *Sin noticias de Gurb*, 1990.

1. *n'a pas envie de*
2. partir: *casser*
3. *j'ai honte de m'introduire ainsi dans*
4. *j'ai beau me creuser la cervelle*
5. *je ne trouve pas le bon moyen*
6. *un présent, un cadeau*
7. *laxatifs, émulsifiants, pansements, vermifuges*
8. *marque d'insecticide*
9. *les jambières des caleçons en éponge*
10. *je ne peux pas m'en passer*
11. *les mollets et les cuisses*
12. *l'une des fesses*
13. *un chapeau haut-de-forme*
14. *le haut-de-forme*
15. *un élastique*
16. *nom de supermarché*
17. *Mais bien sûr !*
18. *mot familier pour parler de l'argent (2000 pésètes)*
19. *il s'agit d'un médicament pour la digestion (bicarbonate de soude aromatisé au citron)*
20. *je mets le feu au tissu*
21. *mais sans pouvoir éviter que deux oies du cloître ne soient grillées*
22. *la démolition de plusieurs pâtés de maisons*
23. *fjords norvégiens*
24. *colin-maillard*
25. *ici, travailleurs*
26. *cadavre*
27. Escritor barcelonés (1939-2003).

Comentario

1. Apunta diferentes detalles reveladores de la condición de extraterrestre del narrador. Coméntalos.
2. Apunta detalles críticos de la sociedad española.
3. Comenta algunos detalles humorísticos.

Annexes

CONSEILS GÉNÉRAUX POUR LE BAC

1. L'oral au Baccalauréat

« Pour la LV1 et la LV2, **l'évaluation de l'oral** représente la moitié de la note totale du candidat. Cette évaluation se déroule pendant le temps scolaire. **Deux** situations d'évaluation sont organisées pour **chacune des deux langues**. Le niveau attendu en référence à l'échelle de niveaux du CECRL est B2 « niveau avancé ou indépendant » pour la langue choisie en LV1 et B1 « niveau seuil » pour la langue choisie en LV2 ».

B.O. n°43 du 24 novembre 2011

1-La compréhension de l'oral (LV1 et LV2)

• **Durée:** 10 minutes (le temps d'écoute n'est pas inclus dans cette durée)

« Cette évaluation a lieu dans le cadre habituel de formation de l'élève. Elle est annoncée aux élèves. Les enseignants l'organisent au cours du deuxième trimestre de l'année de terminale sur des supports, audio ou vidéo, qu'ils sélectionnent en fonction des équipements disponibles dans les lycées et des apprentissages effectués par les élèves. Elle s'appuie sur des documents enregistrés liés aux notions du programme mais non étudiés précédemment en classe.

Il pourra s'agir de monologues, de dialogues, de discours, de discussions. Il pourra s'agir d'extraits d'émissions de radio, de documentaires, de films, de journaux télévisés. Il ne s'agira en aucune façon d'enregistrements issus de manuels ou de documents conçus pour être lus. La durée de l'enregistrement n'excédera pas une minute trente. Le professeur peut également choisir d'évaluer les candidats à partir de deux documents. Dans ce cas, la longueur n'excédera pas une minute trente pour l'ensemble des documents et on veillera à ce qu'ils soient de nature différente : dialogue et monologue.

Le titre donné à l'enregistrement est communiqué aux candidats.

Les candidats ont trois écoutes de l'enregistrement, séparées chacune d'une minute. Ils peuvent prendre des notes pendant chaque écoute. Ils disposent ensuite de **dix minutes** pour **rendre compte par écrit en français** de ce qu'ils ont compris, sans exigence d'exhaustivité ».

B.O. n°43 du 24 novembre 2011

Conseils

- Pendant l'écoute de l'enregistrement ou le visionnage de la vidéo, il est conseillé de ne pas écrire afin de bien entendre la totalité du message. C'est seulement pendant la pause entre les différentes écoutes que tu peux prendre quelques notes.
- Ensuite, pour rendre compte en français, procède de façon ordonnée: ce que tu écris devra être organisé.
- En introduction, indique les éléments essentiels pour présenter l'enregistrement: ce que tu sais de son origine (de quelle radio il s'agit – s'il s'agit d'une radio –, de quelle émission, de quel programme, à quelle date il a été fait, dans quel pays...) et le sujet général qu'il traite.
- Ensuite, tu peux donner le «plan» du document (par ex.: d'abord une présentation du locuteur, puis une interview de X personnes qui sont... puis une information sur..., etc.). Présente les différents points qu'il développe (par ex.: il informe les auditeurs à propos de... il soulève le problème de... il présente un débat sur... Il fait le point sur les événements qui...). Si le document est une vidéo, tu peux dire en quoi les images correspondent, ou non, à la bande son.

Pour finir, tu peux donner ton avis sur la portée du document, dire pourquoi il est intéressant... Mais cela devra être fait très brièvement car le but de cet exercice est de permettre au correcteur d'évaluer ce que tu as compris et non ta capacité à commenter un document.

Prends le temps nécessaire pour une relecture attentive afin d'éviter, notamment, les fautes d'étourderie. Le texte que tu produis doit être rédigé en français correct: adopte un ton neutre et objectif, évite toute familiarité et bannis les expressions relâchées.

2-L'expression orale (LV1 et LV2)

- **Durée :** 10 minutes
- **Temps de préparation :** 10 minutes

« Les enseignants organisent cette évaluation au dernier trimestre de l'année de terminale. Elle est annoncée aux candidats. Le candidat tire au sort **une des notions du programme étudiées** dans l'année. Après **10 minutes de préparation**, il dispose d'abord de **5 minutes** pour **présenter** cette notion. Cette **prise de parole en continu** sert d'amorce à une **conversation** conduite par le professeur, qui prend appui sur l'exposé du candidat. Cette phase **d'interaction** n'excède pas **5 minutes** ».

B.O. n°43 du 24 novembre 2011

Conseils

Pour présenter les notions, tu trouveras dans ton manuel, à la fin de chaque dossier, dans la page «Bilan», des éléments utiles pour une prise de parole en continu.

Il ne s'agit pas de faire une explication des textes et documents du dossier mais de dire comment tu as abordé en classe telle ou telle notion.

Donne le titre des différents documents étudiés. Présente la spécificité de chacun d'eux: genre (roman, article, théâtre, blog, etc.), point de vue (témoignage, intérêt documentaire, dénonciation, exemple, etc.), tonalité (humour, gravité, optimisme, pessimisme, neutralité, etc.).

Explique quels étaient les liens avec la notion étudiée.

Dis si tu as préféré tel ou tel document et pourquoi.

Conclue en précisant quel a été pour toi l'intérêt de cette étude.

Critères d'évaluation

Pendant les 5 premières minutes, tu seras évalué sur ta capacité à t'exprimer en continu. Il te faudra donc t'efforcer de produire un discours argumenté pour présenter la notion et exprimer ton point de vue. Pour cela, il faudra prendre appui sur les documents du dossier et ne pas hésiter à citer des exemples pour illustrer ton propos.

Pendant les 5 minutes de conversation qui suivront cette première phase, tu seras évalué sur ta capacité à prendre part à une conversation. Il conviendra donc d'échanger avec l'examinateur. N'hésite pas à te reprendre si tu penses ne pas avoir été bien compris, à reformuler ton propos. Réagis aux suggestions et remarques de l'examinateur et n'hésite pas, comme dans une conversation, à donner ton opinion.

N'oublie pas que, pendant ces deux phases, le niveau de la langue que tu parles est évalué. Essaie de varier ton vocabulaire et les formulations utilisées. Pour te préparer, entraîne-toi en utilisant le lexique qui est proposé dans les pages «Bilan» du manuel.

2. Épreuve orale obligatoire de littérature étrangère (Série L)

- **Temps de préparation:** 10 minutes (qui s'ajoutent aux 10 minutes de temps de préparation de l'oral auquel il est accolé) • **Durée de l'épreuve:** 10 minutes maximum

« Le candidat a choisi **deux** des thématiques du programme de littérature étrangère en langue étrangère et a constitué pour chacune d'elles **un dossier** composé de **trois textes** extraits d'une ou plusieurs œuvres étudiées (roman, théâtre, poésie). Il y a ajouté tout document qui lui semble pertinent pour analyser la réception de la ou des œuvre(s) (extrait de critique, adaptation, illustration iconographique, etc.). L'examinateur choisit l'une de ces thématiques.
Le candidat dispose d'abord de 5 minutes pour présenter le dossier portant sur la thématique choisie par l'examinateur et pour justifier son choix de documents.
Cette prise de parole en continu sert d'amorce à une conversation conduite par l'examinateur, qui prend appui sur l'exposé du candidat. Cette phase d'interaction n'excède pas 5 minutes ».

B.O. n°43 du 24 novembre 2011

Conseils

- Pour cette épreuve, il convient, tout d'abord, de présenter le dossier en précisant de quels textes il est composé et en précisant les particularités de chacun d'eux.
- Tu peux ensuite expliquer en quoi chacun des textes illustre la thématique sur laquelle tu es interrogé. Précise quels sont les enjeux, la portée des différents textes. Il est important de situer chacun d'eux dans le contexte littéraire mais aussi dans le contexte historique de l'époque.
- Pour conclure, dégage la portée des différents textes et dis ce que tu sais de l'influence qu'ils ont eue sur leurs contemporains et jusqu'à aujourd'hui. Dis aussi si, à ton avis, ces textes ont encore un impact sur les lecteurs d'aujourd'hui...
Enfin, donne ton point de vue sur ces œuvres et explique ce que tu as aimé ou ce que tu as moins apprécié.
- Les différentes rubriques des fiches de présentation des auteurs proposées dans le manuel te permettront de traiter ces différents points.

3. L'épreuve écrite

1-Compréhension de l'écrit

Durée de l'épreuve

- **En séries ES, S :** LV1: 3 heures; LV2: 2 heures • **En série L :** LV1 et LV2: 3 heures
- **En séries STI2D, STD2A, STG, ST2S, STL :** LV1 et/ou LV2: 2 heures

L'épreuve du baccalauréat comporte **un exercice de compréhension de l'écrit** noté sur 10 points.

Pour l'épreuve de LV1

– identifier le sujet ou la thématique générale des différents documents
– repérer dans un ou plusieurs documents les informations importantes relatives à un thème ou une problématique donnés
– comprendre les événements ou informations essentiels présents dans les documents
– comprendre les liens logiques, chronologiques ou thématiques entre les informations ou événements relatés ou évoqués dans les documents
– comprendre les motivations et réactions des personnages, du narrateur ou de l'auteur quand elles sont clairement exprimées
– comprendre les conclusions d'une argumentation
– comprendre les détails significatifs d'un document informatif ou factuel
– percevoir les points de vue, les opinions, les contrastes dans les documents et/ou dans leur mise en relation

Pour l'épreuve de LV2

– identifier le sujet ou la thématique générale des différents documents

– repérer dans un ou plusieurs documents des informations importantes relatives à un thème ou une problématique donnés

– comprendre les événements ou informations essentiels présents dans les documents

– comprendre les liens logiques, chronologiques, thématiques entre les informations ou événements relatés ou évoqués dans les documents

– comprendre les motivations et réactions des personnages, du narrateur ou de l'auteur quand elles sont clairement exprimées

– comprendre les conclusions d'une argumentation

B.O. n°43 du 24 novembre 2011

2-Expression écrite

L'épreuve écrite comporte **un exercice d'expression écrite** noté sur 10 points.

Pour l'épreuve de LV1

À partir des indications données, le candidat rédige un ou plusieurs textes construits, prenant appui sur des événements, des faits ou des prises de position qu'il aura identifiés dans les documents servant de support à l'épreuve de la compréhension.

Est évaluée essentiellement l'aptitude du candidat à rédiger, dans une langue correcte et directement compréhensible, un ou des textes cohérents et clairement articulés. (niveau B1 du CECRL)

Le candidat construit une argumentation personnelle à propos d'un thème en relation avec les documents servant de supports à l'évaluation de la compréhension de l'écrit ou à partir d'un nouveau document « tremplin » en relation thématique avec les documents-supports de la compréhension écrite, et qui permet de contextualiser et de nourrir l'expression.

Est évaluée essentiellement l'aptitude du candidat à exprimer de façon nuancée et argumentée une opinion ou un avis, en présentant clairement, dans une langue correcte aussi précise que possible, les avantages ou les inconvénients d'une proposition, les points forts et les limites d'une prise de position.

(niveau B2 du CECRL)

Pour l'épreuve de LV2

À partir des indications données, le candidat rédige un ou plusieurs textes construits, prenant appui sur des événements, des faits ou des prises de position qu'il aura identifiés dans les documents servant de support à l'épreuve de la compréhension.

Est évaluée essentiellement l'aptitude du candidat à rédiger, dans une langue correcte et directement compréhensible, un ou des textes cohérents et clairement articulés. (niveau B1 du CECRL)

Conseils

• Pour les épreuves écrites, le sujet sera composé le plus souvent de **deux ou trois documents**.

• Avant de lire les questions, pour **chaque texte**, lis le nom de l'**auteur**, le **titre** de l'**ouvrage**, la **date** de publication. Cela te permettra de situer les documents dans leur contexte et de voir s'il s'agit d'extraits de roman, de presse, de blog, etc. Cela te permettra aussi de voir quels liens peuvent exister entre ces différents documents.

S'il y en a un, lis attentivement le **chapeau d'introduction** au(x) texte(s). Il fournit généralement des indications utiles à la compréhension.

• Lis ensuite le(s) texte(s). Si des mots de vocabulaire sont inconnus (ce qui est normal) et qu'il n'y a pas de note de vocabulaire, essaie de déduire le sens par le contexte (sens de la phrase et sens général).

• Dans un troisième temps, lis attentivement les questions posées. Elles te donnent des indications utiles pour orienter ta deuxième lecture.

• C'est seulement après la deuxième lecture attentive que tu pourras commencer à traiter les questions.

Pour chacune des questions, souligne ou surligne les éléments de réponse sur lesquels tu vas pouvoir t'appuyer pour répondre. Ces éléments pourront être cités pour étayer ton propos.

Durée : 3 heures

Sujet

Texto 1

Abuelas de Plaza de Mayo

El 24 de marzo de 1976 las Fuerzas Armadas usurparon el gobierno constitucional en la República Argentina por medio de un golpe de estado. Desde ese momento, el régimen militar, que se autodenominó «Proceso de Reorganización Nacional», llevó adelante una política de terror. La «desaparición», forma predominante a través de la cual ejerció la represión política, afectó a 30.000 personas de todas las edades y condiciones sociales que fueron sometidas a la privación de su libertad y a la tortura, y entre ellas a centenares de criaturas secuestradas con sus padres o nacidas en los centros clandestinos de detención a donde fueron conducidas las jóvenes embarazadas.

La cantidad de secuestros de niños y de jóvenes embarazadas, el funcionamiento de maternidades clandestinas, la existencia de listas de familias de militares en «espera» de un nacimiento en esos centros clandestinos y las declaraciones de los mismos militares demuestran la existencia de un plan preconcebido no sólo de secuestro de adultos sino también un plan sistemático de apropiación de niños.

Los niños robados como «botín de guerra» fueron inscriptos como hijos propios por los miembros de las fuerzas de represión, dejados en cualquier lugar, vendidos o abandonados en institutos como seres sin nombre N.N. De esa manera los hicieron desaparecer al anular su identidad, privándolos de vivir con su legítima familia, de todos sus derechos y de su libertad.

La Asociación Civil Abuelas de Plaza de Mayo somos una organización no-gubernamental que tiene como finalidad localizar y restituir a sus legítimas familias todos los niños secuestrados desaparecidos por la represión política, y crear las condiciones para que nunca más se repita tan terrible violación de los derechos de los niños, exigiendo castigo a todos los responsables.

www.abuelas.org.ar

Texto 2

Mi vida está rota

María Eugenia: Creo que comprenderás por qué no inicio esta carta con «querida mamá», como cuando lo hacía desde la lejanía de mis antiguas vacaciones. A esta altura[1], vos y yo sabemos (vos lo supiste siempre; yo, tan sólo hace tres años) que no sos mi mamá, como tampoco Pedro Luis era mi padre. Ahora que él murió, me da un poco de pena saber que has quedado irremediablemente sola. Pero mucha más pena me dan mis padres verdaderos. Sé de buena fuente, como vos, que desde un avión los arrojaron al mar.

Questions

I-COMPRÉHENSION

A. Contesta en español.

Texto 2

1. ¿Cómo se llama la joven?
a. María Eugenia. b. Paulina. c. No se sabe.

2. ¿Cuántos años tiene?

3. ¿Quién es María Eugenia?
a. Una joven.
b. La madre que adoptó clandestinamente a una niña.
c. La verdadera madre de la niña.

4. ¿Era Pedro Luis el verdadero padre de la joven?
Apunta una frase que permita justificar tu respuesta.

5. Elige la respuesta correcta.
a. Los verdaderos padres de la joven fueron asesinados.
b. Los verdaderos padres están en la cárcel.
c. Los verdaderos padres viven en el campo.
Cita la frase que lo revela.

6. Elige la frase correcta y apunta una frase del texto que justifique tu respuesta.
a. Según la joven, el cariño de María Eugenia era más sincero que el de Pedro Luis.
b. Según la joven, el cariño de Pedro Luis era más sincero que el de María Eugenia.
c. Según la joven, ninguno de los dos era sincero.

B. Réponds en français.
(Environ 5 lignes)

7. *Relève dans le texte 2 une phrase qui pourrait correspondre à la photo. Explique pourquoi.*

Conseils généraux pour le bac p. 214

Sujet bac 1

Ahora que reconstruyo nuestros ambiguos quince años de vida en común, puedo rememorar la extraña mirada que en ciertas ocasiones (cada vez con menos frecuencia) me dedicabas; una mirada que entonces sólo me provocaba extrañeza, pero que ahora puedo (o tal vez quiero) imaginar que quería decir: «He usurpado el puesto de otra» o «Creo que me quiere pero no lo merezco» o «Algún día me la quitarán». ¿Era así?

Mis abuelos me quieren, me miman, me hablan de mis padres, tratan de crear en mí un nuevo estímulo para vivir, pero a mis 18 años actuales debo confesarte que mi vida está rota… Tengo en mi mesa de noche la foto de mis padres y sé que vengo de ellos y de nadie más. Las zalamerías[2] de Pedro Luis siempre me sonaron a hipocresía y mi memoria no las olvida pero las rechaza. Creo en cambio que tus señales de cariño eran sinceras y las conservo como algo positivo en medio de una situación tramposa[3]. Quizá algún día junte fuerzas para volver a verte, pero por ahora, no. Después de todas las comuniones, misas y homilías a que me llevaste, no sólo me he quedado sin padres sino también sin Dios. Me gustaría que me contaras qué le decías a tu confesor. Y sobre todo qué te decía él. ¿Haberse apropiado de una hija de padres desaparecidos y/o asesinados por tu gente, es un pecado mortal o venial[4]?
Un chau. PAULINA.

Mario Benedetti, *Buzón de tiempo*, 1999.

1. *maintenant* 2. las zalamerías: *les cajôleries* 3. *trompeuse*
4. *véniel [Dans la religion catholique, les péchés peuvent être plus ou moins graves (mortels ou véniels)].*

Foto

Buenos Aires, Argentina, abril de 2010.

Questions (suite)

II-EXPRESSION

1. Comenta la frase siguiente de Paulina (en el texto 2): «a mis 18 años actuales debo confesarte que mi vida está rota…» (Unas 12 líneas)

2. Explica cuál es el punto común entre el texto 1 y el texto 2 y di en qué son diferentes. (Unas 15 líneas)

Séries ES, S
LV2
Séries STI2D, STD2A, STG, ST2S, STL
LV1 et LV2

Durée : 2 heures

Sujet

Texto

Hace un calor horrible

Daniel apoyó la acalorada frente en el cristal de la ventana y miró hacia abajo: una alfombra de luces titilaba en la oscuridad. Estaban en el piso veintiséis y el ventanal del modernísimo rascacielos se extendía desde el techo al suelo, de manera que arrimarse a la pared transparente producía una sensación vertiginosa.

Detrás de él, Marina parloteaba con una voz aguijoneada por el alcohol, demasiado chillona. Se la escuchaba feliz, y Daniel envidió una vez más su facilidad para disfrutar charlando de tontunas. Era Nochebuena y estaban cenando en la casa del hermano de Marina, un lujoso y recién estrenado piso situado en las nuevas torres de Madrid. Una docena de personas, entre familiares y amigos, paladeaban sus copas de sobremesa hundidos en sofás italianos de color verde pistacho. Daniel se dejó caer en una dura y complicada silla de diseño que debía de costar más que la suma de tres meses de su sueldo.

–Hace un calor horrible. ¿Por qué no abrís un poco la ventana? –soltó en un tono demasiado alto que cortó la conversación como un cuchillo.

Su cuñado[1] se volvió hacia él con ese gesto de simpática y condescendiente paciencia que Daniel tanto detestaba.

–¿Te parece que hace calor? Es posible. ¿Los demás también sentís lo mismo?

–Venga, abre de una vez –gruñó Daniel.

El dueño le dedicó una sonrisa estrecha y algo forzada.

–No se puede abrir, Daniel. Aquí las ventanas no se abren. Es un edificio inteligente.

–¿Inteligente, dices? ¡Vaya estupidez! ¿De manera que estáis encerrados aquí como mariposas dentro de una caja?

–Es que no hay ventanas. Son paredes de cristal. ¿Cómo quieres que se abran? –intervino la mujer del hermano con gesto altivo.

–Siempre poniendo la nota agradable, Daniel. Siempre tan positivo. Da gusto salir contigo –ladró Marina ácidamente desde el otro lado de la habitación.

–Tranquilo, hay un sistema de ventilación y climatización perfecto. Lo pongo en marcha y ya está –se apresuró a apaciguar el cuñado, dirigiendo un mando a distancia hacia el techo del salón.

–Lo increíble es que el 24 de diciembre haga el calor que está haciendo. Da hasta un poco de miedo –comentó el cuñado, tal vez para distender el ambiente.

–Sí, sí, nos estamos cargando[2] el planeta –dijo con enfervorecida pasión una mujer llena de tintineantes pulseras que era corredora de seguros[3] y conducía por Madrid el todoterreno[4] más grande y más contaminante de la ciudad.

–Bueno, en realidad no nos estamos cargando el planeta, sino nuestra civilización –especificó el cuñado con cierta pedantería–. Al planeta no le va a pasar nada, se reajustará y seguirá existiendo. Pero las inundaciones y la desertización provocadas por el deshielo y el calentamiento harán que millones y millones de personas vayan subiendo hacia el norte... Habrá guerras y matanzas y horribles hambrunas. Dicen que a finales de este siglo sólo quedarán unos cuantos cientos de millones de personas viviendo en el Polo Norte. Que para entonces será como Asturias, un sitio de praderas verdes y clima templado.

Rosa Montero, *Instrucciones para salvar el mundo*, 2008.

Conseils généraux pour le bac p. 214

1. *beau-frère*
2. Nos estamos cargando = estamos matando, estamos destruyendo
3. corredora de seguros: *employée dans une compagnie d'assurances*
4. *véhicule tout-terrain, 4x4*

Dibujo

Questions

I-COMPRÉHENSION

A. Contesta en español.

1. Apunta dos expresiones del texto que indican que la escena se desarrolla en un edificio de construcción muy reciente.

2. En el apartamento, hay un ambiente festivo. Cita dos detalles que lo indican.

3. Di si cada una de las dos frases es verdadera o falsa y cita elementos que justifiquen tu respuesta.
a. Marina le hace reproches a Daniel.
b. Daniel y el cuñado son dos personas que no se aprecian.

4. Sin comentar, di si te parece el cuñado verdaderamente consciente de la situación del planeta. Apunta un detalle para justificar tu respuesta.

B. Réponds en français.
(Environ 5 lignes)

5. *Explique quel est le point commun entre le dessin de Kike et le texte de Rosa Montero.*
Dis quelle phrase du texte pourrait correspondre à ce dessin.

II-EXPRESSION ÉCRITE

Comenta la frase siguiente: «Sí, sí, nos estamos cargando el planeta –dijo con enfervorecida pasión una mujer llena de tintineantes pulseras que era corredora de seguros y conducía por Madrid el todoterreno más grande y más contaminante de la ciudad». (Unas 12 líneas)

Sujet bac 3

Séries L, ES, S

LV1

Durée : 3 heures

Sujet

Texto 1 — Aprendiza de periodista

Teresa recuerda su vida, en los años 1980.

Entré en el periodismo, más que por la puerta de atrás, por una ventana. La recomendación de Ceferino Quirós (un amigo de mi tío) me introdujo en un periódico como aprendiza de todo y nada a la vez. Con la excusa de que debía aprender el oficio desde abajo, el jefe de sección hizo de mí una perfecta chica para casi todo. La más rápida en llevar cafés, la más eficiente para cortar teletipo[1], la que escogía los mejores bocadillos, la más predispuesta a mancharse las manos de tinta para cambiar las cintas de las máquinas de escribir. A cambio de tanta dedicación, de tarde en tarde me permitían escribir alguna gacetilla[2].

Mis apasionantes labores periodísticas eran condimentadas además con un descarado[3] machismo por parte de mis compañeros de trabajo. Sólo había tres mujeres más en el periódico y yo era la única joven. Cómo describir esas miradas de lascivia esquinada[4], esas frases con doble sentido destinadas a ruborizarme[5], ese brazo protector sobre los hombros. Un sueldo miserable, un trabajo miserable.

Mis primeros meses en Barcelona fueron una sucesión de momentos desagradables para la que no tenía más antídoto que el cine: me hice asidua visitante de las salas de sesión continua en las que transcurría mi tiempo de ocio. Era una diversión barata, segura y confortable. Después de pagar la pensión, el metro, hasta el periódico y las dos comidas diarias, no me quedaba suficiente dinero para otro tipo de pasatiempos.

Tino Pertierra, *El secreto de Sara*, 1996.

1. el teletipo: *le téléscripteur* 2. *un court article* 3. *éhonté* 4. *ces regards lascifs et en coin* 5. *me faire rougir*

Texto 2 — Una reportera colombiana

La narradora trabaja en la revista colombiana «Somos».

A las ocho de la mañana de un lunes corriente, entré de pésimo humor a la sala de redacción de la revista *Somos*, donde trabajaba como reportera. Tenía la certeza de que mi jefe me daría una orden que no quería oír. Sabía que me mandarían a cubrir el reinado nacional de belleza[1], que estaba por empezar en la ciudad de Cartagena. De todas mis obligaciones en *Somos*, el reinado era por mucho lo peor. Era una tarea desapacible entrevistar treinta muchachas con talles de avispas[2] y cerebros del mismo animal. Reconozco que también me lastimaban[3] el orgullo su mucha juventud y sus pocos kilos.

Para colmo, las reinas se esforzaban por fomentar una imagen simpática y descomplicada, a todo el mundo trataban de tú, repartían besos, derrochaban jovialidad. Entré, pues, a la redacción murmurando maldiciones, porque sabía demasiado bien que sería imposible conseguir otro trabajo estable, así que de ninguna manera podría renunciar.

Laura Restrepo, *Dulce compañía*, 1997.

1. *le concours national des reines de beauté* 2. *guêpes* 3. lastimar: *blesser*

Texto 3

Mujeres periodistas en Latinoamérica

Conseils généraux pour le bac p. 214

En Latinoamérica y el Caribe hay 60 mil mujeres periodistas. Aunque ha aumentado la presencia de la mujer en los medios de comunicación, incluso en cargos de dirección en Latinoamérica y el Caribe, esto no se ha dado en todas las áreas. Continúan existiendo prejuicios masculinos y dificultades a la hora de abordar temas de género[1].

El problema principal es que, en Latinoamérica, la mujer sigue siendo identificada como un producto que vende, una cara bonita que atrae más audiencia en las noticias. Se sigue menospreciando su trabajo en las calles, cuando muchas están exponiendo sus vidas para trasladar la información.

La situación de la mujer periodista en Latinoamérica dista mucho[2] de ser comparable a la del hombre periodista. Los discursos machistas, en los que el hombre sigue teniendo el poder y la última palabra en cualquier situación, siguen vigentes[3] en nuestros días. El problema principal al que se enfrentan las mujeres hoy en día, es la valoración de sus aptitudes y su trabajo. Su imagen sigue siendo la de ama de casa, débil, compasiva y dependiente. Y, mientras esos tópicos no se extraigan de la opinión popular, el avance será imposible.

En Europa ya se han vencido algunos obstáculos que en América Latina siguen insalvables. Quizá mirar un poco al exterior y aprender de los logros de otras colegas sería una buena ayuda para su situación. Pero, una vez más, la decisión está en sus manos. Mientras se siga aceptando esa situación, no podrá haber ningún atisbo de cambio[4].

www.rincondelvago.com

1. *sujets sur les relations entre les hommes et les femmes* 2. *est encore loin* 3. *existent toujours*
4. *le moindre début de changement*

Questions

I-COMPRÉHENSION

A. Contesta en español.

1. Di si cada una de las afirmaciones es verdadera o falsa. Justifica con una frase sacada del texto.

a. En los tres textos, las mujeres son periodistas latinoamericanas.

b. Los hombres periodistas reconocen las aptitudes de las mujeres periodistas.

c. En América Latina, el número de mujeres periodistas va aumentando.

d. En los medios de comunicación, se aprecia sobre todo a las mujeres por su aspecto físico.

2. En el texto 1, di si le satisface su trabajo a la periodista. Justifica con dos detalles del texto.

3. *«Continúan existiendo prejuicios masculinos»* (texto 3, l. 3-4). Apunta una frase del texto que pueda justificar esta afirmación.

B. Réponds en français.
(Environ 5 lignes)

4. *Dis pourquoi, dans le texte 2, la journaliste n'aimait pas l'interview qu'elle allait devoir faire.*

5. *Résume, en une phrase ou deux, la conclusion proposée dans le texte 3.*

II-EXPRESSION

1. Analiza y comenta la situación de las dos periodistas en los textos 1 y 2. (Unas 15 líneas)

2. ¿Te parece importante que trabajen mujeres en el periodismo? Explica por qué.
¿Te gustaría a ti ser periodista? Di por qué. (Unas 15 líneas)

Sujet bac 4

Série L
LV2

Durée : 3 heures

Sujet

Texto 1

La lectura es un gusto sencillo

La escena pasa en Barcelona. El periodista Carlos Bey está en la Biblioteca Central.

Conocía a la mujer que limpiaba la habitación de Llor, y que según supo había limpiado también algunas veces el piso de la Pau.
Una simple mujer de hacer faenas…
¿Qué papel jugaba ella en un sitio como la Biblioteca Central?
–No imaginaba encontrarla aquí. Qué sorpresa más agradable, de verdad… ¿Viene usted mucho a la biblioteca?
–Siempre que puedo. ¿Pero por qué se sorprende?
–No, si no es realmente una sorpresa… Me he expresado mal. Es que pensaba que usted tenía… digamos, unos gustos más sencillos.
–La lectura es un gusto sencillo.
–Pero no la lectura de Marcuse[1] –dijo.
–Si quiere que le diga la verdad, lo encuentro bastante aburrido.
–¿Quién se lo recomendó?
–Supe que era una especie de manual para muchos jóvenes, y por eso sentí curiosidad. Los jóvenes me interesan. Pero me doy cuenta de que estoy leyendo a Marcuse cuando Marcuse ya ha sido superado, cuando ya pertenece un poco a otra época.

Francisco González Ledesma, *Las calles de nuestros padres*, 2006.

1. Marcuse: sociólogo canadiense.

Texto 2

Yo no sé escribir

Germán, un amigo de mi padre, está muy enamorado de su mujer. Lleva más de treinta años casado con Encarna y resulta incluso ridículo lo atento y romántico que es siempre con ella. Hasta hace dos meses, cada mañana le escribía un poema, y se lo dejaba casualmente en cualquier rincón de la casa. A pesar de la costumbre y la repetición sistemática, a Encarna le emocionaba muchísimo encontrarlos. Lloraba siempre y abrazaba a su marido con una pasión bastante sincera. Aquello la mantenía enamorada.
A Germán eso le parecía estupendo, claro está, pero había un problema, algo que le impedía dormir y que le generaba inmensos sentimientos de culpa: los poemas no eran suyos. Los copiaba de los grandes poetas de la literatura universal. Plagiaba, sobre todo, a Pedro Salinas, a Ángel González, a Goytisolo y Rubén Darío.
El pasado día 5 de junio, Germán no pudo más. Telefoneó desesperado a mi padre para decirle que iba a soltarle la verdad a su amada Encarna. Argumentaba que en realidad su mujer no podía estar enamorada de él, sino de los poetas que él había plagiado en los últimos años.

Conseils généraux pour le bac p. 214

Sujet bac 4

Mi padre le recomendó que no le dijera nada, que lo hecho hecho está, pero su amigo no le hizo caso y colgó.

A la mañana siguiente, Germán se levantó media hora antes que su esposa. La esperó en la cocina, fumando nervioso, y cuando ella entró para prepararse un café, él la miró avergonzadísimo y le dijo: «Encarna de mi vida, tengo que confesarte algo». Con la cara aún hinchada por el sueño, ella quiso saber qué pasaba. Y Germán se lo dijo: «Los poemas que te escribo desde hace treinta años no son míos. Los he copiado de unos libros. Son poesías de gente que sabe expresarse bien. Yo no sé escribir. Soy un fraude, cariño. Soy una estafa[1]. Perdóname».

Encarna estuvo en silencio treinta segundos, respiró profundamente, miró a su marido y le dijo algo que ninguno de los dos olvidará jamás: «Germán de mi vida, también he de confesarte algo. Yo no sé leer».

Juan Carlos Ortega, *El País*, 08/08/2007.

1. *une escroquerie*

Questions

I-COMPRÉHENSION

A. Contesta en español.

Texto 1

1. ¿Quién era la mujer de la que se habla en el texto?
a. Era bibliotecaria.
b. Era la señora de la limpieza.
c. Era periodista.

2. Di si cada afirmación a propósito de la mujer es verdadera o falsa. Justifica tus respuestas citando el texto.
a. Viene por primera vez a la biblioteca.
b. La lectura de Marcuse le parece muy interesante.
c. Le atraen los temas relativos a la juventud.

Texto 2

3. Di si cada afirmación es verdadera o falsa. Justifica tus respuestas citando el texto.
a. Germán era un excelente poeta.
b. El amigo de Germán le aconsejó a su amigo que se lo explicara todo a su esposa.
c. Germán no sabía leer.
d. A la esposa de Germán le encantaba leer poesía.

B. Réponds en français.
(Environ 5 lignes)

Textes 1 et 2

4. *La tonalité des deux textes est très différente. Définis le ton de chacun.*

II-EXPRESSION

1 ligne = 10 mots

1. Haz una presentación de la mujer en el texto 1 y en el texto 2. Di en qué son diferentes. (Unas 15 líneas)
¿Cuál de las dos situaciones es inverosímil? Explica por qué.

2. Di lo que representa la lectura para ti dando algunos ejemplos. (Unas 12 líneas)

CRONOLOGÍA

ESPAÑA

1898 Desastre de **Cuba**. España pierde sus últimas colonias (Cuba, Puerto Rico y Filipinas) en una guerra contra Estados Unidos.

1931 Segunda República.
La **izquierda republicana** gana las elecciones, y proclama la **República** el 14 de abril.

1936 **Elecciones**: victoria del **Frente Popular**.

1936-1939 Guerra civil.
18 de julio de 1936: empieza la guerra civil. Los **Nacionalistas** (tropas franquistas + ayuda alemana e italiana) luchan contra los **Republicanos** (ayudados por las **Brigadas Internacionales** y la Unión Soviética).

1939-1975 Dictadura.
Francisco Franco se proclama «Caudillo de España por la Gracia de Dios». Empieza un largo período de aislamiento político para España.

1975 **Muerte de Franco** después de 36 años de dictadura. Don **Juan Carlos de Borbón** es Rey de España.

1977 Legalización de todos los partidos políticos. Regreso de muchos exiliados. Elecciones democráticas el 15 de junio para designar una asamblea.

1978 Democracia.
Nueva Constitución aprobada por referéndum. España es una **monarquía parlamentaria** dividida en 17 comunidades autónomas. El Rey de España se define como jefe del Estado, símbolo de su unidad y de su continuidad.

1981 **23-F** (23 de febrero). Fracasa el golpe de Estado del coronel Tejero gracias a la intervención del Rey.

1986 España ingresa en la CEE.

1999 España forma parte de la zona Euro.

2004 Madrid: atentados del **11-M.**

Los atentados fueron una serie de ataques terroristas coordinados en trenes de cercanías en Madrid, en la mañana del 11 de marzo del año 2004. Fueron reinvidicados por Al Qaeda.

2004 **José Luis Rodríguez Zapatero** es nombrado Presidente del gobierno.

2008 Empieza una fuerte crisis económica (tasa de desempleo 2011: 21%).

En 2010 España ganó la **Copa Mundial de fútbol**.

20 de noviembre de 2011 el **Partido Popular** dirigido por **Mariano Rajoy** gana las elecciones generales.

Puerto de Barcelona.

Nombre oficial	España
Región	Europa
Superficie	504.783 km²
Población	47.021.031 habitantes
Densidad de población	93 hab./km²
Esperanza de vida	81,2 años
Analfabetismo	2,1 %
Lengua	Español
Capital	Madrid
Régimen político	Monarquía parlamentaria
Jefe del Estado	Juan Carlos I de España
Presidente de Gobierno	Mariano Rajoy
Fiesta nacional	12 de octubre
Lema	*Plus Ultra*
Moneda	Euro

Plaza de Las Cortes, Madrid.

CRONOLOGÍA

AMÉRICA DEL NORTE

MÉXICO

1910-1917 Período revolucionario.

1911 Se acaba la dictadura de **Porfirio Díaz** (1876-1911) elegido cada vez con fraude electoral. Asesinato del presidente elegido **Francisco Madero** en 1913. Empieza la revolución con levantamientos populares dirigidos por **Pancho Villa** y **Emiliano Zapata** contra el gobierno de **Carranza**. Zapata reivindica «Tierra y Libertad».

1920-1940 Período de reformas bajo las presidencias de **Obregón** y **Cárdenas**. Reparto de tierras.

1929 Creación del PRI (Partido Revolucionario Institucional) que se mantiene en el poder hasta el año 2000.

1938 Nacionalización de las compañías petroleras norteamericanas.

1968 Para acabar con las huelgas, el gobierno organiza una represión sangrienta que culmina con la matanza de la Plaza de las Tres Culturas en la ciudad de México.

El 1ero de enero de 1994, se inicia la rebelión del EZLN (Ejército Zapatista de Liberación Nacional) en el Estado de Chiapas contra el gobierno del PRI.

1995-2000 Empieza un período de oposición cada vez más fuerte al PRI.

A finales de **2006,** se inició la guerra contra el narcotráfico, que ha dejado más de 45 mil muertos.

Nombre oficial	Estados Unidos Mexicanos
Región	América del Norte
Superficie	964.375 km²
Población	116.147.000 habitantes
Densidad de población	59 hab./km²
Esperanza de vida	76,5 años
Analfabetismo	6,9 %
Lengua	Español, lenguas indígenas
Capital	México D.F.
Régimen político	República federal pluralista, régimen presidencial
Jefe del Estado	Felipe Calderón («Para Que Vivamos Mejor»)
Fiesta nacional	16 de septiembre (Independencia, 1813)
Lema	Arriba y adelante
Moneda	Peso mexicano

EL CARIBE

CUBA

1925-1959 Período de dictaduras de **Gerardo Machado** y **Fulgencio Batista**. Defienden los intereses norteamericanos en la isla.

1ero de enero de 1959 Huida del dictador F. Batista. **Fidel Castro** y **Ernesto Che Guevara** triunfan. Entrada de las tropas revolucionarias en La Habana. Desde 1959 hasta 2006, Fidel Castro se mantiene en el poder. Su lema: «Socialismo o Muerte».

1959-2000 Alfabetización de casi toda la población. Nacionalizaciones de las empresas norteamericanas. Se rompen las relaciones diplomáticas con EE.UU.
Bloqueo económico por EE. UU.
Tras la caída del comunismo, los problemas económicos de la isla son aún más graves.

A partir de los **años 80**, algunos cubanos pudieron emigrar (unos 120.000 lo hicieron legalmente). Otros muchos lo hacen sin permiso e intentan pasar a Miami en EE. UU. (los balseros).

1998 Con la visita a Cuba del Papa Juan Pablo II, se restablece la libertad del culto católico.

2006 Fidel Castro deja el poder a su hermano Raúl Castro.

2008 **Raúl Castro** elegido presidente.

2009 La OEA (Organización de los Estados Americanos) reintegra a Cuba.

Nombre oficial	República de Cuba
Región	Caribe
Superficie	109.886 km²
Población	11.249.000 habitantes
Densidad de población	102 hab./km²
Esperanza de vida	78 años
Analfabetismo	3,1 %
Lengua	Español
Capital	La Habana
Régimen político	República popular, partido único
Jefe del Estado	Raúl Castro
Fiesta nacional	1ero de enero (Liberación, 1959)
Lema	Patria o muerte, venceremos
Moneda	Peso cubano

CRONOLOGÍA

CRONOLOGÍA

EL CARIBE

San Juan

PUERTO RICO

1917 Los habitantes de la isla reciben la nacionalidad estadounidense.

1952 La isla tiene un estatus particular que la une a EE. UU. Es un Estado Libre Asociado (ELA). Los habitantes no pueden votar para la elección del presidente de EE.UU. Las industrias conocen un fuerte desarrollo con las inversiones norteamericanas.

1999 La mitad de la población vive en EE. UU.

Desde los años **2000** el nombre oficial del país es Puerto Rico tanto en inglés como en español.

Región	Caribe
Superficie	8.868 km^2
Población	3.743.000 habitantes
Densidad de población	422 hab./km^2
Esperanza de vida	82,6 años
Analfabetismo	5,9 %
Lengua	Español, inglés
Capital	San Juan
Régimen político	Estado libre asociado a los EE.UU
Jefe del Estado	Barack Obama
Gobernador	Luis Guillermo Fortuño
Fiesta nacional	25 de julio (día de la Constitución, 1952)
Moneda	Dólar US

Santo Domingo

REPÚBLICA DOMINICANA

1916-1924 EE. UU. ocupan el país de 1916 a 1924.

1930-1961 Dictadura de Trujillo con el apoyo de EE. UU.

1965 Intervención militar directa de EE. UU. que vuelven a ocupar el país.

1978 Primeras elecciones.

1994 Constitución de la República.

2011 Más de 4 millones de turistas entraron a la República Dominicana.

Nombre oficial	República Dominicana
Región	Caribe
Superficie	48.442 km^2
Población	10.183.000 habitantes
Densidad de población	213 hab./km^2
Esperanza de vida	73 años
Analfabetismo	11 %
Lengua	Español
Capital	Santo Domingo
Régimen político	República
Jefe del Estado	Leonel Fernández
Fiesta nacional	27 de febrero (Independencia, 1844)
Lema	Dios, patria, libertad
Moneda	Peso dominicano

AMÉRICA CENTRAL

GUATEMALA

1931-1944 Con la dictadura de **Jorge Ubico**, el país se convierte en una república bananera en manos de compañías norteamericanas (**United Fruit Company**).

1954-1986 Larga serie de dictaduras.

1992 **Rigoberta Menchú**, indígena quiché que había huido a México en 1981, para escapar de la persecución del Ejército y de los grupos paramilitares, recibió el **Premio Nobel de la Paz** por su defensa de los derechos humanos.

1996 Después de 36 años de guerrillas, son más de 200.000 las personas muertas o desaparecidas.

En **2008,** plan para desarrollar el ecoturismo de masas alrededor de los sitios arqueológicos en la Reserva de la Biosfera Maya.

Nombre oficial	República de Guatemala
Región	América central
Superficie	108.889 km^2
Población	15.138.000 de habitantes
Densidad de población	139 hab./km^2
Esperanza de vida	71 años
Analfabetismo	30,9 %
Lengua	Español, lenguas indígenas
Capital	Ciudad de Guatemala
Régimen político	República
Jefe del Estado	Otto Pérez Molina Presidente de la República, 2012-2016
Fiestas nacionales	15 de septiembre (Independencia, 1821), 20 de octubre (Revolución, 1944)
Lema	¡Libertad!
Moneda	Quetzal

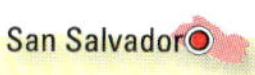

EL SALVADOR

1932-1960 Período de dictaduras.

1980 Empiezan a enfrentarse los movimientos de liberación (con el apoyo de los sandinistas nicaragüenses y los castristas cubanos) y las tropas del gobierno (con la ayuda económica y militar de los EE. UU.).

1992 En enero de 1992, luego de 21 semanas de negociaciones y 12 años de guerra civil (con un saldo de 75.000 muertos, 8.000 desaparecidos y cerca de un millón de exiliados), ambas partes firmaron los acuerdos y compromisos para proceder al establecimiento de la paz en El Salvador.

Desde **2001** la moneda de El Salvador es el dólar de Estados Unidos.

Nombre oficial	República de El Salvador
Región	América central
Superficie	21.041 km^2
Población	6.264.000 habitantes
Densidad de población	298 hab./km^2
Esperanza de vida	72 años
Analfabetismo	30%
Lengua	Español, náhuatl
Capital	San Salvador
Régimen político	República
Jefe del Estado	Mauricio Funes
Fiesta nacional	15 de septiembre (Independencia, 1821)
Lema	Dios, unión y libertad
Moneda	Dólar US

NICARAGUA

Managua

1909 EE. UU. invadieron el país. Se quedaron hasta 1925.

1937-1979 Dictadura de la familia **Somoza** con la ayuda de los EE. UU.

1961 Creación del Frente sandinista para derrocar a los Somoza.

1979 Gobierno revolucionario sandinista.

A raíz de las elecciones de abril de **1990,** elección de doña **Violeta Barrios de Chamorro.**

1998 El huracán **Mitch** asoló Honduras y Nicaragua y ocasionó numerosas víctimas.

En la actualidad, 1.000.000 de nicaragüenses viven y trabajan en el exterior del país.

Nombre oficial	República de Nicaragua
Región	América central
Superficie	121.428 km^2
Población	5.955.000 habitantes
Densidad de población	49 hab./km^2
Esperanza de vida	71,2 años
Analfabetismo	23,3 %
Lengua	Español, inglés, criollo, lenguas indígenas
Capital	San Salvador
Régimen político	República
Jefe del Estado	Daniel Ortega
Fiesta nacional	15 de septiembre (caída de Somoza, 1979)
Lema	Dios, patria y honor
Moneda	Córdoba

HONDURAS

Tegucigalpa

1969 El 14 de julio, Honduras es invadido por El Salvador. El conflicto dura seis días.

1982 Después de 25 años de gobiernos bajo influencia militar, instalación de un gobierno elegido libre y democráticamente.

1998 El huracán Mitch asoló Honduras y Nicaragua.

2000 Ayuda internacional y plan de reconstrucción.

En **2008,** las remesas familiares de los emigrantes representan el 20 % del PIB del país, y el turismo el 9 % superando al café y al plátano, productos tradicionales de la economía hondureña.

Nombre oficial	República de Honduras
Región	América central
Superficie	112.088 km^2
Población	8.500.000 habitantes
Densidad de población	71 hab./km^2
Esperanza de vida	72 años
Analfabetismo	16,4 %
Lengua	Español, lenguas indígenas
Capital	Tegucigalpa
Régimen político	República
Jefe del Estado	Porfirio Lobo
Fiesta nacional	15 de septiembre (Independencia, 1821)
Lema	Libre, soberana, independiente
Moneda	Lempira

COSTA RICA

1948 Guerra civil después de un fraude electoral.

1949 El ejército es suprimido por la nueva constitución democrática.
Desde esta fecha, la democracia sigue vigente y las elecciones se desarrollan normalmente.

1986 Óscar Arias Sánchez presidente de 1986 a 1990. Premio Nobel de la Paz en 1987.

2000 Miguel Ángel Rodríguez presidente. Presión popular: debe renunciar a su programa de privatización de la economía.
Pionero en ecoturismo, Costa Rica es ahora el país más visitado de América Central (2 millones de turistas en **2008**). Los ingresos del turismo superan los del café y del plátano.

Nombre oficial	República de Costa Rica
Región	América central
Superficie	51.100 km^2
Población	4.794.000 habitantes
Densidad de población	94 hab./km^2
Esperanza de vida	79,2 años
Analfabetismo	4,2 %
Lengua	Español, inglés
Capital	San José
Régimen político	República
Jefe del Estado	Laura Chinchilla Miranda
Fiesta nacional	15 de septiembre (Independencia, 1821)
Lema	Vivan siempre el trabajo y la paz
Moneda	Colón

CRONOLOGÍA

PANAMÁ

1903 Independencia con apoyo de EE. UU.

1904 El dólar norteamericano es la moneda oficial.

1914 Se abre el **Canal de Panamá**, la Zona del Canal está bajo control norteamericano.

1908-1989 Estados Unidos intervinieron en el país en 1908, 1917 y 1918 y 1989.

1999 El 31 de diciembre de 1999, Panamá tomó el control del Canal.

2006 Por referéndum los Panameños aceptaron el proyecto de ampliación del Canal de Panamá.

Nombre oficial	República de Panamá
Región	América central
Superficie	74.177 km^2
Población	3.405.000 habitantes
Densidad de población	49 hab./km^2
Esperanza de vida	76 años
Analfabetismo	5,5 %
Lengua	Español, lenguas indígenas
Capital	Panamá City
Régimen político	República
Jefe del Estado	Ricardo Martinelli
Fiesta nacional	3 de noviembre (Independencia, 1903)
Lema	Pro mundi beneficio
Moneda	Balboa

COLOMBIA

1960 A partir de los años 60, se forman movimientos de guerrilla que se oponen a los diferentes gobiernos elegidos.

1964 El 27 de mayo, surgieron las FARC-EP (Fuerzas Armadas de Colombia – Ejército Popular).

A partir de los años **1980,** en la lucha contra los productores y exportadores de droga, han muerto centenares de jueces, varios ministros, tres candidatos presidenciales y millares de civiles y policías.

A partir de **2006,** el mejoramiento de la seguridad permite un fuerte crecimiento del turismo: más de 2 millones de turistas en **2008**.

Nombre oficial	República de Colombia
Región	América del Sur
Superficie	1.141.748 km^2
Población	44.551.000 habitantes
Densidad de población	42 hab./km^2
Esperanza de vida	73 años
Analfabetismo	7,2 %
Lengua	Español
Capital	Bogotá
Régimen político	República
Jefe del Estado	Juan Manuel Santos
Fiesta nacional	20 de julio (Independencia, 1819)
Lema	Libertad y orden
Moneda	Peso colombiano

VENEZUELA

1888-1945 Período de dictaduras.

1958 Desde entonces alternan diferentes gobiernos democráticos.

1989 Disturbios sociales causados por la baja del precio del petróleo y la inflación.

Diciembre de 1998 **Hugo Chávez** es elegido presidente de la República.

10 de diciembre de 2005 Adhesión de Venezuela al Mercosur.

2006 Hugo Chávez reelegido presidente.

Nombre oficial	República Bolivariana de Venezuela
Región	América del Sur
Superficie	916.445 km^2
Población	29.891.000 habitantes
Densidad de población	33 hab./km^2
Esperanza de vida	73,9 años
Analfabetismo	6 %
Lengua	Español
Capital	Caracas
Régimen político	República
Jefe del Estado	Hugo Chávez Frías
Fiesta nacional	5 de julio (Independencia, 1811)
Moneda	Bolívar Fuerte

ECUADOR

1979 Fin de la dictadura.

1987 Violento terremoto que destruye el oleoducto transandino. Agravación de la situación económica del país.

1998 Violentas destrucciones en todo el país por un ciclón. Destrucción de las riquezas naturales (plátano –1er exportador mundial–, café y cacao).

A partir de 2000, el dólar norteamericano es la moneda ecuatoriana oficial.

Nombre oficial	República del Ecuador
Región	América del Sur
Superficie	255.595 km^2
Población	14.865.000 habitantes
Densidad de población	58 hab./km^2
Esperanza de vida	75,7 años
Analfabetismo	7,8 %
Lengua	Español, quechua
Capital	Quito
Régimen político	República
Jefe del Estado	Rafael Correa
Fiesta nacional	10 de agosto, (1era declaración de independencia 1809)
Lema	Dios, Patria y Libertad
Moneda	Dólar US

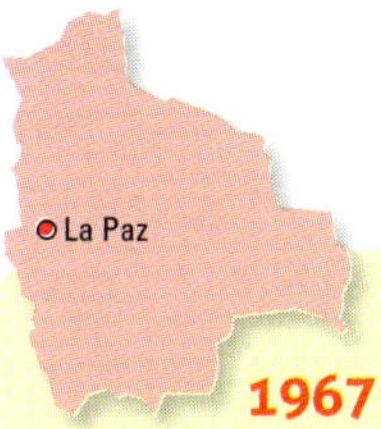

BOLIVIA

1967 El guerrillero cubano-argentino Ernesto «Che» Guevara incursiona en el sudeste de Bolivia al mando de una columna que proyectaba crear un foco continental revolucionario. Es capturado vivo y posteriormente ejecutado.

1983 Bolivia recupera la institucionalidad democrática con el resurgimiento de gobiernos elegidos por voto directo y la sucesión de gobiernos constitucionales.

1997 El general Hugo Banzer, ex dictador, es elegido democráticamente Presidente el 6 de agosto de 1997, con un decálogo en el que la lucha contra la pobreza sobresale como el principal postulado.

1999 Bolivia tiene **grandes riquezas mineras** (plata, estaño), pero es el país más pobre de América del Sur. Ingresa en el MERCOSUR y espera reducir la pobreza gracias al desarrollo económico.

2005 **Evo Morales** gana las elecciones. Es el primer presidente indio de Bolivia.

2009 Evo Morales reelegido presidente de Bolivia.

Nombre oficial	República de Bolivia
Región	América del Sur
Superficie	1.098.581 km^2
Población	10.248.000 habitantes
Densidad de población	9 hab./km^2
Esperanza de vida	67,5 años
Analfabetismo	4 %
Lengua	Español, quechua, aymara, guaraní
Capital	La Paz
Régimen político	República
Jefe del Estado	Evo Morales
Fiesta nacional	6 de agosto (Independencia, 1825)
Lema	Dios, Honor, Patria
Moneda	Boliviano

PERÚ

1968-1980 Junta militar que hace una política de izquierda con nacionalizaciones, medidas a favor de las comunidades indígenas y reforma agraria.

1985 Aparición de un movimiento guerrillero de inspiración maoista, Sendero Luminoso.
El Presidente Fujimori debe luchar contra el narcotráfico, la inflación (2700 % en 1989), la corrupción política, los extremistas de Sendero Luminoso.

2000 Reducción de la inflación y crecimiento económico.

2001 Alejandro Toledo es elegido Presidente.

2009 Fujimori fue condenado a 25 años de prisión por su responsabilidad en los delitos de asesinato con alevosía, secuestro agravado y lesiones graves.

Nombre oficial	República del Perú
Región	América del Sur
Superficie	1.285.216 km^2
Población	29.734.000 habitantes
Densidad de población	23 hab./km^2
Esperanza de vida	74 años
Analfabetismo	8 %
Lengua	Español, quechua, aymara
Capital	Lima
Régimen político	República
Jefe del Estado	Ollanta Humala
Fiesta nacional	28 de julio (Independencia, 1821)
Lema	Firme y feliz por la unión
Moneda	Nuevo Sol

Machu Picchu.

CHILE

1970-1973 Gobierno de Unidad Popular (radicales, socialistas y comunistas) del Presidente elegido **Salvador Allende**. Programa de nacionalizaciones y reforma agraria.
Intervención de los EE. UU. por medio de la CIA que contribuye al sabotaje de la política de Allende.

1973 El 11 de septiembre de 1973, golpe militar del general Augusto Pinochet.
Muerte de Salvador Allende en los bombardeos del Palacio Presidencial.

1973-1989 **Dictadura** de Pinochet. Miles de muertos y «desaparecidos». Política económica ultraliberal y pauperización de la población.

1989-1998 Restauración de la **democracia**.

1998-1999 Detención de Pinochet en Londres, por crímenes contra la Humanidad.

2000 Chile se incorpora al MERCOSUR (mayor asociación comercial de América Latina).

15 de enero de 2006 M. Bachelet gana las elecciones.

2010 Derrumbe de la mina San José, 33 mineros quedaron 70 días encerrados antes de ser rescatados.

Nombre oficial	República de Chile
Región	América del Sur
Superficie	756.096 km^2
Población	17.423.000 habitantes
Densidad de población	23 hab./km^2
Esperanza de vida	77,7 años
Analfabetismo	4,2 %
Lengua	Español
Capital	Santiago de Chile
Régimen político	República
Jefe del Estado	Sebastián Piñera
Fiesta nacional	18 de septiembre (Autonomía, 1810)
Lema	Por la razón o la fuerza
Moneda	Peso chileno

Valparaíso.

Isla de Pascua.

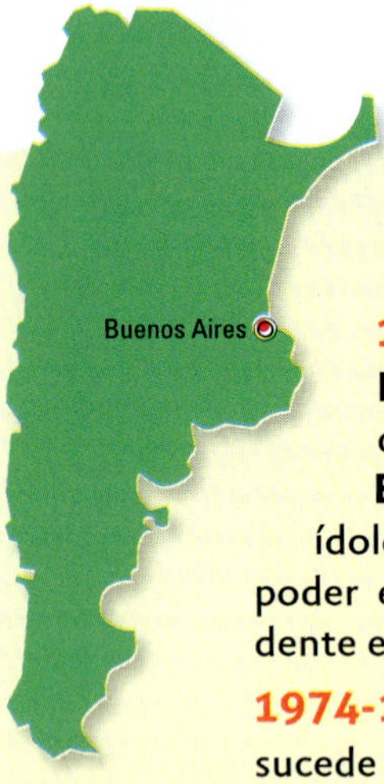

ARGENTINA

Nombre oficial	República Argentina
Región	América del Sur
Superficie	2.780.400 km^2
Población	41.119.000 habitantes
Densidad de población	15 hab./km^2
Esperanza de vida	75,5 años
Analfabetismo	2,8 %
Lengua	Español
Capital	Buenos Aires
Régimen político	República Federal
Jefe del Estado	Cristina Fernández de Kirchner
Fiestas nacionales	25 de mayo (Revolución, 1810); 9 de julio (Independencia, 1816)
Moneda	Peso argentino

1945-1955 Presidencia del coronel **Perón**, defensor de la justicia social, fundador del Partido Justicialista. Su mujer **Eva Duarte Perón (Evita Perón)** fue el ídolo de los descamisados. Abandonó el poder en 1955 y fue elegido de nuevo Presidente en 1973. Murió en 1974.

1974-1976 Isabel Perón (su tercera mujer) le sucede en el poder a su muerte.

1976-1983 Golpe militar del general Videla y **dictadura**. Decenas de miles de «desaparecidos».

1982 Derrota en la **Guerra de las Malvinas** contra Gran Bretaña.

1983 Restauración de la **democracia** con la elección del Presidente Raúl Alfonsín.

2001 Grave crisis financiera. Importante devaluación del peso argentino.

2003 Néstor Kirchner elegido presidente

2007 Cristina Fernández de Kirchner elegida presidenta.

2011 Cristina Fernández de Kirchner reelegida.

Cataratas del Iguazú.

URUGUAY

1973 Golpe militar. 12 años de **dictadura** hacen de Uruguay el país del mundo que más prisioneros políticos cuenta por habitante.

1984 Restauración de la democracia con la elección de un presidente liberal, Julio María Sanguinetti.

2000 El nivel de vida de los uruguayos es uno de los más altos de Sudamérica.

2002 Grave crisis económica.

2011 Uruguay ganó la Copa América de fútbol.

Nombre oficial	República Oriental del Uruguay
Región	América del Sur
Superficie	175.016 km^2
Población	3.391.000 habitantes
Densidad de población	19 hab./km^2
Esperanza de vida	76,2 años
Analfabetismo	2,3 %
Lengua	Español
Capital	Montevideo
Régimen político	República, régimen presidencial
Jefe del Estado	José Mugica
Fiesta nacional	25 de agosto (Independencia, 1825)
Lema	Con libertad no ofendo ni temo
Moneda	Peso uruguayo

PARAGUAY

1954 Dictadura del general Alfredo Stroessner.

1989 Después de 35 años de dictadura, con un golpe de Estado, vuelve la **democracia**.

1991 Paraguay forma parte del MERCOSUR (Mercado Común del Sur) con Argentina, Brasil y Uruguay.

2010 Más de un millón de paraguayos está instalado en Argentina para trabajar.

Nombre oficial	República del Paraguay
Región	América del Sur
Superficie	406.752 km^2
Población	6.340.000 habitantes
Densidad de población	16 hab./km^2
Esperanza de vida	72 años
Analfabetismo	5,6 %
Lengua	Español, guaraní
Capital	Asunción
Régimen político	República pluralista
Jefe del Estado	Fernando Lugo
Fiesta nacional	15 de mayo (Independencia, 1811)
Lema	Paz y progreso
Moneda	Guaraní

Les informations fournies sont valables au 01/03/2012. Source : *Base de Datos Internacional, ONU, Libro mundial de los Hechos (CIA).*

1 L'alphabet

Les lettres de l'alphabet espagnol sont du genre féminin.
La **a**, la **b**, la **c**, etc...
La vocal: *la voyelle*
La consonante: *la consonne*

a	[a]	j	[jota]	r	[erre]
b	[be]	k	[ka]	s	[ese]
c	[ce]	l	[ele]	t	[te]
d	[de]	m	[eme]	u	[u]
e	[e]	n	[ene]	v	[uve]
f	[efe]	ñ	[eñe]	w	[uve doble]
g	[ge]	o	[o]	x	[equis]
h	[hache]	p	[pe]	y	[i griega o ye]
i	[i]	q	[cu]	z	[ceta]

Une consonne est propre à l'espagnol :
ñ [eñe] *(dans l'alphabet vient après n)*
Jusqu'à la réforme de l'orthographe (2010), il y avait deux consonnes de plus : ch [che] *et* ll [elle]. *Désormais, l'alphabet ne comporte plus que 27 lettres.*

Le tréma, rare en espagnol, indique que deux voyelles doivent être prononcées distinctement.
bilin**gü**e, pin**gü**ino

2 Orthographe

L'espagnol s'écrit comme il se prononce.
À l'exception du h, *toutes les lettres se prononcent. Les consonnes qui peuvent être doublées sont le* c, *le* r, *le* l *et le* n.

Pour couper un mot en fin de ligne, quand cela porte sur les groupes de lettres **ll, rr,** *les deux groupes de lettres sont reportés au début de la ligne suivante :* atrope-**ll**o, co-**rr**edor

3 Accentuation

1 L'accent tonique

Un mot espagnol comporte toujours une syllabe plus accentuée que les autres : elle porte l'accent tonique.

- *Les mots terminés par une* ***voyelle****, un* n *ou un* s, *sont accentués sur l'avant-dernière syllabe.*

el ch**i**co, la c**a**lle, v**a**mos, h**a**blan

- *Les mots terminés par une* ***consonne*** *(sauf* n *et* s*) sont accentués sur la dernière syllabe.*

españ**o**l, actr**i**z, ciud**a**d, trabaj**a**r

- *Lorsque l'accentuation d'un mot ne se conforme pas à l'une de ces deux règles, il porte un accent écrit sur la voyelle accentuée.*

Par**í**s, tambi**é**n, M**é**xico

La diphtongue est la réunion de deux voyelles qui ne forment qu'une seule syllabe. *Elle se forme au contact d'un* i *ou d'un* u.

pia-no	*deux syllabes*
pei-ne	*deux syllabes*
fue-ra	*deux syllabes*
flau-ta	*deux syllabes*

- *La diphtongue est brisée lorsqu'il y a un accent écrit.*

Pa-**ís**	*deux syllabes*
Ma-**rí**-**a**	*trois syllabes*
Re-**ú**-ne	*trois syllabes*
ha-cia *(vers)*	*deux syllabes*
ha-**cí**-**a** *(il faisait)*	*trois syllabes*

2 L'accent écrit

Il est important pour le sens.
la sabana: *la savane*
la sábana: *le drap*
el Papa: *le pape*
papá: *papa*
hablo: *je parle*
habló: *il parla*

- *Dans un mot, la voyelle tonique est toujours la même. Il peut donc être nécessaire d'écrire l'accent lorsque le mot est au pluriel, en cas d'enclise, dans les formes verbales, etc...*

joven, j**ó**venes, diciendo, dici**é**ndole, d**a**, d**a**me, d**á**melo
Remarque : *il y a deux exceptions.*
El car**á**cter, los carac**te**res.
El r**é**gimen, los reg**í**menes.

• *L'accent écrit permet aussi de distinguer des mots qui se prononcent de la même façon et qui ont une signification différente.*

se (pronom) **sé** (*je sais*, verbe)
el (article) **él** (*lui*, pronom)

• *Les pronoms, les adverbes interrogatifs et exclamatifs portent aussi un accent écrit.*

¿Cómo? ¿Cuál? ¿Cuándo? ¿Cuánto? ¿Qué? ¿Quién? ¿Dónde? ¿Para qué? ¿Por qué?

Remarque : *les mots interrogatifs et exclamatifs sont accentués même lorsque les interrogations ou les exclamations ne sont pas directes.*
No sé quién es. *Je ne sais pas qui c'est.*
Si supieras cuánto me alegro. *Si tu savais comme je suis content.*

4 Ponctuation

1 L'interrogation et l'exclamation

Elles sont toujours annoncées par un point d'interrogation ou d'exclamation renversé.

¿Quién es? ¡Qué bien!

2 Les signes de ponctuation

, la coma
. el punto
; el punto y coma
(...) el paréntesis
"..." las comillas
... los puntos suspensivos
[...] los corchetes
¿...? los signos de interrogación
¡...! los signos de admiración

5 L'article

1 L'article défini : el, la, los, las

• ***Il se contracte au masculin singulier avec les prépositions a et de : al, del.***

Voy **al** colegio.
Vuelvo **del** restaurante.
Remarque : *la contraction n'a pas lieu lorsqu'il s'agit d'un nom propre.*
El Escorial: el monasterio de El Escorial.

• ***On emploie el (et non la) devant un nom féminin commençant par a, ou ha, accentué :***

el agua *mais* **las** aguas
el agua fresca (*l'adjectif est au féminin*)
el hacha *mais* **las** hachas
el águila, **las** águilas

2 Emplois de l'article défini

• ***Devant les jours de la semaine.***
Se marcha **el** lunes que viene.
Il part lundi prochain.

• ***Pour exprimer la périodicité.***
No voy al colegio **los** miércoles.
Je ne vais pas au collège le mercredi.

• ***Pour indiquer l'heure.***
Son **las** ocho.
Es **la** una.

• ***Pour donner l'âge.***
A **los** veinte años se fue a América.
À vingt ans il est parti en Amérique.

• ***Devant un pourcentage.***
El 30% de los hispanos...

• ***Avec* señor, señora, señorita, señores.**
El señor director.
¿Qué desea **la** señora?

Remarque : **el de, la de, los de, las de** *ont une valeur de démonstratif.*
El de mi vecino. *Celui de mon voisin.*

3 Omission de l'article défini

• ***Il n'y a pas d'article défini devant la plupart des noms de pays.***

España, Francia y Portugal son países de la Comunidad Europea.

En revanche, il y a un article lorsque le pays est déterminé :

La España de los años 80.
La España franquista.

Il y a des exceptions. On trouve l'article devant un certain nombre de pays :
• la Argentina
• el Brasil
• el Canadá
• la China
• el Ecuador
• la India

• ***Il n'y a pas non plus d'article devant certaines expressions :***
Ir a casa: *aller/rentrer chez soi (à la maison)*
Ir de caza: *aller à la chasse*
Ir a misa: *aller à la messe*
Ir de pesca: *aller à la pêche*

• ***Avec* señor, señora *lorsque l'on s'adresse directement à la personne :***

Gracias, señor director. *Merci, monsieur le directeur.*

• *Devant les superlatifs relatifs.*
Avec **más** *et* **menos** *lorsqu'ils sont placés après un nom déterminé :*

Es el caballo **más** rápido.
C'est le cheval le plus rapide.

• *Dans certaines expressions.*

Tener tiempo: *avoir le temps*
A principios de febrero: *au début de février*
A fines del año 2009: *à la fin de l'année 2009*

4 L'article neutre : lo

Il n'est jamais employé devant un nom.
Devant un adjectif, un comparatif ou un participe passé, il correspond au français « ce qui est ».

Lo interesante : *ce qui est intéressant.*
Lo hecho : *ce qui est fait.*
Lo mejor : *ce qui est le mieux, le mieux.*

• **Lo de** ***équivaut au français « ce qui concerne, ce qui appartient... »***
Lo de la guerra civil...
En ce qui concerne la guerre civile...

• **Lo que** : *ce qui, ce que*
Lo que me llama la atención.
Ce qui attire mon attention.

• **Lo +** ***adjectif*** **+ que** = *combien*
Si supieras **lo** bella **que** es María.
Si tu savais combien María est belle.

• ***Lorsque*** **todo** ***est complément d'objet direct, il est suivi ou précédé de*** **lo** *:*

Lo dice **todo**: *il dit tout*
La lluvia va a inundar**lo todo**.
La pluie va tout inonder.

5 L'article indéfini : un, una; unos, unas

L'article indéfini pluriel « des » n'a pas d'équivalent en espagnol.

Leo libros interesantes.
Je lis des livres intéressants.

• ***Les formes*** **unos, unas** ***expriment une approximation. Elles ont le sens de « quelques ».***

Cuesta **unos** diez euros.
Cela coûte environ dix euros.
Hicieron **unas** preguntas.
Ils posèrent quelques questions.

6 Omission de l'article indéfini

• ***Devant*** **otro, cierto, igual, medio, semejante, tal, tanto (tan).**

Vuelve otro día. *Reviens un autre jour.*
Dame medio kilo de pescado.
Donne-moi une livre de poisson.

• ***En espagnol, il n'y a pas d'article partitif.***

En la mesa había pan, agua y vino.
Sur la table, il y avait du pain, de l'eau et du vin.

6 Le genre

• ***Les mots terminés par*** **-o** ***sont le plus souvent masculins. Les mots terminés en*** **-a** ***sont le plus souvent féminins.***

Exceptions : el artista, el día, el idioma, el poeta, el problema, el tema, el turista, el planeta...
la foto, la mano, la moto, la radio...

• ***Les noms de fleuves, de mers et de montagnes sont masculins.***
El Ebro, el Sena, el Mediterráneo, los Pirineos.

• ***Les noms terminés en*** **-or** ***sont masculins sauf :***

la flor, la coliflor, la labor, la sor.

• ***Les noms terminés en*** **-ón, -e, -i** ***sont masculins.***

El mesón, el sable, el alhelí: *l'auberge, le sabre, la giroflée.*

• ***Les mots terminés en*** **-ora, -ción, -sión, -dad** ***sont féminins.***

La escritora, la canción, la pasión, la bondad.

• ***Certains mots changent de sens selon leur genre :***
el cura: *le curé* / la cura: *le soin*
el guía: *le guide (personne)* / la guía: *le guide (livre)*

• ***Les noms, adjectifs et participes terminés par*** **-o** ***au masculin ont leur féminin en*** **-a**.

el herman**o**, la herman**a**
bonit**o**, bonit**a**
casad**o**, casad**a**

• ***Les mots terminés en*** **-or** ***ont leur féminin en*** **-ora**.

el profes**or**, la profeso**ra**

Exception : el actor, la actriz

• ***Les noms et adjectifs de nationalité ont leur féminin en*** **-a** *:*

español, español**a**
alemán, aleman**a**

• ***Les adjectifs en -án, -ín, -ón, -or ont leur féminin en -a.***

chiquitín, chiquitina

Exceptions : **mayor, menor, peor**, etc., *qui ne s'accordent pas en genre.*

• ***Les autres adjectifs et participes sont identiques au masculin et au féminin.***

Un rey competente, una reina competente.
Un cuadro celeste, una camisa celeste.

7 Le nombre

1 Formation du pluriel

• ***Les noms et adjectifs terminés par une voyelle non accentuée forment leur pluriel en ajoutant un -s.***

el hombre, los hombre**s**
simpático, simpático**s**

• ***Les noms et adjectifs terminés par une consonne, une voyelle accentuée ou un -y forment leur pluriel en ajoutant -es.***

la capital, las capital**es**
el rey, los rey**es**
el jabalí, los jabalí**es**

• ***Les noms terminés par un -z forment leur pluriel en -ces.***

la actri**z**, las actri**ces**
la lu**z**, las lu**ces**

Remarque :
les mots terminés en -s non accentués sur la dernière syllabe sont invariables.
el lunes, los lunes
el martes, los martes
la tesis, las tesis

2 Les nombres cardinaux

0	cero	**12**	doce
1	uno	**13**	trece
2	dos	**14**	catorce
3	tres	**15**	quince
4	cuatro	**16**	dieciséis
5	cinco	**17**	diecisiete
6	seis	**18**	dieciocho
7	siete	**19**	diecinueve
8	ocho	**20**	veinte
9	nueve	**21**	veintiuno
10	diez	**22**	veintidós
11	once	**23**	veintitrés

24	veinticuatro	**200**	doscientos, -as
25	veinticinco	**300**	trescientos, -as
26	veintiséis	**400**	cuatrocientos, -as
27	veintisiete	**500**	quinientos, -as
28	veintiocho	**600**	seiscientos, -as
29	veintinueve	**700**	setecientos, -as
30	treinta	**800**	ochocientos, -as
31	treinta y uno	**900**	novecientos, -as
32	treinta y dos	**1000**	mil *(invariable)*
40	cuarenta	**1001**	mil uno
50	cincuenta	**1002**	mil dos
60	sesenta	**2000**	dos mil
70	setenta	**2001**	dos mil uno
80	ochenta	**3000**	tres mil
90	noventa		
100	cien	**1 000 000**	un millón
101	ciento uno		
102	ciento dos		

1 000 000 000 mil millones (*un milliard*)

Attention : un millar : *un millier*

• ***Il faut faire l'apocope de uno en un devant un nom masculin.***
Veinti**ún** euros.
Treinta y **un** hombres.

• ***Il faut faire l'accord au féminin.***
Veintiun**a** mujeres.

• ***On emploie y seulement entre les dizaines et les unités.***
Treinta **y** nueve.
Noventa **y** nueve.
Mais ciento uno.

• ***Les centaines s'écrivent en un seul mot et s'accordent avec le mot qu'elles déterminent.***
Un libro de quinient**as** páginas.

• ***Mil est invariable mais on dit :***
Mil**es** de hombres: *des milliers d'hommes.*

• ***Ciento s'apocope en cien devant un nom et devant un nombre multiplié.***
Cien personas.
Cien mil hombres. (100 x 1000)

Remarque : ciento veinte *(addition et non multiplication :* 100 + 20)

PRÉCIS GRAMMATICAL

3 Les nombres ordinaux

1	primero, a
2	segundo, a
3	tercero, a
4	cuarto, a
5	quinto, a
6	sexto, a
7	séptimo, a
8	octavo, a
9	noveno, a, nono, a
10	décimo, a
11	undécimo, a
12	duodécimo, a

• ***On emploie l'adjectif ordinal jusqu'à 10. On dit généralement* once *(onzième),* doce *(douzième). À partir de douze on utilise les cardinaux.***

• ***On emploie obligatoirement l'ordinal en espagnol, jusqu'à dix, pour les personnages* (rois, papes, etc.)*, les siècles, les chapitres.***

Felipe II: Felipe segundo

4 Lire et écrire la date

• ***Les jours :***

lunes, martes, miércoles, jueves, viernes, sábado, domingo

• ***Les mois :***

enero	mayo	septiembre
febrero	junio	octubre
marzo	julio	noviembre
abril	agosto	diciembre

lunes, 5 de septiembre de 2011 (lunes, cinco de septiembre de dos mil once): *lundi 5 septembre 2011*

• **Par écrit, pour une lettre, on peut trouver :**

lunes, a cinco de septiembre de 2011

Remarque :
Dans la presse, ces règles ne sont plus toujours employées.

8 L'apocope

Il s'agit de la chute de la lettre ou de la syllabe finale d'un adjectif.

Certains adjectifs s'apocopent devant un nom masculin singulier.

uno	**un**
alguno	**algún**
ninguno	**ningún**
primero	**primer**
tercero	**tercer**
postrero	**postrer**
bueno	**buen**
malo	**mal**

• **Grande *s'apocope en* gran *au masculin et au féminin, au singulier :*** la Gran Vía.

• ***Cualquiera s'apocope en cualquier devant un nom masculin mais aussi féminin.***

Cualquier solución es interesante.

• ***Santo s'apocope en san devant les noms de saints :*** San Pedro, San Cristóbal.

Exceptions : Santo Domingo, Santo Tomás

• ***Reciente s'apocope en recién devant un participe passé :***

El mundo recién descubierto.

• ***Tanto, cuanto, s'apocopent en tan et cuan devant un adjectif ou un autre adverbe.***

Todo es tan difícil.

• ***Ciento s'apocope en cien devant un nom ou devant un chiffre qu'il multiplie :***

cien hombres, cien mil.

9 Superlatifs/comparatifs

1 Le superlatif absolu

• ***Il se forme avec l'adverbe* muy.**

Es muy viejo.

• ***Il se forme aussi avec le suffixe* -ísimo, -ísima.**

Es viejísimo.

Remarque :
Des modifications orhographiques peuvent apparaître ainsi que quelques irrégularités.
Rico, riquísimo.
Blanco, blanquísimo.
Nuevo, novísimo.

2 Le superlatif relatif

el, la ... más
el, la ... menos

Il n'y a pas d'article devant le superlatif lorsqu'il y en a un devant le nom.

Es la ciudad más importante de la provincia.

Remarque :
En espagnol, le verbe qui suit le relatif est à l'indicatif alors qu'en français il est au subjonctif.
Es el pintor más interesante que conozco.
C'est le peintre le plus intéressant que je connaisse.

3 Les comparatifs

1. Supériorité ou infériorité

más ... que
menos ...que

Des irréguliers : **mayor** (grande), **mejor** (bueno), **menor** (pequeño), **peor** (malo)

2. Égalité

• ***Avec l'adjectif :*** **tan ... como**

Es tan alto como su hermano.
Il est aussi grand que son frère.

• ***Avec le verbe :*** **tanto como**

Habla tanto como su padre.
Il parle autant que son père.

• ***Avec le substantif :*** **tanto, a, os, as ... como**

Tiene tantos libros como él.
Il a autant de livres que lui.

• ***« D'autant plus que, d'autant moins que » :*** **tanto más / menos ... cuanto que ...**

Ella quiere tanto más a este chico cuanto que se parece a su cantante favorito.
Elle aime d'autant plus ce garçon qu'il ressemble à son chanteur favori.

Attention :
Lorsque le complément d'un comparatif de supériorité ou d'infériorité se construit ainsi : « plus que... ne, moins que... ne », il se traduit par **de lo que**.

Esta ciudad es **más** bonita **de lo que** pensaba.
Cette ville est plus belle que je ne pensais.

10 Les suffixes

1 Diminutifs

• ***On utilise* -ito, -ita, -illo, -illa, -ecito, -ecita, -ecillo, -ecilla *pour les mots terminés par* -o, -a, *ou par une consonne autre que* -n *et* -r.**

casa, casita
pueblo, pueblecito
chico, chiquito

• ***On ajoute* -cito, -cita, -cillo, -cilla, *aux mots terminés par* -e, -n, -r.**

hombre, hombrecito
bosque, bosquecillo
joven, jovencito

Remarque :
Tous les mots ne peuvent pas recevoir un diminutif.

2 Augmentatifs

***On les formes avec les suffixes* -ón, -ote.**

Hombre, hombrón
Grande, grandote
Ils peuvent avoir une valeur péjorative.

3 Les collectifs

***On les forme avec* -ar, -al, -edo.**
Ils sont employés pour désigner un endroit planté d'arbres ou de plantes. Ils désignent aussi un endroit où l'on trouve les mêmes matériaux en quantité.

El olivo, el olivar
El pino, el pinar
La viña, el viñedo
La arena, el arenal

4 Les suffixes -azo et -ada

Les suffixes* -azo *et* -ada *indiquent « un coup de » :

un sable, un sablazo
un codo, un codazo
un cuchillo, una cuchillada

11 Adverbes et adjectifs

1 Adverbes invariables

poco: *peu*
muy: *très*
demasiado: *trop*
bastante: *assez*

Es demasiado difícil: *c'est trop difficile.*

2 Adjectifs

Ils s'accordent en genre et en nombre avec le nom qu'ils qualifient :

bastante, -e, -es: *assez de*
poco, -a, -os, -as: *peu de*
demasiado, -a, -os, -as: *trop de*
mucho, -a, -os, -as: *beaucoup de*
tanto, -a, -os, -as: *autant de, tant de*

Vinieron pocas personas: *peu de personnes sont venues.*

12 Les pronoms personnels

1 Pronoms personnels : première et deuxième personnes

Pronoms sujets	Pronoms compléments	Pronoms compléments avec préposition
yo nosotros, as tú vosotros, as	me nos te os	a mí de nosotros de ti para vosotros

Remarques :
Les pronoms sujets **yo, tú, él** *se traduisent par* ***je, tu, il*** *ou bien par* ***moi, toi, lui,*** *quand il y a insistance sur le sujet.*

La préposition* con *entraîne une forme particulière des pronoms :

conmigo: *avec moi*
contigo: *avec toi*
consigo: *avec soi*

Attention :
mi *sans accent est l'adjectif possessif* (***mon***)
mí *accentué est le pronom complément après une préposition* (**para mí**: ***pour moi***)
tu *sans accent est l'adjectif possessif* (***ton***)
tú *accentué est le pronom sujet* (***tu, toi***)

2 Pronoms personnels : troisième personne

	Pronoms sujets	P. compl. réfléchis	P. compl. d'attribution	P. compl. d'objet
Singulier	él, ella, usted	se	le	le, lo, la (pers.) lo, la (chose)
Pluriel	ellos, ellas ustedes	se	les	les, los, las (pers.) los, las (choses)

Attention :
el *sans accent est l'article défini* (***le***)
él *accentué est le pronom sujet* (***il, lui***) *ou le pronom complément* (**con él**: ***avec lui***)
sí *précédé d'une préposition est un pronom réfléchi* (**pensar en sí mismo**: ***penser à soi***).

3 « le lui », « la lui », « le leur »

***Dans le cas de deux pronoms de la 3e personne réunis, en espagnol on traduit toujours « lui » et « leur » par* se*. Le complément direct* (lo, le, la, los, las) *seul varie et se place après* se : se lo, se la, se los, se las.**

De même avec **usted**. *Dans les combinaisons* ***vous le, vous la, vous les,*** *« vous » est rendu par la troisième personne et donne donc :* **se lo, se la, se los, se las.**

4 Pronoms réunis

Deux ou plusieurs pronoms réunis sont toujours placés dans l'ordre suivant :

1er **se**	2e **te, me**	3e **le, lo, la**
	os, nos	**les, los, las**

Cela peut être avant le verbe, ou après lorsqu'il y a enclise (infinitif, impératif, gérondif).
Exemple : Dígamelo en castellano.

5 Les pronoms sujets

En espagnol, la terminaison du verbe indique la personne grammaticale.

Hablo: *je parle.*
Comen: *ils mangent.*

Les pronoms personnels sujets ne sont donc employés que pour insister ou pour éviter une confusion.

Yo me voy. ***Moi****, je m'en vais.*
Ella habla. *Elle parle.*

6 Usted

Usted ***est la contraction de la forme ancienne*** **vuestra merced***: votre grâce.* ***Du point de vue grammatical, c'est donc une troisième personne.*** *C'est pourquoi, avec* **usted**, *on utilise les pronoms de la troisième personne.*

7 L'ordre des pronoms

• ***Si le verbe est accompagné de deux pronoms compléments, le pronom indirect est toujours placé en premier.***

Me lo da.

• ***À la troisième personne*** *« le lui, la lui, les lui, le leur, la leur, les leur »* ***se traduisent par*** **se lo, se la, se los, se las.**

8 L'enclise

• ***Le pronom est placé après le verbe et forme avec lui un seul mot.***
Elle est obligatoire :
– à l'infinitif ;
– au gérondif ;
– à l'impératif.

Attention :
L'accent tonique de la forme verbale ne change pas de place. Il faut donc mettre, si besoin, un accent écrit.

Da → dame → dámelo

• ***Aux 1re et 2e personnes de l'impératif pluriel, dans les tournures réfléchies :***

– perte du **s**

acerquemos + nos → **acerquémonos**

– perte du **d**

acercad + os → **acercaos**

13 Les équivalents de « on »

L' indéfini « on » a plusieurs équivalents en espagnol.

• ***La tournure réfléchie* se *+ 3e pers. du singulier ou du pluriel est la plus fréquemment employée.***
Se cierra el domingo. *On ferme le dimanche.*
Se cogen las manzanas en otoño. *On cueille les pommes en automne.*

Remarque :
Dans le dernier exemple, manzanas *devient le sujet du verbe. Il faut donc faire l'accord au pluriel.*

Attention :
Si le sujet est une personne déterminée ou un animal personnifié, on emploie la préposition **a** *et on ne fait pas l'accord au pluriel.*
En esta foto se ve a dos niños colombianos.
Sur cette photo on voit deux enfants colombiens.

• **La troisième personne du pluriel.**
Dans ce cas, **on** *s'emploie pour des faits isolés ou accidentels. Il s'emploie aussi pour représenter « les gens », une collectivité, « quelqu'un ».*

Llaman a la puerta. *On frappe à la porte.*
Le robaron la cartera. *On lui a volé son portefeuille.*
Dicen que es una buena película. *On dit que c'est un bon film.*

• **Uno, una + 3e personne du singulier.**
Cette tournure est moins impersonnelle. Elle permet à celui ou à celle qui parle de s'exprimer sous le couvert de **on**.

Es imposible olvidar la tierra donde uno ha nacido.
Il est impossible d'oublier le pays où l'on est né (dans cet exemple **uno** représente celui qui parle).

Remarque :
Uno *peut aussi être l'équivalent de* **vous** *(régime impersonnel).*
En una gran ciudad, la gente le ignora a uno.
Dans une grande ville les gens vous ignorent.
Todos estos juegos en la tele acaban por cansarle a uno.
Tous ces jeux à la télé finissent par vous fatiguer.

• **La première personne du pluriel.**
En espagnol on l'utilise là où le français parlé emploie « on » à la place de « nous ».

Mañana, vamos al cine. *Demain, on va au cinéma.*

14 Les démonstratifs

	Singulier	Pluriel	Personnes/ objets situés
Masc.	**este** libro *ce livre-ci*	**estos** libros *ces livres-ci*	aquí *(ici)*
Fém.	**esta** casa *cette maison-ci*	**estas** casas *ces maisons-ci*	
Masc.	**ese** árbol *cet arbre-là*	**esos** árboles *ces arbres-là*	ahí *(là)*
Fém.	**esa** calle *cette rue-là*	**esas** calles *ces rues-là*	
Masc.	**aquel** niño *cet enfant-là*	**aquellos** niños *ces enfants-là*	allá, allí *(là-bas)*
Fém.	**aquella** mesa *cette table-là*	**aquellas** mesas *ces tables-là*	

Les démonstratifs permettent de graduer l'éloignement dans l'esprit de la personne qui parle.

ESTE
S'emploie pour ce qui est le plus rapproché.

AQUEL
S'emploie pour ce qui est le plus éloigné.

ESE
Désigne une position intermédiaire ou indifférente.
Cet éloignement peut être dans l'espace (ici, là, là-bas) ou dans le temps.
Este día: *ce jour (aujourd'hui).*
Aquel día: *ce jour-là (passé).*
En aquel entonces = en aquella época.
Ése de ahí es Pedro: *celui-là, là-bas, c'est Pedro.*

PRÉCIS GRAMMATICAL

• *Les pronoms ont les mêmes formes que les adjectifs avec un accent écrit.*

éste, éstos: *celui-ci, ceux-ci,*
ésta, éstas: *celle-ci, celles-ci*
ése, ésos: *celui-là, ceux-là*
ésa, ésas: *celle-là, celles-là*
aquél, aquélla, aquéllos, aquéllas: *celui-là...*

• ***Il existe trois pronoms neutres, sans accent écrit :***
esto: *ceci* **eso**: *cela* **aquello**: *cela*

Rappel

• **el que, la que, los que, las que**: *celui qui, celui que, ceux qui...*
el que prefiero: *celui que je préfère.*

• **el de, la de, los de, las de**: *celui de, celle de, ceux de...*
el de mi padre: *celui de mon père.*

• **Lo que...**: *ce qui, ce que*
Lo que me gusta: *ce que j'aime, ce qui me plaît*

• **Lo de...**: *l'histoire de, l'affaire de, ce qui concerne...*

• **A eso de...**: *aux environs de, vers...*
A eso de las doce: *vers midi.*

• **En esto**: *à ce moment là, sur ces entrefaites.*

15 Les possessifs

1 Devant le substantif

Singulier	Pluriel
mi	mis
tu	tus
su	sus
nuestro, -a	nuestros, -as
vuestro, -a	vuestros, -as
su	sus

2 Après les substantifs, après le verbe «ser», ou l'article

Singulier	Pluriel
mío, -a	míos, -as
tuyo, -a	tuyos, -as
suyo, -a	suyos, -as
nuestro, -a	nuestros, -as
vuestro, -a	vuestros, -as
suyo, -a	suyos, -as

Sí, es mío. El suyo está en la mesa.
Oui, c'est le mien. Le vôtre est sur la table.

3 Le possessif remplacé par le pronom personnel

En espagnol, on emploie moins le possessif qu'en français. L'article défini et le pronom personnel complément peuvent indiquer la possession.

Se pone las gafas.
Il met ses lunettes.

Trabaja mucho para ganar**se** la vida.
Il travaille beaucoup pour gagner sa vie.

16 Les relatifs

1 Que, quienes / cual, cuales

Que *(dans une proposition déterminative)*

Quien, quienes *(dans une proposition explicative) se rapporte toujours à des personnes.*

Cual, cuales

El que, la que, lo que
Los que, las que

El cual, la cual, lo cual
Los cuales, las cuales

2 Les équivalents de « dont »

• ***Lorsque dans la phrase française le relatif « dont » a un nom pour complément, son équivalent espagnol est*** **cuyo, cuyos, cuya, cuyas.**
Il se traduit par « dont le », « dont la », « dont les ».

Cuyo ***s'accorde en genre et en nombre avec le nom dont il est complément*** *; il le précède immédiatement,* ***sans article.***

Esta película cuyos actores son Joaquín Cortés y Laetitia Casta fue rodada en Granada.
Ce film dont les acteurs sont Joaquín Cortés et Laetitia Casta a été tourné à Grenade.

• ***Dans les autres cas, l'équivalent de « dont » en espagnol sera :***
del que, de la que, de que, de quien, de los que, de las que...

El príncipe omeya del que hablan en la novela es Abderramán I. *Le prince omeyade dont on parle dans le roman est Abd al Rahman I.*
El príncipe del que hablo es árabe. *Le prince dont je parle est arabe.*

3 Les tournures emphatiques

Les tournures « C'est... qui... », « C'est... que... » sont des gallicismes. Si on veut les rendre en espagnol on utilisera le verbe **ser** *qui se met au même temps que le verbe de la subordonnée.*

a. « C'est... qui... »

• *On emploiera* **quien**, **quienes** *pour traduire le relatif « qui » uniquement s'il s'agit de personnes.*
Es este chico **quien** me lo ha dicho.

• *On emploiera* **el que**, **la que**, **los que**, **las que**, *s'il s'agit de personnes ou bien de choses.*
Es este chico **el que** me lo ha dicho.
Es este tren **el que** sale a las ocho.

• *On pourra souvent se contenter de l'emploi du pronom personnel sujet pour traduire l'insistance :*
Yo te lo dije. *C'est moi qui te l'ai dit.*

b. « C'est... que... »

• ***Que*** *se traduit, en fonction du sens, par la conjonction correspondant à l'idée essentielle de la phrase :* **cuando**, **como**, **donde**, **por lo que**. *Pour la trouver, on cherchera la question à laquelle répond la phrase donnée.*

C'est en 1492 que Christophe Colomb découvrit l'Amérique.
→ *(Quand ?)*
En 1492 fue cuando Cristóbal Colón descubrió América.

Il est mort à Valladolid.
→ *(Où ?)*
En Valladolid fue donde se murió.

C'est ainsi que ce mot se dit en espagnol.
→ *(Comment ?)*
Así es como se dice esta palabra en español.

• *Cette construction est très peu utilisée en espagnol, il faut la réserver pour insister vraiment. Pour alléger la phrase, on place en tête le mot à souligner.*
→ **Entonces** lo reconoció. *C'est alors qu'il le reconnut.*

17 Les interrogatifs

¿Qué? ¿Por qué? ¿Para qué?
¿Quién? ¿Quiénes?
¿Cuál? ¿Cuáles?
¿Cuánto? ¿Cuánta? ¿Cuántos? ¿Cuántas?
¿Cuándo?
¿Cómo?
¿Dónde?

Les mots interrogatifs portent un accent écrit sur la voyelle tonique.

Dans la phrase interrogative, le sujet est placé après le verbe.

¿Se marchará Paco mañana?
Paco partira-t-il demain ?

18 Les exclamatifs

Les mots exclamatifs portent toujours un accent écrit sur la voyelle tonique.

¡**Qué** bien!
¡**Cuánto** me alegro!

19 Les adverbes

• ***Les adverbes de manière se forment en ajoutant*** **-mente** ***au féminin de l'adjectif, s'il en a un. S'il n'y a pas de féminin, on ajoute*** **-mente** ***à la forme unique.***

Difícil → difícil**mente**
Seguro → segura**mente**
Diferente → diferente**mente**

• **Sólo → solamente**
Mais on emploie le plus souvent **sólo**.

Avec la réforme de l'orthographe de 2010, s'il n'y a pas de risque de confusion avec l'adjectif on doit supprimer l'accent écrit.

• **Rápido → rápidamente**
Mais on emploie le plus souvent **rápido**.

• ***Lorsque plusieurs adverbes se suivent, seul le dernier prend la forme en*** **-mente**. *Les premiers sont remplacés par l'adjectif au féminin.*
Llegaron fácil, rápida y directamente.

• ***Quelques adverbes de lieu :***

Estar boca arriba. → *Être sur le dos.*
Estar boca abajo. → *Être à plat ventre.*
Arriba... → *Vive...* ≠ Abajo... → *À bas...*
Adelante... → *En avant... Continue(z)... Entre(z)*
De aquí en adelante → *Désormais*
Por ahí → *À peu près, environ*

20 La coordination

ET

Y: *et*

Y est remplacé par e devant un mot commençant par i ou hi.

España e Italia. / Madre e hijo.

OU

O: *ou*

O est remplacé par u devant un mot commençant par o ou ho.

Jorge u Óscar. / Español u holandés.

MAIS

Pero: *mais*

Mas: *mais (attention, más avec accent = plus)*

Sino: *mais. Il s'emploie après une négation et exprime une opposition absolue.*

No bebo vino sino agua.

Sino que...: *Il n'introduit pas un nom mais une proposition.*

No sólo le regaña sino que lo pega también.
Non seulement il le gronde mais il le frappe aussi.

ALORS QUE

Mientras que: *alors que*

Attention : ne pas confondre **mientras** *(pendant que) et* **mientras que** *(alors que)*

Ella es rubia mientras que su amiga es morena. *Elle est blonde alors que son amie est brune.*

Escucha música mientras trabaja. *Il écoute de la musique pendant qu'il travaille.*

À noter : **Mientras tanto** = *Pendant ce temps.*

21 La négation

• **No** *se place devant le verbe ou entre le sujet et le verbe.*

No hablo. Yo no hablo.

• **No** *est supprimé lorsque le verbe est précédé d'une négation.*

Nadie vendrá hoy. *Personne ne viendra aujourd'hui.*

• **No** *est maintenu si le mot négatif est après le verbe.*

No vendrá nadie.

• *Deux constructions sont possibles pour :*

Nada me gusta.	No me gusta nada.
Nadie habla.	No habla nadie.
Nunca habla.	No habla nunca.
Tampoco lo sabe.	No lo sabe tampoco.

• *Les négations*

no	*non*
nadie	*personne*
nada	*rien*
tampoco	*non plus*
nunca	*jamais*
ya ... no	*ne ... plus*
no ... sino	*ne pas ... mais*
no sólo ... sino	*non seulement ... mais*
ni siquiera	*pas même*
no ... más que	
no ... sino	*ne ... que*
sólo ...	

22 Les prépositions

A

• *Introduit le complément direct de personne.*

Reconozco a tu hermano. *Je reconnais ton frère.*

• *S'emploie après les verbes de mouvement.*

Va a hablar. *Il va parler.*

• *S'emploie pour indiquer le lieu où l'on va.*

Voy a Madrid. *Je vais à Madrid.*

EN

• *Indique le lieu où l'on se trouve, sans mouvement.*

Estoy en Madrid. *Je suis à Madrid.*

• *Situe dans le temps, dans une époque.*

Estamos en otoño. *Nous sommes en automne.*
En el siglo veintiuno. *Au vingt-et-unième siècle.*

DE

• *Indique le lieu d'où l'on vient, l'origine.*

Vengo de Madrid. *Je viens de Madrid.*
Soy de Barcelona. *Je suis de Barcelone.*

• *Indique la matière.*

Una moneda de oro. *Une pièce en or.*

• *Indique l'appartenance.*

Este perro es de mi tío. *Ce chien est à mon oncle.*

• *Indique une caractéristique.*

Es una chica de pelo rubio. *C'est une fille aux cheveux blonds.*
Es un chico de ojos azules. *C'est un garçon aux yeux bleus.*

• *Expressions :*

Ir de compras: *aller faire des courses.*
Ir de paseo: *aller se promener.*

CON

- ***Obligatoire avec un complément de moyen ou de manière.***

Iba con la cabeza baja. *Il marchait la tête basse.*
Mira este cuadro con ojos interesados. *Il regarde ce tableau d'un air intéressé.*

- ***Indique un mélange.***

Un café con leche. *Un café au lait.*

POR

- ***Indique le lieu par où l'on passe.***

Nos paseamos por Sevilla. *Nous nous promenons dans Séville.*

- ***Indique la cause, traduit « en faveur de ».***

Lo hago por ti. *Je le fais à cause de toi / pour toi.*

- ***Introduit le complément d'agent.***

Tenochtitlán fue conquistada por Cortés.
Tenochtitlán fut conquise par Cortés.

- ***Indique le temps.***

Por la tarde, por la mañana. *L'après-midi, le matin.*

- ***Indique le prix, le service, l'échange.***

Compro flores por 12 euros. *J'achète des fleurs pour 12 euros.*

- ***Indique le goût, l'adhésion.***

Todo por la patria: *tout pour la patrie*
Preocuparse por: *se préoccuper de*
Interesarse por: *s'intéresser à*
Votar por: *voter pour*

- ***Avec l'infinitif peut indiquer la cause, la raison.***

Por robar, lo metieron en la cárcel.
Parce qu'il a volé, ils l'ont mis en prison.

PARA

- ***Exprime le but.***

Estudio para ser arquitecto.
J'étudie pour être architecte.

- ***Exprime le point de vue.***

Para mí, es un buen oficio.
Pour moi, c'est un bon métier.

- ***Exprime la direction.***

Mañana, me voy para España.
Demain, je pars pour l'Espagne.

- ***Exprime le destinataire.***

Es para ti. *C'est pour toi.*

- ***Traduit « eu égard à »***

Trabaja demasiado para sus pocos años.
Il travaille trop pour son jeune âge.

Le temps, la durée, le délai

- ***Pour indiquer le temps écoulé :* hace**

Hace cincuenta años, España era una dictadura.
Il y a cinquante ans, l'Espagne était une dictature.

- ***Pour indiquer un délai :* dentro de**

Me voy dentro de un mes. *Je m'en vais dans un mois.*

- ***Depuis :* desde**

España forma parte de la Comunidad Europea desde 1986.
L'Espagne fait partie de la Communauté Européenne depuis 1986.

- ***Depuis (durée dans le passé) :* desde hace**

Voy de vacaciones a España desde hace veinte años.
Je vais en vacances en Espagne depuis vingt ans.

23 SER et ESTAR

1 Cas où l'on emploie toujours «ser»

- ***Devant un nom ou un pronom***

Soy María. *Je suis Marie.*
Soy yo. *C'est moi.*
Soy una mujer. *Je suis une femme.*
Hoy es lunes. *Aujourd'hui c'est lundi.*

- ***Devant un nombre ou un indéfini.***

Son dos. *Ils sont deux.*
Son muchos. *Ils sont nombreux.*

- ***Devant une indication concernant l'origine, la nationalité, l'appartenance.***

Soy de Madrid. *Je suis de Madrid.*
Soy argentina. *Je suis argentine.*
El libro es de Pablo. *Le livre est à Pablo.*

- ***Devant une indication concernant la matière.***

La mesa es de madera. *La table est en bois.*

- ***Devant l'expression de l'heure.***

Son las diez. *Il est dix heures.*

2 Cas où l'on emploie toujours «estar»

- ***Devant une indication de temps.***

Estamos en el siglo veintiuno.
Nous sommes au vingt et unième siècle.
Estamos a dos de marzo.
Nous sommes le deux mars.
Estamos en invierno. *Nous sommes en hiver.*

- ***Devant une indication de lieu.***

Está en Almería. *Il est à Almería.*
Está en Toledo. *Elle est à Tolède.*

3 Cas où l'on peut employer «ser» ou «estar»

Ces cas sont plus complexes car l'utilisation de l'un ou de l'autre verbe modifiera le sens de la phrase.

• ***Devant un adjectif,*** **ser** ***définit, exprime une caractéristique essentielle.***

El chico es moreno. *Le garçon est brun.*
Es alta. *Elle est grande.*
Sus ojos son azules. *Ses yeux sont bleus.*

• ***Devant un adjectif,*** **estar** ***indique un état valable au moment où l'on parle.***

La chica está morena. *La jeune fille est bronzée.*
Estoy enfermo. *Je suis malade.*
Está preocupado. *Il est inquiet.*
¡Estás loco! *Tu es fou !*

Remarque :
On emploie toujours **ser** *dans les expressions* **ser feliz / dichoso**: *être heureux* ;
ser infeliz / desdichado: *être malheureux.*

• **Ser** ***devant un participe passé.***
Dans ce cas, il s'agit de la voix passive (peu employée en espagnol). L'action est vue en cours de déroulement.

El alcalde fue elegido por el pueblo:
Le maire a été élu par le peuple.

• **Devant un participe passé, estar** ***indique le résultat d'une action.***

La puerta está cerrada. *La porte est fermée.*

Cas particulier :
« C'est... » se traduit toujours par **ser.**
Es fácil. *C'est facile.*
Son ellos. *Ce sont eux.*
Il y a quelques exceptions :
Está bien / está mal. *C'est bien / c'est mal.*

24 Les semi-auxiliaires

En espagnol, des verbes appelés semi-auxiliaires apportent une nuance particulière à certains aspects de l'action.
Ils sont suivis du participe passé ou d'un adjectif. (Il y a accord du participe passé en genre et en nombre.)

Tener ***remplace l'auxiliaire*** **haber** *:*

• ***Pour indiquer une nuance fréquentative.***

Ya tengo corregidas diez páginas.
J'ai déjà corrigé dix pages.

• ***Pour indiquer une nuance d'insistance.***

Te lo tengo dicho mil veces.
Je te l'ai dit des milliers de fois.

Andar, ir, quedar, resultar, venir ***remplacent*** **ser** ***ou*** **estar.**

• ***Pour apporter une nuance de résultat.***

Me quedé (estuve) estupefacto. *J'ai été stupéfait.*
La vida en el campo resulta (es) más barata que en la ciudad. *La vie à la campagne est moins chère qu'en ville.*

• ***Pour indiquer le déplacement du sujet.***

Viene (está) encantada. *Elle est enchantée.*

DAR
Suivi d'un nom indiquant un sentiment ou une impression, le verbe **dar** *permet de les exprimer comme le verbe « faire » en français.*
→ Dar lástima, pena, miedo, risa... *Faire pitié, faire de la peine, faire peur, faire rire...*
→ Me das vergüenza. *Tu me fais honte.*

À noter : Me da igual / Me da lo mismo.
Cela m'est égal.

25 Les aspects de l'action

1 Durée, progression, continuité

• **Estar** + ***gérondif***

Indique la durée. *Être en train de + verbe.*

Está leyendo. *Il est en train de lire.*

• **Ir** + ***gérondif***

Indique la progression. *« Peu à peu »..., « de plus en plus »..., « l'un après l'autre ».*

La nieve va cayendo. *La neige tombe.*

• **Seguir** + ***gérondif***

Indique la continuité. *« Continuer à » ...*

A pesar del ruido, siguió hablando.
Malgré le bruit, il continua à parler.

2 Équivalent de « cela fait... »

Llevar ***+ complément de temps + gérondif***

Indique le temps passé à faire quelque chose.
Llevo dos años estudiando.
Cela fait deux ans que j'étudie.

3 Fréquence, habitude, répétition

Volver a + *infinitif*

Indique la répétition.

Se traduit avec le préfixe « re- » ou par « à nouveau », « recommencer ».

Vuelve a llover: *il pleut à nouveau.*
Vuelve a empezar: *il recommence.*

Soler + *infinitif*

Indique l'habitude, la fréquence.

Se traduit par « en général », « généralement », « avoir l'habitude de... »

Suele levantarse antes de las siete. *Il a l'habitude de se lever avant sept heures.*

4 Changement : les équivalents de « devenir »

Ponerse + *adjectif*

Indique un changement accidentel.

Se puso enfermo. *Il tomba malade.*
Se puso furioso. *Il est devenu furieux.*

Volverse + *adjectif ou substantif*

Indique un changement définitif ou de courte durée mais important.

Este perro se volvió peligroso.
Ce chien est devenu dangereux.

Hacerse

Indique un changement voulu.

En pocos años se hizo rico.
Il est devenu riche en quelques années.

5 La proposition participe

Elle permet d'indiquer la suite d'une action qui est déjà terminée.
Il s'agit de l'association d'un participe passé et d'un nom ou d'un pronom avec lequel le participe s'accorde. Le participe précède toujours le nom sujet. En espagnol, on emploie la forme simple du participe passé là où, en français, on emploie le participe passé composé (ayant choisi..., étant fini...).
Terminada la escuela primaria, tuve que emigrar a Francia. *Après avoir fini l'école primaire, j'ai dû émigrer en France.*

26 L'obligation

1 L'obligation impersonnelle : « il faut », « il est nécessaire »

Hay que
Hace falta
Es necesario
Es menester
Es preciso
} + *infinitif*

Hay que comer para vivir. *Il faut manger pour vivre.*

2 L'obligation personnelle : « devoir », « il faut que je, tu,...»

Tener que + *infinitif*

Para adelgazar, tengo que comer menos.
Pour maigrir, je dois manger moins.

Deber + *infinitif (devoir moral)*

Los niños deben obedecer a los padres.
Les enfants doivent obéir aux parents.

Es necesario que
Es menester que
Es preciso que
Hace falta que
} + *subjonctif*

Es necesario que lo haga.
Je dois le faire. / Il faut que je le fasse.

27 La concession

1 Aunque

• *Lorsque la concession porte sur un fait réel elle sera exprimée en espagnol à l'indicatif.*

Aunque + ***indicatif*** = *Bien que + subjonctif*

Aunque se lo expliqué varias veces no sabe hacerlo.

• *Lorsque la concession porte sur un fait supposé ou douteux elle sera exprimée en espagnol par le subjonctif.*

Aunque + ***subjonctif*** = *Même si + indicatif*

Aunque se lo hayas explicado, no sabe hacerlo.

2 Por mucho que... / Por más que

Ces tournures correspondent à l'expression « avoir beau... »

• *Lorsque la concession porte sur un verbe :*
por mucho que / por más que + ***verbe conjugué*** = *avoir beau + infinitif*
Por mucho que se lo explicaba, él no comprendía.
Il avait beau le lui expliquer, il ne comprenait pas.

PRÉCIS GRAMMATICAL

• *Si la concession porte sur un nom :*
por mucho (a, os, as) que / por más que *(mucho s'accorde avec le nom)*
Por muchas explicaciones que le diste no sabe hacerlo.
Tu as eu beau lui donner beaucoup d'explications, il ne sait pas le faire.

Por más esfuerzos que hacía, no podía hacerlo.
Il avait beau faire des efforts, il ne pouvait pas le faire.

3 La proposition gérondive

Placé devant le sujet, le gérondif peut équivaloir à aunque + *indicatif.*

Siendo joven, sabe ya muchas cosas.
Alors qu'il est jeune...

28 L'infinitif

• ***Il peut être substantivé, c'est-à-dire employé comme nom.***

El verse cada noche y hablarse hasta el amanecer se convirtió en una necesidad para ambos.

El + ***infinitif*** *est l'équivalent de « le fait de... ».*
El comer, el ser, el ir y venir.

• Al + ***infinitif***

Cette forme indique la simultanéité de deux actions.

Al verlo lo reconocí.
En le voyant, je l'ai reconnu.

Al + ***infinitif*** *peut être remplacé par* cuando + ***un verbe conjugué.***
Cuando lo vi, lo reconocí.

• De + ***infinitif***

Cette forme à la même valeur qu'une subordonnée de condition.

De saberlo antes, no hubiera ido. *Si je l'avais su avant, je n'y serais pas allé.*

De + ***infinitif*** *est ici équivalent de* si + ***subjonctif imparfait.***
Si lo hubiera sabido antes, no hubiera ido.

• Con + ***infinitif***

Selon les cas, cette forme peut avoir deux sens :

• *Elle peut avoir une nuance concessive.*
Con llevar varios años estudiando, no obtuvo ningún diploma. *Bien qu'il ait étudié de nombreuses années, il n'a obtenu aucun diplôme.*

• *Elle peut avoir le sens de « Il suffit de... ».*
Con hacer unos pocos esfuerzos, puedes sacar buenas notas.

• *On peut renforcer cette dernière tournure avec l'adverbe «sólo».*
Con sólo hacer unos pocos esfuerzos, puedes sacar buenas notas.

• Sin + ***infinitif*** / Por + ***infinitif***
Après les verbes **estar** *et* **quedar** *(parfois simplement sous-entendus) :*
– **Sin** *suivi de l'infinitif peut indiquer une action non réalisée.*
El chico se quedó sin comer.
– **Por** *suivi de l'infinitif indique que l'action est à faire.*
Todos estos libros quedaban por leer.

• Después de / Luego de + ***infinitif***
Cette tournure équivaut à « après » + infinitif passé.
Después de visitar la ciudad, se fueron.

29 L'emploi des temps

Certains temps ont un emploi différent en français et en espagnol.

1 Le passé composé

En espagnol, il exprime un fait du passé envisagé comme ayant des conséquences ou un rapport avec le présent.

La concordance des temps se fait avec le présent du subjonctif.

Te he dicho que lo hagas. *Je t'ai dit de le faire.*

Remarque :
En Amérique latine, le passé composé ne s'emploie pratiquement pas dans la langue parlée.

2 Le passé simple

Il est très fréquent en espagnol et se substitue souvent au passé composé français. Il renvoie à une action achevée dans le passé, qu'elle ait duré ou qu'elle ait été ponctuelle.
C'est le temps du récit.

Los árabes se quedaron ocho siglos en España.
Les Arabes sont restés huit siècles en Espagne.

3 Le futur

Il peut servir à indiquer une hypothèse, une incertitude.

Serán las doce. *Il doit être midi.*

4 Le conditionnel

Il peut servir à indiquer une hypothèse, une incertitude dans le passé.

Serían las doce cuando entró.
Il devait être midi quand il entra.

30 Emplois du subjonctif

• ***Il sert à exprimer la défense.***

No + ***subjonctif***

No corras. *Ne cours pas.*

• ***Il sert à exprimer un souhait ou un regret.***

¡Que aproveche! *Bon appétit.*
¡Ojalá estuviera aquí! *Ah, s'il était ici !*

• ***Il permet d'exprimer le doute, la possibilité avec*** **quizá, quizás, es posible que, puede que**...

Quizás venga mañana.
Peut-être viendra-t-il demain.

• ***Il s'emploie avec les verbes qui expriment un ordre, une volonté, une défense, un désir, une prière, un souhait :*** **decir que, aconsejar que, desear que, prohibir que, temer que...**

Diles que salgan. *Dis-leur de sortir.*
Te aconsejo que no lo repitas.
Je te conseille de ne pas le répéter.

• ***Il permet d'exprimer le but.***
Para que + ***subjonctif***

Se lo digo para que lo sepa.

Je le lui dis pour qu'il le sache.

• ***Il exprime le concession, l'opposition.***

Aunque viniera, sería tarde.
Même s'il venait ce serait trop tard.
Por increíble que parezca....
Aussi incroyable que cela puisse paraître.

• ***Il s'emploie dans la subordonnée temporelle, relative et comparative, lorque le verbe de la principale est au futur.***

Nos iremos cuando quieras.
Nous partirons quand tu voudras.
Harás lo que yo te diga. *Tu feras ce que je te dirai.*
Será como tú quieras. *Ce sera comme tu voudras.*

• ***Il s'emploie dans une subordonnée lorsque le verbe de la principale exprime une possibilité, une éventualité.***

Dudo que lo hagas.
Je ne suis pas certain que tu le feras.

• ***Il s'emploie dans la phrase conditionnelle.***
On emploie le subjonctif imparfait si la condition n'est pas réalisée dans le présent.

Si ganara mucho dinero me compraría una casa.

• ***On emploie le subjonctif imparfait après*** **como si**.

Habla como si conociera aquel país.
Il parle comme s'il connaissait ce pays.

• ***On emploie la forme en*** **-ra** ***du subjonctif imparfait pour remplacer parfois le plus-que parfait.***

Era el tesoro que enterrara la princesa.
C'était le trésor que la princesse avait enterré.

31 Concordance des temps

En français, elle n'est plus employée que dans la langue très soutenue ou littéraire. En espagnol, elle est appliquée strictement.

Principale	Subordonnée
présent de l'indicatif futur passé composé	subjonctif présent
imparfait de l'indicatif passé simple conditionnel plus-que-parfait	subjonctif imparfait

Su padre **quiere** que **vuelva** temprano. *Son père veut qu'il rentre tôt.*
Su padre **quería** que **volviera** temprano. *Son père voulait qu'il rentrât (rentre) tôt.*

PRÉCIS GRAMMATICAL

32 Passage du discours direct au discours indirect

1 Le style indirect

S'utilise pour rendre compte d'un discours que l'on a tenu soi-même ou que quelqu'un d'autre a tenu.

En espagnol, pour effectuer le transfert du style direct au style indirect on se sert de verbes tels que : decir, contar, añadir, preguntar (si), contestar...

Lorsqu'il s'agit de rapporter des ordres, des conseils, des prières, etc., on utilise des verbes tels que **ordenar, rogar, pedir, aconsejar, decir...**

*Avant de procéder à la transposition, il faut prendre garde à **trois difficultés** : le choix des temps à utiliser, le choix des modes verbaux et le choix des personnes (pronoms, possessifs, formes verbales).*

2 Les temps

On procédera de manière différente selon que l'on aura à rapporter le texte au présent ou au passé.

- ***Si le verbe qui introduit le discours indirect est au présent :***

Milagros **dice** que... El hombre le **pregunta** si... El narrador **cuenta** que...

Toutes les formes verbales qui suivent devront être conformes à l'original : on ne changera rien aux temps choisis dans le texte d'origine.

Exemples :
No conviene criticar a los antepasados → Milagros **dice** que no **conviene** criticar a los antepasados.
¿Y ellos?, ¿quieren verlo a usted? → El hombre le **pregunta** si los indios **quieren** verlo a él.
Me quedé dos semanas en «Madrid» → El narrador **cuenta** que **se quedó**...

- ***Si le verbe qui introduit le discours indirect est au passé :***

Milagros **dijo** que...
El hombre le **preguntó** si ...
El narrador **contaba** que...

Toutes les formes verbales qui suivent devront respecter la concordance des temps au passé. *Donc, si dans la phrase originale le temps était au présent, il faudra effectuer une transposition au passé en choisissant les temps les plus appropriés (imparfait de l'indicatif ou du subjonctif notamment).*

Exemples :
No conviene criticar a los antepasados → Milagros **dijo** que no **convenía** criticar a los antepasados.
¿Y ellos?, ¿Quieren verlo a usted? → El hombre le **preguntó** si los indios **querían** verlo a él.
Me quedé dos semanas en «Madrid» → El narrador **contó** que se **había quedado**...

- ***Si dans la phrase originale le verbe est au futur, la transposition se fait au conditionnel.***

Regresaré el martes → El chico contestó que regresaría el martes.

3 Les modes

Il faudra prendre garde, lorsque le discours comporte des ordres directs ou indirects, de bien effectuer la transposition : à l'emploi d'un impératif correspondra ainsi celui d'un subjonctif.

Attention à l'emploi du verbe decir.
Celui-ci introduit souvent un simple énoncé (en français « dire que »).

Exemple :
No conviene criticar a los antepasados → Milagros **dice** que no **conviene** criticar a los antepasados.

Cependant, il peut également introduire un ordre indirect et sera alors suivi du subjonctif (en français : « dire de » + infinitif).

No critiques a los antepasados → Milagros le **dice** que no **critique** a los antepasados
ou Milagros le **dijo** que no **criticara** a los antepasados.

4 Les personnes

En passant du dialogue au récit, les personnes verbales, les pronoms personnels et les pronoms et adjectifs possessifs sont généralement modifiés.

Exemples :
¿Dónde está **mi** libro? –dijo ella. → Ella le preguntó dónde estaba **su** libro.
¡Dámelo! –dijo ella. → Ella le dijo que **se** lo diera.

33 Du récit au dialogue

1 Les verbes utiles

...pour structurer un dialogue (ainsi que leur conjugaison aux formes les plus courantes dans les annotations d'un dialogue).

- Decir (digo, dice / dije, dijo / diciendo), exclamar (exclamo, exclama / exclamé, exclamó / exclamando), gritar, murmurar
- Preguntar, interrogar, contestar, responder (respondo, responde / respondí, respondió / respondiendo)
- Pretextar, sugerir (sugiero, sugiere / sugerí, sugirió / sugiriendo), proponer (propongo, propone / propuse, propuso / proponiendo)
- Añadir (añado, añade / añadí, añadió / añadiendo), agregar (agrego, agrega / agregué, agregó / agregando)
- Seguir (sigo, sigue / seguí, siguió / siguiendo), proseguir
- Puntualizar (puntualizo, puntualiza / puntualicé, puntualizó), especificar (especifico, especifica / especifiqué, especificó).
- Llorar, reír, etc.

On reverra également les formes de l'impératif et on révisera les règles de l'enclise, notamment au gérondif (riéndose, sentándose, mirándome, etc.)

2 Les adverbes et expressions utiles

- En voz baja; con un hilo de voz... En voz alta; gritando a voz en cuello / a voz en grito... Hablar a gritos...
- Con voz burlona, socarrona, lastimosa, comprensiva, pensativa...
- Rompe a llorar; se echa a reír; riéndose a carcajadas...
- Pega un salto; pega un respingo; hace aspavientos...
- Mirándole de soslayo; frunciendo el ceño; poniéndose colorado...
- Tristemente, alegremente, seriamente... Seria y tristemente... Triste y seriamente...
- De repente; de pronto; al fin y al cabo...
- Conversamos a solas; a escondidas...

3 Les expressions propres au langage parlé

- Oye (tú), mira... (pour interpeller quelqu'un)
- Pues..., Pues bien... Bueno..., A ver..., Mira... → *Eh bien, bon, euh...*
- Vaya, vaya... → *Ah bon, tiens donc...*
- ¡Qué va! → *Mais non, voyons...*
- ¡Claro! (Por supuesto...) → *Bien sûr... Mais oui*
  ¡Claro que sí! *Bien sûr...*
  ¡Claro que no! → *Mais non, alors...*
- ¡Cómo no! → *Naturellement, c'est bien naturel !*
- ¡De eso, ni hablar! ¡Eso sí que no! → *Ça non, pas question !*
- Vale, de acuerdo... → *O.K., d'accord.*
- No me digas... → *Non, c'est vrai ?, Pas possible !*
- ¿Verdad? ¿Verdad que sí? → *N'est-ce-pas ?*
- ¡Hombre! ¡Mujer! ¡Chico! ¡Chica! ¡Hijo! ¡Hija! → *Interjection choisie en fonction de la personne à laquelle on s'adresse (à un homme, une femme, un camarade, quelqu'un de plus jeune que soi...) Le sens dépend du contexte.*

TABLEAUX DE CONJUGAISON

Infinitivo (Infinitif)	Presente de indicativo (Indicatif présent)		Presente de subjuntivo (Subjonctif présent)		Imperativo (Impératif)		Imperfecto de indicativo (Indicatif imparfait)	
LES VERBES RÉGULIERS								
Hablar *parler*	hablo hablas habla	hablamos habláis hablan	hable hables hable	hablemos habléis hablen	habla	hablad	hablaba hablabas hablaba	hablábamos hablabais hablaban
Comer *manger*	como comes come	comemos coméis comen	coma comas coma	comamos comáis coman	come	comed	comía comías comía	comíamos comíais comían
Vivir *vivre*	vivo vives vive	vivimos vivís viven	viva vivas viva	vivamos viváis vivan	vive	vivid	vivía vivías vivía	vivíamos vivíais vivían
LES VERBES À DIPHTONGUE E → IE O → UE								
Pensar *penser*	pienso piensas piensa	pensamos pensáis piensan	piense pienses piense	pensemos penséis piensen	piensa	pensad	pensaba pensabas pensaba	pensábamos pensabais pensaban
Contar *raconter*	cuento cuentas cuenta	contamos contáis cuentan	cuente cuentes cuente	contemos contéis cuenten	cuenta	contad	contaba contabas contaba	contábamos contabais contaban
LES VERBES À AFFAIBLISSEMENT E → I								
Pedir *demander*	pido pides pide	pedimos pedís piden	pida pidas pida	pidamos pidáis pidan	pide	pedid	pedía pedías pedía	pedíamos pedíais pedían
Même modèle pour : seguir, corregir, despedir, elegir, impedir, medir, servir, vestir, reír								
LES VERBES À ALTERNANCE E → IE et I O → UE et U								
Sentir *sentir, ressentir*	siento sientes siente	sentimos sentís sienten	sienta sientas sienta	sintamos sintáis sientan	siente	sentid	sentía sentías sentía	sentíamos sentíais sentían
Même modèle pour : divertir, mentir, preferir, sugerir								
Dormir dormir	duermo duermes duerme	dormimos dormís duermen	duerma duermas duerma	durmamos durmáis duerman	duerme	dormid	dormía dormías dormía	dormíamos dormíais dormían
LES VERBES EN -ACER / -ECER / -OCER / -UCIR, TYPE CONOCER C → ZC								
Conocer *connaître*	conozco conoces conoce	conocemos conocéis conocen	conozca conozcas conozca	conozcamos conozcáis conozcan	conoce	conoced	conocía conocías conocía	conocíamos conocíais conocían
Même modèle pour : nacer, obedecer, padecer, parecer, pertenecer, relucir								
LES VERBES EN -DUCIR, TYPE DEDUCIR C → ZC C → J								
Deducir *déduire*	deduzco deduces deduce	deducimos deducís deducen	deduzca deduzcas deduzca	deduzcamos deduzcáis deduzcan	deduce	deducid	deducía deducías deducía	deducíamos deducíais deducían
Même modèle pour : conducir, introducir, producir, traducir, seducir								

Pretérito indefinido (*Passé simple*)		Imperfecto de subjuntivo (*Subjonctif imparfait*)*		Futuro (*Futur*)		Condicional (*Conditionnel*)		Gerundio (*Gérondif*) Participio pasivo (*Participe passé*)	

LES VERBES RÉGULIERS

hablé hablaste habló	hablamos hablasteis hablaron	hablara hablaras hablara	habláramos hablarais hablaran	hablaré hablarás hablará	hablaremos hablaréis hablarán	hablaría hablarías hablaría	hablaríamos hablaríais hablarían	g. p. p.	hablando hablado
comí comiste comió	comimos comisteis comieron	comiera comieras comiera	comiéramos comierais comieran	comeré comerás comerá	comeremos comeréis comerán	comería comerías comería	comeríamos comeríais comerían	g. p. p.	comiendo comido
viví viviste vivió	vivimos vivisteis vivieron	viviera vivieras viviera	viviéramos vivierais vivieran	viviré vivirás vivirá	viviremos viviréis vivirán	viviría vivirías viviría	viviríamos viviríais vivirían	g. p. p.	viviendo vivido

LES VERBES À DIPHTONGUE E → IE O → UE

pensé pensaste pensó	pensamos pensasteis pensaron	pensara pensaras pensara	pensáramos pensarais pensaran	pensaré pensarás pensará	pensaremos pensaréis pensarán	pensaría pensarías pensaría	pensaríamos pensaríais pensarían	g. p. p.	pensando pensado
conté contaste contó	contamos contasteis contaron	contara contaras contara	contáramos contarais contaran	contaré contarás contará	contaremos contaréis contarán	contaría contarías contaría	contaríamos contaríais contarían	g. p. p.	contando contado

LES VERBES À AFFAIBLISSEMENT E → I

pedí pediste pidió	pedimos pedisteis pidieron	pidiera pidieras pidiera	pidiéramos pidierais pidieran	pediré pedirás pedirá	pediremos pediréis pedirán	pediría pedirías pediría	pediríamos pediríais pedirían	g. p. p.	pidiendo pedido

Même modèle pour : seguir, corregir, despedir, elegir, impedir, medir, servir, vestir, reír

LES VERBES À ALTERNANCE E → IE et I O → UE et U

sentí sentiste sintió	sentimos sentisteis sintieron	sintiera sintieras sintiera	sintiéramos sintierais sintieran	sentiré sentirás sentirá	sentiremos sentiréis sentirán	sentiría sentirías sentiría	sentiríamos sentiríais sentirían	g. p. p.	sintiendo sentido

Même modèle pour : divertir, mentir, preferir, sugerir

dormí dormiste durmió	dormimos dormisteis durmieron	durmiera durmieras durmiera	durmiéramos durmierais durmieran	dormiré dormirás dormirá	dormiremos dormiréis dormirán	dormiría dormirías dormiría	dormiríamos dormiríais dormirían	g. p. p.	durmiendo dormido

LES VERBES EN -ACER / -ECER / -OCER / -UCIR, TYPE CONOCER C → ZC

conocí conociste conoció	conocimos conocisteis conocieron	conociera conocieras conociera	conociéramos conocierais conocieran	conoceré conocerás conocerá	conoceremos conoceréis conocerán	conocería conocerías conocería	conoceríamos conoceríais conocerían	g. p. p.	conociendo conocido

Même modèle pour : nacer, obedecer, padecer, parecer, pertenecer, relucir

LES VERBES EN -DUCIR, TYPE DEDUCIR C → ZC C → J

deduje dedujiste dedujo	dedujimos dedujisteis dedujeron	dedujera dedujeras dedujera	dedujéramos dedujerais dedujeran	deduciré deducirás deducirá	deduciremos deduciréis deducirán	deduciría deducirías deduciría	deduciríamos deduciríais deducirían	g. p. p.	deduciendo deducido

Même modèle pour : conducir, introducir, producir, traducir, seducir.

* *Il existe une autre forme de subjonctif en* -se : hablase, comiese, viviese, pensase, contase, pidiese, sintiese, durmiese...

AUTRES VERBES IRRÉGULIERS

Infinitivo (Infinitif)	Presente de indicativo (Indicatif présent)		Presente de subjuntivo (Subjonctif présent)		Imperativo (Impératif)		Imperfecto de indicativo (Indicatif imparfait)	
Andar *marcher*	ando andas anda	andamos andáis andan	ande andes ande	andemos andéis anden	anda	andad	andaba andabas andaba	andábamos andabais andaban
Caer *tomber*	caigo caes cae	caemos caéis caen	caiga caigas caiga	caigamos caigáis caigan	cae	caed	caía caías caía	caíamos caíais caían
Dar *donner*	doy das da	damos dais dan	dé des dé	demos deis den	da	dad	daba dabas daba	dábamos dabais daban
Decir *dire*	digo dices dice	decimos decís dicen	diga digas diga	digamos digáis digan	di	decid	decía decías decía	decíamos decíais decían
Estar *être*	estoy estás está	estamos estáis están	esté estés esté	estemos estéis estén	está	estad	estaba estabas estaba	estábamos estabais estaban
Haber aux. *avoir*	he has ha	hemos habéis han	haya hayas haya	hayamos hayáis hayan			había habías había	habíamos habíais habían
Hacer *faire*	hago haces hace	hacemos hacéis hacen	haga hagas haga	hagamos hagáis hagan	haz	haced	hacía hacías hacía	hacíamos hacíais hacían
Ir *aller*	voy vas va	vamos vais van	vaya vayas vaya	vayamos vayáis vayan	ve	id	iba ibas iba	íbamos ibais iban
Oír *entendre*	oigo oyes oye	oímos oís oyen	oiga oigas oiga	oigamos oigáis oigan	oye	oíd	oía oías oía	oíamos oíais oían
Poder *pouvoir*	puedo puedes puede	podemos podéis pueden	pueda puedas pueda	podamos podáis puedan			podía podías podía	podíamos podíais podían
Poner *mettre*	pongo pones pone	ponemos ponéis ponen	ponga pongas ponga	pongamos pongáis pongan	pon	poned	ponía ponías ponía	poníamos poníais ponían
Querer *vouloir, aimer*	quiero quieres quiere	queremos queréis quieren	quiera quieras quiera	queramos queráis quieran	quiere	quered	quería querías quería	queríamos queríais querían
Saber *savoir*	sé sabes sabe	sabemos sabéis saben	sepa sepas sepa	sepamos sepáis sepan	sabe	sabed	sabía sabías sabía	sabíamos sabíais sabían
Salir *sortir*	salgo sales sale	salimos salís salen	salga salgas salga	salgamos salgáis salgan	sal	salid	salía salías salía	salíamos salíais salían
Ser *être*	soy eres es	somos sois son	sea seas sea	seamos seáis sean	sé	sed	era eras era	éramos erais eran
Tener *avoir, posséder*	tengo tienes tiene	tenemos tenéis tienen	tenga tengas tenga	tengamos tengáis tengan	ten	tened	tenía tenías tenía	teníamos teníais tenían
Traer *apporter*	traigo traes trae	traemos traéis traen	traiga traigas traiga	traigamos traigáis traigan	trae	traed	traía traías traía	traíamos traíais traían
Venir *venir*	vengo vienes viene	venimos venís vienen	venga vengas venga	vengamos vengáis vengan	ven	venid	venía venías venía	veníamos veníais venían
Ver *voir*	veo ves ve	vemos veis ven	vea veas vea	veamos veáis vean	ve	ved	veía veías veía	veíamos veíais veían

AUTRES VERBES IRRÉGULIERS

Pretérito indefinido (*Passé simple*)		Imperfecto de subjuntivo (*Subjonctif imparfait*)*		Futuro (*Futur*)		Condicional (*Conditionnel*)		Gerundio (*Gérondif*) Participio pasivo (*Participe passé*)
anduve anduviste anduvo	anduvimos anduvisteis anduvieron	anduviera anduvieras anduviera	anduviéramos anduvierais anduvieran	andaré andarás andará	andaremos andaréis andarán	andaría andarías andaría	andaríamos andaríais andarían	g. andando p. p. andado
caí caíste cayó	caímos caísteis cayeron	cayera cayeras cayera	cayéramos cayerais cayeran	caeré caerás caerá	caeremos caeréis caerán	caería caerías caería	caeríamos caeríais caerían	g. cayendo p. p. caído
di diste dio	dimos disteis dieron	diera dieras diera	diéramos dierais dieran	daré darás dará	daremos daréis darán	daría darías daría	daríamos daríais darían	g. dando p. p. dado
dije dijiste dijo	dijimos dijisteis dijeron	dijera dijeras dijera	dijéramos dijerais dijeran	diré dirás dirá	diremos diréis dirán	diría dirías diría	diríamos diríais dirían	g. diciendo p. p. dicho
estuve estuviste estuvo	estuvimos estuvisteis estuvieron	estuviera estuvieras estuviera	estuviéramos estuvierais estuvieran	estaré estarás estará	estaremos estaréis estarán	estaría estarías estaría	estaríamos estaríais estarían	g. estando p. p. estado
hube hubiste hubo	hubimos hubisteis hubieron	hubiera hubieras hubiera	hubiéramos hubierais hubieran	habré habrás habrá	habremos habréis habrán	habría habrías habría	habríamos habríais habrían	g. habiendo p. p. habido
hice hiciste hizo	hicimos hicisteis hicieron	hiciera hicieras hiciera	hiciéramos hicierais hicieran	haré harás hará	haremos haréis harán	haría harías haría	haríamos haríais harían	g. haciendo p. p. hecho
fui fuiste fue	fuimos fuisteis fueron	fuera fueras fuera	fuéramos fuerais fueran	iré irás irá	iremos iréis irán	iría irías iría	iríamos iríais irían	g. yendo p. p. ido
oí oíste oyó	oímos oísteis oyeron	oyera oyeras oyera	oyéramos oyerais oyeran	oiré oirás oirá	oiremos oiréis oirán	oiría oirías oiría	oiríamos oiríais oirían	g. oyendo p. p. oído
pude pudiste pudo	pudimos pudisteis pudieron	pudiera pudieras pudiera	pudiéramos pudierais pudieran	podré podrás podrá	podremos podréis podrán	podría podrías podría	podríamos podríais podrían	g. pudiendo p. p. podido
puse pusiste puso	pusimos pusisteis pusieron	pusiera pusieras pusiera	pusiéramos pusierais pusieran	pondré pondrás pondrá	pondremos pondréis pondrán	pondría pondrías pondría	pondríamos pondríais pondrían	g. poniendo p. p. puesto
quise quisiste quiso	quisimos quisisteis quisieron	quisiera quisieras quisiera	quisiéramos quisierais quisieran	querré querrás querrá	querremos querréis querrán	querría querrías querría	querríamos querríais querrían	g. queriendo p. p. querido
supe supiste supo	supimos supisteis supieron	supiera supieras supiera	supiéramos supierais supieran	sabré sabrás sabrá	sabremos sabréis sabrán	sabría sabrías sabría	sabríamos sabríais sabrían	g. sabiendo p. p. sabido
salí saliste salió	salimos salisteis salieron	saliera salieras saliera	saliéramos salierais salieran	saldré saldrás saldrá	saldremos saldréis saldrán	saldría saldrías saldría	saldríamos saldríais saldrían	g. saliendo p. p. salido
fui fuiste fue	fuimos fuisteis fueron	fuera fueras fuera	fuéramos fuerais fueran	seré serás será	seremos seréis serán	sería serías sería	seríamos seríais serían	g. siendo p. p. sido
tuve tuviste tuvo	tuvimos tuvisteis tuvieron	tuviera tuvieras tuviera	tuviéramos tuvierais tuvieran	tendré tendrás tendrá	tendremos tendréis tendrán	tendría tendrías tendría	tendríamos tendríais tendrían	g. teniendo p. p. tenido
traje trajiste trajo	trajimos trajisteis trajeron	trajera trajeras trajera	trajéramos trajerais trajeran	traeré traerás traerá	traeremos traeréis traerán	traería traerías traería	traeríamos traeríais traerían	g. trayendo p. p. traído
vine viniste vino	vinimos vinisteis vinieron	viniera vinieras viniera	viniéramos vinierais vinieran	vendré vendrás vendrá	vendremos vendréis vendrán	vendría vendrías vendría	vendríamos vendríais vendrían	g. viniendo p. p. venido
vi viste vio	vimos visteis vieron	viera vieras viera	viéramos vierais vieran	veré verás verá	veremos veréis verán	vería verías vería	veríamos veríais verían	g. viendo p. p. visto

* *Il existe une autre forme de subjonctif en* -se : anduviese, cayese, diese, dijese, estuviese, hubiese, hiciese, fuese...

A

abarcar, *v., embrasser, comprendre*
abatir, *v., abattre*
abnegación, *n. f., abnégation*
abogado, a, *n., avocat, e*
abrumar, *v., accabler, épuiser,*
abrumador, ora, *adj., accablant, e ; épuisant, e*
absoluto, a, *adj., absolu, e* ; **en –**, *loc. adv., absolument*
absorto, a, *adj., absorbé, e*
abuelo, a, *n., grand-père, grand-mère*
aburrido, a, *adj., ennuyé, e ; ennuyeux, euse*
aburrimiento, *n. m., ennui*
aburrirse, *v., s'ennuyer* ; **– como una ostra**, *s'ennuyer comme un rat mort*
abuso, *n. m., abus*
acá, *adv., (amér.) ici*
acabar, *v., finir, terminer* ; **– de**, *venir de*
acalorado, a, *adj., ardent, e ; brûlant, e*
acariciar, *v., caresser*
acarrear, *v., entraîner*
aceitar, *v., huiler*
aceite, *n. m., huile*
acercarse, *v., s'approcher*
acertar (ie), *v., réussir ; deviner ; bien choisir*
achuchar, *v., serrer très fort dans les bras*
aclarar, *v., éclaircir*
acoger, *v., accueillir, recevoir*
acogedor, a, *adj., accueillant, e*
acomodado, a, *adj., aisé, e*
acordeonista, *n. m., accordéoniste*
acostarse (ue), *v., se coucher*
acostumbrar, *v.*, **– a**, *avoir l'habitude de ;* **acostumbrarse**, *v. tr., s'habituer*
actitud, *n. f., attitude*
actuación, *n. f., intervention*
actuar, *v., agir*
adefesio, *n. m., horreur*
adelante, *adv., en avant* ; **más –**, *plus tard* ; **llevar –**, *conduire, mener* ; **sacar –**, *faire avancer* ; **salir –**, *réussir* ; **seguir –**, *suivre son cours*
adelanto, *n. m., progrès*
adicción, *n. f., dépendance*
adictivo, a, *adj., qui crée une dépendance*
adinerado, a, *adj., nanti, e*
adquirir, *v., acquérir*
advertencia, *n. f., avertissement*
aéreo, a, *adj., aérien, enne*
afanosamente, *adv., sans relâche*
aferrarse, *v., s'accrocher*
afiebrarse, *v., s'enfiévrer*
afinador, *n. m., accordeur*
afincarse, *v., s'établir*
afortunado, a, *adj., chanceux, euse ; heureux, euse*
afueras, *n. f. pl., la banlieue, les environs*
agobiante, *adj., accablant, e ; épuisant, e*
agobiar, *v., accabler, submerger*
agotar, *v., épuiser*
agradecer, *v., remercier ; être reconnaissant*
agregar, *v., ajouter*
aguantar, *v., supporter*
aguardar, *v., attendre*
aguijonear, *v., aiguillonner ; stimuler*
agujero, *n. m., trou*
ahí, *adv., là* ; **he –**, *voilà*
ahijado, a, *n., filleul, e*
ahogar, *v., noyer, étouffer*
aislamiento, *n. m., isolement*
aislar, *v., isoler*
ajedrez, *n. m., échecs*
ajeno, a, *adj., étranger, e ; d'autrui*
ajo, *n. m., ail*
ajuste, *n. m., ajustement*
ala, *n. f., aile, bord (de chapeau)*
alabar, *v., vanter*
alambrada, *n. f., grillage*
alambre, *n. m., fil de fer*
alambrista, *n. m., funambule ; émigré*
alargar, *v., tendre*
albañil, *n. m., maçon ; émigré*
albergarse, *v., loger*
alcachofa, *n. f., artichaut*
alcance, *n. m., portée*
alcanzar, *v., atteindre*
aledaño, a, *adj., avoisinant, e*
alegato, *n. m., plaidoyer*
alegoría, *n. f., allégorie*
alegórico, a, *adj., allégorique*
alegrarse, *v., se réjouir*
alegre, *adj., joyeux, euse*
alegría, *n. f., joie*
alejar, *v., éloigner*
alentador, a, *adj., encourageant, e*
alentar (ie), *v., encourager*
alfombra, *n. f., tapis*
alga, *n. f., algue*
algo, *pron., quelque chose*
alimentador, a, *adj., nourrissant, e ; enrichissant, e*
alisar, *v., lisser*
aliviar, *v., soulager*
alivio, *n. m., soulagement*
allá, *adv., là-bas*, **más –**, *au-delà, plus loin*
alma, *n. f., âme ; cœur*
almacenar, *v., emmagasiner, stocker*
almeja, *n. f., clovisse, palourde*
almuerzo, *n. m., déjeuner*
alojamiento, *n. m., logement*
alojar, *v., loger*
alquilar, *v., louer*
alquitrán, *n. m., goudron*
altar, *n. m., autel*
altavoz, *n. m., haut-parleur*
altercado, *n. m., altercation*
altivo, a, *adj., hautain, e*
altura, *n. f., hauteur, niveau* ; **a esta(s) altura(s)**, *maintenant*
alumbrar, *v., éclairer*
amargo, a, *adj., amer, ère*
amargura, *n. f., amertume*
amarrar, *v., amarrer, attacher*
ambiental, *adj., environnemental, e*
ambiguo, a, *adj., ambigu, ambiguë*
ambos, as, *pron. pl., tous les deux, toutes les deux*
amo, a, *n. m., maître, maîtresse*
ampliar, *v., agrandir*
amplio, a, *adj., grand, e ; large, vaste*
añadir, *v., ajouter*
ancho, a, *adj., large*
anciano, a, *n., vieux monsieur, vieille dame*
andar, *v., marcher, aller ; être ;* **andar + gér.**, *être en train de*
angustioso, a, *adj., angoissant, e*
anhelar, *v., aspirer à, rêver de*
animadversión, *n. f., animosité*
ánimo, *n. m., courage ; encouragement*
aniquilar, *v., anéantir, exterminer*
anoche, *adv., hier soir, la nuit dernière*
anonimato, *n. m., anonymat*
añoranza, *n. f., nostalgie ; regret, mal du pays*
añorar, *v., avoir la nostalgie de*
ansia, *n. f., désir ardent, soif*
ansiar, *v., mourir d'envie de*
ante, *n. m., daim*
anteojos, *n. m. pl., lunettes*
antepasado, *n. m., ancêtre*
antídoto, *n. m., antidote*
antiguo, a, *adj., ancien, enne ; vieux, vieille*
antirreumático, a, *adj., antirhumatismal, e*
anudar, *v., nouer*
apacible, *adj., paisible, doux, douce*
apaciguar, *v., apaiser, calmer*
apagado, a, *adj., étouffé, e*
apartar, *v., écarter, séparer*
apasionado, a, *adj., passionné, e*
apatía, *n. f., apathie*
apenado, a, *adj., gêné, e ; attristé, e*
apiñar, *v., entasser*
aplastante, *adj., écrasant, e*
aplastar, *v., écraser*
aplaudir, *v., applaudir*
aplauso, *n. m., applaudissement ; éloge*
aplazar, *v., reporter*
apoteósico, a, *adj., triomphal, e*
apoyar, *v., appuyer, soutenir*
apoyo, *n. m., appui, soutien*
aprendiz, a, *n., apprenti, e*
apresar, *v., capturer, saisir*
apresurar, *v., presser, hâter*
apretar (ie), *v., presser ; serrer*
aprieto, *n. m., embarras, situation difficile*
aprisionar, *v., emprisonner*
aprobar (ue), *v., approuver, adopter ; réussir*
apropiado, a, *adj., approprié, e*
araña, *n. f., araignée*
árbol, *n. m., arbre*
archivo, *n. m., archive ; fichier*
arcoíris, *n. m., arc-en-ciel*
arder, *v., brûler ;* **está que arde**, *ça chauffe, ça barde*
ardiente, *adj., ardent, e ; brûlant, e*
arena, *n. f., sable*
aro, *n. m., cerceau*
arquero, *n. m., gardien de but*
arrabal, *n. m., faubourg, quartier populaire*
arrancar, *v., arracher ; démarrer*
arrasar, *v., ravager, dévaster*
arrastrar, *v., traîner ; entraîner*
arreglar, *v., arranger ; régler ; ranger*
arreglo, *n. m., arrangement, solution*
arrendatario, a, *n., locataire*
arribar, *v., accoster, toucher au port*
arribo, *n. m., arrivée (au port)*

arriesgado, a, *adj., risqué, e ; audacieux, euse*
arriesgar, *v., risquer*
arrimarse, *v.,* **– a**, *s'appuyer sur*
arrodillarse, *v., s'agenouiller*
arrojar, *v., jeter*
arrollador, a, *adj., irrésistible ; retentissant, e*
arroz, *n. m., riz*
artefacto, *n. m., engin*
artista, *n., artiste*
asaltar, *v., assaillir, attaquer*
ascender (ie), *v., être promu*
ascenso, *n. m., augmentation ; promotion*
asegurado, a, *adj., assuré, e ; garanti, e*
asegurar, *v., assurer*
asentir (ie), *v., acquiescer, admettre*
asesinato, *n. m., assassinat*
así, *adv., ainsi ; comme cela*
asiduo, a, *adj., assidu, e*
asiento, *n. m., siège*
asomar, *v., se pencher au bord ; se montrer*
asombrar, *v., étonner, stupéfier*
asombro, *n. m., stupéfaction*
astuto, a, *adj., astucieux, euse ; rusé, e*
asumir, *v., assumer*
asunto, *n. m., sujet ; affaire*
asustar, *v., effrayer*
atar, *v., attacher*
atardecer, *n. m., tombée du jour*
atascar, *v., boucher*
atender (ie), *v., s'occuper de*
atentado, *n. m., attentat*
atentar, *v.,* **– contra**, *attenter à*
atractivo, *n. m., attrait*
atractivo, a, *adj., attirant, e ; séduisant, e*
atrapar, *v., attraper, capturer*
atravesar (ie), *v., traverser*
atreverse, *v.,* **– a**, *oser*
atrevimiento, *n. m., audace*
atrincherarse, *v., se retrancher*
atropellado, a, *adj., précipité, e*
atropello, *n. m., violation*
atuendo, *n. m., costume, tenue*
aturdido, a, *adj., abasourdi, e*
auge, *n. m., essor*
aún, *adv., encore*
ausencia, *n. f., absence*
ausente, *adj., absent, e*
autodenominarse, *v., se nommer soi-même*
autopista, *n. f., autoroute*
autoridad, *n. f., autorité ; les autorités*
avance, *n. m., avancée, progrès*
avergonzar, *v., faire honte ;* **avergonzarse**, *avoir honte*
averiguar, *v., chercher à savoir*
avisar, *v., prévenir ; informer*
avispa, *n. f., guêpe*
axila, *n. f., aisselle*
ayudante, *n., assistant, e ; aide de camp*
azafata, *n. f., hôtesse*
azafrán, *n. m., safran*
azotea, *n. m., terrasse*

B

badulaque, *n. m., imbécile*
bahía, *n. m., baie*
bailarín, ina, *n., danseur, euse*
bajar, *v., baisser ; descendre*
balance, *n. m., bilan*
balbucear, *v., balbutier*
ballena, *n. f., baleine*
balón, *n. m., ballon*
balsa, *n. f., radeau*
balsero, a, *n., émigré cubain tentant de quitter l'île à bord d'un radeau*
bandada, *n. m., groupe*
bando, *n. m., camp*
bandoneón, *n. m., bandonéon*
bañista, *n., baigneur, euse*
barandilla, *n. f., rampe, balustrade*
barato, a, *adj., bon marché*
barra, *n. f., bar, comptoir de bar*
barrer, *v., balayer*
barriada, *n. f., quartier*
barrio, *n. m., quartier*
basca, *n. f., mal au cœur, nausée*
básicamente, *adv., essentiellement*
bastar, *v., suffire*
bastón, *n. m., canne*
basura, *n. f., saleté*
bandera, *n. f., drapeau*
basurero, *n. m., décharge*
batallar, *v., batailler*
bautizar, *v., baptiser*
becerro, *n. m., veau*
belleza, *n. f., beauté*
benefactor, ora, *n., bienfaiteur, bienfaitrice*
beneficencia, *n. f., bienfaisance*
berrear, *v., beugler, brailler*
besar, *v., embrasser*
bicho, *n. m., bête ;* **mal –**, *sale bête*
bienestar, *n. m., bien-être*
billetera, *n. f., portefeuille*
biodiversidad, *n. f., biodiversité*
biografía, *n. f., biographie*
biosfera, *n. f., biosphère*
bisturí, *n. m., bistouri*
blanco, *n. m., cible*
bloguero, a, *n., blogueur, euse*
bobalicón, ona, *adj., bébête, niais, niaise*
bocadillo, *n. m., sandwich*
boceto, *n. m., ébauche, esquisse*
boda, *n. f., noces*
bohemio, a, *adj., bohémien, enne*
bolero, *n. m., boléro*
bolsillo, *n. m., poche*
boludez, *n. f., bêtise, idiotie*
bombero, *n. m., pompier*
bordar, *v., broder*
borrachín, ina, *n., poivrot, e*
borracho, a, *n., ivrogne*
bosque, *n. m., bois ; forêt*
bote, *n. m., canot ;* **– salvavidas**, *canot de sauvetage*
botín, *n. m., butin*
botón, *n. m., bouton ;* **– de muestra**, *exemple*
boya, *n. f., bouée*
bracear, *v., nager la brasse*
bracero, *n. m., manœuvre*
brazada, *n. f., brassée*
brillar, *v., briller*
brindar, *v.,* **– por**, *boire à la santé de, porter un toast à*
bronca, *n. f., huées, protestation*
bufanda, *n. f., écharpe*
buitre, *n. m., vautour*
bullicio, *n. m., brouhaha, agitation*
bullir, *v., bouillonner*
burbuja, *n. f., bulle*
burlar, *v., tromper, déjouer ;* **burlarse de**, *se moquer de*
buscar, *v., chercher*
búsqueda, *n. f., recherche*

C

cabal, *adj., juste, exact, e*
cabello, *n. m., cheveu ; cheveux*
cabeza, *n. f., tête*
cabrón, ona, *n., enfoiré, e*
cadalso, *n. m., échafaud*
cadena, *n. f., chaîne*
caer, *v., tomber ;* **– en la cuenta de que, caer en que**, *se rendre compte que*
caída, *n. f., chute*
caja, *n. m., boîte ; caisse*
calcetín, *n. m., chaussette*
calentamiento, *n. m., réchauffement*
callar, *v., taire ; se taire*
callo, *n. m., cor ;* **lleno de callos**, *calleux*
calzarse, *v., se chausser*
calzoncillo, *n. m., slip*
cama, *n. f., lit*
cámara, *n. f., appareil photo ; caméra*
camarero, *n. m., serveur*
cambio, *n. m., change ; changement ; échange*
camisa, *n. f., chemise*
campanada, *n. f., coup de cloche*
campeón, ona, *n., champion, onne*
campesino, a, *n., paysan, anne*
caña, *n. f.,* **– de azúcar**, *canne à sucre*
canasta, *n. f., corbeille, panier*
cancha, *n. f., terrain, court de tennis*
canoa, *n. m., canot*
cantante, *n., chanteur, euse*
capa, *n. f., couche*
capilla, *n. f., chapelle*
capricho, *n. m., caprice, fantaisie*
captar, *v., saisir, comprendre*
cara, *n. f., visage*
carbón, *n. m., charbon*
carcajada, *n. f., éclat de rire*
cárcel, *n. f., prison*
carecer, *v.,* **– de**, *manquer de*
carencia, *n. f., carence, manque*
cargar, *v., charger ; porter ; bousiller*
cargo, *n. m., charge ; poste*
caricia, *n. f., caresse*
cariño, *n. m., tendresse ; chéri, e*
carpeta, *n. f., chemise, dossier*
carrera, *n. f., carrière ; études*
carril, *n. m., voie*
carro, *n. m., (amér.) voiture*

carta, *n. f., lettre*
cartel, *n. f., affiche, panneau*
cartera, *n. f., portefeuille*
casarse, *v., se marier*
casco, *n. m.,* – **antiguo**, *vieille ville* ; – **urbano**, *centre ville*
caso *n. m., cas* ; **hacer caso de**, *prêter attention à*
casona, *n. f., grosse maison*
castigar, *v., punir*
castigo, *n. m., châtiment*
castizo, a, *adj., pur, e*
casualmente, *adv., par hasard*
caucho, *n. m., caoutchouc*
caudal, *n. m., flot, débit*
cazador, *n. m., chasseur*
cédula, *n. f., certificat*
cegar (ie), *v., aveugler*
celda, *n. f., cellule*
célebre, *adj., célèbre*
cemento, *n. m., ciment*
cenar, *v., dîner*
centauro, *n. m., centaure*
centenar, *n. m., centaine*
centrarse, *v.,* – **en**, *se concentrer sur*
céntrico, a, *adj., central, e ; en centre-ville*
cercanías, *n. f. pl., banlieue ; environs*
cero, *n. m., zéro*
certeza, *n. f., certitude*
certificación, *n. f., certification*
chacra, *n. f., (amér.) ferme*
chalé, *n. m., pavillon*
chaleco, *n. f., gilet ;* – **salvavidas**, *gilet de sauvetage*
chaqueta, *n. f., veste*
charco, *n. m., flaque*
charla, *n. f., discussion, conversation*
charlar, *v., bavarder*
chaval, chavala, *n., jeune*
chillido, *n. m., cri*
chillón, ona, *adj., criard,e*
chimenea, *n. f., cheminée*
chisme, *n. m., commérage*
chispa, *n. f., étincelle*
chistera, *n. f., chapeau haut de forme*
chistoso, a, *adj., drôle*
chocar, *v., heurter ; claquer*
chocolatina, *n. f., barre chocolatée*
chófer, *n. m., chauffeur*
choque, *n. m., choc, collision*
choza, *n. f., cabane, hutte*
churro, *n. m., sorte de long beignet*
científico, a, *n. et adj., scientifique*
cierre, *n. m., fermeture*
cierto, a, *adj., certain, e*
ciervo, a, *n. , cerf, biche*
cinta, *n. f., ruban ; tapis roulant*
cirio, *n. m., cierge*
citarse, *v., se donner rendez-vous*
ciudadanía, *n. f., citoyenneté*
ciudadano, a, *n. f., citadin, e ; citoyen, enne ;* – **de a pie**, *simple citoyen*
civilizado, a, *adj., civilisé,e*
clandestinidad, *n. f., clandestinité*
clase, *n. f., classe ; cours ; sorte*
claustro, *n. m., cloître*
clavar, *v., clouer ;* – **la mirada en**, *fixer son regard sur*
clima, *n. m., climat*
cobardía, *n. f., lâcheté*
cocina, *n. f., cuisine*
cocinar, *v., cuisiner*
código, *n. m., code*
coger, *v., prendre*
cogitativo, a, *adj., doté ou dotée de pensée*
cohecho, *n. m., corruption*
coincidir, *v., coïncider ; se retrouver ; être d'accord*
colaborar, *v., collaborer ; participer*
colada, *n. f., lessive*
colcha, *n. f., couvre-lit*
colchón, *n. m., matelas*
cólera, *n. m., choléra*
cólera, *n. f., colère*
colgar (ue), *v., pendre ; accrocher ; raccrocher ;* – **en la red**, *mettre en ligne ;* – **anuncios**, *placer des affiches*
coliflor, *n. f., chou-fleur*
colindante, *adj., limitrophe, voisin, e*
colmar, *v., combler ;* – **de halagos**, *couvrir d'éloges*
combatir, *v., combattre*
comercio, *n. m., commerce ;* – **justo**, *commerce équitable*
cometer, *v., commettre*
compaginar, *v., concilier*
compartir, *v., partager*
compás, *n. m., rythme*
compasivo, a, *adj., compatissant, e*
complejo, *n. m., complexe ;* – **inmobiliario**, *complexe immobilier*
cómplice, *n. et adj., complice*
complicidad, *n. f., complicité*
comprador, ora, *n.., acheteur, euse*
comprensión, *n. f., compréhension*
comprobar (ue), *v., vérifier*
comprometer, *v., compromettre ;* **comprometerse**, *s'engager*
compromiso, *n. m., engagement*
computación, *n. f.,* **las ciencias de la** –, *l'informatique*
comunicarse, *v., communiquer*
comunidad, *n. f., communauté*
concejal, ala, *n., conseiller municipal, conseillère municipale*
concitar, *v., susciter ;* – **la esperanza**, *faire naître l'espoir*
condenar, *v., condamner*
condimentar, *v., assaisonner, relever ; mettre du piment*
conducir, *v., conduire*
conejo, a, *n., lapin, e*
conexión, *n. f., lien ; connection*
confesar (ie), *v., avouer ; passer aux aveux*
conformidad, *n. f., conformité ; consentement*
confundir, *v., embrouiller ; confondre ;* **confundirse**, *se tromper*
congoja, *n. f., angoisse*
conmovedor, a, *adj., émouvant, e*
conocer, *v., connaître*
conocido, a, *n., connaissance, relation*
conquista, *n. f., conquête*
consagrar, *v., consacrer*
conseguir (i), *v., obtenir, atteindre*
consigna, *n. f., consigne*
consultorio, *n. m., cabinet de consultation*
consumidor, ora, *n., consommateur, consommatrice*
consumir, *v., consommer*
consumo, *n. m., consommation*
contaminación, *n. f., pollution*
contaminante, *adj., polluant, e*
contemplar, *v., contempler ; envisager*
contestatario, a, *adj., contestataire*
contrariar, *v., contrarier*
contrarrevolucionario, a, *adj., contrerévolutionnaire*
contraseña, *n. f., mot de passe*
contratar, *v., embaucher, engager*
contrato, *n. f., contrat ;* – **fijo**, *CDI ;* **contrato temporal**, *CDD*
control, *n. f., contrôle ;* – **remoto**, *télécommande*
contundente, *adj., indiscutable*
convertirse (i-ie), *v., transformer*
convivencia, *n. f., vie en commun, coexistence*
convivir, *v., vivre ensemble ;* – **con**, *vivre avec*
convocar, *v., convoquer ; réunir ; appeler à*
convocatoria, *n. f., convocation ; le public concerné*
cónyuge, *n., conjoint, e*
copa, *n. f., coupe ; verre ;* **sombrero de** –, *haut de forme*
coquetear, *v., flirter*
corbata, *n. f., cravate*
coreografía, *n. f., chorégraphie*
coreógrafo, a, *n., chorégraphe*
corredor, a, *n.,* – **de comercio**, *agent de change ;* **corredor o corredora de seguros**, *courtier ou courtière d'assurances*
correr, *v., courir*
corriente, *n. f., le courant*
corriente, *adj., courant, ordinaire ;* **una cuenta** –, *un compte courant ;* **ponerse al** –, *se mettre au courant*
corrupción, *n. f., corruption*
cortado, *n. m., noisette (café avec un peu de lait)*
cortar, *v., couper ; interrompre*
costado, *n. m., côté*
costar, *v., coûter ;* **me costó hacer esto**, *faire cela m'a été difficile*
costarricense, *n. et adj., Costaricien, enne ; costaricien, enne (du Costa Rica)*
coste, *n. m., coût*
cotidiano, a, *adj., quotidien, enne*
coyote, *n. m., coyote ; passeur*
crecer, *v., grandir, pousser, croître*
creencia, *n. f., croyance*
creer, *v., croire ;* – **en el futuro**, *croire en l'avenir*
crío, cría, *n., petit, e, gamin, gamine*
crimen, *n. m. , crime ;* – **de lesa humanidad**, *crime contre l'humanité*
crisis, *n. f., crise*
cristal, *n. m., verre ; vitre*
criterio, *n. f., critère ; jugement ; avis*
crucero, *n. m., croisière*

cruzar, v., croiser ; échanger ; traverser
cuadra, n. f., (amér.) pâté de maisons
cuadrarse, v., se mettre au garde-à-vous
cualidad, n. f., qualité
cualquiera, adj., n'importe quel, n'importe quelle ; **en cualquier caso**, en tout cas
en cualquier momento, n'importe quand
cualquiera, pron., n'importe qui
cuantioso, a, adj., important, e ; fort, e
cuarentón, ona, adj., cuadragénaire
cuarto, a, adj. num., quatrième
cuarto, n. m., quart ; pièce, chambre
cubículo, n. m., chambre
cubito, n. m., glaçon
cubrir, v., couvrir ; recouvrir
cucharada, n. f., cuillerée
cuchillo, n. m., couteau
cuello, n. m., cou ; col
cuento, n. m., conte ; – **de hadas**, conte de fées
culpa, n. f., faute
culpabilidad, n. f., culpabilité
cumbre, n. f., sommet
cumplido, n. m., compliment
cumplir, v., accomplir ; respecter ; avoir (âge) ; **hoy se cumplen diez años de...** aujourd'hui cela fait dix ans que... ; – **con su papel**, faire son travail
cuñado, a, n., beau-frère, belle-sœur
cundir, v., se répandre
cuota, n. f., part ; paiement échelonné
currante, n. et adj., travailleur, euse
cuyo, a, adj., dont le, dont la

D

dañar, v., être nocif, porter tort ; endommager, abîmer
daño, n. m., dommage ; mal ; **hacer –**, faire (du) mal
dar, v., donner ; – **parte de**, faire part de ; – **lástima**, faire pitié ; – **al traste con algo**, gâcher quelque chose ; **darse por vencido**, se considérer comme vaincu, admettre sa défaite
dato, n. m., donnée, renseignement
debajo, adv., dessous
debidamente, adv., convenablement, comme il faut
debido, a, adj., dû, e ; dévoué, e ; **debido a**, loc. prép., du fait de, en raison de
débil, adj., faible ; **tener la vista débil**, avoir la vue basse
década, n. f., décennie ; décade
decimonónico, a, adj., du XIXe siècle ; vieille mode
decreto, n. m., décret
dedicación, n. f., dévouement
dedicar, v., consacrer
dedo, n. m., doigt
defender (ie), v., défendre
deforestación, n. f., déforestation
deidad, n. f., déité, divinité
dejar, v., laisser ; quitter ; – **de**, cesser de ; **...no deja de ser...**, ...ne laisse pas d'être... (est vraiment...)
delito, n. f., délit
demás, adj., autre ; pron., **los (las) –**, les autres
demasiado, a, adj., trop de ; **demasiado**, adv., trop
demoler, v., démolir
dentro, adv., dedans, à l'intérieur ; **dentro de**, loc. prép., dans ; **dentro de un año**, dans un an
denuncia, n. f., plainte
denunciar, v., dénoncer
deportista, n. et adj., sportif, sportive
deprimido, a, adj., déprimé, e
derecho, a, adj., droit, e
derecho, n. m., droit ; **los derechos humanos**, les droits de l'homme
derribar, v., démolir
derribo, n. m., démolition
derrochar, v., gaspiller ; déborder de
derroche, n. m., gaspillage
derrota, n. f., défaite
derrumbarse, v., s'effondrer
desafiar, v., défier
desahuciar, v., expulser
desahucio, n. m., expulsion
desaliñado, a, adj., négligé, e ; décoiffé, e ; chiffonné, e
desalmado, a, adj., sans cœur
desangelado, a, adj., sans charme
desanimarse, v., se décourager
desanudar, v., dénouer, détacher
desapacible, adj., désagréable
desaparecer, v., disparaître
desaparición, n. f., disparition
desarraigo, n. m., déracinement
desarrollarse, v., se développer ; se dérouler
desarrollo, n. m., développement ; **desarrollo sostenible**, développement durable
desazón, n. f., inquiétude, trouble
desbocado, a, adj., emballé, e
descansar, v., se reposer
descarado, a, adj., éhonté, e ; effronté, e
descarga, n. f., téléchargement
descargar, v., décharger ; télécharger
desengañar, v., détromper
descenso, n. m., baisse ; descente
descifrar, v., déchiffrer
descomplicado, a, adj., simple
desconcierto, n. m., trouble, confusion
desconfiar, v., se méfier
descontrolado, a, adj., incontrôlé, e ; incontrôlable
descubrir, v., découvrir
desde, prép., depuis ; – **entonces**, depuis ; – **luego**, loc. adv., bien sûr
desecarse, v., se dessécher
desembarcar, v., débarquer
desembarco, n. m., débarquement
desembocar, v., déboucher
desempeñar, v., exercer (une fonction) ; remplir (une mission) ; – **un papel**, jouer un rôle
desempeño, n. f., exercice ; **tener un buen desempeño en...**, avoir du succès dans...
desempleado, a, n., chômeur, euse
desempleo, n. m., chômage
desencadenar, v., déclencher
desenfadado, a, adj., décontracté, e
desentonar, v., détonner ; être déplacé, e
desenvolver (ue), v., défaire
desertización, n. f., désertification
desesperación, n. f., désespoir
desfilar, v., défiler
desgarrar, v., déchirer
desgarro, n. f., déchirement
desgaste, n. f., usure
desgracia, n. f., malheur
deshielo, n. f., dégel
deshonesto, a, adj., malhonnête
desigual, adj., inégal
desigualdad, n. f., inégalité
desmayarse, v., s'évanouir
desmedido, a, adj., démesuré, e
desmontar, v., démonter
desnudo, a, adj., nu, e
desorbitado, a, adj., exhorbitant, e ; démesuré, e
despacho, n. m., bureau
despectivamente, adv., avec mépris
despedida, n. f., adieux
despedir (i), v., faire ses adieux ; renvoyer, licencier
despegar, v., décoller
despertar (ie), v., réveiller ; se réveiller ; éveiller ; provoquer
despilfarro, n. m., gaspillage
despistado, a, adj., désorienté, e
despreciar, v., mépriser
desprenderse, v., se détacher
desprovisto, a, adj., dépourvu, e
destacar, v., ressortir ; souligner, faire remarquer
destacado, a, adj., remarquable, marquant, e
destello, n. m., étincelle, lueur
destino, n. m., destin ; destination
destrozar, v., mettre en pièces ; détruire ; briser
detención, n. f., arrestation
detener (ie), v., arrêter ; retenir
deuda, n. f., dette
devanar, v., dévider ; **devanarse los sesos**, se creuser la tête
devolver (ue), v., rendre
diábolo, n. m., diabolo (instrument de jonglerie)
diario, n. m., journal ; quotidien
dibujante, n., dessinateur, dessinatrice
dicha, n. f., chance, bonheur
dichoso, a, adj., heureux, euse ; maudit, e
dirección, n. f., direction ; adresse
discriminación, n. f., discrimination
disculpar, v., excuser
diseño, n. m., dessin ; conception ; **de –**, design
disfrazar, v., déguiser
disidente, n. et adj., dissident, e
disparar, v., lancer ; tirer ; **salir disparado**, partir comme une flèche
dispararse, v., s'envoler
disparo, n. m., coup de feu ; tir, frappe
dispensar, v., excuser
displicencia, n. f., désinvolture, froideur

displicente, *adj., froid, e ; désinvolte*
distar, *v., être loin*
distraer, *v., distraire*
distrito, *n.m., district, secteur ; quartier*
disturbio, *n. m., trouble*
diversión, *n. f., diversion*
divertido, a, *adj., drôle, amusant, e*
divinidad, *n. f., divinité*
divisar, *v., apercevoir*
divisorio, a, *adj., de séparation*
divorcio, *n. m., divorce*
doblegar, *v., plier ; faire fléchir*
docena, *n. f., douzaine*
documentación, *n. f., documentation, papiers (d'identité)*
doler (ue), *v., faire mal ; faire de la peine*
dosis, *n. f., dose*
dotado, a, *adj., doué, doté*
duda, *n. f., doute*
dudar, *v., douter ; hésiter*
dueño, a, *n., propriétaire ; maître, maîtresse*

E

echar, *v., jeter ; jeter dehors ; mettre* ; **echar un pie en...**, *poser le pied sur...* ; **echarse a la calle**, *envahir les rues* ; **echo de menos a alguien**, *quelqu'un me manque*
ecológico, a, *adj., écologique*
ecosistema, *n. m., écosystème*
edificio, *n. m., bâtiment, immeuble*
efecto, *n. m., effet* ; – **invernadero**, *effet de serre*
efeméride, *n. f., date anniversaire*
eficiente, *adj., efficace*
efímero, a, *adj., éphémère*
egoísmo, *n. m., égoïsme*
ejercer, *v., exercer*
elenco, *n. m., troupe ; distribution*
élite, *n. f., élite*
embajada, *n. f., ambassade*
embarazada, *adj. f., enceinte*
embarazar, *v., faire un enfant à*
embutir, *v., remplir*
emergencia, *n. f., urgence*
emigrar, *v., émigrer*
emisión, *n. f., émission*
emisora, *n. f., station de radio*
emocionar, *v., émouvoir*
emocional, *adj., émotionnel, émotionnelle*
emolumentos, *n. m. pl., émoluments, salaire*
emoticono, *n. m., smiley*
emparedado, *n. m., sandwich*
empeñarse , *v.,* – **en**, *s'obstiner à, s'efforcer de*
empeorar, *v., empirer*
empleado, a, *n., employé, e*
emplearse, *v., s'employer* ; – **a fondo en**, *se donner à fond pour*
empobrecer, *v., appauvrir*
empobrecimiento, *n. m., appauvrissement*
emprender, *v., entreprendre ; intenter ; commencer*
emprendimiento, *n. m., initiative*
empresa, *n. f., entreprise*
empresarial, *adj., patronal, e*
empujar, *v., pousser*
encabezar, *v., être à la tête de ; diriger*
encaminarse, *v.,* – **hacia**, *se diriger vers*
encanto, *n. m., charme*
encarar, *v., faire face à, affronter*
encarcelar, *v., emprisonner*
encender (ie), *v., allumer ; enflammer*
encerar, *v., cirer*
encerrar (ie), *v., enfermer ; renfermer*
encogerse, *v., rétrécir*
encuentro, *n. m., rencontre*
energúmeno, a, *n., énergumène*
enfadarse, *v., se fâcher, se mettre en colère*
énfasis, *n. m., emphase*
enfervorecer, *v., exalter*
enfocar, *v., aborder, envisager* ; – **a una clientela...**, *viser une clientèle...*
enfrascarse, *v.,* – **en**, *se plonger dans*
enfrentar, *v., affronter ; opposer*
enfrentarse *v., s'affronter ; faire face à*
engañar, *v., tromper*
engaño, *n. f., tromperie*
engominarse, *v., se mettre de la gomina (du gel) dans les cheveux*
enjugar, *v., sécher, éponger*
enlace, *n. m., lien ; correspondance*
enloquecer, *v., devenir fou*
enojarse, *v., se mettre en colère ; se fâcher*
enorgullecerse, *v., s'enorgueillir*
enredar, *v., emmêler, embrouiller*
enriquecer, *v., enrichir*
enriquecimiento, *n. m., enrichissement*
ensalzar, *v., porter aux nues*
ensanche, *n. m., zone d'extension urbaine*
ensayar, *v., répéter*
ensayo, *n. m., essai*
enseñanza, *n. f., enseignement*
enseñar, *v., montrer ; enseigner*
ensimismarse, *v., se replier sur soi-même*
ensueño, *n. m., rêve*
ente, *n. m., être*
enterarse, *v., apprendre ; comprendre ; se rendre compte*
entonar, *v., entonner*
entorno, *n. m., environnement*
entregar, *v., remettre, livrer ; délivrer*
entregarse, *v.,* – **a**, *se vouer à, se dévouer pour*
entretenerse (ie), *v., se distraire, passer son temps, s'amuser*
entrevista, *n. f., entretien ; interview*
entristecer, *v., attrister*
entusiasmarse, *v., s'enthousiasmer*
entusiasmo, *n. m., enthousiasme*
envenenar, *v., empoisonner*
envidiar, *v., envier, être jaloux*
envilecimiento, *n. f., dépravation*
envolver (ue), *v., envelopper*
epopeya, *n. f., épopée*
equidad, *n. f., équité, justice*
equivocado, a, *adj., erroné, e ; dans l'erreur*
equivocarse, *v., se tromper*
erguir (i-ie), *v., dresser*
erizo, *n. m., hérisson*
escalar, *v., escalader*
escaque, *n. m., case*
escasez, *n. f., pénurie ; indigence*
escaso, a, *adj., maigre ; rare*
escenógrafo, a, *n., metteur en scène*
escoba, *n. f., balai*
escoger, *v., choisir*
esconder, *v., cacher*
a escondidas, *loc. adv., en cachette*
escondite, *n. m., cachette*
escopeta, *n. f., fusil de chasse*
esforzarse (ue), *v., faire des efforts* ; – **en/por**, *s'efforcer de*
esfumarse, *v., se volatiliser, disparaître*
esnob, *adj., snob*
eso, *pron. dém. neutre., cela, ça* ; **eso sí**, *ça, par contre, oui*
esoterismo, *n. m., ésotérisme*
espacio-temporal, *adj., spatio-temporel, elle*
espalda, *n. f., dos* ; **dar la espalda**, *tourner le dos* ; **de espaldas a**, *tournant le dos à* ; **espalda mojada**, *émigré clandestin mexicain*
espantar, *v., faire fuir ; épouvanter*
especie, *n. f., espèce ; sorte*
especulación, *n. f., spéculation*
espejismo, *n. m., mirage*
espejo, *n. m., miroir*
espera, *n. f., attente*
esperanza, *n. f., espoir*
esperanzador, ora, *adj., encourageant, e*
esperar, *v., attendre ; espérer*
espeso, a, *adj., épais, épaisse ; dense*
espiritista, *n., médium*
esplendor, *n. m., splendeur*
espontáneo, a, *adj., spontané, e*
esposo, a, *n., époux, épouse*
esquimal, *n., Esquimau, Esquimaude*
esquinado, a, *adj., en coin*
establecer, *v., établir*
estado, *n. m., état* ; – **de ánimo**, *humeur, état d'esprit*
estafa, *n. f., escroquerie*
estafador, ora, *n., escroc*
estallido, *n. m., explosion*
estancia, *n. f., séjour*
estante, *n. m., étagère*
estrecho, a, *adj., étroit, e ; coincé, e*
estrecho, *n. m., détroit*
estrella, *n. f., étoile ; vedette*
estrellarse, *v., se briser, s'effondrer ; s'écraser*
estrenar, *v., donner la première de ; projeter pour la première fois*
estropear, *v., abîmer*
ética, *n. f., éthique*
etnólogo, a, *n., ethnologue*
exageración, *n. f., exagération*
exceptuar, *v., exclure*
excluir, *v., exclure*
éxito, *n. m., succès* ; **exitazo**, *énorme succès*
exitoso, a, *adj., à succès*
expandirse, *v., se répandre*
expectación, *n. f., attente, curiosité, impatience générale*
explotación, *n. f., exploitation*
explotar, *v., exploiter*
expropiación, *n. f., expropriation*

expuesto, a, *adj., exposé, e*
extenderse (ie), *v., s'étendre*
extensamente, *adv., longuement*
extinción, *n. f., extinction*
extraer, *v., extraire*
extrañeza, *n. f., étonnement*
extranjero, a, *n. f., étranger, ère*

F

fábula, *n. f., fable*
facilidad, *n. f., facilité*
faena, *n. f., travail ;* **faenas domésticas**, *tâches ménagères*
fallar, *v., manquer, rater*
fallecer, *v., décéder*
falso, a, *adj., faux, fausse*
falta, *n. f., faute ; manque ;* **hace falta**, *il faut*
faltar, *v., manquer ;* **faltaría más**, *naturellement ;* **eso me hace falta**, *j'ai besoin de cela*
fama, *n. f., réputation ; célébrité*
famoso, a, *adj., célèbre*
famoso, a, *n., célébrité ;* **los famosos**, *les 'people'*
fantasía, *n. f., fantaisie, imagination ; fantasy*
fantasioso, a, *adj., fantaisiste ; imaginatif, ive*
farfullar, *v., bredouiller*
farola, *n. f., réverbère*
fase, *n. f., phase*
fatal, *adj., catastrophique*
favor, *n. m., faveur ; service ;* **hágame el favor**, *ayez l'amabilité de*
felicidad, *n. f., bonheur*
felizmente, *adv., heureusement*
felpa, *n. f., tissu-éponge*
feria, *n. f., foire ; fête foraine*
ferrocarril, *n. m., chemin de fer ; train*
festejar, *v., fêter*
fiambre, *n. m., macchabée*
ficticio, a, *adj., fictif, ive*
fiebre, *n. f., fièvre*
fieltro, *n. f., feutre*
figurarse, *v., s'imaginer*
fijarse, *v., faire attention ; –* **en**, *remarquer*
fijo, a, *adj., fixe ; fidèle*
finca, *n. f., propriété*
fingir, *v., feindre, faire semblant*
fiordo, *n. m., fjord*
firmar, *v., signer*
firma, *n. f., signature ; dédicace*
firme, *adj., ferme, stable ; au garde-à-vous*
flaco, a, *adj., maigre*
flaco, a, *n., garçon, fille*
flamante, *adj., flambant neuf*
flan, *n. m., flan ;* **estar como un flan**, *trembler comme une feuille*
flaquear, *v., faiblir, hésiter*
flojo, a, *adj., faible*
floreado, a, *adj., à fleurs*
follaje, *n. m., feuillage*
folleto, *n. m., prospectus ; dépliant ; tract*
fomentar, *v., encourager, développer*
fomento, *n. m., développement*
formal, *adj., officiel, elle*
fósforo, *n. m., allumette*
fotógrafo, a, *n., photographe*
fracaso, *n. m., échec*
fragancia, *n. f., parfum, senteur*
franja, *n. f., bande, frange*
fraude, *n. m., fraude*
fregar (ie), *v., laver, récurer ; –* **los platos**, *faire la vaisselle*
fregona, *n. f., balai-serpillière*
frente, *n. f., front (anatomie)*
frente, *n. m., devant, front ; –* **frío**, *front froid*
frente a, *loc. prép., en face de ; face à*
frijol, *n. m., haricot*
fronterizo, a, *adj., frontalier, ère*
fuente, *n. f., source ; fontaine*
fuerza, *n. f., force*
función, *n. f., séance, représentation*
furgoneta, *n. f., fourgonnette*
fútbol, *n. m., football*
futbolista, *n., footballeur, euse*

G

gacela, *n. f., gazelle*
gaceta, *n. f., gazette ;* **gacetilla**, *court article*
gaditano, a, *n., Gaditan, ane (de Cadix)*
galardonar, *v., récompenser ;* **fue galardonado con un premio**, *on lui a décerné un prix*
gallina, *n. f., poule ;* **gallina ciega**, *colin-maillard*
gamba, *n. f., crevette*
ganar, *v., gagner*
ganas, *n. f. pl., envie ;* **me dan ganas de**, *j'ai envie de*
garganta, *n. f., gorge*
garrafalmente, *adv., de façon monumentale*
gas, *n. f., gaz*
gasolinera, *n. f., station-service, pompe à essence*
gastar, *v., dépenser ; user ; –* **una broma**, *faire une blague*
gato, *n.m., chat ;* **gatazo**, *gros matou*
gatuno, a, *adj., félin, e*
gaucho, a, *n., gaucho*
género, *n. f., genre ;* **violencia de género**, *violence domestique ;* **igualdad de género**, *égalité entre les hommes et les femmes*
gira, *n. f., tournée*
girar, *v., tourner*
glúteo, *n. m., fesse*
gol, *n. m., but ;* **golazo**, *but magnifique*
goleador, *n., buteur, euse*
golondrina, *n. f., hirondelle*
goloso, a, *adj., gourmand, e*
golosina, *n. f., friandise*
golpe, *n. f., coup ; –* **de Estado**, *coup d'État ;* **de –**, *loc. adv., brusquement*
golpista, *n., putschiste*
goma, *n. f., gomme ; –* **(elástica)**, *élastique*
gorro, *n. m., bonnet*
gozar, *v., –* **de**, *profiter de, prendre plaisir à*
grabación, *n. f., enregistrement*
gracioso, a, *adj., drôle*
grado, *n. m., degré*
grafitero, a, *n., tagueur, euse*
granadero, *n. m., grenadier*
granate, *adj., grenat*
granizado, *n. m., granité*
granja, *n. f., ferme*
gravitar, *v., graviter ; –* **sobre**, *peser sur*
gruñir, *v., grogner*
guardacostas, *n. m., garde-côte*
gubernamental, *adj., gouvernemental, e*
guiar, *v., guider ; conduire*
guiñar, *v., –* **el ojo**, *faire un clin d'œil*
guionista, *n., scénariste*
guisante, *n. m., petit pois*
gusano, *n. m., ver*
gusto, *n. m., goût ; plaisir ;* **estar a –**, *se sentir bien ;* **da –**, *cela fait plaisir*

H

hacer, *v., faire ; –* **daño**, *faire mal ; –* **el ridículo**, *se ridiculiser*
hacerse *v., devenir ; –* **con**, *obtenir, s'emparer de ; –* **de**, *se procurer*
hada, *n. f., fée*
halagar, *v., flatter*
halago, *n. m., flatterie*
hallar, *v., trouver*
hallarse, *v., se trouver*
hallazgo, *n. m., trouvaille*
hambre, *n. f., faim*
hambriento, a, *adj., affamé, e*
hambruna, *n. f., famine*
hampa, *n. f.,* **el –**, *le milieu, la pègre*
harapiento, a, *adj., en haillons*
harto, a, *adj.,* **estar – de**, *en avoir assez de, en avoir marre de*
hasta, *prép., jusqu'à ; –* **la fecha**, *jusqu'à présent ; adv., même*
hazaña, *n. f., exploit*
helar (ie), *v., glacer, geler*
helado, *n. m., glace, crème glacée*
helicóptero, *n. m., hélicoptère*
herencia, *n. f., héritage*
hermanastro, a, *n., demi-frère, demi-sœur*
hermano, a, *n., frère, sœur ; –* **político**, *beau-frère*
hermoso, a, *adj., beau, belle*
hermosura, *n. f., beauté*
heroico, a, *adj., héroïque*
heroísmo, *n. m., héroïsme*
herramienta, *n. f., outil*
hervir (i-ie), *v., bouillir*
hielo, *n. m., glace ; gel*
higienizar, *v., désinfecter*
hilera, *n. f., rangée*
hincarse, *v., s'agenouiller*
hincha, *n., supporter, fan*
hinchar, *v., gonfler*
hipérbole, *n. f., hyperbole*
hipocresía, *n. f., hypocrisie*

hipoteca, *n. f., hypothèque ; emprunt immobilier*
hispano, a, *n., Latino, Hispanique*
historieta, *n. f., bande dessinée ; histoire drôle*
hito, *n. m., borne ; événement marquant*
hogar, *n. m., foyer*
hoja, *n. f., feuille ;* **– de servicios**, *états de service*
holgado, a, *adj., facile, aisé, e*
hombro, *n. m., épaule*
homenaje, *n. m., hommage*
homilía, *n. f., homélie, sermon*
hondo, a, *adj., profond, e*
honda, *n. f., fronde*
honrado, a, *adj., honnête*
horizonte, *n. m., horizon*
horroroso, a, *adj., horrible,*
hoy, *adv., aujourd'hui ;* **– día**, *de nos jours*
huelga, *n. f., grève*
huella, *n. f., trace ; empreinte*
huérfano, a, *n., orphelin, e*
huésped, a, *n., hôte ; client (d'un hôtel)*
huevera, *n. f., boîte à œufs*
huida, *n. f., fuite*
huir, *v., fuir, s'enfuir ;* **huir de algo**, *fuir quelque chose*
hulla, *n. f., houille*
humedad, *n. f., humidité*
humilde, *adj., humble*
humo, *n. m., fumée*
hundirse, *v., couler, sombrer ; anéantir*
huracán, *n. m., ouragan*

I

icónico, a, *adj., emblématique*
icono, *n. m., icône*
idear, *v., concevoir, imaginer*
ídolo, *n.m., idole*
igual, *adj., pareil, pareille ; égal, e*
igual, *adv., de la même façon ;* **al igual que**, *de même que*
igualdad, *n. f., égalité*
ilegal, *adj., illégal, e ; clandestin, e*
ilusión, *n. f., illusion ; rêve ; espoir ; joie ;* **me hace mucha ilusión**, *je suis enthousiaste à l'idée de...*
ilusionar, *v., faire rêver*
imaginario, a, *adj., imaginaire*
impacto, *n. m., impact ;* **– ambiental**, *effet sur l'environnement*
implemento, *n. m., outil*
imponderable, *n. m., impondérable*
imposibilitar, *v.,* **– a alguien para hacer algo**, *empêcher quelqu'un de faire quelque chose*
impotencia, *n. f., impuissance*
impulso, *n. m., impulsion*
impuntualidad, *n. f., manque de ponctualité*
inadecuado, a, *adj., inadéquat, e*
incentivo, *n. m., incitation*
incertidumbre, *n. f., incertitude*
iniciar, *v., commencer ; initier*
incluso, *adv., même, y compris*
incomunicabilidad, *n. f., incommunicabilité*
inconcebible, *adj., inconcevable*
incontable, *adj., innombrable*
incremento, *n. m., accroissement ; hausse*
increpar, *v., blâmer ; injurier*
indefenso, a, *adj., sans défense*
individualismo, *n. m., individualisme*
indocumentado, a, *n., sans papiers*
inducir, *v., induire*
indudable, *adj., indubitable ; certain, e*
indulgencia, *n. f., indulgence*
inefable, *adj., ineffable, indicible*
inesperado, a, *adj., inattendu, e*
inestable, *adj., instable*
infierno, *n. m., enfer*
influir, *v.,* **– en**, *influer sur, avoir de l'influence sur*
informe, *n. m., compte-rendu ; rapport ; enquête*
infundir, *v., inspirer, insuffler ;* **– ánimos**, *donner du courage*
ingenuo, a, *adj., ingénu, e ; naïf, naïve*
ingerir (i-ie), *v., ingérer*
ingreso, *n. m., admission ;* **los ingresos**, *les recettes, les revenus, les rentrées d'argent*
inherente, *adj., inhérent, e*
inicio, *n. m., début*
inmanejable, *adj., incontrôlable*
inmigrante, *n., immigré, e ; immigrant, e*
inmueble, *n. m., immeuble*
innovador, a, *adj., novateur, novatrice ; innovant, e*
inocencia, *n. f., innocence*
inolvidable, *adj., inoubliable*
insalvable, *adj., insurmontable*
insensatez, *n. f., stupidité*
insensato, a, *adj., insensé, e ; ridicule*
instar, *v.,* **– a**, *prier instamment de, essayer de, convaincre quelqu'un de*
intentar, *v., essayer*
intento, *n. m., essai*
intercambiar, *v., échanger*
intercambio, *n. m., échange*
intérprete, *n., interprète*
introducir, *v., introduire*
invadir, *v., envahir*
inventar, *v., inventer*
inverosímil, *adj., invraisemblable*
inversión, *n. f., investissement*
investigación, *n. f., recherche ; enquête, investigation*
involucrarse, *v.,* **– en**, *être impliqué dans*
ir, *v., aller ;* **– tirando**, *faire aller, se débrouiller plus ou moins bien ;* **irse a pique**, *couler*
irracional, *adj., irrationnel, elle*
irregularidad, *n. f., irrégularité*

J

jabalí, *n. m., sanglier*
jalar, *v., tirer, traîner*
jaqueca, *n. f., migraine*
jaranista, *n. m., fêtard*
jarrón, *n. m., vase*
jefe, a, *n.., chef*
jefatura, *n. f., direction*
je, *interj., ha ! ;* **¡je! ¡je!**, *hi ! hi !*
jerigonza, *n. f., charabia ; jargon*
jeroglífico, *n. m., hiéroglyphe*
jornada, *n. m., journée ;* **– laboral**, *temps de travail*
joya, *n. f., bijou ; joyau*
jubilado, a, *adj.et n., retraité, e*
judía, *n. f., haricot*
judío, a, *n., Juif, Juive*
juez, a, *n., juge*
juguete, *n. m., jouet*
juicio, *n. m., jugement*
junta, *n. f., junte*
juntar, *v., réunir, rassembler*
junto, a, *adj., ensemble*
junto a, *loc prép., en même temps que, à côté de ;* **junto con**, *loc prép., avec*
juzgado, *n. m., tribunal*

L

laboral, *adj., de (du) travail*
lado, *n.m., côté*
ladrar, *v., aboyer*
lágrima, *n. f., larme*
lamentable, *adj., regrettable*
lamentar, *v., regretter, déplorer*
lance, *n. m., circonstance, moment ;* **– imprevisto**, *coup de théâtre*
lancha, *n. f., barque ; canot*
lanzadera, *n. f., navette*
lanzar, *v., lancer*
lápiz, *n. m., crayon*
lástima, *n. f., pitié, peine ;* **¡qué lástima!**, *quel dommage !*
lastimar, *v., blesser*
lata, *n. f., boîte de conserve*
lazo, *n. m., ruban ; lien*
legendario, a, *adj., légendaire*
lejano, a, *adj., lointain, e*
lejanía, *n. f., éloignement ;* **en la –**, *dans le lointain*
lejos, *adv., loin ;* **a lo –**, *au loin*
lema, *n. m., slogan*
letal, *adj., mortel, elle*
letanía, *n. f., litanie*
letrero, *n. m., écriteau*
levantamiento, *n. m., soulèvement*
levantarse, *v., se lever ; se soulever*
leyenda, *n. f., légende*
librarse, *v.,* **– de**, *se dispenser de, éviter*
libreto, *n. m., livret*
licuar, *v., liquéfier*
lienzo, *n. m., toile*
limpieza, *n. f., propreté ; nettoyage*
linde, *n. f., limite*
lindo, a, *adj., joli, e*
lirio, *n. m., iris*
llama, *n. f., flamme*
llamar, *v., appeler ;* **– a la puerta**, *frapper à la porte ;* **– (por teléfono)**, *téléphoner*
lleno, a, *adj., plein, e*
llevar, *v., porter, transporter ;* **llevarle**

la contraria a alguien, *contredire ou contrarier quelqu'un* ; **llevarse un chasco**, *être très déçu*
llorar, *v., pleurer*
lluvia, *n. f., pluie*
loción, *n. f., lotion*
locura, *n. f., folie*
locutor, a, *n., présentateur, présentatrice*
logotipo, *n. m., logo*
lograr, *v., obtenir ; réussir ; atteindre*
logro, *n. m., réussite* ; **los logros sociales**, *les acquis sociaux*
luchar, *v., lutter, se battre*
lucirse, *v., briller*
lujoso, a, *adj., luxueux, euse*
lustro, *n. m., lustre (période de 5 ans)*
luz, *n. f., lumière*

M

machismo, *n. m., machisme*
madera, *n. f., bois*
madero, *n. m., madrier, planche*
madrastra, *n. f., belle-mère*
madreselva, *n. f., chèvrefeuille*
madrina, *n. f., marraine*
madurar, *v., mûrir*
maduro, a, *adj., mûr, e ; réfléchi, e*
magro, a, *adj., maigre*
majestuoso, a, *adj., majestueux, euse*
malagueño, a, *adj., de Malaga*
maldición, *n. f., malédiction*
malecón, *n. m., jetée*
maletín, *n. m., mallette*
maltratar, *v., maltraiter*
malva, *adj. inv., mauve*
malvivir, *v., vivre pauvrement*
mañana, *n. f., matin, matinée ; lendemain ; demain*
manchar, *v., tacher, salir ; souiller*
mando, *n. m., commandement* ; – **a distancia**, *télécommande*
manejar, *v., (amér.) conduire*
manga, *n. f., manche*
manglar, *n. m., mangrove*
mango, *n. m., manche*
manicomio, *n. m., asile*
manifestarse, *v., manifester*
manifiesto, *n. m., manifeste* ; **poner de –**, *mettre en évidence*
mano, *n. f., main* ; – **de obra**, *n. f., main d'œuvre* ; **manitas**, *petites mains*
manotazo, *n. m., claque*
mansión, *n. f., demeure*
mantener (ie), *v., maintenir ; entretenir ; faire vivre*
manzana, *n. f., pomme ; pâté de* maisons
mañoso, a, *adj., adroit, e ; rusé, e*
máquina, *n. f., machine* ; – **de escribir**, *machine à écrire*
maravilloso, a, *adj., merveilleux, euse*
marca, *n. f., record*
marcar, *v., marquer*
marcharse, *v., partir*
marco, *n. m., cadre*
marea, *n. f., marée*
margen, *n. m., marge*
marginado, a, *adj., marginalisé, e*
marido, *n. f., mari*
mariposa, *n. f., papillon*
marroquí, *n., Marocain, Marocaine*
matanza, *n. f., tuerie, massacre*
matar, *v., tuer*
materia, *n. f., matière* ; – **prima**, *matière première*
matrimonio, *n. m., mariage ; couple*
mayoría, *n. f., majorité* ; – **de edad**, *majorité (âge)*
mechero, *n. m., briquet*
media, *n. f., moyenne*
mediado, a, *adj.*, **a mediados de**, *vers le milieu de*
medida, *n. f., mesure*
medio, a, *adj., demi, e ; moyen, enne*
medio, *adv., à moitié* ; **a medio cocinar**, *au milieu de la préparation du repas*
medio, *n. m., moitié ; milieu* ; – **de información**, *média* ; – **ambiente**, *environnement*
medioambiental, *adj., environnemental, e*
medir (i), *v., mesurer*
medrar, *v., prospérer*
mejilla, *n. f., joue*
mejora, *n. f., amélioration*
mejorar, *v., améliorer*
melancolía, *n. f., mélancolie*
melena, *n. f., longue chevelure*
mella, *n. f., ébréchure* ; **hacer mella en algo**, *marquer, ébranler, quelque chose*
memoria, *n. f., mémoire*
menguar, *v., diminuer, décroître*
meñique, *n. m., petit doigt, auriculaire*
menospreciar, *v., mépriser*
mensaje, *n. f., message*
mensajero, a, *n. f., messager, ère*
mentira, *n. f., mensonge*
a menudo, *loc. adv.., souvent*
mercado, *n. m., marché*
merecer, *v., mériter*
mérito, *n. f., mérite*
merma, *n. f., diminution*
meter, *v., mettre* ; – **un gol**, *marquer un but*
meterse, *v., se mettre ; entrer ; rentrer ; fourrer*
metrópoli, *n. f., métropole*
mezcla, *n. f., mélange*
mezclar, *v., mélanger*
mientras, *conj., pendant que* ; – **que**, *alors que* ; – **tanto**, *adv., pendant ce temps*
migra, *n. f., police des frontières aux USA*
migratorio, a, *adj., migratoire*
milicia, *n. f., milice*
millonario, a, *adj., millionaire*
mimar, *v., gâter*
mirar, *v., regarder* ; **mirar de reojo**, *regarder du coin de l'œil*
mito, *n. m., mythe*
modelo, *n. m., modèle*
modelo, *n. f., modèle ; mannequin*
mojado, a, *adj., mouillée ; immigré clandestin aux USA*
mojar, *v., mouiller*
molestar, *v., déranger, gêner, ennuyer*
molestarse, *v., se vexer, prendre mal quelque chose* ; – **en**, *prendre la peine de*
molestia, *n. f., gêne, dérangement*
molesto, a, *adj., gêné, e ; gênant, e*
moneda, *n. f., pièce de monnaie*
monocultivo, *n. m., monoculture*
monopatín, *n. f., skateboard, planche à roulettes*
mono, *n. m., singe*
mono, a, *adj., joli, e*
monte, *n. m., montagne ; bois ; maquis*
montón, *n. m., tas*
mordida, *n. f., bakchich*
mordisco, *n. m., coup de dent ; morsure*
moribundo, a, *n. et adj., moribond, e*
morral, *n. m., musette ; sacoche*
motobomba, *n. f., motopompe*
motor, *n. m., moteur*
movilizar, *v., mobiliser*
muchedumbre, *n. f., foule*
mudarse, *v., déménager*
mudo, a, *adj., muet, muette*
muestra, *n. f., exemple*
multimillonario, a, *n. et adj., multimillionnaire*
multitudinario, a, *adj.*, **una manifestación multitudinaria**, *une manifestation de masse*
muñón, *n. m., moignon*
músculo, *n. m., muscle*
músico, a, *n., musicien, enne*
muslo, *n. m., cuisse*
mutilación, *n. f., mutilation*

N

nacionalizar, *v., naturaliser*
nadar, *v., nager*
nariz, *n. f., nez* ; **¡narices!**, *diable !, mince alors !*
natural, *adj., naturel* ; **ser – de**, *être originaire de*
naturaleza, *n. f., nature*
naufragar, *v., faire naufrage*
náufrago, a, *n. et adj., naufragé, e*
navegar, *v., naviguer* ; – **por la red**, *surfer sur la toile*
necio, a, *adj., niais, e ; sot, sotte*
negar (ie), *v., nier ; refuser*
negocio, *n. m., affaire*
nene, nena, *n., bébé ; petit, e*
neumático, *n. m., pneu*
nevada, *n. f., chute de neige*
nevar (ie), *v., neiger*
nevera, *n. f., réfrigérateur*
nieto, a, *n., petit-fils, petite-fille*
nivel, *n. m., niveau*
Nochevieja, *n. f., nuit de la Saint-Sylvestre*
nombrar, *v., nommer*
norma, *n. f., norme*
noruego, a, *n., Norvégien, enne*
nostalgia, *n. f., nostalgie*
notar, *v., remarquer*
notarse, *v., se voir*
novela, *n. f., roman*
novio, a, *n., fiancé, e*

nube, *n. f., nuage*
nudillo, *n. m., jointure (des doigts)*
nunca, *adv., jamais*
nupcias, *n. f. pl., noces*

O

objetivo, *n. m., objectif*
obligación, *n. f., obligation*
obra, *n. f., œuvre ; chantier*
obrero, a, *n. et adj., ouvrier, ouvrière*
obsequiar, *v., offrir*
obsequio, *n. f., cadeau, présent*
obsesionar, *v., obséder*
obvio, a, *adj., évident, e*
oca, *n. f., oie*
ochava, *n. f., façade d'un édifice au coin d'une rue*
ocio, *n. m., loisirs*
octavilla, *n. f., tract*
ocultar, *v., cacher*
odiar, *v., détester, haïr*
odioso, a, *adj., odieux, euse ; détestable*
oferta, *n. f., offre*
oficina, *n. f., bureau*
oficinista, *n., employé, e de bureau*
ofrecer, *v., offrir*
ojeroso, a, *adj.*, **estar –**, *avoir les yeux cernés*
oler (ue), *v., sentir*
operativo, *n. m., opération (de police ou militaire)*
opuesto, a, *adj., opposé, e*
órdago, *n. m.*, **de –**, *de première grandeur*
orden, *n. f., ordre ;* **¡a la orden!**, *à vos ordres ! ;* **orden de busca y captura**, *avis de recherche*
orden, *n. m., ordre ;* **el orden establecido**, *l'ordre établi*
ordenanza, *n. f., règlement*
oreja, *n. f., oreille*
orgullo, *n. f., fierté, orgueil*
orilla, *n. f., bord, lisière ; rive*
oro, *n. f., or*
orquestar, *v., orchestrer*
otorgar, *v., octroyer ; attribuer*
oyente, *n., auditeur, auditrice*
ozono, *n. m., ozone*

P

pabellón, *n. m., pavillon*
padecer, *v., souffrir de ; subir*
padrastro, *n. m., beau-père*
padrino, *n. m., parrain*
pagano, a, *n., païen, enne*
pagar, *v., payer*
página, *n. f., page ; –* **de inicio**, *page d'accueil*
pago, *n. m., paiement*
paisaje, *n. m., paysage*
pajarera, *n. f., volière*
pájaro, *n. m., oiseau*
pala, *n. f., pelle*
paladear, *v., savourer*
pálido, a, *adj., pâle*
palmera, *n. f., palmier*
palmo, *n. m., pied (unité de mesure)*
palo, *n. m., bâton ; coup de bâton ;* **¡qué palo!** *quelle galère !*
pámpano, *n. m., bourgeon*
panel *n. m., panneau*
pantalla, *n. f., écran*
pantorrilla, *n. f., mollet*
papel, *n. m., papier ; rôle ;* **cometer un papelón**, *se donner en spectacle, être ridicule*
para, *prép., pour ; –* **nada**, *à aucun prix, hors de question*
parabrisas, *n. m., pare-brise*
parado, *n., chômeur, euse*
paraíso, *n. f., paradis*
parar, *v., arrêter ;* **quedarse parado**, *rester interdit*
parecido, *n. m., ressemblance*
pared, *n. f., mur*
parentesco, *n. m., lien de parenté*
pariente, a, *n., parent, e*
parlanchín, ina, *n. et adj., bavard, e*
parlotear, *v., papoter*
parsimonioso, a, *adj., méticuleux, euse*
paro, *n. m., chômage*
párpado, *n. m., paupière*
parque, *n. f., parc, square ; –* **eólico**, *parc d'éoliennes*
parte, *n. f., part, partie ;* **la mayor parte**, *la majeure partie ;* **por una –** *; d'une part ;* **formar – de**, *faire partie de*
parte, *n.m., rapport ;* **dar parte**, *informer*
partido, *n. m., parti ; match*
partir, *v., briser ; partager ;* **le parte el alma**, *cela lui brise le cœur*
pasajero, a, *n., passager, ère*
pasar, *v., passer ; se passer ; –* **hambre**, *souffrir de la faim ; –* **por alto**, *passer sous silence ;* **pasar sin**, *se passer de*
pasatiempo, *n. m., passe-temps*
pasear, *v., se promener*
pasillo, *n. m., couloir*
paso *n. f., pas ; passage*
pastel, *n.m., gâteau ;* **descubrir(se) el pastel**, *découvrir le pot aux roses*
pata, *n. f., patte*
patada, *n. f., coup de pied ;* **echar alguien a patadas**, *virer quelqu'un à coups de pied dans le derrière*
patán, *n. m., plouc*
patear, *v., donner un coup de pied ;* **patear el balón**, *shooter dans le ballon*
patera, *n. f., embarcation, rafiot*
patrulla, *n. f., patrouille*
pauta, *n. f., règle*
pavo, a, *n., dindon, dinde*
paz, *n. f., paix*
pecho, *n. m., poitrine ; sein ;* **a todo pecho**, *à tue-tête*
pedal, *n. m., pédale*
pedantería, *n. f., pédanterie*
pedazo, *n. m., morceau*
pegar, *v., coller ; frapper*
pelar, *v., éplucher, peler*
peldaño, *n. m., marche*
peliagudo, a, *adj., épineux, euse*
película, *n. f., film*
pelirrojo, a, *adj., roux, rousse*
pelota, *n. f., ballon*
peludo, a, *adj., poilu, e*
penar, *v., punir*
pentagrama, *n. f., portée (musicale)*
peón, *n. m., manœuvre ; ouvrier agricole*
pepita, *n. f., pépin*
perdedor, ora, *n., perdant, e*
perder (ie), *v., perdre*
pérdida, *n. f., perte*
perdurar, *v., durer, persister*
perejil, *n. m., persil*
perfume, *n. m., parfum*
periferia, *n. f., périphérie*
periódico, *n. m., journal, périodique*
período, *n. m., période*
permanecer, *v., rester, demeurer*
permanencia, *n. f., permanence, persistance*
pernera, *n. f., jambe (d'un pantalon)*
persecución, *n. f., poursuite*
perseguir (i), *v., poursuivre*
pertenencias, *n. f. pl., biens*
pesadez, *n. f., ennui ;* **¡qué pesadez!**, *que c'est pénible !*
pesadilla, *n. f., cauchemar*
pesar, *n.m., chagrin, regret*
a pesar de, *loc. prép., malgré, bien que*
pescador, ora, *n., pêcheur, euse*
peso, *n. f., peso (unité monétaire)*
pesquero, a, *adj., de pêcheurs*
pestaña, *n. f., cil*
petróleo, *n. m., pétrole*
pianista, *n., pianiste*
pierna, *n. f., jambe*
pimienta, *n. f., poivre*
pincel, *n. m., pinceau*
piñón, *n. m., pignon*
pintada, *n. f., graffiti*
pintoresco, a, *adj., pittoresque*
pirateo, *n. m., piratage*
pisar, *v., marcher sur ; fouler*
piso, *n. m., appartement ; étage ; sol*
placentero, a, *adj., plaisant, e*
placidez, *n. f., placidité*
plagado, a, *adj., rempli, e ; bourré, e ; infesté, e*
plancha, *n. f., fer à repasser ; –* **de madera**, *planche*
planchar, *v., repasser*
plantear, *v., poser (un problème, une question)*
plantilla, *n. f., personnel ;* **recorte de –**, *compression de personnel*
platanero, a, *adj., bananier, ère*
plátano, *n. m., banane*
plateado, a, *adj., argenté, e*
plato, *n. m., plat ; assiette ;* **fregar los platos**, *faire la vaisselle*
pleno, a, *adj., plein, e*
pliego, *n. m., pli, feuille*
plumín, *n. m., plume*
plusmarca, *n. f., record*
plusmarquista, *n., recordman, recordwoman*
población, *n. f., population*

pobre, *adj., pauvre*
podar, *v., élaguer ; tailler*
poder, *n. m., pouvoir*
poder (ue), *v., pouvoir ;* **no puede ser**, *c'est impossible*
poderoso, a, *adj., puissant, e*
polaco, a, *n. f., Polonais, aise*
policiaco, a, *adj., policier, ère*
político, a, *adj., politique*
pollera, *n. f., (amér.) jupe*
pollero, *n. m., (amér.) passeur, trafiquant*
pollo, *n. m., poussin ; poulet ; (amér.) personne qui veut émigrer*
pólvora, *n. f., poudre*
polyespuma, *n. f., mousse polyéthylène*
pomo, *n. m., bouton (de porte)*
poner, *v., mettre ; –* **de manifiesto**, *mettre en évidence ; –* **rumbo a**, *mettre le cap sur ; –* **las cartas boca arriba**, *jouer cartes sur table ; –* **un bar**, *ouvrir un bar ;* **ponerse**, *devenir, être ;* **ponerse en funciones**, *prendre sa fonction*
por, *prép., à cause de ; pour ; par ; –* **ende**, *par conséquent ;* **por supuesto**, *bien sûr ; –* **fortuna**, **– suerte**, *par chance*
porcentaje, *n. m., pourcentage*
portería, *n. f., loge de concierge ; buts*
portero, a, *n.., gardien, enne ; gardien de buts*
porvenir, *n. m., avenir*
poseer, *v., posséder*
poste, *n. m., poteau, piquet*
potencia, *n. f., puissance*
potestad, *n. f., pouvoir*
pradera, *n. f., prairie*
predispuesto, a, *adj., prédisposé, e*
prejuicio, *n. m., préjugé*
premiar, *v., récompenser*
premio, *n. f., prix*
prender, *v., allumer ; –* **fuego**, *mettre le feu*
prensa, *n. f., presse*
preocuparse, *v., s'inquiéter ; –* **por algo**, *se préoccuper de quelque chose*
prepotente, *adj., arrogant, e ; tout-puissant, toute-puissante*
presa, *n. f., barrage*
presagio, *n. m., présage*
prescindir, *v., –* **de**, *se passer de, faire abstraction de*
prestar, *v., prêter*
prestigio, *n. f., prestige*
presumir, *v., se vanter*
previo, a, *adj., préalable*
primo, a, *n., cousin, e*
probar (ue), *v., essayer ; tenter, goûter ; prouver*
procedente, *adj., –* **de**, *en provenance de*
procesar, *v., poursuivre, accuser*
proceso, *n. m., processus ; procédure, poursuites*
productor, ora, *n., producteur, productrice*
proeza, *n. f., prouesse*
prometedor, a, *adj., prometteur, euse*
promover (ue), *v., promouvoir*
pronto, *adv., vite ; bientôt ;* **tan – como**, *dès que*
propina, *n. f., pourboire*
proporcionar, *v., fournir*
propósito, *n. m., but ;* **a propósito**, *loc. adv., à propos*
proseguir (i), *v., continuer ; poursuivre*
prostíbulo, *n. m., maison close*
prostitución, *n. f., prostitution*
protagonizar, *v., jouer le rôle principal dans*
protesta, *n. f., protestation*
prototipo, *n. m., prototype*
provecho, *n. m., profit*
proveer, *v., fournir ; pourvoir*
provisional, *adj., provisoire*
provisto, a, *part. passé, pourvu, e*
provocar, *v., provoquer, susciter*
proyectar, *v., projeter*
prueba, *n. f., preuve ; épreuve ; essai*
pudrición, *n. f., pourrissement ;* **hecho una –**, *dans un état catastrophique*
pueblerino, a, *adj., villageois, e*
pueblo, *n. m., village ; peuple*
puesto, *n. m., poste*
pulgar, *n. m., pouce*
pulsar, *v., appuyer sur ; –* **una tecla**, *presser une touche*
pulsera, *n. f., bracelet*
pulso, *n. m., pouls*
puñado, *n. m., poignée*
puñetazo, *n. m., coup de poing*
pupila, *n. f., pupille*
pureza, *n. f., pureté*

Q

quedamente, *adv., tranquillement, doucement*
quehacer, *n. m., travail ;* **quehaceres domésticos**, *travaux ménagers*
quemar, *v., brûler*
quieto, a, *adj., tranquille, calme*
químico, a, *adj., chimique*
quitar, *v., enlever ;* **sin quitarle la mirada de encima**, *sans le lâcher du regard*

R

radiar, *v., émettre ; briller*
raíz, *n. f., racine ; origine ;* **a – de**, *à la suite de*
rama, *n. f., branche*
ramo, *n. m., bouquet*
rape, *n. m., lotte*
rascacielos, *n. m. inv., gratte-ciel*
rato, *n. m., moment*
ratón, *n. m., souris*
reajustar, *v., réajuster*
realidad, *n. f., réalité*
realizar, *v., réaliser ; –* **una búsqueda**, *faire une recherche*
rebelarse, *v., se rebeller*
rebelde, *adj., rebelle*
rebeldía, *n. f., révolte*
recalcar, *v., insister sur*
rechazar, *v., repousser, rejeter*
rechazo, *n.m., refus, rejet*
rechifla, *n. f., moquerie, sifflets*
recibimiento, *n.m., accueil*
reciclaje, *n. m., recyclage*
reciclar, *v., recycler*
recién, *adv., récemment, à peine ; –* **llegado**, *nouveau venu*
recoger, *v., ramasser ; récolter ; recueillir ; collecter*
recogida, *n. f., récolte ; –* **de firmas**, *pétition*
recompuesto, a, *adj., recomposé, e*
recóndito, a, *adj., caché, e ; retiré, e*
récord, *n. m., record*
recorrer, *v., parcourir*
recorrido, *n. m., parcours*
recortado, a, *adj., découpé, e*
recorte *n. f., coupure ; –* **de plantilla**, *réduction des effectifs*
recuperar, *v., récupérer*
recursos, *n. m. pl., ressources*
redada, *n. f., coup de filet*
redención, *n. f., rédemption*
red, *n. f., filet ; réseau ; Internet*
reducir, *v., réduire*
reestructurar, *v., restructurer*
referir (i-ie), *v., rapporter*
referirse (i-ie), *v., –* **a**, *se référer à, se rapporter à*
reflejar, *v., refréner*
refrenar, *v., ramasser*
regalo, *n. m., cadeau*
régimen, *n. m., régime*
registrar, *v., enregistrer ; fouiller*
regordete, *adj., rondelet, rondelette*
regresar, *n. m., revenir*
regreso, *n. m., retour*
reincorporarse, *v., reprendre (du service)*
reivindicación, *n. f., revendication*
reivindicar, *v., revendiquer*
relato, *n. f., récit*
rellenar, *v., remplir*
remilgoso, a, *adj.,* **hacerse el remilgoso**, *faire des chichis*
remiso, a, *adj., réticent, e*
remordimiento, *n. m., remords*
rencor, *n. f., rancœur*
rendir (i), *v., rendre ; –* **culto a**, *rendre un culte à*
reojo, *n. m.,* **mirar de –**, *regarder du coin de l'œil*
repantigarse, *adj., se prélasser, s'affaler*
reparador, ora, *adj., réparateur, réparatrice*
repartidor, ora, *n., distributeur, distributrice*
repatriar, *v., rapatrier*
repercusión, *n. f., répercussion*
repercutir, *v., –* **en**, *se répercuter sur*
repoblar (ue), *v., repeupler*
represa, *n. f., barrage*
representar, *v., représenter ; –* **el papel de**, *jouer le rôle de*
represión, *n. f., répression*
represor, ora, *n. et adj., oppresseur*
reprimir, *v., réprimer*
reptar, *v., ramper*
repudiar, *v., repousser*
requisar, *v., réquisitionner*
resaltar, *v., ressortir ; se distinguer*

resbalar, *v., glisser*
rescatar, *v., sauver ; récupérer*
rescatador, ora, *n., sauveteur*
rescate, *n. m., sauvetage*
residuo, *n. m., résidu ; déchet*
resistir, *v., résister ; supporter*
resoplido, *n. m., soupir excédé*
respecto, *n. m.*, – **de**, *au sujet de, en ce qui concerne*
respetar, *v., respecter*
respeto, *n. m., respect*
respingo, *n. m.*, **dar un –**, *sursauter*
resplandecer, *v., briller, resplendir*
resplandor, *n.m., éclat,*
restregar, *v., frotter*
retén, *n. m., poste*
retina, *n. f., rétine*
reto, *n. m., défi*
reunir, *v., réunir, rassembler*
revés, *n. m., revers*
revolotear, *v., voleter, voltiger*
revuelta, *n. f., révolte*
rezar, *v., prier*
rico, a, *adj., riche ; savoureux, euse*
ridículo, a, *adj., ridicule*
riesgo, *n. m., risque*
rincón, *n. m., coin ; recoin*
riñón, *n. m., rein ;* **riñones**, *bas du dos*
río, *n. m., fleuve ; rivière*
riqueza, *n. f., richesse*
roca, *n. f., roche ; rocher*
rocío, *n. m., rosée*
rodaje, *n. m., tournage*
rodear, *v., entourer*
rodilla, *n. f., genou ;* **de rodillas**, *à genoux*
roer, *v., ronger*
rogar (ue), *v., prier de*
ropa, *n. f., vêtements*
rotundo, a, *adj., catégorique ;* **éxito –**, *succès total*
rozar, *v., frôler*
ruborizarse, *v., rougir*

S

sabiduría, *n. f., savoir ; sagesse*
sacar, *v., sortir ; tirer ; arracher ;* – **lustre**, *faire briller ;* – **una entrada**, *prendre un billet d'entrée*
sacrificarse, *v., se sacrifier*
sacrificio, *n. m., sacrifice*
sal, *n. f., sel*
salir, *v., sortir ;* – **en pantalla**, *arriver sur les écrans*
saltar, *v., sauter, jaillir*
saludable, *adj., sain, e ; en bonne santé*
salvajemente, *adv., sauvagement*
salvar, *v., sauver*
salvavidas, *adj. inv., de sauvetage*
salvo, *adv., sauf*
santuario, *n. m., sanctuaire*
saquear, *v., piller, mettre à sac*
satanás, *n. m., Satan*
satisfacer, *v., satisfaire*
secuestrar, *adj., enlever*
secuestro, *n. m., enlèvement*
en seguida, *loc. adv., tout de suite*
seguir (i), *v., suivre ; poursuivre ; continuer ; être toujours / encore ;* – **vigente**, *être encore en vigueur ;* – **adelante**, *continuer à avancer*
seguridad, *n. f., sécurité*
seguro, *n. m., assurance*
selva, *n. f., forêt ; forêt vierge ; jungle*
semejante, *adj., semblable ; pareil, pareille*
semejanza, *n. f., ressemblance*
señal, *n. f., signe ; signal ; marque*
señalar, *v., montrer ; signaler*
sencillez, *n. f., simplicité*
sencillo, a, *adj., simple*
senda, *n. f., sentier*
sensibilización, *n. f., sensibilisation*
sensibilizar, *v., sensibiliser*
sentenciar, *v., condamner*
sentir (i-ie), *v., sentir ; éprouver ; regretter ;* – **en el alma**, *regretter du fond du cœur*
sesgo, *n. m., biais ; tour ; orientation*
sesión, *n. f., séance ;* – **de firmas**, séance de dédicaces
sesos, *n. m. pl., tête, cervelle*
seudónimo, *n. m., pseudonyme*
sierpe, *n. f., serpent*
silbar, *v., siffler*
silla *n. f., chaise ;* – **de diseño**, *chaise design*
silvícola, *adj., sylvicole*
simbolismo, *n. m., symbolisme*
símbolo, *n. m., symbole*
sin, *prép., sans ;* **está sin hacer**, *ce n'est pas fait*
sin embargo, *loc. conj., cependant*
sincretismo, *n. m., syncrétisme*
sindicato, *n. m., syndicat*
sinfín, *n. m., infinité ;* **un – de problemas**, *des problèmes à n'en plus finir*
sinfónica, *adj., symphonique*
singularidad, *n. f., singularité ; particularité*
siniestro, a, *adj., sinistre*
sinnúmero, *n. m.*, **un – de**, *un nombre incalculable de*
sitio, *n. m., endroit ;* – **web**, *site web*
sobaco, *n. m., aisselle*
soberanía, *n. f., souveraineté*
soborno, *n. m., corruption*
sobra, *n. f., excédent ;* **estar de –**, *être de trop ;* **ganar dinero de –**, *gagner plus d'argent qu'il n'en faut*
sobrehumano, a, *adj., surhumain, e*
sobrellevar, *v., supporter*
sobremesa, *n. f.*, **de –**, *d'après le repas, d'après-dîner*
sobrenatural, *adj., surnaturel, elle*
sobrepasar, *v., dépasser*
sobresaltar, *v., faire sursauter*
sobresaltarse, *v., sursauter*
sobrino, a, *n., neveu, nièce*
sofocar, *v., étouffer*
sofoco, *n. m., honte*
soledad, *n. f., solitude*
soler (ue), *v., avoir pour habitude de ;* **suelo instalarme aquí**, *en général, je m'installe ici*
solicitante, *n., demandeur ; candidat*
solicitud, *n. f., demande ; dossier ;* – **de empleo**, *candidature pour un emploi*
solidaridad, *n. f., solidarité*
soltar (ue), *v., lâcher*
soltura, *n. f., aisance*
sombrero *n. m., chapeau ;* – **de copa**, *haut de forme ;* – **de fieltro**, *feutre*
someter, *v., soumettre*
soñar (ue), *v., rêver ;* – **con**, *rêver de*
sonar (ue), *v., sonner ; résonner ;* **suena fatal**, *ça a l'air affreux ;* **me suena a hipocresía**, *ça m'a tout l'air d'être hypocrite*
sonriente, *adj., souriant*
de sopetón, *loc. adv., brutalement ; de but en blanc*
sordera, *n. f., surdité*
sospecha, *n. f., soupçon*
sostener (ie), *v., soutenir ; entretenir*
sostenibilidad, *n. f., caractère durable*
sostenible, *adj., durable ;* **desarrollo sostenible**, *développement durable*
sótano, *n. m., sous-sol ; cave*
suavidad, *n. f., douceur*
suavizar, *v., adoucir*
subcampeón, ona, *n., second ou seconde, dans un championnat*
subdesarrollado, a, *adj., sous-développé, e*
subrayar, *v., souligner*
subte, *n. m., (amér.) métro*
suceder, *v., arriver ; succéder*
suceso, *n. m., événement*
sucio, a, *adj., sale*
sudaca, *n., (fam. péj.) latino*
sudor, *n. m., sueur*
sueco, a, *n., Suédois, Suédoise*
suegro, a, *n., beau-père, belle-mère*
sueldo, *n. m., salaire*
suelo, *n. m., sol*
sueño, *n. m., rêve ; sommeil*
sufrimiento, *n. m., souffrance*
sufrir, *v., souffrir de ; supporter ; être victime de*
suma, *n. f., somme ; addition*
sumar, *v., ajouter*
sumarse *v., se joindre, s'ajouter*
sumiso, a, *adj., soumis, e*
superar, *v., surmonter*
superhombre, *n. m., surhomme*
supervivencia, *n. f., survie*
súplica, *n. f., supplication ; requête*
surtidor *n. m.*, – **de combustible**, *pompe à essence*
suspender, *v., suspendre ; arrêter*
suspirar, *v., soupirer*

T

tabacalero, a, *adj., du tabac*
tabla, *n. f., planche*
tabú, *n. m., tabou*
taco, *n. m., talon*
tajante, *adj., catégorique ; tranchant, e*
talle, *n. m., taille*
tamaño, *n. f., taille*

tambor, *n. f., tambour*
tapar, *v., boucher ; cacher*
taquilla *n. f., guichet*
taquillero, a, *adj., qui fait recette ; qui fait beaucoup d'entrées*
tardanza, *n. f., retard*
tarea, *n. f., tâche*
tatuado, a, *adj., tatoué, e*
techo, *n. f., plafond ; toit ;* **sin –**, *SDF*
teclado, *n. f., clavier*
tecnología, *n. f., technologie*
telenovela, *n. f., feuilleton télévisé*
teletipo, *n. m., Télétypen téléscripteur*
tema *n. m., sujet*
temblar (ie), *v., trembler*
temor, *n. m., crainte*
templado, a, *adj., tempéré, e*
temprano, *adv., tôt*
tender (ie), *v., tendre ; étendre*
tendido, a, *adj., étendu, e ; allongé, e*
tener (ie), *v., avoir*
teñir (i), *v., teindre*
teniente, *n. m., lieutenant*
tenista, *n., joueur, joueuse de tennis*
ternura, *n. f., tendresse*
terrateniente, *n., propriétaire terrien, enne*
terrenal, *adj., terrestre*
terreno, *n. m., terrain*
testigo, *n., témoin*
tez, *n. f., teint*
tiburón, *n. m., requin*
tierno, a, *adj., tendre*
tieso, a, *adj., raide ; guindé, e*
tilo, *n. m., tilleul*
timbrazo, *n. m., coup de sonnette*
timbre, *n. m., sonnette*
tinta, *n. f., encre ;* **– china**, *encre de Chine*
tintero, *n. m., encrier*
tintineante, *adj., carillonnant, e*
tío, a, *n., oncle, tante*
tira, *n. f., bande dessinée*
tirar, *v., jeter ; attirer ;* **– abajo**, *abattre, démolir ;* **ir tirando**, *vivoter*
tiritar, *v., grelotter*
tiro, *n. m., tir ; coup de feu*
titilar, *v., scintiller*
titular, *v., intituler*
tocar, *v., toucher ; jouer (d'un instrument) ;* **me toca hacer esto**, *c'est à moi de faire cela ;* **me tocó el primer premio**, *j'ai gagné le premier prix*
todavía, *adv., encore*
todoterreno, *n. m., 4X4*
toma, *n. f., prise ;* **– de conciencia**, *prise de conscience*
tomar, *v., prendre*
tonto, a, *adj., idiot, e ; bête*
tontuna, *n. f., sottise*
tópico, *n. f., cliché*
torneo, *n. m., tournoi*
torpeza, *n. f., maladresse*
torre, *n. f., tour ; immeuble ;* **– de vigilancia**, *mirador*
trabajador, ora, *n., travailleur, euse*
trabar, *v., engager ;* **– amistad con**, *se lier d'amitié avec*
traer, *v., apporter ; amener*
tráfico, *n. m., trafic ; circulation*
tragar, *v., avaler*
traje *n. m., costume ;* **– de baño**, *maillot de bain*
trámite, *n. m., démarche ; formalité*
trampa, *n. f., piège*
tramposo, a, *adj., tricheur, euse ; trompeur, euse*
trance, *n. m., mauvais pas, mauvais moment*
transcurrir, *v., s'écouler ; se passer*
tras, *prép., après*
trasladar, *v., déplacer ; transférer*
trasnochar, *v., se coucher tard, passer une nuit blanche*
traste, *n. m.,* **dar al – con algo**, *gâcher quelque chose*
trato, *n. m., traitement*
travesía, *n. f., traversée*
trazo, *n. m., trait*
trecho, *n. m.,* **un buen –**, *un bon bout de chemin*
trémulo, a, *adj., tremblant, e*
treta, *n. f., ruse*
tripas, *n. f. pl., intérieur*
tríptico, *n. m., triptyque*
tristeza, *n. f., tristesse*
triturado, a, *adj., broyé, e*
triunfar, *v., triompher ; réussir*
triza, *n. f., morceau ;* **hacer trizas**, *casser en mille morceaux*
trofeo, *n. m., trophée*
tropa, *n. f., troupeau*
tropezar (ie), *v., trébucher ;* **– con**, *buter contre*
tupido, a, *adj., dense*
turbación, *n. f., trouble*

U

ubicación, *n. f., emplacement*
ubicar, *v., placer ; situer*
umbral, *n. m., seuil*
unifamiliar, *adj., individuel, elle*
uniformidad, *n. f., uniformité*
urbe, *n. f., grande ville*
urdir, *v., tramer*
usar, *v., utiliser ; porter*
uso, *n. m., usage ; utilisation*
usualmente, *adv., d'habitude*
utopía, *n. f., utopie*

V

vaciar, *v., vider*
vacío, a, *adj., vide*
vacuna, *n. f., vaccin*
vagar, *v., errer ; flâner*
vaivén, *n. m., va-et-vient ;* **los vaivenes**, *les hauts et les bas*
valiente, *adj., courageux, euse*
vallar, *v., clôturer*
valor, *n. f., courage ; bravoure*
varón, *n. m., homme ; garçon*
vecino, a, *n., voisin, e ; habitant, e*
vela, *n. f., voile ; bougie*
velada, *n. f., soirée*
velocidad, *n. f., vitesse*
vena, *n. f., veine*
vencer, *v., vaincre ;* **darse por vencido**, *s'avouer vaincu*
venezolano, a, *n., Vénézuelien, enne*
ventaja, *n. f., avantage*
ventanal, *n. m., baie vitrée*
ventanilla, *n. f., guichet ; fenêtre ; vitre*
venta, *n. f., vente*
ver, *v., voir ;* **véase página 1**, *voir page 1*
veraniego, a, *adj., estival, e ; d'été*
verano, *n. m., été*
venta, *n. f., vérité ;* **¿verdad?**, *n'est-ce pas ?*
verdura, *n. f., légume*
vereda, *n. f., (amér.) trottoir*
vergüenza, *n. f., honte*
versar, *v.,* **– sobre**, *traiter de, porter sur*
verosímil, *adj., vraisemblable*
verosimilitud, *n. f., vraisemblance*
vestir (i), *v., habiller ; porter*
veta, *adj., interdire ; mettre son veto à*
vía, *n. f., voie ;* **en vías de extinción**, *en voie de disparition*
viajero, a, *n., voyageur, euse*
víbora, *n. f., vipère*
vida *n. f., vie ;* **– diaria**, *vie quotidienne*
vigencia, *n. f., validité*
vigente, *adj., en vigueur*
vigilancia, *n. f., surveillance*
vigilar, *v., surveiller*
violencia *n. f., violence ;* **– de género**, *violence domestique*
violín, *n. m., violon*
violinista, *n., violoniste*
visigodo, a, *n., Wisigoth, Wisigothe*
víspera, *n. f., veille*
vista, *n. f., vue*
vítor, *n. m., vivat ; acclamation*
viudo, a, *n., veuf, veuve*
vivienda, *n. f., logement*
vivo, a, *adj., vivant, e ; vif, vive*
vocablo, *n. m., mot*
vocero, *n. m., porte-parole*
volar (ue), *v., voler*
voz, *n. f., voix ; cri ;* **a – en cuello**, *à grands cris*
vuelta *n. f., tour ; retour ;* **darse la –**, *se retourner, faire demi-tour ;* **dar la –**, *tourner, se tourner*

Z

zalamería, *n. f., flatterie*
zanja, *n. f., tranchée*
zarpa, *n. f., griffe*
zozobra, *n. f., trouble*
zozobrar, *v., sombrer, faire naufrage*
zurda, *n. f., main gauche ; pied gauche*
zurdo, a, *n., gaucher, ère*

CRÉDITS

Crédits photographiques

p. 12h : Reuters/Susana Vera • p. 12m : Reuters/Eliseo Fernández • p. 12b : El País/Gianluca Battista • p. 13 : Nazza • p. 14 : Sese • p. 15h : Corbis/Simón Marcus • p. 15b : Joaquín S. Lavado (QUINO)/Caminito S.a.s. Literary Agency • p. 16 : Corbis/moodboard • p. 17 : Instituto de la Mujer, Madrid • p. 18 : Corbis/Grand Tour/Pietro Canali • p. 19 : Corbis/epa/STR • p. 20 : Corbis/Fridmar Damm • p. 21 : Corbis/Demotix/l3o nardo • p. 22 : Second Life • p. 23h : Playstation • p. 23b : mundosecondlife.com • p. 25 : Jim, Jam y el otro, Max Aguirre • p. 26 : Corbis/epa/Carlos Ortega • p. 27h : Corbis/epa/Mauricio Dueñas • p. 27b : Unicef • p. 28hg : Gamma-Rapho/Keystone • p. 28hd : Getty Images/Universal History Archive/Universal Images Group • p. 28b : Prod DB © Azpeitiacine – Illusion Studios/DR • p. 29hg : AFP/Yuri Cortez • p. 29hm : AFP/Teresita Chavarría • p. 29hd : Corbis/Xinhua Press/Wang Pei • p. 29b : Réa/Archivolatino/Kremenchuzky • p. 32h : Photo12/Alamy/Worldwide photo • p. 32m : Francisco J. Rubio • p. 32b : Photo12/Alamy/Idealink Photography • p. 33 : AFP/Omar Torres • p. 35 : Fernando Botero, courtesy Marlborough Gallery, New York • p. 36 : Corbis/Bettmann • p. 37 : Joaquín S. Lavado (QUINO)/Caminito S.a.s. Literary Agency • p. 38 : Editions des Femmes, 1978 • p. 39 : Gift of The Carey Walker Foundation 1994/1.67, University of Michigan Museum of Art © Succession Picasso 2012 • p. 40 : Corbis/epa/Sashenka Gutiérrez • p. 41 : SADOP • p. 42 : Corbis/Dusko Despotovic • p. 43 : Corbis/epa/Angel Díaz • p. 45 : Tute • p. 46h : Corbis/epa/Alejandro García • p. 46b : La Sexta • p. 47h : Corbis/epa/Juan Carlos Hidalgo • p. 47b : AFP/Miguel Medina • p. 48h : AFP • p. 48b : Sepha Edición y Diseño, S. L., 2005 • p. 48-49 : Photononstop/Tips • p. 49h : Latinphoto/Betha • p. 49b : Latinphoto/Velázquez • p. 51 : Kike • p. 52h : Réa/Contrasto/Fabio Cuttica • p. 52m : Réa/Contrasto/Fabio Cuttica • p. 52b : Réa/Report Digital/Jess HURD • p. 53 : Réa/Redux/The New York Times/Joshua Lott • p. 55 : Réa/Archivolatino/Jaime Puebla • p. 56-57 : Photo12/Alamy/Norma Jean Gargasz • p. 58 : Getty Images/Riser/Barry Austin Photography • p. 58-59 : © 2000 by City Lights Books • p. 60 : Photo12/Alamy/Spencer Grant • p. 61h : Photo12/Alamy/Spencer Grant • p. 61b : Photo12/Alamy/Spencer Grant • p. 62 : Getty Images/Blend Images/Eric Raptosh Photography • p. 63 : Photo12/Alamy/Robert Fried • p. 65 : Romeu • p. 66 : Annick Treguer • p. 67h : Photo12/Alamy/Art Directors & TRIP • p. 67b : borderangels.org @ work in San Diego • p. 68 : Réa/Report Digital/David Bacon • p. 68-69h : Photo12/Alamy/Peter Coombs • p. 68-69b : Photo12/Alamy/LHB Photo • p. 69h : Photo12/Alamy/Ambient Images Inc. • p. 69b : AFP/Getty Images/Carlos Álvarez • p. 74h : AFP/Doug Collier • p. 74m : Photo12/Alamy/F1online digitale Bildagentur GmbH • p. 74b : Sipa Press/Rivière • p. 75 : Reuters/Desmond Boylan • p. 77 : AFP/Adalberto Roque • p. 78 : Getty Images/LatinContent/Clasos • p. 81 : Getty Images/The Image Bank/Rana Faure • p. 83h : Corbis/National Geographic Society/Greg Dale • p. 83b : Photo12/Alamy/Nikreates • p. 85g : Gamma-Rapho/Gamma/Rafael Wollmann • p. 85d : Photononstop/Look • p. 87 : Liniers • p. 88h : Photo12/Alamy/Jeff Greenberg • p. 88b : Havana-Miami, Arte TV • p. 89h : Photo12/Alamy/Jeff Greenberg • p. 89b : Corbis/epa/Alejandro Ernesto • p. 90h : Leemage/Aisa • p. 90b : Coll. Part. • p. 91h : Photo12/Alamy/charistoone-travel • p. 91b : Photo12/Alamy/Martin Thomas Photography • p. 94h : Photononstop/Mauritius • p. 94m : Latinphoto/MVT/Vázquez • p. 94b : Réa/Panos/Xavier Cervera • p. 95 : Réa/Panos/Mark Henley • p. 96 : Corbis/Bettmann/Charles C. Ebbets • p. 97 : Adagp, Paris 2012 • p. 98 : Latinphoto/Scotellaro • p. 98-99 : www.antoine.tv • p. 99 : Gamma-Rapho/Hoa-Qui/Imagestate/Dave Houser • p. 100 : Juan Giménez • p.101 : Juan Giménez • p. 102 : Photo12/Alamy/CFimages • p. 103 : Carmen Azpeitia • p. 104 : Réa/Mario Fourmy • p. 105 : Corbis/Paul Hardy • p. 107 : Gaturro • p. 108 : Réa/Laif/Gunnar Knechtel • p. 109h : Juan Giménez • p. 109b : Photo12/Alamy/José Manuel Revuelta Luna • p. 110h : Photo12/Alamy/Keith Dannemiller • p. 110b : Photo12/Alamy/BrazilPhotos.com • p. 110-111 : Photo12/Alamy/Design Pics Inc • p. 111h : Réa/Redux/Roger Le Moyne • p. 111b : Photo12/Alamy/Kevin Schafer • p. 114h : Photononstop/Corbis • p. 114m : Photo12/Alamy/PhotoAlto sas • p. 114b : Corbis/Ann Summa • p. 115 : Sipa Press/Rafael Yaghobzadeh • p. 116 : Getty Images/Photographer's Choice/Thomas Collins • p. 117 : Photo12/Alamy/LatinStock Collection • p. 119 : Getty Images/Photographer's Choice/John W Banagan • p. 120-121 : Prod DB © Ilion Animation – HandMade Films/DR • p. 123 : Latinphoto/ Jorge López • p. 124 : Reynald Montaigu • p. 125 : Leemage/PrismaArchivo • p. 127 : Tute • p. 128 : Armand Mazoyer • p. 129h : Photo12/Alamy/WoodyStock • p. 129b : Photononstop/Mauritius • p. 130h : Altitude/Yann Arthus-Bertrand • p. 130m : Getty Images/Minden Pictures/Pete Oxford • p. 130b : Universidad de Málaga • p. 131h : José Alberto Yárnoz • p. 131b : Réa/Panos/Eduardo Martino • p. 135 : Lonely Planet Images/Guy Moberly • p. 136h : Photo12/Alamy/Gregory Wrona • p. 136m : Photo12/Alamy/Alan Dawson Photography • p. 136b : Photo12/Alamy/Ilene Perlman • p. 137 : Photo12/Alamy/Chad Case • p. 138 : Corbis/epa/Felipe Trueba • p. 139h : Corbis/Xinhua Press/Bao Feifei • p. 139b : Corbis/dpa/Marcelo Hernández • p. 140 : Photo12/Alamy/Images.com • p. 141 : Photo12/Alamy/José Manuel Revuelta Luna • p. 143 : Photo12/Alamy/Peter Schickert • p. 144 : AFP/ Getty Images/Carlos Álvarez • p. 145 : Prod DB © Fernando Trueba Prod. Cinematográficas S.A.-Estudio Mariscal S.A.-Magic Light Pictures-IOM Ld/DR • p. 147g : Photo12/Alamy/David Cherepuschak • p. 147d : Gamma-Rapho/Gamma/Mundial 86 • p. 149 : Gaturro • p. 150h : Lonely Planet Images/Krzysztof Dydynski • p. 150b : Prod DB © Fernando Trueba Prod. Cinematográficas S.A.-Estudio Mariscal S.A.-Magic Light Pictures-IOM Ld/DR • p. 151h : Innovadores de América 2011 • p. 151b : AFP/Pierre-Philippe Marcou • p. 152hg : Photo12/Alamy/PCN Photography • p. 152hd : Corbis/Colorsport/Dan Rowley • p. 152b : Photo12/Alamy/Alexander Sandvoss • p. 153h : Corbis/Demotix/ODS • p. 153bg : AFP/Getty Images/Stanley Chou • p. 153bd : Corbis/Victor Fraile • p. 156h : Getty Images/ WireImage/Pablo Blázquez Domínguez • p. 156mg : Prod DB © Miramax/DR • p. 156md : AFP/Getty Images/Susana González • p. 156b : Latinphoto/Fernando Vergara • p. 157 : MGM • p. 158h : RMN-GP/Franck Raux © Succession Picasso 2012 • p. 159 : Leemage/PrismaArchivo © Adagp, Paris 2012 • p. 160 : Seix Barral, 2011 • p. 161 Museo Nacional de Antropología, México © Adagp, Paris 2012 • p. 163h : Photo12/Alamy/Julio Etchart • p. 163b : Getty Images/Juan Carlos Muñoz • p. 164 : Latinphoto/Patricio Murphy • p. 165 : Joaquín S. Lavado (QUINO)/Caminito S.a.s. Literary Agency • p. 166h : Olivier Roller • p. 166b : Guy Delcourt Productions – 2003 • p. 167 : Les Humanoïdes Associés S.A.S., Paris • p. 169 : Liniers • p. 170 : Photo12/Alamy/Allstar Picture Library • p. 171h : Blacksad • p. 171b : AFP/Notimex/Adela Murillo © Adagp, Paris 2012 • p. 172h : Scala/Art Resource, NY/2012 Albright Knox Art Gallery © Successió Miró / Adagp, Paris 2012 • p. 172b : Rosengart Collection Museum, Lucerne © Succession Picasso 2012 • p. 173h : akg-images © 2012 Banco de México, Diego Rivera, Frida Kahlo Museums Trust, México, D.F./Adagp, Paris • p. 173b : Photo12 © Salvador Dalí, Fundació Gala-Salvador Dalí/Adagp, Paris 2012 • p. 175 : BMG Music Spain, S. A., Taller 83, 1998 • p. 176-177 : Getty Images/Photodisc/Jack Flash • p. 178h : Seix Barral • p. 178m : RIA Novosti/Youri Ivanov • p. 178b : AFP • p. 179 : Photo12/Alamy/Blaine Harrington III • p. 180 : Lonely Planet Images/Alfredo Máiquez • p. 183g : Leemage/Aisa • p. 183d : age Fotostock/easyFotostock/Ken Welsh • p. 186 : Fundación García Lorca • p. 187 : Leemage/Aisa • p. 188 : akg-images • p. 189 : RTVE, 1984 • p. 191h : Photo12/Oronoz • p. 191b : Herederos de Miguel Mihura, Cátedra, 2009 • p. 193 : Gemma Miralda • p. 195b : RTVE • p. 197h : Latinphoto/Pedro Fredes • p. 197b : Alfaguara • p. 198h : Corbis/Randall Fung • p. 198b : Latinphoto/Pablo Vignali • p. 199 : Corbis/Jon Hicks • p. 201 : Opale/Jerry Bauer • p. 202 : Latinphoto/Samanta Crespo • p. 204h : Joaquín S. Lavado (QUINO)/Caminito S.a.s. Literary Agency • p. 204b : RTVE • p. 207 : Nokia • p. 212h : Sipa Press/Picture Press Europe • p. 212b : Sipa Press/Picture Press Europe • p. 213h : Reynald Montaigu • p. 213b : Hemis/Hervé Hugues • p. 214g : Photo12/Alamy/Danita Delimont • p. 214d : Photo12/Alamy/dbimages • p. 215g : Photo12/Alamy/Tim Whitby • p. 215d : Photo12/Alamy/Fabian Bimmer • p. 216h : Corbis/Atlantide Phototravel • p. 216b : Corbis/Brendan Hoffman • p. 217h : Corbis/Anna Clopet • p. 217b : Photo12/Alamy/Photri Images/Simpson • p. 218h : Corbis/In Pictures/Barry Lewis • p. 218b : Bios/D. Heuclin • p. 219h Corbis/Frans Lemmens • p. 219b : Photo12/Alamy/Purestock • p. 220hg : Corbis/epa/John Jairo Bonilla • p. 220hd : Corbis/dpa/Joana Toro • p. 220b : Corbis/Paulo Fridman • p. 221h : Corbis/National Geographic Society/Alison Wright • p. 221b : Corbis/Sygma/Zoko/Pierre Perrin • p. 222 : Corbis/JAI/Travel Pix Collection • p. 223g : Photononstop/Look • p. 223d : Corbis/Michael Hanson • p. 224g : Photo12/Argentina/Chris Howarth • p. 224d : Photo12/Alamy/David Lyons • p. 225h : Corbis/Alison Wright • p. 225b : Photo12/Alamy/Charles Sturge • p. 231 : Corbis/dpa/Sergio Goya • p. 233 : Kike

Couverture : hg : Photo12/Alamy/Jeff Greenberg • hd : Photo12/Alamy/travelstock44 • mg : Photo12/Alamy/John Kellerman • md : Getty Images/Riser/Barry Austin Photography • b : Getty Images/Photographer's Choice/David Sutherland

Recherche iconographique : Lisa Buchaudon

Crédits textes

p. 14, 20-21, 22, 34, 36, 98, 102, 104, 120, 138, 140, 179-180, 182, 202-203, 206-209, 232-233 © Carmen Balcells • p. 18, 84 © Editorial Anagrama • p. 30, 62 © Alfaguara • p. 30-31 © MB Agencia Literaria • p. 38-39 © Éditions des Femmes • p. 40 © Calle 13 (René Pérez/Eduardo Cabra) • p. 50-51, 158, 160 © Editorial Seix-Barral • p. 54 © Arte Público Press • p. 58 © www.omni-bus.com • p. 70 © Editorial Mundo Conocido • p. 76 © www.grillosrosados1.blogspot.com • p. 78 © Universal Music publishing, Label Int'l Latin America • p. 80 © Ediciones del Viento • p. 82, 112-113 © Grupo Planeta • p. 100-101 © www.juangimenez.com • p. 116-117, 124 © Random House Mondadori • p. 118-119 © Ril Editores Chile • p. 122-123 © www.sierraifabra.com • p. 146 © www.vivadiego.com • p. 154 © www.sociedadesurgentes.com • p. 154-155 © Rayo Editorial an imprint of Harper Collins • p. 162 © Argos Vergara Editorial • p. 164 © Albert Gilbert • p. 174-175 © Miguel A. Pérez Abad • p. 164 © Albert Gilbert • p. 190 © Ramón Suárez Picallo • p. 192-194 © Miguel Mihura • p. 198-200, 230-231 © Guillermo Schavelzon Agencia Literaria • p. 205 © Octavio Paz • p. 234 (h) © Alba Editorial • p. 234 (b) © Antonia Kerrigan Agencia Literaria • p. 236 (h) © Factoria de Ideas • p. 236-237 © Juan Carlos Ortega

Malgré tous les efforts de l'éditeur, certaines demandes n'ont pas à ce jour reçu de réponses. Les droits de reproduction sont réservés par les éditions Belin.

Cartes : Coredoc (rabats de couverture) ; Philippe Valentin (p. 14, 18, 20, 34, 36, 54, 76, 84, 122, 146, 226-237).

Le papier sur lequel est imprimé cet ouvrage provient de forêts certifiées et gérées durablement.

IMPRIM'VERT®

Imprimé en France par Roto Aisne à Gauchy
N° d'édition : 006262-02 – N° d'imprimeur : 12070038
Dépôt légal : août 2012

FREIZ
ARB
E
I
T

Tableau des contenus

5 Etablierte Straßenkunst

Infotext: MUCA – Museum für Urban Art

Reportage: Vom illegalen Sprayer zum Unternehmer

Outils grammaticaux

- Les conjonctions de temps **als**, **bis**, **bevor**, **nachdem**, **solange**
- Les adverbes de temps
- La comparaison avec **je ..., umso ...**
- L'infinitif complément avec et sans **zu**

Outils lexicaux

- Straßenkunst
- Rebellion und Engagement
- Etablierte Kunst
- Erfolgreiche Kunst

Tâche finale

Street-Art in Deutschland

Wir nehmen für das Schulradio einen Podcast über das Street-Art-Phänomen in Deutschland auf.

Sprachmittlung

BAC

Sujet guidé de l'épreuve 3
p. 49

3 Wo kommen wir denn hin?

Literarischer Text:
Karl Olsberg, *Boy in a white room*

Outils grammaticaux

- La proposition subordonnée relative
- Les conjonctions de temps **als**, **bis**, **bevor**, **nachdem**, **solange**

Outils lexicaux

- Künstliche Intelligenz
- Chance KI
- Gefahr KI

Tâche finale

Künstliche Intelligenz in Deutschland

Ich schreibe einen Artikel darüber, wie man in Deutschland zur Künstlichen Intelligenz steht.

Sprachmittlung

Outils grammaticaux

- Le prétérit
- La voix passive

Outils lexicaux

- Der Rattenfänger von Hameln
- Fake News und Hetze
- Das neue NetzDG

Tâche finale

Der Rattenfänger NetzDG

Wir schreiben eine moderne Version der Rattenfängersage mit dem NetzDG als Rattenfänger.

BAC

Sujet guidé de l'épreuve 3
p. 63

Tableau des contenus

	Outils grammaticaux	Outils lexicaux	Tâche finale
4 Probleme und Risiken **Pressetext:** Illegale Schatzsucher richten großen Schaden an **Erklärvideo:** Riskante Schatzsuche	• La proposition subordonnée relative • L'expression de l'hypothèse avec le subjonctif II • Le passif et la tournure impersonnelle avec **wird** • Le discours rapporté avec le subjonctif I	• Das Nibelungenlied • Mythos und Wahrheit • Auf Schatzsuche	**Auf den Spuren der Schatzsucher** Ich schreibe einen Artikel über die Schatzsucher und argumentiere für oder gegen ihre Suche nach dem Nibelungenschatz. Sprachmittlung
3 Zu Loreleys Ehren **Partitur und Gemälde:** Loreley **4 Eine aktuelle Frauenfigur?** **Literarischer Text:** Hans vom Norden, *Jungfer Loreley* **Infotext:** Loreley – nur eine von 10.000!	• Le génitif • La voix passive • Le superlatif • Les groupes participiaux	• Die Rheinlandschaft • Der Mythos • Loreley in der Kunst • Touristenmagnet	**Der Zauber der Loreley** Wir erklären, was die Loreley für die Deutschen und weltweit bedeutet, und tragen Heines Gedicht mehrstimmig vor. Sprachmittlung

BAC

Sujet guidé de l'épreuve 3
p. 81

	Outils grammaticaux	Outils lexicaux	Tâche finale
	• La place du verbe conjugué • **Sein**, **haben** et les verbes de modalité au subjonctif II • L'expression de la concession avec **obwohl**	• Gentechnik • Gentechnikfreie Kommunen • Panikmache • Verantwortungsbewusstsein	**Meine Mindmap über Genfood** Ich erstelle eine Mindmap über das Thema „Genfood in Deutschland" und stelle sie vor. Sprachmittlung
2 Menschen aus dem Katalog? **Erklärvideo:** Schöne neue Gentechnik **Literarischer Text:** Birgit Rabisch, *Duplik Jonas 7*	• Les verbes de modalité • Les pronoms relatifs **wer**, **was** et **wo** • L'expression de la condition ou du temps avec **wenn**	• Klonen und Gentechnik • Fortschritt • Gefahren und ethische Fragen	**Das EschG** Ich schreibe einen Artikel für die Schülerzeitung und nehme darin Stellung zur Frage: „Glauben Sie, dass das Embryonenschutzgesetz in Deutschland in den nächsten Jahren aufgegeben wird?" Sprachmittlung

BAC

Sujet guidé de l'épreuve 3
p. 95

Tableau des contenus

3 Arme Momo?

Literarischer Text: Michael Ende, *Momo*

Outils grammaticaux

- L'expression du but avec **damit**
- Les pronoms relatifs au génitif
- Le prétérit
- Le discours rapporté avec le subjonctif I

Outils lexicaux

- Armut
- Soziale (Un)Gerechtigkeit
- Solidarität
- Arme Momo

Tâche finale

Solidarität in Deutschland

Am „Internationalen Tag zur Beseitigung der Armut" stellen wir verschiedene solidarische Initiativen aus Deutschland vor.

Sprachmittlung

BAC **Sujet guidé de l'épreuve 3** p. 107

2 Bedeutung im Wandel

Pressetext: Mythen, die aus Schulbüchern verschwinden

Outils grammaticaux

- Le datif pluriel
- Le discours rapporté avec le subjonctif I

Outils lexicaux

- Das Hermannsdenkmal
- Arminius alias Hermann
- Der Mythos

Tâche finale

Am Hermannsdenkmal

Rollenspiel: Wir spielen ein Gespräch zwischen einem oder einer Touristenführer/in und einem interessierten Touristenpaar.

BAC **Sujet guidé de l'épreuve 3** p. 117

Les pictos

- Expression orale
- Interaction orale
- Expression écrite
- Interaction écrite
- Compréhension de l'écrit
- BAC Activité type bac
- Prof. 15 Élève 07 — Compréhension de l'oral (audio) ; renvoi aux fichiers MP3 professeur du pack de ressources numériques pour la classe et aux fichiers MP3 élève sur espacelangues.emdl.fr
- 11 — Compréhension de l'oral (vidéo) ; renvoi aux fichiers MP3 professeur du pack de ressources numériques pour la classe
- espace langues Links — Liens / activités interactives autocorrectives / fiches téléchargeables gratuites sur espacelangues.emdl.fr

La préparation à l'épreuve 3

VERS LE NOUVEAU BAC

- → **8 sujets guidés de type bac** dans le manuel pour un accompagnement pas à pas de l'élève
- → **8 cartes mentales** pour résumer ce qui a été vu sur chaque axe dans les livres de 1re et du T^le^
- → De **nombreuses activités d'entraînement « type bac »** dans les pages de leçon
- → Un **dossier de méthodologie bac** complet et pratique pour l'élève

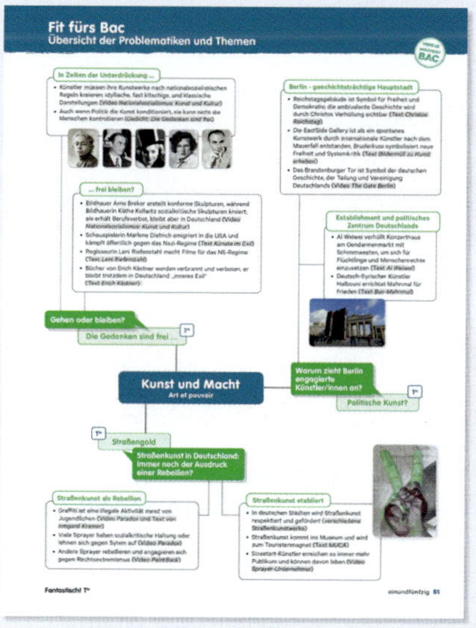

Une **carte mentale récapitulative** proposée pour chaque axe.

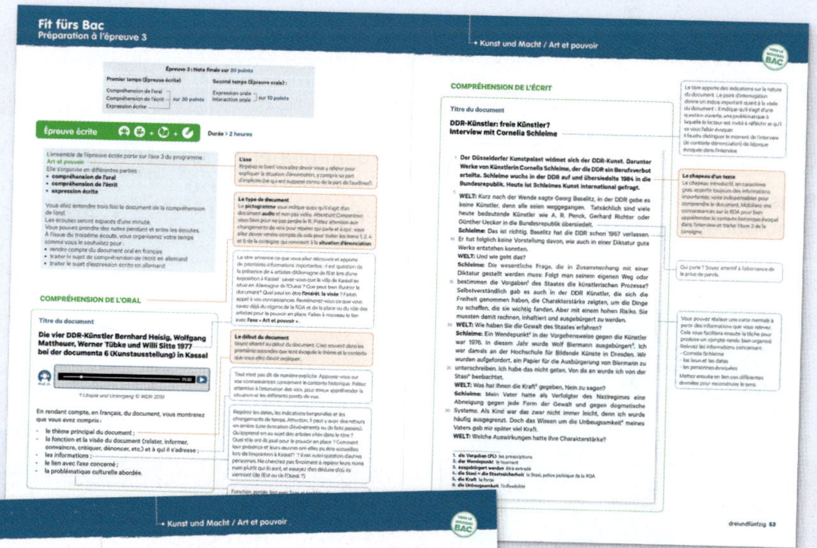

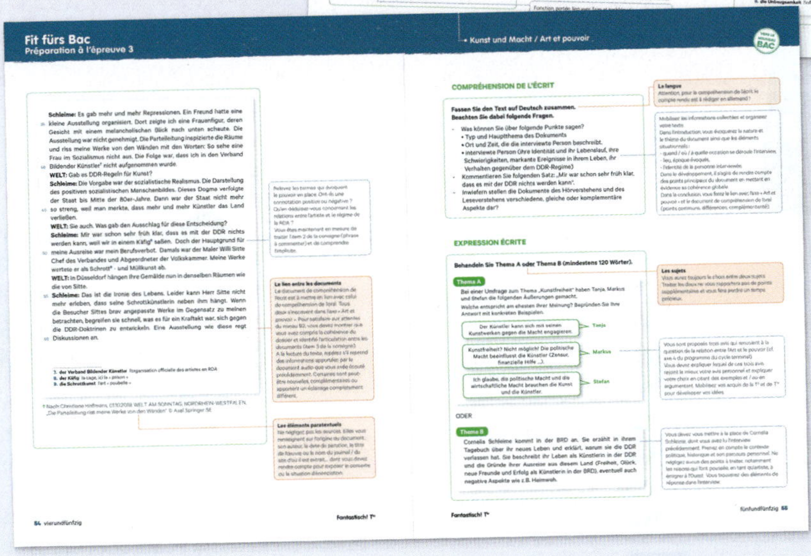

Des **sujets guidés**, accompagnés de **conseils méthodologiques** généraux mais aussi d'**aides concrètes** pour un entraînement en toute autonomie.

C. Welches der unten abgebildeten Werke passt Ihrer Meinung nach am besten zur Thematik „Art et pouvoir"? **Erklären Sie.** BAC

C. Wie geht die Geschichte wohl weiter? Zu zweit: **Schreiben Sie** eine Fortsetzung. BAC

D. Im Video wird gesagt, dass es auch mal Kritik aus der Graffiti-Szene gab: „Die verkaufen sich aus!". **Erklären Sie** den Satz. BAC

Activités d'entraînement « type bac » pour l'expression orale et écrite.

Un **dossier de méthodologie** pour préparer les élèves aux épreuves du bac.

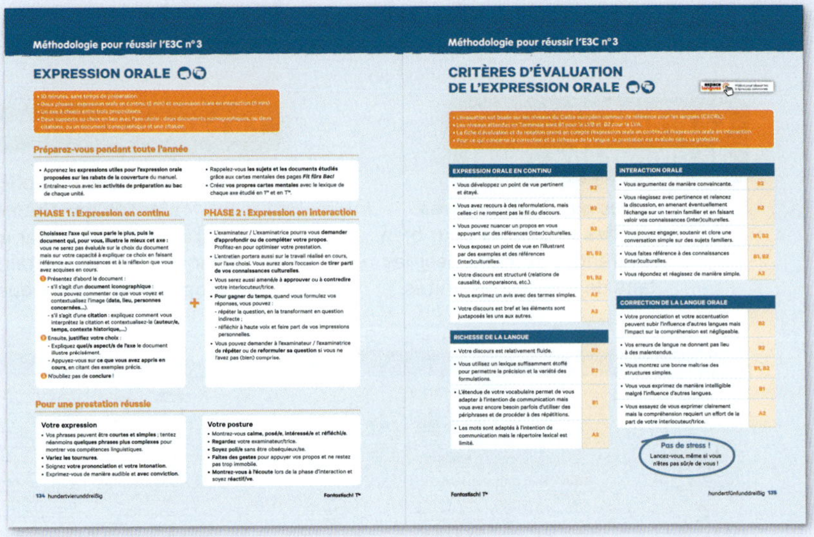
Méthodologie pour réussir l'E3C n° 3
EXPRESSION ORALE
Préparez-vous pendant toute l'année
PHASE 1 : Expression en continu
PHASE 2 : Expression en interaction
Pour une prestation réussie
Méthodologie pour réussir l'E3C n° 3
CRITÈRES D'ÉVALUATION DE L'EXPRESSION ORALE
EXPRESSION ORALE EN CONTINU
INTERACTION ORALE
RICHESSE DE LA LANGUE
CORRECTION DE LA LANGUE ORALE

Les fiches complémentaires téléchargeables

espace langues

→ **Fiche d'aide à la réalisation de la tâche finale pour un accompagnement pas à pas**

→ **Grille d'(auto-)évaluation pour réussir la tâche**

→ **Fiche d'entraînement lexical pour approfondir le lexique de chaque unité**

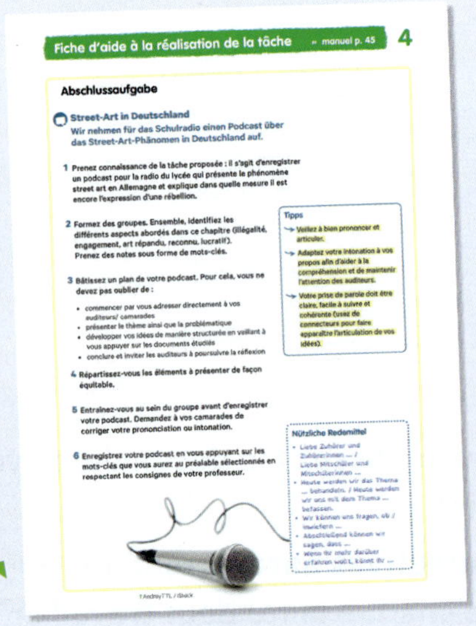
Fiche d'aide à la réalisation de la tâche → manuel p. 45 4
Abschlussaufgabe
Street-Art in Deutschland

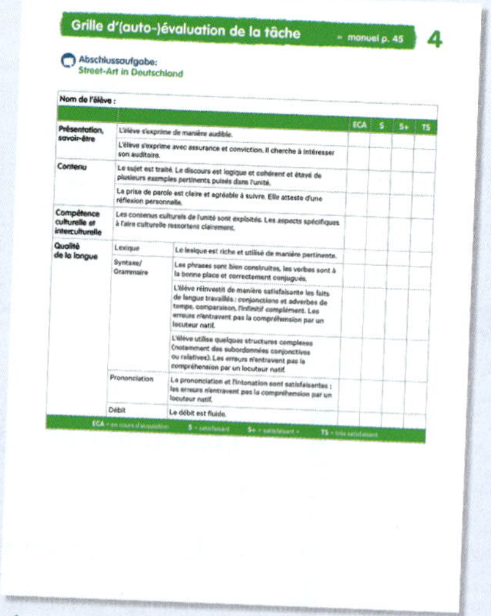
Grille d'(auto-)évaluation de la tâche → manuel p. 45 4
Abschlussaufgabe: Street-Art in Deutschland

Fiche d'entraînement lexical → manuel p. 50 4

Des **aides concrètes à la réalisation des tâches finales** avec explications détaillées, amorces et stratégies.

Pour chaque tâche finale, une **fiche d'évaluation clé en main** pour l'enseignant(e) avec tous les critères de réussite à prendre en compte.

Des fiches pour **s'entraîner à utiliser le lexique** des unités en contexte et pour développer des **stratégies de compréhension** ou découvrir des **règles de formation**.

Les annexes du manuel

Le précis de grammaire visuel

Des **explications très visuelles et claires** pour bien comprendre et mémoriser les faits de langue des unités.

La banque d'exercices

Des **exercices d'application classés par thème grammatical et par unité** pour poursuivre l'entraînement proposé dans les séquences.

Le lexique allemand-français / français-allemand

Un lexique bilingue pratique pour **retrouver facilement le vocabulaire à mobiliser** dans les activités des différentes unités.

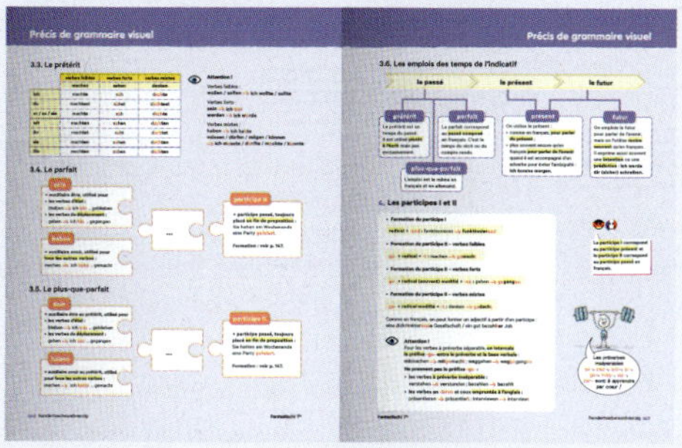

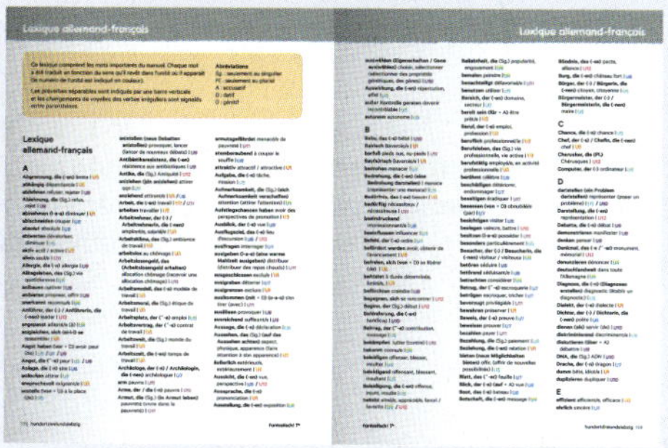

Pour compléter vos cours, il y a espace langues !

Connectez-vous sur www.espacelangues.emdl.fr, la première plateforme pédagogique entièrement dédiée à l'apprentissage des langues.

Retrouvez des supports gratuits pour compléter efficacement votre manuel !

→ fichiers audio élève

→ fiches lexicales pour chaque unité

→ cartes géographiques ...

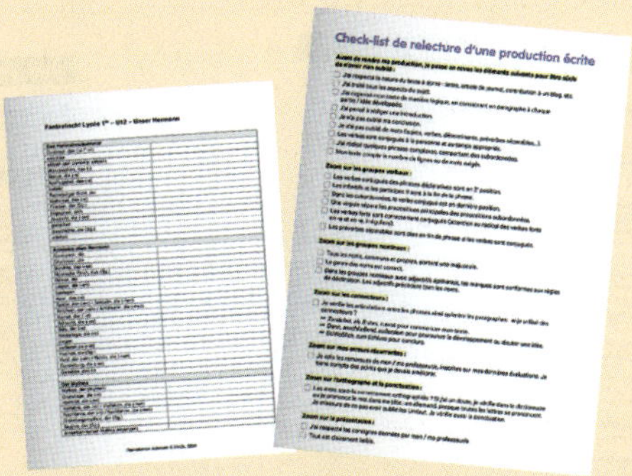

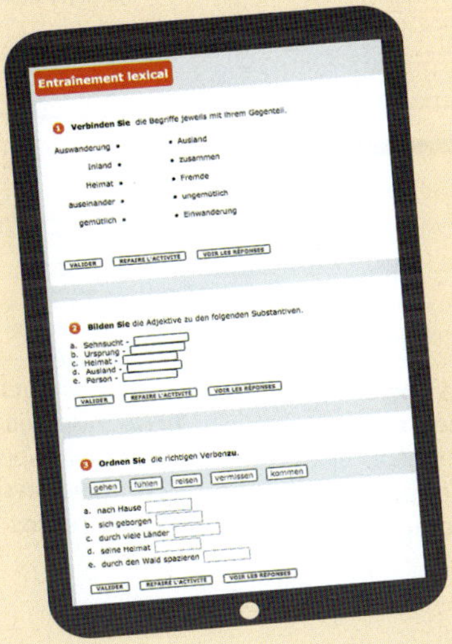

Travaillez et approfondissez les documents avec le cahier interactif !

→ 12 activités interactives autocorrectives en complément de chaque unité pour travailler la compréhension de l'oral, la compréhension de l'écrit, les thèmes grammaticaux et le vocabulaire.

1 Bitte auf Deutsch!

Mundart oder Standarddeutsch?

• Identités et échanges

Auf dem Lande noch mehr als in der Stadt zeugen regionale Mundarten von starker Gemeinschaft und einer lebendigen Kultur. Die Sprache ist mit der Landschaft, mit den Menschen und ihren Traditionen verbunden. Die deutschen Dialekte und ihre Unterschiede vom Platt an der Küste bis zum Bairischen am Alpenrand, vom Moselfränkischen bis zum Sächsischen spiegeln die große Vielfalt und regionale Identität in Deutschland wider.

↑ BMEL (Bundesministerium für Ernährung und Landwirtschaft)

← Quelle: dtv Atlas der deutschen Sprache

espace langues — Aide à la tâche, Grille d'(auto-)évaluation

Abschlussaufgabe

Für oder gegen Dialekte?
Wir nehmen einen Podcast für das Schülerradio auf und sprechen über die Frage: „Soll man Dialekte fördern und auch mehr sprechen, oder nicht?“

1 Eine einzige deutsche Sprache?

1 Hochdeutsch

A. Sehen Sie sich das Video **an**. Warum gab es Dialekte in Deutschland und welche Probleme entstanden dadurch?

B. Sehen Sie sich das Video noch einmal **an**. Welche Rolle haben Martin Luther, Konrad Duden und Theodor Siebs bei der Entstehung der deutschen Standardsprache gespielt?

espace langues – Cahier interactif CE / CO

↑ Dialekte und Hochdeutsch

2 Ein Berliner in Bayern

Prof. 20

A. Hören Sie zu und **lesen Sie** den ersten Romanauszug **mit**.

a. Wer ist der Ich-Erzähler?
b. Wer ist Frau Pschierer?
c. Was will sie von Familie Wiechmann?
d. Wie erscheint sie?

Der Journalist Daniel Wiechmann zieht mit seiner Frau Francesca und seinem Sohn Oskar von Berlin nach München. Beim Umzug lernen sie eine Nachbarin kennen.

»Grüß Gott, san Sie die Neuen? Vierter Stock, gell? I bin die Frau Pschierer, I wohn im dritten.«

Eine freundliche ältere Dame musterte uns und unsere Möbel mit neugierigem Blick. Ich stellte die Pflanze, die ich gerade hinauftragen wollte, ab und gab ihr die Hand. Oskar rannte in den Hausflur und sprang auf den Treppen herum.

»Guten Tag, sehr angenehm, Frau Pschierer, Wiechmann mein Name. Sie haben recht, wir sind die Neuen. Der kleine Krachmacher[1] ist unser Sohn Oskar … Oskar, komm doch mal her.« […]

»Meine Frau ist gerade oben«, stellte ich ihr auch den Rest der Familie vor.

»Was für a netter Bua!« Frau Pschierer strich Oskar durch die Haare, der wie gewohnt skeptisch auf die körperliche Zuwendung Fremder reagierte. […]

»Wie alt bist du denn?«

»Vier«, presste Oskar zwischen seinen Lippen hervor[2].

»Wie herzig. Sog amoi, magst du gern Kuchen?«

»Mmmmh«

»Wennsd moagst, kannst gerne amoi mit deinen Eltern bei mir vorbeischauen, und i mach uns oan leckeren Kaiserschmarrn[3], gell?« Frau Pschierer sah aus, als würde sie Oskar am liebsten gleich in ihre Wohnung verschleppen, um ihn dort mit Süßigkeiten und Gebäck zu mästen[4].

Wieder an uns gewandt, flüsterte sie verschwörerisch[5]: »Passen S' beim Hinauftragen bloß auf mit ihren Sachen. Wenn der Rieger Schorsch einen Kratzer[6] an der Wand oder auf dem Treppengeländer findet, wird er Sie's zahlen lassen. Der oide Grantler tut sich immer gern a bisserl aufmandln.«

Rieger Schorsch? Grantler? Aufmandln? Ich verstand kein Wort.

↑ Nach: Daniel Wiechmann, *Schleich di!*

1. **der Krachmacher** le tapageur
2. **hervorpressen** (ici) se forcer à dire
3. **der Kaiserschmarrn** dessert d'origine autrichienne
4. **jdn mästen** engraisser, gaver qqn
5. **verschwörerisch** conspirateur/trice
6. **der Kratzer** l'éraflure

B. Verstehen Sie, was Frau Pierscher sagt? Können Sie ihre Worte ins Hochdeutsche übersetzen?

C. Wie geht die Geschichte wohl weiter? **BAC**
Zu zweit: **Schreiben Sie** eine Fortsetzung.

Grammatik

Als / als ob avec le subjonctif II → p. 140 / ex. p. 160
Frau Pschierer sah aus, **als würde** sie Oskar gleich **verschleppen**.

D. Lesen Sie den zweiten Romanauszug.
a. Welche alltägliche Situation beschreibt der Ich-Erzähler?
b. Wie verhalten sich die Personen?

Zwei Wochen später.

Es dauerte gerade mal zwei Wochen, und ich wurde beim Bäcker und in dem kleinen Obst- und Gemüseladen um die Ecke mit Namen begrüßt. »Grüß Gott, Herr Wiechmann!« Noch immer ließ mich die bayerische Begrüßungsformel erschauern[1]. Ich selbst brachte sie nicht über die Lippen[2]. Doch meinem fröhlich zurückgesagten »Hallo« wurde stets mit einem ernst gemeinten Lächeln begegnet. Die Damen und Herren in den Geschäften freuten sich ganz offensichtlich über ihre Kundschaft. Selbst wenn sie zugereist war, so wie ich. Das hinderte die Verkäufer natürlich nicht, mir meine ersten Lektionen zu erteilen. Bayerisch für Anfänger gewissermaßen.

Wenn ich beim Bäcker etwa sechs Brötchen bestellte, schnappte sich die Verkäuferin eine Tüte und sagte laut und verständlich. »Sechs Semmeln, der Herr. Die Kaiser- oder die Baguettesemmeln?«

Auf so eine Frage konnte ich schlecht mit »Die Kaiserbrötchen, bitte«, antworten. Also fügte[3] ich mich, bestellte die Kaisersemmeln und war – schwupps, ob ich nun wollte oder nicht – bereits ein Stück bayerischer. Wie gemein[4]! In Bayern, das merkte ich schnell, integrierte man sich nicht selbst, man wurde integriert.

↑ Daniel Wiechmann, *Schleich di!*

1. **jdn erschauern lassen** faire frémir qqn
2. **etwas nicht über die Lippen bringen** ne pas se résoudre à dire qqch.
3. **sich fügen** se plier, céder
4. **Wie gemein!** C'est vache !

E. Warum kann man sagen, dass es in dem Romanauszug Humor oder Ironie gibt? **Begründen Sie** mithilfe von Zitaten aus dem Text. **BAC**

F. Inwiefern zeigt der Text, dass Dialekte Menschen trennen und auch verbinden können? **Tauschen Sie sich aus.**

Grammatik

Wenn pour exprimer la condition ou le temps
→ p. 152 / ex. p. 160
Wenn der Schorch einen Kratzer findet, müssen Sie dafür zahlen.
Wenn ich beim Bäcker Brötchen bestellte, lernte ich Bayerisch.

3 Dialekt zieht an – oder?

A. Sehen Sie sich die Infografik **an**.
a. Welche Dialekte erkennen Sie?
b. In welcher Gegend werden sie gesprochen?
c. Welcher Dialekt ist laut Umfrage für Singles am attraktivsten?

B. Wie ist es in Frankreich? Und in anderen Ländern?

„Sexy Dialekte: Welcher kommt bei den Singles am besten an?"

↑ parship

4 Mut zur Mundart

A. Sehen Sie sich das Präsentationsvideo **an**.
a. Warum sprechen die Schüler Dialekt?
b. Welche Ziele verfolgt das Projekt?

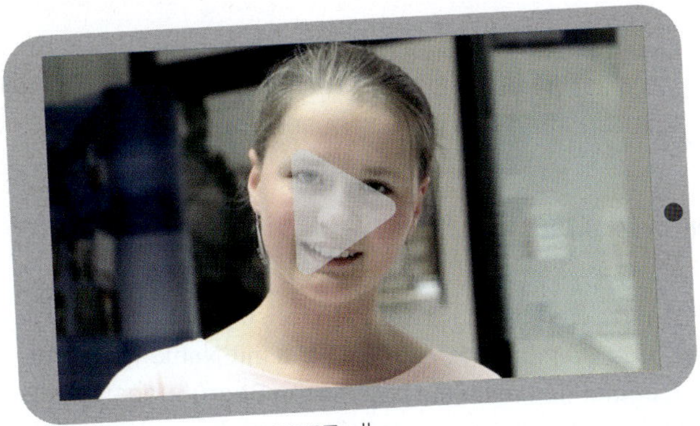

↑ Projekt MundART WERTvoll

B. Lesen Sie den folgenden Text.
Was hat Ingrid Ritt dazu motiviert, sich bei „MundART WERTvoll" zu engagieren?

C. Was bedeutet Mundart für Ingrid Ritt?

Ingrid Ritt ermuntert Schüler mit dem Projekt „MundART WERTvoll" zum Bairischsprechen

MundART WERTvoll

I bin die Ingrid – und da bin i dahoam: Wie eine Niederbayerin ihre Liebe zum Dialekt auch außerhalb lebt – und bayerischen Schülern Mut zur Mundart macht.

Wenn „Limonade" zum „Grachal" wird, die „große Hand" zur „Pratzn" und der „Briefträger" zum „Bosbot", dann ist Ingrid Ritt glücklich. Denn Dialekt ist ihr Thema. Der Hosenanzug sitzt perfekt, die Frisur ebenso. Doch wenn die 53-Jährige anfängt zu sprechen, passt das erstmal nicht ins Bild: Denn sie tut das in Niederbairisch. Ritt lebt ihre Botschaft: Keiner muss sich für seinen Dialekt schämen – nicht die Geschäftsfrau und erst recht nicht bayerische Kinder. [...]

Denn lange war es verpönt[1], Mundart zu sprechen, sagt die 53-Jährige. Schnell galt man als „einfach" oder sogar dumm. Sie selbst hat diese Erfahrung immer wieder gemacht, wenn sie jenseits der bayerischen Landesgrenzen zu ihrem Dialekt stand. Doch mittlerweile bemerkt sie einen Gesinnungswandel. „Die Leute wollen wieder Dialekt reden", sagt sie. Denn Dialekt und Identität gehörten eng zusammen. Und gerade durch die Zuwanderung bekomme das Thema neue Bedeutung: „Das sind wir, wir haben was zu zeigen und weiterzugeben." Auf keinen Fall solle Dialekt andere aber ausgrenzen, betont Ritt: „Eher eine Öffnung bewirken: Schaut's, das ist Bayern, das wollen wir mit euch teilen." [...]

Keinesfalls wolle Ritt aber Hochsprache und Dialekt gegeneinander ausspielen. „Klar ist: Wenn ein Schüler die Schule verlässt, muss er der Schriftsprache[2] mächtig sein", sagt sie. Doch beides müsse sich ergänzen: Gerade am Gymnasium solle auch im normalen Unterricht Mundart gesprochen werden, findet Ritt. Schließlich sei die Bedeutung des Dialekts auch in den Lehrplänen der Schulen vielfach verankert[3].

Aber was ist nun typisch bayerisch? Ritt überlegt. Der bairische Dialekt gibt die Möglichkeit, manches nicht zu verbissen[4] zu sehen, findet sie. Und: „Die Gemütlichkeit, der Humor und das ‚Leben und leben lassen' haben sich als typisch bayerisch herauskristallisiert", erzählt sie. Also nicht Grenzen ziehen, sondern Offenheit mit der Einladung: „Schaut's her, so schee ist des bei uns, seid's doch mit uns!"

↑ Brigitte Bitto, *Sonntagsblatt*, 18.12.2018

1. **verpönt** proscrit
2. **die Schriftsprache** la langue écrite
3. **im Lehrplan verankert** inscrit dans le programme scolaire
4. **verbissen** avec crispation

D. Wie finden Sie das Projekt „MundART WERTvoll"? Würden Sie persönlich an so einem Projekt teilnehmen? Warum (nicht)?

espace langues – Cahier interactif CE / CO

5 Immer weniger Dialekte

A. Lesen Sie den Text. Warum sind Dialekte im Rückgang?

Dialekte im Rückgang

Nur ein Dorf weiter sprechen die Menschen anders? Diese Zeiten sind wohl bald vorbei. Wo deutsche Dialekte noch erhalten sind, gleichen sie sich immer mehr an.

Sprachforscher sehen die Vielfalt der Dialekte in Deutschland bedroht. Zwar würden viele Menschen auch in Zukunft Mundart sprechen, sagte der Erlanger Dialektforscher Sebastian Kürschner. Lokale Dialekte, die sich oft schon von einem zum anderen Ort unterschieden, würden sich aber immer mehr angleichen. [...]

„Wir haben beispielsweise bei Untersuchungen in Rheinland-Pfalz und Baden-Württemberg festgestellt: Statt der früher häufig lokalen Dialekte gibt es dort fast nur noch zwei großräumige Dialekte. Neben der Aussprache gleiche sich dort zunehmend auch der Wortschatz an.

In manchen – vor allem großstädtischen – Regionen seien Dialekte ganz auf dem Rückzug. „Dort verschwinden die Dialekte natürlich nicht von einem Tag auf den anderen. Aber tiefe[1] Dialektsprecher findet man dort immer seltener".

Dabei gibt es laut Kürschner in Deutschland einen ausgeprägten Nord-Süd-Trend. „In Süddeutschland haben Dialekte einen stärkeren Status als im Norden." Vor allem der altbayerische Dialekt spiele eine große Rolle. „Die Altbayern sprechen ihren Dialekt mit einem größeren Selbstbewusstsein als Bundesbürger in anderen Regionen." Die Wertschätzung eines Dialekts hänge eben stark davon ab, wie die Bevölkerung, die ihn benutzt, zu ihrer Heimatmundart[2] stehe, sagte Kürschner.

Dass in Deutschland, anders als etwa in der Schweiz, die regionale Mundart auf dem Rückzug sei, führt Kürschner vor allem auf die heute im Schnitt längere Schulzeit zurück. Dort spiele die standardisierte Schriftsprache eine große Rolle, dadurch würden immer mehr junge Leute nur noch Hochdeutsch sprechen statt ihre regionale Heimatmundart zu pflegen. „Wir konnten feststellen: Bei den jungen Leuten nimmt die Zahl der Dialektsprecher ab – in der Stadt noch stärker als auf dem Land."

Als Sprachforscher sehe er den Rückzug von Dialekten neutral, sagte Kürschner. „Wir können Menschen nicht dazu zwingen, Dialekt zu sprechen, wenn er ihnen nicht wichtig ist." Trotzdem sei die schwindende[3] Bedeutung des Dialekts natürlich ein kultureller Verlust. „Denn Dialekt hat viel mit regionaler Kultur zu tun. Und wenn die spezielle Ausdrucksweise einer Region wegfällt, geht damit natürlich auch ein Teil der regionalen Kultur verloren."

↑ dpa, *ZEIT ONLINE*, 25.09.2016

1. **tief** (ici) convaincu
2. **die Heimatmundart** le patois
3. **schwindend** décroissant

B. Lesen Sie den Text noch einmal.

a. Welche Unterschiede gibt es zwischen Nord- und Süddeutschland?

b. Welche Folgen hat der Rückgang der Dialekte?

C. Welche Argumente sprechen für das Standarddeutsch und gegen Dialekte und umgekehrt? **Tauschen Sie sich aus.**

Grammatik

Le discours rapporté avec le subjonctif I
→ p. 148 / ex. p. 160
Durch die Zuwanderung **bekomme** das Thema Dialekt eine neue Bedeutung.

Mundart oder Standarddeutsch?

Identität und Austausch

Zusammengehörigkeit

Prof. 22
Élève 21

- die Gemeinschaft (-en)
- eine gemeinsame Sprache haben
- zu einer Region / Gruppe gehören
- wie die anderen sein
- sich mit etwas identifizieren
- sich (nicht) unterscheiden
- etwas mit anderen teilen
- integriert werden
- anziehend = sexy / attraktiv
- eine besondere Beziehung zu etwas haben

Sprache und Tradition

Prof. 21
Élève 20

- das Hochdeutsch / die Standardsprache
- der Dialekt (-e) = die Mundart (-en)
- Bairisch / Bay(e)risch
- die Aussprache (-n)
- die Heimat (Sg.)
- die Kultur (Sg.)
- die Tradition (-en)
- die Lebensweise (-n) = die Lebensart (-en)
- die Identität (-en)
- die Vielfalt (Sg.)

Ausgrenzung

Prof. 23
Élève 22

- jdn ausgrenzen
- sich (nicht) verständigen können
- etwas / jdn (nicht) verstehen
- sich ausgeschlossen fühlen
- sich über jdn lustig machen
- dumm / ungebildet erscheinen
- sich für etwas schämen

espace langues – Fiche d'entraînement lexical, Cahier interactif

Immer weniger Dialekte?

Prof. 24
Élève 23

- sich angleichen
- auf dem Rückzug sein
- abnehmen = sinken
- seltener werden
- verschwinden
- etwas bewahren = etwas erhalten
- Mut zu etwas machen
- geringe Wertschätzung ≠ große Wertschätzung
- (nicht) wichtig für jdn sein
- stolz auf etwas sein
- der kulturelle Verlust

Identität und Austausch
Identités et échanges

Heimat (1re)

Was ist „Heimat"? Ein typisch deutscher Begriff?

Wie wichtig ist „Heimat" in Deutschland?

- „Heimat" ist vielfältiger Begriff, es gibt keine eindeutige Definition. Heimat kann für jeden etwas anderes bedeuten: Ort, Gefühl, Geruch, Familie, usw. [Video *#Zusammen Heimat*, Forsa-Umfrage *Heimat*]
- „Heimat" kann auch für ein und dieselbe Person vieles Verschiedenes bedeuten. [Sprechessay Petra Bahr *Pflaumenkuchen*]

„Heimat" und Integration?

- Bedeutung von Begriff „Heimat" hat sich geändert; früher missbraucht, heute wieder „in" und im Gegensatz zu Globalisierung und Digitalisierung. [Text *Deutsche und die Heimat*]
- Heimat ist für Menschen mit Migrationshintergrund oftmals schwer zu definieren; Heimat kann sich auch ändern, man kann neue Heimat finden. [Text Hasnain Kazim *Grünkohl und Curry*, Video *Was ist Heimat*]

Zweimal Deutschland (1re)

Welches Gefühl der Zusammengehörigkeit gab und gibt es in Deutschland?

Eingemauert

- Eiserner Vorhang = Mauer wurde über Nacht am 13.8.1963 gebaut und teilte Deutschland. [Video *Die Berliner Mauer*]
- Leben war in der DDR schwierig: sozialistische staatliche Planwirtschaft; es fehlte an vielen Produkten. [Text *Leben in der DDR*]
- Westpakete sollten DDR-Bürger unterstützen. Man schickte Produkte, die es in der DDR nicht gab. [Video *Das Westpaket*]
- Westpakete und Fernsehen produzierten Neid, Sehnsucht und Minderwertigkeitsgefühle. [Text *Warum ich mich unglaublich nach dem Westen sehnte*]

So nah und doch so fern

- (Jugendliche) Deutsche auf beiden Seiten haben viele Vorurteile den anderen gegenüber. [Text Jutta Voigt *Westbesuch*]
- Am 9.11.1989 fällt endlich die Mauer. Die friedliche Revolution der DDR-Bürger hat das Regime besiegt, alle Deutschen freuen sich gemeinsam. [Video *1989: Der Mauerfall*]
- Fast 30 Jahre danach gibt es immer noch viele Differenzen und Vorurteile, da die DDR Bürger vor und nach dem Mauerfall nicht als gleichrangig gelten. [Text *Wir leben weitgehend in zwei Gesellschaften*]

Bitte auf Deutsch! (Tle)

Mundart oder Standarddeutsch?

Eine einzige deutsche Sprache?

- Deutschland ist ein Land mit vielen Dialekten. [Karte/Text *BMEL*]
- Früher gab es viele Fürstentümer und Latein als Schriftsprache. Erst durch Luther und seine Bibelübersetzung kommt es zur Verbreitung und Basis des heutigen Hochdeutsch; Konrad Duden schrieb Rechtschreibregeln dazu. [Video *Dialekte und Hochdeutsch*]
- Auch heute noch gibt es viele Dialekte. Sprache ist eine Barriere aber auch ein Integrationsmittel. [Text Daniel Wiechmann *Schleich di!*]
- Es gibt Vorurteile gegenüber Dialekt-Sprechern, Hochdeutsch ist unter Singles am anziehendsten [Grafik *Sexy Dialekte*]

Dialekt sprechen?

- Projekte wie „MundART WERTvoll" fördern den Erhalt von Dialekten und das Dialekt-Sprechen bei jungen Deutschen und kämpfen gegen Vorurteile an: niemand braucht sich zu schämen, Deutsche sollen stolz auf ihren Dialekt sein. [Video *Projekt MundART WERTvoll*, Text *Ingrid Ritt ermuntert Schüler zum Bairischsprechen*]
- Sprachforscher sehen Dialekte im Rückgang. Varianten gleichen sich immer mehr an: es ist ein natürlicher Vorgang aber auch ein kultureller Verlust. [Text *Dialekte im Rückgang*]

Épreuve 3 : Note finale sur 20 points	
Premier temps (épreuve écrite)	**Second temps (épreuve orale) :**
Compréhension de l'oral Compréhension de l'écrit Expression écrite — sur **30 points**	Expression orale Interaction orale — sur **10 points**

Épreuve écrite

Durée › **2 heures**

L'ensemble de l'épreuve écrite porte sur l'axe 1 du programme :
Identités et échanges.
Elle s'organise en différentes parties :
- **compréhension de l'oral**
- **compréhension de l'écrit**
- **expression écrite**

Vous allez entendre trois fois le document de la 1re partie (la compréhension de l'oral).
Les écoutes seront espacées d'une minute.
Vous pouvez prendre des notes pendant et entre les écoutes.
À l'issue de la troisième écoute, vous organiserez votre temps comme vous le souhaitez pour :
- rendre compte du document oral en français
- traiter le sujet de compréhension de l'écrit en allemand
- traiter le sujet d'expression écrite en allemand

L'axe
Repérez-le bien ! Vous allez devoir vous y référer pour expliquer la situation d'énonciation, y compris sa part d'implicite (ce qui est supposé connu de la part du destinataire).

Le début du document
Soyez attentif au début du document. C'est souvent dans les premières secondes que sont évoqués le thème et le contexte que vous allez devoir expliquer.

COMPRÉHENSION DE L'ORAL

Titre du document :

Deutsch-französische Freundschaft im Saarland

Le titre annonce le sujet abordé et le lieu dont il est question. Mobilisez vos connaissances pour pouvoir anticiper le contenu de la vidéo : sauriez-vous situer le *Land* appelé *Saarland* ? Quelle est sa particularité ? Quels peuvent être le lien avec l'axe, la problématique abordée et l'intérêt du sujet traité ? Et quelle est selon vous la fonction du document ? Emettez des hypothèses.

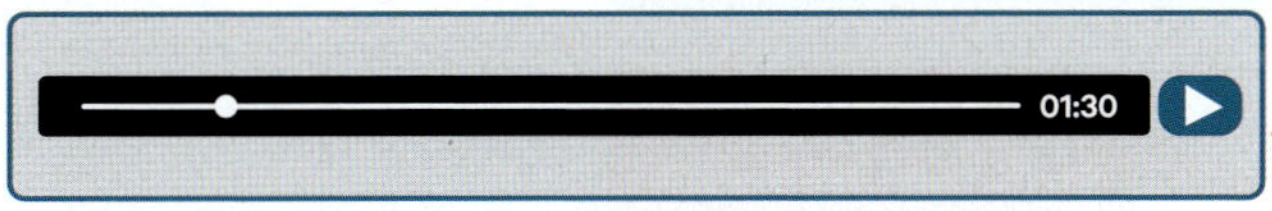

↑ *Was Deutschland bewegt* © tagesschau, ARD, 2017

En rendant compte, en français, du document, vous montrerez que vous avez compris :

- la nature du document
- le sujet traité
- les informations apportées par la voix off
- les différents points de vue des personnes qui s'expriment
- le lien avec l'axe concerné
- la problématique culturelle abordée
- la fonction du document (relater, informer, convaincre, critiquer, dénoncer, ...) et sa portée.

La voix off
La voix off apporte toujours des informations essentielles : elle explicite la situation et les faits présentés. Elle commente par ailleurs ce qui apparaît à l'image et les propos des personnes qui s'expriment. Enfin, il arrive qu'elle énonce, dès le début, de manière explicite, la problématique abordée. La voix off s'exprime en général dès les premières secondes. Soyez-y très attentif !

Dans quelle mesure aborde-t-on ici la problématique « Identités et échanges » ? De quels types d'échanges est-il question ?

Ce dernier point est à traiter de préférence dans votre conclusion.

COMPRÉHENSION DE L'ÉCRIT

Avant de vous plonger dans la lecture du texte, prêtez attention aux éléments paratextuels, à savoir le titre et la carte.

Titre du document :

Ein Dorf, zwei Länder, drei Sprachen

Le titre annonce le sujet dont il est question dans le texte. Il énonce un constat qui interroge : de quel village est-il question ? de quels pays ? de quelles langues ? Comment un village peut-il appartenir à deux pays ? Et si deux pays, pourquoi trois langues ?

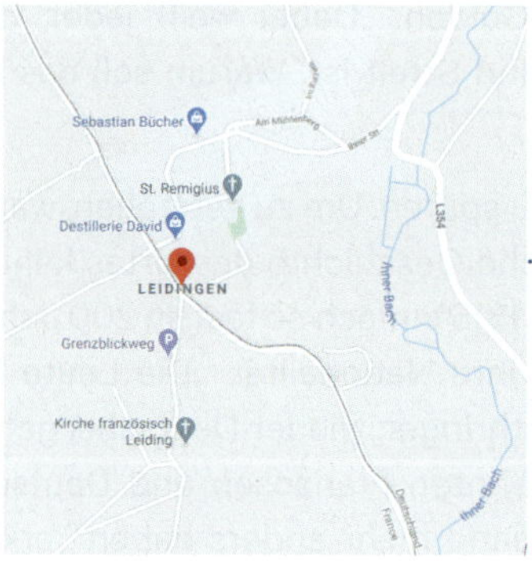

© GoogleMaps

La carte vous permet de bien appréhender la position particulière de ce village.

Les documents de ce dossier entretenant un lien thématique entre eux, pouvez-vous deviner quelle est la problématique abordée ? Raisonnez.

Es ist 12.00 Uhr mittags in Leidingen, die Glocken läuten. Erst die eine, im Turm der französischen Kirche Jeanne d'Arc. Dann, wenige Sekunden später, die andere, in der Kirche St. Remigius, sie liegt in Deutschland. Nie schlagen die Glocken gleichzeitig an. Ein Dorf, zwei Kirchen. Und drei Sprachen: zwei, die trennen, Französisch und Deutsch. Und eine, die verbindet: der gemeinsame Dialekt, das Moselfränkisch.

Le chapeau
Le chapeau introductif, en caractères gras, apporte des informations importantes, voire indispensables à la compréhension du document. Lisez-le attentivement.

Das deutsche Leidingen und das französische Leiding – zwei Dörfer an der Grenze, eigentlich ein Dorf mitten auf der Grenze. Die Trennung verläuft genau auf der Dorfstraße, die zwei Namen trägt: „Neutrale Straße" heißt sie auf der einen, „Rue de la Frontière" auf der anderen Seite. [...]

Hier Deutschland, dort Frankreich, dazwischen nur eine Straße. Eine grenzüberschreitende[1] Zusammenarbeit schien bis vor kurzem undenkbar. Dass sich nun doch etwas bewegt, hat mit einer deutsch-französischen Freundschaft zu tun. Wolfgang Schmitt, Ortvorsteher[2] von Leidingen, und Bathelemy Lemal, Bürgermeister[3] der Gemeinde Heining, zu der das französische Leiding gehört, sind schon lange Freunde und Arbeitskollegen. Nun suchen nach gemeinsamen Lösungen für ihre Dörfer, die nur knapp drei Meter auseinanderliegen. „Das ist das erste Mal, dass der französische und der deutsche Teil von Leidingen zusammenarbeiten", sagt Schmitt. „Weil zwischen uns die Chemie stimmt."

Attention : Repérez bien les communes citées. Se trouvent-elles en Allemagne ou en France ?

Le texte présente plusieurs paragraphes. Chaque paragraphe développe en général une idée principale. Pour l'identifier, essayez de repérer les mots clés. Aidez-vous également des notes de bas de page.

Die Trinkwasser- und Abwasserversorgung[4] für beide Ortsteile läuft nun über Deutschland, die Beleuchtung der Grenzstraße übernimmt Frankreich, beim Schneeräumen wechseln sich die Gemeinden ab[5]. „Wir haben schon viel bewegt", sagt der Franzose Lemal. Früher erkannte man deutlich die Grenze mitten auf der Straße, denn jedes Land teerte[6]

Entre guillemets sont rapportés les propos des personnes citées. Repérez qui s'exprime. Vous devez rendre compte des différents avis.

1. **grenzüberschreitend :** transfrontalier
2. **der Ortsvorsteher (= der Bürgermeister) :** le maire
3. **der Bürgermeister (= der Ortsvorsteher) :** le maire
4. **die Trinkwasser- und Abwasserversorgung :** l'approvisionnement en eau potable et l'épuration des eaux usées
5. **sich abwechseln :** se relayer
6. **teeren :** goudronner

immer nur seine Hälfte. Heute gibt es eine einheitliche Straßendecke[7], dieselben Laternen auf beiden Seiten.

[...] Auf der französischen Straßenseite leben 26 Menschen, fast 190 sind es auf der deutschen. Es gibt kaum Gemeinschaftsleben, keine Treffpunkte. Kein Geschäft, keine Kneipe, keinen Fußballplatz. Man grüßt sich und geht seiner Wege. „Man spricht immer von deutsch-französischer Nachbarschaft“, sagt Gulden. „Dabei weiß jeder, dass Nachbarschaft zu 70 Prozent Ärger und Streit ist. Warum soll das hier anders sein?“

Die Grenze ist unsichtbar, aber noch zu spüren. Um zu verstehen, warum das so ist, muss man die ungewöhnliche Geschichte des Ortes kennen: Die Grenze legte der Wiener Kongress 1815 einfach so fest. In 200 Jahren wechselten[8] die Leidinger siebenmal ihre Nationalität. „Die Leute hier im Ort waren Franzosen, Deutsche, Lothringer, wieder Deutsche, geteilt, zusammen. Jetzt sind sie seit Jahrzehnten Franzosen und Deutsche, das bleibt jetzt auch so, das will niemand mehr anders haben“, erklärt der Ortsvorsteher Schmitt, sein Amtskollege Lemal nickt.

[...] Mit der endgültigen Teilung haben sich beide Seiten abgegrenzt: Aus einem Dorf wurden zwei Dörfer in zwei Ländern, mit zeitweise zwei Währungen, zwei Schulsystemen, zwei Müllautos. Baguette, Käse und Rotwein hier, Würstchen mit Weck und Bier dort – jede Seite pflegt ihre Kultur und Andersartigkeit. Deutsche und Franzosen verbindet der moselfränkische Dialekt – noch. „Aber in 20 Jahren wird es keine Verständigung mehr geben“, meint Lemal. „Die Deutschen können kein Französisch und umgekehrt. Und die Jungen sprechen keinen Dialekt mehr.“

[...] Der französische Bürgermeister spricht fließend deutsch oder vielmehr moselfränkisch – es ist seine Muttersprache. Französisch lernte er erst in der Schule, seine Familie war wie alle in der Gemeinde Heining-les-Bouzonville früher deutsch. Beide Amtsträger, Schmitt und Lemal, ahnen: „Die Sprache wird ein Riesenproblem.“

Um den gemeinsamen Dialekt lebendig zu halten, wollen sie nun auch die Kinder ihrer Nachbargemeinden öfter zusammenzubringen. Schmitt beschreibt ihre gemeinsame Vision für das Grenzland: „Wir haben eigentlich nur eine Hoffnung: Dass das hier mal wirklich alles eins wird, nämlich Europa. Dass wir einfach nur noch Nachbarn sind.“ Es ist vielleicht nur eine Frage der Zeit, im kleinen Leidingen wie im großen Staatenbund. Aber solange die Grenze in den Köpfen existiert, ist Europa noch weit weg.

7. die Straßendecke : le revêtement des routes
8. wechseln : changer de...

↑ Finn Overdick, *Ein Dorf, drei Sprachen* © *TAGEBLATT LËTZEBUERG*, 03.01.2013

Repérez la répétition de la négation *kein* (l. 36 et 37) qui met sans doute en avant un aspect négatif. Lequel ?
Repérez aussi les mots *Ärger* et *Streit* et mettez les éléments en lien les uns avec les autres.

L'indication *der Wiener Kongress 1815* (l. 44) renvoie à un fait historique. Sans doute celui-ci explique-t-il la situation actuelle, comme l'indique le début de la phrase *Um zu verstehen, warum* (l. 42).

Notez la répétition du chiffre 2 associé au mot *abgegrenzt*. Quel est le problème abordé ici ?

Une autre idée importante est exprimée aux lignes 54 et 55. L'avez-vous repérée ? Grâce à quels mots ? Quelle est cette idée ? Repérez la conjonction *aber* et les temps verbaux utilisés dans les lignes 55 à 58.

La commune de Heining-les-Bouzonville est-elle allemande ou française ? Quelle langue y parle-t-on ? Repérez les indications temporelle ainsi que le temps des verbes.

N'oubliez pas de citer dans votre compte rendu la source et éventuellement l'auteur.

COMPRÉHENSION DE L'ÉCRIT

Fassen Sie den Text auf Deutsch zusammen.
Beachten Sie dabei folgende Fragen.

a. Lesen Sie den Text und geben Sie wieder, was Sie verstanden haben. Beachten Sie dabei folgende Punkte:
- das Hauptthema des Dokuments;
- die Besonderheit des Dorfes;
- was die Einwohner trennt; was sie verbindet;
- wie sie miteinander klarkommen.

b. Kommentieren Sie den Satz: „Aber solange die Grenze in den Köpfen existiert, ist Europa noch weit weg" (Z. 70-71).

c. Analysieren Sie die Perspektive des Journalisten. Ist sie nur neutral-informativ? Begründen Sie Ihre Antwort mit Beispielen aus dem Text.

La langue
Attention, le compte rendu du texte est à rédiger en allemand.

Après avoir noté au brouillon les éléments repérés, vous allez rédiger votre compte rendu. Commencez par indiquer la nature et le thème du document. Expliquez la situation particulière de Leidingen puis organisez votre compte rendu de façon cohérente. Vous pouvez, par exemple, évoquer ce qui rapproche les habitants et ce qui les sépare. Expliquez par ailleurs l'histoire de ce village, les avancées réalisées et les perspectives d'avenir.

EXPRESSION ÉCRITE

Les sujets
Vous aurez toujours le choix entre deux sujets. Traiter les deux ne vous rapportera pas de points supplémentaires et vous fera perdre un temps précieux.

Behandeln Sie Thema A <u>oder</u> Thema B (mindestens 120 Wörter).

Thema A

Sabine Schutz, 16, verbringt 2 Wochen Ferien bei ihrer Oma Gertrud in Leidingen. Sie schreibt ihrer Freundin Anne Müller aus Dortmund eine E-Mail, um ihr zu erzählen, was sie bei ihrem Aufenthalt besonders überrascht hat.

Lisez bien le sujet. Vous devez vous mettre à la place de Sabine Schutz. Utilisez la 1re personne (*ich*, *mein*). Sabine écrit à son amie Anne Müller: utilisez la 2e personne pour vous adresser à elle (*du*, *dein*). Vous devez raconter ce que vous découvrez à Leidingen. Faites part de votre point de vue , de vos impressions, sentiments,...

Il vous est demandé de rédiger un mail.
Vous devez respecter la forme propre à ce type de correspondance.

ODER

Thema B

Was kann Menschen über die Landesgrenze hinaus verbinden, und was schafft Gemeinsamkeiten?

Lisez bien la question en soulignant les mots importants pour éviter le hors-sujet.

Pour répondre à la question posée , utilisez les connecteurs adaptés : *aber*, *dagegen* pour évoquer la situation actuelle (*die Landesgrenze*) et *obwohl*, *dabei* et *doch* pour évoquer le rapprochement possible (*Was kann ... verbinden? Was schafft Gemeinsamkeiten?*). Vous pouvez vous appuyer sur le texte ainsi que sur les connaissances que vous avez acquises, en 1re et en Tle, en lien avec l'axe « Identités et échanges ».

La structure
Dans votre introduction, reformulez la question posée et énoncez la problématique. Développez ensuite une réponse argumentée et étayée par des exemples précis. Veillez à aborder tous les aspects de la question. Structurez bien votre texte. Reliez vos phrases et vos paragraphes avec des connecteurs logiques pour faire clairement ressortir l'articulation entre vos idées.

Épreuve orale

Durée › 10 minutes

L'épreuve d'expression orale se déroule en deux temps :
1. un temps d'**expression orale en continu** (un exposé de 5 min) ;
2. un temps d'**expression orale en interaction** (5 min d'échange avec l'examinateur / examinatrice).

EXPRESSION ORALE

L'expression orale
Vous avez le choix entre deux supports. Observez / lisez-les bien. Il s'agit d'expliquer, en allemand, lequel illustre le mieux l'axe « Identités et échanges », en vous appuyant sur les connaissances que vous avez aquises en 1re et en T[le].

Vous devez vous exprimer pendant environ cinq minutes, en continu, à partir de la question suivante :

Welches der beiden Dokumente passt Ihrer Meinung nach besser zur Thematik „Identités et échanges“? Warum?

Begründen Sie Ihre Wahl mit dem, was Sie gelernt haben.

Votre choix
Quel que soit le support que vous aurez sélectionné, c'est votre capacité à expliciter votre choix qui importe.
Pensez à bien structurer votre prise de parole.

Dokument A

↑ *Fußball: In Leidingen, einem zweigeteilten Ort, unterstützt jeder seine Heimat.*

Dégagez bien la problématique illustrée par cette photographie. Plusieurs aspects peuvent être abordés ici : frontières visibles ou invisibles, relations entre la France et l'Allemagne (amitié, inimitié), dialogue, points communs et différences, incompréhension culturelle et / ou linguistique, contacts, mobilité,...
Vous souvenez-vous du contenu du texte de la partie compréhension de l'écrit ? Peut-être les informations peuvent-elles vous servir ici ?

Dokument B

Wir Menschen sind die wirklichen Länder, die Grenzen dazwischen werden von uns gemacht.
Anke Maggauer-Kirsche (*1948), deutsche Lyrikerin

↑ *Quelle: Maggauer-Kirsche, „Ganz schön rot geworden“, Aphorismen, Brunner Verlag. Kriens 1998.*

L'auteure de cette citation est née en 1948. Tenez compte du contexte historique dans lequel elle a vécu, grandi, vieilli. Pensez à mobiliser vos connaissances de la classe de 1re !

2 Echt Mann?!

Der deutsche Mann: das neue „schwache" Geschlecht?

• Espace privé et espace public

espace langues — Aide à la tâche, Grille d'(auto-)évaluation

Abschlussaufgabe

Der deutsche Mann: das neue „schwache" Geschlecht?
Wir debattieren über die sich verändernde Rolle des Mannes in Deutschland.

1 Der moderne Mann

A. Sehen Sie sich das Video **an**. Worum geht es? Was ist der Auslöser für diese Reportage?

B. Sehen Sie sich das Video noch einmal **an**.
- **a.** Wie wird der moderne Mann charakterisiert?
- **b.** Inwiefern löst sich das traditionelle Rollenbild auf?
- **c.** Wer trägt zu dieser Verwandlung bei? Warum?

espace langues Links

C. Hören Sie sich das Lied „Männer“ von Herbert Grönemeyer **an**.
- **a.** Wie beschreibt und charakterisiert er Männer?
- **b.** Versuchen Sie, seine Frage zu beantworten: „Wann ist ein Mann ein Mann?“

↑ Wann ist ein Mann ein Mann?

espace langues Cahier interactif CE / CO

2 Männer früher und heute

A. Lesen Sie den ersten Teil des Textes (bis Z. 27). Welche Phasen kann man in der Geschichte der Männlichkeit unterscheiden?

B. Bilden Sie Gruppen (A und B) und wählen Sie jeweils ein Thema (A oder B). **Lesen Sie** den Text zu Ende und **machen Sie sich Notizen** zu Ihrem Thema für einen kurzen Vortrag.

Thema A
Ähnlichkeiten und Unterschiede zwischen Männer- und Frauenemanzipation

Thema B
„Machos sind out“ – Wer ist jetzt in?

C. Halten Sie nun einen kurzen Vortrag über ihr Thema.

Das Männerbild im Wandel der Zeit

Die Herren hatten es früher doch deutlich einfacher. Die Rollen waren klar verteilt, schon in der Steinzeit: Der Mann zieht los, um zu jagen und Essen mit in die Höhle[1] zu bringen. Die Frau bleibt bei Feuer und Kindern und bereitet später das Essen zu. Dieses Bild hat sich viele Jahrhunderte gehalten, auch in den 1960er Jahren noch war es typisch, dass der Mann zur Arbeit gegangen ist und das Geld nach Hause gebracht hat, während sich die Frau um das Haus und die Kinder gekümmert hat. Männer waren es zudem früher gewohnt, Entscheidungen allein zu treffen. Im Mittelalter war es sogar so, dass Frauen gar kein Mitspracherecht hatten, später durften sie nicht studieren und hatten oftmals keine Schulbildung. Erst im 19. Jahrhundert begann die Emanzipation und somit auch ein stetiger[2] Wandel des Männerbildes.

In den 1930er-Jahren machte die Emanzipation in Deutschland wieder einen Rückschritt[3]. Frauen sollten wieder am Herd und nur als Mütter gesehen werden. So kam es, dass viele Frauen keine Ausbildung machten, weil sie ohnehin später heiraten und dann ein Ehemann ihr Ernährer sein sollte. Die Männer hatten nach einer kurzen Emanzipationsphase also ihre alte Rolle wieder, die sie erst ab den 1970er-Jahren wieder verloren.

Der Mann von heute geht in der Regel immer noch einer Arbeit nach und kann damit seine Familie versorgen. Die Rolle des Versorgers wird von vielen Frauen auch gerne angenommen, nur möchten Frauen nicht nur von ihm allein abhängig sein und ihr eigenes Geld verdienen. Die Rollenverteilung Frau = Mutter und Mann = Versorger geht nicht mehr auf. Es ist also längst nicht mehr so, dass der Mann sich nach Feierabend mit einer Flasche Bier auf das Sofa setzt und auf das Abendessen wartet – vielmehr ist es in vielen Haushalten so, dass der Mann auch im Haushalt mithilft, vom Müll raustragen über das Wickeln der Kinder bis hin zum Kochen.

1. **die Höhle** la grotte
2. **stetig** constant
3. **der Rückschritt** le recul

Grammatik

Les temps du récit : le parfait et le prétérit
→ p. 146 / ex. p. 161

Die Rollen **waren** früher klar: Der Mann **ist** zur Arbeit **gegangen** und **hat** das Geld mit nach Hause **gebracht**.

Les adjectifs qualificatifs → p. 140 / ex. p. 161

Ein Mann muss **stark** sein. Das war **lange** Zeit ein **typisches** Klischee.

Auch äußerlich hat der Mann sich verändert. Um es einfach auszudrücken, war der Mann von damals tagsüber im Blaumann oder anderer Arbeitskleidung unterwegs, abends hat er es sich im Jogginganzug oder anderer lässiger Freizeitkleidung gemütlich gemacht. Heute sind die Blaumänner zwar in vielen Berufsbildern weiterhin zu sehen, aber Anzüge werden in immer mehr Berufen zur Pflicht. Auch in der Freizeit achten Männer auf ihre Kleidung. Nicht mehr nur auf die Qualität der Ware wird geachtet, sondern auch auf den Schnitt[4], die richtige Betonung des Körpers oder andere modische Aspekte. Auch die Frisur spielt eine große Rolle. Sogar unter das Messer legen[5] sich mittlerweile viele Männer, um vermeintliche Schönheitsfehler korrigieren zu lassen.

In den 1990er Jahren ist in diesem Zusammenhang der Begriff Metrosexualität aufgegriffen worden. David Beckham ist ein klassisches Beispiel dafür: Ein gutaussehender Mann, der viel Wert auf sein Äußeres legt. Böse Zungen nutzen das Wort „metrosexuell" allerdings bis heute noch abwertend, da die Männerwelt zwar einen Wandel durchmacht, dieser aber noch nicht ganz abgeschlossen ist.

Ein Mann muss stark sein. Nicht nur der Versorger, der über allen Dingen steht, nie eine Träne fließen lässt und nach außen hin hart wirkt. Das war lange Zeit ein typisches Männerklischee und ein Bild, das viele von sich selbst haben wollten, das Bild des Machos. Doch Machos sind größtenteils „out", Männer dürfen heutzutage sehr wohl Gefühle zeigen, ihren Frauen zuhören und auch mal bei den Freunden über ihre Probleme sprechen. Deswegen sind sie aber noch lange keine „Softies", sie sind nur mittlerweile in der Lage, auch ihre weibliche Seite ab und zu zum Vorschein kommen zu lassen.

4. der Schnitt (Mode) la coupe
5. sich unter das Messer legen passer sur le billard

↑ Nach: https://www.rockland.de/home/service/beitrag/das-maennerbild-im-wandel-der-zeit.html

3 Danke Papa!

A. Sehen Sie sich den Werbespot **an.**
- **a.** Wie erscheint die Mutter im Video?
- **b.** Wie fühlen sich die Kinder beim Vater? Warum?

B. Finden Sie die Rollenbilder im Werbespot der Supermarktkette EDEKA realistisch? Warum (nicht)?

C. Lesen Sie den Text.
- **a.** Welche positiven Aspekte hat das aktive Engagement der Väter?
- **b.** Welchen Platz nimmt die Arbeit im Leben vieler Männer ein?

↑ Vatertag EDEKA

Grammatik

Le comparatif de supériorité → p. 154 / ex. p. 161

Die modernen Väter kümmern sich **mehr** um ihre Kinder **als** ihre eigenen Väter.

So hat sich die Vaterrolle gewandelt

Der moderne Vater kümmert sich engagiert um seine Kinder und verbringt gerne Zeit mit ihnen. Er ist emotional, mitfühlend und liebevoll. Papa kümmert sich heute auch öfter, wenn das Kind krank ist. Mittlerweile nehmen zudem ein Drittel aller Väter Elterngeld in Anspruch. Im Durchschnitt bleiben sie drei Monate zu Hause bei der Familie. Dies hat auch positive Auswirkungen[1] auf die Partnerschaft: Eine Studie aus Schweden hat gezeigt, dass die Scheidungsrate[2] bei Vätern in Elternzeit beim ersten Kind 30 Prozent niedriger lag, als bei jenen Familien, bei denen der Mann weiterhin arbeiten ging.

Das stärkere Engagement vieler Väter kommt nicht nur den Kindern zugute: „Aktive Väter berichten über ein höheres Wohlbefinden[3], sind zufriedener mit ihrer Zeitverwendung und ihrer Partnerschaft. “, sagt Soziologin Dr. Claudia Zerle-Elsäßer vom Deutschen Jugendinstitut. 69 Prozent der jungen Papas geben an, sich mehr an der Kindererziehung zu beteiligen, als ihre eigenen Väter.

In Teilzeit arbeitende Väter sind immer noch eine Seltenheit. Noch seltener ist das sogenannte Familienernährerinnen-Modell, bei dem die Frau arbeiten geht und der Mann sich um die Kinder kümmert. Dieses konträre Rollenmodell ist sehr oft nicht freiwillig gewählt und nur eine Übergangsphase. Als Gründe führt Dr. Zerle-Elsäßer unter anderem Arbeitslosigkeit des Vaters oder eine gute Karriereperspektive der Frau an. [...]

Obwohl Männer heutzutage mehr für ihren Nachwuchs da sind, halten sie oft weiter an der Ernährerrolle fest. Das wundert Dr. Zerle-Elsäßer nicht: „Arbeit, Erfolg und Karriere sind Teil eines bestimmten Männlichkeitsbildes“, erklärt sie und ergänzt „Einkommen erwirtschaften[4] ist ein wichtiger Teil von Vaterschaft“. Nach der Geburt des Kindes arbeiten viele Väter wohl auch deshalb mehr als vorher.

Bis engagierte Väter mehr Zeit mit ihren Familien verbringen können, ist es scheinbar noch ein weiter Weg. Die Hürden[5] sieht Dr. Zerle-Elsäßer unter anderem im Arbeitsmarkt: „Was es den Männern schwer macht, ist unser Arbeitsleben, das ganz stark auf die Präsenzkultur hin ausgerichtet ist. Arbeiten tut nur, wer da ist und wer möglichst lange und viel da ist.“

↑ imi, *NTV*, 15.05.2019

1. **die Auswirkung** l'effet, la conséquence
2. **die Scheidung** la séparation
3. **das Wohlbefinden** le bien-être
4. **Einkommen erwirtschaften** dégager un revenu
5. **die Hürde** l'obstacle

4 Väter im Vormarsch?

A. Lesen Sie den Infotext über das BEEG.
Was ist Elternzeit und was ist das Elterngeld?

Zum 01.01.2007 wurde das Bundeselterngeld- und Elternzeitgesetz (BEEG) eingeführt. Elternzeit können Eltern in Anspruch nehmen, die in einem Arbeitsverhältnis stehen. Dabei ist es egal, ob es sich um eine Voll- oder Teilzeitbeschäftigung handelt. Selbstverständlich dürfen auch Väter Elternzeit beantragen. Das Elterngeld ist eine Einkommensersatzleistung für die Elternzeit. Es ersetzt[1] das Erwerbseinkommen, auf das zu Gunsten der Kinderbetreuung verzichtet[2] wird, zu einem bestimmten Teil.

1. **ersetzen** remplacer
2. **auf etwas verzichten** renoncer à qqch.

B. Sehen Sie sich die Statistik über das Elterngeld von Vätern an. **Beschreiben Sie** die Entwicklung und **geben Sie** mögliche Gründe dafür **an**.

Anteil der Elterngeldväter steigt, bleibt aber weit hinter Müttern zurück – Gründe für Zurückhaltung sind vielfältig
Anteil der Väter, die Elterngeld beziehen, in Prozent

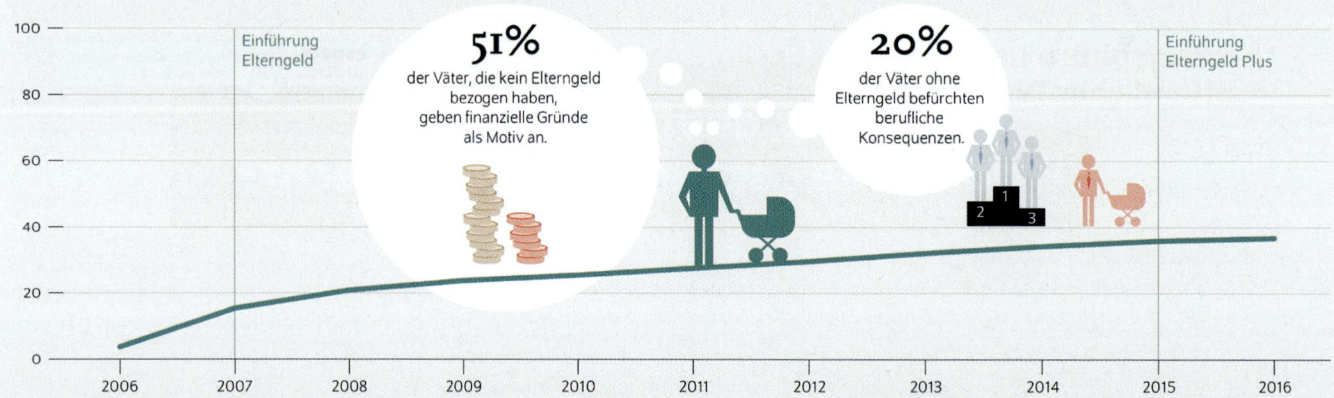

Anmerkung: Für das Jahr 2006 wurde der Erziehungsgeldbezug von Vätern berücksichtigt. Für die Jahre 2006 bis 2015 geben die Werte jeweils den Jahresdurchschnitt an, für 2016 ist der Mittelwert des ersten und zweiten Quartals dargestellt. Zahlen über 2016 hinaus liegen bisher nicht vor, da der Anspruchs- und Beantragungszeitraum noch nicht vollendet ist.
Quellen: Eigene Darstellung auf Basis der Elterngeldstatistik des Statistischen Bundesamtes sowie pairfam.
© DIW Berlin 2019

C. Sehen Sie sich nun die Reportage **an**.
- **a.** Was berichtet der Moderator?
- **b.** Was erzählt Thomas Bolte?
- **c.** Waren Ihre Vermutungen von Aufgabe B richtig?

↑ Väter im Abseits

D. Wie ist die Situation der Väter in Frankreich? **Recherchieren Sie** und **stellen Sie** Ihre Ergebnisse **vor**.

E. Wie stehen Sie zum Thema „Elternzeit für Väter“? Wie könnten die Regierungen effizient die Gleichstellung fördern? **Erklären Sie.** BAC

Traditionelle Väter

Prof. 25
Élève 24

- früher / in der Vergangenheit
- der / die Ernährer/in
- der / die Versorger/in
- für etwas / jdn sorgen
- Geld verdienen
- jdn vor etwas schützen
- die Erziehung (Sg.)
- ein veraltetes Gesellschaftsmodell
- heiraten
- Entscheidungen treffen
- abhängig ≠ unabhängig
- traditionell ≠ modern

Zögernde Gesellschaft

Prof. 26
Élève 25

- der Wandel (Sg.)
- die Emanzipation (Sg.)
- die Rollenverteilung (Sg.)
- das Vorbild (-er)
- die Mentalität (-en)
- für etwas (nicht) bereit sein
- Vorurteile haben
- skeptisch = misstrauisch gegenüber etwas sein
- das Gesetz (-e)
- das Elterngeld (Sg.) / die Elternzeit (Sg.)
- die Kinderbetreuung (Sg.)

Privatsphäre und öffentlicher Raum

Der deutsche Mann: das neue „schwache" Geschlecht?

espace langues – Fiche d'entraînement lexical, Cahier interactif

Die neuen Männer

Prof. 27
Élève 26

- heutzutage
- stark ≠ schwach
- hart ≠ weich
- innerlich ≠ äußerlich
- sensibel
- mehr Wert auf etwas legen
- auf das Aussehen achten
- das Klischee (-s)
- der Macho (-s)
- sich verändern
- sich frei fühlen
- sich von etwas befreien

Väter im Vormarsch

Prof. 28
Élève 27

- eine neue Rolle übernehmen
- eine Wahl treffen
- Elternzeit nehmen
- Vollzeit / Teilzeit arbeiten
- etwas genießen
- sich liebevoll um seine Kinder kümmern
- ein Baby wickeln
- im Haushalt helfen
- Zeit mit seinen Kindern verbringen
- an der Erziehung aktiv teilnehmen
- auf Schwierigkeiten stoßen
- berufliche Konsequenzen
- Probleme mit dem Chef und den Kollegen haben

3 Die liebe Arbeit

Ist die Arbeit für die Deutschen (immer noch) eine absolute Priorität?

• Espace privé et espace public

Baby Boomer

1946 bis 1969

„Leben, um zu arbeiten"

Merkmale: Anpassungsfähig, positive Grundeinstellung, Akzeptieren von Autoritäten und Regeln

Werte: Meinungsfreiheit, Wohlstand, Loyalität

Motivation: Sachwerte schaffen, Teilhaben am Erfolg

Stärken: Durchsetzungsfähigkeit, Soziale Kompetenz, Hohe Arbeitsmoral

Arbeit ist... ... eine Pflicht

Generation X

1965 bis 1980

„Arbeiten, um zu leben"

Merkmale: Unabhängig, skeptisch bevorzugen informelle Strukturen

Werte: Pragmatismus, Strukturiertheit, Selbstständigkeit

Motivation: Materielle Anzreize, Karriere

Stärken: Leistungsbereitschaft, Stressresistenz

Arbeit ist... ... ein Vertrag

Generation Z

1992 bis heute

„Hier die Arbeit, da mein Leben"

Merkmale: Sprunghaft, ungeduldig, mit PC und Handy aufgewachsen, multitasking, kompromisslos

Werte: Flexibilität, Gleichstellung, Lifestyle, Authentizität, Umweltbewusstsein, Toleranz

Motivation: Keine finanziellen Anreize, geregelte Arbeitszeit, ausreichend Freizeit

Stärken: Innovations- und Multitaskingfähigkeit, Flexibilität, Umweltbewusstsein

Arbeit ist... ... notwendiges Übel zur Selbstverwirklichung

Generation Y

1977 bis 2000

„Arbeit und Leben verbinden"

Merkmale: Anspruchsvoll, mobil, stellen Autoritäten in Frage, mit PC und Handy aufgewachsen, sozial, vernetzt, mitteilsam

Werte: Flexibilität, Gleichstellung, Lifestyle, Leben im Hier und jetzt

Motivation: Kaum finanzielle Anreize, Work-Life-Balance

Stärken: Innovations- und Multitaskingfähigkeit, Flexibilität

Arbeit ist... ... eine Möglichkeit zur Selbstverwirklichung

espace langues — Aide à la tâche / Grille d'(auto-)évaluation

Abschlussaufgabe

Meine Arbeit in der Zukunft
Ich schreibe einen Aufsatz darüber, wie sich die Rolle der Arbeit in Deutschland geändert hat und wie ich mir meine Arbeit in der Zukunft vorstelle.

3 Die fleißigen Deutschen?

1 Ohne Fleiß kein Preis?

A. Was denken Sie: Sind die Deutschen eher faul oder fleißig?

B. Sehen Sie sich das Video **an.**
Was erfahren Sie über die Arbeitsstunden und die Produktivität in Deutschland?

↑ Fleißige Griechen, faule Deutsche?

C. Lesen Sie den Text.
a. Was verbindet man in Deutschland mit dem Wort „Arbeit"?
b. Arbeitet man in Deutschland mehr als in anderen Ländern?
c. Ist man mit vielen Arbeitsstunden produktiv?

Fleißige Deutsche? Faule Europäer?

Irgendwie waren die Deutschen immer stolz auf ihren Ruf, ein Volk von arbeitsamen, fleißigen und leistungsbereiten[1] Helden der Arbeit zu sein. Doch die Zahlen des französischen Arbeitsministeriums sprechen eine andere Sprache. Deutsche sind nicht mehr und nicht weniger fleißig als andere.

Deutsche arbeiten im Durchschnitt 34,8 Stunden pro Woche. Das ist zwar mehr als die Holländer (29,8 Stunden pro Woche), aber weniger als die Franzosen (36,3 Stunden) und noch weniger als die Spanier (36,6 Stunden) und die Briten (36,8 Stunden). Damit sind die Briten europaweit das „fleißigste" Volk.

Und was ist bitteschön mit uns Deutschen los? Sind wir faul oder vernünftig geworden? 34,8 Wochenstunden? Und was machen wir mit dem Rest der Zeit? Sind wir auf dem Weg in die Freizeitgesellschaft? Haben wir die Tugenden[2] vergessen, die das Wirtschaftswunder ausgemacht haben?

Nein, die Deutschen sind eben – ganz normale Europäer. Es mag zwar stimmen, dass Deutsche mit dem Begriff „Arbeit" mehr verbinden als andere Völker. Aber das ist letztlich nicht ausschlaggebend[3]. Wenn wir Deutsche das Wort „Arbeit" hören, dann denken wir an „Qualität", „Sicherheit", „Zuverlässigkeit", „Pflicht", „Dienst". Bei der Arbeit hört der Spaß auf, sagt man. In anderen Kulturen verbindet man mit dem gleichen Begriff andere Dinge – „Lebensunterhalt sichern", „acht Stunden rumbringen", aber das bedeutet nicht, dass man anderswo nicht ebenso stolz auf eine gut gemachte Arbeit ist. […]

Doch ist langes Arbeiten ein Zeichen für die richtige Einstellung? In vielen Ländern experimentiert man schon länger mit neuen Arbeitszeitmodellen, wie beispielsweise die 4-Tage-Woche oder das „Job Sharing" und überall dort, wo solche Experimente durchgeführt werden, stellt man fest, dass Menschen, die weniger arbeiten, in der effektiven Arbeitszeit deutlich effizienter arbeiten als ihre „5 Tage 8 Stunden"-Kollegen. Es ist an der Zeit, Themen wie die Arbeitslosigkeit und die Produktivität auch unter diesem Gesichtspunkt neu zu bewerten. Weniger kann dabei mehr sein und langsam, aber sicher, müssen wir uns von alten Gewissheiten verabschieden[4]. Nicht derjenige arbeitet am besten, der am längsten arbeitet, sondern derjenige, der seine Arbeit optimal und effizient organisiert.

↑ Eurojournalist.eu, 24. April 2019

1. **leistungsbereit** performant/e
2. **die Tugend** la vertu, la qualité
3. **ausschlaggebend** déterminant
4. **sich von Gewissheiten verabschieden** dire au revoir à ses certitudes

espace langues – Cahier interactif CE / CO

2 Ein Leben für die Arbeit?

A. Sehen Sie sich die Infografik **an**.

a. Was sagt sie über die Deutschen und ihre Einstellung zur Arbeit aus?

b. Inwiefern widerspricht die Grafik dem Text (S. 34)? Woran könnte das liegen?

espace langues Links

B. Sehen Sie sich das Video über die Generation Y **an**. Wie steht diese Generation zur Arbeit?

C. Lesen Sie den Text.

a. Was erwartet die Generation Z von der Arbeit?

b. Welche Rolle spielt für sie die Freizeit und das Privatleben?

c. Wie wichtig ist die Karriere für sie?

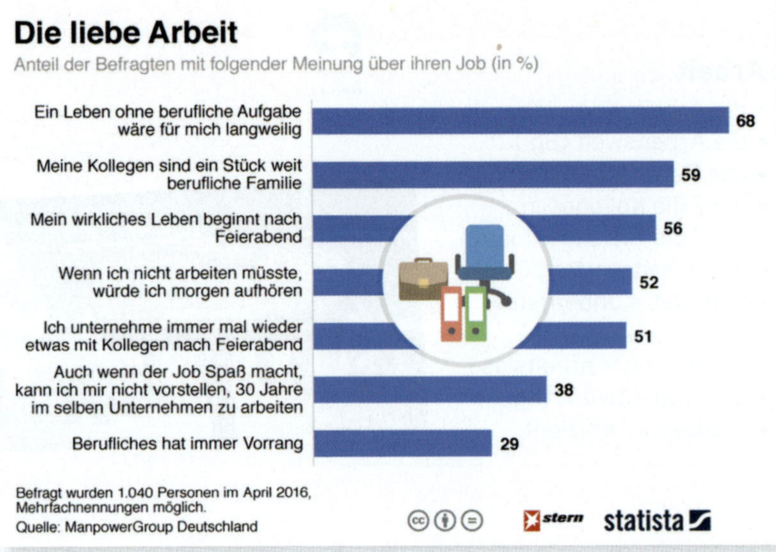

Die „Generation Z“ und die Arbeitswelt

Mit der „Gen Z“ startet nun die nächste Generation Arbeitnehmer ins Berufsleben. Gen Z bezeichnet all diejenigen, die zwischen den Jahren 2000 und 2010 geboren wurden. Sie ist die Nachfolgegeneration der Generation Y und wird auch als „Digital Natives“ bezeichnet.
Wünsche der Gen Z an die Arbeitswelt sind ausgewogene Work-Life-Balance, viel Freiraum zur Entfaltung[1], Sinn in ihrer Arbeit, flexible Arbeitszeiten und -modelle und Sicherheit durch unbefristete Arbeitsverträge. Im Grunde also vieles, was gegen die „typisch deutschen Tugenden“ wie Pünktlichkeit, Fleiß und Ordnung spricht.

Trotz hoher Anforderungen macht die Gen Z, aktuellen Studien zufolge, Mut zur Hoffnung für den Arbeitsmarkt. Denn im Gegensatz zur Generation Y rücken bei der Gen Z wieder traditionellere Werte in den Fokus. Wünsche nach einer soliden Ausbildung oder dem Studium, nach einer Familie und dem Eigenheim[2] nehmen wieder zu. Ein Bedürfnis nach Sicherheit und einer planbaren Zukunft zeichnet sich ebenso ab. Die Generation Z möchte langfristig schon erfolgreich sein, aber eben nicht um jeden Preis und auch nicht unter den bisherigen Bedingungen. Dieser Generation geht es vielmehr um eine klare Abgrenzung zwischen Arbeit und Privatleben. Da Arbeit in der digitalen Zeit (durch E-Mails auf dem Smartphone, etc.) praktisch überall möglich ist, findet hier die starke Positionierung der Gen Z statt. Die Sorge, dass das Leben nur noch aus Arbeit bestehen könnte (das hat die Gen Z bei Arbeitnehmern der Gen Y und Gen X gesehen!), gepaart mit den Bedürfnissen nach Zeit für die Familie und Spaß am Leben, führt zu diesem Verhalten. Aber auch Themen wie Selbstverwirklichung und Sinnhaftigkeit in der Tätigkeit sind große Faktoren, die unbedingt berücksichtigt[3] werden sollten.

↑ Nach: https://www.ageneo.de/2019/06/13/die-generation-z/

1. **die Entfaltung** l'épanouissement
2. **das Eigenheim** la maison à soi
3. **etwas berücksichtigen** prendre en compte qqch.

D. Ein berühmtes deutsches Sprichwort lautet: „Erst die Arbeit, dann das Vergnügen.“ Ist dieses Sprichwort noch aktuell? **Argumentieren Sie.** BAC

Grammatik

Les degrés de comparaison → p. 154 / ex. p. 162
Deutsche arbeiten **effizienter als** andere.
Die Briten arbeiten **am längsten**.

L'opposition → p. 153 / ex. p. 162
Während die Generation Y eine sinnvolle Arbeit will, möchte die Generation Z eine sichere Arbeit.

Arbeit
Prof. 29 Élève 28

- die Arbeit = der Job = der Beruf
- die Arbeitswelt (Sg.)
- das Berufsleben (Sg.)
- der / die Kollege/-in
- der / die Arbeitnehmer/in
- der Arbeitsvertrag (¨-e)
- befristet ≠ unbefristet
- die Arbeitszeit (-en)
- berufstätig ≠ arbeitslos
- die Produktivität (Sg.)
- produktiv / effizient

Arbeit als Lebensinhalt
Prof. 30 Élève 29

- der Wert (-e) / die traditionellen Werte
- die Pflicht (-en)
- eine gut gemachte Arbeit
- die Arbeitsmoral (Sg.)
- die Pünktlichkeit (Sg.)
- die Zuverlässigkeit (Sg.)
- der Fleiß (Sg.)
- fleißig ≠ faul
- den Lebensunterhalt sichern
- Karriere machen / erfolgreich sein / befördert werden

Privatsphäre und öffentlicher Raum

espace langues — Fiche d'entraînement lexical, Cahier interactif

Ist die Arbeit für die Deutschen (immer noch) eine absolute Priorität?

Die neuen Generationen
Prof. 31 Élève 30

- der Wertewandel (Sg.)
- flexibel
- anspruchsvoll
- kompromisslos
- ein gutes Arbeitsklima
- etwas mit den Kollegen unternehmen
- sich weiterentwickeln wollen
- sinnvoll ≠ sinnlos
- Sicherheit suchen / brauchen
- die planbare Zukunft
- Aufstiegschancen haben
- viel / wenig Geld verdienen
- ein Bedürfnis nach etwas haben
- sich selbst verwirklichen
- die Selbstverwirklichung (Sg.)

Work-Life-Balance
Prof. 32 Élève 31

- die Abgrenzung zwischen Arbeit und Privatleben
- die Freizeit (Sg.)
- das Hobby (-s)
- Zeit für Familie und Freunde / für sich selbst haben
- neue Arbeitsmodelle entdecken
- andere Prioritäten setzen
- der Feierabend (Sg.)
- auf etwas Wert legen
- viel / wenig Stress

Fit fürs Bac
Übersicht der Problematiken und Themen

Privatsphäre und öffentlicher Raum
Espace privé et espace public

1re Vor 100 Jahren …

Die Verwirklichung der Frau: weiter als vor hundert Jahren?

Vor hundert Jahren: die „neue“ Frau?

- Nach dem Ersten Weltkrieg bekommen Frauen in Deutschland endlich Wahlrecht. [Video *100 Jahre Frauenwahlrecht*]
- Frauen übernehmen neue Rolle in den 1920er Jahren, zeigen sich mit neuem Aussehen und Selbstbewusstsein, sind nicht mehr nur Hausfrau sondern arbeiten in verschiedenen Bereichen, aber nach der Machtübernahme Nazis wird wieder altes Frauenbild propagiert. [Text und Fotos *Die neue Frau*]

Heute wie vor hundert Jahren?

- Gleichberechtigung ist im Grundgesetz verankert. [Text *Art. 3, Grundgesetz*]
- Trotzdem gibt es große Lohnunterschiede zwischen Männern und Frauen in Deutschland. [Grafik *Lohnabstand*]
- Heute sind immer noch weniger Frauen in Führungspositionen, und sie verdienen weniger Geld [Video *100 Jahre Frauenwahlrecht*, Karikatur *Sowieso heiraten*]
- Frauen, die Erfolg haben und Karriere machen, müssen immer noch mit Vorurteilen kämpfen. [Text Urs Widmer *Tops Dogs*]

Tle Echt Mann?!

Der deutsche Mann: das neue „schwache“ Geschlecht?

Mann im Wandel

- Der Mann von heute soll sensibel sein, sich für Frau und Familie engagieren, aber trotzdem soll er auch noch stark sein. [Video *Wann ist ein Mann ein Mann?*]
- Früher war die Rolle des Mannes klar als Ernährer und Beschützer definiert, heute achten Männer auf das Aussehen, weinen auch Mal, Klischee wird nicht mehr erfüllt, es gibt aber noch keine klare neue Rolle. [Text *Männerbild im Wandel der Zeit*]

Daddy cool

- Werbespot spielt mit Rollenklischees von Müttern und Vätern. [Video *EDEKA Vatertag*]
- Auch Vaterrolle hat sich gewandelt, Väter helfen mehr und nehmen aktiv an der Erziehung der Kinder teil. [Text *So hat sich die Vaterrolle gewandelt*]
- Deutsche Regierung versucht, neue Vaterrolle mit Gesetzen zu unterstützen, aber Gesellschaft und Chefs denken oft noch anders. [Broschüre *Elterngeld*, Grafik *Anteil Elterngeldväter*, Video *Väter im Abseits*]

Tle Die liebe Arbeit

Ist Arbeit für die Deutschen (immer noch) eine absolute Priorität?

Die fleißigen Deutschen?

- Klischee vom fleißigen Deutschen stimmt nicht unbedingt. [Video *Fleißige Griechen, faule Deutsche?*, Text *Faule Europäer?*]
- Deutsche haben besonderes Konzept von „Arbeit“: Pflicht, Tugend, Zuverlässigkeit, Qualität, aber Arbeit und Arbeitszeit heutzutage auch in Deutschland im Wandel. [Text *Faule Europäer?*]
- Arbeit ist für viele wichtig, aber Freizeit und Familie auch. [Grafik *Die liebe Arbeit*]
- Einstellung zur Arbeit ist bei verschiedenen Generationen sehr unterschiedlich. [Grafik *Generationen*]
- Generation Y will sinnvolle Arbeit zur Selbstverwirklichung, während Generation Z finanzielle Sicherheit aber auch viel Freizeit möchte. [Video *Generation Y*, Text *Generation Z*]

Épreuve 3 : Note finale sur 20 points	
Premier temps (épreuve écrite)	**Second temps (épreuve orale) :**
Compréhension de l'oral Compréhension de l'écrit — sur 30 points Expression écrite	Expression orale Interaction orale — sur 10 points

Épreuve écrite

Durée > 2 heures

L'ensemble de l'épreuve écrite porte sur l'axe 2 du programme : **Identités et échanges**.
Elle s'organise en différentes parties :

- **compréhension de l'oral**
- **compréhension de l'écrit**
- **expression écrite**

Vous allez entendre trois fois le document de la 1re partie (la compréhension de l'oral).
Les écoutes seront espacées d'une minute.
Vous pouvez prendre des notes pendant et entre les écoutes.
À l'issue de la troisième écoute, vous organiserez votre temps comme vous le souhaitez pour :

- rendre compte du document oral en français
- traiter le sujet de compréhension de l'écrit en allemand
- traiter le sujet d'expression écrite en allemand

L'axe
Prenez connaissance de l'axe culturel toujours indiqué en tête du dossier : il permet d'appréhender la problématique qui y est abordée, y compris sa part d'implicite.

Le type de document
Il s'agit d'un document vidéo. Si les images constituent une aide sur laquelle vous allez pouvoir vous appuyer (elles illustrent, voire explicitent le propos), il ne s'agit en aucun cas de décrire tout ce que vous voyez. Le guidage vous aidera à rendre compte des informations importantes. Lisez-le attentivement.

COMPRÉHENSION DE L'ORAL

Titre du document :

Vereinbarkeit von Familie und Beruf bei anyMOTION GRAPHICS GmbH

01:30

↑ *Vereinbarkeit von Familie und Beruf - anyMOTION bei Competentia.tv* © Zukunftswerkstatt GmbH, 2018

En rendant compte, en français, du document, vous montrerez que vous avez compris :

- le thème abordé
- qui sont Gillian Luhn et Andreas Neumann, les deux personnes qui témoignent
- quel est leur point de vue
- ce qu'explique la voix off
- la problématique culturelle abordée et le lien avec l'axe concerné
- la fonction du document (relater, informer, convaincre, critiquer, dénoncer, ...) et sa portée.

Le titre annonce le sujet abordé dans la vidéo, à savoir la question de la compatibilité entre parcours professionnel au sein d'une entreprise allemande et vie familiale. Le sujet est justement abordé dans le chapitre 2 et le chapitre 3 puisque vous avez forcément traité l'un ou l'autre. Vous n'êtes donc pas « en terre inconnue ».

Lisez bien la consigne. Elle vous révèle que la vidéo présente deux témoignages, ceux de : Gillian et Andreas.

La voix off
La voix off apporte toujours des informations essentielles : elle explicite la situation et les faits présentés. Elle commente par ailleurs ce qui apparaît à l'image et les propos des personnes qui s'expriment. Enfin, il arrive qu'elle énonce, dès le début, de manière explicite, la problématique abordée. Soyez-y très attentif !

La fonction d'un document, c'est l'effet que ce document cherche à produire sur son destinataire, l'objectif que l'auteur/e tente d'atteindre. La portée d'un document, c'est l'impact qu'il produit sur son destinataire, les conséquences induites par la position de l'auteur/e. Cette dernière question porte donc plutôt sur l'implicite. Pensez à justifier votre réponse en indiquant comment vous avez détecté l'implicite (mots utilisés, tons employés, expression des visages...).

COMPRÉHENSION DE L'ÉCRIT

Titre du document :

Erfahrungen aus zwei Jahren Teilzeitvater

Wir haben schon immer eine moderne Ehe geführt. Dass wir die Hausarbeit teilen, war für uns klar. Und wird auch seit jeher so praktiziert. Bei der Betreuung[1] unserer Tochter lag die Hauptarbeit zunächst bei meiner Frau. Nach zwei Wochen Urlaub unmittelbar nach der Geburt arbeitete ich wieder Vollzeit. Doch wir merkten, dass das nicht in Ordnung war. Es stellte sich die Frage, wie wir weiter verfahren wollten. Wir leben in einer größeren Stadt. Daher wäre es problemlos möglich gewesen, Tanja in eine Kinderkrippe zu geben. Das ist hier sogar der übliche Weg.

Doch wir hatten uns entschieden: Wenn schon ein Kind, dann wollten wir es auch wirklich selbst erziehen. Finanziell konnten wir es uns leisten, auf ein Gehalt zu verzichten. Doch wie wollten wir es machen? Sollte meine Frau zu Hause bleiben und ich weiter arbeiten gehen, wie es der übliche Weg war? Oder doch – ganz modern – umgekehrt? Oder sollten wir beide halbtags arbeiten? Wir entschieden uns für Letzteres.

Ich habe in einer Untersuchung gelesen, dass Väter, die sich aktiv um die Erziehung ihres Kindes kümmern, zum größten Teil aus zwei Gruppen kommen: Entweder hatten sie das so in ihrer Kindheit selbst erlebt, waren also durch ihre Väter miterzogen worden. Oder sie hatten das genaue Gegenteil erlebt, nämlich Väter, die sich überhaupt nicht um sie gekümmert hatten. Bei mir ist die Ursache ganz eindeutig das letztere Szenario. Bei meinem Vater habe ich bis heute nicht verstanden, warum er sich für seine drei Kinder nie interessiert hat. Noch immer ist mein Verhältnis[2] zu ihm distanziert. So ein Vater wollte ich nicht sein.

Aber da gab es doch ein Problem: den Präsidenten meiner Behörde[3], ein typischer Karrieremann. Fachlich brillant, schneidig, ein Erfolgstyp. Ohne Kinder. Und ohne jegliches Verständnis für Mitarbeiter, die Kinder haben. Eine auf 17 Uhr angesetzte[4] Besprechung, die mindestens 2 Stunden dauern würde – wo sollte da das Problem sein? Was waren denn das für Mitarbeiter, die frecherweise[5] nach Hause gehen wollten, um ihre Kinder vom Kindergarten abzuholen?

1. **die Betreuung** la prise en charge
2. **das Verhältnis** la relation
3. **die Behörde** l'administration
4. **angesetzt** plannifié/e
5. **frech** insolent

Le titre
Le titre apporte des indices très utiles quant au contenu, à la nature et à la fonction du document. Prêtez attention à chaque mot, et pour mieux comprendre le texte, faites le lien avec le document précédent et ce que vous avez appris dans le chapitre 2 ou 3.

Le texte commence avec le pronom *wir*. L'emploi de la première personne indique qu'il s'agit sans doute d'un récit personnel, peut-être d'un témoignage.
Repérez les noms ou GN introduits par des déterminants de 1re personne pour tenter de comprendre qui s'exprime.

Le début d'un texte
Le début d'un texte, notamment le 1er paragraphe, apporte souvent des informations essentielles à la compréhension du sujet abordé. Il pose les bases du récit en permettant d'apporter de premières réponses aux questions : qui, quoi, où, quand ?

Les paragraphes
Un nouveau paragraphe indique souvent une information ou une idée différente, ou encore une nouvelle étape du récit. Rappelez-vous : chaque paragraphe contient en général une idée principale.

Repérez les points d'interrogation. Qu'indiquent-ils, compte tenu du fait qu'il s'agit d'un récit à la première personne et non pas d'un dialogue ?

Les connecteurs (*doch* l. 9, l. 11, l. 13, *aber* l. 24, *so* l. 38 et 43, *und* l. 44) permettent de comprendre l'articulation entre les idées. Au début de ce paragraphe, l'idée de rupture est mise en évidence par l'emploi cumulé des deux conjonctions, *aber* et *doch*, qui précèdent le mot *Problem*. On devine que ce qui suit apporte une information majeure.

Er: „Ich verstehe nicht, was Sie eigentlich wollen."
Ich: „Ich will einfach in Teilzeit arbeiten, 20 Stunden die Woche, 4 Stunden am Tag."
Er: „Ja, wollen Sie denn nicht Karriere machen?" (Kind und Karriere waren nach seiner Auffassung[6] offenbar unvereinbar.)

Erst als ich mit einer Klage[7] drohte, gab die Behördenleitung schließlich nach.

So war also unsere Situation an meinem ersten Tag als Teilzeitvater.

Tanja wachte auf. Suchendes Umherblicken: Wo war die Mama? Ich sagte ihr, dass ihre Mama arbeite und bald wieder komme. Ich dachte, sie würde gleich anfangen zu weinen. Aber nichts dergleichen. Mama war nicht da, aber Papa – auch okay.

So vergingen zwei Jahre. In der Regel lief alles komplikationslos.

Und natürlich wurde es mit der Zeit immer einfacher. Inzwischen ist Tanja fast 3 Jahre alt und braucht viel weniger Betreuung als am Anfang. Oft kann ich die Stunden mit ihr richtig genießen[8] – morgens gemütlich im Bett rumliegen, ein nettes „Petterson & Findus"-Buch anschauen, in aller Ruhe frühstücken, und dann die nächsten Stunden ein bisschen einkaufen oder vielleicht in den Zoo gehen. Oder einfach nur um die Ecke auf den Spielplatz und dort ein bisschen in der Sonne sitzen oder mit ihr klettern und rutschen.

In anderer Weise waren diese beiden Jahre allerdings durchaus negativ prägend. Wie mein Behördenleiter angekündigt hatte, macht meine Karriere zumindest eine Pause. Zwar bin ich inzwischen aufgrund einer allgemeinen Umorganisation meiner Behörde wieder auf einem normalen Dienstposten [...]. Ein Kollege, der zeitgleich mit mir eingestellt wurde und sein Kind pflichtgemäß in eine Krippe gab, ist allerdings befördert[9] worden und zum Referatsleiter aufgestiegen. Ich habe selbst in ferner Zukunft keine Beförderung in Aussicht. Aber ehrlich gesagt ist mir das inzwischen wirklich egal geworden. Es gibt Wichtigeres.

6. **die Auffassung** la conception
7. **die Klage** la plainte
8. **genießen** profiter de
9. **jdn befördern** promouvoir

↑ Nach: https://www.kidsgo.de/familie-vaeter-14/vaeter-teilzeit-erlebnisbericht-01/

Qui parle ici ? Qui désigne le pronom *er* ? Repérez qui est mentionné juste avant (*der Präsident meiner Behörde, ein typischer Karrieremann*).

Le connecteur chronologique *erst als* annonce une phase nouvelle et peut-être une rupture si on le met en lien avec le mot *Klage*. Que comprenez-vous ?

Que révèle la taille de l'espace entre ce qui précède et ce qui suit ?

Pour identifier les personnes auxquelles renvoie le pronom personnel *ihr*, repérez les noms propres et les groupes nominaux placés avant et après.

L'emploi de l'adverbe *inzwischen* est un indicateur : On passe ici de l'évocation de faits passés à celle d'une situation présente.

Notez l'alternance entre passé et présent : il est vraisemblable que l'auteur tire ici le bilan de son expérience.

La conclusion
La conclusion peut apporter un enseignement et inviter le lecteur à poursuivre la réflexion. Lisez-la bien, car elle permet souvent de comprendre la fonction et la portée du document (cf. dernier item de la consigne).

Les éléments paratextuels
Ne négligez pas les sources. Elles vous renseignent sur l'origine du document : son auteur, la date de parution, le titre de l'œuvre ou le nom du journal / du site d'où il est extrait,... et dont vous devez rendre compte pour expliquer le contexte ou la situation d'énonciation.

COMPRÉHENSION DE L'ÉCRIT

Fassen Sie den Text auf Deutsch zusammen.
Beachten Sie dabei folgende Fragen.

a. Was können Sie über folgende Punkte sagen?
- Art und Thema des Dokuments
- Wer berichtet von seiner Erfahrung? (Identität, sozialer Status, bedeutendes Ereignis im Leben, Entscheidung, eventuelle Schwierigkeiten, Privat- und Berufsleben zu vereinbaren)

b. Kommentieren Sie folgenden Satz: „Ich habe selbst in ferner Zukunft keine Beförderung in Aussicht. Aber ehrlich gesagt ist mir das inzwischen wirklich egal geworden. Es gibt Wichtigeres.“ (Z. 58-60)

c. Inwiefern stellen die Dokumente des Hörverstehens und des Leseverstehens verschiedene, gleiche oder komplementäre Aspekte dar?

La compréhension
Un compte rendu consiste non pas à résumer, mais à transmettre toutes les informations importantes contenues dans un document à un destinataire qui est censé ne pas en avoir connaissance, et à lui en faire comprendre le sens. Mais attention : il ne s'agit pas non plus de rendre compte de tous les détails. Faites le tri et reformulez les informations avec vos propres mots.

Mobilisez les informations collectées et organisez votre compte rendu. Dans l'introduction, vous évoquerez la nature et le thème du document ainsi que les éléments situationnels : qui parle ; quel événement est à l'origine d'un tournant dans sa vie (question a). Dans le développement, il s'agira de rendre compte de l'expérience du narrateur (question b).

Il s'agit d'une phrase clef ! Explicitez l'implicite !

La question c peut-être traitée dans votre conclusion : il vous est demandé de mettre en perspective l'ensemble des documents du dossier, en expliquant dans quelle mesure ils sont complémentaires. Revenez sur l'idée, la fonction et la portée de chaque document pour répondre à cette dernière question.

EXPRESSION ÉCRITE

Behandeln Sie Thema A oder Thema B (mindestens 120 Wörter).

Les sujets
Vous aurez toujours le choix entre deux sujets. Traiter les deux ne vous rapportera pas de points supplémentaires et vous fera perdre un temps précieux.

Thema A

In einem Forum zum Thema Gleichberechtigung lesen Sie folgende Aussagen. Welche entspricht am ehesten Ihrer Meinung? Belegen Sie Ihre Antwort mit konkreten Beispielen.

Anton
Dass eine Frau ein Unternehmen leitet oder ein Land regiert, ist für mich kein Thema, solange sie es gut macht!

Jörg
Ich wollte mich um meine Töchter kümmern, aber mein Arbeitgeber hinderte mich daran, längere Elternzeit zu nehmen. Ich musste kündigen. Das ist inakzeptabel!

Nora
Frauen und Männer sollen nicht gleich sein, sie müssen einander ergänzen. Jeder muss seine Rolle übernehmen!

Ici vous sont proposés trois avis qui renvoient à la question de la relation entre « Espace privé et espace public » (cf. axe 2 du programme du cycle terminal). Vous devez expliquer lequel de ces trois avis rejoint le mieux votre opinion personnelle et expliciter votre choix en citant des exemples et / ou en argumentant. Pour pouvoir développer vos idées, mobilisez les connaissances que vous avez acquises en 1re et en Tle.

ODER

Thema B

Sind Sie der Ansicht, dass es dem modernen Mann immer mehr an Männlichkeit fehlt? Argumentieren Sie und belegen Sie Ihren Standpunkt mit konkreten Beispielen.

Vous devez vous exprimer sur l'évolution du statut de l'homme dans la société. Il s'agit d'aborder la problématique dans toute sa complexité, en intégrant à votre réflexion des données historiques et sociopolitiques.

Vous trouverez des éléments de réponse dans le texte proposé en CE et ferez appel à ce que vous savez de la société allemande.

Épreuve orale

Durée > 10 minutes

L'épreuve d'expression orale se déroule en deux temps :
1. un temps d'**expression orale en continu** (un exposé de 5 min) ;
2. un temps d'**expression orale en interaction** (5 min d'échange avec l'examinateur / examinatrice).

EXPRESSION ORALE

L'expression orale
Vous avez ici le choix entre une citation et une image : Il s'agit d'expliquer, en allemand, laquelle illustre le mieux l'axe culturel « Espace privé, espace public » selon vous.

Vous devez vous exprimer pendant environ cinq minutes, en continu, à partir de la question suivante :

Welches der beiden Dokumente passt Ihrer Meinung nach besser zur Thematik „Espace privé et espace public"? Warum?

Begründen Sie Ihre Wahl mit dem, was Sie gelernt haben.

Votre choix
Quel que soit le support que vous avez choisi, ce qui compte, c'est votre capacité à l'expliciter de manière pertinente en vous appuyant sur vos connaissances. Remémorez-vous ce que vous avez étudié en cours, en lien avec l'axe et les problématiques abordées. N'oubliez pas de problématiser et de structurer votre exposé.

Dokument A

„Man kann nicht immer ein Held sein, aber man kann immer ein Mann sein."
Johann Wolfgang von Goethe, deutscher Dichter und Gelehrter 1749–1832

Prenez le temps de bien lire la citation et de repérer les deux termes qui semblent s'opposer : *Held* et *Mann*. Rappelez-vous la problématique abordée en cours de Tle : l'homme actuel est-il encore ce héros représenté sur la page d'introduction du chapitre 3 ?

Repérez bien l'auteur de la citation. Sans doute ne vous est-il pas inconnu. Il vous est rappelé qu'il s'agit d'un écrivain et savant allemand. Sans doute connaissez-vous l'importance et la portée de son œuvre. Mais savez-vous que Goethe, était aussi un homme d'État ? On peut donc s'attendre à ce que la parole de cet homme au génie polyvalent, consacré « plus grand Allemand de tous les temps », ait une dimension universelle. Pensez-vous que cet aphorisme, énoncé il y a plusieurs siècles, soit toujours d'actualité ?

Dokument B

↑ Quelle: https://www.badische-zeitung.de/der-moderne-vater--173703127.html

Cette caricature vous inspire-t-elle davantage ? Repérez les différents protagonistes : une femme, un homme, des enfants. Que font-ils ? Quelle est la position du père de famille ? Comment interprétez-vous les paroles de sa femme et le comportement des enfants ?

Une caricature induit forcément une critique en forçant le trait. Demandez-vous quel message est véhiculé, et faites le lien avec la problématique du chapitre 3.

Straßenkunst in Deutschland: immer noch der Ausdruck einer Rebellion?

4 Straßengold

• Art et pouvoir

„Geballte Faust macht Victory-Zeichen"
Mural von Graffiti-Künstler Andreas Chrzanowski alias Case Ma'Claim, Düsseldorf

espace langues — Aide à la tâche / Grille d'(auto-)évaluation

Abschlussaufgabe

Street-Art in Deutschland
Wir nehmen für das Schulradio einen Podcast über das Street-Art-Phänomen in Deutschland auf.

4 Engagierte Rebellen

1 Graffiti extrem

A. Sehen Sie sich das Video **an.**
- **a.** Wer sind Paradox und seine Berlin Kidz Crew?
- **b.** Was machen sie?
- **c.** Warum tragen sie Masken?

B. Sehen Sie sich das Video noch einmal **an.**
Was ist das Ziel ihrer Aktionen?

C. Was halten Sie von den Aktionen der Berlin Kidz Crew?

espace langues Cahier interactif CE / CO

↑ Graffiti Extrem: Paradox und seine Berlin Kidz Crew

2 Graffiti-Freunde

A. Lesen Sie den Romanauszug und **machen Sie sich Notizen** zu den folgenden Punkten.
- **a.** Was erfahren Sie über die Personen und die Situation?
- **b.** Was bedeutet Graffiti-Sprayen für Leander und Jonas?
- **c.** Welchen Auftrag bekommt Karl und warum?

B. Die beiden können das Werk am nächsten Tag nicht zusammen beenden. Was glauben Sie, warum?

C. Wie geht die Geschichte wohl weiter? **BAC**
Zu zweit: **Schreiben Sie** eine Fortsetzung.

Grammatik

Les conjonctions de temps
→ p. 153 / ex. p. 163
Wir konnten es kaum erwarten, **bis** die Sonne unterging.

Les adverbes de temps
→ p. 153 / ex. p. 163
Endlich konnte es losgehen.

La comparaison avec je ..., umso ...
→ p. 154 / ex. p. 163
Je näher wir dem Tunnel kamen, **umso nervöser** wurden wir.

Leander und Jonas, beide 17 Jahre alt, haben eine Sprühaktion vor.

Wir konnten es kaum erwarten, bis die Sonne unterging, kontrollierten x-mal unser Equipment, sortierten die Kannen noch einmal nach Farben und teilten sie auf zwei Koffer auf. Dann zogen wir los. Je näher wir dem Tunnel kamen, umso nervöser wurden wir – war unsere Wand entdeckt worden? Hatten sich andere Sprayer daran ausgetobt[1]?

Zum Glück nicht!

Getrocknet wartete die schwarze Betonwand auf uns. Wir verloren keine Zeit. Endlich konnte es losgehen. Nach einem Jahr Vorbereitungszeit war es endlich so weit: Mit großen Bewegungen fingen wir an, Jonas links, ich rechts. Viele Meter lagen zwischen uns, aber wir wussten ganz genau, wie es auszusehen hatte. Ob das Bild zehn Zentimeter oder zehn Meter groß war, blieb egal, solange die Proportionen stimmten. Wir konnten an jedem Punkt beginnen. Am Ende würde es ein großes Ganzes werden. In schwachen Momenten, als mich die Müdigkeit packen wollte, machte ich eine Pause und sah Jonas bei der Arbeit zu. Er war glücklich. Es zählte der Augenblick. Nichts davor. Nichts danach. Im Morgengrauen kam ein Obdachloser[2] mit einem verfilzten Hund. Er schlug gegenüber sein Lager auf und schaute uns zu. Jonas stieg von der

1. **sich an etwas austoben** se défouler sur qqch.
2. **der Obdachlose** le sans-abri

3 Graffiti als Antwort

A. Sehen Sie sich das Video **an**. Welches Symbol übermalen die Sprayer der Initiative #PaintBack?

B. Sehen Sie sich das Video noch einmal **an.**

a. Was ist das Ziel dieser Initiative ?

b. Warum heißt sie wohl „PaintBack"?

C. Wie finden Sie diese Initiative? Warum? Würden Sie dabei mitmachen?

↑ #PaintBack: Graffiti-Kunst aus Hakenkreuzen

Leiter[3], setzte sich neben den Obdachlosen, drehte eine Zigarette, schenkte sie ihm und zündete sie ihm an.

»Wie heißt denn dein Hund?«

Der Obdachlose lachte zahnlos. »Das ist Oski.«

»Und du?«

»Karl.«

»Freut mich, Karl. Ich bin Jonas.« Er gab ihm die Hand.

»Schön, was ihr da macht«, sagte Karl.

»Gefällt's dir?«

Karl nickte.

Jonas zog das Geld von Michael aus seinen Jeans und gab Karl einen Hunderter; ich fand's völlig übertrieben, ein Zehner hätte seinen Zweck auch erfüllt, der versoff die Kohle doch nur.

»Was soll ich?«, fragte Karl.

»Unser Bild beschützen[4]«, sagte Jonas, lachte und klopfte ihm auf die Schulter; ich bewunderte ihn dafür – Karl stank[5] über den Fluss bis zu mir herüber; Jonas war ein Held.

»Und wie lang soll ich das Bild beschützen?« Karl steckte das Geld weg.

»Bis es fertig ist«, sagte Jonas. »Wenn du das hinkriegst, geb ich dir noch einen Hunderter[6].«

Draußen ging die Sonne auf. Wir verließen den Tunnel. Jonas legte mir den Arm auf die Schulter. »Morgen wird's fertig!«

← Nach: Irmgard Kramer, *17 Erkenntnisse über Leander Blum*

3. **die Leiter** l'échelle
4. **etwas beschützen** protéger qqch.
5. **stinken** puer
6. **der Hunderter** le billet de cent

4 Street-Art überall

4 Kunst auf der Straße

A. Sehen Sie sich die Fotos **an**. Wie finden Sie diese Straßenkunstwerke? Wo sind diese Werke zu sehen?

B. Gehen Sie ins Internet und **suchen Sie** andere deutsche Städte, wo man Straßenkunst finden kann. Gibt es viele davon? Was sagt das über die Popularität der Straßenkunst in Deutschland aus?

C. Welches der unten abgebildeten Werke passt Ihrer Meinung nach am besten zur Thematik „Art et pouvoir“? **Erklären Sie.** BAC

1

„Einfahrt verboten“
Straßenschild, Berlin

2

„Deutsche Einheit“
Wandbild, Leipzig

3

„Eingestrickter Baum“
Guerilla Knitting, Düsseldorf

4

„Smartphone ausschalten“
Graffiti, München

5 Etablierte Straßenkunst

A. Lesen Sie den Text.
a. Wofür steht die Abkürzung „MUCA"?
b. Welche Ziele hat das MUCA?

↓ www.muca.eu

Die Kunst der Straße hat ein Museum in München, das sich als offener Begegnungsort[1] für Kunstbegeisterte versteht. Das „Museum of Urban and Contemporary Art", abgekürzt MUCA, widmet sich der Street und Urban Art.

Auf 2.000 qm Fläche finden in München Urban und Street Art ein Zuhause – und das im Herzen der Altstadt. Es bietet Platz für Kunstwerke von Urban Art-, Schablonen- und Tape-Art-Künstlern/innen.

Die Philosophie von MUCA sieht vor, eine offene Institution für Kunstbegeisterte zu werden. Konzipiert als moderner Ort der Begegnung treffen hier Urban und Contemporary Art aufeinander und finden eine Plattform in der Museumslandschaft.

Mit wechselnden Ausstellungen, Bildungsangeboten, Expertengesprächen, Vorträgen und Filmen sollen den Besuchern Street und Urban Art sowie generell zeitgenössische Kunstformen gezeigt werden.

Auf drei „Kunsterlebnisebenen" sind Werke international renommierter Künstler/innen ebenso wie neue und experimentelle Formate vertreten.

Die Fassade des Museums gestaltete der renommierte Street-Art-Künstler Stohead: Der Museumsbesucher tritt durch eine kalligraphisch gestaltete Oberfläche in die Ausstellungräume ein. Diese Verbindung[2] zwischen Innen- und Außenraum steht im Zentrum des musealen Konzepts von MUCA.

Street und Urban Art sind Kunstformen des 21. Jahrhunderts und mittlerweile weltweit gefeiert. Dennoch sind diese Phänomene noch nicht endgültig in die Kunstgeschichte eingeschrieben – MUCA soll deshalb eine Brücke[3] zwischen Kennern und dem breiten Publikum schaffen.

„Wir glauben fest daran, dass Kunst das Potenzial hat, die Wahrnehmung[4] auf die Welt zu verändern", sagt Christian Utz, der Gründer des MUCA.

1. **der Begegnungsort** le lieu de rencontre
2. **die Verbindung** le lien
3. **die Brücke** le pont
4. **die Wahrnehmung** la perception

Grammatik

L'infinitif complément avec et sans zu → p. 152 / ex. p. 163
Kunst hat das Potenzial, die Wahrnehmung **zu verändern**.
Das MUCA soll eine Brücke zwischen Kennern und Publikum **schaffen**.

B. Sehen Sie sich Video **an**. Was erfahren Sie über die Agentur XI-Design und ihre Aktivität?

C. Sehen Sie sich das Video noch einmal **an**. Was unterscheidet XI-Design von Berlin Kidz Crew und PaintBack?

Ausführung?
Motivation?
Botschaft?

D. Im Video wird gesagt, dass es auch mal Kritik aus der Graffiti-Szene gab: „Die verkaufen sich aus!". **Erklären Sie** den Satz. BAC

↑ *Vom illegalen Sprayer zum Unternehmer*

Straßenkunst

Prof. 33 Élève 32

- die Kunst (¨-e)
- die Straßenkunst = die Street-Art
- der / die Künstler/in
- das Kunstwerk (-e) / das Werk (-e)
- kunstbegeistert
- die Kunstgeschichte
- zeitgenössisch / modern
- der / die Nachahmer/in
- die Szene (-n)
- das Graffiti (-s)
- das Mural (-s)
- sprühen = sprayen
- der / die Sprayer/in
- die Sprühdose (-n)
  = die Spraydose (-n)
  = die Kanne (-n)
- die Farbe (-n)
- das Motiv (-e)
- malen / etwas bemalen
- die Wand (¨-e)

Rebellion und Engagement

Prof. 34 Élève 33

- gegen etwas rebellieren /
  gegen etwas protestieren
- etwas denunzieren
- eine Botschaft vermitteln
- der Sinn (Sg.)
- sich für jemanden / etwas einsetzen
  = engagieren
- etwas übermalen
- etwas in etwas umwandeln
- sozialkritisch
- das Ziel (-e)
- illegal = verboten
- gefährlich
- ein Risiko eingehen
- die Bewegung (-en)
- kritisch ≠ angepasst

Axe :
Art et pouvoir

espace langues — Fiche d'entraînement lexical, Cahier interactif

Straßenkunst in Deutschland: immer noch der Ausdruck einer Rebellion?

Etablierte Kunst

Prof. 35 Élève 34

- verbreitet
- deutschlandweit
  = in ganz Deutschland
- bekannt
- anerkannt = etabliert
- beliebt = populär
- die Beliebtheit = die Popularität
- feiern
- betrachten
- das Museum (Museen)
- der / die Besucher/in
- die Ausstellung (-en)
- jdm Kunst näherbringen

Erfolgreiche Kunst

Prof. 36 Élève 35

- der / die Unternehmer/in
- ein Unternehmen gründen
- Karriere machen
- erfolgreich sein
- das Geschäft (-e)
- die Geschäftsleute (Pl.)
- gut laufen
- etwas zu Geld machen
- Talent haben
- die Fähigkeit (-en)
- die Werbefläche (-n)
- sich verkaufen
- etwas fördern
- sich Aufmerksamkeit verschaffen

Kunst und Macht
Art et pouvoir

Gehen oder bleiben?

Die Gedanken sind frei … 1re

Kunst und Künstler im Dritten Reich

- Künstler müssen ihre Kunstwerke nach nationalsozialistischen Regeln kreieren: idyllische, fast kitschige, und klassische Darstellungen. [Video *Nationalsozialismus: Kunst und Kultur*]
- Auch wenn Politik die Kunst konditioniert, sie kann nicht die Menschen kontrollieren. [Gedicht: *Die Gedanken sind frei*]
- Bildhauer Arno Breker erstellt konforme Skulpturen, während Bildhauerin Käthe Kollwitz sozialkritische Skulpturen kreiert; sie erhält Berufsverbot, bleibt aber in Deutschland. [Video *Nationalsozialismus: Kunst und Kultur*]
- Schauspielerin Marlene Dietrich emigriert in die USA und kämpft öffentlich gegen das Nazi-Regime. [Text *Künste im Exil*]
- Regisseurin Leni Riefenstahl macht Filme für das NS-Regime. [Text *Leni Riefenstahl*]
- Bücher von Erich Kästner werden verbrannt und verboten, er bleibt trotzdem in Deutschland: „inneres Exil“. [Text *Erich Kästner*]

Warum zieht Berlin engagierte Künstler/innen an?

Politische Kunst? 1re

Verhüllen, verstecken, vermitteln

- Reichstagsgebäude ist Symbol für Freiheit und Demokratie; die ambivalente Geschichte wird durch Christos Verhüllung sichtbar. [Text *Christos Reichstag*]
- Ai Weiwei verhüllt Konzerthaus am Gendarmenmarkt mit Schimmwesten, um sich für Flüchtlinge und Menschenrechte einzusetzen. [Text *Ai Weiwei*]

Mahnen und erinnern

- Die EastSide Gallery ist als ein spontanes Kunstwerk durch internationale Künstler nach dem Mauerfall entstanden, *Bruderkuss* symbolisiert neue Freiheit und Systemkritik. [Text *Bildermüll zu Kunst erheben*]
- Das Brandenburger Tor ist Symbol der deutschen Geschichte, der Teilung und Vereinigung Deutschlands. [Video *The Gate Berlin*]
- Der deutsch-syrische Künstler Halbouni errichtet Mahnmal für Frieden. [Text *Bus-Mahnmal*]

Straßenkunst in Deutschland: immer noch der Ausdruck einer Rebellion?

Straßengold Tle

Straßenkunst als Rebellion

- Graffiti ist eine illegale Aktivität meist von Jugendlichen. [Video *Paradox* und Text von *Irmgard Kramer*]
- Viele Sprayer haben sozialkritische Haltung oder lehnen sich gegen Sytem auf. [Video *Paradox*]
- Andere Sprayer rebellieren und engagieren sich gegen Rechtsextremismus. [Video *PaintBack*]

Straßenkunst etabliert

- In vielen deutschen Städten wird Straßenkunst respektiert und gefördert. [verschiedene Straßenkunstwerke]
- Straßenkunst kommt ins Museum und wird zum Touristenmagnet. [Text *MUCA*]
- Streetart-Künstler erreichen so immer mehr Publikum und können sogar davon leben. [Video *Sprayer-Unternehmer*]

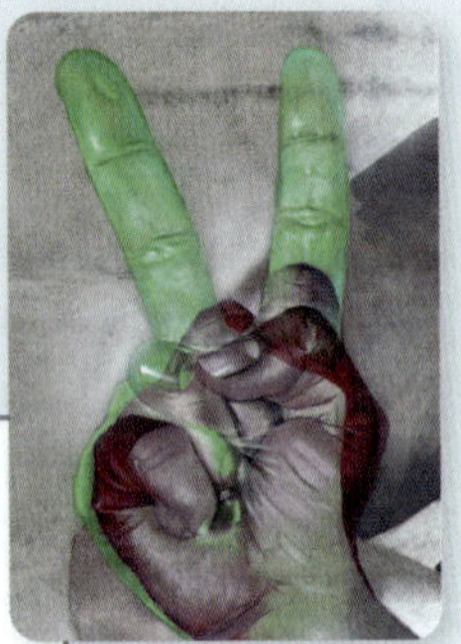

Épreuve 3 : Note finale sur 20 points	
Premier temps (épreuve écrite)	Second temps (épreuve orale) :
Compréhension de l'oral Compréhension de l'écrit Expression écrite — sur 30 points	Expression orale Interaction orale — sur 10 points

Épreuve écrite

Durée › 2 heures

L'ensemble de l'épreuve écrite porte sur l'axe 3 du programme : **Art et pouvoir**.
Elle s'organise en différentes parties :

- **compréhension de l'oral**
- **compréhension de l'écrit**
- **expression écrite**

Vous allez entendre trois fois le document de la partie 1 (compréhension de l'oral).
Les écoutes seront espacées d'une minute.
Vous pouvez prendre des notes pendant et entre les écoutes.
À l'issue de la troisième écoute, vous organiserez votre temps comme vous le souhaitez pour :

- rendre compte du document oral en français
- traiter le sujet de compréhension de l'écrit en allemand
- traiter le sujet d'expression écrite en allemand

L'axe
Repérez-le bien ! Vous allez devoir vous y référer pour expliquer la situation d'énonciation, y compris sa part d'implicite (ce qui est supposé connu de la part du destinataire).

Le type de document
Il s'agit d'un document audio. Attention ! Concentrez-vous bien pour ne pas perdre le fil. Prêtez attention aux changements de voix pour repérer qui parle et à qui : vous allez devoir rendre compte de cela pour traiter les items 1, 2, 4 et 5 de la consigne qui renvoient à la situation d'énonciation.

COMPRÉHENSION DE L'ORAL

Titre du document :

Die vier DDR-Künstler Bernhard Heisig, Wolfgang Mattheuer, Werner Tübke und Willi Sitte 1977 bei der documenta 6 (Kunstausstellung) in Kassel

Prof. 37 — 01:30

↑ *Utopie und Untergang* © WDR 2019

En rendant compte, en français, du document, vous montrerez que vous avez compris :

- le thème principal du document ;
- la fonction et la visée du document (relater, informer, convaincre, critiquer, dénoncer, etc.) et à qui il s'adresse ;
- les informations ;
- le lien avec l'axe concerné ;
- la problématique culturelle abordée.

Le titre annonce ce que vous allez découvrir et apporte de premières informations importantes : il est question de la présence de 4 artistes d'Allemagne de l'Est lors d'une exposition à Kassel : savez-vous que la ville de Kassel se situe en Allemagne de l'Ouest ? Que peut bien illustrer le document? Quel peut en être l'intérêt, la visée ? Faites appel à vos connaissances. Remémorez-vous ce que vous savez déjà du régime de la RDA et de la place ou du rôle des artistes pour le pouvoir en place. Faites à nouveau le lien avec l'axe « Art et pouvoir ».

Le début du document
Soyez attentif / attentive au début du document. C'est souvent dans les premières secondes que sont évoqués le thème et le contexte que vous allez devoir expliquer.

Tout n'est pas dit de manière explicite. Appuyez-vous sur votre connaissance du contexte historique. Prêtez attention à l'intonation des voix, pour mieux appréhender la situation et les différents points de vue.

Repérez les dates, les indications temporelles et les changements de temps. Attention, il peut y avoir des retours en arrière (une évocation d'événements ou de faits passés). Qu'apprend-on au sujet des artistes cités dans le titre ? Quel rôle ont-ils joué pour le pouvoir en place ? Comment leur présence et leurs œuvres ont-elles pu être accueillies lors de l'exposition à Kassel ? Il est aussi question d'autres personnes. Ne cherchez pas forcément à repérer leurs noms mais plutôt qui elles sont, et essayez d'en déduire d'où elles viennent (de l'Est ou de l'Ouest ?).

Fonction, portée, lien avec l'axe et problématique culturelle sont à traiter dans la conclusion de votre compte rendu.

COMPRÉHENSION DE L'ÉCRIT

Le titre apporte des indications sur la nature du document. Le point d'interrogation donne un indice important quant à la visée du document : il indique qu'il s'agit d'une question ouverte, une problématique à laquelle le lecteur est invité à réfléchir et qu'il va vous falloir expliciter.
Il faudra distinguer le moment de l'interview (le contexte d'énonciation) de l'époque évoquée dans l'interview.

Titre du document :

DDR-Künstler: freie Künstler?
Interview mit Cornelia Schleime

Der Düsseldorfer Kunstpalast widmet sich der DDR-Kunst. Darunter Werke von Künstlerin Cornelia Schleime, der die DDR ein Berufsverbot erteilte. Schleime wuchs in der DDR auf und übersiedelte 1984 in die Bundesrepublik. Heute ist Schleimes Kunst international gefragt.

Le chapeau
Le chapeau introductif, en caractères gras, apporte toujours des informations importantes, voire indispensables pour comprendre le document. Mobilisez vos connaissances sur la RDA pour bien appréhender le contexte historique évoqué dans l'interview.

WELT: Kurz nach der Wende sagte Georg Baselitz, in der DDR gebe es keine Künstler, denn alle seien weggegangen. Tatsächlich sind viele heute bedeutende Künstler wie A. R. Penck, Gerhard Richter oder Günther Uecker in die Bundesrepublik übersiedelt.

Schleime: Das ist richtig. Baselitz hat die DDR schon 1957 verlassen. Er hat folglich keine Vorstellung davon, wie auch in einer Diktatur gute Werke entstehen konnten.

Qui parle ? Soyez attentif / attentive à l'alternance de la prise de parole.

WELT: Und wie geht das?

Schleime: Die wesentliche Frage, die in Zusammenhang mit einer Diktatur gestellt werden muss: Folgt man seinem eigenen Weg oder bestimmen die Vorgaben[1] des Staates die künstlerischen Prozesse? Selbstverständlich gab es auch in der DDR Künstler, die sich die Freiheit genommen haben, die Charakterstärke zeigten, um die Dinge zu schaffen, die sie wichtig fanden. Aber mit einem hohen Risiko. Sie mussten damit rechnen, inhaftiert und ausgebürgert zu werden.

Vous pouvez réaliser une carte mentale à partir des informations que vous relevez. Cela vous facilitera ensuite la tâche pour produire un compte rendu bien organisé.
Notez les informations concernant:
- Cornelia Schleime
- les lieux et les dates
- les personnes évoquées.

Mettez ensuite en lien ces différentes données pour reconstruire le sens.

WELT: Wie haben Sie die Gewalt des Staates erfahren?

Schleime: Ein Wendepunkt[2] in der Vorgehensweise gegen die Künstler war 1976. In diesem Jahr wurde Wolf Biermann ausgebürgert[3]. Ich war damals an der Hochschule für Bildende Künste in Dresden. Wir wurden aufgefordert, ein Papier für die Ausbürgerung von Biermann zu unterschreiben. Ich habe das nicht getan. Von da an wurde ich von der Stasi[4] beobachtet.

WELT: Was hat Ihnen die Kraft[5] gegeben, Nein zu sagen?

Schleime: Mein Vater hatte als Verfolgter des Naziregimes eine Abneigung gegen jede Form der Gewalt und gegen dogmatische Systeme. Als Kind war das zwar nicht immer leicht, denn ich wurde häufig ausgegrenzt. Doch das Wissen um die Unbeugsamkeit[6] meines Vaters gab mir später viel Kraft.

WELT: Welche Auswirkungen hatte Ihre Charakterstärke?

1. **die Vorgaben (Pl.)** les prescriptions
2. **der Wendepunkt** le tournant
3. **ausgebürgert werden** être extradé
4. **die Stasi = die Staatssicherheit** la Stasi, police politique de la RDA
5. **die Kraft** la force
6. **die Unbeugsamkeit** l'inflexibilité

Schleime: Es gab mehr und mehr Repressionen. Ein Freund hatte eine kleine Ausstellung organisiert. Dort zeigte ich eine Frauenfigur, deren Gesicht mit einem melancholischen Blick nach unten schaute. Die Ausstellung war nicht genehmigt. Die Parteileitung inspizierte die Räume und riss meine Werke von den Wänden mit den Worten: So sehe eine Frau im Sozialismus nicht aus. Die Folge war, dass ich in den Verband Bildender Künstler[7] nicht aufgenommen wurde.

WELT: Gab es DDR-Regeln für Kunst?

Schleime: Die Vorgabe war der sozialistische Realismus. Die Darstellung des positiven sozialistischen Menschenbildes. Dieses Dogma verfolgte der Staat bis Mitte der 80er-Jahre. Dann war der Staat nicht mehr so streng, weil man merkte, dass mehr und mehr Künstler das Land verließen.

WELT: Sie auch. Was gab den Ausschlag für diese Entscheidung?

Schleime: Mir war schon sehr früh klar, dass es mit der DDR nichts werden kann, weil wir in einem Käfig[8] saßen. Doch der Hauptgrund für meine Ausreise war mein Berufsverbot. Damals war der Maler Willi Sitte Chef des Verbandes und Abgeordneter der Volkskammer. Meine Werke wertete er als Schrott[9] - und Müllkunst ab.

WELT: In Düsseldorf hängen Ihre Gemälde nun in denselben Räumen wie die von Sitte.

Schleime: Das ist die Ironie des Lebens. Leider kann Herr Sitte nicht mehr erleben, dass seine Schrottkünstlerin neben ihm hängt. Wenn die Besucher Sittes brav angepasste Werke im Gegensatz zu meinen betrachten, begreifen sie schnell, was es für ein Kraftakt war, sich gegen die DDR-Doktrinen zu entwickeln. Eine Ausstellung wie diese regt Diskussionen an.

7. **der Verband Bildender Künstler** l'organisation officielle des artistes en RDA
8. **der Käfig** la cage, ici la « prison »
9. **die Schrottkunst** l'art « poubelle »

↑ Nach: Christiane Hoffmans, 01.10.2019, *WELT AM SONNTAG*, NORDRHEIN-WESTFALEN, „Die Parteileitung riss meine Werke von den Wänden" © Axel Springer SE

Relevez les termes qui évoquent le pouvoir en place. Ont-ils une connotation positive ou négative ? Qu'en déduisez-vous concernant les relations entre l'artiste et le régime de la RDA ?
Vous êtes maintenant en mesure de traiter la question b (phrase à commenter) et de comprendre l'implicite.

Le lien entre les documents
Le document de compréhension de l'écrit est à mettre en lien avec celui de compréhension de l'oral. Tous deux s'inscrivent dans l'axe « Art et pouvoir ». Vous devez montrer que vous avez compris la cohérence du dossier et identifié l'articulation entre les idées (question c).
Le texte reprend-il des informations apportées par le document audio que vous avez écouté précédemment ? Certaines sont peut-être nouvelles, complémentaires ou apportent un éclairage supplémentaire.

Les éléments paratextuels
Ne négligez pas les sources. Elles vous renseignent sur l'origine du document : son auteur, la date de parution, le titre de l'œuvre ou le nom du journal / du site d'où il est extrait,... et dont vous devez rendre compte pour exposer le contexte ou la situation d'énonciation.

COMPRÉHENSION DE L'ÉCRIT

Fassen Sie den Text auf Deutsch zusammen.
Beachten Sie dabei folgende Fragen.

a. Was können Sie über folgende Punkte sagen?
- Art und Thema des Dokuments
- Ort und Zeit, die die interviewte Person beschreibt
- die interviewte Person (ihre Identität und ihr Lebenslauf, ihre Schwierigkeiten, markante Ereignisse in ihrem Leben, ihr Verhalten gegenüber dem DDR-Regime)

b. Kommentieren Sie den folgenden Satz: „Mir war schon sehr früh klar, dass es mit der DDR nichts werden kann." (Z. 48-49)

c. Inwiefern stellen die Dokumente des Hörverstehens und des Leseverstehens verschiedene, gleiche oder komplementäre Aspekte dar?

La langue
Attention, le compte rendu du texte est à rédiger en allemand.

Mobilisez les informations collectées et organisez votre compte rendu :
Dans l'introduction, vous évoquerez la nature et le thème du document ainsi que les éléments situationnels :
- quand / où / à quelle occasion se déroule l'interview,
- lieu, époque évoqués,
- l'identité de la personne interviewée.
Dans le développement, il s'agira de rendre compte des points principaux du document en mettant en évidence sa cohérence globale.
Dans la conclusion, vous ferez le lien avec l'axe « Art et pouvoir » et le document de compréhension de l'oral (points communs, différences, complémentarité).

EXPRESSION ÉCRITE

Behandeln Sie Thema A oder Thema B (mindestens 120 Wörter).

Les sujets
Vous aurez toujours le choix entre deux sujets. Traiter les deux ne vous rapportera pas de points supplémentaires et vous fera perdre un temps précieux.

Thema A

Bei einer Umfrage zum Thema „Kunstfreiheit" haben Tanja, Markus und Stefan die folgenden Äußerungen gemacht. Welche entspricht am ehesten Ihrer Meinung? Begründen Sie Ihre Antwort mit konkreten Beispielen.

Tanja
Der Künstler kann sich mit seinen Kunstwerken gegen die politische Macht positionieren.

Markus
Kunstfreiheit? Nicht möglich! Die politische Macht beeinflusst die Künstler (Zensur, finanzielle Hilfe ...).

Stefan
Ich glaube, die politische Macht und die wirtschaftliche Macht brauchen die Kunst und die Künstler.

Ici vous sont proposés trois avis qui renvoient à la question de la relation entre l'art et le pouvoir (cf. axe 3 du programme du cycle terminal).
Vous devez expliquer lequel rejoint le mieux votre avis personnel et expliquer votre choix en citant des exemples et / ou en argumentant. Mobilisez vos acquis des classes de 1re et de Tle pour développer vos idées.

ODER

Thema B

Cornelia Schleime kommt in der BRD an. Sie erzählt in ihrem Tagebuch über ihr neues Leben und erklärt, warum sie die DDR verlassen hat. Sie beschreibt ihr Leben als Künstlerin in der DDR und die Gründe ihrer Ausreise aus diesem Land (Freiheit, Glück, neue Freunde und Erfolg als Künstlerin in der BRD), sowie eventuell auch negative Aspekte, wie z.B. Heimweh.

Vous devez vous mettre à la place de Cornelia Schleime, dont vous avez lu l'interview précédemment. Prenez en compte le contexte historique et politique, ainsi que son parcours personnel. Ne négligez aucun des points à traiter, notamment les raisons qui l'ont poussée, en tant qu'artiste, à émigrer à l'Ouest. Vous trouverez des éléments de réponse dans l'interview.

Épreuve orale

Durée > **10 minutes**

L'épreuve d'expression orale se déroule en deux temps :
1. un temps d'**expression orale en continu** (un exposé de 5 min) ;
2. un temps d'**expression orale en interaction** (5 min d'échange avec l'examinateur / examinatrice).

EXPRESSION ORALE

L'expression orale
Vous avez le choix entre deux citations ou images : Il s'agit d'expliquer, en allemand, laquelle illustre le mieux l'axe culturel « Art et pouvoir » selon vous.

Vous devez vous exprimer pendant environ cinq minutes, en continu, à partir de la question suivante :

Welches der beiden Dokumente passt Ihrer Meinung nach besser zur Thematik „Art et pouvoir"? Warum?

Begründen Sie Ihre Wahl mit dem, was Sie gelernt haben.

Prenez le temps de bien lire les deux citations pour être certain/e de bien les comprendre. Quel que soit le support que vous choisirez, ce qui compte, c'est votre capacité à expliciter votre choix de manière pertinente, en vous appuyant sur vos connaissances. Remémorez-vous ce que vous avez étudié en cours en lien avec l'axe et les problématiques abordées.

N'oubliez pas de structurer votre prise de parole.

Dokument A

„Wenn die Kunst keine Politik macht, wer sonst?" fragte im Sommer 2017 der documenta-Kurator Dieter Roelstraete seine Kunststudenten.

↑ *https://www.goethe.de/de/kul/ges/21139209.html*

Repérez qui s'exprime, dans quel contexte et à quelle époque.

Dokument B

„Kunst gibt nicht das Sichtbare wieder, sondern macht sichtbar."
Paul Klee, deutscher Maler und Grafiker (1874–1940)

5 KI

Wird KI in Deutschland als Chance oder als Gefahr wahrgenommen?

• Citoyenneté et mondes virtuels

KI-Bundesverband e.V.

Das KI Gütesiegel des KI Bundesverband e.V. verfolgt das Ziel, einen menschen-zentrierten und menschen-dienlichen Einsatz von Künstlicher Intelligenz zu sichern.

KÜNSTLICHE INTELLIGENZ

1,6 Millionen Arbeitsplätze

könnten laut Bundesregierung bis 2025 **durch Automatisierung und künstliche Intelligenz verschwinden**. Neu könnten 2,3 Millionen entstehen.

#whatthefact

↑ KI Made in Germany

espace langues — Aide à la tâche, Grille d'(auto-)évaluation

Abschlussaufgabe

Künstliche Intelligenz in Deutschland
Ich schreibe einen Artikel darüber, wie man in Deutschland zur Künstlichen Intelligenz steht.

5 Künstliche Intelligenz in Deutschland

1 Eine KI, viele Möglichkeiten

A. Sehen Sie sich das Video **an. Notieren Sie** alle Schlüsselwörter, die KI charakterisieren. Sind sie eher positiv oder negativ?

B. Sehen Sie sich das Video noch einmal **an.**
a. Welche KI-Bereiche werden im Video erwähnt?
b. Welche Grundfrage wird gestellt?

C. Welche Themen und Fragen werden Ihrer Meinung nach im Laufe des Wissenschaftsjahrs 2019 behandelt? **Tauschen Sie sich** zu zweit **aus.**

↑ Wissenschaftsjahr 2019

Grammatik

La proposition subordonnée relative
→ p. 152 / ex. p. 164
Der Stream, **den** ich ausgewählt habe, füllt die ganze Wand aus.

Les conjonctions de temps → p. 153 / ex. p. 164
Als ich den nächsten Stream schalten will, vernehme ich laute, aggressive Stimmen.

2 Chance oder Risiko?

A. Lesen Sie die Umfrageergebnisse rechts.
a. Welches Verhältnis haben die Befragten zur KI?
b. Welche Gefühle werden genannt?

B. Vor welchen Gefahren durch die KI haben die Befragten wohl Angst? Warum? **Erklären Sie.**

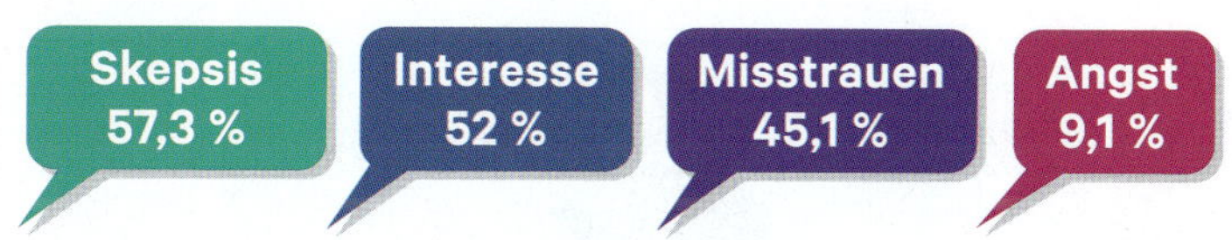

↑ Quelle: Digital Insight Report 2017, Agentur SYZYGY

C. Sehen Sie sich die Infografik unten **an.**
In welchen Bereichen wird KI als nützlich angesehen?

D. Und Sie? Benutzen Sie KI im Alltag? In welcher Form? Warum (nicht)? **Tauschen Sie sich aus.**

E. Deutschland hat eine klare KI-Strategie entwickelt (S. 55). Wie ist es wohl in anderen Ländern? Warum?

In fast allen Lebensbereichen werden Chancen von KI gesehen

Inwieweit stimmen Sie den folgenden Aussagen zum Einsatz und den Chancen von KI zu?*

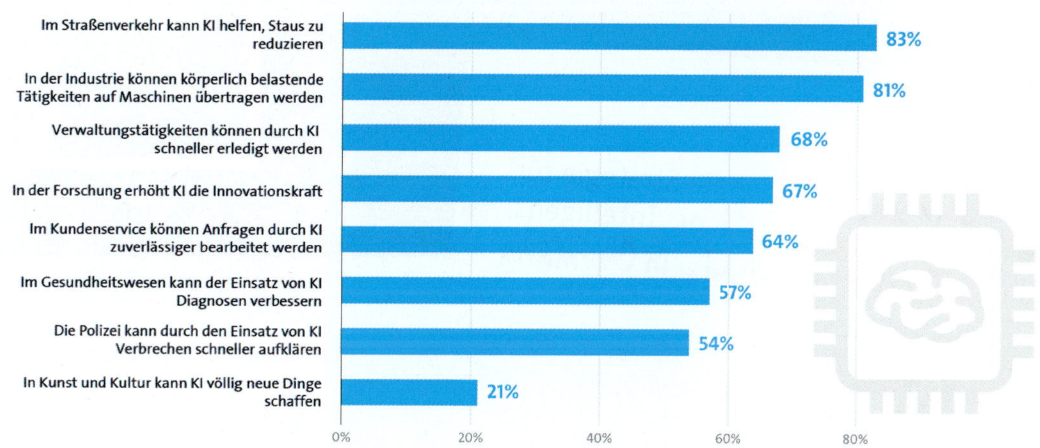

Befragte: Alle Befragten (n=1.006) | *Aussagen »stimme voll und ganz zu« & »stimme eher zu« | Mehrfachnennungen möglich
Quelle: Bitkom Research

bitkom

3 Wo kommen wir denn hin?

A. Lesen Sie die Einleitung und den Romanauszug.
- **a.** Was beobachtet Manuel von der Außenwelt?
- **b.** Wie reagiert er auf die Szene, die er beobachtet?
- **c.** Wie fühlt sich Manuel, nachdem er das Computerprogramm geschlossen hat?

B. Warum sagt Mike: „Ich wette, jetzt bin ich ein heißer Kandidat für den Stream des Monats“? Würden Sie für ihn voten? **Tauschen Sie sich aus.**

Manuel ist in einem weißen Raum eingesperrt und kann sich nicht mehr an sein früheres Leben erinnern. Sein einziger Kontakt zur Außenwelt ist eine computergenerierte Stimme namens Alice. Alice ermöglicht ihm den Zugang zu Eyestream, einem Computerprogramm, mit dem man die Außenwelt sehen kann.

Ein kurzer Text erklärt, dass Eyestream »die Welt an deinem Leben teilhaben lässt, indem das, was du siehst, direkt live übertragen wird«. Bereits über dreihunderttausend Mitglieder hat der Service, doch nur etwas über tausend Kameras sind um diese Zeit aktiv. Eine davon habe ich gerade gesehen.

Ich gebe »Hamburg« in das Suchfeld ein und erhalte noch vier weitere Ergebnisse. Als ich den obersten anklicken will, fordert mich die Seite auf, mich zu registrieren. Als ich den Registrierungsprozess endlich abgeschlossen habe, füllt der Stream, den ich ausgewählt habe, die Wand aus. Er gehört zu Mike, einem 21-jährigen Studenten, der die Mönckebergstraße Richtung Rathausmarkt entlangspaziert. Durch das Mikrofon seiner Kamera kann ich gedämpft[1] die Geräusche des Straßenverkehrs hören: Stimmengewirr, einen Straßenmusikanten.

Gerade als ich auf den nächsten Stream schalten will, vernehme ich laute, aggressive Stimmen. Mike dreht seinen Kopf und ich sehe einen älteren Mann mit schäbiger Kleidung, der zusammen mit einem altersschwach[2] wirkenden Hund in einem Hauseingang sitzt. Vor ihm stehen zwei junge Männer in Lederjacken. Ich kann ihre Worte nicht verstehen, doch es ist offensichtlich, dass sie pöbeln[3] und den Mann drangsalieren[4].

Der Alte hebt schützend die Hände über den Kopf. Erst jetzt wird mir bewusst, dass sich das Kamerabild nicht mehr bewegt. Mike ist stehen geblieben und beobachtet die Szene. Am Rande des Bildes tauchen Menschen auf. Anscheinend bildet sich eine Gruppe von Schaulustigen[5], doch niemand greift ein, um dem bedrängten Mann zu helfen.

»Tu doch was!«, rufe ich aus.

»Ich verstehe die Anweisung nicht«, kommentiert Alice.

»Alice, ruf die Polizei an!«

»Ich verstehe die Anweisung nicht.«

In diesem Moment schlägt einer der pöbelnden Männer mit einer Bierflasche nach dem Obdachlosen[6]. Der dürre Hund springt auf und schnappt nach dem Arm des Angreifers, der vor Schmerz brüllt und zurücktaumelt. Das Tier hat sich in seine Lederjacke verbissen und lässt nicht los. Der zweite Mann holt ein Klappmesser hervor und rammt es dem Tier in die Seite. Blut spritzt.

Niemand hilft. Die Leute stehen bloß da und glotzen.

Ich muss etwas tun, irgendwas!

Man kann den Eyestream-Usern über eine Chatfunktion Nachrichten schicken. Doch es ist bereits zu spät: Der Alte beugt sich schluchzend über seinen toten Hund, während die Angreifer abhauen und sich die Menge der Gaffer zerstreut. Auch Mike wendet sich ab und geht einfach weiter. Ich höre seine Stimme: »Mann, das war echt krass. Habt ihr das gesehen? Irgendwelche Typen haben ’nen Penner vermöbelt[7] und seinen Hund abgestochen. Ich wette, jetzt bin ich ein heißer Kandidat für den Stream des Monats. Also, Daumen rauf und votet für mich, okay?«

Ich könnte kotzen. Ruf die Polizei, du Arschloch!, schreibe ich in das Chatfenster. Keine Reaktion von Mike. Angewidert[8] weise ich Alice an, die Eyestream-Seite zu schließen.

Eine Zeit lang starre ich nur auf die inzwischen wieder weiße Wand. Mir ist übel. Ich bin nicht sicher, ob das nun von den schwankenden Kamerabildern kommt, von der blutigen Szene, die ich gerade mitangesehen, oder von der Hilflosigkeit, die ich dabei empfunden habe. Ich löse mich aus meiner Starre und laufe in dem weißen Raum herum wie ein Raubtier im Käfig – aufgewühlt, hilflos, frustriert –, bis ich wieder einen klaren Gedanken fassen kann.

↑ Karl Olsberg, *Boy in a white room*

1. **gedämpft** assourdi, étouffé
2. **altersschwach** vieux, décrépit
3. **pöbeln** faire du barouf de la provocation
4. **jdn drangsalieren** harceler qqn
5. **die Schaulustigen** les badauds
6. **der Obdachlose** le sans-abri
7. **jdn vermöbeln** tabasser qqn
8. **angewidert** écœuré

C. Wie ist der Ton der Erzählung? **Begründen Sie** Ihre Antwort mit Beispielen aus dem Text. BAC

D. Erfinden Sie zu zweit eine Fortsetzung der Geschichte. BAC

E. Wie steht der Autor des Romans zur KI? Was ist wohl die Botschaft des Romans? **Tauschen Sie sich** zu zweit **aus.**

espace langues – Cahier interactif CE / CO

Künstliche Intelligenz

Prof. 38
Élève 36

- die KI = die künstliche Intelligenz
- klug = intelligent
- kluge Maschinen / Computer / Roboter entwickeln
- die Entwicklung der Technik
- sich schnell entwickeln
- die Wissenschaft (Sg.)
- die Zukunft (Sg.)
- besondere Fähigkeiten haben
- einen technischen Fortschritt darstellen
- eine Aufgabe erfüllen
- das Leben verändern
- neue Möglichkeiten bieten
- neue Perspektiven eröffnen
- verschwinden ≠ neu entstehen (Arbeitsplätze)

Chance KI

Prof. 39
Élève 37

- als eine Chance gesehen werden
- die Hoffnung → hoffen
- eine Lösung für Probleme
- das Leben des Menschen verbessern
- KI im Alltagsleben benutzen
- in verschiedenen Bereichen nützlich sein
- in der Industrie / in der Forschung / in der Medizin / im Straßenverkehr
- autonome Autos
- den Verkehr regulieren
- ältere Menschen unterstützen
- jdn operieren
- Diagnosen erstellen

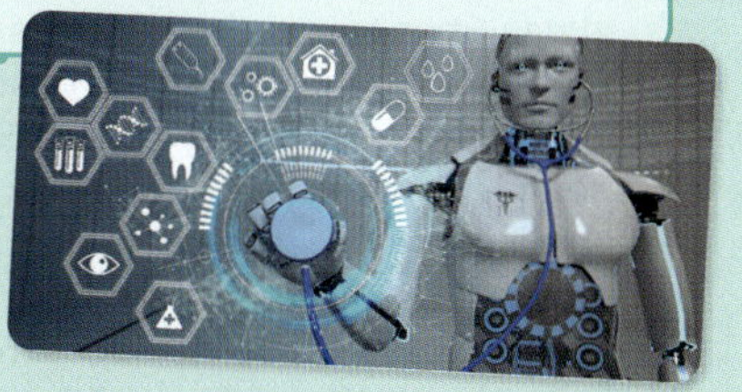

Der Bürger in der digitalen Welt

espace langues — Fiche d'entraînement lexical, Cahier interactif

Wird KI in Deutschland als Chance oder als Gefahr wahrgenommen?

Gefahr KI

Prof. 40
Élève 38

- Angst vor der Technik haben
- eine Bedrohung darstellen
- das Misstrauen (Sg.) / die Skepsis (Sg.)
- nicht zuverlässig sein
- Fehler machen
- keine Verantwortung tragen
- Risiken bergen
- anstelle von Menschen / eigenständig / gegen den Menschen handeln
- nicht auf Befehle reagieren
- in einer virtuellen Welt leben
- außer Kontrolle geraten
- eine Gefahr für etwas sein
- dem Menschen überlegen sein
- den Menschen ersetzen

Das neue NetzDG: Schutz oder Gefahr für die Demokratie?

• Citoyenneté et mondes virtuels

6 Rattenfänger

espace langues — Aide à la tâche, Grille d'(auto-)évaluation

Abschlussaufgabe

Der Rattenfänger NetzDG
Wir schreiben eine moderne Version der Rattenfängersage mit dem NetzDG als Rattenfänger.

6 Gefahren im Netz

1 Der Rattenfänger von Hameln

A. Sehen Sie sich das Video **an**. Was ist in dieser Stadt geschehen?

↑ Der Rattenfänger von Hameln

B. Sehen Sie sich die Illustration **an** und **erzählen Sie** die Geschichte des Rattenfängers schriftlich **nach**.

Rattenfänger, der *umgangssprachlich, abwertend*[1]
Nach der Sage gab es im Mittelalter einen Pfeifenspieler, der die Stadt Hameln von Ratten befreite. Als er um seinen Lohn betrogen wurde, entführte er die Kinder von Hameln, indem er sie – wie vorher die Ratten auch – mit seinem Pfeifenspiel aus der Stadt lockte. Diese Sage vom „Rattenfänger von Hameln" ist weltberühmt.

Heute findet sich der Ausdruck vor allem in der Politik und bezeichnet vor allem Anführer politischer Bewegungen, die erfundene, übertriebene oder tatsächlich vorhandene Probleme für sich nutzen, um daraus Vorteile für sich zu ziehen und Hass auf Andersdenkende oder Minderheiten zu verbreiten.

↑ www.redensarten-index.de

1. **abwertend** péjoratif/-ive

C. Lesen Sie die Definition.
- **a.** Wen bezeichnet heute der Begriff „Rattenfänger"?
- **b.** Was machen diese „Rattenfänger"?

Grammatik

Le prétérit → p. 146 / ex. p. 165
Der Rattenfänger **lockte** die Ratten aus der Stadt.

La voix passive → p. 149 / ex. p. 165
Der Rattenfänger **wurde** um seinen Lohn **betrogen**.

D. Kennen Sie andere Beispiele von Menschen oder Dingen, die wie die „Rattenfänger" auf andere eine große Macht ausüben? Erklären Sie.

2 Moderne Rattenfänger?

A. Sehen Sie sich das Erklärvideo **an**.
- **a.** Was ist der Inhalt des Gesetzes?
- **b.** Welche Strafen beinhaltet das Gesetz?
- **c.** Welche Kritik gibt es an diesem Gesetz?

↑ Das neue NetzDG

B. Wie ist es in Frankreich und in anderen Ländern? Gibt es ein ähnliches Gesetz?

C. Lesen Sie den Artikel. Welche Probleme verursacht das NetzDG?

NetzDG: Beiträge der bekannten Street-Art-Künstlerin Barbara gelöscht

Das NetzDG möchte vor Hetze und Hass im Netz schützen. Es kann aber auch die Falschen treffen.

„Barbara" ist das Pseudonym einer Künstlerin, eines Künstlers oder auch eines Kollektivs – wer genau dahintersteckt, ist unbekannt. Ihre Schilder und die Fotos nehmen oft ironisch Bezug auf die Umgebung und richten sich gegen Hass, rechte Schmierereien, aber auch einfach nur Verbotsschilder. [...] Nun beklagt Barbara, dass Satire auf den Online-Plattformen unter den gegebenen Umständen nur noch zensiert stattfinden könne. Das beginne schon im Kopf, denn jetzt müsse sie sich gut überlegen, ob ein Beitrag überhaupt gepostet werden soll, denn Facebook habe ja mit der kompletten Löschung der Seite gedroht. Der folgen mehr als 640.000 Nutzer und auf Instagram hat sie noch einmal mehr als 320.000 Fans. Schon vorher seien Einträge von ihr gelöscht worden [...].

Das Netzwerkdurchsetzungsgesetz legt fest, dass Dienste wie Facebook, Twitter oder YouTube klar strafbare Inhalte binnen 24 Stunden nach einem Hinweis löschen müssen. Bei weniger eindeutigen Fällen haben sie eine Woche Zeit. Bei systematischen Verstößen drohen Strafen von bis zu 50 Millionen Euro. [...] Dabei muss unter anderem sofort der mögliche Tatbestand angekreuzt werden (etwa Beleidigung oder Volksverhetzung). Was genau Barbara nun jeweils vorgeworfen[1] wurde, ist unklar. Sie selbst schreibt, es habe sich um harmlose[2] Beiträge gehandelt, die sich gegen rechtsradikale Schmierereien und diskriminierende Schilderbotschaften gerichtet haben.

↑ Martin Holland, *heise online*, 15.01.2018

1. **jdn etwas vorwerfen** reprocher qqch. à qqn
2. **harmlos** anodin(e)

D. Lesen Sie den folgenden Sachbuchauszug. Wie steht die Autorin zum NetzDG und welche Lösung schlägt sie vor?

espace langues – Cahier interactif CE / CO

Nie zuvor waren so viele für jedermann zugängliche[1] Falschinformationen im Umlauf[2], nie zuvor so viel Hass. Das alles ist öffentlich, steht gleichberechtigt neben Fakten, die im Rauschen des Netzes untergehen. Wir werden diesen Wandel nicht aufhalten – weder durch Gesetze noch durch weitere Redakteure bei Facebook oder Twitter, die problematische Inhalte löschen sollen. Wir können nur versuchen, ihn zu verstehen: Wer will über gezielte Desinformation, Hetze und Gewalt unsere Demokratie angreifen? Wer setzt auf Fake statt Fakt? Welche Akteure nutzen das Netz für welchen politischen Zweck? Wie erkenne ich Desinformation?

↑ Ute Schaeffer, *Fake statt Fakt*

1. **zugänglich** accessible
2. **im Umlauf sein** circuler

E. Was meinen Sie: Soll der Staat die Nutzer von sozialen Netzwerken schützen? Wie? Und warum (nicht)?

F. Ist das NetzDG ein moderner Rattenfänger? Wer ist der (sind die) Rattenfänger und wer sind die Ratten? Warum? **Tauschen Sie sich aus.**

G. Welches der drei Bilder auf der Einstiegsseite (S. 59) illustriert Ihrer Meinung nach am besten die Problematik der Lektion? **Erklären Sie.** BAC

Der Rattenfänger von Hameln

Prof. 41
Élève 39

- die Sage (-n)
- die Stadt (¨-e)
- der / die Bürger/in
- der / die Bürgermeister/in
- die Ratte (-n)
- die Rattenplage (Sg.)
- der / die Rattenfänger/in
- die Pfeife (-n) / die Flöte (-n)
- eine Melodie spielen
- der Lohn (¨-e) = die Bezahlung (Sg.)
- jdn anlocken = jdn anziehen
- jdm hinterherlaufen
- verschwinden

Fake News und Hetze

Prof. 42
Élève 40

- jdn beeinflussen = Einfluss auf jdn haben = jdn manipulieren
- Fake News / Falschmeldungen
- falsche Nachrichten verbreiten / ins Netz stellen
- mit gefälschten Nachrichten Geld verdienen
- (nicht) stimmen = (nicht) richtig sein
- politische / kommerzielle Gründe haben
- die Beleidigung (-en)
- einen beleidigenden Kommentar posten
- die Hetze (Sg.) = rassistische, sexistische, antisemitische, diskriminierende, homophobe oder transphobe Aussagen und Handlungen
- jdn bedrohen / abwerten
- Hass-Kommentare posten / Hass verbreiten

Der Bürger in der digitalen Welt

espace langues — Fiche d'entraînement lexical, Cahier interactif

Das neue NetzDG: Schutz oder Gefahr für die Demokratie?

Das neue NetzDG

Prof. 43
Élève 41

- die sozialen Netzwerke (Pl.)
- die Online-Plattform (-en)
- rechtswidrig = illegal
- eine Geldstrafe bekommen
- (viel) zu viel Inhalte / Beiträge löschen / entfernen
- sich vor hohen Strafen schützen
- (nicht) strafbar sein
- sich aus der Verantwortung ziehen
- negative Auswirkungen / Konsequenzen haben
- harmlos ≠ gefährlich
- die Satire (Sg.)
- die Zensur (Sg.) ≠ die Meinungsfreiheit (Sg.)

E-Partizipation in Deutschland

- Internet ermöglicht Engagement: Online-Petitionen, Kampagnen, Blogs. [Grafik *Klimaschutz im Netz*, Text *Klimaschutz macht aktiv*]
- Es gibt Offizielle E-Petitionen und inoffizielle Online-Petitionen. [Video *PoliWHAT?! Petitionen*]
- Klicktivismus – Partizipation vieler Bürger endet meist mit dem Klick. [Karikatur *Click!*, Text *Gutes Gewissen per Mausklick*]

Direkte Demokratie?

- Bürgerinitiativen und Volksentscheide bieten Deutschen die Chance, direkten Einfluss auf die Politik zu nehmen. [Text *Erklär's mir*, Video *Fahrrad-Volkentscheid*, Poster verschiedener Initiativen]
- Beteiligung der Bürger ist in Deutschland am weitesten entwickelt und wächst stetig. [Grafik *Bürgerbeteiligung in Deutschland*, Text *Bürgerbeteiligung im Vergleich*]

Legt man in Deutschland mehr Wert auf Partizipation als woanders?

Der Bürger ist König (1re)

Gläserne Bürger?

- Internet birgt Gefahr, viel zu viele persönliche Daten freizugeben, die wir im Laufe des Lebens sammeln. [Karikatur *Facebook-Profil*, Video *Der Datenschutz*]
- In Social-Media werden die meisten persönlichen Daten gesammelt und benutzt, Jugendliche Deutsche sind dem bewusst, wollen aber nicht für mehr Sicherheit bezahlen. [Text *Datenschutz bei Social Media*]
- Deutschen ist Datenschutz wichtig, die Piratenpartei hat ihn sogar im Programm. [Wahlplakat und Illustration *Piratenpartei*]
- Zwei Diktaturen könnten Grund dafür sein, es bewegt aber auch nicht viele Leute. [Text *Wieso ist Deutschen Datenschutz so wichtig?*]

Wie steht Deutschland zum Netz?

Der digitale Bundesbürger (1re)

Der Bürger in der digitalen Welt
Citoyenneté et mondes virtuels

KI (Tle)

Wird KI in Deutschland als Chance oder als Gefahr wahrgenommen?

Künstliche Intelligenz in Deutschland

- KI ist aktuell, es gibt Gütesiegel und nationale Strategie. [Logo *KI Bundesverband*, Video *KI Made in Germany*]
- KI ist Thema des Wissenschaftsjahrs 2019, es gibt viele Anwendungsmöglichkeiten, es wird zum Forschen angeregt. [Video *Trailer Wissenschaftsjahr*]
- Umfragen zeigen Interesse und viele Bereiche, in denen KI nützlich sein kann, aber auch Skepsis, Misstrauen und Angst. [Grafiken *KI* und *Deutsche geben KI eine Chance*]
- KI kann auch gefährlich sein, Zusammenleben und Gesellschaft stark verändern. [Text *Boy in a white room*]

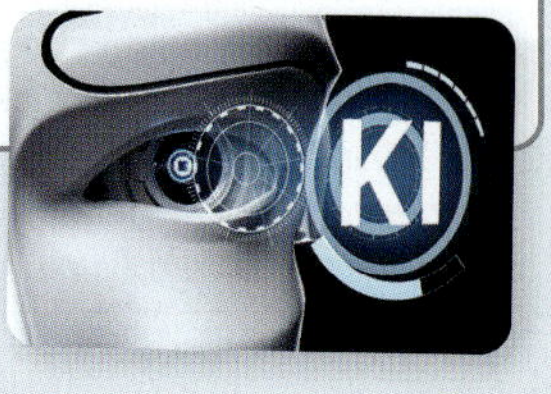

Rattenfänger (Tle)

Das neue NetzDG: Schutz oder Gefahr für die Demokratie?

Gefahren im Netz?

- Begriff „Rattenfänger" bedeutet heute: Politiker, die Probleme zu ihrem Vorteil nutzen und Hass verbreiten. [Text *Rattenfänger*]
- Begriff kommt von weltbekannter Sage der Brüder Grimm [Video *Der Rattenfänger von Hameln*]
- Das neue NetzDG ist komplex: soziale Netzwerke müssen Hasskommentare, Beleidigungen oder andere illegale Inhalte löschen, aber leider wird oft viel zu viel oder das Falsche gelöscht. [Video *NetzDG*, Text *Beiträge von Barbara gelöscht*]
- NetzDG ist keine Lösung des Problems; man muss Falschinformation, Hetze und Manipulation erkennen lernen. [Text *Fake statt Fakt*]

Épreuve 3 : Note finale sur **20 points**	
Premier temps (épreuve écrite)	**Second temps (épreuve orale) :**
Compréhension de l'oral Compréhension de l'écrit — sur **30 points** Expression écrite	Expression orale Interaction orale — sur **10 points**

Épreuve écrite

Durée > **2 heures**

L'ensemble de l'épreuve écrite porte sur l'axe 4 du programme : **Citoyenneté et mondes virtuels**.
Elle s'organise en différentes parties :
- compréhension de l'oral
- compréhension de l'écrit
- expression écrite

Vous allez entendre trois fois le document de la 1re partie (compréhension de l'oral).
Les écoutes seront espacées d'une minute.
Vous pouvez prendre des notes pendant et entre les écoutes.
À l'issue de la troisième écoute, vous organiserez votre temps comme vous le souhaitez pour :
- rendre compte du document oral en français
- traiter le sujet de compréhension de l'écrit en allemand
- traiter le sujet d'expression écrite en allemand

L'axe
Prenez connaissance de l'axe culturel toujours indiqué en tête du dossier : il permet d'appréhender la problématique qui y est abordée, y compris sa part d'implicite.

Le type de document
Il s'agit d'un document vidéo. Les images peuvent vous permettre de comprendre la situation d'énonciation (Qui parle ? À qui ? Avec quelle visée ?) mais il ne s'agit pas de les décrire. Concentrez-vous en priorité sur le contenu audio.

COMPRÉHENSION DE L'ORAL

Titre du document :

Schlüsseltechnologie in Würzburg: Künstliche Intelligenz

01:30

↑ *Schlüsseltechnologie in Würzburg: Künstliche Intelligenz*
© Frankenschau, Bayerischer Rundfunk, 2019

En rendant compte, en français, du document, vous montrerez que vous avez compris :

- la nature du document
- le sujet traité
- les informations apportées par la voix off
- les différents points de vue des personnes qui s'expriment
- le lien avec l'axe concerné
- la problématique culturelle abordée
- la fonction et la portée du document (relater, informer, convaincre, critiquer, dénoncer, ...).

Avant de visionner la vidéo, préparez-vous en émettant des hypothèses à partir du titre du document : *Schlüsseltechnologie in Würzburg : Künstliche Intelligenz.* Mobilisez par ailleurs vos connaissances concernant la position des Allemands par rapport à l'intelligence artificielle; cela vous permettra de mieux appréhender le contexte d'énonciation.

La voix off apporte des explications concernant le contexte (informations chiffrées ou proportions, lieux, personnes concernées ...). Soyez-y très attentif / attentive !

Fonction et portée du document
La fonction d'un document, c'est l'effet que ce document cherche à produire sur ses destinataires, l'objectif que l'auteur/e tente d'atteindre. Par exemple : informer, faire rire, émouvoir, convaincre, dénoncer, etc. La portée d'un document, c'est l'impact qu'il produit sur son destinataire, les conséquences induites par la position de l'auteur/e. Cette dernière question porte donc plutôt sur l'implicite (ce qui n'est pas dit mais que vous pouvez comprendre en reliant les informations entre elles). Pensez à justifier votre réponse en indiquant comment vous avez détecté l'implicite (mots utilisés, tons employés, expressions des visages...).

COMPRÉHENSION DE L'ÉCRIT

Titre du document :

KI-Ingenieurin im Interview: „Künstliche Intelligenz nimmt uns nichts weg"

Marisa Mohr hat Mathematik in Dortmund und Düsseldorf studiert. Im Interview spricht die 26 Jahre alte Ingenieurin über ihre Erwartungen an Künstliche Intelligenz, gefährdete Arbeitsplätze und ihren Arbeitsalltag. […]

FAZ: Frau Mohr, wann kann der Computer Tätigkeiten so gut wie ein Mensch ausführen?

Marisa Mohr: Das ist heute fast schon der Fall. Computer sind in der Lage, die meisten menschlichen Tätigkeiten auszuführen, wenn man das will, richtig programmiert – und Zeit mitbringt. Manchmal dauert die Umsetzung lange, weil wir Daten benötigen, die genau zu der Aufgabenstellung passen. Und diese Daten müssen wir erst einmal sammeln.

FAZ: Der bekannte Professor für Künstliche Intelligenz (KI), Toby Walsh, hat ein Buch geschrieben mit dem Titel „2062: Das Jahr, in dem die künstliche Intelligenz uns ebenbürtig sein wird." Für wie wahrscheinlich halten Sie diese Prognose, die aus einer Umfrage unter 300 KI-Fachleuten entstanden ist?

Marisa Mohr: Es ist für mich ein Unterschied, ob der Computer in der Lage ist, menschliche Tätigkeiten auszuführen oder wie ein Mensch zu denken. Es gibt ja nicht den Befehl, sei jetzt wie ein Mensch, sondern es sind alles winzig kleine Teilaufgaben, die trainiert werden. Fakt ist: Rationale Aufgaben kann der Computer heute schon übernehmen und er wird dabei immer kreativer. Das heißt, er kann sich auch selbst etwas beibringen[1]. Was ihm dagegen stets fehlen[2] wird, ist Empathie. Es sollte aber auch nicht das Ziel sein, dass KI alles kann.

FAZ: […] Was erwarten Sie in der Zukunft von der KI?

Marisa Mohr: Künstliche Intelligenz entwickelt sich wahnsinnig schnell, was ja auch gut ist. Aber meine Befürchtung[3] ist, dass sich die Menschen dabei abgehängt fühlen[4]. Es gibt nur wenige, die sich damit positiv beschäftigen: Die Politik in Deutschland bremst das Thema aus und steckt viel zu wenig Geld hinein. Die Bildung hängt hinterher und es fehlt das Vertrauen.

FAZ: Was soll gut daran sein, den Arbeitsplatz an eine Maschine zu verlieren?

1. **sich selbst etwas beibringen** apprendre qqch. tout/e seul/e
2. **fehlen** manquer
3. **die Befürchtung** la crainte
4. **sich abgehängt fühlen** se sentir dépassé

Le titre renseigne de manière explicite sur la nature du document : il s'agit d'une interview. La personne interviewée est immédiatement identifiable puisqu'elle est mentionnée juste avant le mot *Interview*. Le titre relate entre guillemets un point de vue dont on peut s'attendre à ce qu'il soit développé et argumenté dans ce qui suit. Pour bien comprendre ce point de vue, il faut le replacer dans le contexte culturel : quelles sont, en Allemange, les prises de position sur l'intelligence artificielle ? Dans quelle manière ce texte reflète-t-il ces positions ? Ce sont des questions auxquelles vous allez devoir répondre pour traiter la question a.

Le chapeau
Le chapeau introductif, en caractères gras, apporte toujours des informations importantes, voire indispensables à la compréhension du document. Y sont expliqués en général le thème, les aspects abordés et parfois le contexte.

Les questions du journaliste
Elles constituent un élément structurant pour la compréhension du document.

Marisa Mohr: Ich glaube nicht, dass insgesamt Arbeitsplätze verloren gehen. Es wird sich umverteilen, es werden neue Arbeitsplätze entstehen, etwa im Sozialen Bereich. Künstliche Intelligenz nimmt uns nichts weg, sondern unterstützt uns und ersetzt einfache Aufgaben. Wir haben einen Roboter, Pepper, bei uns im Büro. Wir bringen ihm ein bisschen was bei, etwa, älteren Menschen Bewegungen vorzumachen, sie zum Nachahmen[5] zu animieren und zu verbessern. Das ersetzt aber doch niemals einen Menschen.

FAZ: Hilft Ihnen KI, Job, Promotion und Freizeit unter einen Hut zu bringen[6]?

Marisa Mohr: Ich bin recht gut organisiert und viele Anwendungen unterstützen mich dabei, aber der Zeitaufwand bleibt. Die meisten Menschen arbeiten 40 Stunden und mehr, dazu kommen noch lange Fahrtzeiten – was bleibt da noch vom Tag übrig? Ich beschwere mich nicht, aber wenn mir KI ein Teil der Aufgaben abnähme, hätte ich nichts dagegen.

FAZ: [...] Macht Ihnen die Jahreszahl 2062 Sorgen?

Marisa Mohr: Nicht, was KI betrifft. Der Klimawandel, die Wegwerfgesellschaft und die Zerstörung unserer natürlichen Grundlagen schon.

5. nachahmen imiter
6. unter einen Hut bringen concilier

↑ Deike Uhtenwoldt, *KI-Ingenieurin im Interview: „Künstliche Intelligenz nimmt uns nichts weg“* © FAZ, 29.12.2019

Relevez les éléments qui évoquent les potentialités de l'IA et ceux qui indiquent la manière dont elle est perçue en Allemagne.

Mobilisez vos connaissances pour mieux appréhender la dimension culturelle du document.

Le lien entre les documents
Le document de compréhension de l'écrit est à mettre en lien avec celui de compréhension de l'oral. Tous deux s'inscrivent dans l'axe « Citoyenneté et mondes virtuels ».
Vous devez montrer que vous avez compris la cohérence du dossier (question c) : les informations apportées par le texte viennent-elles contredire, conforter ou compléter celles contenues dans la vidéo que vous avez précédemment visionnée ?

Les éléments paratextuels
Ne négligez pas les sources. Elles vous renseignent sur l'origine du document : son auteur, la date de parution, le titre de l'œuvre ou le nom du journal / du site d'où il est extrait,... dont vous devez rendre compte pour exposer le contexte ou la situation d'énonciation (question a).

COMPRÉHENSION DE L'ÉCRIT

Fassen Sie den Text auf Deutsch zusammen.
Beachten Sie dabei folgende Fragen.

a. Was können Sie über folgende Punkte sagen?
- Art und Thema des Dokuments
- Aspekte, die das Dokument anspricht
- Marisa Mohr : ihre Identität und ihr Lebenslauf, ihre Meinung zu den verschiedenen Aspekten, ihre Hoffnungen und Ängste, ...

b. Kommentieren Sie folgenden Satz: „Künstliche Intelligenz nimmt uns nichts weg, sondern unterstützt uns und ersetzt einfache Aufgaben." (Z. 36-37)

c. Inwiefern stellen die Dokumente des Hörverstehens und des Leseverstehens verschiedene, gleiche oder komplementäre Aspekte dar?

La langue
Attention, le compte rendu du texte est à rédiger en allemand.

Mobilisez les informations collectées et organisez votre texte.
Dans l'introduction, vous évoquerez la nature et le thème du document ainsi que les éléments situationnels :
- quand / où / à quelle occasion se déroule l'interview,
- l'identité de la personne interviewée.
Dans le développement, il s'agira de rendre compte des points principaux abordés dans le document en mettant en évidence sa cohérence globale.
Dans la conclusion, vous ferez le lien avec l'axe « Citoyenneté et mondes virtuels » et le document de compréhension de l'oral (points communs, différences, complémentarité).

EXPRESSION ÉCRITE

Behandeln Sie Thema A oder Thema B (mindestens 120 Wörter).

Les sujets
Vous aurez toujours le choix entre deux sujets. Traiter les deux ne vous rapportera pas de points supplémentaires et vous fera perdre un temps précieux.

Thema A

Auf einem Internetforum haben Studenten ihre Meinung zum Thema KI formuliert. Welche Aussage entspricht am ehesten Ihrer Meinung? Belegen Sie Ihre Antwort mit konkreten Beispielen.

Jan
KI ist eine Chance für die Menschheit. Damit werden wir viele Probleme lösen können.

Julia
Ich bin mir nicht sicher, dass KI ein Fortschritt ist. Was passiert, wenn wir die Kontrolle über die Technologie verlieren?

Markus
Der Mensch entscheidet, was er aus der KI machen will. Gefahren gibt es nicht, wenn wir KI richtig einsetzen.

Les trois points de vue proposés apportent des perspectives différentes sur le sujet. Ils peuvent s'opposer ou se compléter. Comment les trois étudiants justifient-ils leur point de vue ? Repérez les arguments avant de vous déterminer pour répondre à la question du sujet A.

ODER

Thema B

Erklären Sie, welche Aspekte der KI diese Karikatur darstellt.
Teilen Sie die Meinung des Karikaturisten?

Une caricature atteste en général d'un point de vue critique. Demandez-vous quel est ce point de vue et ce qui le justifie. Appuyez-vous pour cela sur vos connaissances. Attention : il ne s'agit pas seulement de décrire ce que vous voyez, mais surtout de montrer dans quelle mesure le dessin illustre la problématique liée à l'axe en question.

Épreuve orale

Durée > **10 minutes**

L'épreuve d'expression orale se déroule en deux temps :
1. un temps d'**expression orale en continu** (un exposé de 5 min) ;
2. un temps d'**expression orale en interaction** (5 min d'échange avec l'examinateur / examinatrice).

EXPRESSION ORALE

Vous devez vous exprimer pendant environ cinq minutes, en continu, à partir de la question suivante :

Welches der beiden Dokumente passt Ihrer Meinung nach besser zur Thematik „Citoyenneté et mondes virtuels"? Warum?

Begründen Sie Ihre Wahl mit dem, was Sie gelernt haben.

Dokument A

„Maschinen sind lediglich neutrale Werkzeuge: zu Waffen oder Heilmitteln werden sie von uns Menschen gemacht."
Holger Volland, *Die kreative Macht der Maschinen*, 2018

Dokument B

L'expression orale
Vous avez le choix entre deux supports : Il s'agit d'expliquer, en allemand, lequel illustre le mieux l'axe culturel « Citoyenneté et mondes virtuesl » selon vous.

Prenez le temps de bien observer / lire les deux propositions. Ce qui compte, c'est votre capacité à justifier votre choix de manière pertinente et à l'expliciter en vous appuyant sur vos connaissances. Remémorez-vous ce que vous avez étudié en cours, en lien avec l'axe et les problématiques abordées.

N'oubliez pas de problématiser et de structurer votre exposé.

7 Der Schatz der Nibelungen

Gibt es den Schatz wirklich?

• Fictions et réalités

espace langues — Aide à la tâche — Grille d'(auto-)évaluation

Abschlussaufgabe

Auf den Spuren der Schatzsucher
Ich schreibe einen Artikel über die Schatzsucher und argumentiere für oder gegen ihre Suche nach dem Nibelungenschatz.

Der Schatz der Nibelungen. Ein Mythos?

1 Wer ist Siegfried?

A. Sehen Sie sich das Video **an**. Was erfahren Sie über Siegfried und das Nibelungenlied?

B. Lesen Sie die Texte auf S. 71 und **ordnen Sie** jedem Bild den passenden Text **zu**. **Begründen Sie** Ihre Wahl mit den passenden Textstellen.

C. Lesen Sie die Texte noch einmal.
a. Wer sind die Hauptfiguren der Nibelungensage?
b. Wie werden sie charakterisiert?

D. Was passiert am Ende mit Siegfrieds Schatz?

↑ Siegfried und die Nibelungen

1

2

3

4

5

6

a. Der treue königliche Berater[1] Hagen aus Worms ist schon lange in Kriemhild verliebt und eifersüchtig auf[2] Siegfried. Deshalb reist er im Auftrag von Gunter nach Xanten und fragt Kriemhild über Siegfried aus. So findet er heraus, dass Siegfried eine Stelle an der Schulter hat, wo er verwundbar ist. Auf diese Stelle war beim Baden im Drachenblut ein Lindenblatt gefallen.

b. Nun ist Siegfried reich und berühmt. Er reitet an den Hof in Worms, wo König Gunter mit seinen Brüdern und seiner schönen Schwester Kriemhild lebt. Siegfried will Kriemhild zur Frau nehmen, aber dafür muss er König Gunter helfen, die stolze Brünhild aus Island für sich zu gewinnen: Sie wird nämlich nur einen Mann akzeptieren, der stärker ist als sie.

c. Hagen nutzt diese Information und tötet Siegfried im Auftrag von König Gunter. Kriemhild kehrt daraufhin mit Siegfrieds Schatz zurück nach Worms. Ihre Brüder und der König finden es aber nicht gut, dass sie jetzt so reich ist und nehmen ihr den Schatz einfach weg. Im Auftrag[3] des Königs versenkt Hagen heimlich den Schatz im Rhein. Er ist somit der Einzige, der die genaue Stelle kennt und nimmt am Ende das große Geheimnis mit in den Tod.

1. **der königliche Berater** le conseiller du roi
2. **auf jdn eifersüchtig sein** être jaloux de qqn
3. **im Auftrag von jdm handeln** agir sur l'ordre de qqn

d. Siegfried badet danach im Drachenblut und wird so unverwundbar. Nur eine kleine Stelle an der Schulter bleibt frei, weil darauf ein Blatt vom Lindenbaum gefallen war.

e. Siegfried hilft Gunter mit einer List, Brünhild zu gewinnen und nach Worms zu holen. Dort feiern die beiden Paare eine große Doppelhochzeit. Siegfried und Kriemhild leben danach glücklich in Xanten, Gunter und Brünhild bleiben in Worms. Aber sie sind nicht sehr glücklich, denn Brünhild glaubt, dass Gunter sie betrogen hat und eigentlich nicht so stark ist. Gunter wiederum hat große Angst, dass Siegfried über den Betrug mit Brünhild sprechen könnte.

f. Siegfried ist ein junger Königssohn aus Xanten. Er ist unglaublich stark und mutig. Eines Tages tötet er einen gefährlichen Drachen, der einen riesigen Schatz bewacht.

Grammatik

La proposition subordonnée relative
→ p. 152 / ex. p. 165
Siegfried hat eine Stelle an der Schulter, **wo** er verwundbar ist.

L'expression de l'hypothèse avec le subjonctif II → p. 148 / ex. p. 166
Der Schatz **wäre** die Kriegskasse der Römer.

2 Was ist an der Geschichte wahr?

A. Lesen Sie den Artikel und **notieren Sie** für folgende Elemente die wahre Geschichte: Siegfried, der Drache und der Schatz.

Fakt oder Fantasie?

Die Beschreibung des Nibelungenhortes ist beeindruckend. Als er in der Erzählung auftaucht, ist die Rede von über 100 Wagenladungen voll Gold. Dummerweise verrät Hagen auch unter Todesdrohungen nicht, an welcher Stelle er den Schatz in den Fluss geworfen hat. So beschäftigt das „Rheingold“ Schatzsucher seit Jahrhunderten.

Die Geschichte von dem jungen Helden, der einen Drachen tötet und dadurch einen großen Schatz gewinnt, erfuhr in den 1960er-Jahren eine spektakuläre Umdeutung[1]. Demnach ist der germanische Cheruskerfürst Arminius, der Sieger in der Varusschlacht 9 n. Chr., das historische Vorbild für Siegfried. Der Drache entspräche dem römischen Heerwurm[2], der sich durch den Teutoburger Wald schlängelte. Der Schatz wäre nichts anderes als die reiche Kriegskasse[3], die durch die Germanen erbeutet[4] wurde. Zum 2000-jährigen Jubiläum der Varusschlacht dürfte diese Diskussion wieder aufflammen – und vermutlich auch weiterhin ohne Ergebnis bleiben.

↑ Nach: Frieder Leipold, *FOCUS-Online*

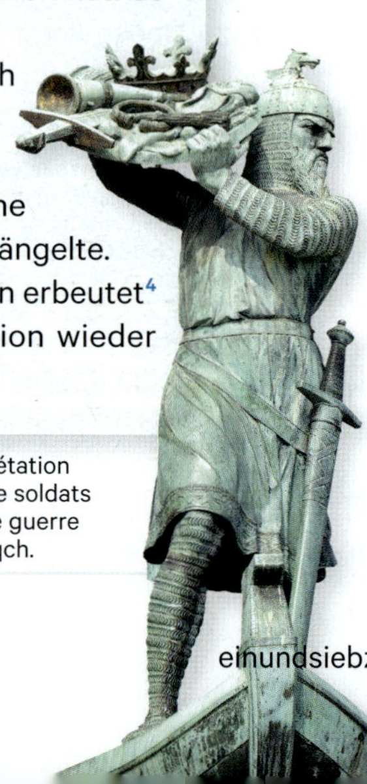

1. **die Umdeutung** la réinterprétation
2. **der Heerwurm** la colonne de soldats
3. **die Kriegskasse** le trésor de guerre
4. **etwas erbeuten** capturer qqch.

B. Warum ist der Schatz wohl immer noch ein Thema? **Tauschen Sie sich aus.**

3 Abenteuer Schatzsuche

A. Würden Sie nach dem Nibelungenschatz suchen? Warum (nicht)? **Erklären Sie.**

B. **Sehen Sie sich** das Video **an**. Wer ist Hans Jörg Jacobi und warum meint er, dass der Schatz kein Märchen ist?

C. **Lesen Sie** den Text und **beantworten Sie** folgende Fragen.
a. Wo hat Jacobi nach dem Schatz gesucht?
b. Warum sucht er den Schatz der Nibelungen?

↑ Interview mit Hans Jörg Jacobi

Bis heute träumen Schatzsucher davon, den so genannten Nibelungenhort – also das Versteck – zu finden. Auch der Mainzer Architekt Hans Jörg Jacobi ist von dem Schatz besessen[1]. Ihn treibt aber nicht die Aussicht auf Reichtümer an, sondern vielmehr der Reiz[2], ein literarisches Rätsel zu lösen. Gemeinsam mit seinem verstorbenen Vater hat er rund 40 Jahre nach dem Nibelungenhort gesucht.

„Das ist eines der wenigen noch möglichen Abenteuer", sagt Jacobi. Für ihn ist der Schatz kein Märchen, auch wenn er zugibt: „Man muss schon dran glauben." Das Nibelungenlied verliert nur einen knappen Satz über den Ort, wo Hagen das Gold angeblich in den Strom kippte: „Er ließ ihn bei dem Loche[3] versenken in den Rhein." Das Wort Loche elektrisierte Jacobi schon vor 40 Jahren.

Auf alten Karten will er dieses Loche gefunden haben: „Das ist ein Name und er steht für Lochheim, einen Ort, den es heute nicht mehr gibt." Lochheim befand sich da, wo der Rhein noch heute eine seiner tiefsten Stellen hat: Am sogenannten „Schwarzen Ort" bei dem kleinen Ort Gernsheim. Der Fluss macht hier eine scharfe Kurve. Hinzu kommt: Der Ort ist nur etwa 20 Kilometer vom ehemaligen Sitz der Burgunder, der Stadt Worms, entfernt. Liegt hier also das Nibelungengold in 25 Metern Tiefe? „Heute befindet sich die Stelle an Land, neben dem Rhein", so Jacobi. Schließlich hat sich der Fluss über die Jahrhunderte verändert.

Mit der Unterstützung eines Bohrunternehmers[4] führten Hans Jörg Jacobi und sein Vater in den 1970er Jahren sogar eine archäologische Grabung bei Gernsheim durch. Doch finden konnten sie den Nibelungenschatz dort nicht. Der Bohrer[5] stieß nach rund zehn Metern auf Marmor[6]. Auch Taucher im Rhein fanden keine Spur. Aufgeben will Hans Jörg Jacobi deshalb aber nicht. Er hat noch immer dicke Aktenordner mit den Messergebnissen bei sich zu Hause liegen: „Ich will den Schatz finden und beweisen, dass das Nibelungenlied stimmt."

↑ https://www.dw.com/de/der-rätselhafte-schatz-der-nibelungen/a-17009071

1. von etwas besessen sein être possédé par qqch.
2. der Reiz le charme
3. das Loch le trou
4. der Bohrunternehmer l'entrepreneur chargé de l'excavation
5. der Bohrer l'excavateur
6. der Marmor le marbre

↑ Hans Jörg Jacobi mit der ältesten bekannten Figur des Hagen von Tronje aus dem Jahr 1870

D. **Suchen Sie** im Internet mit GoogleMaps die Orte, die im Text erwähnt werden. Versuchen Sie dann, eine Schatzkarte zu erstellen.

E. Jacobi sagt im Text: „Man muss schon daran glauben." BAC
Kommentieren Sie den Satz.

espace langues – Cahier interactif CE / CO

4 Probleme und Risiken

Grammatik

Le passif et la tournure impersonnelle avec wird
→ p. 150 / ex. p. 166

Der Schatz **wurde** bei Rülzheim **gefunden**.
Im Rheinland **wird** gerne **gegraben**.

Le discours rapporté avec le subjonctif I
→ p. 148 / ex. p. 166

Der Schaden für die Wissenschaft **sei** unermesslich.

A. Bilden Sie zwei Gruppen (A und B). **Lesen Sie** den Text (Gruppe A) oder **sehen Sie sich** das Video **an** (Gruppe B) und **beantworten Sie** die Fragen.

Zum Text (Gruppe A): Wer hat was genau gefunden? Und wie? Was spricht gegen die Hobby-Schatzsucher?

A

Illegale Schatzsucher richten großen Schaden an

Der Schatz wurde im Wald bei Rülzheim gefunden, gleich neben einer einstigen Römerstraße. Keinen halben Meter tief lag er in der Erde, 1500 Jahre lang. Der Fund ist spektakulär. Doch die Freude der Archäologen ist getrübt. Nicht sie haben den Schatz gehoben. Ausgegraben wurden die Raritäten von einem illegalen Schatzsucher, der mit einer Metallsonde im pfälzischen Wald unterwegs war. Gegen den Mann aus der Pfalz ermittelt die Staatsanwaltschaft[1] in Frankenthal schon seit Mai letzten Jahres. Er soll, so sagte Oberstaatsanwalt[2] Hubert Ströber, an mehreren Orten illegal gegraben haben.

Im alten Kulturland Rheinland-Pfalz, einst Teil der römischen Republik, wird gerne gegraben. Das Hobby kam in den siebziger Jahren auf, als die ersten Metallsonden auf den Markt kamen, erzählt Archäologe Ulrich Himmelmann. In den Jahren darauf sei die Zahl der Sondengänger immer weiter gestiegen. Und mittlerweile sind sie ein echtes Problem. Schätzungen zufolge sollen es bis zu 30.000 Hobby-Archäologen sein, die mit Metallsonden antike Stätten in Deutschland plündern[3] und dabei zerstören. Bis in eineinhalb Meter Tiefe können die Geräte reichen. So lassen sich Münzen finden, aber auch andere Metallobjekte wie Waffen verschwinden auf diese Weise in Privatsammlungen oder werden illegal verkauft. Der Schaden für die Wissenschaft sei enorm, klagt Himmelmann. Denn schon kleinste Hinweise können von Historikern verwertet werden. Doch durch das laienhafte Graben werden Fundstücke nicht nur beschädigt, sie werden auch aus dem Kontext gerissen[4]. Und am Fundort werden wertvolle Spuren vernichtet. Das ist auch im Wald bei Rülzheim geschehen. „Wir haben eine Nachgrabung durchgeführt, aber nichts mehr gefunden, was uns nähere Hinweise über die Herkunft des Schatzes hätte geben können", bedauert Himmelmann.

↑ Nach: Marion Mück-Raab, *Der Tagesspiegel*, 19.02.2014

1. **die Staatsanwaltschaft** le bureau du procureur
2. **der Oberstaatsanwalt** le procureur général
3. **plündern** piller
4. **aus dem Kontext reißen** arracher à son environnement

B

↑ Riskante Schatzsuche

Zum Video (Gruppe B): Warum sollten die Schatzsucher vorsichtig sein? Welche Gefahren gibt es?

B. Informieren Sie die anderen Gruppen über Ihr Dokument.

C. Welche Argumente sprechen für, welche gegen die Suche nach dem Nibelungenschatz? **Tauschen Sie sich schriftlich aus.**

Das Nibelungenlied

Prof. 44
Élève 42

- der / die Held/in
- der Drache (-n)
- der / die König/in
- der Schatz (¨-e)
- die Schulter (-n)
- das Blatt (¨-er)
- der Hof (¨-e)
- heiraten
  = zur Frau / zum Mann nehmen
- die List = der Betrug
- jdn betrügen
- gewinnen
- Angst haben
- jdn ausfragen = etwas herausfinden
- jdn töten
- den Schatz versenken
- das Geheimnis (-se)

Prof. 45
Élève 43

- stark ≠ schwach
- mutig
- gefährlich
- verwundbar
  ≠ unverwundbar
- reich
- schön
- stolz
- glücklich ≠ unglücklich
- verliebt
- eifersüchtig
- treu
- ehrlich

Fiktion und Wirklichkeit

Gibt es den Schatz wirklich?

espace langues – Fiche d'entraînement lexical, Cahier interactif

Mythos und Wahrheit

Prof. 46
Élève 44

- die Sage (-n)
  = die Legende (-n)
- die Wahrheit (-en)
- der Traum (¨-e)
- die Leidenschaft (-en)
- von etwas besessen sein
- das Rätsel (-)
- der Fluss (¨-e)
- die tiefe Stelle im Rhein
- der Flusslauf (¨-e)
- die Veränderung (-en)
- der Beweis (-e)
- etwas beweisen
- wahr / relevant

Auf Schatzsuche

Prof. 47
Élève 45

- der / die Schatzsucher/in
- der / die Archäologe/-in
- der / die Historiker/in
- die Suche (-n)
- verboten = illegal
- nach etwas graben / suchen
- einen Schatz finden / ausgraben / stehlen
- der Metalldetektor (-en) = die Metallsonde (-n)
- das Fundstück (-e)
- den historischen Fundort beschädigen
- wertvolle Spuren vernichten
- der Schaden für die Wissenschaft

8 Oh Loreley

Übt die Loreley ihren Zauber noch aus?

• Fictions et réalités

espace langues — Aide à la tâche / Grille d'(auto-)évaluation

Abschlussaufgabe

Der Zauber der Loreley
Wir erklären, was die Loreley für die Deutschen und weltweit bedeutet, und tragen Heines Gedicht mehrstimmig vor.

8 Die Legende der Loreley

1 Ein Ort und ein Gedicht …

20 **A. Sehen Sie sich** das Video ohne Ton **an.** Was sehen Sie?

21 **B. Sehen Sie sich** nun das Video mit Ton **an.**
a. Wie heißt der Ort und wo liegt er?
b. Was erfahren Sie über die Loreley?

C. Warum war dieser Ort wohl gefährlich?

Prof. 48 **D. Hören Sie zu** und **lesen Sie** das vertonte Gedicht mit.
a. Welche natürlichen Elemente kommen im Gedicht vor?
b. Welche Personen werden genannt?

E. Lesen Sie das Gedicht noch einmal und **ordnen Sie** jede Illustration einer oder mehreren Strophen aus dem Gedicht **zu**.

↑ Das Rheintal

a

b

c

d

Die Loreley

Ich weiß nicht, was soll es bedeuten,
Daß ich so traurig bin;
Ein Märchen aus alten Zeiten,
Das kommt mir nicht aus dem Sinn.

Die Luft ist kühl, und es dunkelt,
Und ruhig fließt der Rhein;
Der Gipfel des Berges funkelt[1]
Im Abendsonnenschein.

Die schönste Jungfrau sitzet
Dort oben wunderbar,
Ihr goldenes Geschmeide[2] blitzet,
Sie kämmt ihr goldenes Haar.

Sie kämmt es mit goldenem Kamme
Und singt ein Lied dabei,
Das hat eine wundersame,
Gewaltige[3] Melodei.

Den Schiffer im kleinen Schiffe
Ergreift[4] es mit wildem Weh;
Er schaut nicht die Felsenriffe[5],
Er schaut nur in die Höh.

Ich glaube, die Wellen verschlingen[6]
Am Ende Schiffer und Kahn;
Und das hat mit ihrem Singen
die Loreley getan.

Heinrich Heine, 1823

1. **funkeln** étinceler
2. **das Geschmeide** le bijou
3. **gewaltig** prodigieux
4. **ergreifen** saisir
5. **das Felsenriff** le rocher
6. **verschlingen** engloutir

F. Wie ist der Ton des Gedichtes? **Belegen Sie** Ihre Antwort mit Beispielen aus dem Gedicht.

G. Zu zweit: **Übersetzen Sie** das Gedicht in ein möglichst poetisches Französisch.

H. Was charakterisiert die Loreley und den Rhein? Kennen Sie ähnliche Mythen? **Erklären Sie**.

Grammatik

Le génitif → p. 142 / ex. p. 167
Das Plateau **des weltbekannten Felsens** war in die Jahre gekommen.

La voix passive → p. 149 / ex. p. 167
Das weltbekannte Plateau **wurde** von Lichtkünstlern in Szene **gesetzt**.

Le superlatif → p. 154 / ex. p. 167
Der Loreleyfelsen ist eines der **bekanntesten** Ausflugsziele.

2 … als Touristenmagnet

A. Lesen Sie den Text.
a. Was wurde 2019 auf dem Loreley-Felsen gemacht? Warum?
b. Was können die Besucher dort jetzt tun / unternehmen?

espace langues Cahier interactif CE / CO

Alles neu auf dem Loreley-Plateau bei Sankt-Goarshausen

Immer noch gilt die Loreley als eines der beliebtesten Ausflugsziele. Das Plateau des weltbekannten Felsens wurde umgestaltet. Jetzt ist es offiziell eröffnet. Am Abend wurde es von Lichtkünstlern in Szene gesetzt. […]

Vor 17 Jahren hatte die UNESCO das „Tal der Loreley“ zum Welterbe erklärt. Aber insbesondere das Plateau des weltbekannten Felsens war in die Jahre gekommen[1] und bot einen traurigen Anblick. Bis sich Gemeinden[2], Land und Bund vor drei Jahren entschlossen, die Loreley zu einem Landschafts- und Erlebnispark umzugestalten.

Besucher können jetzt zur Felsenspitze mit sechs Aussichtspunkten, die tiefe Blicke in das canyonartige Tal des Rheins im Schiefergebirge ermöglichen, laufen. Denn das, was mal dicht zugewachsen[3] war, bietet jetzt einen freien Blick – 130 Meter in die Tiefe. Der schnurgerade Weg ist 380 Meter lang. Oder die Touristen flanieren auf einem 500 Meter langen schmaleren „Mythenpfad“[4] auf Umwegen zur Felsennase. Eintritt kostet der Park nicht. Die Unterhaltungskosten der Anlage sollen mit den Parkgebühren für Autos finanziert werden.

Nach weiteren 50 Metern eröffnet sich eine fantastische Aussicht ins Tal. Noch fehlen am Geländer die Informationen auf einer metallenen Hinweistafel, die Gästeführerin erzählt, dass man die Burg Katz und die Burg Maus sieht, unterhalb des Felsens die Stadt Sankt Goarshausen. All das soll auf einem Bord bald für alle greifbar und sichtbar sein.

Etwas fehlt der Gästeführerin aber noch zur vollkommenen Zufriedenheit: eine Figur der Loreley, vor der man fotografiert werden kann.

↑ SWR Aktuell, 2019

1. **in die Jahre gekommen** prendre de l'âge
2. **die Gemeinde** la commune
3. **dicht zugewachsen** être envahi d'une végétation dense
4. **der Pfad** le sentier

B. Sehen Sie sich den ersten Teil des Videos **an** und **beschreiben Sie** die Landschaft und die Aussicht vom Loreley-Felsen.

C. Sehen Sie sich den zweiten Teil **an**. Was meinen die Besucher?

D. Warum kommen wohl so viele Touristen dorthin?

↑ Das neue Loreley-Plateau

3 Zu Loreleys Ehren

Prof. 49 **A. Sehen Sie sich** die Partitur **an** und **hören Sie** die Melodie dazu **an. Singen** oder **summen Sie mit**. Wie gefällt sie Ihnen?

↑ Friedrich Silcher, Partitur des Liedes *Loreley*, 1837
↑ Vertonte Melodie: www.lieder-archiv.de

Heinrich Heine (1797–1856) schrieb seine Version der Loreley 1821 basierend auf einer Ballade von Clemens Brentano (1778–1842). Im Jahre 1837 wurde Heines Gedicht von dem Liederkomponisten Friedrich Silcher (1789–1860) vertont. Seine Melodie ist noch heute weltberühmt.

B. In Gruppen: **Recherchieren Sie** weitere Lieder, Gedichte oder Kunstwerke zu Ehren der Loreley. Es können ältere oder aktuellere Versionen sein, aus Deutschland oder der ganzen Welt.

C. Stellen Sie Ihre Version der Klasse **vor** und **vergleichen Sie** sie mit Heines Gedicht (S. 76).

↑ Ferdinand Marternsteig, *Loreley*, 1872

4 Eine aktuelle Frauenfigur?

A. Sehen Sie sich die Postkarte an. Wie sieht die Loreley aus? **Vergleichen Sie** die Darstellung der Loreley auf der Postkarte mit der auf dem Gemälde (S. 78).

B. Warum schneidet sich die Loreley wohl die Haare ab?

C. Lesen Sie nun den Text der Postkarte. Waren Ihre Hypothesen richtig?

D. Lesen Sie den Text unten.
a. Was erfahren Sie über die Beliebtheit des Namens in Deutschland?
b. Und in Österreich?

Loreley – nur eine von 10.000!

Deutschland
Ein Mädchen mit dem Namen Loreley wird in Deutschland nur sehr selten auf einen Namensvetter – oder besser gesagt auf eine Namensschwester – treffen. Denn nur ungefähr eines von 10.000 in Deutschland geborenen Mädchen wird Loreley genannt. In einer Rangfolge der in den letzten Jahren vergebenen Mädchennamen belegt Loreley in unserer Vornamensstatistik Platz 926.

Österreich
In den letzten 30 Jahren (genau genommen seit 1984) wurde der Name Loreley in Österreich genau 23-mal vergeben, es handelt sich hier also um einen sehr seltenen Namen. Im Jahr 2016 wurde kein einziges neugeborenes Mädchen Loreley genannt.

↑ https://vornamen.blog/Loreley

↑ http://www.goethezeitportal.de/wissen/topographische-ansichten/orte-kultureller-erinnerung-die-loreley.html

Jungfer Loreley
Hans vom Norden, 1926

Wozu denn heut' noch Hängezopf[1]!
Die ganze Welt trägt Bubikopf[2].
Und weil nun alle drauf verpicht[3],
Selbst Jungfer Loreley spricht:
„Genug vom grausamen Spiel!
Was dort herunter fliegt –
ist heut' zu viel!“

1. **der Zopf** la tresse
2. **der Bubikopf** la coiffure à la garçonne
3. **verpicht** friand/e

E. Würden Sie Ihre Tochter Loreley nennen? Warum (nicht)?

F. Was meinen Sie? Ist die Loreley immer noch anziehend? **Tauschen Sie sich aus.**

Grammatik
Les groupes participiaux
→ p. 147 / ex. p. 167
Nur eines von 10.000 **geborenen** Mädchen wird Loreley genannt.

Die Rheinlandschaft

Prof. 50 Élève 46

- die Aussicht = der Blick auf etwas
- der Felsen (-)
- der Fluss (¨-e)
- die Kurve (-n)
- das Tal (¨-er)
- die Burg (-en)
- der Weinberg (-e)
- atemberaubend
- wunderschön / wunderbar
- beeindruckend
- romantisch
- eng und gefährlich

Der Mythos

Prof. 51 Élève 47

- die Sage (-n)
- die Jungfrau (-en)
- das goldene / lange Haar kämmen
- der Kamm (¨-e)
- die Harfe (-n)
- betörend singen
- der Gesang (Sg.)
- eine magische = zauberhafte Melodie
- die Schiffer betören
- der Kahn = das Boot
- die Welle (-n)
- untergehen = von den Wellen verschlungen werden
- anziehend = faszinierend
- die Schere (-n)
- die Haare abschneiden

Fiktion und Realität

Übt die Loreley ihren Zauber noch aus?

espace langues – Fiche d'entraînement lexical – Cahier interactif

Loreley in der Kunst

Prof. 52 Élève 48

- das Gefühl (-e)
- die Sehnsucht (Sg.)
- der Schmerz (-en)
- die Liebe (Sg.)
- das Lied (-er)
- das Gedicht (-e)
- die Skulptur (-en)
- das Gemälde (-)
- der / die Schriftsteller/in
- der / die Dichter/in
- ein Gedicht verfassen / veröffentlichen / vertonen

Touristenmagnet

Prof. 53 Élève 49

- das Ausflugsziel (-e)
- das Schiff (-e)
- den Ausblick genießen
- das Plateau (-s)
- die Anlage (-n)
- einweihen
- umgestalten
- das Weltkulturerbe der UNESCO
- besichtigen
- entdecken
- weltbekannt / berühmt
- geschätzt
- ein absolutes Muss sein

Fiktion und Realität
Fictions et réalités

Schöner, lieber Wald (1re)

Inwiefern ist der Wald für die Deutschen (immer noch) wichtig?

So viel Wald

- Der Wald ist wichtiger Teil der deutschen Kultur: Waldspaziergang, Weihnachtsbaum, Freizeitaktivitäten, Darstellung in Kunst und Literatur … [Sonderbriefmarken, Bildmaterial]
- Im Wald wurden die Römer von den Germanen besiegt, er wurde zum Freund der Deutschen. [Video *Mythos Wald*]
- Die „Grüne Lunge" wird beschützt, Deutsche setzen sich gegen Waldroden ein. [Text *Prominente Baumpaten im Hambacher Wald*]

Waldsymbolik

- Wald ist in Märchen und Mythen sowie in deutscher Vorstellungswelt prägen. [Video *Mythos Wald*]
- Wald ist Ort für positive Gefühle (Magie, Liebe, Hoffnung, …), aber auch für negative Gefühle (Ängst, Gefahr, …). [Märchen *Die Alte im Wald*]
- Das ist in moderner Literatur immer noch genauso. [Text Kirsten Fuchs *Mädchenmeute*]

Der Schatz der Nibelungen (Tle)

Gibt es den Schatz wirklich?

Der Schatz der Nibelungen. Ein Mythos?

- Nibelungenlied ist das Nationalepos der Deutschen; im Kloster Lorsch ist der Sarg, worin Siegfried begraben ist. [Video *Der Schatz der Nibelungen*]
- Siegfried tötet einen Drachen und bekommt seinen Schatz; Hagen tötet Siegfried und versenkt den Schatz, er sagt aber niemandem, wo genau. [Text und Illustrationen *Das Nibelungenlied*]
- Neue Theorie spricht für die Existenz des Schatzes, Siegfried sei eigentlich Arminius und der Schatz die Kriegskasse. [Text *Fakt oder Fantasie*]

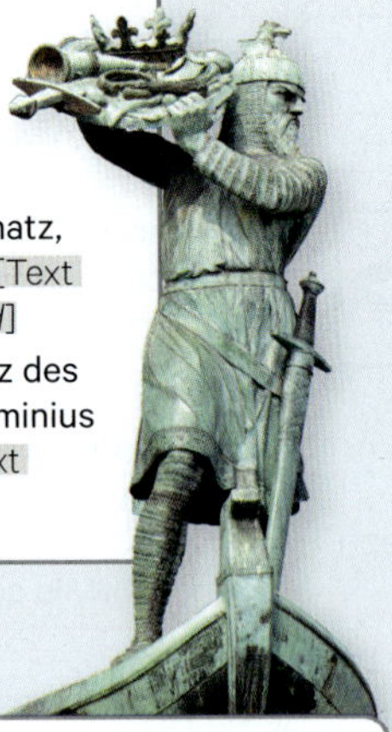

Auf Schatzsuche

- Hans Jörg Jacobi will beweisen, dass das Nibelungenlied wahr ist. Es gibt viele Indizien über existierende Orte, er sucht seit Jahrzehnten nach dem Schatz. [Video *Interview mit H.J. Jacobi*, Text *Schatzsuche*]
- Auch viele andere suchen mit Metallsonden und im Rhein nach dem Schatz, obwohl die Suche gefährlich sein und großen Schaden anrichten kann. [Text *Illegale Schatzsucher richten Schaden an*, Video *Schatzsuche*]

Oh Loreley (Tle)

Übt die Loreley noch ihren Zauber aus?

Die Legende der Loreley

- An einer gefährlichen Kurve im Rhein soll die Loreley die Fischer und ihre Boote zum Sinken gebracht haben. [Video *Rheintal*]
- Der Legende nach sitzt Jungfrau Loreley auf Felsen und singt, die Fischer haben nur noch Augen für sie und versinken im Fluss. [Gedicht Heinrich Heine *Loreley*]
- Loreleyfelsen ist ein berühmter Touristenort, der erst vor Kurzem renoviert wurde. Dorthin kommen jährlich viele Besucher. [Text und Video *Alles neu auf dem Loreleyplateau*]

Loreley aktuell

- Viele Künstler haben die Loreley als Motiv für Gedichte, Lieder und Gemälde genommen. [Partitur und Melodie *Loreley*, Gemälde *Loreley*]
- 1920er Jahre und moderne Frauen: Loreley kam aus der Mode. [Postkarte und Gedicht Hans vom Norden *Jungfer Loreley*]
- Heutzutage wird kaum ein Mädchen Loreley genannt. [Text *Nur eine von 10.000*]

Épreuve 3 : Note finale sur 20 points	
Premier temps (épreuve écrite)	Second temps (épreuve orale) :
Compréhension de l'oral Compréhension de l'écrit — sur 30 points Expression écrite	Expression orale Interaction orale — sur 10 points

Épreuve écrite

Durée › 2 heures

L'ensemble de l'épreuve écrite porte sur l'axe 5 du programme : **Fictions et réalités**.
Elle s'organise en différentes parties :

- **compréhension de l'oral**
- **compréhension de l'écrit**
- **expression écrite**

Vous allez entendre trois fois le document de la compréhension de l'oral.
Les écoutes seront espacées d'une minute.
Vous pouvez prendre des notes pendant et entre les écoutes.
À l'issue de la troisième écoute, vous organiserez votre temps comme vous le souhaitez pour :

- rendre compte du document oral en français
- traiter le sujet de compréhension de l'écrit en allemand
- traiter le sujet d'expression écrite en allemand

L'axe
Prenez connaissance de l'axe culturel toujours indiqué en tête du dossier : il permet d'appréhender la problématique dans laquelle s'inscrit la thématique du dossier. La réponse à l'item 5 et 6 de la consigne nécessite que vous vous y référiez.

Le type de document
Il s'agit d'un document vidéo. Si les images constituent une aide sur laquelle vous pouvez vous appuyer (elles illustrent, voire explicitent le propos), il ne s'agit en aucun cas de décrire tout ce que vous voyez. Le guidage vous aidera à rendre compte des informations importantes. Lisez-le attentivement.

COMPRÉHENSION DE L'ORAL

Titre du document :

Der Rattenfänger von Hameln: eine wahre Geschichte?

Lisez bien le titre de la vidéo que vous allez visionner.
Vous connaissez sans nul doute le mot *Geschichte*, mais connaissez-vous l'histoire dont il est question ? Si tel est le cas, cela vous facilitera grandement la compréhension du propos.
Le point d'interrogation annonce un questionnement. Faites le lien avec la problématique de l'axe, telle que vous l'avez abordée dans les chapitres 7 et 8. À votre avis, quel peut être ce questionnement ?

01:30

↑ *200 Jahre Grimm* © DW, 2016

Le début du document
Soyez attentif au début de la vidéo. C'est souvent dans les premières secondes que sont évoqués le thème et le contexte que vous allez devoir expliquer.

En rendant compte, en français, du document, vous montrerez que vous avez compris :

- le thème principal du document ;
- ce qu'explique la voix off et les faits rapportés ;
- ce qu'explique le personnage principal et les personnes qui s'expriment ;
- les éventuels éléments implicites du document ;
- la fonction et la portée du document (relater, informer, convaincre, critiquer, dénoncer, etc.) ;
- le lien avec l'axe culturel.

Repérez les personnes qui s'expriment, les faits, lieux et époques. Pour ce faire, appuyez-vous sur les images, les mots transparents et sur toutes les indications qui apparaissent à l'écran.

Vous pouvez à présent rassembler vos informations et rédiger un compte rendu structuré, en français.

COMPRÉHENSION DE L'ÉCRIT

Titre du document :

Schneewittchen[1] kommt aus Bad Wildungen und die sieben Zwerge aus Bergfreiheit

Das weltberühmte Märchen „Schneewittchen und die sieben Zwerge" der Brüder Grimm, hat erstaunlich viel Ähnlichkeit mit der Lebensgeschichte der Tochter Margarethe des hessischen Grafen[2] Philipp IV. von Wildungen. Sie wurde 1533 geboren und nur 21 Jahre alt. Ihr Leben bestimmt offensichtlich den Leitfaden des Märchens. Die Grimms haben die Märchen bekannterweise nicht erfunden, sondern aus Erzählungen und Überlieferungen von der Bevölkerung neu geordnet und aufgeschrieben. Aus Unterlagen der Grimms geht hervor, dass eine Fassung des Märchens Schneewittchen auf Erzählungen des Theologen und Germanisten Ferdinand Siebert, welcher im Kellerwald tätig war, zurückzuführen ist[3]. Bis zur uns heute endgültig bekannten Fassung des Märchens entwickelten die Grimms verschiedene Varianten, die die Phantasie der Menschen aller Länder immer wieder neu anregen - die Motive im Märchen blieben jedoch immer gleich.

Das bekannte Märchen der Gebrüder Grimm erzählt von einer Königin, die wünschte sich ein Kind so weiß wie Schnee, so rot wie Blut und so schwarz wie Ebenholz. Als sie eine Tochter gebar, bei deren Geburt sie starb, wurde diese deshalb Schneewittchen genannt. Der König nahm sich eine neue, sehr eitle Frau. Sie befragt mehrmals ihren Zauberspiegel nach der Schönsten im ganzen Land. Als Schneewittchen aber sieben Jahre alt war, antwortete dieser zum Entsetzen der Königin: „Frau Königin, ihr seid die Schönste hier, aber Schneewittchen ist tausendmal schöner als ihr." Daraufhin beauftragte die eifersüchtige Königin einen Jäger das schöne Mädchen zu töten. Dieser hatte aber Mitleid und ließ es laufen. Schneewittchen irrte durch den wilden Wald und fand schließlich Unterschlupf im Häuslein der sieben Zwerge hinter den sieben Bergen. Letztendlich gelingt der Königin der Mord mit einem giftigen Apfel. Als ein Prinz das schöne Mädchen im Sarg erblickte, verliebte er sich in die schlafende Schönheit und kann es im Märchen wiederbeleben und heiraten.

1. **Schneewittchen und die sieben Zwerge** Blanche-Neige et les Sept Nains
2. **der Graf** le comte
3. **auf etwas zurückführen** renvoyer à qqch.

Le titre révèle souvent le contenu du texte et en résume l'idée principale. Lisez-le attentivement. Prenez aussi connaissance de la note de bas de page qui vous apporte une indication précieuse. Le personnage de Blanche-Neige vous est sans doute déjà connu. Qui peuvent bien être *die sieben Zwerge* mentionnés un peu plus loin ? Et quelles autres informations le titre vous livre-t-il ?

Le lien entre les documents
Les différents documents du dossier entretiennent un lien entre eux. Anticipez votre lecture en ayant en tête l'axe abordé : quel peut bien être le propos commun ?

Ce texte est bien structuré. Identifiez-en le plan. Résumez d'abord, en une ou deux phrases, le contenu de chaque partie ; votre compte rendu s'en trouvera ensuite facilité.

Ce passage mentionne plusieurs personnages.
Faites un tableau et listez pour chaque personnage toutes les informations contenues dans tout le texte. Qui étaient les frères Grimm ?

Vous reconnaissez sans doute ici l'histoire de Blanche-Neige. Il vous sera facile de comprendre ce passage. Rassemblez vos souvenirs d'enfance !

Forscher Eckhard Sander hebt drei wesentliche Übereinstimmungen[4] des Märchens mit dem Wildunger Grafengeschlecht von Waldeck aus dem 16. Jahrhundert hervor, die über Erzählungen in das Märchen der Brüder Jakob und Wilhelm Grimm eingeflochten[5] wurden.

1. **Das Schicksal der schönen Grafentochter Magaretha.**

   Geboren wird Margaretha im Jahre 1533 auf dem Schloss in Altwildungen. Ihre Mutter Margarethe, stirbt bei der Geburt eines weiteren Mädchens. Der Vater, Graf Philipp IV., heiratete 1539 Catharina von Hatzfeld. Die ausgesprochen schöne Tochter Margaretha bekam damit im Alter von 6 Jahren eine kinderlose strenge Stiefmutter. Sie stirbt unerwartet am 15.03.1554 im Alter von gerade einmal 21 Jahren. In der waldeckischen Grafschaft vermutet man, an Gift.

2. **Die einmaligen Einzimmerhäuser von Bergfreiheit.**

   Die kleinen Häuser der ersten Bergarbeiter, man nennt sie auch Einraumhäuser, die in dem idyllisch gelegenen Ort Bergfreiheit noch heute in ihrer einzigartigen Architektur vorhanden sind, entsprechen durchaus realistisch der Beschreibung des Zwergenhauses im Märchen.

3. **Die schwere Kinderarbeit im Bergwerk[6] Bergfreiheit.**

   Kinderarbeit im Bergbau, die zu Lebzeiten Magarethas üblich war, kann in Bergfreiheit nachgewiesen[7] werden. Die schweren Arbeitsbedingungen im Berg, schlechte Ernährung, verursachten, dass die Kinder auch als Erwachsene klein blieben und vorzeitig alterten. Mit ihren Filzkappen, die sie vor Steinschlag schützen sollten, sahen sie dann aus wie die Zwerge im Märchen.

---
4. **die Übereinstimmung** la concordance
5. **einflechten** mêler
6. **das Bergwerk** la mine
7. **nachweisen** vérifier, prouver

↑ Nach: http://www.schneewittchendorf.com/schnees1.htm

Prêtez ici attention à la forme du texte, aux paragraphes en retrait, numérotés et introduits par des titres imprimés en gras. Quel est le lien entre ces paragraphes et les lignes 31 à 34? Pourquoi les titres sont-ils indiqués en gras ?

Qui est Margaretha ? Qu'apprend-à son sujet ? Quel est son lien avec Blanche-Neige ? Remémorez-vous l'axe ici abordé : « Fictions et réalités ».

Repérez les noms des lieux. Ils sont cités dans le titre et ont certainement une importance. Expliquez !

Qu'apprend-on au sujet de Bergfreiheit ? Repérez dans les titres tous les éléments associés à ce lieu (l. 45, l. 47, l. 51). Lisez bien aussi les notes de bas de page qui vous éclairent sur le sens de certains mots.

Au terme de l'analyse que vous venez d'effectuer, vous disposez de nombreuses informations dont vous allez pouvoir rendre compte. Tout ce que vous avez compris sera valorisé.

COMPRÉHENSION DE L'ÉCRIT

Fassen Sie den Text auf Deutsch zusammen.
Beachten Sie dabei folgende Fragen.

a. Was können Sie über folgende Punkte sagen?
- Art und Thema des Dokuments
- Personen und Figuren, die erwähnt werden
- Epoche, um die es geht
- Erwähnte Daten und Fakten

b. Was können Sie über die Form des Textes und die Absicht des Autors sagen?

c. Inwiefern stellen die Dokumente des Hörverstehens und des Leseverstehens verschiedene, gleiche oder komplementäre Aspekte dar?

Le guidage
Ces questions constituent un guidage qui vous permettra de n'oublier aucun élément essentiel dans votre compte rendu. Vérifiez que vous les avez toutes traitées. Quel que soit l'ordre dans lequel vous les abordez, veillez à proposer un texte construit et cohérent.

La question a cible les éléments explicites.

Observez bien la forme du texte (la disposition des différents éléments, les paragraphes, les parties numérotées, les retraits,...). Interrogez-vous sur la fonction des titres. L'organisation du texte, visible au premier regard, constitue un facilitateur : elle vous permet de mieux vous orienter dans le document et d'appréhender l'articulation des idées.

Comparez les deux documents (oral et écrit) : les informations apportées par le texte viennent-elles contredire, conforter ou compléter celles contenues dans la vidéo précédemment visionnée? Vous devez montrer que vous avez compris la cohérence du dossier.

EXPRESSION ÉCRITE

Behandeln Sie Thema A oder Thema B (mindestens 120 Wörter).

Les sujets
Vous aurez toujours le choix entre deux sujets. Traiter les deux ne vous rapportera pas de points supplémentaires et vous fera perdre un temps précieux.

Thema A

Lesen Sie folgende Aussagen, die die Internauten zu diesem Artikel gemacht haben. Welche entspricht am ehesten Ihrer Meinung? Belegen Sie Ihre Antwort mit konkreten Beispielen.

Leonard
Ich habe erfahren, dass die Märchen der Gebrüder Grimm eigentlich wahre Geschichten sind. Ich bin so enttäuscht!

Susie
Ich finde es toll, dass an Märchen etwas Wahres daran ist!

Matthias
Egal, ob wahr oder erfunden! Hauptsache, ich habe Spaß am Lesen!

Prenez le temps de bien lire chaque avis. Duquel vous sentez-vous le plus proche et surtout, lequel êtes-vous le mieux en mesure de défendre en fonction des moyens linguistiques dont vous disposez ?

Veillez à développer suffisamment vos idées en les argumentant. Efforcez-vous de proposer une réponse bien organisée, en respectant le principe suivant : Commencez par une brève introduction dans laquelle vous expliquez quel avis est le plus proche du vôtre. Développez ensuite vos arguments, en les accompagnant chacun d'un exemple précis. Pour cela, remémorez-vous ce que vous avez étudié en cours. Terminez par une conclusion qui reprend votre avis et synthétise l'argumentation que vous avez développée.

ODER

Thema B

An Ihrer Schule wurde ein Märchenerzählnachmittag organisiert. Berichten Sie von der Aktion, wann sie stattgefunden hat, wer dabei war und wie das Publikum reagiert hat. Wie haben Sie die Aktion gefunden? Warum? Erzählen Sie.

Il vous est facile de rendre compte d'une manifestation qui aurait pu être organisée dans votre établissement. Il vous faut certes raconter comment elle s'est déroulée en essayant de vous représenter les choses, mais surtout parler de son intérêt à vos yeux. L'expression de votre point de vue a donc une importance essentielle. Ne passez pas à côté pour ne pas perdre des points précieux et ne perdez pas de vue la problématique de l'axe « Fictions et réalités ».

Épreuve orale

Durée > 10 minutes

L'épreuve d'expression orale se déroule en deux temps :

1. un temps d'**expression orale en continu** (un exposé de 5 min) ;
2. un temps d'**expression orale en interaction** (5 min d'échange avec l'examinateur / examinatrice).

EXPRESSION ORALE

L'expression orale
Vous avez le choix entre deux supports. Il s'agit d'expliquer, en allemand, lequel illustre le mieux selon vous l'axe culturel « Fictions et réalités ».

Vous devez vous exprimer pendant environ cinq minutes, en continu, à partir de la question suivante :

Welches der beiden Dokumente passt Ihrer Meinung nach besser zur Thematik „Fictions et réalités“? Warum?

Begründen Sie Ihre Wahl mit dem, was Sie gelernt haben.

Votre choix
Prenez le temps de bien regarder les deux images. Ce qui compte, c'est votre capacité à expliciter votre choix de manière pertinente et à l'expliciter en vous appuyant sur vos connaissances. Remémorez-vous ce que vous avez étudié en cours, en lien avec l'axe et les problématiques abordées.
N'oubliez pas de problématiser et de structurer votre exposé.

Dokument A

↑ Ein Märchenbuch ist eine Welt voller Fantasie. (Symbolbild)

Cette image comporte deux parties. Quelles sont-elles ? Que représentent-elles ? Quel est le rapport entre elles ?
Quel est le message véhiculé et le rapport avec l'axe « Fictions et réalités » ? Vous semble-t-il évident ? La légende vous met-elle sur la voie ? Lisez-la bien !

Dokument B

↑ Die virtuelle Welt, das Märchen von Morgen? (Symbolbild)

Que fait cette petite fille ? Que voit-elle à votre avis ? Quel est le rapport avec l'axe « Fictions et réalités » ? La légende vous apporte-t-elle une réponse ? Laquelle ?

9 Genfood, nein danke!

Die Anti-Genfood-Bewegung in Deutschland: Panikmache oder Verantwortungsbewusstsein?

- **Innovations scientifiques et responsabilité**

espace langues — Aide à la tâche
Grille d'(auto-)évaluation

Abschlussaufgabe

Meine Mindmap über Genfood
Ich erstelle eine Mindmap über das Thema „Genfood in Deutschland“ und stelle sie vor.

Deutschland: genfoodfreie Zone?

1 Bloß keine Gentechnik!

A. **Sehen Sie sich** das Video **an**. Was erfahren Sie über Genfood in Deutschland? Wie stehen die Deutschen dazu? (Video 25)

B. Was denken Sie über das Thema? Würden Sie gentechnisch manipulierte Lebensmittel essen?

↑ Genfood in Deutschland

C. **Lesen Sie** den Text und **sehen Sie sich** die Karte **an**.

a. Was ist eine gentechnikfreie Kommune?

b. In welchen Regionen Deutschlands gibt es mehr oder weniger? Warum wohl?

Gentechnikfreie Kommunen

Über 350 Städte und Kommunen in ganz Deutschland haben sich mittlerweile gentechnikfrei erklärt. Eine gentechnikfreie Kommune ist eine Stadt oder eine Gemeinde, die sich verpflichtet, die Verwendung gentechnisch veränderter Pflanzen und gentechnisch veränderten Saatguts auf allen eigenen Flächen zu verbieten.

↑ BUND, www.gentechnikfreie-regionen.de

Gentechnikfreie Kommunen in Deutschland

Stand: 24.07.2019

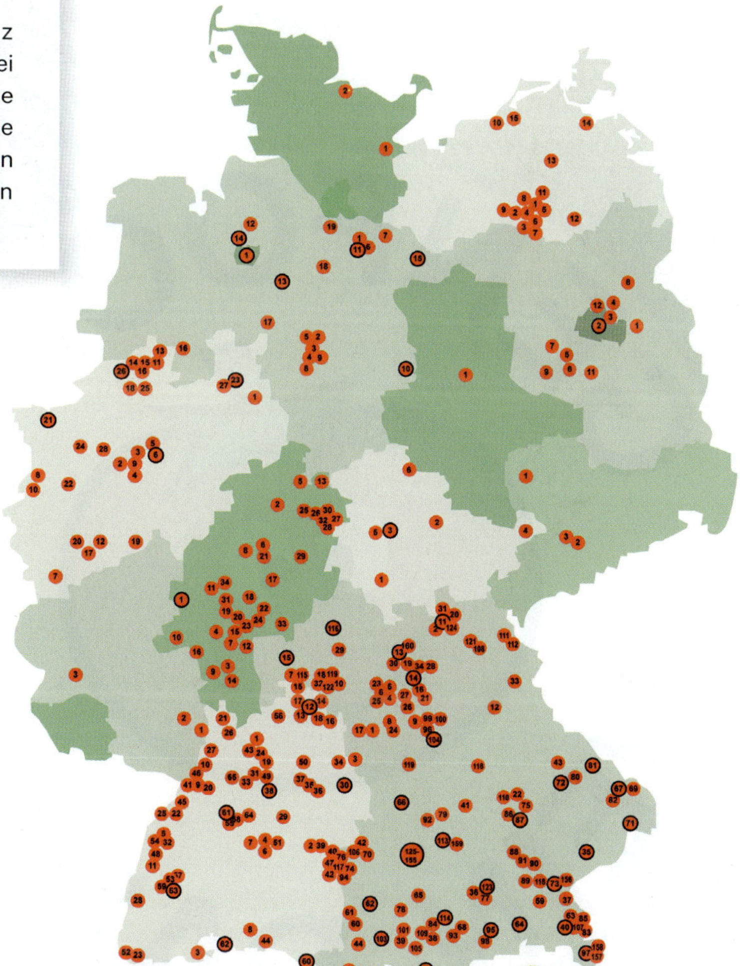

Gentechnikfreie Regionen in Deutschland

D. Verwundert Sie die Anzahl? Wie ist es in Frankreich?

E. **Sehen Sie sich** den ersten Teil der Reportage **an**. Was erfahren Sie über Gentechnik in alltäglichen Lebensmitteln und Produkten? (Video 26)

F. **Sehen Sie sich** das Video noch einmal **an**. (Video 26)

a. Warum wollen die Befragten kein Genfood?

b. Welche konkreten Argumente nennen sie?

↑ Was haben wir gegen Genfood?

Ohne Gentechnik

2 Umdenken in der Zukunft?

A. Lesen Sie den Text.
a. Wer sind die „Grünen"?
b. Was erfahren Sie über die Gentechnik-Diskussion bei den Grünen?

BÜNDNIS 90 DIE GRÜNEN

Streit über Gentechnik

Die Grünen diskutieren, ob sie offener gegenüber Gentechnik in der Landwirtschaft werden sollten. Die Skepsis in der Partei ist groß.

Gentechnik ist das Teufelswerkzeug[1] der Agrarindustrie, gefährlich für Gesundheit und Umwelt. So könnte man die Sicht der Grünen auf Gentechnik zusammenfassen. Die Partei ist seit jeher dagegen. Noch im Wahlprogramm zur Bundestagswahl 2017 schrieb sie, dass ein Nachweis[2] für die Unbedenklichkeit gentechnisch veränderter Pflanzen fehle. Nun, ein gutes halbes Jahr später, ist sich die Partei mit ihrer grundsätzlichen Ablehnung plötzlich nicht mehr so sicher.

„Biotechnologie, Nanotechnologie oder Gentechnik können Krankheiten ausrotten oder heilen, sie können Leben verlängern – theoretisch sogar den Tod überflüssig machen", schreibt der Bundesvorstand in einem Impulspapier, das bis 2020 zu einem neuen Grundsatzprogramm der Grünen führen soll. Man solle doch noch einmal hinterfragen, „ob bestimmte neue Technologien nicht helfen könnten, die Versorgung mit Nahrungsmitteln auch dort zu garantieren, wo der Klimawandel für immer weniger Regen oder für versalzenen Boden sorgt".

In den ersten zehn Tagen nach Erscheinen des Papiers zeigte sich allerdings: Die Gentechnikwende der Grünen wird mühsam[3]. In der Partei regt sich massiver Widerstand. In zentralen Punkten ihres Programms beruft sich die Partei auf wissenschaftliche Erkenntnisse, etwa beim Klimawandel. Gentechnik verteufelt sie, obwohl zahlreiche renommierte Wissenschaftsorganisationen weltweit keine Gesundheits- oder Umweltgefahren sehen.

Die nun angestoßene Gentechnik-Debatte wäre eine Chance, diese Erkenntnisse künftig zu berücksichtigen[4].

Julia Merlot, *SPIEGEL Wissenschaft*, 17.04.2018

1. **das Teufelswerkzeug** l'instrument du diable
2. **der Nachweis** la preuve
3. **mühsam** pénible, laborieux
4. **etwas berücksichtigen** prendre en compte qqch.

B. Sehen Sie sich die Karikatur **an**. Was wird hier kritisiert?

C. Sehen Sie sich nun den zweiten Teil der Reportage **an**.
a. Warum gibt es keine Gentechnik in der deutschen Landwirtschaft?
b. Wer ist der BUND?
c. Was sagt der BUND zum Thema Gentechnik?

D. Wie ist der Ton der Reportage? Ist die Reportage rein informativ? **Begründen Sie** Ihre Antwort. BAC

E. Sehen Sie sich das Video noch einmal **an**.
Was ist das Fazit der Reportage?

espace langues — Cahier interactif CE / CO

Grammatik

La place du verbe conjugué → p. 150 / ex. p. 168
Gentechnik **ist** schlecht für alle.

Sein, haben et les verbes de modalité au subjonctif II → p. 148 / ex. p. 168
Gentechnik **könnte** helfen, Probleme der Menschheit zu lösen.

La concession avec obwohl → p. 152 / ex. p. 168
Sie sind gegen Gentechnik, **obwohl** es keine eindeutigen Studien dazu gibt.

Gentechnik

Prof. 54 Élève 50

- das Gen (-e)
- gentechnisch
- gentechnikfrei = ohne Gentechnik
- das Nahrungsmittel (-) = das Lebensmittel (-)
- das Genfood = gentechnisch veränderte Nahrungsmittel
- das Produkt (-e)
- die Kennzeichnung (-en) → etwas kennzeichnen
- etwas kategorisch / vehement ablehnen
- die (grundsätzliche) Ablehnung (Sg.)
- der / die Verbraucher/in

Gentechnikfreie Kommunen

Prof. 55 Élève 51

- die Landwirtschaft (Sg.)
- die Region (-en)
- die Gemeinde (-n) = die Kommune (-n)
- sich zu etwas verpflichten
- die Pflanze (-n)
- das Saatgut (Sg.)
- das Tierfutter (Sg.)
- etwas anbauen / produzieren
- gentechnikfreie Produkte anbieten / verwenden

Wissenschaftlicher Fortschritt und Verantwortung

espace langues – Fiche d'entraînement lexical, Cahier interactif

Die Anti-Genfood-Bewegung in Deutschland: Panikmache oder Verantwortungsbewusstsein?

Panikmache

Prof. 56 Élève 52

- vor etwas Angst haben = etwas befürchten
- falsche / nicht ausreichende Informationen verbreiten
- eine Gefahr für Gesundheit und Umwelt
- das Risiko (Risiken) → risikoreich
- etwas verteufeln
- Panik auslösen
- die Antibiotikaresistenz (-en)
- neue Allergien auslösen

Verantwortungsbewusstsein

Prof. 57 Élève 53

- zum Wohl der Menschheit und Umwelt = nachhaltig denken / handeln
- die Natur / die Umwelt schützen
- der Klimawandel (Sg.)
- die Versorgung mit Nahrungsmitteln
- die Skepsis (Sg.)
- offen gegenüber etwas sein
- über etwas diskutieren
- neue Debatten anstoßen
- der Nachweis (-e)
- wissenschaftliche Erkenntnisse (Pl.)
- die Unbedenklichkeit (Sg.)
- unbedenklich = harmlos
- kurzfristig ≠ langfristig
- Vorsichtsmaßnahmen ergreifen
- demonstrieren
- mehr Transparenz fordern

10 Mensch nach Maß

Klonen und Gentechnik: (k)eine Option in Deutschland?

- **Innovations scientifiques et responsabilité**

„Eugenik, Euthanasie und Selektion: Das sind Begriffe, die in Deutschland mit schlimmen Erinnerungen verbunden sind. Sie rufen deshalb – zu Recht – emotionale Abwehr hervor.
Die Erfahrung, die wir mit dem Nationalsozialismus gemacht haben, speziell mit Forschung und Wissenschaft im Dritten Reich, muss für die ethische Urteilsfindung – nicht nur bei uns – eine ganz wichtige Rolle spielen.
Niemand darf vergessen, was damals auch in Wissenschaft und Forschung geschehen ist. Wer einmal anfängt, menschliches Leben zu instrumentalisieren, wer anfängt, zwischen lebenswert und lebensunwert zu unterscheiden, der ist in Wirklichkeit auf einer Bahn ohne Halt."

Berliner Rede, 2001, Bundespräsident Johannes Rau

§

Seit 1991 gilt in Deutschland das Embryonenschutzgesetz (ESchG). Dieses Gesetz bestraft unter anderem diejenigen Personen mit bis zu fünf Jahren Gefängnis, die versuchen, genetische Informationen bestimmter menschlicher Zellen zu verändern oder einen menschlichen Klon herzustellen.

espace langues – Aide à la tâche – Grille d'(auto-)évaluation

Abschlussaufgabe

Das ESchG
Ich schreibe einen Artikel für die Schülerzeitung und nehme darin Stellung zur Frage: „Glauben Sie, dass das Embryonenschutzgesetz in Deutschland in den nächsten Jahren aufgegeben wird?"

1 Gentechnik und Klonen

28

A. Sehen Sie sich das Video **an.**

a. Was erfahren Sie über die Entwicklung des Klonens?

b. Welche Möglichkeiten gibt es in der Zukunft?

c. Welche Risiken gibt es?

↑ Menschen können geklont werden!

B. Sehen Sie sich die Infografik **an**. Wie steht man in Deutschland zur Gentechnik und zum Klonen?

C. Und Sie? Wie stehen Sie persönlich zum Klonen von Menschen? **Erklären Sie**.

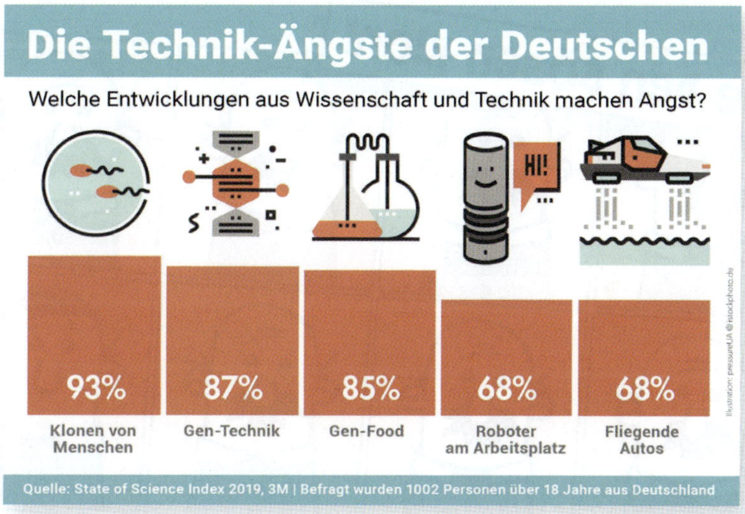

D. Lesen Sie den Infotext (S. 91) und den Artikel unten.

a. Wie ist das aktuelle Gesetz zum Klonen in Deutschland?

b. Was fordern die Wissenschaftler? Und warum?

Angriff auf den deutschen Embryonenschutz

Genforscher sollen auch in Deutschland an Embryonen forschen dürfen, fordern Mitglieder der Nationalakademie. Wackelt jetzt das Embryonenschutzgesetz?

Elf Gelehrte, darunter Medizinethiker und -juristen, Philosophen und Lebenswissenschaftler, fast alle Mitglieder der Nationalakademie Leopoldina, wollen das 1990 erlassene Embryonenschutzgesetz zu Fall bringen[1]. Für Reagenzglasversuche[2] an Embryonen soll auch in Deutschland der Weg frei gemacht werden, und zwar mit dem Ziel, medizinische Fortschritte zu erzielen und die internationale Zusammenarbeit mit Embryonenforschern zu ermöglichen. „Embryonen, die keine reale Lebenschance haben, sollten nach Meinung der Autoren für die Forschung verwendet werden dürfen", heißt es in einem gemeinsamen Diskussionspapier der zehn Akademiker. Zur Debatte gestellt werden also Experimente an sogenannten „überzähligen" Embryonen, die in Reproduktionskliniken eingelagert sind und nach künstlichen Befruchtungen nicht mehr für die Erzeugung einer Schwangerschaft benötigt werden. [...]

Im politischen Berlin gab es bislang allerdings wenig Interesse, sich dieses weltanschaulich brisanten Themas anzunehmen. Tatsächlich ist der restriktive deutsche Embryonenschutz international fast schon eine Ausnahmeerscheinung[3].

„Die Liberalisierungstendenzen zwingen uns, neu nachzudenken", sagt Jochen Taupitz, Medizinjurist an der Universität Mannheim und einer der Mitautoren des Papiers. Das Diskussionspapier soll der Versuch sein, eine breite gesellschaftliche Debatte anzustoßen.

↑ Joachim Müller-Jung, *FAZ*, 29.03.2017

1. **ein Gesetz zu Fall bringen** faire abroger une loi
2. **der Reagenzglasversuch** la recherche embryonnaire in vitro
3. **die Ausnahme** l'exception

2 Menschen aus dem Katalog?

↑ Schöne neue Gentechnik

A. Sehen Sie sich das Erklärvideo **an**.
a. Welche Möglichkeiten gibt es durch wissenschaftliche Fortschritte?
b. Welche Meinungen und Argumente hört man im Video?

B. Lesen Sie den Romanauszug.
a. Was ist das Thema der Diskussion zwischen Jonas und Ilka?
b. Welche Positionen vertreten sie jeweils?
c. Und welche Argumente führen sie an?

In *Duplik Jonas 7* skizziert Birgit Rabisch eine zukünftige Welt, in der menschliche Klone produziert werden, um als Organlieferanten zu dienen. In ihrem 1992 erschienen Roman setzt sich die Autorin außerdem mit den positiven und negativen Aspekten der Gentechnik auseinander.

Jonas: »Aber wie kann eine Frau es heute noch verantworten, ein möglicherweise behindertes Kind in die Welt zu setzen? Das begreife ich einfach nicht. Wäre er dann ein glücklicher Mensch? Und die Kosten, die der Gesellschaft dadurch entstanden sind! Ich finde es jedenfalls völlig in Ordnung, dass wilde Schwangerschaften heute praktisch unmöglich geworden sind, seit alle Männer mit achtzehn Jahren sterilisiert werden.«

Ilka stemmt die Hände in die Hüften: »Ja, und dann wird das Kind im Reagenzglas hergestellt, bis das Wunschkind endlich auf der Welt ist. Toll, kann ich nur sagen, wirklich toll!«

»Warum sagst du das so zynisch? Was ist falsch daran, nur möglichst gesunde Kinder zur Welt kommen zu lassen? Denkst du vielleicht auch mal an all das Leid, das eine schwere Krankheit oder Behinderung für das Kind und die Eltern bedeutet?«

»Falsch finde ich, dass die Gesellschaft bestimmt, wer ein Lebensrecht hat und wer nicht. Eltern dürfen sich gar nicht mehr für ein behindertes[1] Kind entscheiden. Ein Embryo, der nicht der DIN-Norm entspricht[2], ist nur noch gut für die Forschung.«

»Du kannst doch nicht leugnen[3], dass es ein Fortschritt ist, wenn nur Menschen geboren werden, die den Belastungen optimal gewachsen sind. Mensch sein, das heißt doch gerade eingreifen[4] können, verändern können. Und nicht nur die Natur, sondern auch sich selbst. Der Mensch kann nicht die ganze Welt gestalten, aber sich selbst unangetastet lassen.«

↑ Birgit Rabisch, *Duplik Jonas 7*

1. **behindert** en situation de handicap
2. **der Norm entsprechen** être conforme à la norme
3. **leugnen** nier
4. **eingreifen** intervenir, procéder à une intervention

C. Wem geben Sie Recht? Und warum? **Tauschen Sie sich aus.**

D. Inwiefern illustriert die Karikatur (S. 91) die Botschaft von Bundespräsident Johannes Rau? **Erklären Sie.** BAC

espace langues Cahier interactif CE / CO

Grammatik

Les verbes de modalité → p. 145 / ex. p. 169
Eltern **dürfen** sich nicht mehr für ein behindertes Kind entscheiden.

Les pronoms relatifs wer, was et wo → p. 153 / ex. p. 169
Die Gesellschaft bestimmt, **wer** ein Lebensrecht hat.

La condition avec wenn → p. 153 / ex. p. 169
Es ist Fortschritt, **wenn** nur perfekte Menschen geboren werden.

Klonen und Gentechnik

Prof. 58
Élève 54

- das Klonen = die künstliche Erzeugung eines Menschen
- klonen = duplizieren
- identische Menschen herstellen
- der Klonversuch (-e)
- die Genforschung (Sg.)
- die Gentechnik (Sg.)
- die Genmanipulation (Sg.)
- die DNA / die Gene untersuchen

Fortschritt

Prof. 59
Élève 55

- neue Möglichkeiten eröffnen
- genetische Fehler korrigieren
- unheilbare Krankheiten / Erbkrankheiten / Behinderungen verhindern
- Gesundheitskosten einsparen
- die Schwangerschaft (-en)
- der Embryo (-s / -nen)
- gesunde / perfekte Babys herstellen
- Genies reproduzieren
- das Leben verlängern

Wissenschaftlicher Fortschritt und Verantwortung

espace langues – Fiche d'entraînement lexical – Cahier interactif

Klonen und Gentechnik: (k)eine Option in Deutschland?

Gefahren und ethische Fragen

Prof. 60
Élève 56

- die Gefahr (-en)
- das Risiko (Risiken)
- Embryonen herstellen ≠ Embryonen zerstören
- als Organlieferant dienen
- die künstliche Selektion
- lebenswerte Menschen oder Eigenschaften auswählen
- der Eingriff in die (menschliche) Natur
- Gott spielen
- skrupellos sein ≠ Skrupel haben
- durch ein Gesetz kontrollieren = regulieren
- erlauben ≠ verbieten
- ein ethisches Problem darstellen

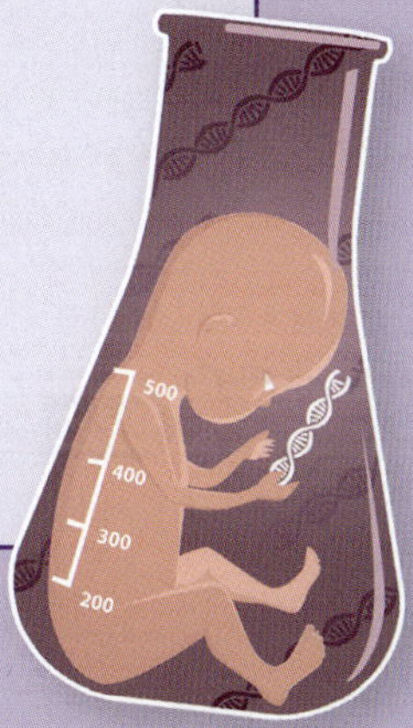

Zwischen Erkenntnis und Verantwortung

- Lise Meitner und Otto Hahn entdecken die Kernspaltung, Basis für die Atomenergie und Lösung des Energieproblems. [Text *Entdeckung der Kernspaltung*]
- Beide sind von den Atombomben geschockt und sind gegen eine militärische Nutzung der Atomenergie. [Text *Entdeckung der Kernspaltung*]
- „Göttinger 18" ist eine Gruppe von renommierten Wissenschaftlern, die sich radikal gegen Atomwaffen in der BRD positioniert. [Video *Die Verantwortung der Wissenschaft in der Gesellschaft*]
- Joseph Weizenbaum, der Erfinder des Computers, machte eine wichtige Entdeckung; heute plädiert er für eine sinnvolle und verantwortungsvolle Nutzung der Technik. [Video *Plug & Pray*]
- Ehemaliger Bundespräsident Rau fordert Fortschritt nach Maß: Bei allen wissenschaftlichen Entdeckungen soll immer überlegt werden, welche Grenzen überschritten werden dürfen und welche nicht. [Text *Für einen Fortschritt nach menschlichem Maß*]

Wie viel Gewissen braucht die Wissenschaft?

$E=mc^2$ (1re)

Atomkraft? Nein, danke!

- Deutsche demonstrieren gegen die Folgen der Atomenergie und haben Angst vor einem Atomunfall, auch Atommüll macht Sorgen. [Bildmaterial, Text Gudrun Pausewang *Die Wolke*]
- Nach Fukushima hat Deutschland viele Atomreaktoren abgeschaltet, leider ist es eines der einzigen Länder der Welt. [Text *Deutschland: Nummer eins beim Atomausstieg?*]
- In Deutschland sind nur noch wenige Atomkraftwerke aktiv und die sollen bis 2022 abgeschaltet werden. [Infografik *Atomkraftwerke in Deutschland*]

Mensch oder Maschine?

- Es gibt eine allgemeine Angst vor Robotern, die die Menschen in der Zukunft ersetzen. [Video *EDEKA Weihnachten 2117*]
- Menschen haben besondere Angst davor, dass Roboter ihnen Arbeit und Arbeitsplätze wegnehmen. [Karikatur *Neulich in der Fabrikhalle*, Text *Angst vor dem Jobkiller Fortschritt*]
- Technik ist ein Motor für Innovation, aber auch Grund für viele Änderungen im Leben. [Text *Technik Radar*]
- Deutsche halten technischen Fortschritt für unaufhaltsam und wollen ihn nur im Einklang mit Umweltschutz und sozialer Gerechtigkeit. [Infografik *Technik Radar*]

Inwieweit ist man in Deutschland dem technischen Fortschritt gegenüber skeptisch eingestellt?

Immer nur nach vorn? (1re)

Wissenschaftlicher Fortschritt und Verantwortungsbewusstsein

Innovations scientifiques et responsabilité

Mensch nach Maß (Tle)

Klonen und Gentechnik: (k)eine Option in Deutschland?

Genfood, nein danke! (Tle)

Die Anti-Genfood-Bewegung in Deutschland: Panikmache oder Verantwortungsbewusstsein?

Deutschland: genfoodfreie Zone?

- 80% der Deutschen sind gegen Genfood, haben aber keine konkreten Argumente. [Video *Deutsche und Genfood*]
- Viele Regionen erklären sich genfoodfrei und verbieten den Anbau von genmanipulierten Pflanzen. [Text und Infografik *Gentechnikfreie Kommunen in Deutschland*]
- „Ohne Gentechnik": viele Produkte werden so gekennzeichnet, aber in vielen anderen Produkten ist Gentechnik, ohne dass man es weiß. [Video *Deutsche und Genfood*]
- Selbst „Die Grünen" überlegen, ob ihre generelle Ablehnung an die aktuellen Zeiten angepasst werden sollte. [Text *Streit über Gentechnik*, Karikatur *Gentechnik*]
- Der BUND warnt: Es gibt keine langfristigen Studien und Genfood bleibt also risikoreich. [Video *Deutsche und Genfood*]

Fortschritt zum Wohle der Menschheit?

- Erfahrungen im Nationalsozialismus prägen die deutsche Ethik in der Wissenschaft. [Text *Berliner Rede*]
- Klonen von Affen zum ersten Mal in China gelungen, Menschenklonen ist also bald möglich, in Deutschland ist es verboten. [Video *Menschen können geklont werden!*]
- Deutsche Bevölkerung ist radikal gegen Klonen und Gentechnik. [Infografik *Die Technik-Ängste der Deutschen*]
- Deutsche Wissenschaftler fordern Lockerung vom ESchG, dem Gesetz, was die genetische Veränderung und das Klonen in Deutschland verbietet. [Text *Angriff auf den deutschen Embryonenschutz*]
- Neue Technik macht gezielte genetische Änderungen möglich. Das macht vielen Angst, aber man kann damit Erbkrankheiten und Behinderungen verhindern. [Video *Schöne neue Gentechnik*]
- Entscheidet also bald die Gesellschaft, wer leben darf und wer nicht? [Text Birgit Rabisch *Duplik Jonas 7*]

Épreuve 3 : Note finale sur **20 points**	
Premier temps (épreuve écrite)	**Second temps (épreuve orale) :**
Compréhension de l'oral Compréhension de l'écrit — sur **30 points** Expression écrite	Expression orale Interaction orale — sur **10 points**

Épreuve écrite

Durée › **2 heures**

L'ensemble de l'épreuve écrite porte sur l'axe 6 du programme : **Innovations scientifiques et responsabilité**.
Elle s'organise en différentes parties :

- **compréhension de l'oral**
- **compréhension de l'écrit**
- **expression écrite**

Vous allez entendre trois fois la 1re partie (le document de la compréhension de l'oral).
Les écoutes seront espacées d'une minute.
Vous pouvez prendre des notes pendant et entre les écoutes.
À l'issue de la troisième écoute, vous organiserez votre temps comme vous le souhaitez pour :

- rendre compte du document oral en français
- traiter le sujet de compréhension de l'écrit en allemand
- traiter le sujet d'expression écrite en allemand

L'axe
Prenez connaissance de l'axe culturel toujours indiqué en tête du dossier : il permet de mieux appréhender les problématiques abordées dans les documents.

COMPRÉHENSION DE L'ORAL

Le type de document
Il s'agit d'un document vidéo. Attention ! Les images peuvent vous permettre de comprendre la situation d'énonciation (Qui parle ? À qui ? Avec quelle visée ?), mais il ne s'agit pas de les décrire. Concentrez-vous en priorité sur le contenu audio.

Titre du document :

Ein Pfleger namens Garmi: Wie ein Roboter in der Altenpflege helfen kann

Préparez-vous avant l'écoute en émettant des hypothèses à partir du titre du document : *Ein Pfleger namens Garmi: Wie ein Roboter in der Altenpflege helfen kann*. Pensez que le dossier traite de l'axe « Innovations scientifiques et responsabilité ».

30 — 01:30

↑ Stationen © Bayerischer Rundfunk, 2019

Le début du document
Soyez attentif au début de la vidéo. C'est, comme souvent, dans les premières secondes que sont évoqués le thème et le contexte qu'il vous faut expliquer.

En rendant compte, en français, du document, vous montrerez que vous avez compris :

- la nature du document
- le sujet traité
- les informations apportées par la voix off
- les différents points de vue de Steinbach et Haddadin
- le lien avec l'axe concerné
- la problématique culturelle abordée
- la fonction du document (informer, témoigner, convaincre, critiquer, dénoncer, ...) et sa portée.

La voix off
La voix off s'exprime en général dès le début de la vidéo : elle donne un aperçu du sujet abordé et du contexte. Elle commente, voire élucide les images. C'est un élément explicatif. Ecoutez-la bien.

Expliquez quels sont leurs arguments.

Fonction, portée, lien avec l'axe et problématique culturelle sont à traiter dans la conclusion de votre compte rendu.

COMPRÉHENSION DE L'ÉCRIT

Titre du document :

Künstliche Intelligenz braucht klare Regeln!

Innovationen müssen dem Menschen dienen. Deshalb braucht es klare Regeln und Gesetze für die Entwicklung und Anwendung digitaler Technologien.

Künstliche Intelligenz verändert unser Leben radikal. Auf ihr beruhen bereits heute Anwendungen[1], die das Leben und unsere Arbeit besser machen. Gerade weil die Technologie erhebliches Potenzial in sich trägt, fordert uns die Nutzung von Künstlicher Intelligenz auf, darüber nachzudenken, wie wir zukünftig arbeiten, lernen und leben wollen.

Bei allen technischen Möglichkeiten ist dabei für uns klar: Der Mensch steht im Mittelpunkt. So steht es in der KI-Strategie der Bundesregierung. Diesen Anspruch müssen wir jetzt erfüllen! Eine europäische Strategie der Künstlichen Intelligenz muss sich einpassen in unsere Vorstellung eines sozialen Europas, das Arbeitnehmerrechte[2] sichert, die Technologie für die Menschen nutzbar macht und zugleich die Souveränität des Einzelnen schützt. Deshalb müssen unsere Grundwerte bei der Entwicklung und Anwendung Künstlicher Intelligenz von Anfang an mitgedacht werden. [...]

Innovationen und gesellschaftliche Grundwerte müssen in Einklang gebracht werden. Und das wird nicht von allein passieren. Nur mit einer engagierten und aufgeklärten Zivilgesellschaft und einem starken Staat kann aus technologischem Fortschritt sozialer Forstschritt werden.

Unter allen Beteiligten besteht Einigkeit, dass wir eine KI wollen, die nachvollziehbar, transparent, diskriminierungsfrei, sicher und vertrauenswürdig ist. Wir sind uns sicher: Der Erfolg der Künstlichen Intelligenz wird nicht davon abhängen, wie viele neue Produkte wir entwickeln, sondern davon, ob die Menschen Vertrauen in diese Technologie und ihre Anwendung haben. Und dieses Vertrauen muss erworben und immer wieder aufs Neue unter Beweis gestellt werden. [...]

Der Anspruch „KI made in Germany" der deutschen KI Strategie muss dem Anspruch „Safety, Quality and Ethics by Design" gleichermaßen gerecht werden. Und dort, wo Künstliche Intelligenz in besonders kritischen

1. **die Anwendung** l'application
2. **das Arbeitnehmerrecht** le droit du travail

Le titre apporte des indices très utiles quant au contenu, à la nature et à la fonction du document. Prêtez attention à chaque mot et pour mieux comprendre le texte, faites le lien avec le document précédent.

Le chapeau
Le chapeau introductif, en caractères gras, apporte toujours des informations importantes, voire indispensables à la compréhension du document.

Pour identifier la situation d'énonciation (qui s'adresse à qui ?), demandez-vous qui désigne le pronom *wir* et à qui renvoie le déterminant possessif de 1re pers. du pluriel *unser*.

Lisez bien la première phrase de chaque paragraphe : elle résume l'idée principale qui se trouve ensuite développée. Ce constat facilite la compréhension.

Notez dans l'ensemble du document l'emploi récurrent des verbes de modalité *müssen* et *wollen*, ainsi que du verbe *brauchen* (cf. titre,...) et de son équivalent *bedürfen* (l. 33, l. 41). Qu'en déduisez-vous concernant le sens et la visée du message ?

Relevez les adjectifs et les mots associés à *KI* en lien avec *wir wollen*. Ont-ils une connotation positive ou négative ?

Bereichen zum Einsatz kommt, wie zum Beispiel im Straßenverkehr, in Krankenhäusern oder in anderen sensiblen Bereichen, bedarf es regelmäßiger Kontrollen. [...]

Ob Chatbots, die unsere Serviceanfragen bearbeiten, Software, die Stellenbewerber[3] bewertet, oder Algorithmen, die Entscheidungen über die Vergabe von Krediten treffen: Es geht um weitreichende Entscheidungen, die den Einzelnen und die gesamte Gesellschaft betreffen. Die Diskussion um das autonome Fahren zeigt, worum es im Kern geht: Die Nutzung von KI ist nicht nur eine Frage der Ethik, sondern eine Frage der Verantwortung, die klarer Regeln bedarf. Wir müssen im Umgang mit Künstlicher Intelligenz die Sicherheit und den Schutz des Individuums sicherstellen sowie den gesellschaftlichen Nutzen erhöhen. [...]

Richtig umgesetzt können KI-Systeme Wohlstand schaffen und die Gesellschaft gerechter und sicherer machen. Wenn Grundwerte von Anfang an in den Systemen verankert werden, kann KI Diskriminierungen und Benachteiligungen aufdecken und abbauen.

Die Frage, wer die Verantwortung für mögliche Fehler von Künstlicher Intelligenz trägt, ist derzeit nicht eindeutig geklärt. Wenn Algorithmen zukünftig in immer größerem Umfang Aufgaben und Entscheidungen für den Menschen vorbereiten oder gar übernehmen sollen, brauchen wir klare Regeln und Rechtssicherheit. Ohne diese wird es kein Vertrauen in die Anwendung von KI geben. Wir müssen von Anfang an die Voraussetzungen schaffen, die Entscheidung einer KI überprüfbar zu machen und gegebenenfalls dagegen vorgehen zu können, wenn zum Beispiel eine diskriminierende Entscheidung getroffen wurde oder eine Person zu Schaden kommt. Ebenso muss gelten, dass Menschen die Letztverantwortung[4] für derlei Entscheidungen behalten. Kein System kann perfekt sein, daher dürfen Fehler in der Technologie niemals als Alibi dienen[5].

3. **der Stellenbewerber** le demandeur d'emploi
4. **die Letztverantwortung** la responsabilité ultime
5. **als Alibi dienen** servir d'alibi

↑ Nach: Katarina Barley und Hubertus Heil, *Handelsblatt online*, 18.04.2019

Repérez les mots associés au concept de « KI made in Germany » (lignes 34 à 48) : *Kontrollen*, *Ethik*, *Verantwortung*, *Regeln*, *Sicherheit*, *Schutz*, *Wohlstand*,... Quel est le message véhiculé ?

Relevez les mots qui reviennent plusieurs fois, y compris les mots de la même famille (ex. *sicher*, *Sicherheit*,...), et tentez de reconstruire le sens. Il s'agit certainement de mots clés.

Le dernier paragraphe commence par le mot *Die Frage* qui évoque une problématique. Laquelle ?

Dans ce dernier paragraphe, un substantif est utilisé 4 fois. L'avez-vous repéré ? Il est forcément porteur de sens. Tentez d'identifier les autres mots clés.

Notez l'emploi des verbes de modalité *müssen*, *sollen*, *können* et *dürfen*, ainsi que celui du verbe *brauchen*. Comprenez-vous le message ?

La conclusion résume souvent l'idée générale. Lisez bien les lignes 58 à 60.

COMPRÉHENSION DE L'ÉCRIT

Fassen Sie den Text auf Deutsch zusammen.
Beachten Sie dabei folgende Fragen.

a. Was können Sie über folgende Punkte sagen?
- Art und Thema des Dokuments
- Beispiele, die erwähnt werden
- Erwähnte Daten und Fakten

b. Kommentieren Sie folgenden Satz: „Kein System kann perfekt sein, daher dürfen Fehler in der Technologie niemals als Alibi dienen." (Z. 58-60)

c. Was können Sie über die Form des Textes und die Absicht des Autors sagen?

d. Inwiefern stellen die Dokumente des Hörverstehens und des Leseverstehens verschiedene, gleiche oder komplementäre Aspekte dar?

La langue
Attention, le compte rendu est à rédiger en allemand !

Mobilisez les informations collectées et organisez votre texte.
Dans l'introduction, vous évoquerez la nature et le thème du document ainsi que les éléments situationnels.
Dans le développement, il s'agira de rendre compte des points principaux abordés dans le document en mettant en évidence sa cohérence globale.
Dans la conclusion, vous ferez le lien avec l'axe « Innovations scientifiques et responsabilité » et le document de compréhension de l'oral (points communs, différences, complémentarité).

EXPRESSION ÉCRITE

Behandeln Sie Thema A oder Thema B (mindestens 120 Wörter).

Thema A

Sollen Lehrer/innen und Erzieher/innen in der Zukunft durch KI ersetzt werden? Argumentieren Sie.

ODER

Thema B

Technologie verändert unser Leben entscheidend.

Schreiben Sie einen Artikel, in dem Sie erklären inwiefern der technische Fortschritt unser Leben verändert und welche Aspekte wir dabei beachten müssen.

Les sujets
Vous aurez toujours le choix entre deux sujets. Traiter les deux ne vous rapportera pas de points supplémentaires et vous fera perdre un temps précieux.
Lisez bien les deux sujets et choisissez celui qui vous semble le plus accessible à traiter en fonction des moyens langagiers dont vous disposez.

La structure
Veillez à développer suffisamment vos idées en les argumentant (sujet A) ou en les étayant d'exemples concrets (sujet B). Efforcez-vous de proposer une réponse bien organisée, en respectant le principe suivant :
Commencez par une brève introduction dans laquelle vous reformulez, avec vos propres mots, la question qui vous est posée (sujet A) ou reprenez la citation qui vous est proposée (sujet B), en énonçant le questionnement qu'elle soulève et auquel vous annoncez que vous allez apporter des réponses.
Développez ensuite vos arguments, en les accompagnant chacun d'un exemple précis. Terminez par une conclusion qui reprend votre avis ou synthétise l'argumentation que vous avez développée.

Le sujet B vous invite à rédiger un article. Vous devez respecter la forme et le style propre à ce type d'écrit.

Épreuve orale +

Durée > 10 minutes

L'épreuve d'expression orale se déroule en deux temps :
1. un temps d'**expression orale en continu** (un exposé de 5 min) ;
2. un temps d'**expression orale en interaction** (5 min d'échange avec l'examinateur / examinatrice).

L'expression orale
Vous avez le choix entre deux supports. Observez-les bien. Prêtez attention aux légendes. Appuyez votre choix sur les connaissances que vous avez acquises à la fois en 1re et en Tle, en lien avec l'axe « Innovations scientifiques et responsabilité ».

EXPRESSION ORALE

Vous devez vous exprimer pendant environ cinq minutes, en continu, à partir de la question suivante :

Welches der beiden Dokumente passt Ihrer Meinung nach besser zur Thematik „Innovations scientifiques et responsabilité"? Warum?

Begründen Sie Ihre Wahl mit dem, was Sie gelernt haben.

Pensez à bien structurer votre prise de parole. Commencez par définir les termes de la notion et développez ensuite votre propos. Attention : vous ne devez pas réciter un cours appris par coeur, mais appuyer votre exposé sur l'analyse de l'image que vous aurez choisie.

Dokument A

↑ Roboter als Babysitter (Symbolbild)

Dokument B

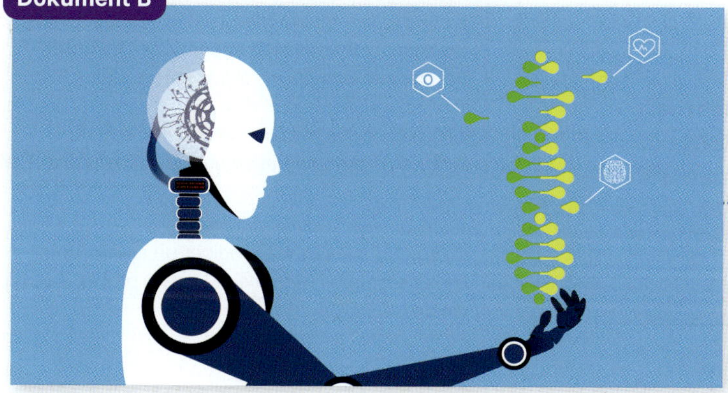

↑ KI bald in der Forschung und Medizin? (Symbolbild)

Attention : quelle que soit l'image que vous aurez sélectionnée, ce qui compte, c'est votre capacité à expliciter votre choix.
Expliquez ce que montre l'image et faites le lien avec la problématique de l'axe en développant un ou plusieurs aspects que vous avez traités en cours : la question de l'humain, de la responsabilité, de l'éthique et de la manipulation génétique, du progrès médical, etc.

11 Geben und nehmen

Wie solidarisch ist Deutschland?

• Diversité et inclusion

espace langues — Aide à la tâche, Grille d'(auto-)évaluation

Abschlussaufgabe

Solidarität in Deutschland
Am „Internationalen Tag zur Beseitigung der Armut" stellen wir verschiedene solidarische Initiativen aus Deutschland vor.

1 Armut in Deutschland

31 **A. Sehen Sie sich** das Video **an.**
a. Wie ist das Vermögen in Deutschland verteilt?
b. Ist die Vermögensverteilung gerecht?

↑ Arme und reiche Deutsche

B. Was bedeutet das für die Menschen, die nur „Krümel" bekommen?

Prof. 61 **C. Hören Sie sich** den ersten Teil des Hörtextes **an.**
a. Wie viele Menschen sind in Deutschland arm?
b. Wann gilt jemand als arm?

Prof. 62 **D. Hören Sie sich** den zweiten Teil des Hörtextes **an.**
a. Warum sind in Deutschland immer mehr Menschen arm?
b. Was ist „Hartz IV"?

E. Gibt es etwas Ähnliches wie „Hartz IV" in Frankreich? Und in anderen europäischen Ländern? **Erklären Sie.**

↑ Wer arm ist, ist selbst schuld?

32 **F. Sehen Sie sich** die Reportage **an.**
a. Wie stehen Deutsche zu Armut und armen Menschen?
b. Welche Argumente werden genannt?

32 **G.** Wie ist der Ton der Reportage? Ist sie rein informativ? **Begründen Sie.** BAC

32 **H. Sehen Sie sich** das Video noch einmal **an.** Was ist das Fazit der Reportage?

I. In Deutschland gibt es die „Tafeln", die Menschen helfen, die nicht genug Geld zum Leben haben. **Recherchieren Sie** im Internet.
a. Was ist Tafel Deutschland e. V. genau?
b. Mit welchen Initiativen helfen sie wem?

J. Sehen Sie sich die Karikatur an. Was kritisiert der Zeichner?

2 Solidarische Initiativen

A. Lesen Sie die beiden Texte.

a. Wie hilft die Initiative jeweils wem?

b. Wie kann man diese Initiativen unterstützen?

Endlich Ferien ... und wieder kein Urlaub ... Nicht mit uns! In Berlin haben die Sommerferien angefangen und es gibt Kinder aus benachteiligten Familien, die können nach den Ferien nichts berichten, weil sie nichts erlebt haben.

Damit auch Kinder mitfahren können, deren Eltern sich das Camp nicht leisten können, sucht die Berliner Stadtmission nach Spendern. Viele Kinder waren noch nie verreist. Für sie ist „Endlich Ferien und wieder kein Urlaub" Jahr für Jahr triste Realität. Die Berliner Stadtmission möchte auch diesen Kindern einen richtigen Urlaub ermöglichen.

Wir suchen Urlaubspaten für das Gussower Erlebnis Camp. Ab 165€ ermöglichen Sie einem Kind, am GEC teilzunehmen.

↑ www.berliner-stadtmission.de

Zaubern Sie ein Lächeln in Kinderaugen!
Von Kinderarmut betroffene Kinder hinterlassen ab Oktober im Engelbaum Spendenshop ihren persönlichen Weihnachtswunsch. Erfüllen Sie im November einem dieser wertvollen Kinder seinen Weihnachtswunsch und machen Sie die Welt ein klein wenig besser. Mit Ihrer Spende schenken Sie einem Kind nicht nur ein Geschenk. Sie bewirken damit viel mehr. Sie geben dem Kind den Glauben an das Gute. Das Kind erfährt durch Sie den Sinn von Weihnachten – Nächstenliebe, Hoffnung und Zuversicht.

↑ www.engelbaum.de

Grammatik

Le but avec damit → p. 153 / ex. p. 170

Wir spenden Geld, **damit** auch arme Kinder in den Urlaub fahren können.

Les pronoms relatifs au génitif → p. 153 / ex. p. 170

Kinder, **deren** Eltern arm sind, können so Urlaub machen.

33

B. Sehen Sie sich das Video **an.**

a. Was ist der „Malteser Wohlfühlmorgen"?

b. An wen richtet sich die Initiative?

c. Was bieten sie genau an?

↑ Malteser Wohlfühlmorgen

C. Im Video wird gesagt: „Wir wollen nicht die sozialen Probleme der Stadt lösen, sondern unseren Mitmenschen mit Herz und offenem Ohr begegnen." **Erklären Sie** den Satz. **BAC**

D. Kennen Sie ähnliche Initiativen in Frankreich oder in anderen Ländern? Würden Sie daran teilnehmen und mithelfen?

E. Was ist Solidarität und solidarisch sein für die Menschen (in Deutschland)? **Tauschen Sie sich aus.**

3 Arme Momo?

A. Lesen Sie den Infotext über Michael Ende. Kennen Sie eines seiner Bücher?

B. Hören Sie zu und **lesen Sie** den Anfang des Textes mit. **Finden Sie** folgende Informationen über die Hauptperson.

Prof. 63

Name?
Alter?
Wohnort?
Aussehen?
Kleidung?

Michael Ende (1929–1995) zählt zu den bekanntesten deutschen Schriftstellern. *Die unendliche Geschichte* machte ihn weltberühmt. Neben Kinder- und Jugendbüchern, wie *Jim Knopf und der Lokführer* oder auch *Momo*, schrieb er auch Bücher für Erwachsene, Theaterstücke und Gedichte. Viele seiner Bücher wurden verfilmt und in viele andere Sprachen übersetzt. Er erhielt zahlreiche deutsche und internationale Preise für sein literarisches Werk.

↓ Michael Ende, *Momo*

Draußen am südlichen Rand dieser großen Stadt, dort, wo schon die ersten Felder beginnen und die Hütten und Häuser immer armseliger werden, liegt, in einem Pinienwäldchen versteckt, die Ruine eines kleinen Amphitheaters. Es war auch in jenen alten Zeiten keines von den prächtigen, es war schon damals sozusagen ein Theater für ärmere Leute. In unseren Tagen, das heißt, um jene Zeit, da die Geschichte von Momo ihren Anfang nahm, war die Ruine fast ganz vergessen. [...] Aber eines Tages sprach es sich bei den Leuten herum, dass neuerdings jemand in der Ruine wohne. Es sei ein Kind, ein kleines Mädchen, vermutlich. So genau könne man das allerdings nicht sagen, weil es ein bisschen merkwürdig angezogen sei. Es hieße Momo oder so ähnlich.

Momos äußere Erscheinung war in der Tat ein wenig seltsam und konnte auf Menschen, die großen Wert auf Sauberkeit und Ordnung legen, möglicherweise etwas erschreckend[1] wirken. Sie war klein und ziemlich mager, so dass man beim besten Willen nicht erkennen konnte, ob sie erst acht oder schon zwölf Jahre alt war. Sie hatte einen wilden pechschwarzen Lockenkopf, der so aussah, als ob er noch nie mit einem Kamm oder einer Schere in Berührung gekommen wäre. Sie hatte sehr große, wunderschöne und ebenfalls pechschwarze Augen und Füße, von der gleichen Farbe, denn sie lief fast immer barfuß. Nur im Winter trug sie manchmal Schuhe, aber es waren zwei verschiedene, die nicht zusammenpassten und ihr außerdem viel zu groß waren. Das kam daher, dass Momo eben nichts besaß, als was sie irgendwo fand oder geschenkt bekam. Ihr Rock war aus allerlei bunten Flicken[2] zusammengenäht und reichte ihr bis auf die Fußknöchel. Darüber trug sie eine alte, viel zu weite Männerjacke, deren Ärmel an den Handgelenken umgekrempelt waren. Abschneiden[3] wollte Momo sie nicht, weil sie vorsorglich daran dachte, dass sie ja noch wachsen würde. Und wer konnte wissen, ob sie jemals wieder so eine schöne und praktische Jacke mit so vielen Taschen finden würde.

Unter der grasbewachsenen Bühne der Theaterruine gab es ein paar eingestürzte Kammern[4], die man durch ein Loch in der Außenmauer betreten konnte. Hier hatte Momo sich häuslich eingerichtet. Eines Mittags kamen einige Männer und Frauen aus der näheren Umgebung zu ihr und versuchten auszufragen. Momo stand ihnen gegenüber und guckte sie ängstlich an, weil sie fürchtete, die Leute würden sie verjagen[5]. Aber sie merkte bald, dass es freundliche Leute waren. Sie waren selber arm und kannten das Leben.

1. **erschreckend** effrayant/e
2. **der Flicken** la pièce de tissu
3. **abschneiden** couper
4. **die Kammer** la chambre
5. **jdn verjagen** faire fuir qqn

C. Warum ist Momo wohl alleine in der Ruine? **Stellen Sie** Hypothesen auf.

Grammatik

Le prétérit → p. 146 / ex. p. 170
Momo **war** klein und ziemlich zierlich.

Le discours rapporté avec le subjonctif I → p. 148 / ex. p. 170
Es sprach sich herum, ein Kind **wohne** in der Ruine.

D. Lesen Sie nun weiter. Waren Ihre Hypothesen richtig?

»Wo kommst du denn her, Kind?«

Momo machte mit der Hand eine unbestimmte Bewegung, die irgendwo in die Ferne deutete.

»Wer sind denn deine Eltern?«, forschte der Mann weiter.

Das Kind schaute ihn und die anderen Leute ratlos ab und hob ein wenig die Schultern. Die Leute tauschten Blick und seufzten.

»Du brauchst keine Angst zu haben«, fuhr der Mann fort, »wir wollen dich nicht vertreiben[1]. Wir wollen dir helfen.« [...]

»Hör mal«, sagte der Mann, nachdem er sich mit den anderen beraten hatte, »wäre es dir recht, wenn wir der Polizei sagen, dass du hier bist? Dann würdest du in ein Heim[2] kommen, wo du zu essen kriegst und ein Bett hast und wo du rechnen und lesen und schreiben und noch viel mehr lernen kannst. Was hältst du davon, eh?«

Momo sah ihn erschrocken an.

»Nein«, murmelte sie, »da will ich nicht hin. Da war ich schon mal. Andere Kinder waren auch da. Da waren Gitter an den Fenstern. Jeden Tag gab's Prügel[3] – aber ganz ungerecht. Da bin ich nachts über die Mauer und weggelaufen. Da will ich nicht wieder hin.«

1. **jdn vertreiben** expulser qqn
2. **das (Kinder-)Heim** le foyer
3. **die Prügel** les coups

← Michael Ende, *Momo*

E. Lesen Sie den Text weiter.
Wie helfen die Leute Momo?

Die Leute berieten lange hin und her und zuletzt waren sie einverstanden. Denn hier, so meinten sie, könne das Kind schließlich genauso gut wohnen wie bei einem von ihnen, und sorgen wollten sie gemeinsam für Momo, weil es für alle zusammen sowieso einfacher wäre als für einen allein.

Sie fingen gleich an, indem sie zunächst einmal die halb eingestürzte steinerne Kammer, in der Momo hauste, aufräumten und instand setzten[1], so gut es ging. Einer von ihnen, der Maurer[2] war, hatte sogar einen kleinen steinernen Herd. [...] Ein alter Schreiner nagelte aus ein paar Kistenbrettern ein Tischchen und zwei Stühle zusammen. Und schließlich brachten die Frauen noch ein ausgedientes, mit Schnörkeln verziertes Eisenbett, eine Matratze, die nur wenig zerrissen war, und zwei Decken. Aus dem steinernen Loch unter der Bühne der Ruine war ein behagliches kleines Zimmerchen geworden. Der Maurer, der künstlerische Fähigkeiten besaß, malte zuletzt noch ein hübsches Blumenbild an die Wand. Sogar den Rahmen und den Nagel, an dem das Bild hing, malte er dazu.

Und dann kamen die Kinder der Leute und brachten, was man an Essen erübrigen konnte, das eine ein Stückchen Käse, das andere einen kleinen Brotwecken, das dritte etwas Obst und so fort. Und da es sehr viele Kinder waren, kam an diesem Abend eine solche Menge zusammen, dass sie alle miteinander im Amphitheater ein richtiges kleines Fest zu Ehren von Momos Einzug feiern[3] konnten. Es war ein so vergnügtes Fest, wie nur arme Leute es zu feiern verstehen.

So beginnt die Freundschaft zwischen der kleinen Momo und den Leuten der näheren Umgebung.

↑ Michael Ende, *Momo*

1. **etwas instand setzen** réparer
2. **der Maurer** maçon/ne
3. **den Einzug feiern** pendre la crémaillère

F. Erzählen Sie jetzt die ganze Geschichte **nach**.

G. Lesen Sie den Text laut **vor**. Jeder liest eine Stelle.

H. Zu zweit: **Schreiben Sie** eine Fortsetzung der Geschichte. BAC

Vielfältigkeit und Inklusion

Wie solidarisch ist Deutschland?

espace langues – Fiche d'entraînement lexical, Cahier interactif

Armut

Prof. 64 Élève 57

- arm = bedürftig = notleidend
- in Armut leben
- finanzielle Probleme haben
- nicht genug zu essen haben
- wenig Geld haben
- armutsgefährdet
- mit wenig Geld auskommen müssen
- eine schlecht bezahlte Arbeit haben
- überleben
- Armut bekämpfen / beseitigen

Soziale (Un-)Gerechtigkeit

Prof. 65 Élève 58

- gerecht ≠ ungerecht
- eine ungerechte Verteilung
- der Reichtum = das Vermögen
- bevorzugt ≠ benachteiligt
- arm ≠ reich
- die Armen ≠ die Reichen
- nur das Nötigste bezahlen können ≠ in Überfluss leben
- vom Staat unterstützt werden
- Arbeitslosengeld erhalten
- Hartz IV bekommen
- der Lohn (¨-e)
- die Heizung / die Miete / die Lebensmittel werden teurer
- der / die Hartz-IV-Empfänger/in
- der / die Rentner/in
- der / die Obdachlose

Solidarität

Prof. 66 Élève 59

- armen Menschen helfen
- die Solidarität → solidarisch
- die Initiative (-n)
- eine warme Mahlzeit ausgeben
- Lebensmittel verteilen
- ein Urlaubspate sein
- jdm etwas ermöglichen
- jdn unterstützen
- Wärme und Hoffnung geben
- jdm zuhören
- jdm etwas geben / schenken
- jdm einen Wunsch erfüllen
- der / die Spender/in
- etwas spenden

Arme Momo

Prof. 67 Élève 60

- in einer Ruine wohnen
- barfuß = ohne Schuhe
- nichts besitzen
- etwas finden oder geschenkt bekommen
- gemeinsam für jdn sorgen
- besser alle zusammen als alleine

Einfach mal machen!

- In einer inklusiven Gesellschaft ist überhaupt niemand wegen seiner Herkunft, seines Aussehens, seines Geschlechts, etc. ausgeschlossen. [Video *Inklusion*]
- Rollstuhlfahrer und Aktivist Raul Krauthausen gründet den Verein „Sozialhelden" und leitet verschiedene Projekte für Rollstuhlfahrer. [Text *Sozialhelden*, Text *wheelmap.org*]
- In der „Schule für Erwachsenenbildung" können Schüler, die an normalen Schulen Probleme hatten, auf andere Art und ohne Druck lernen. [Text und Video *Berlin Rebel High School*]

Miteinander statt gegeneinander

- Es gibt viel Mobbing unter Jugendlichen aus den verschiedensten Gründen (Aussehen, Dialekt, Behinderung, etc.), mit den neuen Technologien gibt es sogar Cybermobbing. [Text Simone Weizenegger *Besser als Mitleid*]
- YouNet versucht Jugendlichen mit Theater gegen Cybermobbing zu helfen und Jugendliche zum Nachdenken anzuregen. [Video und Plakate *YouNet – Theater gegen Mobbing*]

Integration in Deutschland

- Die Sprache ist eine wichtige Barriere, die man überwinden muss, um sich verständigen zu können und sich in einem Land zu integrieren. Viele Initiativen arbeiten mit diesem Aspekt. [Video *Triaphon – Übersetzen bei Arztbesuchen*]
- Die Bundesregierung bietet Integrationskurse für Neuankömmlinge in Deutschland an, sowohl zur Sprache als auch zu Kultur und Recht. [Text *Integrationskurs BAMF*]
- Aber selbst wenn die Sprache perfekt gesprochen wir, halten Vorurteile oftmals noch von einer erfolgreichen Integration ab. [Text Yadé Kara *Selam Berlin*]

Inwiefern gelingt Inklusion in Deutschland?

Alternativen 1re

Wie kann Integration in Deutschland gelingen?

1re **Vielfalt auf Deutsch**

Diversität und Inklusion
Diversité et inclusion

Geben und nehmen Tle

Wie solidarisch ist Deutschland?

Armut und Solidarität

- Das Vermögen ist in Deutschland sehr ungerecht verteilt. [Video *Arme und reiche Deutsche*]
- In Deutschland gibt es immer mehr Arme und auch viele Kinder sind armutsgefährdet. [Hörtext *Fragen über Armut*]
- Die deutsche Regierung zahlt eine Hilfe für Bedürftige und Arme namens Hartz IV. [Hörtext *Fragen über Armut*]
- Viele Deutsche denken aber oft, wer arm ist, ist selbst schuld und der Staat kümmert sich schon genug um sie. [Video *Wer arm ist, ist selbst schuld!*]
- Viele verschiedene solidarische Initiativen kümmern sich um arme Menschen in Deutschland und versuchen, ihnen das Leben zu erleichtern und sie nicht aus der Gesellschaft auszuschließen. [Text *Urlaubspaten*, Text *Engelbaum*, Video *Malteser Wohlfühlmorgen*]

Armut in der Literatur

- Michael Ende thematisiert das Thema Armut und Kinderarmut in seinem Buch *Momo*. [Text Michael Ende *Momo*]
- Er zeigt auch, wie solidarisch und hilfsbereit die Menschen sein können. [Text Michael Ende *Momo*]

Épreuve 3 : Note finale sur 20 points	
Premier temps (épreuve écrite)	Second temps (épreuve orale) :
Compréhension de l'oral Compréhension de l'écrit — sur 30 points Expression écrite	Expression orale Interaction orale — sur 10 points

Épreuve écrite

Durée > 2 heures

L'ensemble de l'épreuve écrite porte sur l'axe 7 du programme : **Diversité et inclusion**.
Elle s'organise en différentes parties :
- **compréhension de l'oral**
- **compréhension de l'écrit**
- **expression écrite**

Vous allez entendre trois fois le document de la 1re partie (la compréhension de l'oral).
Les écoutes seront espacées d'une minute.
Vous pouvez prendre des notes pendant et entre les écoutes.
À l'issue de la troisième écoute, vous organiserez votre temps comme vous le souhaitez pour :
- rendre compte du document oral en français
- traiter le sujet de compréhension de l'écrit en allemand
- traiter le sujet d'expression écrite en allemand

L'axe
Repérez-le bien ! Vous allez devoir vous y référer pour expliquer la situation d'énonciation, y compris sa part d'implicite (ce qui est supposé connu de la part du destinataire).

COMPRÉHENSION DE L'ORAL

Le type de document
Il s'agit d'un document vidéo. Certes, les images aident à comprendre le propos, mais attention : il ne s'agit pas de les décrire ! Vous devez rendre compte de ce que vous avez compris, en suivant le guidage qui vous est proposé. Ne vous laissez pas distraire et concentrez-vous sur ce que vous entendez.

Titre du document :

Kulturöffner

Préparez-vous à l'écoute en émettant des hypothèses à partir du titre du document. Celui-ci annonce le sujet abordé dans la vidéo. Pour le comprendre, décomposez-le et mettez-le en lien avec l'axe indiqué en tête du dossier « Diversité et inclusion ». Remémorez-vous les problématiques que vous avez travaillées en cours, en 1re et en T[le]. Quelle peut bien être celle abordée ici ? La source du document vous mettra sur la voie.

34

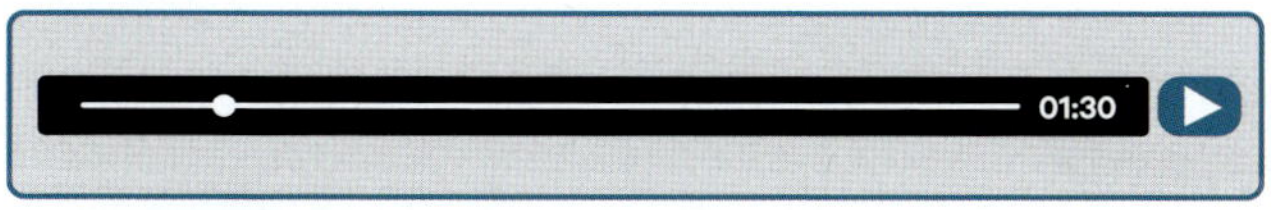

↑ kulturöffner © Stiftung Solidarität bei Arbeitslosigkeit und Armut, Bielefeld, 2017

La consigne
Lisez bien la consigne avant de visionner la vidéo. Elle constitue un guidage qui vous aidera à mieux cibler votre écoute et à structurer votre compte rendu.

Le début du document
Soyez attentif au début du document. C'est souvent dans les premières secondes que sont évoqués le thème et le contexte que vous allez devoir expliquer.

En rendant compte, en français, du document, vous montrerez que vous avez compris :

- la nature du document
- le sujet traité
- les informations apportées par la voix off
- le lien avec l'axe concerné
- la problématique culturelle abordée
- la fonction du document (relater, informer, convaincre, critiquer, dénoncer, ...) et sa portée.

La voix off apporte toujours des informations essentielles, en commentant, voire en élucidant ce qui apparaît à l'image. Il arrive même qu'elle énonce de manière explicite la problématique abordée. La voix off s'exprime en général dès les premières secondes et tout au long d'un reportage. Soyez-y très attentif !

Ce point est à traiter, de préférence, dans la dernière partie de votre compte rendu.

COMPRÉHENSION DE L'ÉCRIT

Titre du document 1 :

Die Deutsche Fernsehlotterie

Unser Auftrag

Unsere Aufgabe ist es, das solidarische Miteinander in Deutschland zu stärken. Die Gewissheit, dass man mit seinen Nöten nicht allein ist und andere für einen da sind, ist für unsere Gesellschaft von unschätzbarem Wert. Deswegen motivieren wir Menschen und ermöglichen es ihnen, anderen Menschen zu helfen, um so das Gemeinwesen in unserem Land zu festigen. Von 1956 bis heute erzielte die Fernsehlotterie durch den Losverkauf[1] einen karitativen Zweckertrag von über 2 Milliarden Euro und konnte damit rund 9.300 soziale Projekte fördern.

Vielfältige Förderung

Für die Vielfalt der Förderungen sorgt die Stiftung Deutsches Hilfswerk[2]. Auf Grundlage ihrer Fördergrundsätze vergibt sie die erspielten Mittel zweckgebunden an soziale Projekte in ganz Deutschland. So grenzen wir mit unserer Unterstützung niemanden aus. Kindern, Jugendlichen, Familien, Senioren und Menschen mit Behinderung oder schwerer Erkrankung wird so ein besseres Leben ermöglicht. [...]

Die traditionsreichste Soziallotterie Deutschlands

Die Deutsche Fernsehlotterie hat ihre Wurzeln in der Zeit der Berlin-Blockade, die am 24. Juni 1948 begann. Betroffen waren insbesondere Kinder in der kriegszerstörten Stadt. Zielstrebig leitete der Deutsche Städtetag[3] erste Hilfsmaßnahmen für die Eingeschlossenen[4] ein und gründete dazu das Hilfswerk Berlin. Bereits am 20. September 1948 bestiegen die ersten Berliner Kinder einen britischen „Rosinenbomber“[5]. Ihr Ziel: „Ein Platz an der Sonne“ in Westdeutschland. Am 28. April 1956 startete die erste Lotteriesendung unter dem Titel „Ferienplätze für Berliner Kinder“ im Deutschen Fernsehen, um die Hilfsaktionen zu unterstützen. Diese war der Beginn der traditionsreichsten Soziallotterie Deutschlands.

Die Deutsche Fernsehlotterie ist auch heute noch von großer gesellschaftlicher Bedeutung: Mit unserer Kampagne „Du bist ein Gewinn“ schärfen wir weiterhin das Bewusstsein für ein solidarisches Miteinander und inspirieren Menschen dazu, sich sozial zu engagieren. Jedes Los hilft dabei. Und jeder, der mitspielt, ebenfalls. So sind alle, die bei der Deutschen Fernsehlotterie mitmachen, ein Gewinn für alle, die Hilfe brauchen.

1. **das Los** le billet de lotterie
2. **die Stiftung Deutsches Hilfswerk** la fondation d'entre-aide de la télévision allemande
3. **der Deutsche Städtetag** l'Association allemande des villes
4. **eingeschlossen** enfermé
5. **der Rosinenbomber** bombardiers ayant ravitaillé en provisions ou autres ressources vitales la partie occidentale de la ville, lors du blocus de Berlin

↑ https://www.fernsehlotterie.de/

Il se peut qu'au lieu d'un seul texte long, vous ayez deux textes plus courts à lire. Ceux-ci entretiennent forcément un lien thématique que vous allez devoir expliquer. Avant de vous lancer dans la lecture du texte 1, jetez rapidement un coup d'œil au texte 2.

Prenez connaissance du titre qui annonce le sujet abordé dans le texte. Il contient un mot transparent: *Lotterie*. Il y en a plusieurs autres dans le texte (*solidarisch*, *soziale Projekte*, *traditionsreich*,...). Mettez les tous en lien et aidez-vous par ailleurs des notes explicatives. Parvenez-vous à comprendre les informations principales ? Usez de votre sens de la déduction.

La structure du texte
Observez la structure du texte : il est organisé en paragraphes, chaque paragraphe étant surmonté d'un titre qui en annonce le contenu. Ces titres sont des éléments facilitateurs, car ils permettent de repérer aisément les idées principales et de se repérer dans le document.

Vous pouvez réaliser une carte mentale à partir des informations que vous relevez. Cela vous facilitera ensuite la tâche pour produire un compte rendu bien organisé.
Notez les informations concernant :
- le but de l'initiative
- qui aide comment
- à qui s'adresse l'initiative.

Mettez ensuite en lien ces différentes données pour reconstruire le sens.

Ayez en tête le contenu du texte 1 en lisant le 2e texte. Vous allez devoir expliquer le lien entre les deux (question d).

Titre du document 2 :

Musik für alle

Le titre
Le titre annonce le thème abordé.

Les premières lignes
Les premières lignes résument souvent le contenu développé ensuite.

Mit „Musik für alle!“ werden außerschulische Projekte gefördert, die Kindern und Jugendlichen den Zugang zur Musik ermöglichen. Sei es das Singen im Chor, ein Beatbox Workshop, das Kennenlernen verschiedenster Instrumente, gemeinsames Musizieren in der Gruppe, ein Konzertbesuch oder eine Ferienfreizeit, bei der die Kinder und Jugendlichen ein Musical erarbeiten und aufführen – das Förderprogramm „Musik für alle!“ bietet vielfältige Möglichkeiten für die Umsetzung[1] der Projektideen.

Noch immer wächst rund ein Viertel aller Kinder und Jugendlichen unter 18 Jahren in Deutschland in einer schwierigen sozialen Situation auf. Geringe Bildung, niedriges Einkommen oder Erwerbslosigkeit[2] der Eltern schränken die Chancen der Kinder auf einen erfolgreichen Bildungsweg ein[3]. Damit alle Kinder und Jugendlichen Zugang zur kulturellen Bildung haben, hat das Bundesministerium für Bildung und Forschung das Förderprogramm „Kultur macht stark. Bündnisse für Bildung“ (www.buendnisse-fuer-fuer-bildung.de) ins Leben gerufen, das in den Jahren 2018 bis 2022 lokale Projekte mit 250 Millionen unterstützt. Innerhalb dieses Programms agieren aus den unterschiedlichsten Kultursparten 29 Partner, die die Projekte mit individuellen Konzepten fördern und die Mittel weiterleiten.

Der Bundesmusikverband ist einer dieser Partner und fördert mit seinem Konzept lokale Musikprojekte.

Das Förderprogramm „Musik für alle!“ richtet sich an Kinder und Jugendliche zwischen drei und 18 Jahren aus bildungsbenachteiligten Verhältnissen[4]:

- soziale Risikolage: Erwerbslosigkeit der im Haushalt lebenden Elternteile.
- finanzielle Risikolage: geringes Familieneinkommen, Eltern erhalten Arbeitslosengeld und / oder Transferleistungen und können musikalische Bildungsangebote nicht finanzieren.
- bildungsbezogene Risikolage: Elternteil hat weder abgeschlossene Berufsausbildung noch Hochschulzugangsberechtigung.

Es ist möglich und erwünscht, dass auch Kinder und Jugendliche teilnehmen, die nicht von den Risikolagen betroffen sind. Eine Stigmatisierung soll bewusst vermieden werden.

1. **die Umsetzung** la mise en place
2. **die Erwerbslosigkeit** le chômage
3. **einschränken** restreindre
4. **bildungsbenachteiligte Verhältnisse** issus de milieux défavorisés

Le découpage en paragraphes facilite la compréhension du texte.

Souvenez-vous que chaque paragraphe développe en général une idée principale, énoncée souvent dès la première phrase. Tentez d'identifier les éléments clés (l. 1 *außerschulische Projekte*, l. 8 *ein Viertel aller Kinder und Jugendlichen unter 18 Jahren in Deutschland in einer schwierigen sozialen Situation*, l. 21 *für alle*, l. 22 *aus bildungsbenachteiligten Verhältnissen*). Vous pouvez les surligner.

Tentez d'attribuer un titre à chaque paragraphe en vous appuyant sur les mots clés (ex. *außerschulische Projekte*, *Singen im Chor*, *Workshops*) : cela vous facilitera la tâche pour rendre compte du contenu et de l'articulation des idées.

COMPRÉHENSION DE L'ÉCRIT

Fassen Sie die Texte auf Deutsch zusammen.
Beachten Sie dabei folgende Fragen.

a. Was können Sie über folgende Punkte sagen?
- Art und Thema des Dokuments
- Personen, die erwähnt werden
- Erwähnte Daten und Fakten

b. Kommentieren Sie folgenden Satz: „Eine Stigmatisierung soll bewusst vermieden werden." (Text 2, Z. 31-32)

c. Was können Sie über die Form der Texte und die Absicht der Autoren sagen?

d. Inwiefern stellen die Dokumente des Hörverstehens und des Leseverstehens verschiedene, gleiche oder komplementäre Aspekte dar?

La langue
Attention, le compte rendu du texte est à rédiger en allemand.

Après avoir noté au brouillon les éléments repérés, vous pouvez rédiger votre compte rendu. Lisez bien les questions. Vous pouvez les traiter dans l'ordre qui vous convient, l'essentiel étant de les traiter tous, et de proposer un compte rendu bien organisé.

Prenez du recul par rapport au dossier et interrogez-vous sur le lien entre les documents proposés. Dans quelle mesure sont-ils complémentaires ? Comment illustrent-ils (de manière analogue ? différente ?) l'axe indiqué en tête du dossier ?

EXPRESSION ÉCRITE

Behandeln Sie Thema A oder Thema B (mindestens 120 Wörter).

Thema A

Bei einer Umfrage zum Thema „Haben in Deutschland alle Menschen die gleichen Chancen?" haben Nele, Jakob und Hanna folgende Aussagen gemacht.
Welche Aussage entspricht am ehesten Ihrer Meinung?
Belegen Sie Ihre Antwort mit passenden Argumenten.

Nele: Chancengleichheit? Nein, überhaupt nicht. Es kommt darauf an, in welcher Familie man geboren ist.

Jacob: Ja, denn egal, ob reich oder arm, jeder hat Zugang zu den gleichen Angeboten.

Hanna: Es ist schwierig, aber der Staat versucht so gut wie möglich, allen die gleichen Chancen zu bieten.

ODER

Thema B

Wie gelingt, Ihrer Meinung nach, ein harmonisches Zusammenleben in der Gesellschaft? Erklären Sie.

Les sujets
Vous devez choisir entre deux sujets. Lisez et analysez-les bien avant de vous déterminer.

Les trois points de vue proposés attestent de perspectives différentes sur le sujet. Mettez en relation le point de vue considéré avec l'argument avancé : Comment la personne justifie-t-elle son avis ?

La structure
N'oubliez pas de structurer votre réponse : Organisez-la en paragraphes comme c'est le cas dans les textes que vous avez lus, et utilisez des connecteurs pour faire apparaître clairement l'articulation entre vos idées.

Sujet A :
Commencez par une brève introduction dans laquelle vous expliquez quel avis est le plus proche du vôtre. Développez ensuite vos arguments, en les accompagnant chacun d'un exemple précis. Pour cela, remémorez-vous ce que vous avez étudié en cours. Terminez par une conclusion qui reprend votre avis et synthétise l'argumentation que vous avez développée.

Sujet B :
Dans votre introduction, reformulez la question avec vos propres mots en prenant en compte chaque terme (*gelingen, harmonisch, Zusammenleben, in der Gesellschaft*). Traitez ensuite la question sous ses différents aspects en organisant votre texte en paragraphes. Limitez-vous à une idée par paragraphe et citez des exemples précis. Terminez par une conclusion qui reprend votre avis et synthétise l'argumentation que vous avez développée.

Épreuve orale

Durée > **10 minutes**

L'épreuve d'expression orale se déroule en deux temps :
1. un temps d'**expression orale en continu** (un exposé de 5 min) ;
2. un temps d'**expression orale en interaction** (5 min d'échange avec l'examinateur / examinatrice).

L'expression orale
Vous avez le choix entre deux supports. Il s'agit d'expliquer, en allemand, lequel illustre le mieux, selon vous, l'axe culturel « Diversité et inclusion ».

EXPRESSION ORALE

Vous devez vous exprimer pendant environ cinq minutes, en continu, à partir de la question suivante :

Welches der beiden Dokumente passt Ihrer Meinung nach besser zur Thematik „Diversité et inclusion"? Warum?

Begründen Sie Ihre Wahl mit dem, was Sie gelernt haben.

Votre choix
Prenez le temps de bien regarder / lire les deux propositions avant de vous déterminer. Mais, quel que soit votre choix, ce qui compte, c'est votre capacité à le justifier et à l'expliciter en vous appuyant sur vos connaissances. Remémorez-vous ce que vous avez étudié en cours, en lien avec l'axe et les problématiques abordées. N'oubliez pas de problématiser et de structurer votre exposé.

Dokument A

↑ Ausgeschlossen aus der Gesellschaft (Symbolbild)

Dégagez bien la problématique illustrée par cette photographie. Plusieurs aspects peuvent être ici abordés : qui se trouve exclu ? pourquoi ? qui sont les autres ? que font-ils / elles ?

Dokument B

„Deutschland ist und bleibt ein weltoffenes Land."
Angela Merkel (*1954), deutsche Politikerin (CDU) und Bundeskanzlerin seit 2005

↑ Quelle: *WIRTSCHAFTSWOCHE*, 2010

Votre exposé
Structurez bien votre prise de parole. Commencez par définir ce que recouvre l'axe, puis développez votre propos. Attention : vous ne devez en aucun cas réciter un cours appris par coeur, mais appuyer votre exposé sur l'analyse de la citation ou de l'image que vous aurez sélectionnée.

Repérez qui s'exprime, quand et dans quel contexte.

12 Unser Hermann

Hermann: immer noch deutscher Nationalheld?

• Territoire et mémoire

Das Hermannsdenkmal – Wahrzeichen einer ganzen Region

Das Hermannsdenkmal ist mit einer Figurhöhe von 26,57 m und einer Gesamthöhe von 53,46 die höchste Statue Deutschlands. Es zählt zu den bekanntesten Denkmälern und beliebtesten Ausflugszielen im Land und in ganz Europa. Über 500.000 Besucher kommen jährlich, um das Hermannsdenkmal aus der Nähe zu erleben und die 360-Grad-Fernsicht über Lippe zu genießen.

Heute steht das Hermannsdenkmal als Mahnmal für den Frieden, für Völkerverständigung und Internationalität, für ein Europa der Menschen, für ein Denkmal, an dem sich Familien, Kinder und Jugendliche aus allen Staaten begegnen.

35

↑ Das Hermannsdenkmal

espace langues — Aide à la tâche — Grille d'(auto-)évaluation

Abschlussaufgabe

Am Hermannsdenkmal
Rollenspiel: Wir spielen ein Gespräch zwischen einem oder einer Touristenführer/in und einem interessierten Touristenpaar.

1 Ein besonderer Germane

A. Wer waren die Germanen und die Römer? **Erklären Sie**.

36 **B. Sehen Sie sich** den ersten Teil des Videos **an**. Was erfahren Sie über die Varusschlacht?

Wann?
Wer?
Wo?

37 **C. Sehen Sie sich** nun den zweiten Teil des Videos und das Gemälde **an**.
a. Wie wurde Arminius alias Hermann damals dargestellt?
b. Warum ist die Schlacht so wichtig gewesen?

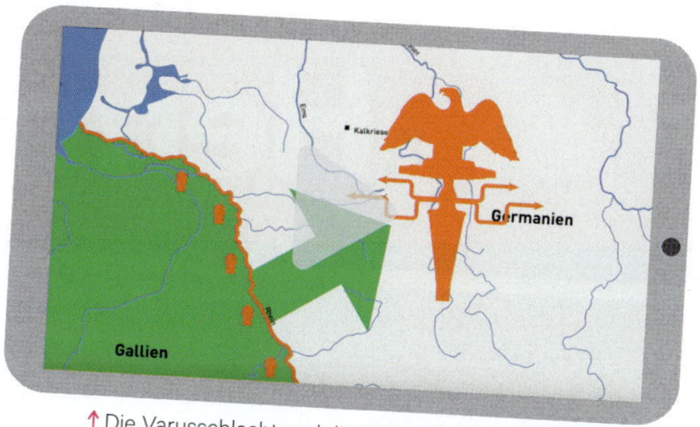

↑ Die Varusschlacht und die Bedeutung Hermanns

↑ Richard Brend'amour, *Hermann in der Schlacht im Teutoburger Wald*, 1880

espace langues Cahier interactif CE / CO

Deutschland. Ein Wintermärchen

Das ist der Teutoburger Wald,
Den Tacitus[1] beschrieben,
Das ist der klassische Morast,
Wo Varus steckengeblieben[2].

Hier schlug ihn der Cheruskerfürst,
Der Hermann, der edle Recke[3];
Die deutsche Nationalität,
Die siegte in diesem Drecke[4].

Wenn Hermann nicht die Schlacht
[gewonnen hätte],
Mit seinen blonden Horden[5],
So gäb es deutsche Freiheit nicht mehr,
Wir wären römisch geworden! [...]

Der Hermann gewann die Schlacht,
Die Römer wurden vertrieben,
Varus mit seinen Legionen erlag,
Und wir sind Deutsche geblieben! [...]

O Hermann, dir verdanken wir das!
Drum wird dir, wie sich gebühret[6],
Zu Detmold ein Monument gesetzt;
Hab selber subskribieret.

Heinrich Heine (1844)

1. **Tacitus** Tacite, historien et sénateur romain né en 58 et mort vers 120 ap. J.-C.
2. **im Morast steckenbleiben** être bloqué/e dans le marécage
3. **der Recke** le vaillant guerrier
4. **der Dreck** la crasse
5. **die Horde** la horde
6. **wie (es) sich gebühr(e)t** comme il se doit

Prof. 68 **D.** 1844 schrieb Heinrich Heine folgende Verse rechts über Arminius alias Hermann. **Hören Sie zu** und **lesen Sie** das Gedicht mit. Welche Bedeutung schreibt er dem Sieg zu?

E. Wie ist der Ton des Gedichts? **BAC**
Begründen Sie Ihre Antwort.

2 Bedeutung im Wandel

A. Lesen Sie den Text.

a. Wie entstand der Name „Hermann“?
b. Wann begann man, Arminius als Ur-Deutschen zu sehen?
c. Welche Funktion haben Mythen?
d. Seit wann und warum ist dieser Mythos aus den Schulbüchern verschwunden?

Grammatik

Le datif pluriel
→ p. 140/150 / ex. p. 171
Der Mythos ist aus **den Schulbüchern** verschwunden.

Le discours rapporté avec le subjonctif I → p. 148 / ex. p. 171
Es **habe** damals kein deutsches Zusammengehörigkeitsgefühl gegeben.

Mythen, die aus den Schulbüchern verschwinden

Wer war eigentlich der erste Deutsche, historisch gesehen? Bis vor einigen Jahrzehnten war die Antwort von Schülern darauf relativ klar: Arminius der Cherusker, der von Luther Hermann (Heer + Mann) genannt wurde. In der Varusschlacht, die vermutlich bei Kalkriese nahe Osnabrück stattgefunden[1] hat, soll er die Grundlage der deutschen Identität gelegt haben.

Das ist der Mythos vom Ur-Deutschen. Bis in die NS-Zeit war dieser Gründungsmythos des deutschen Volkes weit verbreitet[2]. Mit der Wiederentdeckung[3] der Schrift „Germania“ des römischen Historikers Tacitus im 15. Jahrhundert wurden die Germanen zu den ersten Deutschen, und Arminius, der auch aus anderen antiken Texten bekannt war, wurde zu ihrem Anführer. [...]

„Man stellte es so dar, dass die Teilnehmer der Varusschlacht direkte Vorfahren der Deutschen waren“, sagt Björn Onken, Historiker an der Universität Duisburg-Essen. Um den Nationalismus zu stärken, sei diese Geschichte ganz bewusst eingesetzt worden. Aus den Schulbüchern sei der Mythos endgültig erst in den 1990er-Jahren verschwunden.

Mythen wie diese haben immer eine Funktion. „Sie sind identitätsstiftend[4] oder sie legitimieren politische Ordnungen“, sagt Susanne Grindel vom Georg-Eckert-Institut (GEI) für internationale Schulbuchforschung. Gerade in Krisenzeiten sollen sie Zugehörigkeit erzeugen. Dadurch fanden Mythen den Weg in Schulbücher und prägten das Geschichtsbewusstsein[5] von Generationen. Das geht nur schwer aus den Köpfen wieder raus.

Auch den Mythos von Arminius/Hermann, dem Ur-Deutschen, haben die Historiker entkräftet. Es habe damals überhaupt kein deutsches Zusammengehörigkeitsgefühl gegeben, sagt Onken. Das komme frühestens tausend Jahre später auf. Dazwischen habe es die große Völkerwanderung[6] gegeben. Man wüsste deshalb gar nicht genau, welche Nachfahren der Kämpfer von Arminius in dieser Zeit nicht ausgewandert sind.

↑ Valentin Frimmer, *WELT*, 05.12.2014

1. **stattfinden** avoir lieu
2. **weit verbreitet** largement diffusé/e
3. **die Wiederentdeckung** la redécouverte
4. **identitätsstiftend** qui crée une identité
5. **das Geschichtsbewusstsein** la mémoire historique
6. **die große Völkerwanderung** les Grandes Migrations

espace langues Links

B. Sehen Sie sich die Kurzreportage „Hermann leuchtet“ **an.** Was zeigen dieses Video und das Video von Seite 113 über die Bedeutung des Hermannsdenkmals heute?

C. Inwiefern ist Hermann noch immer für die Deutschen wichtig? **Tauschen Sie sich aus.**

Das Hermannsdenkmal

Prof. 69 Élève 61

- jdm ein Denkmal errichten / setzen
- das Wahrzeichen (-)
- die Statue (-n)
- ein beliebtes Ausflugsziel
- der Teutoburger Wald
- ein Mahnmal für den Frieden
- sich begegnen
- die Aussicht genießen
- Geschichte erleben

Arminius alias Hermann

Prof. 70 Élève 62

- die Germanen
- die Cherusker
- das Bündnis (-se)
- das Römische Reich → die Römer
- eine Legion besiegen
- das Heer = die Soldaten
- der / die Anführer/in
- der Kampf (¨-e)
- die Schlacht (-en)
- der Sieg ≠ die Niederlage
- siegen ≠ verlieren
- die Freiheit (Sg.)
- der / die Held/in
- die Darstellung (-en)
- das Gemälde (-)

Orte und Erinnerungsformen

espace langues – Fiche d'entraînement lexical – Cahier interactif

Hermann: immer noch deutscher Nationalheld?

Der Mythos

Prof. 71 Élève 63

- der Mythos (Mythen)
- die Grundlage der deutschen Identität
- der / die Vorfahre/-in ≠ der / die Nachfahre/-in
- der Gründungsmythos (Sg.)
- der Beginn der deutschen Geschichte
- einen Mythos bewusst einsetzen / entkräften
- Mut machen und Hoffnung geben
- die politische Ordnung legitimieren
- die nationale Identität stärken / prägen
- Zugehörigkeit erzeugen
- aus etwas verschwinden

Prof. 72 Élève 64

- in der Antike
- im Mittelalter
- ab dem 15. Jahrhundert
- im 19. Jahrhundert
- in der Nazizeit = in der NS-Zeit
- im 20. Jahrhundert
- in Krisenzeiten
- heutzutage

Denkmal mit Perspektiven

- Die Völklinger Hütte ist das einzige noch erhaltene Eisenwerk aus der Zeit der Industrialisierung (1873), wurde ins Weltkulturerbe der UNESCO aufgenommen. [Video *Franz Mörscher Retrospektive*, Text *Industriekultur, die verbindet*]
- Heute finden viele verschiedene Ausstellungen in der Völklinger Hütte statt. [Video *Urban Art Biennale*]
- Auch Konzerte, Festivals und andere Events finden dort statt. [Text *Klänge, die Massen magnetisch anziehen*]

Heute wie damals – ein Ort der Solidarität

- Die Fuggerei in Augsburg ist Deutschlands erste Sozialsiedlung, vor 500 Jahren von Jakob Fugger gegründet. [Video *Die Fuggerei in Augsburg*]
- Die Fuggerei ist eine Touristenattraktion in Augsburg, dadurch wird die Sozialsiedlung immer noch finanziert. [Text *Älteste Sozialsiedlung der Welt*]
- Heute leben immer noch Bedürftige in der Siedlung und bezahlen nur eine ganz geringe Miete. [Text *Älteste Sozialsiedlung der Welt*]
- Die Bewohner der Fuggerei haben ganz unterschiedliche Gründe, in der Fuggerei zu leben; sie halten zusammen und überwinden unterschiedlichste Schwierigkeiten und Probleme. [Text *Das sind die Schicksale der Fuggerei-Bewohner*]

Orte der Vergangenheit lebendig erhalten? Welche? Wozu?

1re **Kulturerbe?**

Geschichte erleben und feiern

- Der Tag der Deutschen Einheit ist gesetzlicher Feiertag und jedes Jahr organisiert ein anderes Bundesland ein großes Bürgerfest. [Plakate *Tag der Deutschen Einheit*]
- Die Fußball-Weltmeisterschaft 2006 war für Deutschland ein positives und prägendes Ereignis, heute spricht man vom „Sommermärchen". [Bildmaterial und Texte *Erinnerungen an die WM 2006*]
- Martin Luther ist eine der bekanntesten und wichtigsten deutschen Persönlichkeiten. [Video *Martin Luther im Schnelldurchlauf*]
- Sein 500-jähriges Jubiläum wird mit einer speziellen Playmobil-Figur, Filmen im Fernsehen, einem Musical und vielen anderen Veranstaltungen gefeiert. [Bildmaterial, Text *Luther Tribunal*, Video *Luther-Oratorium*]

Wie gedenkt man in Deutschland der eigenen Geschichte?

1re **Es lebe die Geschichte!**

Orte und Erinnerungsformen
Territoire et mémoire

Tle **Unser Hermann**

Hermann: immer noch deutscher Nationalheld?

Geschichte und Mythos

- Arminius der Cherusker besiegte die Römer in der Varusschlacht (9 n. Ch.). im 15. bis 17. Jahrhundert wird er zum Nationalheld erklärt und ihm wird ein Denkmal gesetzt. [Video *Hermann und die Varusschlacht*]
- In Kunst und Kultur wird er als Held dargestellt. [Gemälde, Text Heinrich Heine *Deutschland. Ein Wintermärchen*]
- Hermann und die Varusschlacht werden vielfach als deutscher Gründungsmythos instrumentalisiert, aber Historiker haben diesen Mythos heutzutage entkräftet. [Text *Mythen, die aus Schulbüchern verschwinden*]
- Das Hermannsdenkmal ist immer noch die höchste Statue Deutschlands und beliebte Ausflugsziel und Veranstaltungsort. [Text *Flyer vom Hermannsdenkmal*, Video *Das Hermannsdenkmal*]

Épreuve 3 : Note finale sur 20 points	
Premier temps (épreuve écrite)	Second temps (épreuve orale) :
Compréhension de l'oral Compréhension de l'écrit — sur 30 points Expression écrite	Expression orale Interaction orale — sur 10 points

Épreuve écrite

Durée › 2 heures

L'ensemble de l'épreuve écrite porte sur l'axe 8 du programme : **Territoire et mémoire.**
Elle s'organise en différentes parties :
- **compréhension de l'oral**
- **compréhension de l'écrit**
- **expression écrite**

Vous allez entendre trois fois le document de la 1re partie (la compréhension de l'oral).
Les écoutes seront espacées d'une minute.
Vous pouvez prendre des notes pendant et entre les écoutes.
À l'issue de la troisième écoute, vous organiserez votre temps comme vous le souhaitez pour :
- rendre compte du document oral en français
- traiter le sujet de compréhension de l'écrit en allemand
- traiter le sujet d'expression écrite en allemand

L'axe
Prenez connaissance de l'axe culturel toujours indiqué en tête du dossier : il permet d'appréhender la problématique dans laquelle s'inscrit la thématique du dossier.

COMPRÉHENSION DE L'ORAL

Le type de document
Il s'agit d'un document vidéo. Attention ! Les images peuvent vous permettre de comprendre la situation d'énonciation (Qui parle ? À qui ? Avec quelle visée ?) mais il ne s'agit pas de les décrire. Concentrez-vous en priorité sur le contenu audio.

Préparez-vous en émettant des hypothèses à partir du titre du document. Faites le lien avec l'axe « Territoire et mémoire » et dégagez la problématique culturelle actuelle qui est abordée dans ce document.

Titre du document :

Visions in Motion – Kunstprojekt am Brandenburger Tor erinnert an den Mauerfall vor 30 Jahren

38

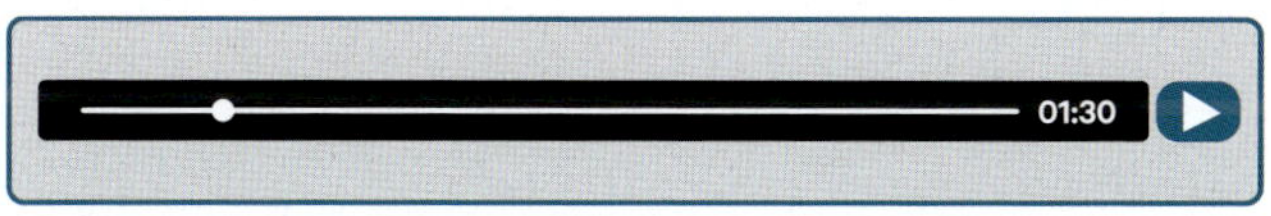

↑ Visions in Motion – Erinnerungen an den Mauerfall © DW, 2019

Le début du document
Soyez attentif / attentive au début du document. C'est souvent dans les premières secondes que sont évoqués le thème et le contexte que vous allez devoir expliquer.

Les informations apportées par la voix off
La voix off apporte des explications concernant le contexte (informations chiffrées ou proportions, lieux, personnes concernées ...). Soyez préparé/e à ce type d'informations au moment du repérage des éléments porteurs de sens.

En rendant compte, en français, du document, vous montrerez que vous avez compris :

- la nature du document
- le sujet traité
- les informations apportées par la voix off
- l'avis des personnes mentionnées ou qui s'expriment
- la problématique culturelle et le lien avec l'axe concerné
- la fonction du document (relater, informer, convaincre, critiquer, dénoncer, ...) et sa portée.

Identifiez les personnes qui s'expriment. Qui peuvent-elles bien être : des organisateurs, des reporters, des artistes, visiteurs ?

Fonction et portée du document
La fonction d'un document, c'est l'effet que ce document cherche à produire sur son destinataire, l'objectif que l'auteur/e tente d'atteindre. La portée d'un document, c'est l'impact qu'il produit sur son destinataire, les conséquences induites par la position de l'auteur/e. Cette dernière question porte donc plutôt sur l'implicite. Pensez à justifier votre réponse en indiquant comment vous avez détecté l'implicite (mots utilisés, tons employés, expressions des visages...).

COMPRÉHENSION DE L'ÉCRIT

Titre du document :

Berlin feiert eine Woche lang den Mauerfall

Le titre annonce le thème et contient trois informations clés : le lieu, l'évènement actuel, l'évènement historique.

4. November 1989: Hunderttausende demonstrieren auf dem Berliner Alexanderplatz für Meinungsfreiheit. Genau 30 Jahre später ist genau dort eine Festwoche mit mehr als 200 Veranstaltungen[1] gestartet - und an sieben Orten in Berlin wird an den Mauerfall erinnert.

Le chapeau
Le chapeau introductif, en caractères gras, apporte toujours des informations importantes, voire indispensables pour comprendre le document. Le thème ainsi que différents aspects du document y sont évoqués.

[...] Auf dem Alex hatten sich am 4. November 1989 – also wenige Tage vor dem Mauerfall am 9. November – Hunderttausende DDR-Bürger versammelt. Nun wurde am Schauplatz der größten Demonstration im Wendeherbst mit einer riesigen Videoprojektion sowie Licht- und Soundeffekten der historische Tag wieder lebendig.

Mobilisez vos connaissances sur la RDA et sur l'histoire de Berlin pour bien appréhender le contexte historique évoqué par l'auteur et les deux personnes citées. Il faudra distinguer le moment où ces personnes ont pris la parole (le contexte d'énonciation) de l'époque qu'elles évoquent.

Zum Auftakt erinnerte Berlins Regierender Bürgermeister[2] Michael Müller (SPD) am Montagabend auf dem Alexanderplatz an den Mut der Menschen, die dort am 4. November 1989 für Meinungsfreiheit und Demokratie in der DDR demonstriert hatten. Daher müsse von Berlin als Stadt der Freiheit heute das Signal „Wir kämpfen gegen jede Form der Ausgrenzung[3]" ausgehen, sagte Müller.

Die Festivalwoche spielt sich an sieben Orten in der Stadt ab, an denen an die Ereignisse vom 9. November 1989 erinnert werden soll. Darunter sind der Alexanderplatz, die Gethsemanekirche, das Brandenburger Tor, der Schlossplatz, der Kurfürstendamm, die East-Side-Gallery und die Stasi-Zentrale in Lichtenberg. Nach Einbruch der Dunkelheit sind dort zudem 3D-Videoprojektionen gestartet. Die „sprechenden Fassaden" erzählen ortsspezifische Geschichten mit historischen Filmaufnahmen. In Programmpavillons gibt es zum Ort passende Konzerte, Lesungen und Diskussionen. Als einziger Ort im ehemaligen Westteil der Stadt wird das Europacenter am Kurfürstendamm bespielt – es soll einen Ort der Sehnsucht und der Hoffnung nach persönlicher Freiheit darstellen.

Demandez-vous quand a lieu l'événement relaté ici. Prêtez attention aux temps des verbes et repérez s'il s'agit du passé, du présent ou du futur.

Besucher können bis zum 9. November auf einer Route der friedlichen Revolution[4] Lesungen, Filme, Installationen und Open-Air-Ausstellungen erleben. Außerdem soll es Gespräche mit Zeitzeugen[5] geben. Die Open-Air-Angebote sind rund um die Uhr geöffnet. Der Eintritt ist frei.

Chaque paragraphe apporte des informations différentes. Vous pouvez leur donner un titre au brouillon pour mieux appréhender la structure du texte ou l'articulation des idées.

1. **die Veranstaltung** l'événement, la manifestation culturelle
2. **der Bürgermeister** le maire
3. **die Ausgrenzung** l'exclusion
4. **die Friedliche Revolution** la Révolution pacifique
5. **die Zeitzeugen** les témoins de l'époque

Entwickelt wurde auch eine App, die einen dreidimensionalen Eindruck der einst knapp 160 Kilometer langen Berliner Grenze zwischen Ost-West vermittelt.

Ein weiteres Highlight ist eine Installation des US-amerikanischen Künstlers Patrick Shearn zum Mauerfalljubiläum am Brandenburger Tor. Das „Skynet", ein bunter Teppich aus 100.000 Stoffstreifen[6], spannt sich scheinbar schwerelos vom Lindenrondell aus über hundert Meter weit bis zur Straße des 17. Juni in den Himmel.

30.000 der Stoffstreifen tragen persönliche Botschaften, die Berliner und Berlin-Besucher seit September abgeben konnten. Die schwebenden „Botschaftsbänder" sollen laut dem Künstler Shearn versinnbildlichen, dass, wer gemeinsam die Stimme erhebt, Diktaturen überwinden und das scheinbar Unmögliche möglich machen könne.

6. **ein bunter Teppich aus 100.000 Stoffstreifen** un tapis multicolore fait de cent mille bandelettes de tissu

↑ Freier Journalist bei der RBB 24 (multimediales Nachrichtenportal des TV-Senders Rundfunk Berlin-Brandenburg) 05.11.2019 © rbb 24 (unter Verwendung von Agenturmaterial)

Le lien entre les documents
Le document de compréhension de l'écrit est à mettre en lien avec celui de compréhension de l'oral. Tous deux s'inscrivent dans l'axe « Territoire et mémoire ». Vous devez montrer que vous avez compris la cohérence du dossier (question d).
Les informations apportées par le texte reprennent-elles celles contenues dans la vidéo précédemment visionnée, ou bien présentent-elles la problématique abordée sous un aspect nouveau, voire contradictoire ? Réfléchissez !

Ne négligez pas les sources, car elles vous renseignent sur l'origine du document : la date de parution, le nom du journal (version imprimée ou en ligne) d'où il est extrait, ... Vous devez en rendre compte pour décrire le type de document et exposer la situation d'énonciation.

COMPRÉHENSION DE L'ÉCRIT

Fassen Sie den Text auf Deutsch zusammen.
Beachten Sie dabei folgende Fragen.

a. Was können Sie über folgende Punkte sagen?
- Art und Thema des Dokuments
- Personen und Veranstaltungen, die erwähnt werden
- Epoche, um die es geht
- Erwähnte Daten und Fakten

b. Kommentieren Sie Michael Müllers Aussage: Es soll an die Menschen erinnert werden, die „am 04. November 1989 für Meinungsfreiheit und Demokratie in der DDR demonstriert hatten". (Z. 12-13)

c. Was können Sie über die Form des Textes und die Absicht des Autors sagen?

d. Inwiefern stellen die Dokumente des Hörverstehens und des Leseverstehens verschiedene, gleiche oder komplementäre Aspekte dar?

La langue
Attention, le compte rendu du texte doit être rédigé en allemand.

Après avoir noté au brouillon les éléments repérés, vous allez pouvoir rédiger votre compte rendu.
- Indiquez d'abord la nature et le thème du document, puis précisez l'époque évoquée par l'auteur.
- Présentez ensuite les informations de manière logique et organisée : indiquez d'abord les personnes ainsi que les faits mentionnés (prêtez attention aux différentes dates). Rendez compte dans votre développement de la cohérence du texte.
- Dans la conclusion, vous expliquerez le lien entre le texte et la vidéo que vous avez vue précédemment, et vous montrerez comment les deux documents illustrent l'axe « Territoire et mémoire ».

EXPRESSION ÉCRITE

Behandeln Sie Thema A oder Thema B (mindestens 120 Wörter).

Les sujets
Vous aurez toujours le choix entre deux sujets. Traiter les deux ne vous rapportera pas de points supplémentaires et vous fera perdre un temps précieux. Lisez et analysez bien les deux sujets avant de vous déterminer.

Thema A

Zum Anlass der Berliner Festwoche wurde eine Umfrage zum Thema „Sollte heutzutage immer noch an den Mauerfall erinnert werden?" durchgeführt.
Welche Aussage entspricht am ehesten Ihrer Meinung?
Belegen Sie Ihre Antwort mit passenden Argumenten.

Lana

Ich verstehe einfach nicht, warum 2019 immer noch an den Mauerfall erinnert werden soll!

Jens

Ich bin 2005 geboren und habe diese Zeit einfach nie erlebt, wo Berlin durch die Mauer getrennt war. Dennoch finde ich es wichtig, dass wir in Berlin und in ganz Deutschland diese Zeit nicht vergessen, denn es war für unser Land und für Europa von großer Bedeutung.

Dilek

Natürlich bin ich nach dem Mauerfall geboren. Aber trotzdem scheint es mir unheimlich wichtig, dass wir der Geschichte gedenken. Wir brauchen solche Feiern, denn sie erinnern uns an unsere gemeinsame Vergangenheit und geben uns ein Gefühl der Zusammengehörigkeit.

Développez la notion de patrimoine et de symbole dans votre commentaire. Mobilisez pour cela vos acquis des classes de 1re et de Tle et cherchez des exemples autres que ceux liés au Mur de Berlin (Völklinger Hütte, Arminius / Hermann, ...).

ODER

Thema B

Tim verbringt vier Tage Urlaub mit seinen Eltern in Berlin anlässlich der Festwoche im November 2019. Er schreibt seinem besten Freund in Frankreich eine E-Mail über das, was er als Tourist in der Hauptstadt alles erlebt hat.

Schreiben Sie diese E-Mail.

Vous devez vous mettre à la place de Tim. Utilisez la 1re personne du singulier (*ich*, *mein*) pour parler de ce que vous avez vu et vécu, et la 2e personne du singulier (*du*, *dein*) pour vous adresser au destinataire de votre mail.
Le sujet est narratif et descriptif. Pour la narration, utilisez des connecteurs temporels. Pour la description, faites part de vos impressions et de votre point de vue.

Il vous est demandé de rédiger un mail. Vous devez respecter la forme propre à ce type de correspondance (mention de l'objet, de l'expéditeur, du destinataire, ton, style,...).

Épreuve orale

Durée > 10 minutes

L'épreuve d'expression orale se déroule en deux temps :
1. un temps d'**expression orale en continu** (un exposé de 5 min) ;
2. un temps d'**expression orale en interaction** (5 min d'échange avec l'examinateur / examinatrice).

L'expression orale
Vous avez le choix entre deux supports. Observez et lisez-les bien. Il s'agit d'expliquer, en allemand, lequel illustre le mieux l'axe « Territoire et mémoire ».

EXPRESSION ORALE

Vous devez vous exprimer pendant environs cinq minutes, en continu, à partir de la question suivante :

Welches der beiden Dokumente passt Ihrer Meinung nach besser zur Thematik „Territoire et mémoire"? Warum?

Begründen Sie Ihre Wahl mit dem, was Sie gelernt haben.

Structurez bien votre prise de parole. Commencez par définir des notions clés. Développez vos idées en les organisant en différentes parties. Attention : vous ne devez pas réciter un cours appris par cœur, mais appuyer votre exposé sur l'analyse de la citation ou de l'image que vous aurez choisie.

Votre choix
Prenez le temps de bien regarder les deux propositions avant de vous déterminer. Quel que soit votre choix, ce qui compte, c'est votre capacité à l'expliciter en vous appuyant sur vos connaissances.

Dokument A

„Wer die Vergangenheit nicht kennt, kann die Gegenwart nicht verstehen und die Zukunft nicht gestalten."
Helmut Kohl, ehemaliger Bundeskanzler

Prenez le temps de bien lire la citation pour être certain/e de la comprendre correctement. Prêtez notamment attention à sa source (qui est l'auteur ?).

Dokument B

↑ Gedenksteine markieren heute, wo die Berliner Mauer die Stadt trennte.

Associez cette photographie à une problématique. Choisissez pour cela un ou plusieurs aspects : la frontière, la recherche des traces historiques, la transmission d'une histoire, le dialogue autour d'un passé commun...

BAC

Méthodologie pour réussir l'épreuve commune de contrôle continu n° 3 (E3C n° 3)

CALENDRIER ET INFORMATION

La classe de Terminale

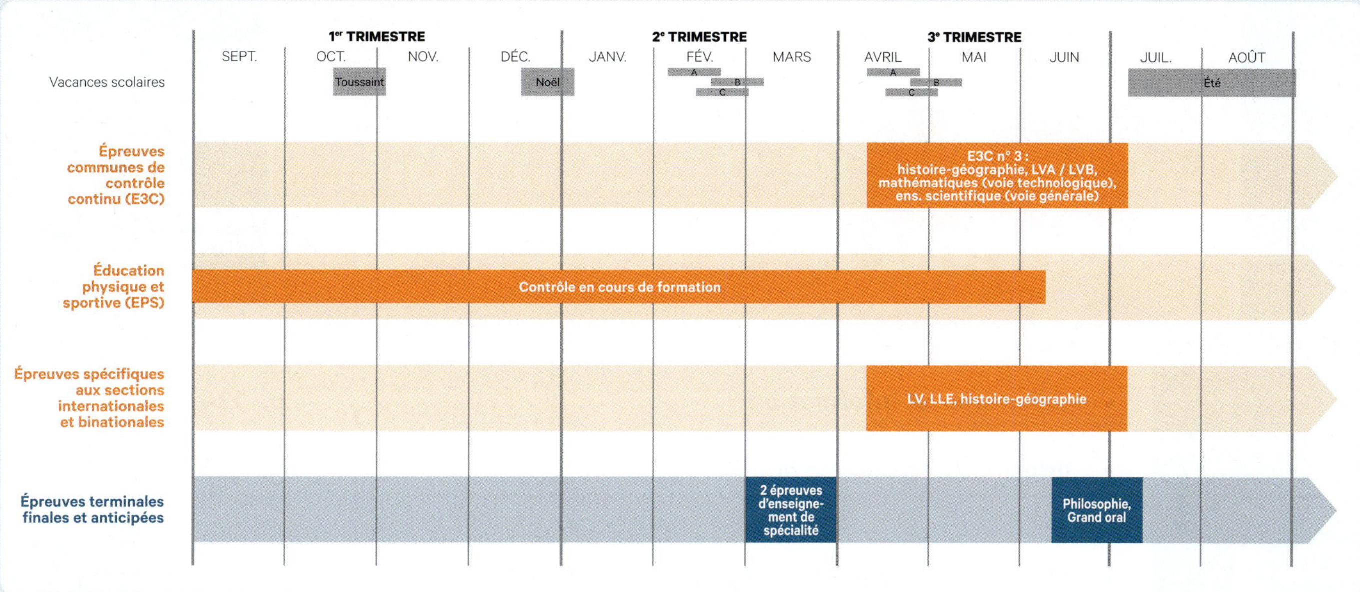

Composition de la note du bac

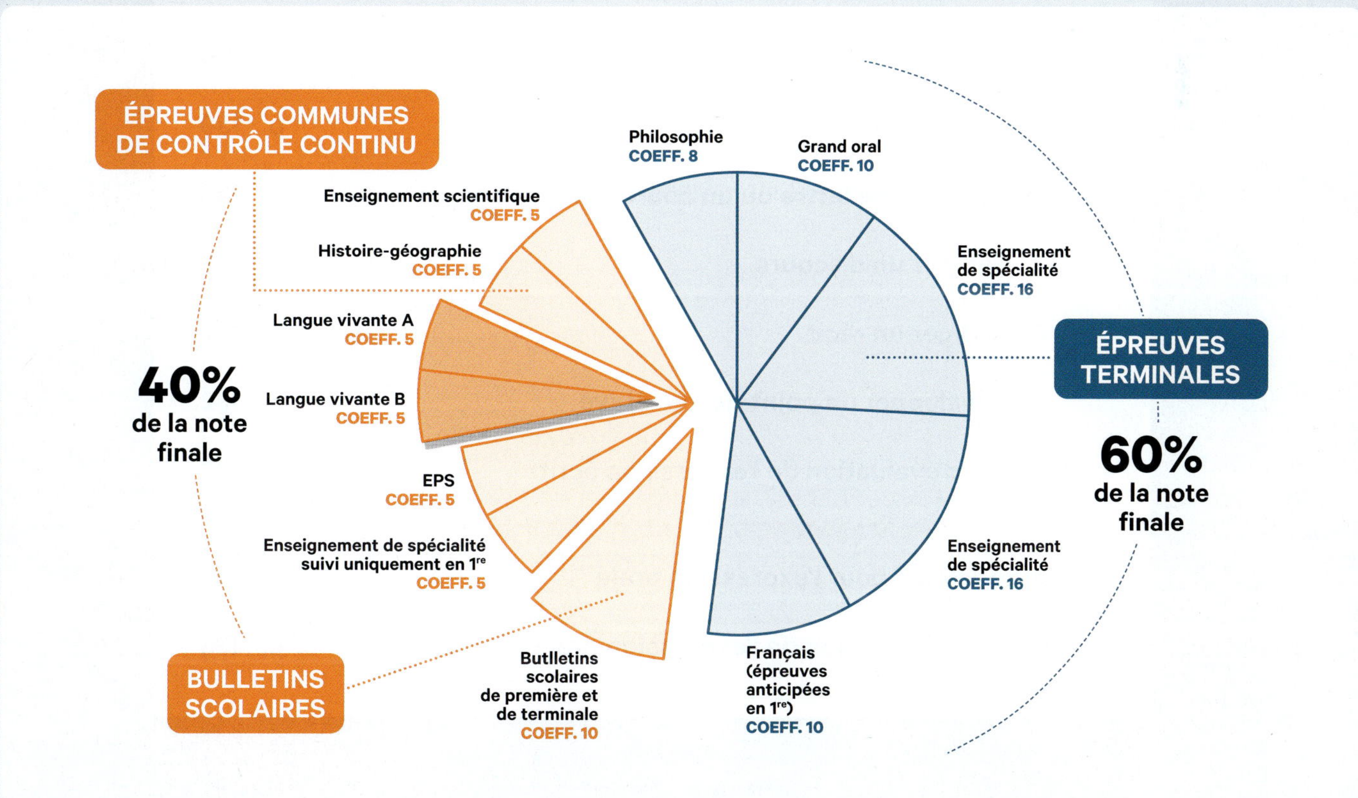

INFORMATION GÉNÉRALE SUR L'E3C N° 3

Classe de Terminale › 3e trimestre
Note globale › sur 20 : CO, CE, EE et EO comptent chacune pour le quart de la note.

Premier temps → ÉPREUVE ÉCRITE

Durée
› 2 heures

Niveaux visés
› B2 pour la langue A
› B1 pour la langue B

L'épreuve commence avec l'écoute du document audio ou le visionnage de la vidéo. Après cela vous disposez du temps comme vous souhaitez pour rédiger votre compte rendu et pour traiter les parties compréhension de l'écrit et expression écrite.

COMPRÉHENSION DE L'ORAL ET DE L'ÉCRIT

COMPRÉHENSION DE L'ORAL

Mêmes modalités que pour la partie compréhension de l'oral de l'**épreuve 1 de la classe de Première**.

COMPRÉHENSION DE L'ÉCRIT

Mêmes modalités que pour la partie compréhension de l'écrit de l'**épreuve 2 de la classe de Première**, mais la longueur totale du / des texte/s passe de 2300-4000 signes à 2500-4500 signes (espaces compris).

+

EXPRESSION ÉCRITE

Sujet : En lien avec la thématique du document audio ou vidéo et du document textuel du dossier.

Objectif : Traiter un sujet en allemand.

Longueur : Au moins 120 mots (environ douze lignes).

Second temps → ÉPREUVE ORALE

Durée
› 10 minutes

Niveaux visés
› B2 pour la langue A
› B1 pour la langue B

Une épreuve individuelle orale de 10 minutes qui se déroule en 2 phases : un exposé (EOC) et un entretien avec l'examinateur (EOI).

Quand ? Après la partie écrite de l'épreuve.

Supports : Deux documents iconographiques, ou deux citations, ou un document iconographique et une citation.

Modalités : Choisir l'un des trois axes culturels proposés par l'examinateur/trice, puis déterminer entre deux supports celui qui, selon vous, illustre le mieux l'axe en question.

EXPRESSION ORALE EN CONTINU

Durée : 5 minutes

Attendu : Expliquer, dans la langue cible, quel support illustre le mieux l'axe choisi et pourquoi.

+

EXPRESSION ORALE EN INTERACTION

Durée : 5 minutes

Attendu : Échanger avec l'examinateur/trice, dans la langue cible. L'entretien est élargi à des questions plus générales, portant par exemple sur le travail réalisé sur l'axe choisi.

COMPRÉHENSION DE L'ORAL

- Un document audio ou vidéo d'1 minute 30 environ.
- Trois écoutes espacées d'1 minute.
- Un compte rendu libre ou guidé, en français.

Appropriez-vous le document

Objectif

Il s'agit de rendre compte du contenu du document, en français, en vous appuyant éventuellement sur le guidage proposé.

1 À la première écoute

- Tentez de saisir le **sens global** du document. Pensez que l'idée générale est souvent énoncée au début.
- Essayez d'identifier **le nombre de locuteurs**, **le contexte**, **le ton général**, **la thématique**.
- Avant la 2e écoute, faites le point :
  - Quelles informations vous faut-il vérifier ?
  - Lesquelles n'avez-vous pas comprises ?

2 À la deuxième écoute

- Focalisez-vous sur **les éléments manquants ou à vérifier**.
- Complétez vos notes pour attester d'une compréhension plus fine.

3 À la troisième écoute

- Vérifiez **la justesse** de vos informations.
- Relisez vos notes en prenant du recul pour repérer les éventuelles cohérences et **palier les lacunes**. Faites appel à **votre bon sens** et à **votre sens de la déduction**.

+

Prendre des notes

- Vous pouvez prendre des notes **directement en français** ou plutôt **en allemand**, si cela vous semble plus simple.
- Vous pouvez **noter en vrac** tout ce que vous comprenez.
- Il peut aussi être intéressant de prendre des notes sous forme de **carte mentale**.
- Vous pouvez aussi préparer une **grille d'écoute** qui vous permet de noter dans un premier temps les informations principales : Qui ? Quoi ? Où ? Quand ? Comment ? Pourquoi ?
- Pour gagner du temps, ne rédigez pas de phrases entières mais rédigez dans un **style télégraphique** et notez des **mots clés**. Vous pouvez aussi avoir recours à des abréviations et à des symboles (=, +, ≠, Ø...).
- Indiquez **les liens logiques** par des flèches ou d'autres signes et soulignez ou cochez **les informations principales**.

Rendez compte de ce que vous avez compris

Votre compte rendu doit être synthétique : la réussite ne dépend pas du nombre d'informations restituées mais de la **capacité à les mettre en lien** pour faire ressortir le sens, de manière plus ou moins fine, selon que vous composez en LVA ou en LVB.

1. Expliquez la **nature** du document et la **situation** d'énonciation (Qui s'adresse à qui ? D'où ? Quand ? Dans quel contexte ?) et la **thématique**. Tenez compte des éventuels **éléments implicites** (ce qui est sous-entendu ou est censé être connu du lecteur).
2. Rendez compte du contenu en veillant à bien faire ressortir l'articulation entre les informations et / ou la chronologie des faits.
3. Pour cela, utilisez les **connecteurs logiques** et / ou **chronologiques** appropriés et organisez votre compte rendu en **paragraphes**, en respectant le principe suivant : **une idée générale par paragraphe**.
4. Prévoyez une **introduction**, un **développement** et une **conclusion**.
5. **Tenez compte du guidage** éventuel pour être certain/e de ne passer à côté d'aucun élément important.

Relisez-vous

- Votre compte rendu doit être lisible.
- Soignez votre écriture et utilisez un effaceur pour rectifier proprement vos erreurs.

COMPRÉHENSION DE L'ÉCRIT

- Support/s d'évaluation : un ou deux textes, en rapport l'un avec l'autre et en lien avec la thématique du document de compréhension de l'oral.
- Longueur du ou des support/s : entre 2 500 et 4 500 caractères maximum, ponctuation et espaces compris.
- Un compte rendu en allemand, guidé par des questions qui portent aussi sur l'ensemble du dossier.
- Éventuellement un ou deux documents iconographiques pour faciliter la compréhension.

Appropriez-vous le/s document/s

- Lisez bien **les questions**.
- L'éventail de questions permet d'évaluer votre capacité à appréhender la situation d'énonciation, les réseaux de sens et les stratégies de communication, en identifiant les éventuels éléments implicites.
- Prêtez attention au paratexte (le titre, le chapeau, le nom de l'auteur/e, la date de publication, les notes explicatives...) qui vous permet en partie d'anticiper le contenu du document.
- Appuyez-vous sur les **mots transparents** et essayez de déduire le sens des **mots inconnus**.
- Mettez en lien les informations que vous avez comprises. Servez-vous de votre **sens logique** et de vos **connaissances culturelles**.

Rendez compte de ce que vous avez compris

Répondre à des questions

1. Traitez bien **toutes les questions**.
2. **Justifiez vos réponses** en citant des passages du / des texte/s.
3. Tenez compte des **éventuels éléments implicites** (ce qui est sous-entendu ou présupposé). Pour les identifier, **faites appel à votre sens de la déduction et à vos connaissances**. Appuyez-vous sur ce que vous savez des problématiques relatives à l'axe indiqué en tête du dossier, ainsi que sur les sources du document.
4. Pour **rendre compte de la cohérence du dossier**, réfléchissez bien : les documents abordent-ils des aspects similaires ? complémentaires ? opposés ?
5. Veillez à montrer **l'articulation entre les informations** et / ou **la chronologie des faits**. Pour cela,
   - utilisez les **connecteurs logiques et / ou chronologiques appropriés**.
   - organisez votre compte rendu en **paragraphes**, en respectant le principe suivant : **une idée générale par paragraphe**.
6. Prévoyez une **introduction**, un **développement** et une **conclusion**.

À garder en tête

Tout ne se joue pas sur cette seule épreuve ! Vous aurez toute l'année l'occasion, dans le cadre des contrôles continus, d'attester de vos compétences en compréhension de l'écrit.

CRITÈRES D'ÉVALUATION DE LA COMPRÉHENSION

espace langues — Vidéos pour réussir les 3 épreuves communes

- L'évaluation est basée sur les niveaux du Cadre européen commun de référence pour les langues (CECRL).
- Les niveaux attendus en Terminale sont B1 pour la LVB et B2 pour la LVA.
- La grille d'évaluation indique ce qui est attendu de vous et permet de vous évaluer, selon que vous êtes en LVA ou en LVB.
- Les critères, au nombre de trois, ciblent la capacité à identifier la situation d'énonciation, les réseaux de sens et les stratégies de communication.

CRITÈRE 1 : Identification de la situation d'énonciation

Qui parle ? À qui ? Dans quelles circonstances ?

1. Qui parle et à qui ? • Repérez l'auteur/e et/ou la source dans un **document informatif**. • Repérez la voix narrative et les personnages dans un **document de fiction**. • Faites attention aux pronoms personnels (*ich, Sie ...*).	A2 B1 B2
2. Où, quand ? • Repérez les indices de lieu, les indications temporelles et les temps verbaux. • Repérez la date et le lieu de publication.	A2 B1 B2
• Repérez les liens entre les informations.	B1 B2
3. Quels sont les éléments implicites ? Tentez d'identifier les éléments sous-entendus et ceux supposés connus. Pour cela, prenez en compte l'axe dans lequel s'inscrit le dossier et appuyez-vous sur votre éventuelle connaissance du contexte culturel.	B2

CRITÈRE 2 : Identification des réseaux de sens

Quelle est la logique interne du document ou du dossier ?

1. La thématique ou le/s fait/s principal/aux Repérez les titres et les champs sémantiques...	A2 B1 B2
2. La structure d'un texte Souvent, chaque paragraphe aborde une idée ou un aspect différent. En général, les premières lignes contiennent l'idée principale ou exposent les circonstances dans lesquelles se déroulent les faits. La conclusion énonce un bilan, un enseignement ou informe sur le dénouement.	A2 B1 B2
3. La logique du propos Repérez les connecteurs comme *weil, obwohl, deswegen, trotzdem ...*	A2 B1 B2
4. La chronologie Repérez les connecteurs temporels (*zuerst, dann, zum Schluss ...*), les dates et les temps des verbes.	A2 B1 B2

CRITÈRE 3 : Identification des stratégies de communication

Quelles sont le/s but/s et les stratégies de communication utilisées ?

1. La nature du document *Ein Zeitungsartikel, eine Reportage, ein Romanauszug, eine Werbekampagne ...*	A2 B1 B2
2. Sa visée *Informieren, kritisieren, überzeugen, bewegen ...*	A2 B1 B2
3. Le/s point/s de vue Appuyez-vous sur des expressions telles que *trotzdem / dennoch, ich glaube, nach Meinung von ..., vielleicht, anscheinend ...*	B1 B2
4. Le ton et les procédés stylistiques Le ton est-il neutre ou impliqué, voire engagé ? *Der Ton ist kritisch, ironisch, engagiert, betroffen, neutral ...* L'auteur/e utilise-t-il/elle l'ironie, l'anaphore, des répétitions, ... ? Les phrases sont elles longues ou bien courtes, peut-être incisives ?	B2

EXPRESSION ÉCRITE

- Deux sujets au choix, à traiter dans la langue cible.
- Il se fondent sur une ou deux questions, en lien avec la thématique générale des documents supports à l'évaluation de la compréhension de l'écrit et de l'oral.
- L'un des deux sujets peut prendre appui sur un document iconographique.
- Nombre de mots attendus : 120 minimum (environ 12 lignes).

Lisez bien les deux sujets

- Assurez-vous de bien les comprendre : **soulignez les mots importants** et réfléchissez pour effectuer le bon choix et éviter le hors-sujet.
- Repérez **quel type de production vous est demandé** : un article de presse ? une lettre ou un courriel ? un récit ? une argumentation ? Quoi qu'il en soit, il vous sera toujours demandé d'exprimer un point de vue personnel ou de décrire des sentiments.

À garder en tête
Consultez et apprenez les expressions utiles proposées sur les rabats de la couverture de votre manuel.

Rassemblez vos idées au brouillon

- Après avoir choisi votre sujet, **jetez vos idées** dans l'ordre où elles vous viennent à l'esprit, puis **classez-les** en regroupant celles qui vont ensemble.
- **Mobilisez vos connaissances** : remémorez-vous les axes et les documents abordés en cours en lien avec la thématique et pensez aux problématiques travaillées, ainsi qu'au lexique abordé.
- Trouvez un plan simple : il vous faut **un fil conducteur**.

Rédigez votre texte

- Si vous en avez le temps, **rédigez votre texte d'abord au brouillon** pour pouvoir le travailler (le rectifier ou l'enrichir).
- **Vos phrases peuvent être courtes et simples** ; tentez néanmoins **quelques structures plus complexes** (par ex. des subordonnées relatives ou conjonctives, des groupes infinitifs compléments) pour attester de vos compétences linguistiques. Variez les tournures pour **éviter les répétitions**.
- Utilisez des **connecteurs logiques ou chronologiques** pour faire ressortir la cohérence de votre propos.
- Structurez votre **texte en paragraphes**. Vous pouvez sauter des lignes entre les paragraphes, pour plus de clarté.

Relisez-vous

- Assurez-vous que votre texte est **compréhensible et cohérent**.
- Vérifiez la **place des verbes** ainsi que les **terminaisons**, et veillez à un emploi judicieux des temps et modes.
- Assurez-vous que votre production comporte bien **le nombre de mots attendus**.
- Votre compte rendu doit être **lisible**. Soignez votre écriture et utilisez un effaceur pour rectifier proprement vos erreurs.

Très important !
Ne rendez surtout pas une copie blanche !

Méthodologie pour réussir l'E3C n° 3

1 Rédiger un article

Il peut vous être demandé de rédiger un article, par exemple pour un blogue, l'objectif étant de sensibiliser/d'informer, de promouvoir des idées ou d'alerter sur un sujet en lien avec la thématique du dossier. Vous devrez émettre un avis, en l'étayant d'exemples précis, voire en argumentant.

Ein Leben als Hausfrau – Geht das heute noch?

Der Kampf der Frauen für Gleichberechtigung ist nicht zu Ende, obwohl er schon seit vielen Jahren dauert. Vor hundert Jahren haben die Frauen noch für das Wahlrecht und für eine Rolle im öffentlichen Bereich gekämpft. Heute haben sie mehr Anerkennung, auch wenn sie in wichtigen Positionen noch unterrepräsentiert sind.

Aus diesem Grunde sollten Frauen berufstätig sein: Dafür haben die Frauen vor hundert Jahren gekämpft, dafür sollten Frauen dankbar sein!

Trotzdem es gibt immer noch viele Frauen, die lieber nur zu Hause tätig sein wollen: den Haushalt führen, sich um die Kinder kümmern. Dürfen sie das? Aber natürlich! Hausfrau zu sein bedeutet nicht, dass man sich unterordnen muss und dass man vom öffentlichen Bereich ausgeschlossen ist.

Sie sind zwar nicht berufstätig, aber sie sind genauso selbstbewusst und unabhängig wie andere Frauen. Manche kämpfen für die Umwelt, andere für Frauenrechte: Auf jeden Fall kann und darf man als Hausfrau glücklich sein! Wichtig ist nur, was man selbst will.

TITRE : Il doit être **accrocheur** et annoncer clairement le **sujet traité**. Il peut aussi énoncer une **problématique**, en prenant la forme d'une question.

INTRODUCTION : En général, l'introduction (le 1er pargraphe) explicite le titre et contient **l'information la plus importante**, qui se trouve ensuite développée. Elle doit **donner envie** au lecteur de poursuivre la lecture.

DÉVELOPPEMENT : Structurez votre texte en paragraphes, en suivant le principe suivant : **une idée importante par paragraphe**. Utilisez des connecteurs logiques pour faire apparaître la logique et la cohérence de votre propos. Soyez clair/e ! Faites des phrases courtes. Accompagnez votre propos d'exemples ou d'anecdotes qui parlent au lecteur.

CONCLUSION : Votre conclusion doit être **brève** et **reprendre de manière synthétique les points que vous avez évoqués**. Demandez-vous ce que votre lecteur retiendra de votre article.

2 Rédiger une lettre ou un courrier électronique

On peut vous demander d'écrire une lettre ou un courriel personnel ou de vous mettre à la place de quelqu'un d'autre pour écrire. Il faut identifier la situation de correspondance : qui écrit à qui, dans quel contexte et pourquoi.

Hallo Lara,

wie geht's? Ich habe seit der Abifeier vor drei Jahren nichts mehr von dir gehört!

Endlich habe ich meinen Traum verwirklicht. Ich bin jetzt Erzieher in einem Kindergarten! Du weißt ja, dass wir oft darüber gesprochen hatten. Ich kümmere mich gern um Kinder, das war schon immer so, aber im Gymnasium hätten mich die Jungs in der Klasse ausgelacht, wenn ich das gesagt hätte.

Deshalb habe ich immer gesagt, ich möchte Lehrer werden. Meine Eltern waren auch über meine Berufswahl sehr überrascht. Aber ich habe die Ausbildung zum Erzieher gemacht und erfolgreich abgeschlossen.

Heute betreue ich eine Gruppe von 10 Kindern zwischen 6 Monaten und 2 Jahren und ich bin sehr zufrieden. Auch meine Kolleginnen (es sind alle Frauen!) sind super nett.

Melde dich doch mal, dann gehen wir einen Kaffee trinken. Ich würde mich freuen!

Ganz liebe Grüße,

Michael

FORMAT : Un courriel / une lettre doit avoir un/e **expéditeur/trice**, un/e **destinataire** et un **objet**. **Adapter le ton** et le contenu de votre lettre en fonction de la / les personne/s à qui vous écrivez.

SALUTATIONS INITIALES

INTRODUCTION : Vous pouvez commencer par une brève phrase d'introduction expliquant l'**objet** du courriel / de la lettre.

DÉVELOPPEMENT : Votre propos doit être clair. Allez à la ligne à chaque idée nouvelle et n'oubliez pas d'insérer des **connecteurs logiques et temporels** pour vous faire bien comprendre.

CONCLUSION : Vous pouvez prévoir aussi une brève conclusion.

SALUTATIONS FINALES : N'oubliez pas **les formules de clôture** et **salutations finales**, ainsi que **la signature**.

3 Rédiger un discours

Il peut vous être demandé de rédiger un discours. Il peut s'agir d'un discours de remerciements ou de revendication, d'un hommage, d'un appel à se mobiliser, d'un plaidoyer, … Il vous faut capter l'attention de votre auditoire et le convaincre.

Sehr geehrte Damen und Herren, liebes Publikum!

Cyber-Mobbing, Fake News, Hasskommentare im Netz – so geht es nicht weiter! Die Situation muss sich ändern. Das Internet braucht mehr Kontrolle!

Große Internetfirmen haben die Online-Plattformen und Online-Dienste erfunden. Aber für die negativen Konsequenzen dieser Erfindungen ist niemand verantwortlich, obwohl die gleichen Firmen technische Lösungen finden und Software entwickeln könnten, um diese Probleme zu lösen. Die hohen Gewinne sollten nicht nur an die Aktionäre gehen, sondern in die Prävention und Kontrolle investiert werden!

Die Politiker müssen endlich handeln. Die Gesellschaft muss reagieren. Das ist die einzige Chance, damit es kein Mobbing, keine Diskriminierung und keine Hetze im Netz mehr gibt.

Ich fordere Sie alle auf: Handeln wir endlich, alle gemeinsam, denn sonst ist das Internet bald ein unkontrollierbares Monster!

Ich bedanke mich für Ihre Aufmerksamkeit.

SALUTATIONS INITIALES : Adressez-vous à votre auditoire **de manière personnalisée**.

INTRODUCTION : Énoncez l'objet de votre prise de parole..

DÉVELOPPEMENT :
- Vos mots doivent être **percutants**. - Souvent, il vous faudra **argumenter** et citer des **exemples**.
- Structurez votre texte en **paragraphes** et utilisez des **connecteurs logiques**.
- **Suscitez l'émotion** par le biais d'adjectifs bien choisis et usez aussi de **figures de style**, comme **la répétition** ou **l'hyperbole** (*bald ein unkontrollierbares Monster*).

CONCLUSION : Résumez votre propos.

SALUTATIONS FINALES : Remerciez votre public pour son attention.

4 Rédiger un récit

Il peut vous être demandé de raconter une expérience personnelle, ou encore d'imaginer la suite d'une histoire ou peut-être d'un événement. Votre récit devra être logique et cohérent et attester de votre point de vue, de vos émotions ou de vos sentiments en apportant éventuellement un enseignement.

Letztes Jahr im Sommer bin ich mit meiner Familie nach Weimar gefahren.

Ich kannte Weimar noch nicht. Die Stadt liegt in Thüringen und hat eine lange und interessante Geschichte. Hier haben sehr viele berühmte Leute gelebt: der Maler Lucas Cranach, der Organist und Komponist Johann Sebastian Bach, die Philosophen Herder und Nietzsche, der Schriftsteller Schiller und natürlich Johann Wolfgang von Goethe.

Meine Eltern sind große Goethe-Fans, deshalb haben wir gleich am ersten Tag das Goethe-Museum besucht. Es zeigt das Leben von Goethe und ist in zwei Teile gegliedert. In dem einen Teil kann man in verschiedenen Räumen sehen, wie Goethe damals gelebt hat. Der zweite Teil ist eine große Ausstellung über sein Leben und sein Werk. Das Museum ist wirklich beeindruckend!

Wir sind dann noch weiter durch Weimar gelaufen. Vor dem Nationaltheater haben wir eine Statue von Goethe und seinem Freund Friedrich von Schiller gesehen. Die Statue ist das Wahrzeichen der Stadt Weimar und weltberühmt. Am Nachmittag haben wir noch das Gartenhaus von Goethe im wunderschönen Park besucht und zum Schluss sein Grab in der Fürstengruft.

Jetzt habe ich das Gefühl, Goethe ein bisschen besser zu kennen. Und Weimar hat mir auch sehr gut gefallen.

INTRODUCTION : Exposez **brièvement le contexte et la situation**.

DÉVELOPPEMENT :
- Tenez-vous en à **un seul système temporel** (passé ou présent).
- Structurez votre récit en **paragraphes**.
- Insérez des **compléments de temps et de lieu**.
- Utilisez des **connecteurs logiques et temporels**.
- Tentez de **susciter des émotions**, telles la surprise ou l'empathie, ou une réflexion de la part du lecteur.
- Utilisez des **adjectifs descriptifs** et donnez **votre point de vue** ou témoignez de **vos propres émotions / sentiments**.

CONCLUSION : Prévoyez une brève **conclusion** apportant éventuellement un **enseignement**.

5 Développer un point de vue étayé

Il peut vous être demandé d'exprimer votre opinion sur une question ou de réagir à l'avis d'un tiers. Il faut alors argumenter et citer des exemples pertinents.

1

Ich bin mit Alina einverstanden: Es ist konstruktiv und extrem wichtig, an das geteilte Deutschland zu erinnern.

Nur so kann man die Situation Deutschlands und der Welt nach dem Zweiten Weltkrieg zwischen 1945 und 1989 verstehen. Deshalb finde den Kommentar von Thea und David nicht passend.

Auch wenn die Wiedervereinigung Deutschlands 1990 stattgefunden hat und Deutschland offiziell schon lange nicht mehr geteilt ist, spricht man von einer «Mauer in den Köpfen». Das bedeutet, dass die Teilung für viele Menschen in Ost- und Westdeutschland noch nicht überwunden ist. Die beiden politischen und wirtschaftlichen Systeme waren einfach zu unterschiedlich!

Aus diesem Grund halte ich es für sehr wichtig, an das geteilte Deutschland zu erinnern und die Wiedervereinigung jedes Jahr zu feiern. Nur so kann das Land zusammenwachsen.

INTRODUCTION : Vous devez vous exprimer par rapport à l'avis d'un tiers ou choisir, entre plusieurs opinions, celle dont vous vous sentez le / la plus proche. **Positionnez-vous d'emblée clairement**.

DÉVELOPPEMENT : Justifiez votre point de vue. Vous pouvez développer la **thèse** et l'**antithèse** pour dégager à la fin la **synthèse**, mais vous pouvez tout aussi bien étayer votre opinion en citant des arguments pertinents et / ou avec des exemples bien choisis.
- **Citez des exemples bien choisis** pour appuyer vos arguments.
- Utilisez des expressions pour **signifier votre accord ou votre désaccord** (*Ich bin mit ... einverstanden / Ich bin der Meinung, dass ... / Ich finde ..., weil ...*).
- **Structurez** votre argumentation (*zuerst / erstens / dann / danach / zweitens / schließlich / drittens / zum Schluss*).
- Redigez **un paragraphe par idée**.

CONCLUSION : Concluez en **résumant votre réflexion.**

2

Meiner Meinung nach hat der technische Fortschritt mehr Vorteile als Nachteile, weil man nur durch neue Technologien viele Probleme der Welt lösen kann.

Wenn man zum Beispiel wie Deutschland den Atomausstieg, die Stilllegung aller Atomkraftwerke, realisieren will, braucht man erneuerbare Energien. Diese Energien produziert man nur mit neuen Technologien. Wenn man mehr Lebensmittel produzieren will, kann man das mit neuen Robotern und Technik. Wenn man die Arbeitslosigkeit bekämpfen will, braucht man zukunftsfähige moderne Firmen mit vielen neuen Technologien. Viele schwere Arbeiten können durch Roboter erledigt werden.

Ein Nachteil ist, dass dadurch auch manchmal Arbeitsplätze verloren gehen und viele Menschen davor Angst haben. Aber andererseits ist der Vorteil, das auch viele neue Jobs und Berufe entstehen werden.

INTRODUCTION : Il s'agit d'émettre **un avis personnel**. **Enoncez-le d'emblée** clairement.

DÉVELOPPEMENT : Justifiez votre point de vue.
- Vous pouvez développer la **thèse** et l'**antithèse** pour dégager à la fin la **synthèse** (*einerseits ..., andererseits / also ich bin der Meinung, dass ... / ein Vorteil ist ... / ein Nachteil ist ...*).
- Mais vous pouvez tout aussi bien étayer votre opinion en **citant des arguments pertinents** ainsi que des **exemples bien choisis** (*zum Beispiel ... / beispielsweise*).
- Abordez la question sous des aspects différents (*wenn ... / wenn...*).
- **Structurez** bien votre argumentation en utilisant des connecteurs (*zuerst / erstens / dann / danach / zweitens / schließlich / drittens / zum Schluss*).
- Redigez **un paragraphe par idée**.
- **Appuyez-vous sur les connaissances** et **la réflexion** que vous avez **développées en cours**.

CONCLUSION :
Concluez en **résumant votre réflexion et votre point de vue**.

CRITÈRES D'ÉVALUATION DE L'EXPRESSION ÉCRITE

espace langues Vidéos pour réussir les 3 épreuves communes

- L'évaluation est basée sur les niveaux du Cadre européen commun de référence pour les langues (CECRL).
- Les niveaux attendus en Terminale sont B1 pour la LVB et B2 pour la LVA.
- La grille d'évaluation indique ce qui est attendu de vous et permet de vous évaluer, selon que vous êtes en LVA ou en LVB.
- Les critères d'évaluation sont au nombre de quatre : la qualité du contenu, sa cohérence, la correction de la langue et la richesse de la langue.

QUALITÉ DU CONTENU

Comment traitez-vous le sujet de votre texte ?	
• Vous produisez un écrit clair, détaillé et efficace.	B2
• Vous faites référence à vos connaissances (inter)culturelles.	B1, B2
• Vous produisez un écrit intelligible et relativement développé.	B1
• Vous ne traitez que brièvement le sujet.	A2

COHÉRENCE DE LA CONSTRUCTION DU DISCOURS

Comment articulez-vous votre texte ? Pouvez-vous produire des textes complexes ?	
• Le texte est bien structuré : dans votre récit ou votre argumentation, vous indiquez la relation entre les faits et les idées.	B2
• Vous rendez compte d'expériences personnelles en décrivant vos sentiments et réactions.	B1, B2
• Vous êtes en mesure d'exposer et d'illustrer un point de vue.	B1, B2
• Vous racontez une histoire de manière cohérente.	B1, B2
• Vous pouvez exposer une expérience ou un point de vue.	A2, B1, B2
• Vous articulez votre texte avec des connecteurs élémentaires.	A2

CORRECTION DE LA LANGUE ÉCRITE

Quel type de structures utilisez-vous ?	
• Vous faites quelques erreurs sur les structures complexes, mais celles-ci ne donnent pas lieu à des malentendus.	B2
• Vous attestez d'une bonne maîtrise des structures simples et courantes.	B1, B2
• Vous faites quelques erreurs sur les structures simples, mais celles-ci ne gênent pas la lecture.	B1
• Votre texte est compréhensible malgré des erreurs fréquentes.	A2

RICHESSE DE LA LANGUE

Quel est votre répertoire lexical ?	
• Vous utilisez un lexique suffisamment étoffé pour permettre une précision et une variété des formulations.	B2
• L'étendue de votre vocabulaire permet de vous adapter à l'intention de communication mais vous usez parfois de périphrases et de répétitions.	B1
• Les mots sont adaptés à l'intention de communication mais le répertoire lexical est limité.	A2

EXPRESSION ORALE

- 10 minutes, sans temps de préparation.
- Deux phases : expression orale en continu (5 min) et expression orale en interaction (5 min)
- Un axe à choisir entre trois propositions.
- Deux supports au choix en lien avec l'axe choisi : deux documents iconographiques, ou deux citations, ou un document iconographique et une citation.

Préparez-vous pendant toute l'année

- Apprenez les **expressions utiles pour l'expression orale proposées sur les rabats de la couverture** du manuel.
- Entraînez-vous avec les **activités de préparation au bac** de chaque unité.
- Rappelez-vous **les sujets et les documents étudiés** grâce aux cartes mentales des pages ***Fit fürs Bac!***
- Créez **vos propres cartes mentales** avec le lexique de chaque axe étudié en 1re et en Tle.

PHASE 1 : Expression en continu

Choisissez l'axe qui vous parle le plus, puis le document qui, pour vous, illustre le mieux cet axe : vous ne serez pas évalué/e sur le choix du document mais sur votre capacité à expliquer ce choix en faisant référence aux connaissances et à la réflexion que vous avez acquises en cours.

1. Présentez d'abord le document :
   - s'il s'agit d'un **document iconographique** : vous pouvez commenter ce que vous voyez et contextualisez l'image (**date, lieu, personnes concernées...**).
   - s'il s'agit d'une **citation** : expliquez comment vous interprétez la citation et contextualisez-la (**auteur/e, temps, contexte historique,...**)
2. Ensuite, **justifiez votre choix** :
   - Expliquez **quel/s aspect/s de l'axe** le document illustre précisément.
   - Appuyez-vous sur **ce que vous avez appris en cours**, en citant des exemples précis.
3. N'oubliez pas de **conclure** !

+

PHASE 2 : Expression en interaction

- L'examinateur / L'examinatrice pourra vous **demander d'approfondir ou de compléter votre propos**. Profitez-en pour optimiser votre prestation.
- L'entretien portera aussi sur le travail réalisé en cours, sur l'axe choisi. Vous aurez alors l'occasion de **tirer parti de vos connaissances culturelles**.
- Vous serez aussi amené/e à **approuver** ou à **contredire** votre interlocuteur/trice.
- **Pour gagner du temps**, quand vous formulez vos réponses, vous pouvez :
  - répéter la question, en la transformant en question indirecte ;
  - réfléchir à haute voix et faire part de vos impressions personnelles.
- Vous pouvez demander à l'examinateur / l'examinatrice de **répéter** ou de **reformuler sa question** si vous ne l'avez pas (bien) comprise.

Pour une prestation réussie

Votre expression

- Vos phrases peuvent être **courtes et simples** ; tentez néanmoins **quelques phrases plus complexes** pour montrer vos compétences linguistiques.
- **Variez les tournures**.
- Soignez **votre prononciation** et **votre intonation**.
- Exprimez-vous de manière audible et **avec conviction**.

Votre posture

- Montrez-vous **calme**, **posé/e**, **intéressé/e** et **réfléchi/e**.
- **Regardez** votre examinateur/trice.
- **Soyez poli/e** sans être obséquieux/se.
- **Faites des gestes** pour appuyer vos propos et ne restez pas trop immobile.
- **Montrez-vous à l'écoute** lors de la phase d'interaction et soyez **réactif/ve**.

CRITÈRES D'ÉVALUATION DE L'EXPRESSION ORALE

espace langues Vidéos pour réussir les 3 épreuves communes

- L'évaluation est basée sur les niveaux du Cadre européen commun de référence pour les langues (CECRL).
- Les niveaux attendus en Terminale sont B1 pour la LVB et B2 pour la LVA.
- La fiche d'évaluation et de notation prend en compte l'expression orale en continu et l'expression orale en interaction.
- Pour ce qui concerne la correction et la richesse de la langue, la prestation est évaluée dans sa globalité.

EXPRESSION ORALE EN CONTINU	
• Vous développez un point de vue pertinent et étayé.	B2
• Vous avez recours à des reformulations, mais celles-ci ne rompent pas le fil du discours.	B2
• Vous pouvez nuancer un propos en vous appuyant sur des références (inter)culturelles.	B2
• Vous exposez un point de vue en l'illustrant par des exemples et des références (inter)culturelles.	B1, B2
• Votre discours est structuré (relations de causalité, comparaisons, etc.).	B1, B2
• Vous exprimez un avis avec des termes simples.	A2
• Votre discours est bref et les éléments sont juxtaposés les uns aux autres.	A2

RICHESSE DE LA LANGUE	
• Votre discours est relativement fluide.	B2
• Vous utilisez un lexique suffisamment étoffé pour permettre la précision et la variété des formulations.	B2
• L'étendue de votre vocabulaire permet de vous adapter à l'intention de communication mais vous avez encore besoin parfois d'utiliser des périphrases et de procéder à des répétitions.	B1
• Les mots sont adaptés à l'intention de communication mais le répertoire lexical est limité.	A2

INTERACTION ORALE	
• Vous argumentez de manière convaincante.	B2
• Vous réagissez avec pertinence et relancez la discussion, en amenant éventuellement l'échange sur un terrain familier et en faisant valoir vos connaissances (inter)culturelles.	B2
• Vous pouvez engager, soutenir et clore une conversation simple sur des sujets familiers.	B1, B2
• Vous faites référence à des connaissances (inter)culturelles.	B1, B2
• Vous répondez et réagissez de manière simple.	A2

CORRECTION DE LA LANGUE ORALE	
• Votre prononciation et votre accentuation peuvent subir l'influence d'autres langues mais l'impact sur la compréhension est négligeable.	B2
• Vos erreurs de langue ne donnent pas lieu à des malentendus.	B2
• Vous montrez une bonne maîtrise des structures simples.	B1, B2
• Vous vous exprimez de manière intelligible malgré l'influence d'autres langues.	B1
• Vous essayez de vous exprimer clairement mais la compréhension requiert un effort de la part de votre interlocuteur/trice.	A2

Pas de stress !

Lancez-vous, même si vous n'êtes pas sûr/e de vous !

Sommaire

I. Le groupe nominal

1. La structure du groupe nominal

Pour accompagner un **nom**, on peut avoir un **déterminant**, mais aussi un **adjectif**, ou encore un autre **nom**, placé devant, tel un déterminant.

Welcher Roboter? Was für ein Roboter?

der Roboter
ein Roboter
ein toller Roboter
mein Roboter
Lenas Roboter
der Spielzeugroboter

Le groupe nominal peut aussi avoir des **extensions à droite**.

der Roboter von Lena
der Roboter meines Freundes Leo

2. Les genres des noms

Les trois genres

masculin : DER

- Tous les membres de la famille de sexe masculin : **der Vater, der Opa**, …
- Tous les noms se terminant par le suffixe **-er** : **der Lehrer, der Computer**, …
- Tous les noms se terminant par un **-e** qui désignent des personnes de sexe masculin, qu'on appelle aussi « masculins faibles » : **der Junge, der Kollege**, …
- Tous les noms se terminant par **-ling** (**der Lehrling, der Frühling**, …), **-ismus** (**der Kapitalismus**, …), **-or** (**der Motor, der Reaktor**, …) et **-ist** (**der Kapitalist, der Pazifist**, …).
- Tous les noms de voitures : **der VW, der BMW, der Renault**, …

neutre : DAS

- Tous les noms se terminant par le suffixe **-chen** et **-lein** : **das Mädchen, das Hündlein**, …
- Tous les noms se terminant par le suffixe **-nis** (**das Ereignis, das Erlebnis**, …), **-um** (**das Studium, das Universum**, …) et **-o** (**das Auto, das Kino**, …).
- Les noms de pays : **Deutschland, Frankreich, Spanien**, …
  Exceptions : **die Schweiz, die Ukraine, die USA, die Türkei.**

féminin : DIE

- Tous les membres de la famille de sexe féminin : **die Mutter, die Oma**, …
- Tous les noms se terminant par un **-e** hormis ceux qui désignent des êtres de sexe masculin : **die Garage, die Banane, die Tasche**, …
- Tous les noms se terminant par les suffixes **-in** (**die Freundin**, …), **-ung** (**die Übung**, …), **-heit** (**die Freiheit**, …), **-keit** (**die Persönlichkeit**, …) et **-schaft** (**die Freundschaft**, …).
- Tous les noms se terminant par les suffixes **-ion** (**die Integration**, …), **-ik** (**die Physik**, …) et **-tät** (**die Diversität**, …).
- De nombreux noms de fleuves : **die Donau, die Elbe, die Mosel**, …
  Exceptions : **der Rhein, der Main**, …

3. Les déterminants et les quantificateurs

Les déterminants

der, das, die

article défini : *le, la, les*
- **der** Mann
- **das** Kind
- **die** Frau
- **die** Leute

dies-

adjectif démonstratif : *ce / cet, cette, ces*
- **dieser** Mann
- **dieses** Kind
- **diese** Frau
- **diese** Leute

jed-

adjectif indéfini : *chaque*
- **jeder**
- **jedes**
- **jede**

ein/e

article indéfini : *un, une, des*
- **ein** Mann
- **ein** Kind
- **eine** Frau
- **-** Leute

mein/e

adjectif possessif : *mon, ma, mes*
- **mein** Mann
- **mein** Kind
- **meine** Frau
- **meine** Leute

kein/e

article indéfini négatif
- **kein** Mann
- **kein** Kind
- **keine** Frau
- **keine** Leute

Les quantificateurs

ein wenig, etwas (un peu)
ein wenig Glück, etwas Glück

wenig/e (peu)
wenig Geld, wenige Leute

einige (quelques)
einige Leute

ein paar (quelques)
ein paar Leute

manche (plusieurs)
manche Leute

viel/e (beaucoup ; plusieurs)
viel Glück; viele Leute

mehrere (plusieurs)
mehrere Stunden

alle (tous)
alle Leute

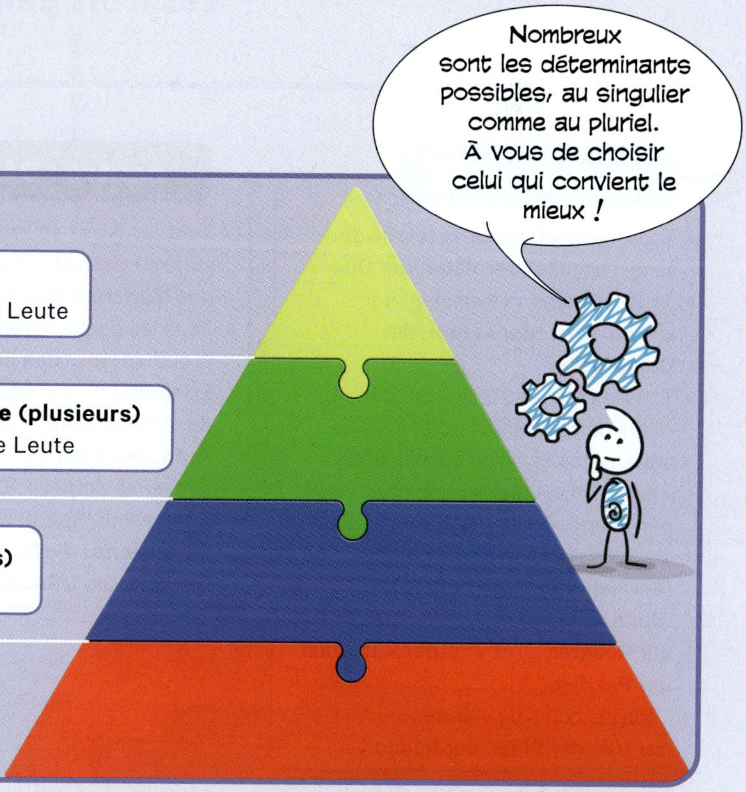

4. Les déterminants possessifs

les trois personnes du singulier		
ich	mein-	mein **Vater** / **Kind** mein**e** **Mutter** mein**e** **Eltern**
du	dein-	dein **Vater** / **Kind** dein**e** **Mutter** dein**e** **Eltern**
er / es	sein-	sein **Vater** / **Kind** sein**e** **Mutter** sein**e** **Eltern**
sie	ihr-	ihr **Vater** / **Kind** ihr**e** **Mutter** ihr**e** **Eltern**

les trois personnes du pluriel		
wir	unser-	unser **Vater** / **Kind** unser**e** **Mutter** unser**e** **Eltern**
ihr	euer / eu(e)re	euer **Vater** / **Kind** eu(e)r**e** **Mutter** eu(e)r**e** **Eltern**
sie / Sie	ihr- / Ihr-	ihr / **I**hr **Vater** / **Kind** ihr**e** / **I**hr**e** **Mutter** ihr**e** / **I**hr**e** **Eltern**

Regardez les adjectifs possessifs de la 3e personne du singulier : en allemand comme en anglais, on fait la distinction entre un **possesseur masculin** et un **possesseur féminin**.
sein Vater >> **his** father
ihr Vater >> **her** father

5. Le pluriel des noms

Les marques du pluriel

- **-n / -en / -nen**
  - die Frage, die Frage**n**
  - die Frau, die Frau**en**
  - die Freundin, die Freundin**nen**
- **-e**
  - der Hund, die Hund**e**
- **-er**
  - das Kind, die Kind**er**
- **¨-**
  - der Bruder, die Br**ü**der
- **¨-e**
  - die Maus, die M**ä**us**e**
- **¨-er**
  - der Mann, die M**ä**nn**er**
- **-**
  - der Lehrer, die Lehrer
  - das Mädchen, die Mädchen
- **-s**
  - das Auto, die Auto**s**
  - der Opa, die Opa**s**

Pluriel en -n ou -en :

- tous les noms se terminant par un -e (**der Affe/-n, die Tomate/-n**) ;
- tous les masculins faibles (**der Löwe/-n, der Student/-en**) ;
- tous les noms féminins se terminant par -e (**die Tasche/-n**), -ion (**die Tradition/-en**), -heit (**die Freiheit/-en**), -keit (**die Süßigkeit/-en**), -schaft (**die Freundschaft/-en**), -tät (**die Aktivität/-en**), -ung (**die Übung/-en**) ;
- les noms se terminant par le suffixe -in, qui forment leur pluriel en -nen (**die Freundin/-nen**).

Pluriel en -s :

- les noms d'origine étrangère (**das Auto/-s, das Interview/-s**) ;
- les noms désignant des familles entières (**die Webers, die Müllers**) ;
- les noms se terminant par -a (**der Opa/-s**), -o (**das Foto/-s**), -i (**die Mutti/-s**), -y (**das Hobby/-s**).

Invariables :

- la plupart des noms masculins se terminant par -er (**der Lehrer**), -el (**der Löffel**), -en (**der Schinken**) ;
- les noms neutres se terminant par les suffixes -chen ou -lein (**das Mädchen, das Männlein**).

Utilisés seulement au singulier : der Hunger, der Durst, die Milch, das Glück, ...

Utilisés seulement au pluriel : die Leute, die Eltern, die Ferien, ...

6. La déclinaison du groupe nominal avec adjectif

• La déclinaison du groupe nominal avec l'article défini le, la, les

	singulier			pluriel
	masculin	neutre	féminin	
nominatif : Das ist / sind ...	der nette Mann	das nette Kind	die nette Frau	die netten Leute
accusatif : Ich kenne ...	den netten Mann	das nette Kind	die nette Frau	die netten Leute
datif : Ich treffe mich mit ...	dem netten Mann	dem netten Kind	der netten Frau	den netten Leuten
génitif : Der Name ...	des netten Mannes	des netten Kindes	der netten Frau	der netten Leute

• La déclinaison du groupe nominal sans déterminant

	singulier			pluriel
	masculin	neutre	féminin	
nominatif : Das ist / sind ...	guter Wein	frisches Brot	frische Milch	leckere Äpfel
accusatif : Ich habe ...	guten Wein	frisches Brot	frische Milch	leckere Äpfel
datif : Ein Essen mit ...	gutem Wein	frischem Brot	frischer Milch	leckeren Äpfeln
génitif : Der Verkauf ...	guten Weines	frischen Brotes	frischer Milch	leckerer Äpfel

• **La déclinaison du groupe nominal avec l'article indéfini un, une, des**

	singulier			pluriel
	masculin	**neutre**	**féminin**	
nominatif : Das ist / sind ...	ein netter Mann	ein nettes Kind	eine nette Frau	nette Kinder (meine / keine netten Kinder)
accusatif : Ich habe ...	einen netten Mann	ein nettes Kind	eine nette Frau	nette Kinder (meine / keine netten Kinder)
datif : Ich treffe mich mit ...	einem netten Mann	einem netten Kind	einer netten Frau	netten Kindern (meinen / keinen netten Kindern)
génitif : Der Name ...	eines netten Mannes	eines netten Kindes	einer netten Frau	netter Kinder (meiner / keiner netten Kinder)

L'adjectif qualificatif épithète

Il fait partie du groupe nominal et se place toujours **directement devant le nom** qu'il qualifie.

Sa terminaison varie non seulement selon **le genre**, **le nombre** et **la fonction du nom** qu'il qualifie, mais aussi selon **le déterminant** qui introduit le groupe nominal :
die erfolgreiche Bürgerinitiative
eine erfolgreiche Bürgerinitiative
die erfolgreichen Bürgerinitiativen

Dans un groupe nominal au nominatif ou à l'accusatif introduit par l'article indéfini **ein**, la terminaison de l'adjectif permet d'**identifier le genre** du nom :
ein toller Job (→ der Job)
ein schickes Hotel (→ das Hotel)

Rappelez-vous !
Certains adjectifs dérivés de noms de villes ou de pays prennent la terminaison **-er** ; ces adjectifs sont **toujours invariables** et prennent **toujours une majuscule** :
ein Berliner Kiez, das Brandenburger Tor, Schweizer Käse

7. Le génitif

- Pour exprimer l'**appartenance**, on utilise un complément au génitif :
das Haus von meinem Brieffreund
→ **das Haus meines Brieffreundes**

- Si le complément est un **nom propre**, on utilise la forme appelée « génitif saxon » :
Maries Haus, Deutschlands Hauptstadt

Le complément au génitif est alors placé directement devant le nom qu'il complète. Il joue le rôle de déterminant.

Le nom propre prend un **-s.** S'il se termine déjà par un **-s**, ou encore par **-ß**, **-x** ou **-z**, on lui ajoute simplement une **apostrophe** :
Jonas' Haus (das Haus von Jonas)

La même forme existe aussi en anglais, mais le nom propre est toujours suivi d'une apostrophe :
Betty's house

II. Les pronoms personnels

	singulier					pluriel			forme de politesse
nominatif	ich	du	er	es	sie	wir	ihr	sie	**S**ie
accusatif	mich	dich	ihn	es	sie	uns	euch	sie	**S**ie
datif	mir	dir	ihm	ihm	ihr	uns	euch	ihnen	**I**hnen

Les pronoms personnels se déclinent aussi en anglais et en français.
Ich sehe dich. Siehst du mich?
Sag mir etwas!
>> I see you. Do you see me?
Tell me something!
>> Je te vois. Tu me vois ?
Dis-moi quelque chose !

Le pronom personnel peut être « réfléchi ». Il se décline alors au cas correspondant à **sa fonction par rapport au verbe**.

pronom personnel	verbe conjugué	pronom réfléchi
ich	engagiere	mich
du	engagierst	dich
er / es / sie	engagiert	sich
----	----	----
wir	engagieren	uns
ihr	engagiert	euch
sie	engagieren	sich
Sie	engagieren	sich

III. Le groupe verbal

1. Les types de verbes

verbes auxiliaires	**utilisés pour former le futur, certains temps du passé et la voix passive :** • sein, haben, werden	
verbes simples	• gehen, kaufen, kommen, ...	
verbes composés	**à préverbe séparable :** **an-, auf-, ein-, aus-, mit-** • ausgehen, einkaufen, ankommen, ... **Le préverbe séparable est toujours en fin de proposition :** Er geht aus. **Formation du participe II :** **-ge- s'intercale entre le préverbe et le radical** (ausgegangen)	**à préverbe inséparable :** **be-, emp-, ent-, er-, ge-, miß-, ver-, zer-** • bekommen, erzählen, verkaufen, ... **Le préverbe est indissociable du radical :** Verstehst du? **Formation du participe II :** **sans -ge-** (verstanden)
verbes pronominaux	• sich freuen, sich erinnern, ...	
verbes de modalité	**= auxiliaires de mode :** • sollen, müssen, können, dürfen, mögen, wollen	
verbes faibles	**= verbes réguliers (les plus nombreux) :** • machen, machte, gemacht • spielen, spielte, gespielt • ...	
verbes forts	**irréguliers aux temps du passé :** • sehen, s**a**h, gesehen • kommen, k**a**m, gekommen • schlafen, schl**ie**f, geschlafen • schreiben, schr**ie**b, geschrieben • ...	**irréguliers au présent : verbes forts en -a et en -e aux 2e et 3e personnes du singulier :** • schlafen, du schl**ä**fst • sehen, sie s**ie**ht • ...
verbes mixtes	**présentent, aux temps du passé, les caractéristiques à la fois des verbes faibles (suffixe -te au prétérit, terminaison -t au participe II) et des verbes forts (radical modifié) :** • denken, d**a**ch**te**, ged**a**ch**t** • kennen, k**a**nn**te**, gek**a**nn**t** • nennen, n**a**nn**te**, gen**a**nn**t** • ...	

2. L'infinitif

Les verbes à l'infinitif se terminent tous par **-en** (**machen, singen, wollen, kaufen**, etc.) sauf **sein** et **tun**.

Ils sont placés **à la fin de la proposition** : **Ich möchte ins Kino gehen.**

3. L'indicatif

3.1. Le présent

- **Les auxiliaires haben, sein et werden**

Les verbes **haben** (avoir), **sein** (être) et **werden** (devenir) peuvent être aussi utilisés comme auxiliaires pour former les temps composés ou la voix passive.

Rappelez-vous !
Tous les auxiliaires sont irréguliers.

haben

ich **habe**
du **hast**
er / es / sie **hat**
-----
wir **haben**
ihr **habt**
sie / **S**ie **haben**

auxiliaire du parfait :
Er hat nichts gesagt.

sein

ich **bin**
du **bist**
er / es / sie **ist**
-----
wir **sind**
ihr **seid**
sie / **S**ie **sind**

auxiliaire du parfait :
Sie ist spät gekommen.

werden

ich **werde**
du **wirst**
er / es / sie **wird**
-----
wir **werden**
ihr **werdet**
sie / **S**ie **werden**

auxiliaire du futur :
Sie wird bald kommen.

auxiliaire du passif :
Die Mauer wird 1961 erbaut.

- **Les verbes faibles (réguliers) et les verbes forts en -a et en -e**

	verbes faibles	verbes forts en -a	verbes forts en -e
	machen	**schlafen**	**sprechen**
ich	mach**e**	schlaf**e**	sprech**e**
du	mach**st**	schl**ä**f**st**	spr**i**ch**st**
er / es / sie	mach**t**	schl**ä**f**t**	spr**i**ch**t**
wir	mach**en**	schlaf**en**	sprech**en**
ihr	mach**t**	schlaf**t**	sprech**t**
sie	mach**en**	schlaf**en**	sprech**en**
Sie	mach**en**	schlaf**en**	sprech**en**

- **Les verbes de modalité et le verbe wissen**

	wollen	mögen	können	dürfen	müssen	sollen	wissen
ich	will	mag	kann	darf	muss	soll	weiß
du	will**st**	mag**st**	kann**st**	darf**st**	muss**t**	soll**st**	weiß**t**
er / es / sie	will	mag	kann	darf	muss	soll	weiß
wir	woll**en**	mög**en**	könn**en**	dürf**en**	müss**en**	soll**en**	wiss**en**
ihr	woll**t**	mög**t**	könn**t**	dürf**t**	müss**t**	soll**t**	wiss**t**
sie	woll**en**	mög**en**	könn**en**	dürf**en**	müss**en**	soll**en**	wiss**en**
Sie	woll**en**	mög**en**	könn**en**	dürf**en**	müss**en**	soll**en**	wiss**en**

Souvenez-vous !
Les verbes de modalité et le verbe **wissen** sont **irréguliers aux trois personnes du singulier** (seulement).

Comment utiliser les verbes de modalité ?

« vouloir »

- **wollen**
  = **vouloir**
  Ich will Fußball spielen.
- **mögen**
  = **vouloir, aimer**
  Mögen s'utilise plutôt sans verbe à l'infinitif :
  Ich mag Pizza.

« pouvoir »

- **können**
  = **être capable de**
  Ich kann gut schwimmen.
- **dürfen**
  = **avoir le droit de**
  Ich darf heute nicht ins Kino gehen.

« devoir »

- **müssen**
  = **être obligé/e**
  Ich muss die Hausaufgaben machen.
- **sollen**
  = **devoir (avec différentes nuances)**
  - **obligation morale :** Man soll sich engagieren! (= Il faut s'engager !)
  - **conseil :** Du sollst aufpassen! (= Tu dois faire attention !)
  - **injonction :** Sie soll einen Salat mitbringen. (= Elle doit apporter une salade. / Il lui a été demandé d'apporter une salade.)

3.2. Le futur

	singulier	
	werden	**+ infinitif**
ich	werde	... sehen
du	**wirst**	
er / es / sie	**wird**	

	pluriel	
	werden	**+ infinitif**
wir	werd**en**	... sehen
ihr	werde**t**	
sie	werd**en**	
Sie	werd**en**	

3.3. Le prétérit

	verbes faibles	verbes forts	verbes mixtes
	machen	**sehen**	**denken**
ich	mach**te**	s**a**h	d**ach****te**
du	mach**test**	s**a**h**st**	d**ach****test**
er / es / sie	mach**te**	s**a**h	d**ach****te**
wir	mach**ten**	s**a**h**en**	d**ach****ten**
ihr	mach**tet**	s**a**h**t**	d**ach****tet**
sie	mach**ten**	s**a**h**en**	d**ach****ten**
Sie	mach**ten**	s**a**h**en**	d**ach****ten**

Attention !

Verbes faibles :
wollen / sollen → ich wollte / sollte

Verbes forts :
sein → ich war
werden → ich wurde

Verbes mixtes :
haben → ich hatte
müssen / dürfen / mögen / können
→ ich musste / durfte / mochte / konnte

3.4. Le parfait

sein

= **auxiliaire *être*, utilisé pour**
- **les verbes d'état :**
  bleiben → ich **bin** ... geblieben
- **les verbes de déplacement :**
  gehen → ich **bin** ... gegangen

haben

= **auxiliaire *avoir*, utilisé pour tous les autres verbes :**
machen → ich **habe** ... gemacht

...

participe II

+ participe passé, toujours placé en fin de proposition :
Sie haben am Wochenende eine Party **gefeiert**.

Formation : voir p. 147.

3.5. Le plus-que-parfait

sein

= **auxiliaire *être* au prétérit, utilisé pour**
- **les verbes d'état :**
  bleiben → ich **war** ... geblieben
- **les verbes de déplacement :**
  gehen → ich **war** ... gegangen

haben

= **auxiliaire *avoir* au prétérit, utilisé pour tous les autres verbes :**
machen → ich **hatte** ... gemacht

...

participe II

+ participe passé, toujours placé en fin de proposition :
Sie hatten am Wochenende eine Party **gefeiert**.

Formation : voir p. 147.

3.6. Les emplois des temps de l'indicatif

le passé → **le présent** → **le futur**

prétérit
Le prétérit est un temps du passé. Il est utilisé **plutôt à l'écrit** mais pas exclusivement.

parfait
Le parfait correspond au **passé composé** en français. C'est le temps du récit ou du compte rendu.

plus-que-parfait
L'emploi est le même en français et en allemand.

présent
On utilise le présent :
- comme en français, **pour parler du présent** ;
- plus souvent encore qu'en français **pour parler de l'avenir** quand il est accompagné d'un adverbe pour éviter l'ambiguïté : **Ich komme morgen.**

futur
On emploie le futur pour parler de l'avenir, mais on l'utilise **moins souvent** qu'en français. Il exprime aussi souvent une **intention** ou une **prédiction** : **Ich werde dir (sicher) schreiben.**

4. Les participes I et II

- **Formation du participe I**

radical + **-end** : funktionieren → **funktionierend**

- **Formation du participe II – verbes faibles**

ge- + **radical** + **-t** : machen → **gemacht**

- **Formation du participe II – verbes forts**

ge- + **radical (souvent) modifié** + **-en** : gehen → **gegangen**

- **Formation du participe II – verbes mixtes**

ge- + **radical modifié** + **-t** : denken → **gedacht**

Comme en français, on peut former un adjectif à partir d'un participe : eine diskriminier**ende** Gesellschaft / ein gut bezahl**ter** Job

Attention !
Pour les verbes à préverbe séparable, **on intercale le préfixe -ge- entre le préverbe et la base verbale** :
mitmachen → **mitge**mach**t** ; **weg**gehen → **wegge**gang**en**

Ne prennent pas le préfixe -ge- :
- les verbes **à préverbe inséparable** : **ver**stehen → **ver**standen ; **be**zahlen → **be**zahlt
- les verbes en **-ieren** et ceux **empruntés à l'anglais** : präsentieren → präsentier**t** ; interviewen → interview**t**

Le **participe I** correspond au **participe présent** et le **participe II** correspond au **participe passé** en français.

Les préverbes inséparables be-, emp-, ent-, er-, ge-, miss-, ver-, zer- sont à apprendre par cœur !

Précis de grammaire visuel

5. L'impératif

verbes réguliers	verbes forts en -e
Komm!	Lies!
Kommt!	Lest!
Kommen Sie!	Lesen Sie!

Rappelez-vous !
L'impératif est le mode de l'injonction. Il sert à donner **un ordre** ou **un conseil**, à adresser **une demande** à quelqu'un ou à faire **une suggestion**. Il est souvent accompagné du mot de politesse **bitte** (« s'il te plaît / s'il vous plaît »), qui rend le discours moins autoritaire.

6. Le subjonctif I et II

• Le subjonctif I

	hören	sein	haben
ich	höre	sei	habe
du	hörest	seist	habest
er / es / sie	höre	sei	habe
wir	hören	seien	haben
ihr	höret	seiet	habet
sie	hören	seien	haben
Sie	hören	seien	haben

Formation du subjonctif I :

radical + terminaisons du subjonctif :
-e, **-est**, **-e**, **-en**, **-et**, **-en**

ex. : **kommen** → **ich komme** ; **können** → **ich könne** ; **mögen** → **ich möge**

Emploi :

Le subjonctif I est utilisé au **discours indirect**, pour rapporter les propos de quelqu'un, par exemple dans un article de presse. Il permet de **créer une distance entre le discours et la personne qui le rapporte**.

• Le subjonctif II

Formation du subjonctif II :

- **formes de prétérit** + **Umlaut** + les terminaisons **-e**, **-st**, **-e**, **-en**, **-t**, **-en**.
  ex. : **dürfen**, **ich durfte** → **ich dürfte** ; **kommen**, **ich kam** → **ich käme**.
- les auxiliaires **haben**, **sein** et **werden** et les **verbes de modalité** : formes simples.
- les verbes faibles : la plupart forment leur subjonctif II avec **würde** + **infinitif**.
  ex. : **ich würde sagen, dass ...**
- les autres verbes : si les formes simples existent (**ich käme**, **ich ginge**, **ich fände**, **ich sähe**, ...), on leur préfère souvent les formes composées, plus usuelles.
  ex. : **ich würde kommen, ich würde gehen, ich würde finden, ich würde sehen, ...**

Quelques formes sont utilisées surtout dans un registre de langue soutenu ou littéraire :
ich bräuchte (brauchen), ich wüsste (wissen), ich käme (kommen), es ginge (gehen), ...

Emploi :

Le subjonctif II **correspond au conditionnel** en français :
Wenn ich Geld hätte, würde ich mir ein Auto kaufen.

- On l'utilise aussi pour exprimer **un souhait** : **Ich würde gern in einer WG leben.**
- On l'emploi également pour donner **un conseil** ou faire **une suggestion** :
  Du könntest nächsten Sommer nach Berlin fahren.
- On utilise le subjonctif II aussi pour exprimer **une hypothèse** :
  Siegfried wäre eigentlich Arminius, der Cherusker.
- On l'emploi également pour exprimer **l'apparence** :
  Er lernt Bayerisch, als ob er sich schnell integrieren wollte.

• **Subjonctif II : Les auxiliaires**

	haben	sein	werden
ich	hätte	wäre	würde
du	hättest	wärst	würdest
er / es / sie	hätte	wäre	würde
wir	hätten	wären	würden
ihr	hättet	wäret	würdet
sie	hätten	wären	würden
Sie	hätten	wären	würden

• **Subjonctif II : Les verbes de modalité et le verbe wissen**

	mögen	können	dürfen	müssen	sollen	wollen	wissen
ich	möchte	könnte	dürfte	müsste	sollte	wollte	wüsste
du	möchtest	könntest	dürftest	müsstest	solltest	wolltest	wüsstest
er / es / sie	möchte	könnte	dürfte	müsste	sollte	wollte	wüsste
wir	möchten	könnten	dürften	müssten	sollten	wollten	wüssten
ihr	möchtet	könntet	dürftet	müsstet	solltet	wolltet	wüsstet
sie	möchten	könnten	dürften	müssten	sollten	wollten	wüssten
Sie	möchten	könnten	dürften	müssten	sollten	wollten	wüssten

7. La voix passive

formation	en français (*être* + participe)	en allemand (werden + participe II)	
présent	je suis invité/e par... tu es invité/e il / elle est invité/e	ich werde du wirst er / es / sie wird	von ... eingeladen
	nous sommes invité/e/s vous êtes invité/e/s ils / elles sont invité/e/s vous êtes invité/e/s	wir werden ihr werdet sie werden Sie werden	
passé	j'ai été invité/e par... tu as été invité/e il / elle a été invité/e	ich wurde du wurdest er / es / sie wurde	von ... eingeladen
	nous avons été invité/e/s vous avez été invité/e/s ils / elles ont été invité/e/s vous avez été invité/e/s	wir wurden ihr wurdet sie wurden Sie wurden	

8. La forme impersonnelle avec wird

On l'appelle également « **passif impersonnel** » car elle se forme, comme le passif, avec l'auxiliaire **werden** et le participe II.

Il s'agit d'une forme particulière, **souvent utilisée sans sujet**, qui n'existe qu'en allemand : **Heute wird gefeiert!**
On la traduit par « on » : « Aujourd'hui, on fête ! »

Le verbe conjugué étant toujours placé en seconde position, on a recours, éventuellement, au pronom impersonnel **es** pour occuper la première place dans la phrase : **Es wird (heute) gefeiert!**

IV. La phrase

1. La phrase indépendante

1.1. La déclarative

• La place du verbe conjugué dans la phrase déclarative

sujet ou complément ou proposition subordonnée	verbe conjugué	sujet	complément ou proposition subordonnée
Er	**kommt**		vielleicht morgen.
Vielleicht	**kommt**	er	morgen, wenn er Zeit hat.
Wenn er Zeit hat,	**kommt**	er	vielleicht morgen.

• L'ordre des compléments dans la phrase

Ich habe | meiner Schwester (COI substantif) | das Buch (COD substantif) | gezeigt.

Ich habe | es (COD pronom) | meiner Schwester (COI substantif) | gezeigt.

Ich habe | ihr (COI pronom) | das Buch (COD substantif) | gezeigt.

Ich habe | es (COD pronom) | ihr (COI pronom) | gezeigt.

- Si le **COD** et le **COI** sont tous les deux des **substantifs**, alors le **COI** se place devant le **COD**.
- Si le **COD** et le **COI** sont tous les deux des **pronoms**, alors le **COD** se place devant le **COI**.
- Si l'un est un **substantif** et l'autre un **pronom**, alors il faut toujours placer **le pronom devant le substantif**.

1.2. Les interrogatives globale et partielle

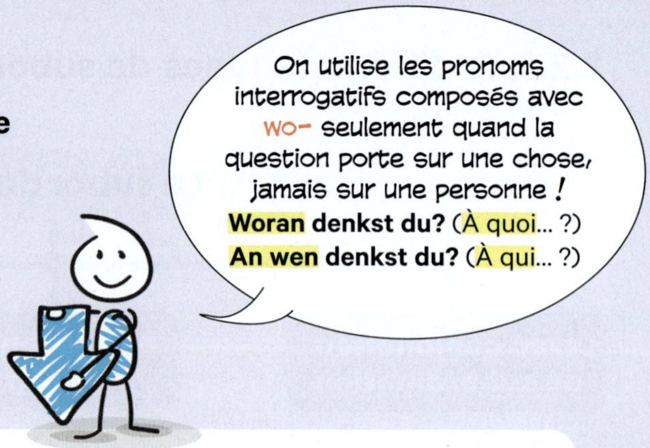

- **La place du verbe conjugué dans la phrase interrogative**

pronom interrogatif	verbe conjugué	sujet	complément(s)
	Kommt	sie	morgen?
Warum	**kommt**	sie	morgen?

- **Les interrogatifs**

Les interrogatifs :

Wer? Qui ?
Wie? Comment ?
Was? Quoi ?
Wo? Où ?
Wohin? Où (vas-tu) ?
Woher? D'où (viens-tu) ?
Wann? Quand ?
Wie viel? Combien ?
Warum? Pourquoi ?
Weshalb? Pourquoi ?
Wozu? Dans quel but ?
Welch-? Quel ? / Quelle ?
Was für (ein-)? Quelle sorte de (club) ?

Les combinaisons avec wie :

Wie lange? Combien de temps ?
Wie alt? Quel âge ?
Wie groß? Quelle taille ?
Wie weit? À quelle distance ?
Wie schnell? À quelle vitesse ?
Wie oft? À quelle fréquence ?
Wie viel Uhr? Quelle heure ?
Inwiefern? Dans quelle mesure ?

Les pronoms interrogatifs composés avec wo- :

Woran denkst du?
Wofür engagierst du dich?
Wogegen demonstrieren die Leute?
Womit schreibst du?
Wovon sprichst du?
Worüber berichtest du?

2. La phrase complexe

2.1. La structure de la phrase

La phrase complexe est composée d'au moins deux propositions : **une principale** et **une subordonnée**.
La proposition principale et la proposition subordonnée sont séparées par **une virgule**.
Dans une proposition subordonnée, **le verbe conjugué** est toujours **en dernière position**.

- **Ich weiß, dass er sehr engagiert ist.** (principale + subordonnée complétive)
- **Ich frage mich, ob / warum er da ist.** (principale + subordonnée interrogative indirecte)
- **Er ist nicht da, weil er krank ist.** (principale + subordonnée conjonctive)
- **Die Leute, die hier wohnen, sind sehr nett.** (principale + subordonnée relative)
- **Der Ort, wo ich wohne, ist ziemlich klein.** (principale + subordonnée relative)

Une phrase complexe peut aussi comporter **un infinitif complément** :

- **Er arbeitet, um etwas Geld zu verdienen.**

L'infinitif complément est également **précédé d'une virgule**.

2.2. Les différents types de subordonnées

La subordonnée

avec conjonction de subordination

- ..., dass
- ..., weil
- ..., ob
- ..., obwohl
- ..., während
- ..., damit
- ..., wenn
- ..., als
- ..., indem
- ..., bevor
- ..., nachdem
- ..., solange
- ..., seit
- ..., falls
- ...

avec pronom relatif

- ..., der
- ..., die
- ..., das
- ..., wer
- ..., wo
- ..., was

avec pronom interrogatif

- ..., wann
- ..., warum
- ..., wer
- ..., wie
- ..., wo
- ...

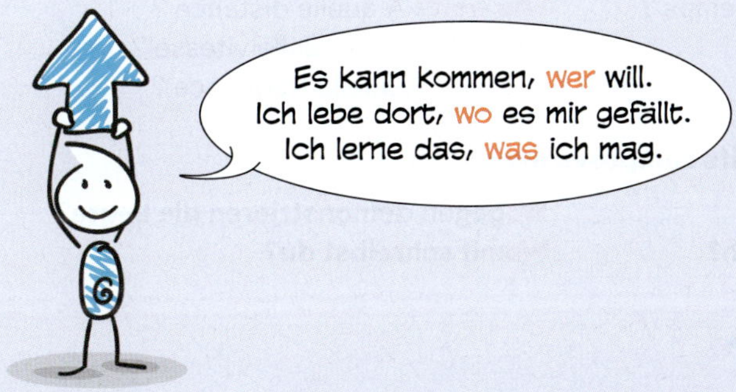

2.3. L'infinitif complément

L'infinitif se place **à la fin du groupe infinitif**. En allemand comme en français, il peut être précédé d'une préposition :

- **zu** : de, à
  Er hat keine Lust, Mathe zu lernen. (Il n'a pas envie de...)
- **um ... zu** : pour
  Er bleibt zu Hause, um Mathe zu lernen. (Il reste à la maison pour...)
- **anstatt ... zu** : au lieu de
  Er spielt am PC, anstatt Mathe zu lernen. (Il joue à l'ordinateur au lieu de...)

Le groupe infinitif peut être introduit par **um** et **anstatt**.

Zu est toujours placé **directement devant le verbe à l'infinitif**.

Dans un verbe à préverbe séparable, **zu** s'intercale **entre le préverbe et la base du verbe** :

Ich habe keine Lust, mir das Video anzusehen.

zu = to en anglais !

- Es ist wichtig, Freunde **zu** treffen.
  >> It is important **to** meet friends.
- I play football **in order to** meet friends.
  >> Ich spiele Fußball, **um** Freunde **zu** treffen.

3. Les connecteurs

3.1. Les conjonctions de coordination

- **und** : et
- **oder** : ou
- **aber** (précédé d'une virgule) : mais
- **denn / nämlich** : en effet
- **doch** : cependant, pourtant
- **entweder ... oder** : soit ... soit
- **weder ... noch** : ni ... ni
- **nicht nur ..., sondern auch** : pas seulement ... mais aussi
- **zwar ..., aber** : certes ... mais

3.2. Les adverbes / locutions adverbiales logiques et chronologiques

connecteurs logiques	connecteurs chronologiques
• **trotzdem / dennoch** : malgré tout • **dagegen** : par contre • **daher / darum / deshalb / deswegen** : c'est pourquoi • **aus diesem Grund** : pour cette raison • **also** : donc • **allerdings** : toutefois • **ähnlich wie** : de la même façon que • **im Vergleich zu** : en comparaison de / à • **anders als / im Gegensatz zu** : au contraire de • **jedoch** : pourtant	• **zuerst / erstens** : d'abord • **dann** : ensuite • **schließlich / zum Schluss** : finalement • **seither** : depuis • **vorher** : auparavant • **nachher** : après • **bisher** : jusqu'ici, jusqu'à présent • **inzwischen** : entre-temps, maintenant • **seitdem** : depuis (ce moment-là) • **früher / damals** : autrefois, à cette époque-là • **heute / heutzutage** : aujourd'hui, de nos jours

3.3. Les conjonctions de subordination

- **dass** : que (complétif)
- **ob** : si (interrogation indirecte)
- **weil / da** : parce que
- **obwohl** : bien que
- **(auch) wenn** : si (condition)
- **wenn** : quand (toutes les fois que)
- **als** : quand (au moment où, à l'époque où, la fois où...)
- **während** : (conjonction) tandis que (opposition)
- **bevor** : avant que
- **nachdem** : après que
- **solange** : tant que
- **bis** : jusqu'à ce que
- **damit** : afin que
- **indem** : en (+ participe présent)
- **sodass / so ..., dass** : si bien que (conséquence)
- **jedoch** : pourtant, cependant

3.4. Les pronoms relatifs

Les pronoms relatifs introduisent des propositions subordonnées relatives.

Ils adoptent le **même genre** et le **même nombre** que leur antécédent.
Ils se déclinent **au cas qui correspond à leur fonction** dans la proposition subordonnée relative.

Ich liebe dieses Kaffeehaus, das so gemütlich ist.
(= Das Kaffeehaus ist so gemütlich.)

Der Job, den ich gern haben möchte, ist nicht einfach. (= Ich möchte den Job gern haben.)

Was, **wer** et **wo** peuvent aussi être des pronoms relatifs :
Wer will, der kann.
Heimat ist der Ort, wo man aufgewachsen ist.
Sport ist das, was Mensch verbindet.

	singulier			pluriel
	masculin	neutre	féminin	
nominatif :	der	das	die	die
accusatif :	den	das	die	die
datif :	dem	dem	der	denen
génitif :	dessen	dessen	deren	deren

4. La ponctuation

En allemand, les propositions principales et subordonnées sont séparées **par une virgule** :

Die Menschen ziehen in die Peripherie, weil die Mieten in der Innnenstadt steigen.

En allemand comme en français, les différents éléments d'une **énumération** sont séparés **par une virgule** :

Wir haben in Berlin den Reichstag, das Brandenburger Tor, die Siegessäule und den Alexanderplatz besucht.

À la **différence du français**, les compléments circonstantiels placés en début de phrase ne sont **jamais suivis d'une virgule** :

Gestern Abend haben wir gemeinsam Videos angesehen.

V. La négation

La negation avec nicht et kein-

- **Devant un nom**, on utilise le déterminant négatif **kein-** :
  Er hat keinen Wagen, keine Zeit und kein Geld.
  Celui-ci se décline comme **ein-**.
- **Dans tous les autres cas**, on utilise l'adverbe **nicht** :
  Er kommt nicht. Er will nicht kommen. Er ist nicht alt.

Les mots de la négation

- **kein-** (déterminant négatif portant sur le nom devant lequel il est placé) : pas de
- **nicht** (adverbe portant sur un verbe, un adverbe ou un adjectif) : ne ... pas
- **nichts** (adverbe) : ne ... rien **(Ich habe nichts gekauft.)**
- **nie(mals)** (adverbe) : ne ... jamais **(Ich würde das niemals tun.)**
- **nirgendwo** (adverbe) : ne ... nulle part **(Man lebt nirgendwo besser, als in Wien.)**
- **niemand** (pronom) : ne ... personne **(Es war niemand da.)**

VI. Les degrés de comparaison

- **Le comparatif**

égalité		**so** (adjectif) **wie** **genauso** (adjectif) **wie**	Er ist **so** groß **wie** sie. Sie ist **genauso** groß **wie** ihr Bruder.
supériorité		(adjectif) + **-er als**	Er ist größ**er als** sie.
infériorité		**nicht so** (adjectif) **wie**	Er ist **nicht so** groß **wie** sie.

Rappelez-vous !
Sauf exceptions, **les adjectifs d'une seule syllabe** prennent un **Umlaut** au comparatif de supériorité et au superlatif :
alt • älter • älteste/r/s
groß • größer • größte/r/s
kurz • kürzer • kürzeste/r/s

Mais attention : seuls le **a**, le **o** et le **u** peuvent être infléchis.

Plus... plus... avec un adjectif = **je** + comparatif **..., desto / umso** + comparatif :

Je größer die Zahl der Teilnehmer an der Kampagne, desto / umso besser sind ihre Erfolgschancen.

- **Le superlatif**

adjectif	**der / das / die schnellste**	(adjectif) + **-st** (+ terminaison)	Er ist der schnell**ste** Schüler der Klasse.
adverbe	**am schnellsten**	**am** (adjectif) + **-sten**	Er läuft **am** schnell**sten**.

- Les adjectifs se terminant par **-t**, **-d**, **-s** ou **-z** intercalent un **-e-** devant le suffixe **-st** : **älteste**.
- Les adverbes aussi s'utilisent au comparatif et au superlatif :

Jonas läuft schnell. → Urs und Markus laufen noch schneller. → Wer läuft am schnellsten?
Lena tanzt gut. → Ihre Freundinnen tanzen noch besser. → Wer tanzt am besten?
Tim mag Deutsch gern. → Lena mag Deutsch noch lieber. → Wer mag Deutsch am liebsten?

Comme en anglais et en français, certaines formes de comparatif et de superlatif sont irrégulières.
gut >> good >> bien, bon
besser >> better >> mieux, meilleur
der beste / am besten >> the best >> le mieux, le meilleur
viel >> many >> beaucoup
mehr >> more >> plus
die meisten / am meisten >> the most >> le plus

VII. Les groupes prépositionnels

1. Les prépositions

Prépositions toujours suivies de l'accusatif
- **durch** : à travers, par
- **für** : pour
- **gegen** : contre
- **ohne** : sans
- **um** : autour de

Prépositions toujours suivies du datif
- **aus** : de, hors de
- **bei** : chez
- **mit** : avec
- **nach** : vers, après
- **seit** : depuis
- **von** : de
- **zu** : à, vers, chez

Prépositions suivies tantôt de l'accusatif, tantôt du datif
- **an** : près de
- **auf** : sur
- **in** : en
- **neben** : à côté de
- **hinter** : derrière
- **über** : au-dessus de, au sujet de
- **unter** : sous, parmi
- **vor** : devant, avant
- **zwischen** : entre

Prépositions suivies du génitif
- **dank** : grâce à
- **innerhalb / außerhalb** : dans, en / en dehors de
- **trotz** : malgré
- **während** : pendant
- **wegen / aufgrund** : à cause de

2. Les compléments circonstanciels

• Les compléments de lieu

Introduits par une préposition suivie de l'accusatif (directif) ou du datif (locatif)

Rappelez-vous !
Selon que le complément indique **le lieu où l'on est (locatif)** ou **le lieu on l'on va (directif)**, ces prépositions seront suivies du datif ou de l'accusatif.

Introduits par une préposition à cas fixe

- **aus** (+ datif) : **Er kommt aus meiner Stadt.**
- **bei** (+ datif) : **Sie wohnt noch bei ihren Eltern.**
- **um** (+ accusatif) : **Wir gehen um das Rathaus.**
- **von** (+ datif) : **Er kommt vom Skaten.**
- **zu** (+ datif) : **Kommst du zu mir?**

Wohin? Paul geht **in die** Ecke.
Wo? Jetzt sitzt er **in der** Ecke.

Paul fliegt **hinter den** Schrank.
Jetzt ist er **hinter dem** Schrank.

Wohin? Paul geht **an die** Wand.
Wo? Jetzt sitzt er **an der** Wand.

Paul fliegt **vor die** Tür.
Jetzt fliegt er **vor der** Tür herum.

Wohin? Paul setzt sich **auf den** Tisch.
Wo? Jetzt sitzt er **auf dem** Tisch.

Paul fliegt **über das** Regal.
Jetzt fliegt er **über dem** Regal herum.

Wohin? Paul geht **unter das** Bett.
Wo? Jetzt ist er **unter dem** Bett.

Er setzt sich **neben das** Regal.
Jetzt sitzt er **neben dem** Regal.

Wohin? Er setzt sich **zwischen die** Lampe und **den** Tisch.
Wo? Jetzt sitzt er **zwischen der** Lampe und **dem** Tisch.

- **Les compléments de temps**

Introduits par une préposition
- **in / im** + une époque, une saison, une année, un mois, une semaine… : **in den letzten Wochen, im kommenden Jahr**
- **am** + un moment de la journée, un jour, une date : **am Morgen, am Montag, am 3. Oktober**
- **um** (+ heure) : **um 11 (Uhr)**
- **vor** (+ datif) pour marquer l'antériorité : **vor dem Essen**
- **nach** (+ datif) pour indiquer la postériorité : **nach dem Essen**
- **von … bis …** pour indiquer une durée : **von 1961 bis 1989**
- **zwischen** (+ datif) : **zwischen heute und morgen**
- **seit** (+ datif) : **seit 1989, seit Montag**
- **während** (+ génitif) pour indiquer la simultanéité : **während des Kriegs**
- **als Kind** (= **als ich ein Kind / klein war**) : « quand jétais enfant »
- **zu** + jour de fête : **zu Weihnachten, zum Geburtstag**

À l'accusatif sans préposition
- **nächstes Jahr: Nächstes Jahr feiern wir in Berlin Silvester.**
- **eine Stunde: Wir haben eine Stunde gechattet.**
- **Monate: Die Vorbereitungen haben Monate gedauert.**

3. Les verbes à objet prépositionnel

Les verbes à objet prépositionnel

+ accusatif

auf
- **auf … achten** (faire attention à)
- **auf … ankommen** (dépendre de)
- **sich auf … freuen** (se réjouir d'une chose à venir)
- **auf … warten** (attendre)
- **auf … antworten** (répondre à)

an
- **an … denken** (penser à)
- **sich an … erinnern** (se souvenir de)
- **sich an … gewöhnen** (s'habituer à)
- **an … glauben** (croire en / à)

für
- **sich für … entscheiden** (opter pour)
- **sich für … interessieren** (s'intéresser à)

über
- **über … berichten** (informer de / sur)
- **über … diskutieren** (discuter de)
- **sich über … freuen** (se réjouir d'une chose présente)
- **über … sprechen** (parler de)

um
- **um … gehen** (s'agir de)
- **sich um … handeln** (traiter de)
- **sich um … kümmern** (s'occuper de)

+ datif

aus
- **aus … bestehen** (consister en / à)

an
- **sich an … beteiligen** (participer à)
- **an … teilnehmen** (participer à)
- **an … zweifeln** (douter de)

mit
- **mit … anfangen** (commencer par)
- **mit … beginnen** (commencer par)

nach
- **nach … fragen** (s'enquérir de)

von
- **von … abhängen** (dépendre de)
- **von … handeln** (traiter de)
- **von … halten** (penser de)
- **sich von … unterscheiden** (se distinguer de)
- **von … träumen** (rêver de)

vor
- **sich vor … fürchten** (craindre, avoir peur de)

zu
- **zu … einladen** (inviter à)
- **zu … gehören** (appartenir à)

Les principaux verbes irréguliers allemands

haben	hatte	hat gehabt	avoir	hat
sein	war	ist gewesen	être	ist
werden	wurde	ist geworden	devenir	wird

a	**i(e)**	**a**		
fallen	fiel	ist gefallen	tomber	fällt
fangen	fing	hat gefangen	attraper	fängt
halten	hielt	hat gehalten	tenir	hält
lassen	ließ	hat gelassen	laisser, laisser faire	lässt
laufen	lief	ist gelaufen	courir	läuft
raten	riet	hat geraten	conseiller / deviner	rät
schlafen	schlief	hat geschlafen	dormir	schläft

a	**u**	**a**		
fahren	fuhr	ist / hat gefahren	aller (en roulant), conduire	fährt
laden	lud	hat geladen	charger	lädt
schlagen	schlug	hat geschlagen	frapper	schlägt
tragen	trug	hat getragen	porter	trägt
wachsen	wuchs	ist gewachsen	grandir, pousser	wächst
waschen	wusch	hat gewaschen	laver	wäscht

e	**a**	**a**		
denken	dachte	hat gedacht	penser	denkt
kennen	kannte	hat gekannt	connaître	kennt
nennen	nannte	hat genannt	nommer	nennt
stehen	stand	hat gestanden	être debout, être posé/e (verticalement)	steht
verstehen	verstand	hat verstanden	comprendre	versteht

e	**a**	**e**		
essen	aß	hat gegessen	manger	isst
fressen	fraß	hat gefressen	manger (pour un animal)	frisst
geben	gab	hat gegeben	donner	gibt
geschehen	geschah	ist geschehen	survenir, se passer	geschieht
sehen	sah	hat gesehen	voir	sieht
vergessen	vergaß	hat vergessen	oublier	vergisst

e	**a**	**o**		
befehlen	befahl	hat befohlen	ordonner	befiehlt
brechen	brach	hat gebrochen	casser	bricht
helfen	half	hat geholfen	aider	hilft
nehmen	nahm	hat genommen	prendre	nimmt
sprechen	sprach	hat gesprochen	parler	spricht
stehlen	stahl	hat gestohlen	voler, dérober	stiehlt
sterben	starb	ist gestorben	mourir	stirbt
treffen	traf	hat getroffen	rencontrer	trifft
werfen	warf	hat geworfen	jeter	wirft

e	**i**	**a**		
gehen	ging	ist gegangen	aller	geht

ei	**ie**	**ei**		
heißen	hieß	hat geheißen	s'appeler	heißt

ei	**i(e)**	**i(e)**		
beißen	biss	hat gebissen	mordre	beißt
bleiben	blieb	ist geblieben	rester	bleibt
greifen	griff	hat gegriffen	attraper	greift
leihen	lieh	hat geliehen	prêter	leiht
scheinen	schien	hat geschienen	sembler / briller	scheint

Les principaux verbes irréguliers allemands

infinitif	prétérit	parfait	traduction	présent
schreiben	schrieb	hat geschrieben	écrire	schreibt
schreien	schrie	hat geschrien	crier	schreit
schweigen	schwieg	hat geschwiegen	se taire	schweigt
steigen	stieg	ist gestiegen	monter	steigt
streiten (sich)	stritt (sich)	hat (sich) gestritten	(se) disputer	streitet (sich)

i	**a**	**a**		
bringen	brachte	hat gebracht	apporter	bringt

i	**a**	**e**		
bitten	bat	hat gebeten	prier, demander	bittet
liegen	lag	hat gelegen	être couché/e, être posé/e (horizontalement)	liegt
sitzen	saß	hat gesessen	être assis/e	sitzt

i	**a**	**o**		
beginnen	begann	hat begonnen	commencer	beginnt
gewinnen	gewann	hat gewonnen	gagner	gewinnt
schwimmen	schwamm	ist geschwommen	nager	schwimmt

i	**a**	**u**		
binden	band	hat gebunden	attacher	bindet
finden	fand	hat gefunden	trouver	findet
gelingen	gelang	ist gelungen	réussir	gelingt
singen	sang	hat gesungen	chanter	singt
springen	sprang	ist gesprungen	sauter	springt
trinken	trank	hat getrunken	boire	trinkt
verschwinden	verschwand	ist verschwunden	disparaître	verschwindet
zwingen	zwang	hat gezwungen	obliger, contraindre	zwingt

ie	**o**	**o**		
biegen	bog	hat gebogen	courber, plier	biegt
bieten	bot	hat geboten	offrir	bietet
fliegen	flog	ist geflogen	voler (avion, oiseau)	fliegt
fliehen	floh	ist geflohen	s'enfuir	flieht
fließen	floss	ist geflossen	couler (eau)	fließt
frieren	fror	hat gefroren	avoir froid, geler	friert
riechen	roch	hat gerochen	sentir	riecht
schließen	schloss	hat geschlossen	fermer	schließt
verlieren	verlor	hat verloren	perdre	verliert
ziehen	zog	hat gezogen	tirer	zieht

i	**u**	**u**		
wissen	wusste	hat gewusst	savoir	weiß

o	**a**	**o**		
kommen	kam	ist gekommen	venir	kommt

u	**a**	**a**		
tun	tat	hat getan	faire	tut

u	**ie**	**u**		
rufen	rief	hat gerufen	appeler	ruft

ü	**o**	**o**		
betrügen	betrog	hat betrogen	tromper	betrügt
lügen	log	hat gelogen	mentir	lügt

U1 Bitte auf Deutsch!

espace langues – Cahier interactif

L'expression de l'apparence avec als / als ob et le subjonctif II

1 Als ob sie … Transformez les phrases suivantes selon le modèle.

1. Der Mann versteht Bayerisch. Hat er in Bayern gelebt?
   Der Mann versteht Bayerisch, als ob er in Bayern gelebt hätte.
2. Die Nachbarin sieht Familie Wiechmann an. Hat sie noch nie eine Familie gesehen?
3. Frau Pierscher spricht Bayerisch. Kann sie überhaupt kein Hochdeutsch?
4. Die Nachbarin spricht über den Rieger Schorsch. Ist er ein böser Mann?
5. Daniel wird in den Geschäften mit seinem Namen begrüßt. Kennen sie ihn schon seit vielen Jahren?
6. Die Verkäufer lächeln freundlich. Freuen sie sich über jeden Kunden?
7. Die Verkäufer sprechen laut und deutlich. Bringen sie Daniel Bayerisch bei?
8. Daniel lernt schnell Bayerisch. Will er sich schnell integrieren?

L'expression de la condition ou du temps avec wenn

2 Daniel in München. Indiquez si la conjonction wenn exprime le temps, la condition ou les deux.

1. Daniel Wiechmann versteht kein Wort, wenn die Nachbarin Dialekt spricht. (condition)
2. Wenn er mag, kann Oskar mit seinen Eltern die Nachbarin besuchen.
3. Wenn Daniels Sohn Bonbons oder Gebäck haben möchte, kann er immer zu ihr gehen.
4. Daniel muss auf die Wand aufpassen, wenn er seine Möbel in die Wohnung hinaufträgt.
5. Er wird die Reparatur bezahlen müssen, wenn er einen Kratzer macht.
6. Wenn er beim Bäcker Brötchen haben möchte, muss er Semmeln bestellen.

3 Wenn, wenn, wenn! Transformez les phrases suivantes en utilisant la conjonction wenn et indiquez s'il s'agit de l'expression du temps ou de la condition.

1. Die Münchner sprechen ihren Dialekt; Daniel versteht sie nicht.
   Wenn die Münchner ihren Dialekt sprechen, versteht Daniel sie nicht.
   (temps - immer wenn)
2. Daniel kommt morgens in die Redaktion; er hört nur Bayerisch.
3. Er hört die bayerische Begrüßungsformel; er kann nur mit „Hallo“ antworten.
4. Daniel lernt den Dialekt; er ist besser integriert.
5. Er hat mehr Zeit; er macht einen Audio-Sprachkurs.
6. Er gibt sich Mühe; er lernt schnell.
7. Er spricht Bayerisch; die Leute in den Geschäften sind auf einmal sehr freundlich zu ihm.

Le discours rapporté avec le subjonctif I

4 Der Sprachforscher erklärt … Retranscrivez les propos du linguiste en commençant le paragraphe par Der Sprachforscher erklärt … et en utilisant le subjonctif I pour souligner qu'il s'agit du discours rapporté.

Der Sprachforscher erklärt: „Die Dialekte sind bedroht. Dadurch, dass die Schulzeit heute länger dauert, wird fast überall nur noch Hochdeutsch gesprochen. Vor allem in den Städten gibt es immer weniger Dialektsprecher. Es ist nicht normal, dass ein Dialekt ausstirbt. Jeder soll sich Mühe geben, damit sein Heimatdialekt weiterlebt. Je mehr eine Sprache benutzt wird, desto mehr Bedeutung nimmt sie im Alltag ein. Es ist schade, dass ein Dialekt sehr selten geschrieben wird. Meistens wird er nur gesprochen. So besteht das Risiko, dass er eines Tages vollkommen verschwindet. Man darf dabei nicht vergessen, dass Dialekte der Ausdruck einer regionalen Kultur sind.“

Der Sprachforscher erklärt, die Dialekte seien bedroht. Dadurch, dass …

U2 Echt Mann?!

espace langues — Cahier interactif

Les temps du récit : le prétérit et le parfait

❶ Alles im Präteritum und Perfekt! Conjuguez au prétérit et au parfait les verbes suivants, à l'aide du pronom indiqué.

1. arbeiten (**ich**)
2. müssen (**du**)
3. sein (**wir**)
4. helfen (**er**)
5. machen (**sie, Pl.**)
6. sich kümmern (**wir**)
7. sich entwickeln (**ihr**)
8. haben (**sie, Sg.**)
9. bringen (**ich**)
10. dürfen (**Sie**)

❷ Männer. Réécrivez ces phrases au prétérit.

1. Der Mann des 19. Jahrhunderts <u>hat</u> eine traditionelle Rolle.
2. Er <u>arbeitet</u>, um seine Familie zu versorgen.
3. Deshalb <u>ist</u> er oft lange Zeit im Büro.
4. Er <u>verbringt</u> wenig Zeit mit seinen Kindern.
5. Und er <u>nimmt</u> nicht an ihrer Erziehung <u>teil</u>.
6. Er <u>muss</u> immer stark und verlässlich sein.
7. Viele Männer <u>wollen</u> diese Situation gerne ändern.
8. Aber die Gesellschaft <u>braucht</u> sehr lange für Veränderungen.
9. Dank der Emanzipation der Frauen <u>ändert sich</u> auch die Rolle der Männer.

Les adjectifs qualificatifs

❸ Familie. Recopiez les phrases en accordant les adjectifs si nécessaire.

1. Das traditionell... Familienmodell war lang... Zeit gleich.
2. Der stark... Mann arbeitet und verdient Geld, während die liebevoll... Frau sich um die Kinder kümmert.
3. Nach der Arbeit bekommt der Mann ein lecker... Essen und ruht sich von seinem lang... Arbeitstag aus.
4. In modern... Familien ist das heute anders.
5. Frauen machen auch Karriere und sind erfolgreich... .
6. Viele Väter sind auch liebevoll... und helfen im Haushalt mit.
7. Es gibt heute nicht nur modern... sondern auch emotional... Männer.
8. Diese innerlich... Veränderung sieht man ihnen auch an.
9. Sie achten heute sehr auf modisch... Kleidung und ihre Frisur.
10. Sind Männer nun das neue schwach... Geschlecht?

Le comparatif de supériorité

❹ Väter heute. Comparez les pères d'aujourd'hui à ceux d'autrefois en utilisant le comparatif de supériorité.

1. Früher waren Väter distanziert zu ihren Kindern.
   Heute sind sie (**liebevoll**).
   Heute sind sie liebevoller als früher.
2. Früher waren Väter nicht oft zuhause.
   Heute verbringen sie (**viel**) Zeit mit ihren Kindern.
3. Früher arbeiteten Väter immer Vollzeit.
   Heute arbeiten sie (**oft**) in Teilzeit.
4. Früher erzogen die Mütter alleine die Kinder.
   Heute beteiligen sich die Väter (**aktiv**) an der Erziehung.
5. Früher war Vätern vieles egal.
   Heute sind sie (**engagiert**) und (**interessiert**).
6. Früher haben Väter oft viele Kinder gehabt.
   Heute haben sie (**wenig**) Kinder.
7. Früher durften Väter keine Gefühle zeigen.
   Heute dürfen sie (**emotional**) sein.
8. Früher hatten Väter viel Druck in ihrem Beruf.
   Heute fühlen sie sich (**frei**).
9. Früher waren Väter oft emotional kalt.
   Heute sind sie viel (**sensibel**).

U3 Die liebe Arbeit

espace langues — Cahier interactif

Les degrés de comparaison

1 Arbeit in Europa. Complétez les phrases en mettant les adjectifs au comparatif de supériorité.

1. In Griechenland ist die wöchentliche Arbeitszeit … … (lang) in Deutschland.
2. Aber die Griechen sind … … (effizient) die Deutschen.
3. So sind die Deutschen mit … (viel) Freizeit … … (produktiv) die Griechen.
4. Mit 40,5 Stunden pro Woche arbeiten die Polen etwas … … (wenig) die Bulgaren, aber … … (viel) die Deutschen.
5. Man kann also nicht behaupten, dass ein Volk … (gut) oder … (gern) arbeitet.

2 Europäer. Formulez des phrases en utilisant pour les adjectifs le comparatif indiqué entre parenthèses.

1. die Engländer • die Franzosen • „fleißig" sein (***supériorité***)
   Die Engländer sind fleißiger …
2. die Deutschen • die Holländer • „leistungsbereit" sein (***infériorité***)
3. Die Deutschen • andere Europäer • viel Zeit auf der Arbeit verbringen (***égalité***)
4. Die Deutschen • die Spanier • arbeitsam sein (***infériorité***)
5. Eine kürzere Arbeitszeit • ein 8-Stunden-Tag • effizient sein (***égalité***)

3 Statistik. Exprimez le superlatif avec la forme invariable am … -sten.

1. Statistisch gesehen arbeiten die Briten viel.
2. Die Statistik sagt nicht, wer gern arbeitet.
3. Für viele sind die Aufstiegschancen wichtig.
4. Mit viel Geld und wenig Stress sind Arbeiter glücklich.
5. Erfolgreich ist derjenige, der eine perfekte „Work-Life-Balance" hat.
6. Sicher fühlt sich die Generation Z mit einem unbefristeten Arbeitsvertrag.

L'expression de l'opposition

4 Generationen. Exprimez l'opposition en reliant les propositions au moyen des conjonctions, adverbes ou locutions adverbiales indiqués entre parenthèses.

1. Die Generation Z will eine sinnvolle Arbeit haben; die Generation der Baby-Boomer war bereit, jede Arbeit anzunehmen. (während)
   Während die Generation der Baby-Boomer bereit war, jede Arbeit anzunehmen, will die Generation Z eine sinnvolle Arbeit haben.
2. Die Generation Z möchte kein Leben führen, das nur aus Arbeit besteht; die Generation der Baby-Boomer musste oft viel arbeiten. (im Gegensatz dazu)
3. Die Generation Z möchte Arbeit und Leben verbinden; die Generation der Baby-Boomer betrachtete Arbeit als Pflicht. (dagegen)
4. Die Generation Z legt mehr Wert auf Selbstverwirklichung; die Generation der Baby-Boomer lebte, um zu arbeiten. (während)
5. Die Generation Z will ein glückliches Leben haben; die Generation der Baby-Boomer wollte Erfolg und sozialen Aufstieg. (dagegen)
6. Die Generation Z möchte viel Freiheit; die Generation der Baby-Boomer akzeptierte Autoritäten und Regeln. (im Gegensatz dazu)

5 Gegensätze. Choisissez la conjonction, l'adverbe ou la locution adverbiale approprié.

1. Die Franzosen arbeiten 36,3 Stunde pro Woche, **dagegen** • **während** arbeitet man im Durchschnitt in Deutschland nur 34,8 Stunden.
2. Ich möchte später mal einen Job mit viel Freizeit. **Im Gegensatz dazu** • **Im Gegensatz zu** meinem Freund Jonas, der Karriere machen will.
3. Mein Vater glaubt, dass man nur mit viel Geld und einer Karriere glücklich ist, **während** • **im Gegensatz dazu** mein Onkel immer sagt, dass die Familie das Wichtigste ist.
4. Früher musste man auch am Samstag ins Büro gehen, **dagegen** • **während** man heute nur von Montag bis Freitag arbeiten muss.
5. In den Niederlanden ist es schon normal, für die Firma im Homeoffice zu arbeiten. **Im Gegensatz dazu** • **Während** ist es in Frankreich noch nicht üblich.

U4 Straßengold

espace langues Cahier interactif

Les conjonctions de temps

1 Eine Sprühaktion. Complétez les phrases avec les conjonctions de temps qui conviennent.

als • als • bis • bevor • bevor • nachdem • solange • wenn

1. Leander und Jonas warteten, ... es dunkel wurde.
2. ... die beiden losgingen, kontrollierten sie x-mal ihr Equipment.
3. ... die Sonne unterging, fingen Leander und Jonas ihre Sprühaktion an.
4. Die beiden wollten so viel wie möglich malen, ... die Sonne aufging.
5. ... Jonas an einem Kunstwerk arbeitete, war er immer glücklich.
6. Ein Obdachloser sollte das Graffiti beschützen, ... die Sprayer weg waren.
7. ... der Obdachlose dafür Geld bekam, freute er sich.
8. ... Jonas mit dem Obdachlosen gesprochen hatte, verließen die Jugendlichen den Tunnel.

2 Engagierte Rebellen. Transformez les phrases en utilisant la conjonction indiquée entre parenthèses, comme dans le modèle ci-dessous.

1. Jugendliche und Street-Art-Künstler entdeckten viele Hakenkreuze in Berlin. Sie wollten sich dagegen engagieren. (**als**) *Als Jugendliche und Street-Art-Künstler viele Hakenkreuze in Berlin entdeckten, wollten sie sich dagegen engagieren.*
2. Die Künstler der PaintBack-Initiative werden weitermalen. Es gibt keine Hakenkreuze mehr in Berlin. (**bis**)
3. PaintBack-Aktionen werden organisiert. Immer mehr Jugendliche engagieren sich gegen Rassismus. (**seitdem**)
4. Sie treffen sich im Graffiti-Shop. Sie überlegen sich neue Motive. (**wenn**)
5. Die Sprayer der Berlin Kidz Crew setzen immer eine Maske auf. Sie veranstalten illegale Sprühaktionen. (**bevor**)
6. Die Sprayer sind fertig. Sie laufen schnell weg. (**sobald**)

Les adverbes de temps

3 Zeit für Street-Art! Complétez les phrases avec les adverbes de temps adéquats.

heutzutage • dann • bisher • früher • endlich • zuerst

1. Die Berlin Kidz Crew hat viele illegale und gefährliche Aktionen unternommen. Die Polizei hat sie ... aber noch nicht verhaftet.
2. Jonas und Leander hatten ihre Sprühaktion schon seit langer Zeit vorbereitet. ... konnten sie beginnen.
3. ... gab es nur wenige Jugendliche und Street-Art-Künstler, die Nazisymbole übermalten. ... haben immer mehr Menschen bei der PaintBack-Initiative mitgemacht.
4. ... war Street-Art verboten. ... wird sie als eine etablierte Kunstform betrachtet.

La comparaison avec je ..., umso ...

4 Je engagierter, umso besser! Reliez les énoncés en utilisant je ..., umso .... Attention aux formes de comparatif : certaines sont irrégulières.

1. Die Berlin Kidz Crew bemalt viele Häuser. Die Polizei will sie schnell schnappen.
   Je mehr Häuser die Berlin Kidz Crew bemalt, desto ...
2. Die Sprühaktionen der Berlin Kidz sind spektakulär. Sie sind auch gefährlich.
3. Jonas malt oft. Er ist glücklich.
4. Die Motive der PaintBack-Aktion sind einfach. Viele Leute können daran teilnehmen.
5. Die PaintBack-Initiative ist bekannt. Es gibt viele Nachahmer in der Welt.

L'infinitif complément avec et sans zu

5 Wünsche und Ziele. Complétez les énoncés avec les groupes infinitifs indiqués entre parenthèses. Veillez à la bonne ponctuation.

1. Das Ziel vieler Straßenkunstwerke ist (eine Botschaft vermitteln).
   Das Ziel vieler Straßenkunstwerke ist, eine ...
2. Viele Street-Art-Künstler möchten (soziale Missstände denunzieren).
3. Das MUCA soll (ein Begegnungsort für Kunstbegeisterte werden).
4. Das Museum hat den Wunsch (allen Besuchern Straßenkunst näherbringen).
5. Die Gründer der Agentur XI-Design haben es geschafft (ihre Fähigkeiten zu Geld machen).
6. Andere Street-Art-Künstler würden auch gerne (Karriere machen).

U5 KI

espace langues Cahier interactif

La proposition subordonnée relative

1 KI. Complétez avec le pronom relatif adéquat au nominatif et soulignez l'antécédent.

1. KI ist eine Technologie, ... in vielen Bereichen des Alltagslebens eingesetzt wird.
2. Ein autonomes Auto ist ein Auto, ... von einem Computer gesteuert wird.
3. In der Medizin werden schon Roboter benutzt, ... Menschen operieren können.
4. Ein Chatbot ist ein künstliches Wesen, ... Fragen anstelle des Menschen beantworten kann.
5. Manuel, die Hauptfigur in „The boy in the white room", ist ein fünfzehnjähriger Junge, ... in einem Zimmer eingeschlossen ist.
6. Sein einziger Kontakt zur Außenwelt ist eine computergenerierte Stimme, ... Alice heißt.

2 Thema KI. Nominatif, accusatif ou datif ? Complétez avec les pronoms relatifs et soulignez l'antécédent.

1. KI ist überall, auch in den einfachsten Smartphones, mit ... man täglich telefoniert.
2. Berlin ist die Stadt, in ... es die meisten KI-Start-ups gibt.
3. Das Risiko, ... mit den verschiedenen Anwendungen von KI verbunden ist, sorgt für Skepsis in der Bevölkerung.
4. KI kann komplexe Aufgaben lösen, ... Menschen nicht beherrschen können.
5. Die Benutzung der KI ist ein Thema, mit ... sich jeder beschäftigen sollte.
6. Die Welt, in ... wir leben, ist ohne KI nicht mehr denkbar.
7. Viele Arbeiten, ... für den Menschen sehr schwer sind, können in der Zukunft von KI übernommen werden.
8. Patienten, ... eine Diagnose brauchen, können von KI profitieren.

3 Alles relativ. Reformulez les phrases ci-dessous en transformant la deuxième proposition en relative.

1. Eyestream ist ein Computerprogramm; mit diesem Programm kann man die Außenwelt sehen.
   Eyestream ist ein Computerprogramm, mit dem man ...
2. Alice ist eine KI; durch diese KI kann man kommunizieren.
3. Es gibt viele Bereiche; in diesen Bereichen kann KI nützlich sein.
4. KI kann ein Risiko darstellen; dieses Risiko macht vielen Menschen Angst.
5. Die Technik entwickelt sich rasch; mit dieser Technik kann man kluge Maschinen entwickeln.
6. KI bietet viele neue Möglichkeiten; diese Möglichkeiten erleichtern den Alltag.

Les conjonctions de temps

4 Boy in a white room. Complétez les phrases avec la conjonction de temps qui convient.

als • als • bevor • bis • nachdem • nachdem • solange • solange

1. Manuel weiß nicht, ... wann er in dem Zimmer eingeschlossen bleiben muss.
2. ... er keinen echten Kontakt zur Außenwelt hat, muss er mit Alice kommunizieren.
3. ... sich Manuel auf Eyestream registriert hat, erscheint ein Kamerabild in dem Zimmer.
4. ... Manuel Alice auffordert, einzugreifen, versteht sie seine Anweisung nicht.
5. ... er versucht, mit dem Jungen der Kamera in Kontakt zu kommen, bekommt er keine Antwort.
6. Er will die Polizei rufen, ... es zu spät ist.
7. ... er das Computerprogramm geschlossen hat, fühlt sich Manuel zugleich aufgewühlt und hilflos.
8. ... Manuel in diesem Zimmer ist, ist er von der Welt ausgeschlossen.

5 Wann genau? Citez toutes les conjonctions de temps que vous connaissez et traduisez-les en français.

U6 Rattenfänger

espace langues Cahier interactif

Le prétérit

1 Der Rattenfänger. Réécrivez le texte en passant du présent de narration au prétérit.

1. Eine Stadt hat ein großes Problem mit Ratten.
2. Sie hört von einem Rattenfänger.
3. Dieser kann mit seiner Musik die Ratten anlocken.
4. Die Stadt gibt dem Rattenfänger den Auftrag, die Ratten wegzulocken.
5. Der Rattenfänger spielt seine Musik mit seiner Flöte.
6. Die Ratten laufen hinter ihm her und aus der Stadt hinaus.
7. So befreit er die Stadt von den Ratten.
8. Doch die Stadt will ihn nicht dafür bezahlen.
9. Der Rattenfänger wird um seinen Lohn betrogen.
10. Also spielt er wieder seine Musik, aber diesmal für die Kinder.
11. Genau wie die Ratten laufen die Kinder hinter dem Rattenfänger her.
12. Dann verschwinden sie für immer.

La voix passive

2 Was ist passiert? Formez des phrases au passif avec les éléments proposés.

1. die Beiträge • löschen • auf Facebook
   Die Beiträge werden auf Facebook gelöscht.
2. entfernen • einige Einträge • von Barbara
3. dadurch • bedrohen • die Meinungsfreiheit
4. in den sozialen Netzwerken • posten • viele Fake News
5. im Netz • Satire • genau beobachten

3 Ins Passiv! Transposez les phrases suivantes à la forme passive. Veillez au bon emploi du complément d'agent.

1. Der Rattenfänger befreite die Stadt von den Ratten.
   Die Stadt wurde von den Ratten befreit.
2. Der Flötenspieler lockte erst die Ratten und dann die Kinder an.
3. Die Musik verführte die Ratten und die Kinder.
4. Die Regierung rief das NetzDG ins Leben.
5. Facebook löschte schon Beiträge.
6. Das soziale Netzwerk drohte Barbara mit Account-Löschung.

4 Das NetzDG. Transposez les phrases au prétérit.

1. 2015 wird von der Bundesregierung eine Arbeitsgruppe zum Umgang mit strafbaren Inhalten in sozialen Netzwerken gebildet.
2. Das NetzDG wird am 1. September erlassen.
3. Konkrete Maßnahmen zur Bekämpfung von Hassinhalten im Internet werden vereinbart.
4. Bei Verstößen gegen das Gesetz werden sehr hohe Strafen vorgesehen.
5. Nur bestimmte Einträge werden von den sozialen Netzwerken gelöscht.
6. Die gelöschten Einträge werden von Barbaras Followern als harmlos bezeichnet.

U7 Der Schatz der Nibelungen

espace langues Cahier interactif

La proposition subordonnée relative

1 Das Nibelungenlied. Complétez les phrases à l'aide d'un pronom relatif.

1. Siegfried, der Königssohn aus Xanten, verlässt eines Tages seine Heimat. So kommt er in einen großen Wald, in ... ein Schmied wohnt.
2. Siegfried beginnt, für diesen Schmied zu arbeiten, ... Mime heißt.
3. Mime hat bald Angst vor Siegfrieds Kraft und deshalb schickt er ihn in den Wald. In dem Wald lebt aber ein Drache, ... einen riesigen Schatz bewacht.
4. Siegfried, ... nicht nur stark, sondern auch sehr mutig ist, tötet den Drachen, ... Blut eine magische Wirkung hat.
5. Siegfried badet sich darin und wird unverwundbar bis auf eine kleine Stelle an seiner Schulter, auf ... ein Lindenblatt gefallen ist.
6. Er nimmt sich den Schatz, ... der Drache bewacht hat. Stolz geht er wieder zurück zum Schmied Mime, ... er tötet.
7. Es ist eine Geschichte, ... jeder kennt und ... Ursprung sehr alt ist.
8. Die bekannteste Version dieser Geschichte ist das „Nibelungenlied“, ... vermutlich am Ende des 12. Jahrhunderts niedergeschrieben wurde.

2 Siegfried. **Réécrivez une seule phrase en transformant la seconde en proposition relative.**

1. Siegfried ist ein Held. Er hat den Drachen getötet.
   Siegfried, der den Drachen getötet hat, ist ein Held.
2. Die Stadt Worms ist sehr berühmt. In dieser Stadt lebt eine schöne Frau.
3. Die Frau heißt Kriemhild. Siegfried hat sich in sie verliebt.
4. Kriemhild hat einen Berater. Der Berater ist in sie verliebt.
5. Hagen versenkt den Schatz. Er hat ihn von Siegfried genommen.
6. Nur Hagen kennt den Ort. An diesem Ort befindet sich der Schatz.
7. Der Fluss ist der Rhein. Der Schatz soll sich in diesem Fluss befinden.

L'expression de l'hypothèse avec le subjonctif II

3 Fakt oder Fantasie? **Transformez les phrases en passant de l'indicatif au subjonctif II pour exprimer l'hypothèse.**

1. Siegfried hat den Drachen getötet.
   Siegfried hätte den Drachen getötet.
2. Er hat in seinem Blut gebadet und ist unverwundbar geworden.
3. Der Schatz des Drachen besteht aus vielen Wagenladungen voll Gold.
4. Siegfried ist eigentlich Arminius, der Cheruskerfürst.
5. Der Drache soll der Heerwurm sein.
6. Die Germanen erbeuten das Gold der römischen Soldaten.
7. Dieses Gold ist in Wahrheit der Nibelungenschatz.
8. Der riesige Schatz liegt irgendwo im Fluss Rhein.
9. Er befindet sich in der Nähe von Worms.

Le passif et la tournure impersonnelle avec wird

4 Es wird ... **Transformez les phrases ci-dessous en utilisant la tournure impersonnelle avec wird.**

1. Man sagt, dass Siegfried unverwundbar war.
   Es wird gesagt, dass Siegfried unverwundbar war.
2. Viele erzählen, dass Hagen den Schatz in den Rhein geworfen hat.
3. Viele glauben, dass der Schatz wirklich existiert.
4. Man gräbt am Rhein, um den Schatz zu finden.
5. Man taucht aber nicht, weil es zu gefährlich ist.

5 Ins Passiv! **Transformez les phrases ci-dessous en passant de la voix active à la voix passive. N'oubliez pas le complément d'agent !**

1. Die Archäologen haben das Rätsel noch nicht gelöst.
   Das Rätsel wurde noch nicht von den Archäologen gelöst.
2. Siegfried besiegt den Drachen.
3. Hagen stiehlt den Schatz.
4. Schatzsucher finden einen Schatz im Wald.
5. Der Metalldetektor entdeckt Spuren.
6. Hobby-Schatzsucher beschädigen historische Fundorte.

Le discours rapporté avec le subjonctif I

6 Interview mit Jacobi. **Faites précéder les énoncés suivants de : Jacobi sagt, ... et utilisez le subjonctif I pour passer du discours direct au discours rapporté.**

1. „Die Schatzsuche ist eines der wenigen noch möglichen Abenteuer."
   Jacobi sagt, die Schatzsuche sei ...
2. „Man muss schon dran glauben."
3. „Ich will den Schatz finden."
4. „Hagen hat ihn bei Loche in den Rhein versenkt."
5. „Loche steht für Lochheim, einen Ort, den es heute nicht mehr gibt."
6. „Ich habe diesen Ort auf alten Karten gefunden."
7. „Heute befindet sich dieser Ort an Land, neben dem Rhein."
8. „Ich will beweisen, dass es den Schatz wirklich gibt."

U8 Oh Loreley

espace langues Cahier interactif

Le génitif

1 Loreley. Réécrivez les phrases ci-dessous en utilisant le génitif pour exprimer l'appartenance.

1. Der Felsen von der Loreley war heruntergekommen.
   Der Felsen der Loreley war heruntergekommen.
2. Das Plateau von dem berühmten Felsen wurde renoviert.
3. Die Legende von der wunderschönen Loreley ist weltbekannt.
4. Der Gesang von der jungen Frau brachte die Schiffer ins Unglück.
5. Die Unfälle von den Schiffen im Rhein waren zahlreich.

2 Das Tal der Loreley. Réécrivez le texte suivant en utilisant le génitif à la place de la préposition von + datif pour exprimer l'appartenance.

1. Das Tal von der Loreley ist weltbekannt, weil die Gedichte von den Dichtern Heinrich Heine und Clemens Brentano weltbekannt sind.
2. Heine hat die berühmteste Version der Geschichte von der jungen Loreley und von den armen Schiffern geschrieben.
3. Danach wurde die Geschichte von der verführerischen Nixe von Silcher vertont.
4. Jeder Deutsche kennt die ersten Verse von dem Gedicht und auch Touristen können das Lied von dem Komponisten Silcher singen.
5. Die Touristen genießen die Aussicht und bewundern die Schönheit von der Landschaft.

La voix passive

3 Das Loreley-Plateau. Tournez les phrases suivantes au passif.

1. Die Gemeinden, das Land und der Bund finanzieren die Umgestaltung des Plateaus.
   Die Umgestaltung des Plateaus wurde (von den Gemeinden, dem Land und dem Bund) finanziert.
2. Sie renovierten das gesamte Plateau.
3. Vor kurzem eröffneten sie das Plateau der Loreley wieder.
4. Journalisten berichten über die Neueröffnung.
5. Die Unesco erklärte das Tal der Loreley zum Welterbe.
6. Touristen aus der ganzen Welt besichtigen das neue Plateau.
7. Die Touristen bewundern die schöne Landschaft.
8. Verschiedene Institutionen organisieren Musikfestivals und Konzerte am Loreley-Felsen.

Le superlatif

4 Die Loreley ist am schönsten! Complétez les phrases avec les formes de superlatif des adjectifs indiqués entre parenthèses. N'oubliez pas de les accorder.

1. Die Loreley ist eine der ... und ... deutschen Sagen. (**berühmt; alt**)
2. Es ist vielleicht auch die ... Sage. (**beliebt**).
3. Die ... Leute kennen aber nur das Lied. (**viel**)
4. Heines Gedicht ist eigentlich die ... Version der Geschichte. (**bekannt**)
5. Aber die ... wissen das. (**wenig**)
6. Viele finden, die Melodie von Silcher ist die ... Melodie der Welt. (**gut**)

Les groupes participaux

5 Partizip. Reformulez les phrases en utilisant des groupes participaux comme dans le modèle.

1. In einer Rangfolge der Mädchennamen, die vergeben werden, belegt Loreley Platz 926.
   In einer Rangfolge der vergebenen Mädchennamen belegt Loreley Platz 926.
2. 2016 wurde kein Mädchen, das neugeboren wurde, Loreley genannt.
3. Das Loreley-Plateau, das renoviert wurde, wurde wiedereröffnet.
4. Die Loreley, die vielfach besungen wird, kämmt ihr goldenes Haar.
5. Der Loreleyfelsen, der so oft fotografiert wird, ist einer der beliebtesten Ausflugsorte.
6. Das Tal der Loreley, das von der UNESCO zum Welterbe erklärt wurde, ist ein Touristenmagnet.

U9 Genfood, nein danke!

espace langues Cahier interactif

La place du verbe

1 Genfood. **Complétez les énoncés ci-dessous avec la phrase suivante. Veillez à bien positionner le verbe.**

80 % der Deutschen lehnen Genfood ab

1. Laut Statistik … .
   Laut Statistik lehnen 80 % der Deutschen Genfood ab.
2. Viele Menschen halten gentechnisch veränderte Lebensmittel für gefährlich, deshalb … .
3. … ?
4. Nicht 70 %, sondern … .
5. Es spielt keine Rolle, ob 70 oder…… .
6. Dass … , wundert mich sehr.
7. In der Tat … .
8. Weshalb … ?
9. Ich weiß nicht genau, warum … .
10. Intellektuelle verteidigen Gentechnik in Deutschland, obwohl … .
11. … , ohne konkrete Argumente dafür nennen zu können.
12. Aus Angst vor Risiken für Mensch und Umwelt … .

Sein, haben et les verbes de modalité au subjonctif II

2 Konjunktiv. **Transposez les verbes au subjonctif II.**

1. Genfood <u>kann</u> bestimmte Probleme lösen.
2. Aber in Deutschland <u>wollen</u> die Leute kein genmanipuliertes Essen.
3. Sie <u>können</u> es aber nicht genau erklären.
4. Argumente für Genfood <u>haben</u> einfach keine Chance.
5. In ganz Deutschland <u>dürfen</u> keine genmanipulierten Pflanzen angebaut werden.
6. Die neue Debatte der Grünen <u>ist</u> eine Chance für die Gesellschaft.
7. Man <u>soll</u> In Deutschland besser noch einmal über das Thema nachdenken.
8. Dann <u>haben</u> alle Menschen genug zu essen.

L'expression de la concession avec obwohl

3 Gentechnik. **Transformez les phrases ci-dessous en utilisant la conjonction obwohl pour marquer la concession comme dans le modèle.**

1. Die Gentechnik hat Vorteile; 80 % der Deutschen sind gegenüber dieser Technik sehr skeptisch eingestellt.
   Obwohl Gentechnik Vorteile hat, sind 80 % …
2. Viele Deutsche wissen wenig über diese Technik; sie sind dagegen.
3. Es gibt keinen Nachweis über die Risiken von Genpflanzen; eine breite Mehrheit der Deutschen lehnt sie kategorisch ab.
4. Gentechnik wurde von den Grünen jahrelang verteufelt; einige Mitglieder wollen nun innerhalb der Partei neue Debatten anstoßen.
5. Diese Mitglieder berufen sich auf wissenschaftliche Studien und Fakten; viele ihrer Parteifreunde bleiben bei ihrer kritischen Meinung.
6. In vielen Ländern wird Gentechnik als Chance gesehen; in Deutschland ist man nach wie vor skeptisch.

4 Reportage Gentechnik. **Transformez les phrases suivantes en substituant à la concessive introduite par obwohl l'une des tournures suivantes : trotzdem / dennoch / jedoch / zwar … aber. Veillez à les utiliser toutes.**

1. Obwohl die Reporterin im Video viele Menschen interviewt hat, kommt sie am Ende nicht zu einem eindeutigen Resultat.
   Die Reporterin hat viele Menschen interviewt, trotzdem/ dennoch/ jedoch kommt …
   Zwar hat die Reporterin …, aber sie …
2. Obwohl die befragten Leute im Video sehr verschieden sind, sind sie alle einer Meinung.
3. Obwohl die Passanten im Video gentechnisch manipulierte Produkte nicht erkennen, lehnen diese sie kategorisch ab.
4. Obwohl die Passanten ihre Argumente nennen, sind diese Argumente nicht überzeugend.
5. Obwohl der BUND die Gefährlichkeit von Genfood nicht nachweisen kann, ist er Gentechnik gegenüber sehr kritisch.

U10 Mensch nach Maß

espace langues Cahier interactif

Les verbes de modalité

1 Rund um das ESchG. Qu'expriment les verbes de modalité soulignés ? Choisissez.

le souhait • la capacité • l'interdiction • l'obligation • le devoir moral • l'obligation

1. In Deutschland darf nicht an Embryonen geforscht werden.
2. Genforscher müssen das Embryonenschutzgesetz strikt respektieren.
3. Einige wollen aber diese strenge Reglementierung lockern, um medizinische Fortschritte zu erzielen.
4. Die Regierung muss das Gesetz an die neuen Zeiten anpassen.
5. Ob die ESchG-Kritiker die Regierung überzeugen können, ist fraglich.
6. Viele Deutsche denken aber, dass man nicht Gott spielen soll.

2 Was tun? Complétez les phrases en choisissant le verbe de modalité adéquat.

1. Ich (**dürfte** / **möchte**) gern eine Bürgerinitiative gründen, um das EschG zu ändern.
2. Dafür (**muss** / **kann**) ich aber unbedingt viele Leute überzeugen.
3. Vielleicht (**will** / **kann**) ich ein paar Freunde über das Internet mobilisieren.
4. Auf meinen Wunsch (**können** / **sollen**) diese Freunde weitere Bekannte von der Idee überzeugen.
5. Später (**soll** / **will**) ich dann noch eine eigene Partei gründen, um die Klonforschung politisch zu unterstützen. Das ist mein Plan.
6. Deutschland (**sollte** / **könnte**) die Möglichkeiten der Genforschung nicht ignorieren.

Les pronoms relatifs wer, was et wo

3 Wer, was oder wo? Complétez avec les pronoms relatifs qui conviennent.

1. Das Reagenzglas ist der Ort, ... Kinder künstlich hergestellt werden.
2. ... Menschen genetisch verändert, handelt verantwortungslos.
3. Alles, ... die menschliche Natur verändert, sollte verboten werden.
4. Die Länder, ... es weniger gesetzliche Restriktionen gibt, können mehr Forschungsarbeit leisten.
5. Jeder muss entscheiden, ... er ethisch und moralisch akzeptieren kann.
6. ... ein krankes Kind zuhause hat, hat sicher eine andere Meinung als Eltern von gesunden Kindern.

L'expression de la condition ou du temps avec wenn

4 Wenn oder wenn? Indiquez si la conjonction wenn introduit une subordonnée conditionnelle (si) ou de temps (quand, lorsque).

1. Jedes Mal wenn Ilka und Jonas über die Dupliks sprechen, kommt es zum Streit.
2. Wenn man die Argumente der beiden vergleicht, merkt man ihre grundsätzlichen Meinungsunterschiede.
3. Für Jonas als Medizinstudent ist es vollkommen normal, wenn gentechnische Experimente an Embryonen durchgeführt werden.
4. Nur wenn die Embryonen gesund sind, kommen sie für eine Schwangerschaft in Frage.

5 Wenn ... Transformez les phrases ci-dessous en utilisant la conjonction wenn pour exprimer la condition.

1. Wir wollen Fortschritte in der Medizin machen; wir brauchen ein neues Gesetz.
   Wenn wir Fortschritte in der Medizin machen wollen, brauchen wir ein neues Gesetz.
2. Wir wollen gemeinsame Forschungsprojekte mit Forschern aus anderen Ländern betreiben; wir müssen auf der gleichen Basis arbeiten.
3. Deutschland will in der Genforschung eine führende Rolle spielen; die Wissenschaftler brauchen mehr Freiheiten.
4. Wir wollen die Deutschen von den Vorteilen der Gentechnik überzeugen; wir müssen die Ungefährlichkeit nachweisen.

U11 Geben und nehmen

espace langues Cahier interactif

L'expression du but avec damit

1 **Wozu? Reliez les phrases en utilisant damit pour exprimer le but.**

1. Menschen spenden Geld; benachteiligte Kinder können in den Urlaub fahren.
2. Der Staat gibt Hartz IV; Arbeitslose können das Nötigste bezahlen.
3. Die Tafeln brauchen Lebensmittel; sie können sie an die Bedürftigen verteilen.
4. Die Menschen zeigen Solidarität; arme Menschen fühlen sich nicht ausgeschlossen.
5. Menschen spenden Weihnachtsgeschenke; notleidende Kinder bekommen auch etwas zu Weihnachten.

2 **Damit … Reconstituez les phrases en plaçant dans le bon ordre les éléments indiqués entre parenthèses.**

1. Die Tafeln brauchen viele Freiwillige, (garantiert • an Bedürftige • damit • ist • die Ausgabe).
2. Hartz IV gibt es für notleidende Menschen, (leisten • Lebensmittel • können • sich • sie • damit)
3. Man braucht mehr als nur Geld, (sich • wohlfühlen • Notleidende • damit)
4. Benachteiligte Kinder brauchen Urlaubspaten, (in den Ferien • damit • sie • etwas erleben • können)
5. Solidarität ist wichtig, (niemand • sich • damit • fühlt • ausgeschlossen • aus der Gesellschaft)

Les pronoms relatifs au génitif

3 **Arme Kinder. Réécrivez ces phrases en utilisant le génitif pour exprimer l'appartenance.**

1. Die Kinder, von denen die Eltern arm sind, wollen auch Urlaub machen.
   Die Kinder, deren Eltern …
2. Ein Urlaubspate hilft mit seiner Spende einem Kind, von dem die Eltern kein Geld für einen Urlaub haben.
3. Solidarität ist wichtig für Menschen, von denen die Familie an Armut leidet.
4. Ein Kind, von dem ein Weihnachtswunsch erfüllt wird, ist glücklich.

Le prétérit

4 **Momo. Complétez les phrases ci-dessous avec les verbes entre parenthèses conjugués au prétérit.**

1. Momo (sein) ein kleines Mädchen, dem man sein Alter nicht ansieht (können).
2. Sie (laufen) immer barfuß, so dass ihre Füße so schwarz wie ihre Augen und Haare (aussehen).
3. Momo (besitzen) nichts, außer dem, was sie (finden) oder geschenkt (bekommen).
4. Sie (tragen) sehr merkwürdige Kleidung und nur im Winter Schuhe.
5. Das Kind (wohnen) seit kurzem in der Ruine am Rande der Stadt.
6. Es (leben) ganz alleine und (hoffen), nicht wieder ins Heim zu müssen.

5 **Momos neue Freunde. Réécrivez le texte en passant du présent de narration au prétérit.**

1. Momo läuft aus einem Heim weg, wo die Kinder schlecht behandelt werden.
2. Die Menschen verstehen, warum Momo nicht mehr im Heim bleiben will.
3. Momo wohnt nun in der Ruine und die Menschen helfen ihr, sich einzurichten.
4. Viele Menschen beteiligen sich an der Arbeit.
5. Die Leute bringen auch Essen und alle feiern ein schönes Fest.
6. So beginnt eine Freundschaft zwischen Momo und den Leuten.

Le discours rapporté avec le subjonctif I

6 **Was glauben die Leute? Conjuguez au subjonctif I les verbes entre parenthèses pour exprimer la distance ou le doute par rapport aux propos rapportés.**

1. Man erzählte, dass ein Kind in der Ruine (wohnen).
2. Man (wissen) nicht, woher das Kind (kommen).
3. Man fragte sich, ob das Kind keine Eltern (haben).
4. Einige behaupteten, dass das nicht stimmen (können).
5. Andere berichteten, dass das Kind seltsame Kleidung (tragen).
6. Deshalb (können) man nicht sagen, ob Momo ein Junge oder ein Mädchen (sein).
7. Die Leute erzählten, das Kind (heißen) Momo.

U12 Unser Hermann

espace langues Cahier interactif

Le datif pluriel

1 Ein Gründungsmythos. Retrouvez tous les groupes nominaux et pronoms personnels au datif pluriel et justifiez l'emploi du cas. Attention : certaines phrases n'en contiennent pas.

1. Im 15. Jahrhundert wurden die Germanen mit der Wiederentdeckung der Schrift „Germania" des römischen Historikers Tacitus zu den ersten Deutschen.
   zu den ersten Deutschen : la préposition „zu" est toujours suivi du datif.
2. Man begann, Arminius als Ur-Deutschen zu sehen, und betrachtete ihn als Helden.
3. Arminius war aus mehreren Texten der Antike bekannt.
4. In vielen Gemälden wurde Hermann als Held dargestellt.
5. Man wollte zeigen, dass die Teilnehmer der Varusschlacht direkte Vorfahren der Deutschen waren.
6. Dieser Gründungsmythos hat das Geschichtsbewusstsein von vielen Generationen geprägt.
7. Das Hermannsdenkmal ist allen Deutschen bekannt.
8. Bis in die NS-Zeit war dieser Gründungsmythos des deutschen Volkes weit verbreitet.
9. Mythen wie diese sind identitätsstiftend oder sie legitimieren politische Ordnungen.
10. Gerade in Krisenzeiten sollen sie Zugehörigkeit erzeugen.
11. Früher war Hermann in allen Schulbüchern. Heute ist er aus ihnen verschwunden.
12. Ob Hermann den heutigen Schülern noch etwas bedeutet?

2 Von ... Réécrivez les phrases en remplaçant le génitif par von + datif pour exprimer l'appartenance.

1. Das ist der Mythos des Ur-Deutschen.
   Das ist der Mythos vom Ur-Deutschen.
2. Die Germanen gelten als die Vorfahren der Deutschen.
3. Die Niederlage der Römer im Teutoburger Wald war ein geschichtlicher Wendepunkt in der Antike.
4. Die Funktion der Gründungsmythen besteht oft darin, Zugehörigkeit zu erzeugen.
5. Den Mythos zu entkräften ist eine der Aufgaben der Historiker.
6. Heutzutage ist das Hermannsdenkmal ein beliebtes Ausflugsziel vieler Touristen aus ganz Europa.

Le discours rapporté avec le subjonctif I

3 Meine Führung. Un journaliste a réalisé un reportage sur une visite guidée. Il rapporte les commentaires du guide et des touristes au style indirect. Transformez le reportage en utilisant le style direct comme dans l'exemple ci-dessous.

1. Der Fremdenführer erklärte, das Hermannsdenkmal zähle zu den beliebtesten touristischen Zielen Deutschlands. Der Fremdenführer erklärte: „Das Hermannsdenkmal zählt zu den beliebtesten touristischen Zielen Deutschlands."
2. Er meinte auch, viele Touristen seien von der außergewöhnlich großen Statue begeistert.
   Er meinte auch: ...
3. Die Touristen sagten, sie haben noch nie so eine hohe Statue gesehen.
4. Sie fragten den Touristenführer, wie hoch die Statue sei.
5. Sie fragten auch, wer die Statue gebaut habe.
6. Der Touristenführer erklärte, man könne hinaufsteigen und von ganz oben Bilder machen.
7. Ein Tourist erkundigte sich, wie viele Besucher jedes Jahr nach Lippe kommen.

4 Sag es indirekt! Transformez les discours directs en discours indirects conjugués au subjonctif I.

1. „Arminius ist stärker als ich!", klagte Varus der Römer.
   Varus der Römer klagte, Arminius sei stärker als er.
2. Die Cherusker riefen aus: „Wir haben die römische Legion besiegt!"
3. Tacitus erklärte: „In Hermann sehen die Cherusker einen großen Anführer."
4. „Dank Hermann sind wir heute nicht Römer," meint Heinrich Heine.
5. Historiker sagen: „Ein Gründungsmythos prägt das Geschichtsbewusstsein."

Ce lexique comprend les mots importants du manuel. Chaque mot a été traduit en fonction du sens qu'il revêt dans l'unité où il apparaît (le numéro de l'unité est indiqué en couleur).

Les préverbes séparables sont indiqués par une barre verticale et les changements de voyelles des verbes irréguliers sont signalés entre parenthèses.

Abréviations
Sg. : seulement au singulier
Pl. : seulement au pluriel
A : accusatif
D : datif
G : génitif

Lexique allemand-français

A

Abgrenzung, die (-en) limite | U3
abhängig dépendant/e | U2
ab|lehnen refuser, rejeter | U9
Ablehnung, die (Sg.) refus, rejet | U9
ab|nehmen (i-a-a) diminuer | U1
ab|schneiden couper | U8
absolut absolu/e | U8
ab|werten dévaloriser, diminuer | U6
aktiv actif / active | U2
allein seul/e | U11
Allergie, die (-n) allergie | U9
Alltagsleben, das (Sg.) vie quotidienne | U5
an|bauen cultiver | U9
an|bieten proposer, offrir | U9
anerkannt reconnu/e | U4
Anführer, der (-) / Anführerin, die (-nen) leader | U12
angepasst adapté/e (à) | U4
an|gleichen, sich (ei-i-i) se ressembler | U1
Angst haben (vor + D) avoir peur (de) | U5 / U7 / U9
Angst, die (¨-e) peur | U5 / U9
Anlage, die (-n) site | U8
an|locken attirer | U6
anspruchsvoll exigeant/e | U3
anstelle (von + D) à la place (de) | U5
an|stoßen (neue Debatten an|stoßen) provoquer, lancer (lancer de nouveaux débats) | U9
Antibiotikaresistenz, die (-en) résistence aux antibiotiques | U9
Antike, die (Sg.) Antiquité | U12
an|ziehen (jdn an|ziehen) attirer qqn | U6
anziehend attirant/e | U1 / U8
Arbeit, die (-en) travail | U3 / U11
arbeiten travailler | U2
Arbeitnehmer, der (-) / Arbeitnehmerin, die (-nen) employé/e, salarié/e | U3
Arbeitsklima, das (Sg.) ambiance de travail | U3
arbeitslos au chômage | U3
Arbeitslosengeld, das (Arbeitslosengeld erhalten) allocation chômage (recevoir une allocation chômage) | U11
Arbeitsmodell, das (-e) modèle de travail | U3
Arbeitsmoral, die (Sg.) étique de travail | U3
Arbeitsplatz, der (¨-e) emploi | U5
Arbeitsvertrag, der (¨-e) contrat de travail | U3
Arbeitswelt, die (Sg.) monde du travail | U3
Arbeitszeit, die (-en) temps de travail | U3
Archäologe, der (-n) / Archäologin, die (-nen) archéologue | U7
arm pauvre | U11
Arme, der / die (-n) pauvre | U11
Armut, die (Sg.) **(in Armut leben)** pauvreté (vivre dans la pauvreté) | U11
armutsgefährdet menacé/e de pauvreté | U11
atemberaubend à couper le souffle | U8
attraktiv attractif / attractive | U1
Aufgabe, die (-n) tâche, mission | U5
Aufmerksamkeit, die (Sg.) **(sich Aufmerksamkeit verschaffen)** attention (attirer l'attention) | U4
Aufstiegschancen haben avoir des perspectives de promotion | U3
Ausblick, der (-e) vue | U8
Ausflugsziel, das (-e) lieu d'excursion | U8 / U12
aus|fragen interroger | U7
aus|geben (i-a-e) (eine warme Mahlzeit aus|geben) distribuer (distribuer des repas chauds) | U11
ausgeschlossen exclu/e | U1
aus|graben déterrer | U7
aus|grenzen exclure | U1
aus|kommen (mit + D) **(o-a-o)** s'en tirer (avec) | U11
aus|lösen provoquer | U9
ausreichend suffisant/e | U9
Aussage, die (-n) déclaration | U6
Aussehen, das (Sg.) **(auf das Aussehen achten)** aspect, physique, apparence (faire attention à son apparence) | U2
äußerlich extérieur/e, extérieurement | U2
Aussicht, die (-en) vue, perspective | U8 / U12
Aussprache, die (-n) prononciation | U1
Ausstellung, die (-en) exposition | U4

aus|wählen (Eigenschaften / Gene aus|wählen) choisir, sélectionner (sélectionner des propriétés génétiques, des gènes) | U10
Auswirkung, die (-en) répercution, effet | U6
außer Kontrolle geraten devenir incontrôlable | U5
autonom autonome | U5

B

Baby, das (-s) bébé | U10
Bairisch Bavarois/e | U1
barfuß pieds nus, nu-pieds | U11
Bay(e)risch Bavarois/e | U1
bedrohen menacer | U6
Bedrohung, die (-en) (eine Bedrohung darstellen) | menace (représenter une menace) | U5
Bedürfnis, das (-se) besoin | U3
bedürftig nécessiteux / nécessiteuse | U11
beeindruckend impressionnant/e | U8
beeinflussen influencer | U6
Befehl, der (-e) ordre | U5
befördert werden avoir, obtenir de l'avancement | U3
befreien, sich (von + D**)** se libérer (de) | U2
befristet à durée déterminée, limité/e, | U3
befürchten craindre | U9
begegnen, sich se rencontrer | U12
Beginn, der (Sg.) début | U12
Behinderung, die (-en) handicap | U10
Beitrag, der (¨-e) contribution, message | U6
bekämpfen lutter (contre) | U11
bekannt connu/e | U4
beleidigen offenser, blesser, insulter | U6
beleidigend offensant, blessant, insultant | U6
Beleidigung, die (-en) offense, injure, insulte | U6
beliebt aimé/e, apprécié/e, favori / favorite | U4 / U12
Beliebtheit, die (Sg.) popularité, engouement | U4
bemalen peindre | U4
benachteiligt défavorisé/e | U11
benutzen utiliser | U5
Bereich, der (-en) domaine, secteur | U5
bereit sein (für + A**)** être prêt/e | U2
Beruf, der (-e) emploi, profession | U3
beruflich professionnel/le | U2
Berufsleben, das (Sg.) vie professionnelle, vie active | U3
berufstätig employé/e, en activité professionnelle | U3
berühmt célèbre | U8
beschädigen détériorer, endommager | U7
beseitigen éradiquer | U11
besessen (von + D**)** obnubilé/e (par) | U7
besichtigen visiter | U8
besiegen vaincre, battre | U12
besitzen (i-a-e) posséder | U11
besonders particulièrement | U5
Besucher, der (-) / Besucherin, die (-nen) visiteur / visiteuse | U4
betören séduire | U8
betörend séduisant/e | U8
betrachten considérer | U4
Betrug, der (¨-e) escroquerie | U7
betrügen escroquer, tricher | U7
bevorzugt privilégié/e | U11
bewahren préserver | U1
Beweis, der (-e) preuve | U7
beweisen prouver | U7
bezahlen payer | U11
Bezahlung, die (Sg.) paiement | U6
Beziehung, die (-en) relation | U1
bieten (neue Möglichkeiten bieten) offir, (offrir de nouvelles possibilités) | U5
Blatt, das (¨-er) feuille | U7
Blick, der (-e) (auf + A**)** vue | U8
Boot, das (-e) bateau | U8
Botschaft, die (-en) message | U4
Bündnis, das (-se) pacte, alliance | U12
Burg, die (-en) château fort | U8
Bürger, der (-) / Bürgerin, die (-nen) citoyen, citoyenne | U6
Bürgermeister, der (-) / Bürgermeisterin, die (-nen) maire | U6

C

Chance, die (-n) chance | U5
Chef, der (-s) / Chefin, die (-nen) chef | U2
Cherusker, die (Pl.) Chérusques | U12
Computer, der (-) ordinateur | U5

D

dar|stellen (ein Problem dar|stellen) représenter (poser un problème) | U5 / U10
Darstellung, die (-en) représentation | U12
Debatte, die (-n) débat | U9
demonstrieren manifester | U9
denken penser | U9
Denkmal, das (-e / ¨-er) monument, mémorial | U12
denunzieren dénoncer | U4
deutschlandweit dans toute l'Allemagne | U4
Diagnose, die (-n) (Diagnosen erstellen) diagnostic (établir un diagnostic) | U5
Dialekt, der (-e) dialecte | U1
Dichter, der (-) / Dichterin, die (-nen) poète | U8
dienen (als) servir (de) | U10
diskriminierend discriminant/e | U6
diskutieren (über + A**)** débattre | U9
DNA, die (Sg.) ADN | U10
Drache, der (-n) dragon | U7
dumm bête, idiot/e | U1
duplizieren dupliquer | U10

E

effizient efficient/e, efficace | U3
ehrlich sincère | U7

eifersüchtig jaloux / jalouse | U7
Eigenschaft, die (-en) propriété | U10
eigenständig autonome | U5
Bedürfnis haben (nach + D**)** avoir besoin de | U3
Einfluss haben (auf + A**)** avoir de l'influence (sur) | U6
Einfluss, der (¨-e) influence | U6
ein|gehen (ein Risiko ein|gehen) prendre (prendre un risque) | U4
Eingriff, der (-e) atteinte, intrusion | U10
ein|setzen (einen Mythos ein|setzen) recourir (recourir à un mythe) | U12
ein|setzen, sich (für + A**)** s'engager (en faveur de) | U4
ein|sparen économiser | U10
ein|weihen inaugurer | U8
Elterngeld, das (Sg.) allocation parentale | U2
Elternzeit, die (Sg.) congé parental | U2
Emanzipation, die (Sg.) émancipation | U2
Embryo, der (-s / -nen) embryon | U10
eng étroit/e | U8
engagieren, sich (für + A**)** s'engager (pour) | U4
entdecken découvrir | U3 / U8
entfernen enlever, retirer | U6
entkräften (einen Mythos entkräften) démystifier (démystifier un mythe) | U12
Entscheidung, die (-en) (eine Entscheidung treffen) décision (prendre une décision) | U2
entstehen (e-a-a) se créer, être créé/e | U5
entwickeln (sich) (se) développer | U5
Entwicklung, die (Sg.) développement | U5
Erbkrankheit, die (-en) maladie héréditaire / génétique | U10
erfolgreich qui a du succès | U3 / U4
erfüllen (eine Aufgabe / einen Wunsch erfüllen) réaliser (réaliser une tâche) | U5 / U11
ergreifen (Vorsichtsmaßnahmen ergreifen) prendre (des mesures de précaution) | U9
erhalten (ä-ie-a) (eine Hilfe) percevoir (une aide) | U11
erhalten (ä-ie-a) (ein Gebäude) maintenir, conserver (un édifice) | U1
Erkenntnisse, die (Pl.) connaissances, savoir | U9
erlauben permettre | U10
erleben vivre | U12
ermöglichen (+ D) rendre possible | U11
Ernährer, der (-)/ Ernährerin, die (-nen) soutien de famille | U2
eröffnen (neue Perspektiven / Möglichkeiten eröffnen) ouvrir (ouvrir de nouvelles perspectives / possibilités) | U5 / U10
errichten ériger | U12
erschaffen créer | U5
erscheinen sembler | U1
ersetzen remplacer | U5
erzeugen engendrer | U12
Erzeugung, die (-en) reproduction | U10
Erziehung, die (Sg.) éducation | U2
etabliert établi/e | U4
ethisch éthique | U10

F

Fähigkeit, die (-en) compétence, capacité | U4 / U5
Fake News, die (Pl.) fake news, infox | U6
falsch faux / fausse | U6 / U9
Falschmeldung, die (-en) fausse information | U6
Farbe, die (-n) couleur | U4
faszinierend fascinant/e | U8
faul paresseux / paresseuse | U3
Fehler, der (-) (Fehler machen) faute, erreur, anomalie (faire une faute, commettre une erreur) | U5 / U10
Feierabend, der (Sg.) fin de la journée de travail | U3
feiern fêter | U4
Felsen, der (-) rocher | U8
finanziell financier / financière | U11
finden (i-a-u) trouver | U7 / U11
Fleiß, der (Sg.) ardeur au travail | U3
fleißig assidu/e, travailleur / travailleuse | U3
flexibel flexible | U3
Flöte, die (-n) flûte | U6
Fluss, der (¨-e) fleuve, rivière | U7 / U8
Flusslauf, der (¨-e) cours du fleuve, cours de la rivière | U7
fordern demander, exiger | U9
fördern aider, favoriser | U4
Forschung, die (Sg.) **(in der Forschung)** recherche (dans la recherche) | U5
Fortschritt, der (Sg.) progrès | U5
frei (sich frei fühlen) libre (se sentir libre) | U2
Freiheit, die (Sg.) liberté | U12
Freizeit, die (Sg.) temps libre | U3
Frieden, der (Sg.) paix | U12
früher autrefois | U2
fühlen (sich) (se) sentir, éprouver | U2
Fundort, der (-e) lieu de découverte | U7
Fundstück, das (-e) objet trouvé | U7

G

geben (i-a-e) (+D) donner | U11
Gedicht, das (-e) poème | U8
Gefahr, die (-en) (eine Gefahr für etwas sein) danger (être un danger pour qqch.) | U5 / U9 / U10
gefährlich dangereux / dangereuse | U4 / U6 / U7 / U8
gefälscht faux / fausse | U6
Gefühl, das (-e) sentiment | U8
Geheimnis, das (-se) secret | U7
gehören (zu + D**)** appartenir (à) | U1

Geld, das (etwas zu Geld machen) argent (se faire de l'argent avec) | U4
Geldstrafe, die (-n) amende | U6
Gemälde, das (-) tableau, peinture | U8 / U12
Gemeinde, die (-n) commune, municipalité, collectivité locale | U9
gemeinsam ensemble, en commun, collectivement | U1 / U11
Gemeinschaft, die (Sg.) communauté | U1
Gen, das (-e) gène | U9 / U10
genetisch génétique | U10
Genfood, das (Sg.) nourriture génétiquement modifiée | U9
Genforschung, die (Sg.) recherche génétique | U10
Genie, das (-s) génie | U10
genießen jouir (de), apprécier | U2
genießen (die Aussicht) admirer, profiter de (admirer le paysage) | U8 / U12
Genmanipulation, die (Sg.) manipulation génétique | U10
Gentechnik, die (Sg.) génie génétique | U9 / U10
gentechnikfrei sans OGM | U9
gentechnisch de technique génétique | U9
genug assez, suffisamment | U11
gerecht équitable, juste | U11
Germanen, die Germains | U12
Gesang, der (Sg.) chant | U8
Geschäft, das (-e) affaires, commerce | U4
Geschäftsleute, die (Pl.) gens d'affaires | U4
geschätzt prisé/e, côté/e | U8
Geschichte, die (Sg.) histoire | U12
Gesellschaftsmodell, das (Sg.) modèle de société | U2
Gesetz, das (-e) loi | U2 / U10
gesund sain/e, en bonne santé | U10
Gesundheit, die (Sg.) santé | U9
Gesundheitskosten, die (Pl.) dépenses de santé | U10
gewinnen conquérir | U7
glücklich heureux / heureuse | U7
goldene doré/e | U8
Gott, der (¨-er) (Gott spielen) Dieu (jouer à Dieu) | U10
graben (nach + D) chercher en creusant, faire des fouilles archéologiques | U7
Graffiti, das (-s) graffiti | U4
Grund, der (¨-e) raison | U6
gründen (ein Unternehmen gründen) créer (créer une entreprise) | U4
Grundlage, die (-n) fondement, base | U12
grundsätzlich systématique, en principe | U9
Gründungsmythos, der (Sg.) mythe fondateur | U12
Gruppe, die (-n) groupe | U1

H

Haar, das (-e) cheveux | U8
handeln agir | U9
Handlung, die (-en) acte, action | U6
Harfe, die (-n) harpe | U8
harmlos bénin, inoffensif | U6 / U9
hart dur/e | U2
Hartz IV, das (Sg.) nom donné au revenu minimum d'insertion | U11
Hartz-IV-Empfänger, der (-) / Hartz-IV-Empfängerin, die (-nen) bénéficiaire du revenu minimum d'insertion Hartz-IV | U11
Hass-Kommentar, der (-e) commentaire haineux | U6
Hass, der (Sg.) haine | U6
Haushalt, der (Sg.) **(im Haushalt helfen)** ménage (foyer), tâches ménagères (aider à faire le ménage) | U2
Heer, das (-e) armée | U12
Heimat, die (Sg.) pays d'origine, patrie | U1
heiraten se marier | U2 / U7
Heizung, die (-en) chauffage | U11
Held, der (-en) / Heldin, die (-nen) héros, héroïne | U7 / U12
helfen aider | U11
heraus|finden (i-a-u) trouver, découvrir | U7
her|stellen créer, produire | U10
Hetze, die (Sg.) dénigrement | U6
heutzutage de nos jours | U2 / U12
hinterher|laufen rattraper, courir derrière | U6
Historiker, der (-) / Historikerin, die (-nen) historien / historienne | U7
historisch historique | U7
Hobby, das (-s) hobby | U3
Hochdeutsch, das (Sg.) allemand standard | U1
Hof, der (¨-e) cour | U7
hoffen espérer | U5
Hoffnung, die (Sg.) **(Hoffnung geben)** espoir (donner de l'espoir) | U5 / U11 / U12
homophob homophobe | U6

I

identifizieren, sich (mit + D) s'identifier (avec) | U1
identisch identique | U10
Identität, die (-en) identité | U1 / U12
illegal illégal/e | U4 / U6 / U7
in der Vergangenheit par le passé | U2
Industrie, die (Sg.) **(in der Industrie)** industrie (dans l'industrie) | U5
Information, die (-en) information | U9
Inhalt, der (-e) contenu | U6
Initiative, die (-n) initiative | U11
innerlich intérieur/e, intérieurement | U2
ins Netz stellen mettre en ligne | U6
integrieren, sich (integriert werden) s'intégrer (être intégré/e) | U1
intelligent intelligent/e | U5

J

Jahrhundert, das (-e) siècle | U12

Job, der (-s) job | U3
Jungfrau, die (-en) vierge | U8

K

Kahn, der (¨-e) barque | U8
Kamm, der (¨-e) peigne | U8
kämmen (die Haare kämmen) peigner (peigner les cheveux) | U8
Kampf, der (¨-e) combat, lutte | U12
Kanne, die (-n) bombe, spray aérosol | U4
Karriere, die (-n) carrière | U3
Karriere machen faire carrière | U3 / U4
kategorisch catégorique | U9
kennzeichnen marquer, signaler | U9
Kennzeichnung, die (-en) marquage, étiquettage | U9
KI, die (Sg.) **(= Künstliche Intelligenz)** IA (= intelligence artificielle) | U5
Kinderbetreuung, die (Sg.) garde d'enfant, prise en charge des enfants | U2
Klimawandel, der (Sg.) changement climatique | U9
Klischee, das (-s) cliché | U2
klonen cloner | U10
Klonen, das (Sg.) clonage | U10
Klonversuch, der (-e) essai de clonage | U10
klug intelligent/e, judicieux / judicieuse | U5
Kollege, der (-n) / Kollegin, die (-nen) collègue | U2 / U3
kommerziell commercial/e | U6
Kommune, die (-n) commune | U9
kompromisslos intransigeant/e | U3
König, der (-e) / Königin, die (-nen) roi, reine | U7
Konsequenz, die (-en) conséquence | U2 / U6
Kontrolle, die (-n) contrôle | U5
kontrollieren contrôler | U10
korrigieren corriger | U10
Krankheit, die (-en) maladie | U10
Krisenzeit, die (-en) période de crise | U12
kritisch critique | U4
Kultur, die (Sg.) culture | U1
kulturell culturel/le | U1
kümmern, sich (um + A) s'occuper (de) | U2
Kunst, die (¨-e) art | U4
kunstbegeistert passionné/e d'art | U4
Kunstgeschichte, die (Sg.) histoire de l'art | U4
Künstler, der (-) / Künstlerin, die (-nen) artiste | U4
künstlich artificiel/le | U10
Künstliche Intelligenz, die (Sg.) **(= KI)** intelligence artificielle (= IA) | U5
Kunstwerk, das (-e) œuvre d'art | U4
Kurve, die (-n) virage | U8
kurzfristig à court terme | U9

L

Landwirtschaft, die (Sg.) agriculture | U9
lang long / longue | U8
langfristig à long terme | U9
Leben, das (-) vie | U5 / U10
Lebensart, die (-en) mode de vie | U1
Lebensmittel, das (-) produits alimentaires | U9 / U11
Lebensunterhalt, der (Sg.) **(den Lebensunterhalt sichern)** moyens de subsistance (assurer sa subsistance, subvenir à ses besoins) | U3
Lebensweise, die (-n) mode de vie | U1
lebenswert valoir la peine d'être vécu | U10
Legende, die (-n) légende | U7
Legion, die (-en) légion | U12
legitimieren légitimer | U12
Leidenschaft, die (-en) passion | U7
Liebe, die (Sg.) amour | U8
liebevoll affectueux / affectueuse, tendrement | U2
Lied, das (-er) chanson | U8
List, die (-en) ruse | U7
Lohn, der (¨-e) salaire | U6 / U11
löschen effacer | U6
Löschung, die (-en) suppression | U6
Lösung, die (-en) solution | U5
lustig machen, sich (über + A) se moquer (de) | U1

M

Macho, der (-s) homme macho | U2
magisch magique | U8
Mahlzeit, die (-en) repas | U11
Mahnmal, das (-e) mémorial | U12
malen peindre | U4
manipulieren manipuler | U6
Maschine, die (-n) machine | U5
Medizin, die (Sg.) **(in der Medizin)** médecine (en médecine) | U5
Meinungsfreiheit, die (Sg.) liberté d'opinion | U6
Melodie, die (-n) mélodie | U6 / U8
Mensch, der (-en) humain | U5 / U10
Menschheit, die (Sg.) humanité | U9
menschlich humain/e | U10
Mentalität, die (-en) mentalité | U2
Metalldetektor, der (-en) détecteur de métaux | U7
Metallsonde, die (-n) sonde de métal | U7
Miete, die (-n) loyer | U11
Misstrauen, das (Sg.) méfiance | U5
misstrauisch (gegenüber + D) méfiant/e (envers) | U2
Mittelalter, das (Sg.) Moyen-Âge | U12
modern moderne | U2 / U4
Möglichkeit, die (-en) possibilité | U5 / U10
Motiv, das (-e) motif | U4
Mundart, die (-en) dialecte | U1
Mural, das (-s) fresque | U4
Museum, das (Museen) musée | U4

Muss, das (Sg.) **(ein absolutes Muss sein)** nécessité, must (être incontournable) | U8
Mut, der (Sg.) courage | U1
Mut machen (zu + A) donner du courage (pour) | U1 / U12
mutig courageux / courageuse | U7
Mythos, der (Mythen) mythe | U12

N

Nachahmer, der (-) / Nachahmerin, die (-nen) imitateur / imitatrice | U4
Nachfahre, der (-n) / Nachfahrin, die (-nen) descendant/e | U12
nachhaltig durable, de manière durable | U9
Nachricht, die (-en) nouvelle | U6
Nachrichten verbreiten répandre des nouvelles | U6
Nachweis, der (-e) preuve | U9
näher|bringen (i-a-a) faire mieux connaître | U4
Nahrungsmittel, das (-) produits alimentaires | U9
Natur, die (Sg.) nature | U9 / U10
Nazizeit, die (Sg.) **(= NS-Zeit)** époque nazie | U12
nehmen prendre | U2
Netz, das (Sg.) **(= das Internet)** réseau (= Internet) | U6
Niederlage, die (-n) défaite | U12
Nötigste, das (Sg.) strict nécessaire | U11
notleidend nécessiteux, misérable | U11
NS-Zeit, die (Sg.) **(NS = Nationalsozialismus)** nazisme | U12
nützlich utile | U5

O

Obdachlose, der / die (-n) Sans Domicile Fixe | U11
offen sein (gegenüber + D) être ouvert/e (à) | U9
Online-Plattform, die (-en) plateforme en ligne | U6
operieren opérer | U5
Ordnung, die (Sg.) ordre | U12
Organlieferant, der (-en) fournisseur d'organe | U10

P

Panik, die (Sg.) panique | U9
perfekt parfait/e | U10
Perspektive, die (-n) perspective | U5
Pfeife, die (-n) pipeau | U6
Pflanze, die (-n) plante | U9
Pflicht, die (-en) obligation | U3
planbar planifiable, prévisible | U3
Plateau, das (-s) plateau | U8
politisch (die politische Ordnung) politique (l'ordre politique) | U6 / U12
populär populaire | U4
Popularität, die (Sg.) popularité | U4
posten (einen Kommentar posten) poster (poster un commentaire) | U6
prägen marquer | U12
Priorität, die (-en) (Prioritäten setzen) priorité (mettre des priorités) | U3
Privatleben, das (Sg.) vie privée | U3
Problem, das (-e) (Probleme haben) problème (avoir des problèmes) | U2 / U5 / U10 / U11
Produkt, das (-e) produit | U9
produktiv productif / productive | U3
Produktivität, die (Sg.) productivité | U3
produzieren produire | U9
protestieren (gegen + A) protester (contre) | U4
Pünktlichkeit, die (Sg.) ponctualité | U3

R

rassistisch raciste | U6
Rätsel, das (-) énigme, devinette | U7
Ratte, die (-n) rat | U6
Rattenfänger, der (-) / Rattenfängerin, die (-nen) preneur de rats, ici : le joueur de flûte | U6
Rattenplage, die (Sg.) invasion, infestation de rats | U6
reagieren (auf + A) réagir (à) | U5
rebellieren (gegen + A) se rebeller (contre) | U4
rechtswidrig illicite, illégitime | U6
Region, die (-en) région | U1 / U9
regulieren réglementer | U5 / U10
reich riche | U7 / U11
Reiche, der / die (-n) riche | U11
Reichtum, der (Sg.) richesse | U11
relevant pertinent/e, important/e | U7
Rentner, der (-) / Rentnerin, die (-nen) retraité/e | U11
reproduzieren reproduire | U10
Risiko, das (Risiken) (ein Risiko bergen) risque (présenter un risque) | U4 / U5 / U9 / U10
risikoreich risqué/e, à haut risque | U9
Roboter, der (-) robot | U5
Rolle, die (-n) rôle | U2
Rollenverteilung, die (Sg.) répartition des rôles | U2
romantisch romantique | U8
Römer, die Romains | U12
Römische Reich, das (Sg.) Empire romain | U12
Rückzug, der (auf dem Rückzug sein) recul (être en recul) | U1
Ruine, die (-n) ruine | U11

S

Saatgut, das (Sg.) graines, semence | U9
Sage, die (-n) légende, mythe | U6 / U7 / U8
Satire, die (Sg.) satire | U6
Schaden, der (-) dégât, dommage, préjudice | U7
schämen, sich (für + A) avoir honte (de) | U1
Schatz, der (¨-e) trésor | U7

Schatzsucher, der (-) / Schatzsucherin, die (-nen) chasseur / chasseuse de trésor | U7
schenken (+ D) offrir | U11
Schere, die (-n) ciseaux | U8
Schiff, das (-e) bateau | U8
Schiffer, der (-) / die Schifferin, die batelier / batelière | U8
Schlacht, die (-en) bataille | U12
schlecht bezahlt mal payé/e | U11
Schmerz, der (-en) douleur | U8
schön beau / belle | U7
Schriftsteller, der (-) / Schriftstellerin, die (-nen) écrivain | U8
Schuh, der (-e) chaussure | U11
Schulter, die (-n) épaule | U7
schützen (sich) (vor + D) (se) protéger (de) | U2 / U6 / U9
schwach faible | U2 / U7
Schwangerschaft, die (-en) grossesse | U10
Schwierigkeit, die (-en) difficulté | U2
Sehnsucht, die (Sg.) désir, nostalgie | U8
Selbstverpflichtung, die (Sg.) engagement | U9
Selektion, die (Sg.) sélection | U10
selten rare | U1
sensibel sensible | U2
setzen (ein Denkmal setzen) ériger (ériger un monument) | U12
sexistisch sexiste | U6
sexy sexy | U1
Sicherheit, die (Sg.) sécurité | U3
Sieg, der (-e) victoire | U12
siegen remporter la victoire | U12
singen chanter | U8
sinken (i-a-u) baisser | U1
Sinn, der (Sg.) sens | U4
sinnlos inutile, absurde | U3
sinnvoll utile, raisonnable, judicieux / judicieuse | U3
Skepsis, die (Sg.) scepticisme | U5 / U9
skeptisch (gegenüber + D) sceptique (envers) | U2
Skrupel, der (-) (Skrupel haben) scrupule (avoir des scrupules) | U10
skrupellos sans scrupule | U10
Skulptur, die (-en) sculpture | U8
Soldat, der (-en) / Soldatin, die (-nen) soldat/e | U12
solidarisch solidaire | U11
Solidarität, die (Sg.) solidarité | U11
sorgen (für + A) prendre soin (de), avoir qqn à charge | U2 / U11
soziale Netzwerke, die (Pl.) réseaux sociaux | U6
sozialkritisch critique envers la société | U4
spenden faire un don | U11
Spender, der (-) / Spenderin, die donateur / donatrice | U11
spielen (ein Instrument) jouer (d'un instrument) | U6
Sprache, die (-n) langue | U1
Spraydose, die (-n) bombe, spray aérosol | U4
sprayen faire des graffiti | U4
Sprayer, der (-) / Sprayerin, die (-nen) graffeur / graffeuse, tagueur / tagueuse | U4
Sprühdose, die (-n) bombe, spray aérosol | U4
sprühen faire des graffiti | U4
Spur, die (-en) trace | U7
Staat, der (-en) (vom Staat unterstützt werden) État (être soutenu/e par l'État) | U11
Stadt, die (¨-e) ville | U6
Standardsprache, die (Sg.) langue standard | U1
stark fort/e | U2 / U7
stärken renforcer | U12
Statue, die (-n) statue | U12
stehlen (ie, a, o) voler, dérober | U7
stehlen (sich aus der Verantwortung stehlen) (ie, a, o) fuir ses responsabilités | U6
Stelle, die (-n) endroit, emplacement | U7
stimmen (richtig sein) être vrai | U6
stolz fier / fière | U7
stolz sein (auf + A) être fier / fière (de) | U1
stoßen (auf + A) **(auf Schwierigkeiten stoßen)** tomber sur, rencontrer (rencontrer des difficultés) | U2
strafbar passible d'une peine, répréhensible | U6
Strafe, die (-n) punition, sanction | U6
Straßenkunst, die art urbain | U4
Straßenverkehr, der (Sg.) **(im Straßenverkehr)** circulation routière | U5
Street-Art, die street art | U4
Stress, der (Sg.) stress | U3
Suche, die (-n) recherche | U7
suchen (nach + D) chercher, rechercher | U7
Szene, die (Sg.) milieu | U4

T

Tal, das (¨-er) vallée | U8
Talent, das (Sg.) **(Talent haben)** talent | U4
Technik, die (Sg.) technique | U5
technisch technique | U5
teilen (mit + D) partager (avec) | U1
teil|nehmen (an + D) participer (à) | U2
Teilzeit, die (Sg.) temps partiel | U2
teurer werden coûter plus cher | U11
Teutoburger Wald, der forêt de Teutberg | U12
tief profond/e | U7
Tierfutter, das (Sg.) alimentation animale | U9
töten tuer | U7
Tradition, die (-en) tradition | U1
traditionell traditionnel/le | U2 / U3
Transparenz, die (Sg.) transparence | U9
transphob transphobe | U6
Traum, der (¨-e) rêve | U7
treu fidèle | U7
Tugend, die (-en) vertu | U3
typisch typique | U3

U

Überfluss, der (in Überfluss leben) abondance (vivre dans l'opulence) | U11
überleben survivre | U11
überlegen (jdm überlegen sein) devancer qqn | U5
übermalen repeindre | U4
übernehmen (eine Rolle) endosser un rôle | U2
umgestalten modifier, transformer | U8
um|wandeln (in + A) transformer (en) | U4
Umwelt, die (Sg.) environnement | U9
unabhängig indépendant/e | U2
unbedenklich sans risque | U9
Unbedenklichkeit, die (Sg.) innocuité, sécurité | U9
unbefristet à durée indéterminée, illimité/e | U3
ungebildet inculte | U1
ungerecht injuste | U11
unheilbar incurable | U10
unter|gehen couler, sombrer | U8
unternehmen (mit + D) entreprendre (avec) | U3
Unternehmer, der (-) / Unternehmerin, die (-nen) entrepreneur/e | U4
unterscheiden, sich (von + A) se différencier (de) | U1
unterstützen soutenir, aider | U5 / U11
untersuchen analyser, examiner | U10
unverwundbar invulnérable | U7
Urlaubspate, der (-n) / Urlaubspatin, die (-nen) parrain / marraine de vacances (sous forme de don permettant à des enfants de partir en colonnie de vacances) | U11

V

vehement véhément/e, vigoureusement | U9
veraltet obsolète, vieilli/e | U2
verändern (sich) changer, (se) transformer | U2 / U5
verändert (gentechnisch veränderte Lebensmittel) modifié (aliments génétiquement modifiés) | U9
Veränderung, die (-en) changement | U7
Verantwortung tragen porter la responsabilité | U5
Verantwortung, die (Sg.) responsabilité | U5 / U6
verbessern améliorer | U5
verbieten interdire | U10
verboten interdit/e | U4 / U7
Verbraucher, der (-) / Verbraucherin, die (-nen) consommateur / consommatrice | U9
verbreiten répandre | U6 / U9
verbreitet répandu/e | U4
verdienen (Geld verdienen) gagner (gagner de l'argent) | U2
verfassen rédiger | U8
verhindern prévenir, empêcher | U10
verkaufen, sich se vendre | U4
Verkehr, der (Sg.) circulation | U5
verlängern prolonger | U10
verliebt amoureux / amoureuse | U7
verlieren (ie-o-ie) perdre | U12
Verlust, der (Sg.) perte | U1
vermitteln (eine Botschaft vermitteln) transmettre (transmettre un message) | U4
Vermögen, das (Sg.) patrimoine | U11
vernichten détruire, effacer | U7
veröffentlichen publier | U8
verpflichten, sich (zu + D) s'engager | U9
verschlingen engloutir | U8
verschwinden (i-a-u) disparaître | U1 / U5 / U6 / U12
versenken immerger, couler | U7
Versorger, der (-)/ Versorgerin, die (-nen) soutien de famille | U2
Versorgung, die (Sg.) approvisionnement | U9
verständigen, sich (mit + D) se faire comprendre (avec) | U1
verstehen comprendre | U1
verteilen distribuer | U11
Verteilung, die (Sg.) répartition | U11
verteufeln diaboliser | U9
vertonen mettre en musique | U8
verwenden utiliser, employer | U9
verwirklichen, sich selbst s'accomplir | U3
verwundbar vulnérable | U7
Vielfalt, die (Sg.) diversité | U1
virtuell virtuel/le | U5
Vollzeit, die (Sg.) plein-temps | U2
Vorbild, das (-er) exemple | U2
Vorfahre, der (-n) / Vorfahrin, die (-nen) ancêtre | U12
Vorsichtsmaßnahme, die (-n) mesure de précaution | U9
Vorurteil, das (-e) (Vorurteile haben) préjugé (avoir des préjugés) | U2

W

Wahl, die (-en) (eine Wahl treffen) choix (faire un choix) | U2
wahr vrai/e, véritable | U7
Wahrheit, die (-en) vérité | U7
Wahrzeichen, das (-) emblème | U12
Wand, die (¨-e) mur | U4
Wandel, der (Sg.) transformation | U2
warm chaud/e | U11
Wärme, die (Sg.) chaleur | U11
weich doux / douce | U2
Weinberg, der (-e) vignoble, vigne | U8
weiter|entwickeln, sich évoluer | U3
Welle, die (-n) vague | U8
weltbekannt mondialement connu/e | U8
Weltkulturerbe der Unesco, das (Sg.) patrimoine mondial de l'UNESCO | U8
wenig peu (de) | U11

Werbefläche, die (-n) surface publicitaire | U4

Werk, das (-e) œuvre | U4

Wert legen (auf + A**)** tenir (à ce que), donner de l'importance (à) | U2 / U3

Wert, der (-e) valeur | U2 / U3

Wertewandel, der (Sg.) changement des valeurs | U3

Wertschätzung, die (Sg.) estime | U1

wertvoll précieux / précieuse, de valeur | U7

wichtig sein (für + A**)** être important/e (pour) | U1

wickeln langer un bébé | U2

Wissenschaft, die (Sg.) science | U5 / U7

wissenschaftlich scientifique, scientifiquement | U9

Wohl, das (Sg.) **(zum Wohl der Menschheit)** bien-être (pour le bien de tous / de l'humanité) | U9

wohnen habiter | U11

wunderbar merveilleux / merveilleuse, | U8

wunderschön magnifique | U8

Wunsch, der (¨-e) souhait | U11

Z

zauberhaft magique | U8

Zeit haben avoir du temps | U3

Zeit verbringen (mit + D**)** passer du temps (à) | U2

zeitgenössisch contemporain/e | U4

Zensur, die (Sg.) censure | U6

zerstören détruire | U10

ziehen (jdn zur Verantwortung ziehen) tenir qqn pour responsable | U6

Ziel, das (-e) but | U4

Zugehörigkeit, die (Sg.) appartenance | U12

zu|hören (+D) écouter, être à l'écoute | U11

Zukunft, die (Sg.) futur, avenir | U3 / U5

zur Frau / zum Mann nehmen prendre pour épouse / époux | U7

zusammen ensemble | U11

zuverlässig fiable, sûr/e, digne de confiance | U5

Zuverlässigkeit, die (Sg.) fiabilité, confiance, sérieux | U3

Lexique français-allemand

A

à couper le souffle atemberaubend | U8
à court terme kurzfristig | U9
à durée déterminée, limité/e, befristet | U3
à durée indéterminée, illimité/e unbefristet | U3
à haut risque risikoreich | U9
à la place (de) anstelle (von + D) | U5
à long terme langfristig | U9
abondance (vivre dans l'opulence) Überfluss, der (in Überfluss leben) | U11
absolu/e absolut | U8
absurde sinnlos | U3
accomplir, s' verwirklichen, sich selbst | U3
acte Handlung, die (-en) | U6
action Handlung, die (-en) | U6
actif / active aktiv | U2
adapté/e (à) angepasst | U4
admirer (admirer le paysage) genießen (die Aussicht genießen) | U8 / U12
ADN DNA, die (Sg.) | U10
affaires Geschäft, das (-e) | U4
affectueux / affectueuse liebevoll | U2
agir handeln | U9
agriculture Landwirtschaft, die (Sg.) | U9
aider helfen, unterstützen | U5 / U11
aimé/e beliebt | U4 / U12
alimentation animale Tierfutter, das (Sg.) | U9
allemand standard Hochdeutsch, das (Sg.) | U1
allergie Allergie, die (-n) | U9
alliance Bündnis, das (-se) | U12
allocation chômage (recevoir une allocation chômage) Arbeitslosengeld, das (Arbeitslosengeld erhalten) | U11
allocation parentale Elterngeld, das (Sg.) | U2
ambiance de travail Arbeitsklima, das (Sg.) | U3
améliorer verbessern | U5
amende Geldstrafe, die (-n) | U6
amour Liebe, die (Sg.) | U8
amoureux / amoureuse verliebt | U7
analyser untersuchen | U10
ancêtre Vorfahre, der (-n) / Vorfahrin, die (-nen) | U12
Antiquité Antike, die (Sg.) | U12
appartenance Zugehörigkeit, die (Sg.) | U12
appartenir (à) gehören (zu + D) | U1
apprécier genießen | U2
approvisionnement Versorgung, die (Sg.) | U9
archéologue Archäologe, der (-n) / Archäologin, die (-nen) | U7
ardeur au travail Fleiß, der (Sg.) | U3
argent (se faire de l'argent avec) Geld, das (etwas zu Geld machen) | U4
armée Heer, das (-e) | U12
art Kunst, die (¨-e) | U4
art urbain Straßenkunst, die | U4
artificiel/le künstlich | U10
artiste Künstler, der (-) / Künstlerin, die (-nen) | U4
aspect Aussehen, das (Sg.) | U2
assez genug | U11
assidu/e fleißig | U3
assurer sa subsistance den Lebensunterhalt sichern | U3
atteinte Eingriff, der (-e) | U10
attention (attirer l'attention) Aufmerksamkeit, die (Sg.) (sich Aufmerksamkeit verschaffen) | U4
attirant/e anziehend | U1 / U8
attirer an|locken | U6
attirer qqn an|ziehen (jdn anziehen) | U6
attractif / attractive attraktiv | U1
au chômage arbeitslos | U3
autonome autonom, eigenständig | U5
autrefois früher | U2
avenir Zukunft, die (Sg.) | U3 / U5
avoir besoin de Bedürfnis haben (nach + D) | U3
avoir de l'influence (sur) Einfluss haben (auf + A) | U6
avoir des perspectives de promotion Aufstiegschancen haben | U3
avoir du temps Zeit haben | U3
avoir honte (de) schämen, sich (für + A) | U1
avoir peur (de) Angst haben (vor + D) | U5 / U7 / U9
avoir de l'avancement befördert werden | U3
avoir qqn à charge sorgen (für + A) | U2 / U11

B

baisser sinken (i-a-u) | U1
barque Kahn, der (¨-e) | U8
base Grundlage, die (-n) | U12
bataille Schlacht, die (-en) | U12
bateau Boot, das (-e), Schiff, das (-e) | U8
batelier / batelière Schiffer, der (-) / die Schifferin, die | U8
battre qqn besiegen | U12
Bavarois/e Bairisch / Bay(e)risch | U1
beau / belle schön | U7
bébé Baby, das (-s) | U10
bénéficiaire du revenu minimum d'insertion Hartz-IV Hartz-IV-Empfänger, der (-) / Hartz-IV-Empfängerin, die (-nen) | U11
besoin Bedürfnis, das (-se) | U3
bête dumm | U1
bien-être (pour le bien de tous / de l'humanité) Wohl, das (Sg.) (zum Wohl der Menschheit) | U9
blessant beleidigend | U6
but Ziel, das (-e) | U4

C

capacité Fähigkeit, die (-en) | U4 / U5
carrière Karriere, die (-n) | U3
catégorique kategorisch | U9

célèbre berühmt | U8
censure Zensur, die (Sg.) | U6
chaleur Wärme, die (Sg.) | U11
chance Chance, die (-n) | U5
changement Veränderung, die (-en) | U7
changement climatique Klimawandel, der (Sg.) | U9
changement des valeurs Wertewandel, der (Sg.) | U3
changer verändern (sich) | U2 / U5
chanson Lied, das (-er) | U8
chant Gesang, der (Sg.) | U8
chanter singen | U8
chasseur / chasseuse de trésor Schatzsucher, der (-) / Schatzsucherin, die (-nen) | U7
château fort Burg, die (-en) | U8
chaud/e warm | U11
chauffage Heizung, die (-en) | U11
chaussure Schuh, der (-e) | U11
chef Chef, der (-s) / Chefin, die (-nen) | U2
chercher en creusant graben (nach + D) | U7
chercher suchen (nach + D) | U7
Chérusques Cherusker, die (Pl.) | U12
cheveux Haar, das (-e) | U8
choisir aus|wählen | U10
choix (faire un choix) Wahl, die (-en) (eine Wahl treffen) | U2
circulation Verkehr, der (Sg.) | U5
circulation routière Straßenverkehr, der (Sg.) (im Straßenverkehr) | U5
ciseaux Schere, die (-n) | U8
citoyen / citoyenne Bürger, der (-) / Bürgerin, die (-nen) | U6
cliché Klischee, das (-s) | U2
clonage Klonen, das (Sg.) | U10
cloner klonen | U10
collègue Kollege, der (-n) / Kollegin, die (-nen) | U2 / U3
combat Kampf, der (¨-e) | U12
commentaire haineux Hass-Kommentar, der (-e) | U6
commerce Geschäft, das (-e) | U4
commercial/e kommerziell | U6
communauté Gemeinschaft, die (Sg.) | U1
commune, Gemeinde, die (-n); Kommune, die (-n) | U9
compétence Fähigkeit, die (-en) | U4 / U5
comprendre verstehen | U1
congé parental Elternzeit, die (Sg.) | U2
connaissances, Erkenntnisse, die (Pl.) | U9
connu/e bekannt | U4
conquérir gewinnen | U7
conséquence Konsequenz, die (-en) | U2 / U6
conserver (un édifice) erhalten (ä-ie-a) (ein Gebäude) | U1
considérer betrachten | U4
consommateur / consommatrice Verbraucher, der (-) / Verbraucherin, die (-nen) | U9
contemporain/e zeitgenössisch | U4
contenu Inhalt, der (-e) | U6
contrat de travail Arbeitsvertrag, der (¨-e) | U3
contribution Beitrag, der (¨-e) | U6
contrôle Kontrolle, die (-n) | U5
contrôler kontrollieren | U10
corriger korrigieren | U10
côté/e geschätzt | U8
couler unter|gehen, versenken | U7 / U8
couleur Farbe, die (-n) | U4
couper ab|schneiden | U8
cour Hof, der (¨-e) | U7
courage Mut, der (Sg.) | U1
courageux / courageuse mutig | U7
courir derrière hinterher|laufen | U6
cours de la rivière Flusslauf, der (¨-e) | U7
cours du fleuve Flusslauf, der (¨-e) | U7
coûter plus cher teurer werden | U11
craindre befürchten | U9
créer (se) erschaffen her|stellen, entstehen (e-a-a) | U5 / U10
créer (créer une entreprise) gründen (ein Unternehmen gründen) | U4
critique kritisch | U4
critique envers la société sozialkritisch | U4
cultiver an|bauen | U9
culture Kultur, die (Sg.) | U1
culturel/le kulturell | U1

D

danger (être un danger pour qqch.) Gefahr, die (-en) (eine Gefahr für etwas sein) | U5 / U9 / U10
dangereux / dangereuse gefährlich | U4 / U6 / U7 / U8
dans toute l'Allemagne deutschlandweit | U4
de nos jours heutzutage | U2 / U12
de technique génétique gentechnisch | U9
de valeur wertvoll | U7
débat Debatte, die (-n) | U9
débattre diskutieren (über + A) | U9
début Beginn, der (Sg.) | U12
décision (prendre une décision) Entscheidung, die (-en) (eine Entscheidung treffen) | U2
déclaration Aussage, die (-n) | U6
découvrir entdecken, heraus|finden (i-a-u) | U3 / U7 / U8
défaite Niederlage, die (-n) | U12
défavorisé/e benachteiligt | U11
dégât Schaden, der (-) | U7
demander fordern | U9
démystifier (démystifier un mythe) entkräften (einen Mythos entkräften) | U12
dénigrement Hetze, die (Sg.) | U6
dénoncer denunzieren | U4
dépendant/e abhängig | U2
dépenses de santé Gesundheitskosten, die (Pl.) | U10
dérober stehlen (ie, a, o) | U7
descendant/e Nachfahre, der (-n) / Nachfahrin, die (-nen) | U12
désir Sehnsucht, die (Sg.) | U8

détecteur de métaux Metalldetektor, der (-en) | U7
détériorer beschädigen | U7
déterrer aus|graben | U7
détruire zerstören, vernichten | U7| / U10
dévaloriser ab|werten | U6
devancer qqn überlegen (jdm überlegen sein) | U5
développement Entwicklung, die (Sg.) | U5
développer (se) entwickeln (sich) | U5
devenir incontrôlable außer Kontrolle geraten | U5
diaboliser verteufeln | U9
diagnostic (établir un diagnostic) Diagnose, die (-n) (Diagnosen erstellen) | U5
dialecte Dialekt, der (-e); Mundart, die (-en) | U1
Dieu (jouer à Dieu) Gott, der (¨-er) (Gott spielen) | U10
différencier (de), se unterscheiden, sich (von + A) | U1
difficulté Schwierigkeit, die (-en) | U2
diminuer ab|nehmen (i-a-a) | U1
discriminant/e diskriminierend | U6
disparaître verschwinden (i-a-u) | U1 / U5 / U6 / U12
distribuer verteilen | U11
distribuer (distribuer des repas chauds) aus|geben (i-a-e) (eine warme Mahlzeit aus|geben) | U11
diversité Vielfalt, die (Sg.) | U1
domaine Bereich, der (-en) | U5
dommage Schaden, der (-) | U7
donateur / donatrice Spender, der (-) / Spenderin, die | U11
donner geben (i-a-e) (+D) | U11
donner de l'importance (à) Wert legen (auf + A) | U2 / U3
donner du courage (pour) Mut machen (zu + A) | U1
doré/e goldene | U8
douleur Schmerz, der (-en) | U8
doux / douce weich | U2
dragon Drache, der (-n) | U7
dupliquer duplizieren | U10
dur/e hart | U2
durable nachhaltig | U9

E

économiser ein|sparen | U10
écouter zu|hören (+D) | U11
écrivain Schriftsteller, der (-) / Schriftstellerin, die (-nen) | U8
éducation Erziehung, die (Sg.) | U2
effacer löschen | U6
effacer vernichten | U7
effet Auswirkung, die (-en) | U6
efficace effizient | U3
émancipation Emanzipation, die (Sg.) | U2
emblème Wahrzeichen, das (-) | U12
embryon Embryo, der (-s / -nen) | U10
empêcher verhindern | U10
Empire romain Römische Reich, das (Sg.) | U12
emploi Arbeitsplatz, der (¨-e); Beruf, der (-e) | U3 / U5
employé/e berufstätig | U3
employé/e Arbeitnehmer, der (-) / Arbeitnehmerin, die (-nen) | U3
employer qqc verwenden | U9
en bonne santé gesund | U10
en commun gemeinsam | U1 / U11
en principe grundsätzlich | U9
en tirer (avec), s' aus|kommen (mit + D) (o-a-o) | U11
encourager Mut machen (zu + A) | U12
endommager beschädigen | U7
endosser (un rôle) übernehmen (eine Rolle) | U2
endroit Stelle, die (-n) | U7
engagement Selbstverpflichtung, die (Sg.) | U9
engager, s' verpflichten, sich (zu + D) | U9
engager (en faveur de), s' ein|setzen, sich (für + A) | U4
engager (pour), s' engagieren, sich (für + A) | U4
engendrer erzeugen | U12
engloutir verschlingen | U8
engouement Beliebtheit, die (Sg.) | U4
énigme Rätsel, das (-) | U7
enlever entfernen | U6
ensemble zusammen, gemeinsam | U1 / U11
entreprendre (avec) unternehmen (mit + D) | U3
entreprise Unternehmer, der (-) / Unternehmerin, die (-nen) | U4
environnement Umwelt, die (Sg.) | U9
épaule Schulter, die (-n) | U7
époque nazie Nazizeit, die (Sg.) (= NS-Zeit) | U12
éprouver fühlen | U2
équitable gerecht | U11
éradiquer beseitigen | U11
ériger errichten | U12
ériger (ériger un monument) setzen (ein Denkmal setzen) | U12
escroquer betrügen | U7
escroquerie Betrug, der (¨-e) | U7
espérer hoffen | U5
espoir (donner de l'espoir) Hoffnung, die (Sg.) (Hoffnung geben) | U5 / U11 / U12
erreur (commettre une erreur) Fehler, der (-) (Fehler machen) | U5 / U10
essai de clonage Klonversuch, der (-e) | U10
estime Wertschätzung, die (Sg.) | U1
établi/e etabliert | U4
État (être soutenu/e par l'État) Staat, der (-en) (vom Staat unterstützt werden) | U11
étiquettage Kennzeichnung, die (-en) | U9
éthique ethisch | U10
étique de travail Arbeitsmoral, die (Sg.) | U3
être à l'écoute zu|hören (+D) | U11
être fier / fière (de) stolz sein (auf + A) | U1

être important/e (pour) wichtig sein (für + A) | U1
être ouvert/e (à) offen sein (gegenüber + D) | U9
être prêt/e bereit sein (für + A) | U2
être vrai stimmen (richtig sein) | U6
étroit/e eng | U8
évoluer weiter|entwickeln, sich | U3
examiner untersuchen | U10
exclu/e ausgeschlossen | U1
exclure aus|grenzen | U1
exemple Vorbild, das (-er) | U2
exigeant/e anspruchsvoll | U3
exiger fordern | U9
exposition Ausstellung, die (-en) | U4
extérieur/e äußerlich | U2

F

faible schwach | U2 / U7
faire attention à son apparence auf das Aussehen achten | U2
faire carrière Karriere machen | U3 / U4
faire comprendre (avec), se verständigen, sich (mit + D) | U1
faire des fouilles archéologiques graben (nach + D) | U7
faire mieux connaître näher|bringen (i-a-a) | U4
faire un don spenden | U11
fake news Fake News, die (Pl.) | U6
fascinant/e faszinierend | U8
fausse nouvelle Falschmeldung, die (-en) | U6
faute (faire une faute) Fehler, der (-) (Fehler machen) | U5 / U10
faux / fausse falsch, gefälscht | U6 / U9
favori / favorite beliebt | U4 / U12
favoriser fördern | U4
fêter feiern | U4
feuille Blatt, das (¨-er) | U7
flexible flexibel | U3
fiabilité Zuverlässigkeit, die (Sg.) | U3
fiable zuverlässig | U5
fidèle treu | U7
fier / fière stolz | U7
fin de la journée de travail Feierabend, der (Sg.) | U3
financier / financière, financièrement finanziell | U11
fleuve Fluss, der (¨-e) | U7 / U8
flûte Flöte, die (-n) | U6
fondement Grundlage, die (-n) | U12
forêt de Teutberg Teutoburger Wald, der | U12
fort/e stark | U2 / U7
fournisseur d'organe Organlieferant, der (-en) | U10
foyer (ménage) Haushalt, der (Sg.) | U2
fresque Mural, das (-s) | U4
fuir ses responsabilités sich aus der Verantwortung stehlen | U6
futur Zukunft, die (Sg.) | U3 / U5

G

gagner (gagner de l'argent) verdienen (Geld verdienen) | U2
garde d'enfant Kinderbetreuung, die (Sg.) | U2
gène Gen, das (-e) | U9 / U10
génétique genetisch | U10
génie Genie, das (-s) | U10
génie génétique Gentechnik, die (Sg.) | U9 / U10
gens d'affaires Geschäftsleute, die (Pl.) | U4
Germains Germanen, die | U12
graffer sprayen, sprühen | U4
graffeur / graffeuse Sprayer, der (-) / Sprayerin, die (-nen) | U4
graffiti Graffiti, das (-s) | U4
grossesse Schwangerschaft, die (-en) | U10
groupe Gruppe, die (-n) | U1

H

habiter wohnen | U11
haine Hass, der (Sg.) | U6
handicap Behinderung, die (-en) | U10
harpe Harfe, die (-n) | U8
héros, héroïne Held, der (-en) / Heldin, die (-nen) | U7 / U12
heureux / heureuse glücklich | U7
histoire Geschichte, die (Sg.) | U12
histoire de l'art Kunstgeschichte, die (Sg.) | U4
historien / historienne Historiker, der (-) / Historikerin, die (-nen) der | U7
historique historisch | U7
hobby Hobby, das (-s) | U3
homme macho Macho, der (-s) | U2
homophobe homophob | U6
humain Mensch, der (-en) | U5 / U10
humain/e menschlich | U10
humanité Menschheit, die (Sg.) | U9

I

IA (= intelligence artificielle) KI, die (Sg.) (= Künstliche Intelligenz) | U5
identifier (à), s' identifizieren, sich (mit + D) | U1
identique identisch | U10
identité Identität, die (-en) | U1 / U12
idiot/e dumm | U1
illégal/e illegal | U4 / U6 / U7
illégitime rechtswidrig | U6
illicite rechtswidrig | U6
imitateur / imitatrice Nachahmer, der (-) / Nachahmerin, die (-nen) | U4
immerger versenken | U7
impressionnant/e beeindruckend | U8
inaugurer ein|weihen | U8
inculte ungebildet | U1
incurable unheilbar | U10
indépendant/e unabhängig | U2
industrie (dans l'industrie) Industrie, die (Sg.) (in der Industrie) | U5
infestation de rats Rattenplage, die (Sg.) | U6
influence Einfluss, der (¨-e) | U6
influencer beeinflussen | U6
information Information, die (-en) | U9

initiative Initiative, die (-n) | U11
injure Beleidigung, die (-en) | U6
injuste ungerecht | U11
innocuité, sécurité Unbedenklichkeit, die (Sg.) | U9
inoffensif harmlos | U6 / U9
insultant beleidigend | U6
insulte Beleidigung, die (-en) | U6
insulter beleidigen | U6
intégrer (être intégré/e), s' integrieren, sich (integriert werden) | U1
intelligence artificielle (= IA) Künstliche Intelligenz, die (Sg.) (= KI) | U5
intelligent/e intelligent, klug | U5
interdire verbieten | U10
interdit/e verboten | U4 / U7
intérieur/e innerlich | U2
intérieurement innerlich | U2
interroger aus|fragen | U7
intransigeant/e kompromisslos | U3
intrusion Eingriff, der (-e) | U10
inutile sinnlos | U3
invasion de rats Rattenplage, die (Sg.) | U6
invulnérable unverwundbar | U7

J

jaloux / jalouse eifersüchtig | U7
job Job, der (-s) | U3
jouer (d'un instrument) spielen (ein Instrument) | U6
jouir (de) genießen | U2
judicieux / judicieuse klug, sinnvoll | U3 / U5

L

lancer (lancer de nouveaux débats) an|stoßen (neue Debatten an|stoßen) | U9
langer un bébé wickeln | U2
langue Sprache, die (-n) | U1
langue standard Standardsprache, die (Sg.) | U1
leader Anführer, der (-) / Anführerin, die (-nen) | U12
légende Legende, die (-n); Sage, die (-n) | U6 / U7 / U8
légion Legion, die (-en) | U12
légitimer legitimieren | U12
libérer (de), se befreien, sich (von + D) | U2
liberté Freiheit, die (Sg.) | U12
liberté d'opinion Meinungsfreiheit, die (Sg.) | U6
libre (se sentir libre) frei (sich frei fühlen) | U2
lieu d'excursion, Ausflugsziel, das (-e) | U8 / U12
lieu de découverte Fundort, der (-e) | U7
limite Abgrenzung, die (-en) | U3
loi Gesetz, das (-e) | U2 / U10
long / longue lang | U8
loyer Miete, die (-n) | U11
lutte Kampf, der (¨-e) | U12
lutter (contre) bekämpfen | U11

M

machine Maschine, die (-n) | U5
magique magisch; zauberhaft | U8
magnifique wunderschön, wunderbar | U8
maintenir (un édifice) erhalten (ä-ie-a) (ein Gebäude) | U1
maire Bürgermeister, der (-) / Bürgermeisterin, die (-nen) | U6
mal payé/e schlecht bezahlt | U11
maladie Krankheit, die (-en) | U10
maladie héréditaire / génétique Erbkrankheit, die (-en) | U10
manifester demonstrieren | U9
manipulation génétique Genmanipulation, die (Sg.) | U10
manipuler manipulieren | U6
marier, se heiraten | U2 / U7
marquage Kennzeichnung, die (-en) | U9
marquer kennzeichnen, prägen | U9 / U12
médecine (en médecine) Medizin, die (Sg.) (in der Medizin) | U5
méfiance Misstrauen, das (Sg.) | U5
méfiant/e (envers) misstrauisch (gegenüber + D) | U2
mélodie Melodie, die (-n) | U6 / U8
mémorial Mahnmal, das (-e); Denkmal, das (-e / ¨-er) | U12
menace (représenter une menace) Bedrohung, die (-en) (eine Bedrohung darstellen) | U5
menacé/e de pauvreté armutsgefährdet | U11
menacer bedrohen | U6
mentalité Mentalität, die (-en) | U2
merveilleux / merveilleuse, wunderschön, wunderbar | U8
message Beitrag, der (¨-e) | U6
message Botschaft, die (-en) | U4
mesure de précaution Vorsichtsmaßnahme, die (-n) | U9
mettre en ligne ins Netz stellen | U6
mettre en musique vertonen | U8
milieu Szene, die (Sg.) | U4
misérable notleidend | U11
mission Aufgabe, die (-n) | U5
mode de vie Lebensweise, die (-n) | U1
modèle de société Gesellschaftsmodell, das (Sg.) | U2
modèle de travail Arbeitsmodell, das (-e) | U3
moderne modern | U2 / U4
modifié (aliments génétiquement modifiés) verändert (gentechnisch veränderte Lebensmittel) | U9
modifier um|gestalten | U8
monde du travail Arbeitswelt, die (Sg.) | U3
mondialement connu/e weltbekannt | U8
monument Denkmal, das (-e / ¨-er) | U12
moquer (de), se lustig machen, sich (über + A) | U1
motif Motiv, das (-e) | U4
Moyen-Âge Mittelalter, das (Sg.) | U12
moyens de subsistance Lebensunterhalt, der (Sg.) | U3
mur Wand, die (¨-e) | U4
musée Museum, das (Museen) | U4

mythe Mythos, der (Mythen), Sage, die (-n) | U6 / U7 / U8 / U12

mythe fondateur Gründungsmythos, der (Sg.) | U12

N

nature Natur, die (Sg.) | U9 / U10

nazisme NS-Zeit, die (Sg.) (NS= Nationalsozialismus) | U12

nécessité, must (être incontournable) Muss, das (Sg.) (ein absolutes Muss sein) | U8

nécessiteux / nécessiteuse bedürftig, notleidend | U11

nostalgie Sehnsucht, die (Sg.) | U8

nourriture génétiquement modifiée Genfood, das (Sg.) | U9

nouvelle Nachricht, die (-en) | U6

nu-pieds barfuß | U11

O

objet trouvé Fundstück, das (-e) | U7

obligation Pflicht, die (-en) | U3

obnubilé/e (par) besessen (von + D) | U7

obsolète, vieilli/e veraltet | U2

occuper (de), s' kümmern, sich (um + A) | U2

œuvre Werk, das (-e) | U4

œuvre d'art Kunstwerk, das (-e) | U4

offensant beleidigend | U6

offense Beleidigung, die (-en) | U6

offenser beleidigen | U6

offrir an|bieten | U9

offrir (offrir de nouvelles possibilités) bieten (neue Möglichkeiten bieten) | U5

offrir qqc à qqn schenken (+D) | U11

opérer operieren |

ordinateur Computer, der (-) | U5

ordre Befehl, der (-e); Ordnung, die (Sg.) | U5 / U12

ouvrir (ouvrir de nouvelles perspectives / possibilités) eröffnen (neue Perspektiven / Möglichkeiten eröffnen) | U5 / U10

P

pacte Bündnis, das (-se) | U12

paiement Bezahlung, die (Sg.) | U6

paix Frieden, der (Sg.) | U12

panique Panik, die (Sg.) | U9

par la passé in der Vergangenheit | U2

paresseux / paresseuse faul | U3

parfait/e perfekt | U10

parrain / marraine de vacances (sous forme de don permettant à des enfants de partir en colonnie de vacances) Urlaubspate, der (-n) / Urlaubspatin, die (-nen) | U11

partager (avec) teilen (mit + D) | U1

participer (à) teil|nehmen (an + D) | U2

particulièrement besonders | U5

passer du temps (à) Zeit verbringen (mit +D) | U2

passible d'une peine strafbar | U6

passion Leidenschaft, die (-en) | U7

passionné/e d'art kunstbegeistert | U4

patrimoine Vermögen, das (Sg.) | U11

patrimoine mondial de l'UNESCO Weltkulturerbe der UNESCO, das (Sg.) | U8

pauvre Arme, der / die (-n); arm | U11

pauvreté (vivre dans la pauvreté) Armut, die (Sg.) (in Armut leben) | U11

payer bezahlen | U11

pays d'origine, patrie Heimat, die (Sg.) | U1

peigne Kamm, der (¨-e) | U8

peigner (peigner les cheveux) kämmen (die Haare kämmen) | U8

peindre bemalen, malen | U4

peinture Gemälde, das (-) | U8 / U12

penser denken | U9

percevoir (une aide) erhalten (ä-ie-a) (eine Hilfe) | U11

perdre verlieren (ie-o-ie) | U12

période de crise Krisenzeit, die (-en) | U12

permettre erlauben | U10

perspective Perspektive, die (-n), Aussicht, die (-en) | U5 / U8 / U12

perte Verlust, der (Sg.) | U1

pertinent/e relevant | U7

peu (de) wenig | U11

peur Angst, die (¨-e) | U5 / U9

physique Aussehen, das (Sg.) | U2

pieds nus barfuß | U11

pipeau Pfeife, die (-n) | U6

planifiable planbar | U3

plante Pflanze, die (-n) | U9

plateau Plateau, das (-s) | U8

plateforme en ligne Online-Plattform, die (-en) | U6

plein-temps Vollzeit, die (Sg.) | U2

poème Gedicht, das (-e) | U8

poète Dichter, der (-) / Dichterin, die (-nen) | U8

politique (l'ordre politique) politisch (die politische Ordnung) | U6 / U12

ponctualité Pünktlichkeit, die (Sg.) | U3

populaire populär | U4

popularité Popularität, die (Sg.); Beliebtheit, die (Sg.) | U4

porter la responsabilité Verantwortung tragen | U5

poser (poser un problème) dar|stellen (ein Problem dar|stellen) | U5 / U10

posséder besitzen (i-a-e) | U11

possibilité Möglichkeit, die (-en) | U5 / U10

poster (poster un commentaire) posten (einen Kommentar posten) | U6

précieux / précieuse wertvoll | U7

préjudice Schaden, der (-) | U7

préjugé (avoir des préjugés) Vorurteil, das (-e) (Vorurteile haben) | U2

prendre nehmen | U2

prendre (des mesures de précaution) ergreifen (Vorsichtsmaßnahmen ergreifen) | U9

prendre (prendre un risque) ein|gehen (ein Risiko ein|gehen) | U4
prendre pour épouse / époux zur Frau / zum Mann nehmen | U7
prendre soin (de) sorgen (für + A) | U2 / U11
preneur de rats (de Hameln) Rattenfänger, der (-) / Rattenfängerin, die (-nen) (ici : le joueur de flûte) | U6
préserver bewahren | U1
preuve Beweis, der (-e); Nachweis, der (-e) | U9 / U7
prévenir verhindern | U10
prévisible planbar | U3
priorité (mettre des priorités) Priorität, die (-en) (Prioritäten setzen) | U3
prisé/e geschätzt | U8
prise en charge des enfants Kinderbetreuung, die (Sg.) | U2
privilégié/e bevorzugt | U11
problème (avoir des problèmes) Problem, das (-e) (Probleme haben) | U2 / U5 / U10 / U11
productif / productive produktiv | U3
productivité Produktivität, die (Sg.) | U3
produire entstehen (e-a-a), her|stellen, produzieren | U5 / U9 / U10
produit Produkt, das (-e) | U9
produit alimentaire Lebensmittel, das (-), Nahrungsmittel, das (-) | U9 / U11
profession Beruf, der (-e) | U3
professionnel/le beruflich | U2
profond/e tief | U7
progrès Fortschritt, der (Sg.) | U5
prolonger verlängern | U10
prononciation Aussprache, die (-n) | U1
proposer an|bieten | U9
propriété Eigenschaft, die (-en) | U10
protéger (se) (de) schützen (sich) (vor + D) | U2 / U6 / U9
protester (contre) protestieren (gegen + A) | U4
prouver beweisen | U7
provoquer aus|lösen | U9
provoquer (provoquer de nouveaux débats) an|stoßen (neue Debatten an|stoßen) | U9
publier veröffentlichen | U8
punition Strafe, die (-n) | U6

Q

qui a du succès erfolgreich | U3 / U4

R

raciste rassistisch | U6
raison Grund, der (¨-e) | U6
raisonnable sinnvoll | U3
rare selten | U1
rat Ratte, die (-n) | U6
rattraper hinterher|laufen | U6
réagir (à) reagieren (auf + A) | U5
réaliser (réaliser une tâche) erfüllen (eine Aufgabe / einen Wunsch erfüllen) | U5 / U11
rebeller (contre), se rebellieren (gegen + A) | | U4
recherche Suche, die (-n) | U7
recherche (dans la recherche) Forschung, die (Sg.) (in der Forschung) | U5
recherche génétique Genforschung, die (Sg.) | U10
rechercher suchen (nach + D) | U7
reconnu/e anerkannt | U4
recourir (recourir à un mythe) ein|setzen (einen Mythos ein|setzen) | U12
recul (être en recul) Rückzug, der (auf dem Rückzug sein) | U1
rédiger verfassen | U8
refus Ablehnung, die (Sg.) | U9
refuser ab|lehnen | U9
région Region, die (-en) | U1 / U9
réglementer regulieren | U5 / U10
rejet Ablehnung, die (Sg.) | U9
rejeter ab|lehnen | U9
relation Beziehung, die (-en) | U1
remplacer ersetzen | U5
remporter la victoire siegen | U12
rencontrer, se begegnen, sich | U12
rencontrer (rencontrer des difficultés) stoßen (auf + A) (auf Schwierigkeiten stoßen) | U2
rendre possible ermöglichen (+D) | U11
renforcer stärken | U12
répandre verbreiten | U6 / U9
répandre des nouvelles Nachrichten verbreiten | U6
répandu/e verbreitet | U4
répartition Verteilung, die (Sg.) | U11
répartition des rôles Rollenverteilung, die (Sg.) | U2
repas Mahlzeit, die (-en) | U11
repeindre übermalen | U4
répercution Auswirkung, die (-en) | U6
répréhensible strafbar | U6
représentation Darstellung, die (-en) | U12
représenter (représenter un problème) dar|stellen (ein Problem dar|stellen) | U5 / U10
reproduction Erzeugung, die (-en) | U10
reproduire reproduzieren | U10
réseau (= Internet) Netz, das (Sg.) (= das Internet) | U6
réseaux sociaux soziale Netzwerke (Pl.) | U6
résistence aux antibiotiques Antibiotikaresistenz, die (-en) | U9
responsabilité Verantwortung, die (Sg.) | U5 / U6
ressembler, se an|gleichen, sich (ei-i-i) | U1
retirer entfernen | U6
retraité/e Rentner, der (-) / Rentnerin, die (-nen) | U11
rêve Traum, der (¨-e) | U7
revenu minimum d'insertion Hartz IV, das (Sg.) | U11
riche Reiche, der / die (-n); reich | U7 / U11

richesse Reichtum, der (Sg.) | U11
risque (présenter un risque) Risiko, das (Risiken) (ein Risiko bergen) | U4 / U5 / U9 / U10
risqué/e risikoreich | U9
rivière Fluss, der (¨-e) | U7 / U8
robot Roboter, der (-) | U5
rocher Felsen, der (-) | U8
roi / reine König, der (-e) / Königin, die (-nen) | U7
rôle Rolle, die (-n) | U2
Romains Römer, die | U12
romantique romantisch | U8
ruine Ruine, die (-n) | U11
ruse List, die (-en) | U7

S

sain/e gesund | U10
salaire Lohn, der (¨-e) | U6 / U11
salarié/e Arbeitnehmer, der (-) / Arbeitnehmerin, die (-nen) | U3
sanction Strafe, die (-n) | U6
Sans Domicile Fixe Obdachlose, der / die (-n) | U11
sans OGM gentechnikfrei | U9
sans risque unbedenklich | U9
sans scrupule skrupellos | U10
santé Gesundheit, die (Sg.) | U9
satire Satire, die (Sg.) | U6
savoir Erkenntnisse, die (Pl.) | U9
savoir-vivre Lebensart, die (-en) | U1
scepticisme Skepsis, die (Sg.) | U5 / U9
sceptique (envers) skeptisch (gegenüber + D) | U2
science Wissenschaft, die (Sg.) | U5 / U7
scientifique wissenschaftlich | U9
scientifiquement wissenschaftlich | U9
scrupule (avoir des scrupules) Skrupel, der (-) (Skrupel haben) | U10
sculpture Skulptur, die (-en) | U8
se produire entstehen (e-a-a) | U5
secret Geheimnis, das (-se) | U7
secteur Bereich, der (-en) | U5
sécurité Sicherheit, die (Sg.),Unbedenklichkeit, die (Sg.) | U3 / U9
séduire betören | U8
séduisant/e betörend | U8
sélection Selektion, die (Sg.) | U10
sélectionner (sélectionner des propriétés génétiques, des gènes) aus|wählen (Eigenschaften / Gene aus|wählen) | U10
sembler erscheinen | U1
semence Saatgut, das (Sg.) | U9
sens Sinn, der (Sg.) | U4
sensible sensibel | U2
sentiment Gefühl, das (-e) | U8
sentir, se fühlen | U2
servir (de) dienen (als) | U10
seul/e allein | U11
sexiste sexistisch | U6
sexy sexy | U1
siècle Jahrhundert, das (-e) | U12
signaler kennzeichnen | U9
sincère ehrlich | U7
site Anlage, die (-n) | U8
soldat/e Soldat, der (-en) / Soldatin, die (-nen) | U12
solidaire solidarisch | U11
solidarité Solidarität, die (Sg.) | U11
solution Lösung, die (-en) | U5
sombrer unter|gehen | U8
sonde en métal Metallsonde, die (-n) | U7
souhait Wunsch, der (¨-e) | U11
soutenir, aider unterstützen | U5 / U11
soutien de famille Ernährer, der (-)/ Ernährerin, die (-nen) | U2
soutien de famille Versorger, der (-)/ Versorgerin, die (-nen) | U2
spray aérosol Kanne, die (-n); Spraydose, die (-n); Sprühdose, die (-n) | U4
statue Statue, die (-n) | U12
street art Street-Art, die | U4
stress Stress, der (Sg.) | U3
strict nécessaire Nötigste, das (Sg.) | U11
suffisant/e ausreichend | U9
suppression Löschung, die (-en) | U6
surface publicitaire Werbefläche, die (-n) | U4
survivre überleben | U11
systématique grundsätzlich | U9

T

tableau Gemälde, das (-) | U8 / U12
tâche Aufgabe, die (-n) | U5
tâches ménagères (aider à faire le ménage) Haushalt, der (Sg.) (im Haushalt helfen) | U2
taguer sprayen, sprühen | U4
talent Talent, das (Sg.) (Talent haben) | U4
technique Technik, die (Sg.) | U5
technique technisch | U5
temps de travail Arbeitszeit, die (-en) | U3
temps libre Freizeit, die (Sg.) | U3
temps partiel Teilzeit, die (Sg.) | U2
tendrement liebevoll | U2
tenir (à ce que) Wert legen (auf + A) | U2 / U3
tenir qqn pour responsable ziehen (jdn zur Verantwortung ziehen) | U6
tomber sur stoßen (auf + A) | U2
trace Spur, die (-en) | U7
tradition Tradition, die (-en) | U1
traditionnel/le traditionell | U2 / U3
transformation Wandel, der (Sg.) | U2
transformer um|gestalten | U8
transformer (en) um|wandeln (in + A) | U4
transformer (se) verändern (sich) | U2 / U5
transmettre (transmettre un message) vermitteln (eine Botschaft vermitteln) | U4
transparence Transparenz, die (Sg.) | U9
transphobe transphob | U6
travail Arbeit, die (-en) | U3 / U11
travailler arbeiten | U2

trésor Schatz, der (¨-e) | U7
trouver finden (i-a-u) | U7 / U11
tuer töten | U7
typique typisch | U3

U

utile nützlich | U5
utile sinnvoll | U3
utiliser benutzen | U5
utiliser, employer verwenden | U9

V

vague Welle, die (-n) | U8
vaincre besiegen | U12
valeur Wert, der (-e) | U2 / U3
vallée Tal, das (¨-er) | U8
valoir la peine d'être vécu lebenswert | U10
véhément/e; vigoureusement vehement | U9
vendre, se verkaufen, sich | U4
véritable wahr | U7
vérité Wahrheit, die (-en) | U7
vertu Tugend, die (-en) | U3
victoire Sieg, der (-e) | U12
vie Leben, das (-) | U5 / U10
vie active Berufsleben, das (Sg.) | U3
vie privée Privatleben, das (Sg.) | U3
vie professionnelle Berufsleben, das (Sg.) | U3
vie quotidiennne Alltagsleben, das (Sg.) | U5
vierge Jungfrau, die (-en) | U8
vigne Weinberg, der (-e) | U8
vignoble Weinberg, der (-e) | U8
ville Stadt, die (¨-e) | U6
virage Kurve, die (-n) | U8
virtuel/le virtuell | U5
visiter besichtigen | U8
visiteur / visiteuse Besucher, der (-) / Besucherin, die (-nen) | U4
vivre erleben | U12
voler qqch. stehlen (ie, a, o) | U7
vrai/e wahr | U7
vue Ausblick, der (-e); Aussicht, die (-en); Blick, der (-e) (auf + A) | U8 / U12
vulnérable verwundbar | U7

CRÉDITS PHOTOGRAPHIQUES ET IMAGES

Couverture et rabats : **1** fotoatelier.hamburg/AdobeStock **2** Joel Wüstehube/AdobeStock **3** FooTToo/iStock **4** valentinrussanov/iStock **5** Adrian72/AdobeStock **6-9** strichfiguren.de/AdobeStock

Tableau des contenus : **p. 5** Fokussiert/AdobeStock **p. 7** **1** imago images/imagebroker **2** scusi/AdobeStock **p. 9** Baks/iStock **p. 11** **1** Michael Ende, *Momo* © by Thienemann Verlag in der Thienemann-Esslinger Verlag GmbH, Stuttgart. www.thienemann-esslinger.de, Coverillustration © by Formlabor **2** MichaelUtech/iStock

Unité 1 : **p. 15** **1** filo/iStock **2** LysenkoAlexander/iStock **3** RedHelga/iStock **4** Hyrma/iStock **p. 16** **1** image de la vidéo Neuneinhalb © WDR 2017, dpa Picture Alliance / Norbert Neetz, akg-images **2** Daniel Wiechmann, *Schleich Di! ...oder Wie ich lernte, die Bayern zu lieben* © 2013 Albrecht Knaus Verlag, München, in der Verlagsgruppe Random House GmbH **p. 17** **1** emuck/AdobeStock **2** © Parship **p. 18** **1** image de la vidéo © Wertebündnis Bayern **2** © Wertebündnis Bayern **p. 19** Ds_Foto/AdobeStock **p. 20** **1** Fiedels/AdobeStock **2** gradt/AdobeStock **3** Marco2811/AdobeStock

Pages bac axe 1 : **p. 21** **1** Martin Rettenberger/AdobeStock **2** Natalija Grigel/iStock **3** Fiedels/AdobeStock **p. 22** Matthias Enter/AdobeStock **p. 23** © GoogleMaps **p. 24** Matthias Enter/AdobeStock **p. 25** Matthias Enter/AdobeStock **p. 26** picture alliance / dpa

Unité 2 : **p. 27** *Keine Sorge, bei mir bist du sicher!* © Victor Gadino/dieKLEINERT.de **p. 28** ® Studio71 GmbH **p. 29** **1** powerofforever/iStock **2** Robert_Kneschke/AdobeStock **3** g-stockstudio/iStock **p. 30** **1** © Edeka 2019 **2** the_faces/AdobeStock **p. 31** **1** www.bmfsfj.de **2** Quellen: Eigene Darstellung auf Basis der Elterngeldstatistik des Statistischen Bundesamtes sowie pairfam. © DIW Berlin 2019 **3** image de la vidéo © Bayerischer Rundfunk **p. 32** **1** ilbusca/iStock **2** New_Africa/AdobeStock **3** wildworx/AdobeStock

Unité 3 : **p. 33** **1** LUMIKK555/iStock **2** Lars Landau **p. 34** image de la vidéo © ARTE **p. 35** Statista **p. 36** **1-2** Thomas Reimer/AdobeStock **3** Fokussiert/AdobeStock

Pages bac axe 2 : **p. 37** **1** © Woessner, www.woessner.de **2** wildworx/AdobeStock **3** Fokussiert/AdobeStock **p. 38** **1** Matthias Enter/AdobeStock **p. 41** **1-3** Maryia_Kryvaltsevich/Dreamstime **p. 42** **1** vkilikov/AdobeStock **2** © Klaus Stuttmann

Unité 4 : **p. 43** **1** Gwengoat/iStock **2** imago images/imagebroker **p. 44** **1** image de la vidéo © Kobalt Production GmbH **2** New Africa/AdobeStock **p. 45** **1** image de la vidéo © AFPTV – Agence France-Press **2** Irmgard Kramer, *17 Erkenntnisse über Leander Blum* © 2018 Loewe Verlag GmbH, Bindlach **3** farbkombinat/AdobeStock **p. 46** **1** imago images/Christian Ditsch **2-3** imago images/imagebroker **4** imago images/imagebroker/ManfredxBail **p. 47** **1** © MUCA **2** image de la vidéo © Deutsche Welle, euromaxx **p. 48** **1** mehaniq41/AdobeStock **2** Natallia Vintsik/AdobeStock **3** VukasS_iStock

Pages bac axe 3 : **p. 49** **1** Album/akg-images **2** Album/Universal Images Group/Universal History Archive **3** Album/RICHEE E.R. **4** Album/akg-images/Pictures From History **5** Album/akg-images **6** imago/PEMAX **7** imago images/imagebroker **p. 51** Matthias Enter/AdobeStock **p. 52** Matthias Enter/AdobeStock **p. 53** **1-3** Maryia_Kryvaltsevich/Dreamstime **p. 54** Matthias Enter/AdobeStock

Unité 5 : **p. 55** **1** ivanastar/iStock **2** Ulrich Eberl, *Smarte Maschinen. Wie Künstliche Intelligenz unser Leben verändert* © 2016 Carl Hanser Verlag GmbH & Co. KG, München **3** © Deutscher KI-Verband, Berlin **4** © www.whatthefact.info/ Nemetschek Stiftung **5** image de la vidéo © BMBF **p. 56** **1** image de la vidéo © BMBF/Wissenschaftsjahr 2019 **2** Nach: Digital Insight Report 2017, Agentur SYZYGY **3** © Bitkom Research **p. 57** Karl Osberg, *Boy in a White Room* © 2018 Loewe Verlag GmbH, Bindlach **p. 58** **1** wsf-f/AdobeStock **2** Alexander Limbach/AdobeStock **3** fotomek/AdobeStock

Unité 6 : **p. 59** **1** ivanastar/iStock **2** © Schwarwel Karikatur **3** Ingrid Brodnik, *Lügen im Netz*, Cover © Peter Manfredini **4** Ingrid Brodnik, *Hass im Netz*, Cover © Burghard List, Foto : complize / photocase.com **5** namosh/AdobeStock **p. 60** **1** image de la vidéo © Deutsche Welle, euromaxx **2** Album/akg-images **3** image de la vidéo © Bayerischer Rundfunk **p. 61** **1** image de la vidéo © Bayerischer Rundfunk **2** VanReeel/iStock **3** Ute Schaeffer: *Fake statt Fakt. Wie Populisten, Bots und Trolle unsere Demokratie angreifen* © 2018 dtv Verlagsgesellschaft mbH & Co KG, München. **p. 62** **1** scusi/AdobeStock **2** filo/iStock **3** bluedesign/AdobeStock

Pages bac axe 4 : **p. 63** **1** © KARRY/toonpool.com **2** © David von Bassewitz, www.davidvonbassewitz.de **3** fotomek/AdobeStock **4** © Schwarwel Karikatur **p. 64** Matthias Enter/AdobeStock **p. 65** Matthias Enter/AdobeStock **p. 66** Matthias Enter/AdobeStock **p. 67** **1-3** Maryia_Kryvaltsevich/Dreamstime **4** Trumix/www.toonpool.com **p. 68** **1** © DER SPIEGEL 36/2016, http://www.spiegel.de **2** Matthias Enter/AdobeStock

Unité 7 : **p. 69** **1** H-Gall/iStock **2** © zeckos.com **p. 70** **1** image de la vidéo © L.E.Vision/ SAXONIA Entertainment **2-7** Album/akg-images **p. 71** apfelweile/AdobeStock **p. 72** **1** image de la vidéo © Mit freundlicher Genehmigung SWR **2** imago images/Fernando Baptista **p. 73** **1** Bondariev/iStock **2** image de la vidéo © Mit freundlicher Genehmigung SWR **p. 74** **1** apfelweile/AdobeStock **2** Album/akg-images **3** image de la vidéo © Mit freundlicher Genehmigung SWR **4** fergregory_AdobeStock

Unité 8 : **p. 75** **1** Adrian72/AdobeStock **2** zauberblicke/AdobeStock **p. 76** **1** image de la vidéo © Kölnprogramm GmbH **2-5** Album/akg-images **p. 77** image de la vidéo © Mit freundlicher Genehmigung SWR **p. 78** **1** © Bertuch Verlag, C. Eberhardt, www.deutschland-lese.de **2** Album/akg-images **p. 79** © Goethezeitportal, http://www.goethezeitportal.de/index.php?id=2587 **p. 80** **1** Adrian72/AdobeStock **2** Album/akg-images **3** Fiedels/AdobeStock **4** Hamster4711/AdobeStock

Pages bac axe 5 : **p. 81** **1** AVTG/iStock **2** apfelweile/AdobeStock **3** zauberblicke/AdobeStock **p. 83** Matthias Enter/AdobeStock **p. 84** Matthias Enter/AdobeStock **p. 85** **1-3** Maryia_Kryvaltsevich/Dreamstime **p. 86** **1** Olga Kurbatova/iStock **2** karelnoppe/iStock **3** Matthias Enter/AdobeStock

Unité 9 : **p. 87** **1** stevanovicigor/iStock **2** © bio verlag **p. 88** **1** image de la vidéo © Mit freundlicher Genehmigung SWR **2** © BUND **3** image de la vidéo © Mit freundlicher Genehmigung SWR **4** © Verband Lebensmittel ohne Gentechnik e.V. (VLOG) **p. 89** **1** © www.gruene.de **2** Pfohlmann/www.toonpool.com **p. 90** **1** © Verband Lebensmittel ohne Gentechnik e.V. (VLOG) **2** Jevtic/iStock **3** bluedesign/AdobeStock **4** Baks/iStock

Unité 10 : **p. 91** **1** Rost-9D/iStock **2** © Falk Hühne **3** KangeStudio/iStock **p. 92** **1** image de la vidéo © Christoph Krachten **2** © 3M **p. 93** **1** image de la vidéo © ZDF-Enterprises **2** Birgit Rabisch: *Duplik Jonas 7* © 1997 dtv Verlagsgesellschaft mbH & Co. KG, München. Umschlagkonzept: Balk & Brumshagen. Umschlaggestaltung: Jorge Schmidt und Tabea Dietrich unter Verwendung eines Fotos von Jan Roeder. **p. 94** **1** andriano_cz/iStock **2** vchal/iStock **3** Aleutie/iStock

Pages bac axe 6 : **p. 95** **1** RomoloTavani/iStock **2** © Trumix/toonpool.com **3** © bio verlag **p. 97** Matthias Enter/AdobeStock **p. 98** Matthias Enter/AdobeStock **p. 100** **1** pikepicture/iStock **2** evgeniy Soloviev/istockphoto **3** Matthias Enter/AdobeStock

Unité 11 : **p. 101** **1** STILLFX/iStock **2** © E.ON SE **p. 102** **1** image de la vidéo *Wie Solidarisch ist Deutschland?* © WDR 2016 **2** Deminos/AdobeStock **3** image de la vidéo © Bayerischer Rundfunk **4** © Kostas Koufogiorgos/toonpool.com **p. 103** **1** Daniela Dimitrova/Pixabay **2** © www.engelbaum.de **3** © Malteser Hilfsdienst e.V. **p. 104** **1** imago images/United Archives **2** imago images/United Archives **p. 105** **1** Michael Ende, *Momo* © by Thienemann Verlag in der Thienemann-Esslinger Verlag GmbH, Stuttgart. www.thienemann-esslinger.de, Coverillustration © by Formlabor **2** Marholev/iStock **p. 106** **1** D-Keine/iStock **2** Fineas/AdobeStock **3** lienchen020_2/AdobeStock

Pages bac axe 7 : **p. 107** **1** xana_ukr/AdobeStock **2** cnythzl/iStock **3** D-Keine/iStock **p. 109** Matthias Enter/AdobeStock **p. 110** Matthias Enter/AdobeStock **p. 112** **1** Matthias Enter/AdobeStock **2** timsa/iStock

Unité 12 : **p. 113** **1** MichaelUtech/iStock **2** © Landesverband Lippe **3** image de la vidéo © Landesverband Lippe **p. 114** **1** image de la vidéo Varusschlacht im Osnabrücker Land © Produktion form-art-network - Filme für Kulturanbieter **2** Album/akg-images **p. 115** archives/iStock **p. 116** **1** MichaelUtech/iStock **2** Album/akg-images **3** VRD/AdobeStock

Pages bac axe 8 : **p. 117** **1** imago/Becker&Bredel **2** imago/epd **3** archives/iStock **p. 119** Matthias Enter/AdobeStock **p. 121** Matthias Enter/AdobeStock **p. 122** **1** cirano83/iStock **2** Matthias Enter/AdobeStock

Précis de grammaire : **p. 137** mennovandijk/iStock **p. 138** **1** Matthias Enter/AdobeStock **2** numax3d/AdobeStock **p. 140-153** Matthias Enter/AdobeStock **p. 154** **1-3** Daniel Berkmann/AdobeStock **p. 154** Matthias Enter/AdobeStock **p. 156** **1-9** Olga Carmona

CRÉDITS DES TEXTES :

p. 15 © BMEL (Bundesministerium für Ernährung und Landwirtschaft) **p. 16-17** Daniel Wiechmann, *Schleich Di! ...oder Wie ich lernte, die Bayern zu lieben* © 2013 Albrecht Knaus Verlag, München, in der Verlagsgruppe Random House GmbH **p. 18** © Brigitte Bitto, erschienen am 18.12.2018 in „Sonntagsblatt. 360 Grad evangelisch" **p. 19** Sprachforscher: *Lokale Dialekte gleichen sich immer mehr an* © dpa **p. 23-24** Finn Overdick, *Ein Dorf, drei Sprachen* © TAGEBLATT LËTZEBUERG, 03.01.2013 **p. 28-29** Mit freundlicher Genehmigung Rockland, https://www.rockland.de/home/service/beitrag/das-maennerbild-im-wandel-der-zeit.html **p. 30** © 15. 05. 2019 „Väter damals und heute. So hat sich die Vaterrolle gewandelt" NTV.de **p. 34** © Eurojournalist.eu, 24. April 2019, http://eurojournalist.eu/fleissige-deutsche-faule-europaeer/ **p. 35** © ageneo Life Science Experts GmbH/ Anna Mirabichvili **p. 39-40** © https://www.kidsgo.de/familie-vaeter-14/vaeter-teilzeit-erlebnisbericht-01/ **p. 44-45** Irmgard Kramer, *17 Erkenntnisse über Leander Blum* © 2018 Loewe Verlag GmbH, Bindlach **p. 47** © MUCA, www.muca.eu **p. 51-52** Christiane Hoffmans, 01.10.2019, WELT AM SONNTAG, NORDRHEIN-WESTFALEN, „Die Parteileitung riss meine Werke von den Wänden" © Axel Springer SE **p. 57** Karl Osberg, *Boy in a White Room* © 2018 Loewe Verlag GmbH, Bindlach **p. 60** Mit freundlicher Genehmigung © Peter Udem, www.redensarten-index.de **p. 61** Mit freundlicher Genehmigung der Heise Medien GmbH & Co.KG NetzDG: *Beiträge der bekannten Street-Art-Künstlerin Barbara gelöscht* von Martin Holland, 15.01.2018 in: https://www.heise.de/newsticker/meldung/NetzDG-Beitraege-der-bekannten-Street-Art-Kuenstlerin-Barbara-geloescht-3940941.html **p. 61** Ute Schaeffer: *Fake statt Fakt. Wie Populisten, Bots und Trolle unsere Demokratie angreifen.* © 2018 dtv Verlagsgesellschaft mbH & Co KG, München. **p. 65-66** *Künstliche Intelligenz nimmt uns nichts weg*, 28.12.2019, Deike Uhtenwoldt © Alle Rechte vorbehalten. Frankfurter Allgemeine Zeitung GmbH, Frankfurt. Zur Verfügung gestellt vom Frankfurter Allgemeine Archiv **p. 71** © Frieder Leipold, *Fakt oder Fantasie*? FOCUS Online, https://www.focus.de/wissen/mensch/geschichte/tid-11289/fakt-oder-fantasie-wo-liegt-der-nibelungenhort-heute_aid_321023.html, https://www.focus.de/wissen/mensch/geschichte/tid-11289/fakt-oder-fantasie-dient-arminius-der-cherusker-der-siegfried-figur-als-vorbild_aid_321024.html **p. 72** gekürzt aus: www.dw.com © Deutsche Welle DW Deutsche Welle, 2013 **p. 73** © Marion Mück-Raab / Der Tagesspiegel **p. 76** Heinrich Heine *Die Loreley*, 1823 **p. 77** *Alles neu auf dem Loreley-Plateau bei Sankt Goarshausen* mit freundlicher Genehmigung SWR Aktuell SWR», 2019 **p. 79** Mit freundlicher Genehmigung https://vornamen.blog/Loreley, abgerufen am 12.12.2019 **p. 83-84** Mit freundlicher Genehmigung © Heimatforscher Eckhard Sander **p. 88** Mit freundlicher Genehmigung © BUND **p. 89** © SPIEGEL ONLINE, Julia Merlot, 17.04.2018, https://www.spiegel.de/wissenschaft/natur/gruenen-impulspapier-gentechnik-dafuer-oder-dagegen-a-1203091.html **p. 91** gekürzt aus: *Berliner Rede* 2001 von Bundespräsident Johannes Rau, Staatsbibliothek zu Berlin, 18. Mai 200, „Wird alles gut? - Für einen Fortschritt nach menschlichem Maß" (www.bundespräsident.de), http://www.bundespraesident.de/SharedDocs/Reden/DE/Johannes-Rau/Reden/2001/05/20010518_Rede.html **p. 92** *Angriff auf den deutschen Embryonenschutz*, 29.03.2017, Joachim Müller-Jung © Alle Rechte vorbehalten. Frankfurter Allgemeine Zeitung GmbH, Frankfurt. Zur Verfügung gestellt vom Frankfurter Allgemeine Archiv **p. 93** Birgit Rabisch: *Duplik Jonas 7* © 1997 dtv Verlagsgesellschaft mbH & Co. KG, München. Umschlagkonzept: Balk & Brumshagen. Umschlaggestaltung: Jorge Schmidt und Tabea Dietrich unter Verwendung eines Fotos von Jan Roeder. **p. 97-98** Katarina Barley und Hubertus Heil, Handelsblatt online, 18.04.2019 © GBI-Genios Deutsche Wirtschaftsdatenbank GmbH **p. 103** Mit freundlicher Genehmigung www.berliner-stadtmission.de **p. 103** Mit freundlicher Genehmigung www.engelbaum.de **p. 104-105** Michael Ende, *Momo* © by Thienemann Verlag in der Thienemann-Esslinger Verlag GmbH, Stuttgart. www.thienemann-esslinger.de, Coverillustration © by Formlabor **p. 109** Mit freundlicher Genehmigung © Die Deutsche Fernsehlotterie, https://www.fernsehlotterie.de/ **p. 110** Mit freundlicher Genehmigung © Bundesmusikverband Chor & Orchester e.V., Förderprogramm „Musik für alle!", https://bundesmusikverband.de/musik-fuer-alle, © Bundesministerium für Bildung und Forschung: Kultur macht stark. Bündnisse für Bildung, https://www.buendnisse-fuer-bildung.de/de/inhalt-und-ziele-1715.html **p. 113** Mit freundlicher Genehmigung © Landesverband Lippe **p. 114** Heinrich Heine, *Deutschland. Ein Wintermärchen*, 1844 **p. 115** Valentin Frimmer, 05.12.2014, *GESCHICHTE Hermann & Co.: Mythen, die aus den Schulbüchern verschwinden* © Axel Springer SE **p. 119-120** Freier Journalist bei der RBB 24 (multimediales Nachrichtenportal des TV-Senders Rundfunk Berlin-Brandenburg) 05.11.2019 © rbb24 (unter Verwendung von Agenturmaterial)

Éditions maison des langues
www.emdl.fr

MIXTE
Papier issu de sources responsables
FSC www.fsc.org FSC® C019520

DANGER
LE PHOTOCOPILLAGE TUE LE LIVRE